POLYPHEM

Essensdarstellungen in Ovids Metamorphosen

Peggy Leiverkus

STVDIA MONTANA

Bibliografische Informationen der Deutschen Nationalbibliothek

Die Deutsche Nationalbibliothek verzeichnet diese Publikation in der Deutschen Nationalbibliografie; detaillierte bibliografische Daten sind im Internet über dnb.d-nb.de abrufbar.

© 2021 Polyphem-Verlag, Wuppertal

Einbandgestaltung und Satz: Patrick Leiverkus, Wuppertal

Titelbild: Peter Paul Rubens, Jupiter und Merkur bei Philemon und Baucis, Kunsthistorisches Museum Wien, Gemäldegalerie

Druck und Bindung: Books on Demand, Norderstedt

ISBN 978-3-96954-003-9

Besuchen Sie uns im Internet: www.polyphem-verlag.de.

Inhaltsverzeichnis

Vorwort

Bei dem vorliegenden Buch handelt es sich um die leicht überarbeitete Fassung meiner Dissertation, die im Sommersemester 2019 von der Fakultät für Geistes- und Kulturwissenschaften der Bergischen Universität Wuppertal angenommen wurde.

Die Anregung zu dieser Arbeit gab mir mein Doktorvater, Professor Dr. Stefan Freund. Von Anfang an ermutigte und unterstützte er mich bei diesem Vorhaben. Sein umfassendes Wissen, seine fruchtbaren Gedankenanstöße und sein nimmermüder Optimismus waren stets von unschätzbarem Wert für mich. Herzlicher Dank gilt ebenso meinem Zweitgutachter, Professor Dr. Christoph Schubert, der so manches Brett entfernte, das sich verbissen an meinen Kopf genagelt hatte. Besonders in der Überarbeitungsphase gab er mir Mut und stärkte mein Selbstvertrauen, um dieses Projekt zu einem gelungenen Abschluss zu bringen.

Ein außergewöhnlicher Abschnitt meines Arbeitsprozesses war ein dreimonatiger Aufenthalt an der University of Exeter, UK. Professor John Wilkins und Dr Sharon Marshall haben mich dort betreut und mir neue Perspektiven aufgezeigt. Mit ihrer Offenheit und Freundschaft haben sie nicht nur meine Arbeit, sondern auch mich persönlich bereichert.

Ohne die finanzielle Unterstützung durch die Bergische Universität Wuppertal hätte ich die Dissertation nicht ohne Weiteres fertigstellen können. Mir wurde einerseits die Ehre eines Abschlussstipendiums der BUW zuteil. Andererseits erhielt ich im Rahmen des Projektes „International promovieren in Wuppertal" (IPIW) die Möglichkeit, meinen Aufenthalt in Exeter zu finanzieren sowie an mehreren Tagungen in Frankreich und Großbritannien teilzunehmen.

Besonderer Dank gilt meiner Familie und meinen Freunden, die stets für mich da waren, meine Launen in schwierigen Phasen geduldig ertrugen und mich immer bestärkten.

Aus dem Manuskript ein Buch zu machen, ist eine Kunst und bisweilen eine Plage. Patrick Leiverkus hat sich dieser Herausforderung gestellt und viel Zeit und Mühe in die Drucklegung investiert. Auch hat er mich auf der ganzen Reise begleitet. Hierfür sage ich in Liebe danke.

Wuppertal, im Mai 2021

Peggy Leiverkus

Einleitung

Gehse inne Stadt
Wat macht dich da satt
'Ne Currywurst
Kommse vonne Schicht
Wat Schönret gibt et nich
Als wie Currywurst

Herbert Grönemeyer, „Currywurst"

1 Vorbemerkungen

Essen ist eine anthropologische Grundkonstante – es ist Grundbedürfnis und zugleich in seiner Auswahl, Zubereitung und Einnahme Symbol kultureller und sozialer Identität. Schilderungen von Essen sind daher schon immer Gegenstand der Literatur und der Kunst – oft beiläufig geboten, aber zugleich symbolisch aufgeladen. In der römischen Literatur denkt man dabei vielleicht zunächst an das ausufernde Gastmahl von Petrons Trimalchio, der als neureicher Emporkömmling versucht, mit Speisen seinen neu erworbenen Status zu unterstreichen, der mit seinem Hang zum Übertriebenen jedoch die der gehobenen römischen Esskultur zugrundeliegenden Werte überstrapaziert und ins Groteske verzerrt. Diese Werte sind zu augusteischer Zeit eng an das Verhältnis zu den vorgestellten römischen Vorfahren geknüpft, die mit Tugenden wie *pietas* und *frugalitas*[1] als Vorbilder und Wegbereiter für das römische Imperium angesehen werden. Essgewohnheiten sind ein wichtiger Teil dieses als *mos maiorum* bezeichneten Wertesystems. In literarischen Texten stellen sie daher häufig einen Marker für das moralische Verhalten einer Person oder Gruppe dar.

Petrons *Cena Trimalchionis* ist symptomatisch für das Phänomen, dass detaillierte Essensdarstellungen in der römischen Literatur vornehmlich in satirischen und komischen Texten präsent sind – denn hier treten Abweichungen idealisierter Moralvorstellungen besonders deutlich zu Tage.[2] In epischen Texten hingegen beschränken sich explizit genannte Speisen meist nur auf Fleisch, Brot und Wein und werden ansonsten mit summarischen

---

1 S. einführend Gildenhard 2020; s. auch unten, 33ff.
2 Vgl. hierzu die Ausführungen von Hudson 1998 und 1991, s. unten, 42ff.

Begriffen zusammengefasst.[3] Es mag deshalb zunächst überraschen, dass Ovids Metamorphosen fruchtbaren Boden für die Beschäftigung mit Essen als literarischem Motiv bieten. Andererseits sind die Metamorphosen eine epische Dichtung sui generis[4] – dementsprechend liegt es nahe, dass auch der Umgang mit Essensschilderungen darin nicht ausschließlich in epischer Tradition steht.

Ziel dieser Arbeit ist es, anhand ausgewählter Episoden die Darstellung von Essen in den Metamorphosen zu untersuchen. *Essen* wird dabei als anthropologisches Totalphänomen[5] verstanden, das heißt, die gesamte Spannweite des deutschen Wortes wird ausgeschöpft. Dieses erscheint somit geeignet, den Forschungsgegenstand in einem ausreichend weitgefassten Rahmen zu definieren, zumal das Lateinische über keinen vergleichbar umfassenden Begriff verfügt.[6] In den Blick genommen werden demnach nicht nur Nahrungsmittel und Speisen, sondern auch der physische Vorgang der Nahrungsaufnahme und Essen als Sozialform.

Im Fokus der Betrachtung stehen sowohl die Funktion und Symbolik von Essensdarstellungen in ihren motivgeschichtlichen und narrativen Kontexten als auch deren literarisch-künstlerische Darstellung. Es ist zu prüfen, inwiefern die Essensschilderungen in einem so umfangreichen und vielgestaltigen Werk jeweils für sich stehen oder inwiefern es episodenübergreifende Motivkomplexe und andere Gemeinsamkeiten zwischen ihnen gibt. Vor dem Hintergrund der oben skizzierten Verzahnung zwischen literarischen Essensdarstellungen und Wertevorstellungen in augusteischen Texten wird es außerdem interessant sein herauszufinden, inwieweit Ovids Speiseschilderungen über den mythologisch-narrativen Kontext hinausgehen und zeitgenössische Diskurse um Essgewohnheiten aufgreifen. Diese Untersuchung beleuchtet damit einen neuen, bisher wenig beachteten As-

---

3 Bettenworth 2004, 78f.
4 Vgl. hierzu etwa Galinsky 1975, 41: „Ovid's aim to present myth in all its variety underlies the diversity of both form and content of the *Metamorphoses*. It is a diversity that defies any categorization into genres."; Solodow 1988, 18: „At one place or another it [sc. the poem *Metamorphoses*] handles the themes and employs the tone of virtually every species of literature. [...] Epic naturally predominates. The hexameter verse and the primarily narrative character of the material alone would suffice to suggest this."
5 Marcel Mauss prägte den Begriff des *phénomène total*, vgl. Mauss 1975 (1923/24), 12; vgl. Hudson 1991, 10; Teuteberg 1997, 7; Barlösius 2016, 29.
6 Stattdessen trennt das Lateinische klarer Nahrungsmittel (z.B. *cibus*), Sozialformen (z.B. *cena*) und den Vorgang der Nahrungsaufnahme (z.B. *edere*).

pekt der Metamorphosen und soll dazu beitragen, das Werk, auch vor dem Hintergrund der anthropologischen Konstante des Essens, der damit verknüpften literarischen Motivik und der diesbezüglichen soziokulturellen Entstehungsbedingungen, besser zu verstehen.

Um die ovidischen Texte in das Umfeld literarischer Speisedarstellungen einordnen zu können, ist zunächst eine geraffte Bestandsaufnahme von Essendarstellungen in der römischen Literatur notwendig (Kapitel 2 der Einleitung). Gefolgt wird diese von einem ausführlichen Forschungsbericht (Kapitel 3). Darin werden zunächst soziologische und anthropologische Grundlagen skizziert, die für eine Auseinandersetzung mit dem Thema ‚Essen in der Literatur' erforderlich sind (Kapitel 3.1). Es schließt sich ein Überblick der bisherigen Forschung zu römischen Essensdarstellungen an (Kapitel 3.2). Nach einer kurzen Darstellung der Forschungsansätze werden sodann prägnant die wichtigsten Erkenntnisse sowohl über soziokulturelle Dimensionen von Essen in der römischen Welt als auch über die Besonderheiten von Essen als literarischem Motiv zusammengetragen (Kapitel 3.3). Eine kurze Zusammenfassung (Kapitel 3.4) des Forschungsüberblicks schließlich dient als Grundlage für Überlegungen zur eigenen Vorgehensweise in dieser Arbeit. Es folgen ein systematischer Überblick und eine Kategorisierung sämtlicher Essensschilderungen und -erwähnungen in den Metamorphosen (Kapitel 4.1). Diese ermöglicht einen ersten Einblick in das Vorkommen und die Verteilung von Nahrungsmotiven in diesem Werk. Ausgehend von dieser Aufstellung werden Überlegungen zur Auswahl der zu untersuchenden Textstellen angestellt und die angestrebte Vorgehensweise wird weiter spezifiziert (Kapitel 4.2).

Bei den ausgewählten Textstellen in den Metamorphosen handelt es sich um die Ernährung der Menschen im goldenen Zeitalter (met. 1,101–112), um das Gastmahl von Philemon und Baucis (met. 8,626–724), das Liebeslied des Polyphem (met. 13,812–837) und den Appell zur fleischlosen Ernährung des Pythagoras (met. 15,75–478). Im Hauptteil der Arbeit (Essensdarstellungen in den Metamorphosen) werden diese vier Episoden einzeln betrachtet: An eine knappe motivgeschichtliche Untersuchung schließt sich jeweils eine thematisch fokussierte Interpretation der entsprechenden Textstelle an. Im Schlussteil werden die Einzelergebnisse zusammengetragen und miteinander in Beziehung gesetzt.

Dabei wird sich zeigen, ob Essensdarstellungen in den Metamorphosen nur Ausstattungsmerkmale von Geschichten sind oder ob sie dem Leser darüber hinaus mehr vermitteln, als der erste Blick vermuten lässt.

2 Essensdarstellungen als Thema in der römischen Literatur

Nahrungsmittel und Sozialformen der Nahrungsaufnahme werden immer wieder in der römischen Literatur erwähnt. Der folgende Überblick muss sich daher auf Gattungen und Stellen beschränken, in denen Essen in nennenswertem Umfang thematisiert wird[1] und die für Ovid – auch im Rückschluss – relevant sind. Auch bleibt christliche Literatur unberücksichtigt, weil dort etwaige Essenschilderungen von religiösen Motiven überlagert werden.[2]

Bei römischen Essensdarstellungen denkt man sicher in erster Linie an detaillierte Schilderungen einer *cena* etwa von Schriftstellern des ersten Jahrhunderts v. und n. Chr. Als Beispiele seien im Folgenden Horazens Schilderung des Gastmahls bei Nasidienus,[3] Petrons ausufernde *cena Trimalchionis*[4] und das Gastmahl im Hause von Plinius dem Jüngeren[5] näher beschrieben. Bei den beiden erstgenannten berichtet jeweils ein Erzähler auf satirische Weise von einem Gastmahl, zu dem er jüngst eingeladen war. Die Gastgeber, in beiden Fällen neureiche Emporkömmlinge, stellen jeweils ihren Reichtum zur Schau, können damit aber nicht über ihre Charakter-

---

1 Zu Teilbereichen gibt es eine eigene Forschungsliteratur, auf die in den Kapiteln 3.2 und 3.3 der Einleitung näher eingegangen wird. Zur Einführung s. Gowers 1993; Tietz 2013; Wilkins/Nadeau 2015.
2 S. hierzu Grimm 1996; McGowan 1999; König 2012; Penniman 2017.
3 Hor. serm. 2,8. S. dazu Muecke 1993, 227–239; Caston 1997; McNeill 2001; Marchionni 2003, 209–217; Sharland 2011; speziell zum Thema Essen s. Hudson 1991, 184–219; Gowers 1993, 166–171; Smith 1999.
4 Petr. 35,1–36,4. S. dazu Arrowsmith 1966; Bodel 1999; speziell zu Trimalchios Menü s. Schmeling 1970.
5 Plin. epist. 1,15. S. dazu Gowers 1993, 267–279; Stein-Hölkeskamp 2002, 466–469.

schwächen hinwegtäuschen und werden somit als lächerliche Figuren entlarvt. Bei Horaz handelt es sich um den neureichen Nasidienus, zu dessen
cena Horazens Freund Fundanius eingeladen ist. Dieser berichtet später von
dem opulenten Mahl, bestehend unter anderem aus einem ganzen lukanischen Eber mit Gemüse- und Salatbeilage, aus Fischinnereien, Muscheln
und Hummern, Vögeln, Gänseleber und jungem Hasen. Dabei wird der
Gastgeber nicht müde, die Vorzüge und Qualität jeder einzelnen Speise hervorzuheben – ein Umstand, der in Fundanius' Erzählung sowohl bei Horaz
als auch beim Leser Heiterkeit auslöst.

Bis ins Absurde gesteigert wird ein ähnliches Setting bei Petron. Das von
Trimalchio veranstaltete Mahl bietet neben der verschwenderischen Menge
und der luxuriösen Auswahl auch eine ausgefallene Darbietung von Speisen: Einer[6] der zahlreichen Gänge beispielsweise besteht aus einer Platte
mit den zwölf Tierkreiszeichen, die jeweils mit einer kleinen Speise wie
einer Feige bedeckt sind und sich um eine auf einem Rasenstück platzierte
Honigwabe gruppieren; die Platte dient allerdings nur als Spielerei, denn
die tatsächlich zum Verzehr gedachten Speisen, nämlich Saueuter, Mastgeflügel und ein Hase, verbergen sich unter den – von den Gästen als ent-
täuschend frugal empfundenen – Häppchen. Später lässt Trimalchio einen
ganzen Keiler servieren,[7] an dessen Hauern Körbchen mit Datteln hängen,
welche die Eicheln symbolisieren, die das Schwein gefressen hat; dazu wird
ein Ferkel aus Biskuitteig gereicht. Trimalchio würzt seinen kulinarischen
Erfindungsreichtum mit Obszönitäten und von Aberglauben geprägten
Geschichten, die ihn der Lächerlichkeit preisgeben; gekrönt wird das groteske Spektakel von der Inszenierung seines eigenen Todes.

Gesitteter geht es zu bei Plinius, der seinen Freund Septicius dafür tadelt,
dass er die Einladung zu einer Dinnerparty nicht wahrgenommen habe.
Entrüstet zählt er diesem auf, was ihm entgangen sei. Die verschwenderische
Prahlerei eines Nasidienus und Trimalchio wird hier ersetzt durch affektier-
te Schlichtheit: Einen Salatkopf für jeden Gast, zwei Eier, drei Schnecken,
Pudding mit Honig und Schnee, Oliven, Mangold, Gurken, Zwiebeln und
noch tausenderlei ähnliche Köstlichkeiten, so Plinius, hätte sein Freund bei
ihm speisen können – stattdessen, so tadelt der Moralist Plinius, ziehe Sep-

---

6 Petr. 35,5.
7 Petr. 40,3.

ticius wohl luxuriöse Speisen wie Austern und Seesterne einem einfachen Essen vor.

Diese drei Beispiele demonstrieren, dass sich die soziale Praxis der *cena* in verschiedenen Textgattungen literarisiert findet (hier: Roman, Satire, Brief); doch auch jenseits der *cena* wird Essen in römischen Texten thematisiert. Im Wesentlichen ergeben sich vier Bereiche, die im Folgenden kurz skizziert werden: (1) Schilderungen und Thematisierung von Essen, besonders im Rahmen einer *cena*, in gesellschaftsbetrachtender, besonders satirischer Literatur, (2) Essen im Epos, besonders im Rahmen von Einkehrszenen, (3) Essensschilderungen im Rahmen der Fachschriftstellerei, (4) Nahrung als Aspekt des Goldenen Zeitalters und verwandter Vorzeitdarstellungen.

(1) Besonders häufig, wie oben bei Petron und Horaz, finden sich detailreiche Essensschilderungen in der römischen Satire, aber auch in der Komödie – in Gattungen also, die das gesellschaftliche Leben der Gegenwart reflektieren und parodieren, durchaus auch mit kritischem Anspruch.[8] Frühe Beispiele sind etwa die Komödien des Plautus[9] oder die nur fragmentarisch erhaltenen Satiren des Lucilius[10]. In Plautus' Komödie *Pseudolus*[11] etwa echauffiert sich der griechische Koch über unkultivierte Kollegen, die seiner Ansicht nach unwürdige Zutaten wie Kräuter ins Essen tun[12] – damit thematisiert Plautus auf komische Weise die aus dem Aufeinanderprallen der überlegenen griechischen mit der bäuerlich geprägten römischen Kultur erwachsenen Spannungen.[13] Detaillierte Gastmahls- und Speisedarstellungen häufen sich schließlich in den Satiren der augusteischen und der kaiserzeitlichen Schriftsteller wie Horaz,[14] Persius[15] und Juvenal[16]; man denke auch an

8 S. hierzu Hudson 1989, 1991, 1993; Gowers 1993; s. dazu auch unten, 42ff.
9 S. hierzu Gowers 1993, 50–108.
10 S. hierzu Freudenburg 2001; Goh 2018.
11 S. hierzu jetzt Christenson 2020.
12 Plaut. Pseud. 810–825.
13 S. hierzu Lowe 1985.
14 S. hierzu Murray 1985; zu Hor. serm. 2,4 s. Hudson 1991, 147–182; Classen 1978; zu serm. 2,6 s. Hudson 1991, 84–86; zu serm. 2,8 s. Hudson 1991, 184–219. S. auch Gowers 1993, 126–179.
15 S. hierzu Flintoff 1982; Hudson 1991, 87–89; Gowers 1993, 180–187; Bramble 2007 (1974); Bartsch 2015.
16 S. hierzu Hudson 1991, 90–98 (Iuv. 11); 221–263 (Iuv. 5); 291–324 (Iuv. 15). S. auch Gowers 1993, 188–219.

das berühmte satirische Gedicht *Moretum*[17], in welchem der Bauer Simulus sich eine einfache Speise aus Brot und einem deftigen Käse-Kräuter-Klops zubereitet. Ebenfalls in diesen Bereich der heiteren und konkreten Essensschilderung sind die Epigramme des Martial[18] einzuordnen.

(2) Einen festen Platz hat das literarische Gastmahl außerdem im Epos; ein berühmtes Beispiel ist die Einkehr des Aeneas bei Dido oder König Euander. Über die Speisen selbst erfährt man hier allerdings wenig: Bei Dido werden summarisch *dapes*[19] aufgetischt, bei Euander erfahren wir immerhin, dass es Stierfleisch, Brot und Wein gibt.[20] Diese Stellen aus Vergils Aeneis verdeutlichen exemplarisch, was sich generell über Speisedarstellungen im römischen Epos sagen lässt:[21] Der oder die Helden kehren bei Fremden ein; dabei ist der eigentliche Genuss der Mahlzeit zwar stets Teil der literarischen Einkehrszene, nimmt allerdings im Verhältnis zu anderen Elementen wie der Begrüßung des Gastes oder dem Gespräch zwischen den Teilnehmern einen geringen Teil ein. Die Speisen selbst treten dabei eher in den Hintergrund und werden häufig durch Sammelbegriffe wie Brot, Wein und Fleisch repräsentiert.[22] Weitere Beispiele solcher Szenen[23] finden sich etwa in Lucans *de Bello Civili*[24], in Silius Italicus' *Punica*[25] oder in Valerius Flaccus' *Argonautica*[26].

(3) Jenseits des Gastmahls wird Essen auch in der römischen Fachliteratur thematisiert, beispielsweise in Traktaten wie dem des Apicius oder des

17 S. hierzu Ross 1975; Kenney 1984; Fitzgerald 1996; Höschele 2005.
18 S. hierzu Gowers 1993, 245–266; Lindsay 2000.
19 Verg. Aen. 1,706. Zur Dido-Episode s. Binder/Andrae 2000; Bettenworth 2004, 143–177; Binder 2019a, 11–95.
20 Verg. Aen. 8,180f.: *viscera tosta* [...] *taurorum, dona laboratae Cereris Bacchumque* [...]. Zur Euander-Episode s. Gould/Whiteley 1953; Gransden 1976; Binder 2019b, 110–209.
21 Zu verdanken sind die im Folgenden geschilderten Erkenntnis Anja Bettenworth, die in ihrer Untersuchung zur Szenentypik (2004) den wiederkehrenden Ablauf epischer Gastmahlsszenen herausgearbeitet hat.
22 Bettenworth 2004, 78f.
23 Eine vollständige Aufstellung ist Bettenworth 2004, 535–543 zu entnehmen.
24 Lucan 10,107–333, vgl. Bettenworth 2004, 537; s. zu Buch 10 außerdem Glaesser 2018, 108–115.
25 Sil. 6,62–6,551; 7,171–7,205; 8,69–166; 11,259–11,368; vgl. Bettenworth 2004, 537–539; s. zu Buch 7 Littlewood 2011; zu den Büchern 1–8 s. Spaltenstein 1983; zu 9–17 s. Spaltenstein 1990.
26 Val. Fl. 1,240–302; 2,332–356; 2,634–664; 4,423–636; 5,558–617; vgl. Bettenworth 2004, 541–543; zu Buch 1 s. Zissos 2008; zu den Büchern 1 und 2 s. Spaltenstein 2002; zu den Büchern 3, 4 und 5 s. Spaltenstein 2004; zu Buch 4 s. Murgatroyd 2009.

Scribonius Largus sowie in landwirtschaftlichen Texten[27]. Während Scribonius Largus in seinen *Compositiones* aus Sicht des Mediziners einzunehmende Heilmittel, deren Zusammensetzung und Zubereitung beschreibt,[28] enthält die Rezeptsammlung des Apicius die Zutaten für zahlreiche Kochrezepte.[29] Rezepte kommen auch in einigen landwirtschaftlichen Texten vor, etwa bei Cato[30] oder Columella.[31] Generell spielen Nahrungsmittel in Werken zur Landwirtschaft eine wichtige Rolle; in der Regel werden sie im Rahmen von bestimmten Themenkomplexen wie Gartenbau oder Nutztierhaltung behandelt. Plinius der Ältere beispielsweise thematisiert in den Büchern 12[32] und 19[33] seiner *Naturalis Historia* im Rahmen des Kapitels zur Botanik unterschiedliche, teils essbare Pflanzen und Bäume sowie deren Früchte; auch gibt er beispielsweise Ratschläge zum Einmachen. In den Büchern 20[34] bis 30[35] zu Heilmitteln geht er auf verschiedene Nahrungsmittel und deren heilende Wirkung ein. Columella wiederum spricht in den Büchern 3 bis 5 seines Werkes *De re rustica* über den Anbau und die Gewinnung von Wein und Oliven. Im siebten Buch, das von Nutztieren handelt, beschreibt er unter anderem die Herstellung von Käse. Buch 10 handelt vom Gartenbau und verschiedenen Gemüsesorten. In Buch 12 wird das Haltbarmachen von Nahrungsmitteln thematisiert. Ähnliches findet sich in Varros *De re rustica*[36] und in Palladius' *Opus Agriculturae*[37]. Nicht zu vergessen in diesem Bereich, aber dennoch für unsere Belange zu vernachlässigen sind Vergils *Georgica*[38], die zwar ebenfalls die Landwirtschaft behandeln, in denen konkrete Nahrungsmittel aber nur vereinzelt vorkommen.

---

27 Zur römischen Agrarliteratur s. Diederich 2007.
28 S. hierzu Mantovanelli 2012; Jouanna-Bouchet 2016.
29 S. hierzu Pedrazzini/ Teysseyre 2002; Grocock/Grainger/Shadrake 2006; Römer 2006.
30 Marcus Porcius Cato, *De agricultura*; s. hierzu Dalby 1998; Römer 2006. Zu Backrezepten in Cato agr. 75–84 s. Zimmer 1982.
31 Lucius Iunius Moderatus Columella, *De re rustica*; s. hierzu Rodgers 2010. Das zwölfte Buch behandelt Rezepte zum Haltbarmachen von Lebensmitteln und zur Herstellung haltbarer Lebensmittel wie Essig, Wein und Olivenöl.
32 S. hierzu Beaujeu/Ernout 1949.
33 S. hierzu André 1964.
34 S. hierzu André 1965.
35 S. hierzu Beaujeu/Ernout 1963.
36 S. hierzu Flach 1996; 1997; 2002; Nelsestuen 2016.
37 S. hierzu Martin 1976; Guiraud/Martin 2010.
38 S. hierzu Page 1920; Richter 1957; Erren 1985; 2003; Mynors 1990.

(4) Erwachsen aus Hesiods Schilderung des goldenen Geschlechts in den *Erga* werden in römischen Vorzeitdarstellungen wie in Varros *De re rustica* und in Lukrezens *De rerum natura* archaische Menschen anhand ihrer Essgewohnheiten charakterisiert. Lukrez etwa schildert im fünften Buch[39] den Fortschritt von einer primitiven Lebensweise, die unter anderem durch den Verzehr von Früchten gekennzeichnet ist, zu weiteren Entwicklungsphasen, in denen der Mensch erst das Kochen und dann die Landwirtschaft erlernt.[40] Besonders die erste Phase wird auch immer wieder von den augusteischen Dichtern mit konkreter Bezugnahme auf die Nahrungsmittel als literarisches Motiv aufgegriffen; Primitivität oder die Sorglosigkeit einer goldenen Zeit können dabei im Fokus stehen und sich überschneiden. Detailliert wird auf Ernährungsdarstellungen dieser Art weiter unten im Kapitel 1.1 zur Motivgeschichte literarischer Vorzeitdarstellungen eingegangen.[41]

---

39 S. hierzu Duff 1982 (1889); Bailey 1972b (1947); Campbell 2003.
40 Lucr. 5,925–1457, s. ausführlich unten, 102ff.
41 S. unten, 67ff.

3 Forschungsüberblick

3.1 Soziologische und anthropologische Grundlagen

Essen ist ein menschliches Grundbedürfnis. Im 20. Jahrhundert stößt es in der Soziologie und Anthropologie vermehrt auf Interesse und wird Gegenstand verschiedener, oftmals im Strukturalismus verhafteter Studien. Diese haben mitunter diachrone Modelle zur Klassifikation von Essen und Ritualen zur Essenszubereitung und -einnahme erstellt, die grundlegend für Fragestellungen in Bezug auf die gesellschaftlichen und kulturellen Dimensionen von Ernährung sind. Als wichtige Konzepte in diesem Bereich sind exemplarisch folgende zu nennen:[42]

Ein grundlegendes Modell für das Verhältnis von Ernährung, Zivilisation und Gesellschaft ist das *kulinarische Dreieck* von Claude Lévi-Strauss (1965)[43]. Diesem Dreieck liegt Lévi-Strauss' Theorie der Zeichen zugrunde, die für ihn das abstrakte Fundament der Sozial- und Kulturwissenschaften bildet.[44] Sie geht davon aus, dass der Mensch in allen kulturellen und sozia-

[42] Eine Zusammenfassung der Grunderkenntnisse soziologischer und anthropologischer Studien in Bezug auf Essen liefert Teuteberg 1997, 4–7. Als wichtige Vertreter sind über diese Auswahl hinaus noch Mauss 1975 (1923/24) mit seiner Theorie des Gabentauschs sowie Barthes 1961 und Douglas 1972 zu nennen. Letztere betrachten in der Tradition von Lévi-Strauss (s. folgende Anm.) soziokulturelle Funktionen von Essen aus einer semiologisch-strukturalistischen Perspektive; vgl. hierzu auch Gowers 1993, 5f.; Teuteberg 1997, 8–10; Garnsey 1999, xii; 7; Tietz 2013, 25f.

[43] Das kulinarische Dreieck beschreibt Lévi-Strauss zuerst in seinem gleichnamigen Aufsatz von 1965 (deutsche Fassung 1972), es geht aber im Wesentlichen aus seinen Erkenntnissen im ersten Band der „Mythologica", „Das Rohe und das Gekochte", von 1964 (deutsche Fassung 1971) hervor.

[44] Vgl. Leach 1991, 43.

len Bereichen mithilfe von Zeichen beziehungsweise Symbolen kommuniziert. Dieses Zeichensystem basiert ihm zufolge jeweils auf einer universellen Struktur. So bilden dementsprechend auch Ernährungsgewohnheiten eine Art Sprache, in der Menschen kommunizieren können.[45] Lévi-Strauss erkennt eine dieser besonderen Sprache zugrunde liegende Systematik und stellt sie in seinem kulinarischen Dreieck[46] dar.

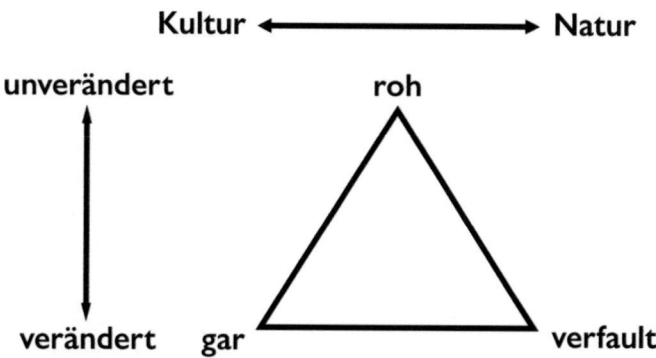

Kulinarisches Dreieck nach Lévi-Strauss.

Als Leitlinie dient ihm hierbei die Beobachtung, dass die von Menschen verzehrten Nahrungsmittel sich stets zwischen den Zuständen *roh*, *gar* und *verfault* bewegen. Die vom Menschen durch eine Zubereitung in einen garen Zustand umgewandelten Speisen stellen eine Transformation des rohen Naturstoffs dar, während das Verfaulte die Rückkehr in den Kreislauf der Natur zum Rohen symbolisiert.[47] Man kann jede beliebige Speise und jeden Zustand der Verarbeitung in dieses Dreieck einordnen und prüfen, „inwieweit der Mensch sich vom Animalischen löst und in der Zivilisation voranschreitet."[48] Eine Erweiterung des Dreiecks bezieht die Zubereitungsarten

45 Vgl. ebd. 54.
46 Lévi-Strauss 1972 (1965), 17. An die Darstellung auf dieser Seite ist auch die folgende Abbildung des kulinarischen Dreiecks angelehnt.
47 Vgl. Lévi-Strauss 1972 (1965), 1; Teuteberg 1997, 8.
48 Teuteberg 1997, 9.

Rösten, Räuchern und Garen mit ein.[49] Die bedeutsame Grunderkenntnis hierbei ist zum einen, dass der Mensch durch das Kochen von Essen Natur in Kultur umwandelt, und zum andern, dass sich menschliche Nahrungszubereitung stets zwischen den drei genannten Zuständen bewegt,[50] denen im Verbund mit den Zubereitungsarten soziale Anlässe und verschiedene Ebenen von Prestige zugeordnet werden können.[51]

Ebenfalls von Bedeutung im Kontext von Ernährung ist der von dem Soziologen Pierre Bourdieu geprägte Begriff des *Habitus*. Er bezeichnet nach Bourdieu ein System von Wahrnehmungs-, Denk- und Handlungsmustern des Individuums in der sozialen Welt.[52] Diese Muster, so Bourdieu, werden bestimmt von dessen Werdegang und sozialer Herkunft und legen einen Spielraum für bestimmte Lebenspraktiken fest. Der Habitus sei kein individuelles Phänomen, sondern bestimmten Gruppen gemeinsam. In seinem Werk „Die feinen Unterschiede" (1979) bezieht sich Bourdieu besonders auf die Klassenunterschiede innerhalb der französischen Gesellschaft der 60er- und 70er-Jahre des 20. Jahrhunderts. Eine besondere Rolle kommt dabei dem Essverhalten zu. So ist der für die Nahrungsauswahl notwendige Geschmack nach Bourdieu hauptsächlich vom Habitus geprägt, das heißt, er ist weder biologische Veranlagung noch individuell, sondern wird frühzeitig entsprechend der sozialen Klasse, in der man sich befindet, sozial gesteuert und geprägt.[53] Rückwirkend bedeutet das, dass Geschmack sehr viel über den Lebensstil und den Habitus eines Individuums aussagt. So ist Essen für Bourdieu ein besonders markantes soziales Distinktionsmittel.[54] Anhand zahlreicher Beispiele beschreibt er Ernährungs- und Geschmacksunterschiede in verschiedenen sozialen Schichten und Berufsgruppen und unterscheidet zwischen dem „aus Luxus (und Freizügigkeit) und dem aus Not(-wendigkeit) geborenen Geschmack".[55] Ersterer komme den oberen sozialen Schichten zu, die aufgrund von Kapitalbesitz eine Distanz oder

---

49 Lévi-Strauss 1972 (1965), 17.
50 Zubereitete Nahrung kann sich auch im Zustand oder in der Nähe des Zustandes des Verfaulten befinden, wie Lévi-Strauss am Beispiel verschiedener Völker zeigt, vgl. ebd. 5–7.
51 Vgl. Leach 1991, 35f.
52 Vgl. Fuchs-Heinritz 2005, 113.
53 Vgl. Teuteberg 1997, 8. Diese Annahme teilt Bourdieu u.a. mit Lévi-Strauss, Douglas und Barthes (s. oben, Anm. 48); vgl. auch Tietz 2013, 19.
54 Vgl. Bourdieu 2013 (1979), 292.
55 Ebd. 289.

Freiheit von Not(-wendigkeit) haben, letztere den Unterschichten.[56] Geschmack und Essverhalten können dabei für Bourdieu nicht losgelöst von der sozialen Umwelt betrachtet werden, vielmehr stehen sie im „Gesamtzusammenhang des Lebensstils".[57] So spiegeln bestimmte Speisevorlieben und Zubereitungsarten etwa Rollen- oder Körperbilder einer bestimmten Klasse wider.[58]

Schließlich hat Michel Foucault mit seinen Begriffen *Bio-Macht* und *Bio-Politik* (1976) gezeigt, dass biologische Prozesse Mittel zur Ausübung politischer Macht sein können. Bio-Macht entsteht laut Foucault mit dem Einsetzen der Industrialisierung, als biologische Bedrohungen wie Hunger und Seuchen durch ökonomische und landwirtschaftliche Entwicklungen im 18. Jahrhundert abgemildert werden und die Regulationsmechanismen des Staates vom Nehmen des Lebens (Töten als Strafe) zum Fördern des Lebens wandeln.[59] Gleichzeitig, so Foucault, mehre sich das Wissen über Prozesse des Lebens, über Medizin und Gesundheit, die man nutzen, kontrollieren und modifizieren könne: „Zum ersten Mal in der Geschichte reflektiert sich das Biologische im Politischen."[60] Das bedeutet, dass der Staat in das Leben der Menschen eingreift, um das Bevölkerungswachstum zu kontrollieren und zu regulieren, indem Körper leistungsfähig, gelehrig und nutzbar gemacht werden.[61] Eine zentrale Rolle spielen dabei für Foucault Sexualität[62] und Hygiene.[63] Eine genaue Definition oder vollständige Erklärung der Begriffe *Bio-Macht* und *Bio-Politik* bleibt Foucault allerdings schuldig. Auf die Regulierung von Nahrungsversorgung beispielsweise, obwohl diese ebenso zentral für die von ihm skizzierte Politik des Lebens sein müsste, geht er nicht ein. Neuere Studien greifen Foucaults Ansatz jedoch

---

56 Selbst wenn die „Notlagen", aus denen sie entstanden sind, so gar nicht mehr existieren, vgl. ebd. 290.

57 Ebd. 301.

58 Ebd. 304f. Die Zubereitung von lange geschmorten Topfgerichten beispielsweise steht laut Bourdieu im Zusammenhang mit einem konservativen Frauenbild: „[...] so wird eine Hausfrau, die ihre ganze Zeit und Mühe ihrem ‚Herd und Heim' widmet, kurzerhand französisch ‚pot-au-feu' [sc. eine Art französischer Eintopf] genannt", ebd. 304.

59 Vgl. Foucault 2010 (1976), 134.

60 Ebd. 138.

61 Schneider 2004, 179f.

62 „Der Sex eröffnet den Zugang sowohl zum Leben des Körpers wie zum Leben der Gattung. Er dient als Matrix der Disziplinen und als Prinzip der Regulierungen." Foucault 2010 (1976), 141, ausführlich 141–153; vgl. auch Foucault 1999 (1996), 290f.

63 Hierzu ebd. 282; 292.

auf und wenden ihn auf Ernährung an. So schreibt etwa die Soziologin Eva Barlösius (2016): „[...] politische Systeme sind nur dann stabil, wenn die Bevölkerung mit ausreichender Nahrung versorgt ist. Nahrungssicherung gehört deshalb unabdingbar zur politischen Machterhaltung und bildet eine der ältesten Legitimationsquellen von Herrschaft."[64]

Barlösius schlägt mit dieser Aussage die Brücke von den genannten Studien zur Anwendbarkeit auf die Altertumswissenschaften: Denn Essgewohnheiten, also Auswahl (Bourdieu), Klassifizierung und Zubereitungsarten (Lévi-Strauss), Regulierung (Foucault), aber auch Art und Weise des Verzehrs sind Mittel sozialer Kommunikation. Sie können beispielsweise Indikatoren für menschliche Verhaltensweisen und für Identität sein, sie können soziale Strukturen (Lévi-Strauss), Machtverhältnisse (Foucault) und Wertevorstellungen (Bourdieu) ausdrücken.[65] Der Historiker Hans-Jürgen Teuteberg (1997) bringt in diesem Zusammenhang die Bedeutung von Essen für alle Kulturwissenschaften auf den Punkt: „Die mit dem Essen verbundene Kommunikation ist [...] eine durch alle Räume und Zeiten gehende kulturelle Konstante."[66] Für die Beschäftigung mit Essen als literarischem Motiv sind diese Erkenntnisse insofern relevant, als literarische Darstellungen auch immer – natürlich durch die Brille der Autorin oder des Autors – Strukturen und Wertevorstellungen der Gesellschaft, in der sie verfasst wurden, widerspiegeln. Wenn wir uns also mit Essen in Ovids Metamorphosen beschäftigen, müssen wir eine Vorstellung davon haben, inwiefern Essen in der römischen Gesellschaft als Zeichen sozialer Kommunikation funktionierte. Genauer wird darauf in Abschnitt 3.3 der Einleitung eingegangen.

---

64 Barlösius 2016, 19f.; vgl. auch Reitmeier 2013, 263–270 über die ‚Ideologisierung der Ernährung'.
65 Vgl. König 2012, 3.
66 Auch von anderen Altertumswissenschaftlerinnen und Altertumswissenschaftlern wurde die Bedeutung dieser Erkenntnisse für die eigenen Disziplinen erkannt, vgl. Gowers 1993, 5: „[social anthropology] has taught us that the classification of food, the rituals of cooking, and the arrangement of meals hold clues to notions of hierarchy, social grouping, purity and pollution, myths of creation and cosmogony, and the position of man in relation to the world"; vgl. auch Garnsey 1999, xii; 7f; Montanari 1999, 69; Stein-Hölkeskamp 2005, 11f.

3.2 Forschungsansätze zum Essen und zur Ernährung in der Antike

Im folgenden Überblick wird nach einer kurzen Einführung der wichtigsten Forschungsansätze die Entwicklung der Forschung zu Essen in der römischen Antike chronologisch nachgezeichnet.

Die Forschung über Ernährung beziehungsweise Speisedarstellungen in der Antike lässt sich nach Werner Tietz (2013)[67] in die Kategorien *antiquarisch*, *sozial- und kulturhistorisch* und *philologisch-textanalytisch* einteilen. Antiquarische Studien sehen antike Literatur als Quelle für römische Tischsitten und zu römischer Zeit konsumierte Nahrungsmittel und stellen diese zum Teil lexikalisch zusammen. Studien, die einen *sozial- und kulturhistorischen* Ansatz verfolgen, untersuchen dagegen das *gemeinsame* Essen und Trinken als Ausdruck gemeinsamer Werte,[68] das heißt die Rolle des Gastmahls als soziale und gesellschaftliche Institution. Beide Ansätze verwenden neben literarischen Zeugnissen auch künstlerische Quellen und archäologische Erkenntnisse. Arbeiten des *philologisch-textanalytischen* Ansatzes, besonders aus dem angelsächsischen Raum, nehmen Aspekte der Ernährung und Ernährungsmotive in ausgewählten Texten und Textgattungen unter besonderer Berücksichtigung von Kontext, künstlerischen Gestaltungsmitteln und intendierten Rezipienten in den Blick. Die historische Entwicklung dieser Ansätze verläuft im Einzelnen etwa so:

Antiquarische Studien wie beispielsweise diejenigen von Ludwig Friedländer (1922) oder Jerôme Carcopino (1939) befassen sich bereits seit der ersten Hälfte des 20. Jahrhunderts mit Essen in der Antike. Sie können als Quellensammlung für die Beschäftigung mit Essen in antiken Texten durchaus hilfreich sein.[69] Besonders die Arbeit von Jacques André (1961) gibt einen umfassenden, mit zahlreichen Primärquellen belegten Überblick über römische Nahrungsmittel und deren Verarbeitung. Deshalb wird sie in vielen Studien, die sich mit Essen in der römischen Antike oder Literatur befassen, als Referenz herangezogen.[70]

---

67 Tietz 2013, 23.
68 Vgl. Murray 1990, 5.
69 So etwa Brothwell/Brothwell 1969.
70 Z.B. Griffin 1991, 65; Dunbabin 2003, 213; Powell 2007, 174, Martins 2018, 82.

Seit den 60er-Jahren entstehen Arbeiten besonders im angelsächsischen Raum, die einen dezidiert *philologisch-textanalytischen* Ansatz vertreten. Zu nennen sind hier etwa die Untersuchung des Gastmahls bei Trimalchio von William Arrowsmith (1966) oder der Kommentar zur ersten Satire des Persius von John C. Bramble (1974).[71]

In den 80er-Jahren setzen Studien ein, die dem *sozial- und kulturhistorischen* Ansatz zuzuordnen sind. So bezieht etwa Lowell Edmunds (1980) die aus dem Strukturalismus stammende Theorie von Essen als Zeichensystem auf die römische Antike.[72] Mireille Corbier (1989) wiederum untersucht die ambivalente Bewertung von Fleisch in Rom.

1993 legt Emily Gowers die erste autoren- und genreübergreifende *philologisch-textanalytische* Arbeit vor. Darin beschäftigt sie sich mit Essensdarstellungen in unterschiedlichen literarischen Genres der römischen Literatur wie beispielsweise den Komödien des Plautus, Satiren von Horaz, Persius und Juvenal sowie mit Einladungsgedichten. Auch sie weist wie Edmunds auf die Bedeutung soziologischer und anthropologischer Erkenntnisse für die Beschäftigung mit soziokulturellen Faktoren von Essen hin, stellt deren uneingeschränkte Anwendbarkeit auf literarische Essensdarstellungen jedoch in Frage.[73]

Neben der Studie von Gowers sind die Untersuchungen von Nicola A. Hudson über Funktion und Darstellung von Essen in der römischen Satire (1989, 1991, 1993) bedeutsam.

Seitdem erscheinen immer wieder Arbeiten aller drei Ansätze: In jüngerer Zeit erwachsen aus dem *antiquarischen* Ansatz vermehrt populärwissenschaftliche Veröffentlichungen.[74] Diese sind stets reich bebildert und regen durch antike, häufig dem Kochbuch des Apicius entnommene Rezepte

---

71 Zur griechischen Literatur vgl. Fauth 1973 (griechische Komödie).
72 Edmunds folgt mit seinem semiologischen Ansatz demjenigen Roland Barthes', vgl. Edmunds 1980, 52.
73 Vgl. Gowers 1993, 6; vgl. Tietz 2013, 27.
74 So etwa Schwarz 1995; Fellmeth 2001; Dalby 2003; Junkelmann 2006; Schareika 2007; Cech 2013; Donahue 2015. S. auch die Überblicke bei Gowers 1993, 7 und bei Tietz 2013, 23. Interessant ist auch die Arbeit von Jashemski 2018. Dieses Werk ist insofern eher dem antiquarischen Ansatz zuzuordnen, als darin die verschiedenen Formen von antiken Gärten, deren Pflanzenbestand und Nutzen dargestellt werden; das Sammelwerk stützt sich dabei sowohl auf literarische als auch auf künstlerische Quellen und archäologische Erkenntnisse.

zum Nachkochen an.[75] Für den deutschsprachigen Raum sind hier etwa die Arbeiten von Marcus Junkelmann (1997), Helmut Schareika (2007), Karl-Wilhelm Weeber (2012) oder Brigitte Cech (2013) zu nennen.

Auch mit dem *sozial- und kulturhistorischen* Ansatz wurde seit den 90er-Jahren weiter über Essen in der römischen Antike geforscht, so etwa über Ernährung und Gesellschaft generell von Peter Garnsey (1999) und Nicholas Purcell (2003), über das römische *convivium* von Florence Dupont (1999), Katherine Dunbabin (2003), Matthew B. Roller (2006) und von Dirk Schnurbusch (2011).[76] Als wichtige neuere Arbeit in diesem Bereich ist eine Studie über „Essen im Diskurs der römischen Antike" von Werner Tietz (2013) hervorzuheben, die, basierend auf der aus der Soziologie und Anthropologie stammenden Annahme eines Zeichencharakters von Nahrungsmitteln und mit dem „Bewusstsein, dass Nahrung zur sozialen Kommunikation genutzt werden kann"[77], das Ziel verfolgt, eine „Analyse des gesamten Spektrums antiker Nahrungsmittel mit ihrem Zeichencharakter"[78] zu liefern und daraus Rückschlüsse auf Mentalitäten und Habitus der römischen Gesellschaft zu gewinnen.[79] Die von Tietz vorgenommene Einordnung der Nahrungsmittel in Zeichenkomplexe als Ausdrucksformen bestimmter Aspekte sozialer Existenz in der römischen Welt und besonders die ausführliche Darstellung der Bedeutung von Ernährung im Kontext des *mos maiorum* ist grundlegend für die weitere Beschäftigung mit Nahrungsmotiven in der römischen Literatur.

75 Erstmals 1991 erschien bei Reclam eine zweisprachige Ausgabe des Kochbuches von Apicius, das sich durch das ansprechende Cover von den üblichen Reclam-Ausgaben unterscheidet und dadurch ebenfalls auf ein breiteres nicht-wissenschaftliches Publikum abzielt.
76 Darüber hinaus Murray 1985 (römische Esskultur am Beispiel von Horaz), 1994 (Sammelband über das Symposion); König 2012 (graeco-römische und frühchristliche Welt).
77 Tietz 2013, 15.
78 Ebd. 27.
79 Vgl. die Rezension von Meister in HZ 301 (3), 2016, 752. Dennoch zeigt Tietz auch die Defizite soziologischer und anthropologischer Modelle für die Anwendung auf antike Gesellschaften auf. Die strukturalistischen Theorien, so Tietz mit Verweis auf Teuteberg 1997, 10, würden mehr deskriptive statische Klassifizierungen des Ernährungsverhaltens als wirkliche Erklärungen bieten: „Frühere Entwicklungslinien wie räumliche Differenzierung bleiben aus Sicht des Historikers ganz im Dunkeln; die kulinarischen Kulturmuster müssen in den Jahrtausenden Wandlungen durchgemacht haben durch endogene und exogene Faktoren", Tietz 2013, 27. In Bezug auf Bourdieu räumt Tietz ein, dass das Habitus-Modell nur sehr begrenzt auf die Antike anwendbar sei, „da meist keine hinreichenden Quellen dafür existieren, das Hervorbringen neuer Verhaltensformen hinreichend zu dokumentieren oder gar zu erklären.", ebd.

Neuere Arbeiten des *philologisch-textanalytischen* Ansatzes beschäftigen sich sowohl mit einzelnen Autoren und Texten als auch mit autorenübergreifenden Aspekten von Essen:[80] Elke Stein-Hölkeskamp (2002) beispielsweise arbeitet anhand der Darstellungen idealisierter Gastmähler der augusteischen und nachaugusteischen Zeit heraus, wie die Autoren zeitgenössische Herrscher anhand ihrer Essgewohnheiten bewerten, und in einer weiteren Studie (2005), wie Frauen bei literarischen Gastmählern dargestellt werden. Anja Bettenworth (2004) entwickelt ein diachrones Modell antiker Gastmähler von Homer bis Claudian und stellt davon ausgehend die Entwicklung der Gastmahlszene und ihrer Bestandteile in epischen Texten der antiken Literatur dar.[81]

Einen interdisziplinären Ansatz verfolgt der jüngst erschienene Sammelband „Roman Frugality" unter der Herausgeberschaft von Ingo Gildenhard und Cristiano Viglietti (2020). Darin wird das römische Konzept der *frugalitas* aus kulturhistorischen, politischen, archäologischen und philologischen Blickwinkeln vom archaischen Rom bis in die Frühmoderne beleuchtet. Laure Passet beispielsweise diskutiert in ihrem Beitrag, inwiefern Cato das Konzept der *frugalitas* als Strategie der römischen Selbstdarstellung etabliert habe. Die Semantik der Begriffe *frugalitas* und *frugi* in römischen Texten wird von Ingo Gildenhard thematisiert. Ausführlich beleuchtet er, wie etwa Cicero, Horaz, Seneca oder der jüngere Plinius durch die gezielte Verwendung beider Wörter ihre Wertevorstellungen und Haltungen gegenüber den politischen Verhältnissen zum Ausdruck bringen.

---

80 Für die römische Literatur beispielsweise Danese 1997 (Plautus' *Pseudolus*); Richardson-Hay 2009 (Seneca); Bartsch 2015 (Persius); für die griechische Literatur sind weiterhin zu nennen Wilkins 1996 und 2000 (griechische Komödie); Wöhrle 2000 (Essen und Sexualität in der frühgriechischen Dichtung); für biblische Darstellungen Geiger u.a. 2009.
81 Die Metamorphosen vernachlässigt Bettenworth allerdings, da sie lediglich Epen mit einer zusammenhängenden Handlung berücksichtigt. Dennoch und obwohl Essen an sich nicht unbedingt im Fokus von Bettenworths Untersuchung steht, ist das von ihr erstellte Modell besonders für die Untersuchung der Gastmahlszene bei Philemon und Baucis in dieser Arbeit interessant.

3.3 Stand der Forschung

3.3.1 Soziokulturelle Faktoren von Essen in der römischen Welt

Nach dem systematischen Überblick über Tendenzen in der Forschung zum Bereich ‚Essen in der römischen Antike und Literatur' ist auch eine inhaltliche Klärung der diesbezüglichen wichtigsten Forschungsergebnisse notwendig.

Es kann und soll an dieser Stelle keine umfassende Darstellung römischer Essgewohnheiten erfolgen. Erkenntnisse, die aus dem antiquarischen Ansatz resultieren, werden deshalb ausgeklammert. Stattdessen wird der Fokus im Sinne des sozial- und kulturhistorischen Ansatzes auf soziokulturelle Faktoren von Essen gelegt, die eine Schlüsselfunktion für das Verständnis literarischer Essensdarstellungen haben. Auf Forschungsergebnisse aus dem Feld des philologisch-textanalytischen Zugangs, der sich mit Essen als literarischem Motiv beschäftigt, wird anschließend separat eingegangen. Eine klare Trennung dieser beiden Bereiche – soziale Wirklichkeit und fiktionale Welt – ist insofern problematisch, als sozial- und kulturhistorische Erkenntnisse vorrangig aus literarischen Quellen gewonnen werden. Dementsprechend haben Wertebegriffe und Aspekte des Zusammenlebens immer auch literarische Implikationen beziehungsweise stellen literarische Topoi dar. Dadurch entsteht die Gefahr eines Zirkelschlusses. Diese Problematik wird im Kapitel 3.3.2 aufgegriffen und weiter vertieft.

Um den Rahmen dieser Arbeit nicht zu sprengen, werden die einzelnen, meines Erachtens für diesen Zusammenhang besonders relevanten Forschungspositionen exemplarisch herausgestellt. Auf eine chronologische Aufbereitung der Forschungsgeschichte wird verzichtet, um eine kohärente Darstellung des Gegenstandes zu ermöglichen.

In Abschnitt 3.1 wurden verschiedene soziologische und anthropologische Theorien skizziert, die auf unterschiedliche Weise eine Grundannahme gemeinsam haben: nämlich dass *Essen* als Zeichen sozialer Kommunikation verschiedene Bereiche des Lebens sichtbar machen kann. Diesen Ansatz haben sich seit den 80er-Jahren verschiedene Altertumswissenschaftlerinnen und -wissenschaftler zu eigen gemacht und auf die römische Welt angewandt.

Eine Erkenntnis ist grundlegend: Der Umgang mit Essen erfährt in der römischen Kultur eine signifikante moralische Überhöhung,[82] konkret drückt er das Verhältnis der Römer zum *mos maiorum* aus. Der *mos maiorum*, so Tietz treffend, ist ein „System von Wertmaßstäben, Verhaltensweisen und sittlichen Motiven" und „wirkt[e] als historisch rückkonstruierter Habitus der als vorbildhaft akzeptierten Vorfahren von da an bis weit in die Kaiserzeit hinein".[83] Er versucht zu erklären, dass sich aus den frugalen, durch Abhärtung und Disziplin geprägten Verhaltensweisen der Vorfahren die außergewöhnlichen sozialen, politischen und kriegerischen Errungenschaften der römischen Bürger, sprich die römische Herrschaft, entwickelt haben.[84] Entstanden ist dieses Konstrukt womöglich als Reaktion auf den Luxus, der mit den Aktivitäten der römischen Truppen im mediterranen Osten in Rom Einzug hielt.[85] Die im Zuge dieser Einflüsse aus dem Ostmittelmeerraum in Rom zunehmenden Dekadenzerscheinungen werden, so Tietz, von zeitgenössischen Schriftstellern als schädlicher Überfluss und Sittenverfall gewertet.[86] Im Rahmen dieser Luxuskritik bringen die Autoren zum Ausdruck, dass sowohl das neue exotische Essen als auch die Spezialisierung auf nicht-italische, vor allem griechische Kochkunst eine bedeutende Rolle in

---

82 Vgl. Gowers 1993, 4.
83 Tietz 2013, 37. Dort auch der Verweis auf weitere Sekundärquellen zum *mos maiorum*. Der Zeitraum, in dem die idealisierten Vorfahren gelebt haben sollen, wird in der späten Republik bzw. frühen Kaiserzeit als die Zeit unmittelbar nach Gründung der Republik imaginiert, ebd. 41.
84 Hudson 1991, 20; vgl. Iuv. 14,179–182. Tietz 2013, 48 weist auf das Paradox hin, dass eben diese bäuerische Härte gleichsam zum Einzug des Luxus in Rom führte.
85 Vgl. Tietz 2013, 44; Hudson 1991, 21. Dabei ist zu bedenken, dass der Topos der guten alten Zeit kein genuin römisches Phänomen ist, da „der römische Diskurs mit seinen stereotypen Klagen über die schlechten Zustände der eigenen Zeit [...] griechische Wurzeln habe" (Tietz 2013, 49; vgl. Vischer 1965, 88), die Römer diesen Topos aber wohl an ihre eigenen Lebensrealitäten und Wertevorstellungen anpassten (Tietz 2013, 49). Die Griechen kontrastierten ihre Welt dagegen mit der Dekadenz der Perser, vgl. Montanari 1999, 73. Die *frugalitas* wurde in Rom wahrscheinlich aber mehr gelobt als in Griechenland, vgl. König 2006, 27.
86 Der zunehmende Luxus erscheint als „Bedrohung für das spezifisch römisch konstruierten Gesellschaftsform und Lebensweise", Tietz 2013, 48. Auch wenn verschiedene Autoren den zunehmenden Sittenverfall mit der Expansion in den Ostmittelmeerraum in Verbindung bringen (z.B. Sall. Cat. 13,3), sind die ,vorher sittenreinen' Römer sicher keinesfalls als reine Opfer des plötzlich auftauchenden östlich-hellenistischen Luxusdenkens zu sehen (vgl. Tietz 2013, 45), dennoch intensivierten sich freilich „mit dem Beginn der römischen Expansion in den Osten des Mittelmeerraumes [...] die Kontakte dorthin in jeder Hinsicht [...]" (ebd.).

dem degenerativen Prozess der Dekadenz gespielt habe.[87] Bezeichnend dafür sei die von Livius geäußerte Kritik, dass so etwas Banales wie Kochen plötzlich zur *ars* erhoben worden sei.[88] Einfaches Essen hingegen, so Valerius Maximus, sei bei den Alten das sicherste Zeichen für *humanitas* und *continentia* gewesen.[89] Essen, so schließt Tietz, wurde für den *mos maiorum* „als Zeichen par excellence [...] von Anfang an genutzt und war immer ein wichtiger Teil der Kontroverse [sc. um den zunehmenden Überfluss]."[90]

Nach übereinstimmender Forschungsmeinung ist die Symbolik von Essen im Diskurs des *mos maiorum* von Gegensätzen geprägt.[91] Am stärksten tritt dabei der Gegensatz zwischen der als moralisch negativ bewerteten Gegenwart und der als moralisch positiv bewerteten Vergangenheit hervor. Dabei wird die Gegenwart mit der Stadt in Verbindung gebracht, die Vergangenheit jedoch mit dem Landleben.[92] Dies erklärt Hudson damit, dass Roms Vergangenheit als eine ländliche, bäuerliche konzeptualisiert war,[93] weshalb man davon ausgegangen sei, dass die Lebensmittel jener Zeit einen moralischen Eigenwert bzw. eine moralische Konnotation hatten.[94] Demgegenüber wurden die (als moralisch negativ bewerteten) importierten Luxusgüter vor allem auf den Märkten in der Stadt erworben.[95] Den Unterschied zwischen Stadt und Land machen laut Tietz nicht die einzelnen Nahrungsmittel, sondern in Bezug auf das Land deren Eigenschaften wie „zum einen die problemlose, meist kostenlose Verfügbarkeit aufgrund eigenen Anbaus, zum anderen der zu beobachtende [mangels raffinierter Küchenutensili-

---

87 So etwa Liv. 39,6,3–9; Plin. nat. 18,11,107, vgl. Hudson 1991, 22. Plautus' Koch Pseudolus hingegen ist der Inbegriff der griechischen Dekadenz. Er verspottet diejenigen, die im Gegensatz zur griechischen *nouvelle cuisine* noch die altmodischen italischen Köche anheuern, die Wiesen und Gräser (*herbae*) servieren würden, die nicht einmal das Vieh fräße (Plaut. Pseud. 810–825). Etwa zur selben Zeit kommen aufwendig weiterverarbeitete Speisen in Mode, vgl. Tietz 2013, 45.
88 Liv. l.c. Vgl. dazu weitere Quellen bei Tietz 2013, 44, Anm. 32 und 51. Über die Debatte „Kochen als Kunst?" s. ebd. 51–53.
89 Val. Max. 2,5,5, vgl. Tietz 2013, 49.
90 Tietz 2013, 49.
91 Edmunds 1980; Hudson 1989, 1991; Gowers 1993; Stein-Hölkeskamp 2002.
92 Den Gegensatz von Stadt und Land gibt es als Motiv allerdings schon bei Homer, so etwa in der Eumaios-Geschichte, in der ein Sauhirte den weltgewandten Odysseus willkommen heißt und bewirtet, s. hierzu unten, 166.
93 Hudson 1989, 73f.; vgl. Tietz 2013, 255.
94 Hudson 1989, 73f.
95 Vgl. Tietz 2013, 256; 259.

en][96] geringe Verarbeitungsgrad."[97] Als moralisch besonders positiv würden solche Nahrungsmittel eingestuft, die nicht eingekauft sind, sondern aus eigenem Anbau, d.h. vom eigenen Landgut, stammen.[98] Ein Element dieser verherrlichten ländlichen Lebensweise sei die Autarkie, die ein Leben ohne Abhängigkeit von der Stadt ermöglicht. Um diese zu gewährleisten, sei die Konservierung von Lebensmitteln notwendig, weshalb konservierte Lebensmittel eher Zeichen für ländliche Ernährung seien.[99]

Nahrungsmittel, die bei der Charakterisierung des Landlebens immer wieder in den Texten als Elemente ländlicher Feiern genannt werden, sind u.a. grünes Gemüse (*holus*), Hülsenfrüchte, Bohnen und Speck (als besonders wertvolle Delikatesse, die nur bei Festtagen hervorgeholt wird), daneben Feigen, der Getreidebrei *puls*,[100] Zwiebeln und Salat.[101] Besonders bei Horaz könne man sehen, dass das Kriterium dabei keineswegs der bessere Geschmack ist – im Gegensatz zu importiertem Essen –, sondern dass die Kost nicht so teuer erkauft ist, da sie selbst angebaut wurde.[102] Verglichen mit den Speisen, die man z.B. von der Tafel des Trimalchio kennt, wirken die aufgezählten Nahrungsmittel zwar ärmlich, doch das Landleben wird durch die Auswahl und den geringen Verarbeitungsgrad von Speisen nicht, so Tietz, als „Ort der Armut gekennzeichnet, sondern eher als frühes Ent-

---

96 Tietz 2013, 260.
97 Ebd. 256.
98 Ebd. 257. Selbstgezogenes Gemüse wird besonders dann beim Mahl angeboten, wenn Ungezwungenheit und Vertrautheit betont werden sollen und das Streben nach Prestige zurücktritt. Beispielsweise soll Curius Dentatus, der Bezwinger des Pyrrhos, laut Iuv. 11,77–80 sein Gemüse angeblich im eigenen Garten angebaut haben, vgl. Edmunds 1980, 53; Tietz 2013, 151.
99 Tietz 2013, 258f. mit Verweis auf Colum. 12,14 und Hor. serm. 2,6,84f. (Landmaus und Stadtmaus). Tietz weist gleichzeitig zu Recht darauf hin, dass es hier auch Überschneidungen geben kann, z.B. essen auch Städter getrocknete Feigen (ebd.). Dies ist jedoch ganz natürlich, da Feigen auch aus anderen Ländern importiert wurden (z.B. karische Feigen, s. Philemon und Baucis, oder Datteln, die meist schon im getrockneten Zustand eingeführt wurden, vgl. André 2013 (1961), 69f.).
100 Zu Getreideprodukten als besonders identitätsstiftendem Nahrungsmittel und -motiv der Römer s. Purcell 2003, 332–336.
101 Vgl. Edmunds 1980, 60; Hudson 1989, 73f.; Tietz 2013, 58, 256, 259f.
102 Tietz 2013, 266; mit Verweis auf Ofellus und Landmaus bei Hor. serm. 2,2; 2,6, s. dazu unten, 223.

wicklungsstadium der materiellen römischen Kultur, die parallel zum raffinierten urbanen Leben existierte"[103].

Während man sich einerseits durch Umsetzen des *mos maiorum* im Bereich der Ernährung von der *luxuria*, d.h. der als übertrieben empfundenen Verfeinerung bei Zutaten und Zubereitung, abgrenzen wolle, so Massimo Montanari (1999), werde andererseits eine gewisse *elegantia* beim Mahl gefordert, um gleichermaßen den eigenen Grad an Zivilisiertheit (in Abgrenzung zum Barbarentum) zu zeigen.[104] Als barbarisch gelte maß- und regelloses sowie rohes Verhalten; letzteres äußere sich auch in der Unkenntnis einfacher Qualitäts- und Verarbeitungsformen.[105] Als starkes Zeichen von Barbarei würden außerdem Kannibalismus und Rohverzehr gelten.[106] Der Milch trinkende und Fleisch essende Barbar, so Montanari, werde als primitiver Jäger und Sammler gesehen, während der zivilisierte Römer seine Nahrung als Hirte und Bauer gewinne.[107] Vor allem der Verzehr von rohem Fleisch gelte als besonders barbarisch, zumal die Römer ihren Grad an Zivilisiertheit u.a. daran messen, ihr Essen zu kochen.[108] In diesem Zusammenhang ist die Beobachtung von Edmunds interessant, dass Nahrungsmittel einen Zeichenwert zumeist in ihrer rohen Form haben:[109] Eher würden einzelne Zutaten oder auch deren Farben beschrieben als das ganze Gericht. Kurioserweise sei es in der römischen Welt verbreitet, den ursprünglichen Zustand und Geschmack der Nahrungsmittel vor dem Verzehr zu denatu-

---

103 Tietz 2013, 272, hier explizit auf den geringen Verarbeitungsgrad von (geräuchertem) Fleisch bezogen. Freilich ist dieses Bild vom Landleben, wie bereits oben angedeutet, ein idealisiertes aus der Sicht der reichen städtischen Elite. Zwar gibt es die landwirtschaftlichen Güter der Reichen, aber der gemeine Bauer musste seine Ernte wohl eher auf dem Markt verkaufen, um zu überleben, und konnte es sich nicht leisten, das Ideal des bäuerlichen bescheidenen Selbstversorgers auch noch zu zelebrieren – das konnten sich freilich nur die Reichen erlauben; vgl. Garnsey 1999, 10; Tietz 2013, 278.
104 Vgl. Montanari 1999.
105 Tietz 2013, 38. Eine solch extreme Darstellung erfolge, so Tietz, vor allem bei Karikaturen von „Tyrannen oder anderweitig als besonders verwerflich empfundenen Personen". Ebd. 39.
106 Tietz 2013, 379.
107 Vgl. Montanari 1999, 72.
108 Vgl. Edmunds 1980, 57f. Hudson 1991, 12 verweist in diesem Zusammenhang auf Juvenals 15. Satire, in der der Sprecher bemerkt, dass der Mensch sich vom Tier unterscheide, da er nicht dasselbe esse, technisch fortgeschritten sei und sein Essen koche.
109 S. Edmunds 1980, 57f.

rieren, zu verändern, zu vernichten.[110] Während also der Rohverzehr als ein Kennzeichen des Barbarischen gilt, werden Speisen in literarischen Texten fast ausschließlich in ihrer unzubereiteten Form genannt – ein Paradox.[111] Die oben geschilderte Gratwanderung, sich weder als Anhänger des Luxus noch als Barbar zu präsentieren – die sogenannte *smart poverty*[112] – resultiere, so Montanari, aus der Konstruktion der eigenen wahrgenommenen historisch begründeten Identität: Auf der einen Seite wolle man sich abgrenzen von den Barbaren, die nicht kochen können und sich von Milch und rohem Fleisch ernähren, d.h. man wolle zeigen, dass man zivilisiert ist;[113] auf der anderen Seite grenze man sich mit der propagierten *frugalitas* von der Dekadenz und der Schlaffheit des Ostmittelmeerraumes ab, die man durch ihre zur Schau gestellte Maßlosigkeit und die extravaganten Geschmäcker auch als eine Art Barbarei betrachten kann. Durch das Ernährungsmodell der bäuerlichen Frühzeit, das als frugal geprägt angesehen wird, könne man beiden ‚Schädlingen' etwas entgegenhalten: Das Bauern- und Hirtentum sei geprägt von harter Arbeit und Genügsamkeit, kenne aber gleichzeitig be-

110 Als Beispiel nennt Edmunds das Gericht *patina de apua sine apua* bei Apicius (Apic. 4,2,12), dessen Ziel es offenbar sei, dass man nicht mehr weiß, was man isst, vgl. Edmunds 1980, 57f. Als mögliche Begründung für diese Vorliebe der Römer führt Edmunds an, dass es der Versuch sei, Abstoßendes wie z.B. Saueuter essbar zu machen. Offenbar gebe es also eine Ambiguität im Verhältnis der Römer zu ihrem Essen: die gesundheitliche beziehungsweise biologische Seite – alles, was an dem Nahrungsmittel schädlich sein könnte oder als schädlich erachtet wird, wie zum Beispiel giftige Säfte, muss zerstört werden – und die metaphorische Seite, die ein Nahrungsmittel zu einem Symbol von *moderatio* oder *elegantia* mache (58f.).
111 Die Erklärung für die Bedeutung von Essen in seiner rohen Form sieht Purcell 2003, 341 darin, dass die Römer keine große Distanz zu den Produkten hätten wie wir heute: Einzelne Nahrungsmittel wie etwa Bohnen, Brot oder Käse hätten aufgrund ihrer unterschiedlichen Herkunft, Produktion beziehungsweise Herstellung, Einkaufspreise und Ähnlichem einen hohen Eigenwert – während man heute unterschiedliche Zutaten wie etwa Fleisch, Wein oder Gemüse leicht zusammen im Supermarkt als Zutaten für ein Abendessen erwerben könne, ohne unmittelbar mit Produktion oder Transportweg konfrontiert zu sein. Natürlich habe es auch in Rom Märkte gegeben, auf denen man unterschiedliche Waren erstehen konnte. Dennoch, und hier geht es Purcell sicherlich um einen prinzipiellen Unterschied zur modernen (westlichen) Gesellschaft, sei die Distanz zwischen Konsument und Produzent wesentlich geringer gewesen als heute. Tietz 2013, 22 sieht die Begründung eher darin, dass Namen für fertige Gerichte entweder nicht eingebürgert oder dass Vieles in der römischen Küche nicht standardisiert gewesen sei.
112 Der Begriff wurde bereits von Edmunds 1980 eingeführt.
113 Montanari 1999, 69, 75; vgl. Vischer 1965, 97.

reits die topische Trias der römischen Zivilisation, Brot, Wein und Oliven, und die damit verbundenen Verarbeitungsmethoden.[114]

Darin, dass die spezifisch römischen Essensgewohnheiten die Zusammengehörigkeit zu dieser kulturellen Gruppe in Abgrenzung von als barbarisch oder dekadent eingestuften Völkern und Kulturen ausdrücken, zeigt sich, wie Montanari erläutert, die *kulturdistinktive Funktion* von Essen im Römischen Reich.[115] Daneben gibt es auch eine *sozialdistinktive Funktion*, die sich besonders beim gemeinsamen Essen innerhalb einer kulturellen Gruppe zeigt: Das (römische) Bankett repräsentiert ebenso Hierarchie und Machtbeziehungen innerhalb einer Gruppe, zum Beispiel im Sinne des anthropologischen Paradigmas des Gabentauschs, wobei die Bedeutung dieses Austauschs variieren kann, je nachdem, in welche Richtung er erfolgt: Der Austausch von oben nach unten kann Großzügigkeit ausdrücken, der Austausch von unten nach oben Unterwürfigkeit.[116] Auswahl, Zubereitung und Einnahme von Essen, so bringt Jason König (2012) es auf den Punkt, können „vehicles of self-definition and communal identity at all levels of society"[117] sein. Sie können also den eigenen sozialen Status ausdrücken und gleichermaßen den Status einer anderen Person aus der eigenen Sichtweise symbolisieren, z.B. durch die Speiseverteilung, durch die Speisen selbst, die man ihr serviert, oder durch die Sitzposition, die ihr beim Gastmahl zugewiesen wird.[118]

Dies zeigt auch Stein-Hölkeskamp für die augusteische und nachaugusteische Zeit, indem sie herausarbeitet, wie in idealisierten Gastmählern bei Plinius, Statius, Tacitus und Martial „zentrale Motive der zeitgenössischen Kritik an den Praktiken exklusiver Gastlichkeit [...] als vielschichtige Metaphern eines expliziten Herrscherlobs oder einer impliziten oder auch expli-

---

114 Montanari 1999, 71, 73. Einen Forschungsüberblick zur ‚mediterranen Trias' Brot, Oliven und Wein gibt Tietz 2013, 53, Anm. 83; vgl. Drexhage/Konen/Ruffing 2002, 190.
115 Montanari 1999, 69f. Dabei gehe es nicht nur um die Auswahl und Zubereitung des Essens, sondern vor allem um die Regeln, an die man sich beim gemeinsamen Essen halten musste, um als zivilisiert gelten zu können. Diese Regeln bzw. Verhaltensnormen sind als Zivilisationsmarker wichtig, da es z.B. auch Tiere gibt, die gemeinsam fressen, ebd; vgl. König 2012, 4.
116 Montanari 1999, 70.
117 König 2012, 3. König führt weiter aus, dass Bewertungen über Ess- und Trinkverhalten u.a. durch ethische und religiöse Überzeugungen geformt waren, die der heutigen Kultur fremd sind, z.B. extremes Fasten in der frühchristlichen Kultur, ebd. 5.
118 Montanari 1999, 70; vgl. Tietz 2013, 98.

ziten Herrscherkritik [instrumentalisiert werden]".[119] Dabei zeigt sie, dass die „Vorstellungen [sc. der Autoren] vom idealen Gastmahl und ihre Kritik an den herrschenden Sitten [sc. Luxuskritik] auf praktisch alle Aspekte dieser Veranstaltung aus[gedehnt werden]: Mobiliar, Geschirr, Speisen, Wein, Diener und Unterhaltungsprogramm [...]."[120] Nahrungsmittel, so Teuteberg, können in dieser kulinarischen Kommunikation je nach Kontext, Aussehen, Geruch, Ort und Zeit der Einnahme einen unterschiedlichen Zeichen- bzw. Symbolcharakter haben.[121] Ein prägnantes Beispiel hierfür ist Suetons Augustus-Vita. Die Aussage, Augustus habe gerne Feigen gegessen oder auf Kutschfahrten einen Handkäse mit Trauben,[122] führt Sueton als Beispiel für dessen legendäre bescheidene Lebensweise an – ein in seinen Augen sehr positives Herrschermerkmal.

Wichtig ist aber auch die umgekehrte Sichtweise, wie Edmunds sie anführt:[123] nämlich dass Nahrungsmittel als Zeichen nicht unabhängig funktionieren, sondern nur im Kontext eben dieser verschiedenen Aspekte etwa eines Abendessens: des Settings, der Utensilien, der Möbel, der Sklaven, der Unterhaltung – Handkäse mit Trauben wäre als einer von vielen Zwischengängen einer kaiserlichen Tafel möglicherweise angemessen. Als singulärer Proviant während einer Kutschfahrt jedoch erscheint diese Speise rustikal für einen Kaiser.

3.3.2 Essen als literarisches Motiv in der römischen Welt

Im Folgenden werden ausgewählte prominente Untersuchungen vorgestellt, deren Gegenstand Essen als primär literarisches Motiv ist. Im Fokus

---

119 Stein-Hölkeskamp 2002, 487.
120 Ebd. 485.
121 Teuteberg 1997, 7f. (z.B. Brot zum Frühstück oder als christliches Abendmahl). Vgl. auch Gowers 1993, 5; König 2012, 4. Ein Beispiel für die Ambiguität von Nahrungsmotiven in diesem Kontext ist das Gastmahl des Trimalchio (Petr. 27,1–47,8.), in dem auf satirisch-zugespitzte Weise der Gastgeber durch jeden Punkt seines Abendprogrammes, im Besonderen aber durch die zahlreichen, teilweise exotischen und aufwendig zubereiteten Speisen seinen neu erworbenen Reichtum präsentiert, gleichermaßen jedoch durch den zur Schau gestellten Überfluss und das damit verbundene Gehabe von Petron als Neureicher ohne Anstand und Moral dargestellt wird. An diesem Beispiel wird auch deutlich, dass Essgewohnheiten in der römischen Welt als Projektionsfläche für das Wesen eines Menschen dienen können.
122 Suet. Aug. 76,1.
123 Edmunds 1980, 59.

stehen dabei nicht nur inhaltliche Erkenntnisse, sondern auch Reflexionen darüber, was beim Umgang mit literarischen Essensdarstellungen beachtet werden muss.

Von essenzieller Bedeutung für unsere Thematik ist, wie bereits angedeutet, die Arbeit von Gowers (1993). Sie hält die oben beschriebenen anthropologischen und soziologischen Erkenntnisse für grundlegend, um die Funktion(en) von Essen in literarischen Texten verstehen zu können. Gleichzeitig kritisiert sie die Tendenz der entsprechenden, überwiegend im Strukturalismus verhafteten Theorien zur Vereinfachung und Verallgemeinerung.[124] Deren Defizit – ebenso wie dasjenige der antiquarischen sowie sozial- und kulturhistorischen Ansätze[125] – besteht ihrer Meinung nach aus textphilologischer Sicht darin, dass sie Nahrungsmittel und Speisen aus den Quellen zumeist ohne Rücksichtnahme auf Gattung, Kontext oder Aussage der Texte extrahieren und literarische Darstellungen von Essen unreflektiert als Quelle für historische Praxis verstehen.[126]

Um diese Kritik zu veranschaulichen, erläutert sie die Besonderheiten von Essen als literarischem Motiv. In diesem Zusammenhang verweist sie zunächst auf die Beschränktheit des Bildes, das uns die literarischen Zeugnisse liefern:

(a) Römische Texte, so betont Gowers, würden von männlichen Vertretern einer sehr kleinen wohlhabenden Elite geschrieben, während ein Großteil der Bevölkerung sich am unteren existenziellen Rand befunden habe. Deshalb hätten sie weder eine verlässliche noch eine sachliche Aussagekraft im Hinblick auf eine allgemeine Beschreibung der Essgewohnheiten – besonders im Hinblick auf Schilderungen ärmlicher Verhältnisse.[127]

(b) Darüber hinaus gebe es keine unmittelbare detaillierte Information bezüglich einer typischen römischen Mahlzeit, denn die literarischen Dar-

---

124 Vgl. Gowers 1993, 6. Weitere Kritik am Strukturalismus s. Garnsey 1999, 7.
125 Hier wird nach wie vor die Terminologie nach Tietz verwendet, Gowers hat keine dezidierte Bezeichnung dafür.
126 Gowers 1993, 7–11.
127 Ebd. 2; vgl. Richardson-Hay 2009, 7. Hudson weist im Zusammenhang des *mos maiorum* darauf hin, dass das Interesse der Schriftsteller bzw. der Elite am Landleben nur bis zu ihrer Luxusvilla auf dem Lande gehe, die als landwirtschaftlicher Betrieb und Rückzugsort genutzt wird. Sie müssten nicht arbeiten, um ihren Hunger zu stillen, ihre Grundbedürfnisse seien erfüllt, mehr noch, sie könnten eine Auswahl treffen. Hudson 1989, 73; dies. 1991, 17.

stellungen seien oftmals satirisch gefärbt und übertrieben.[128] Zwar würden literarische Mahlzeiten im Kleinen gesellschaftliche Gegebenheiten widerspiegeln, doch könne dieser Spiegel nach Belieben des Autors verzerrt werden, indem er manipuliert, übertreibt, universelle Codes parodiert oder Motive sich überlagern lässt.[129]

(c) Hinzu kommt laut Gowers die Schwierigkeit, dass Vokabeln aus dem Bereich des Essens im Griechischen und Lateinischen praktisch alle Bereiche durchzögen und im Sprachgebrauch omnipräsent seien.[130] Dieses Phänomen verdeutliche auf der einen Seite zwar den Wert von Essen als Metapher oder Zeichen, auf der anderen Seite könne die Bedeutung des entsprechenden Nahrungsmittels an dieser Stelle missverstanden werden, vor allem wenn eine ‚einfache' Extraktion des entsprechenden Nahrungsmittels durch den Untersuchenden erfolge.[131]

Auf dieser Basis gelangt Gowers zu der grundlegenden Erkenntnis, dass Essensdarstellungen in der römischen Literatur als ein idealisiertes oder verzerrtes Bild der Wirklichkeit interpretiert werden sollten, das mit dieser nur teilweise übereinstimmt.[132] Deshalb hält Gowers es in diesem Zusammenhang für besonders wichtig, Nahrungsmotive aus dem Kontext des jeweiligen Textes zu erschließen, um sich einer möglichen Bedeutung anzunähern.[133] Eingedenk solcher Überlegungen zeigt Gowers in ausführ-

---

128 Gowers 1993, 7.
129 Ebd. 11, 25; Ähnlich sehen es Dunbabin 2003, 3 und Richardson-Hay 2009, 72. Abstrakter formuliert es Tietz, der in Anlehnung an Bourdieu von intro- und extrovertierten Bewertungen von Verhaltensformen in literarischen Texten spricht. Introvertierte Bewertungen dienen zur Selbstversicherung der eigenen Position des Autors oder einer sozialen Gruppe, das extrovertierte Ziel ist die Beeinflussung anderer. Diese Aufteilung ist laut Tietz der einzig sinnvolle Weg, die römische Gesellschaft und Literatur zu verstehen, denn der Habitus werde in literarischen Texten nur dann erkennbar, wenn man die Zielrichtung der Texte berücksichtige, Tietz 2013, 27.
130 Gowers zeigt das am Beispiel der griechischen Wortes ἡδονή, das ‚Vergnügen' meint, aber ursprünglich von ἡδύς (‚süß') kommt, und von sapiens (‚weise'), das ursprünglich ‚saftig' heißt, vgl. Gowers 1993, 8.
131 Gowers 1993, 8.
132 Vgl. Gowers 1993, 7; so auch Montanari 1999, 73.
133 Vgl. Gowers 1993, 8. Ähnliche Überlegungen werden auch von anderen Forscherinnen und Forschern geäußert: Wie zuvor Edmunds stellt auch Hudson eine Tendenz fest, dass in den kulinarischen Texten und Textpassagen einzelne Zutaten genannt werden, niemals aber ein ganzes Gericht (vgl. Hudson 1989, 80; Edmunds 1980, 56). Sich vorzustellen, was in solchen Situationen tatsächlich gegessen wurde, sei deshalb schwierig. Offenbar setzen diese Texte einiges Wissen des Lesers als selbstverständlich heraus, das uns fehlt (Hudson 1989,

lichen Einzelinterpretationen, dass soziokulturelle Faktoren von Essen auch in literarischen Essensdarstellungen präsent sind. Dabei greift sie viele Aspekte auf, die schon in Abschnitt 3.3.1 dieses Kapitels dargelegt wurden. Diese werden hier nicht noch einmal wiederholt. Als Textgrundlage dienen ihr Texte, in denen Essensschilderungen besonders detailliert oder präsent sind: ausgewählte Komödien des Plautus, verschiedene Satiren von Horaz, Juvenal und Persius, Horazens dritte Epode, der erste Brief des Plinius sowie Einladungsgedichte von Catull und Martial.

Gowers geht davon aus, dass Essen in der römischen Literatur stets eine metaphorische Bedeutung habe. Diese These bezieht sie sowohl auf einzelne Vokabeln als auch auf ganze Essensdarstellungen. Gut lässt sich das an ihrer Interpretation von Horazens Satire 2,8 illustrieren: Der Gastgeber Nasidienus serviert einen lukanischen Eber sowie scharfes Gemüse.[134] Gowers ist der Auffassung, das Gemüse stelle im metaphorischen Sinne den natürlichen Lebensraum des Ebers dar; gleichzeitig interpretiert sie die Eigenschaften der Speisen wie etwa die Schärfe des Gemüses als Vorausdeutung auf die Reaktion der Gäste auf das Gastmahl: „vindictiveness and hostility are the emotions nourished: the guests later become *acris potores* [...], bent on revenge [...]"[135]. Die Schärfe des Gemüses erinnere gleichsam an die Schärfe der Satire. Die gesamte Essensdarstellung dieser Satire interpretiert Gowers als Parodie auf Platons *Symposion* sowie als „representation of Roman culture itself, as the adulteration of conversation with secrecy, freedom with rules and manners".[136]

Die metaphorischen Implikationen von Essen stehen laut Gowers immer in einem größeren kulturellen oder politischen Bedeutungszusammenhang.[137] Die Römer, so Gowers, würden Essenschilderungen nutzen, um die „corruption" ihrer eigenen Zivilisation aufzuzeigen.[138] Solche metaphorischen Kontexte würden am stärksten in Essensschilderungen von Gastmäh-

---

74). König erklärt dieses Phänomen so, dass das Erzählen über Essen und Trinken und die damit einhergehende Konversation ein Weg gewesen sei, idealisierte Bilder von Gemeinschaft und Identität heraufzubeschwören, die unserer modernen Gesellschaft ziemlich fremd seien. Deshalb, so König, brauche man viel Hintergrundwissen und Fantasie, um ansatzweise zu verstehen, wie diese Texte auf das Originalpublikum gewirkt haben mögen (König 2012, 6).

134 Zur Textstelle s. unten, 198, Anm. 177.
135 Gowers 1993, 171.
136 Ebd. 166.
137 Ebd.
138 Ebd. 125.

lern und Festlichkeiten hervortreten. Dies begründet sie einerseits damit, dass die Römer sich bei (literarischen) Gastmählern und Festivitäten unbefangen außerhalb ‚normaler' Verhaltens- und Gesprächskonventionen bewegen.[139] Zudem kämen solche Essenschilderungen innerhalb von Genres vor, die häufig den Rahmen für Körperlich-Derbes und für Humorvolles bilden und deshalb als trivial angesehen werden (Satire, Komödie, Epigramm).[140] Dieses literarische Setting ermögliche es sozusagen, ungestraft gesellschaftliche Verhältnisse kritisch zu kommentieren. Dies zeige sich beispielsweise darin, dass die Autoren dazu tendieren würden, die Essensszenen in einer ironischen oder herablassenden Manier zu präsentieren und ihre eigenen Texte als Witz oder kurzlebige Kleinigkeit zu degradieren.[141]

In diesem Zusammenhang sind auch die Erkenntnisse von Hudson (1989, 1991, 1993) relevant. Im Gegensatz zu Gowers fokussiert sie sich ausschließlich auf Essensdarstellungen in der römischen Satire. In ihren Untersuchungen erklärt sie einerseits, warum Essen als Thema in satirischen und komischen Texten ein so großes Potenzial hat, und andererseits, wie Humor im Kontext von Essen erzeugt wird:[142]

Körperliche Bedürfnisse und Freuden wie Essen sehe man in der antiken griechischen und römischen Literatur grundsätzlich als gegenüber geistigen Betätigungen und Freuden minderwertig an.[143] Werde Essen nun zum Gegenstand gemacht, würden aus dieser Grenzüberschreitung Widersprüche

---

139 „In them [sc. convivial works] we see the Romans at ease, sharing off-guard confidences, playing at new ways of organizing society and language, or storing up extra repositories of material, all of which challenge the accepted view of what was normally considered worth recording", Gowers 1993, 32.

140 Gowers 1993, 28; 48. In diesem Zusammenhang sieht Gowers große Ähnlichkeiten zwischen Essen und Literatur selbst, da die Repräsentation von Essen immer mit dem Stil des Werkes zusammenhänge, zu dem es gehört (43). Das zeige sich beispielweise dann, wenn das Genre eines Textes das darin enthaltene Essen vorgibt oder die Sprache, in dieser dargestellt wird. Auch spiegele die Zubereitung eines Gerichts oder die Gestaltung einer Tafel oft die Gestaltung des Werkes an sich wider (ebd.).

141 Ebd. 31.

142 Die Ergebnisse von Gowers und Hudson überschneiden sich in mehreren Punkten. Um Wiederholungen zu vermeiden, wird der Fokus jeweils auf solche Erkenntnisse gelegt, die m.E. für die jeweilige Forscherin maßgeblich sind.

143 Vgl. Gowers 1993, 2: „Indeed, [...] putting the pleasures of the mind above those of the body, for those who could afford it, was an essential tenet of classical culture".; vgl. Hudson 1991, 23; Wilkins, 1996, 46f.

und Missverhältnisse resultieren, die wiederum Humor entstehen lassen.[144] Dabei nutze Satire die kultur- und sozialdistinktiven Funktionen von Essen, da Auswahl, Zubereitung und Einnahme von Essen, wie oben skizziert, Verschiedenes über eine Person aussagen und sie somit einer bestimmten Gruppe zuordnen können.[145] Zwischen diesen Gruppen könnten Spannungen und Konflikte entstehen, wenn Individuen versuchen, diese Grenzen zu übertreten oder wenn es zu Interessenkonflikten komme.[146] Dementsprechend arbeite die Satire in Bezug auf Essen mit Klischees und Stereotypen wie dem Vielfraß, dem Gourmet oder dem Gastronomen.[147] Diese Klischees würden unter anderem mit Übertreibungen erzeugt, wenn etwa extravagantes oder ekelerregendes Essverhalten geschildert wird.[148] Diese bizarren Bilder von Essen favorisiere der römische Satiriker, so Hudson, um an ihnen die eigene Zivilisationsstufe (in Abgrenzung zu anderen Völkern oder sozialen Gruppen) zu reflektieren[149] und sie an den eigenen moralischen Werten zu messen.[150] Als moralischer Standard gelte dabei der *mos maiorum*.[151]

Das Vorgehen des Satirikers beschreibt Hudson folgendermaßen: Er verzerre leichtfüßig die anerkannten Normen, die er mit seinem Publikum teile, er spitze negativ besetztes Essverhalten zu, um Ekel, Komik oder moralische Entrüstung hervorzurufen.[152] Die moralische Thematik, häufig Luxuskritik, verpacke er dabei verständlich und glaubhaft, indem er auf Elemente zurückgreife, die jeder kennt. So nutze die Satire als Format für ausgefalle-

---

144 Hudson 1991, 23.
145 Hudson 1991, 10, 12; vgl. König 2012, 4. Wie zutreffend solche Zuweisungen in literarischen Darstellungen sind, hängt dabei von den Informationen und Intentionen des Betrachters ab: „The observer could, for example, be a rhetorician, a satirist, a philosopher, or a doctor, who may wish to say something new or confirm a prejudice.", Hudson 1991, 10.
146 Ebd. 13.
147 Hudson 1989, 70.
148 Hudson 1991, 14; vgl. Gowers 1993, 7; König 2012, 4. Griffige Essensanekdoten werden laut Hudson dementsprechend in der lateinischen Literatur häufig dazu genutzt, den generellen Charakter eines Individuums zu überprüfen; die römische Verssatire konzentriere sich dabei häufig auf das Verhalten einer Person in einer bestimmten Situation, als *pars pro toto* für eine ganze Gruppe. Dabei werde eine schmale Linie zwischen Charakterisierung und Karikatur gezogen, wobei Karikatur sich durch extreme Verhaltensweisen äußert, was meistens an sich schon komisch sei. Solche Karikaturen erfüllen laut Hudson die Erwartungen an einen bestimmten Typ und bestätigen somit auch Vorurteile, vgl. Hudson 1991, 14f.
149 Hudson 1989, 69; Hudson 1991, 12; vgl. König 2012, 3.
150 Hudson 1989, 70.
151 Hudson 1991, 13.
152 Hudson 1989, 70f.; dies. 1991, 16.

nes Essen das abendliche Gastmahl, dazu eine nachvollziehbare Abfolge von Gängen und bekanntes Essen, weil diese Dinge bereits eine literarische und moralische Bedeutung haben.[153]

Das am häufigsten auftretende Motiv in Verbindung mit Essen in der römischen Satire ist laut Hudson der Kontrast zwischen Stadt und Land. In den entsprechenden Texten gebe es meist ein bewusst ländliches Mahl, das mit den degenerierten städtischen Essverhaltensweisen kontrastiert werde.[154] So sind die Autoren laut Hudson der Ansicht, dass das Stadtleben dem Landleben moralisch unterlegen sei; ein Vielfraß gehöre beispielsweise in den urbanen Kontext, da er mit Luxus assoziiert werde.[155] Die idealisierten Darstellungen des Landlebens dagegen würden meistens gleichzeitig die Konnotation der idealisierten ländlichen Vergangenheit Roms in sich tragen, die von der Assoziation einer bestimmten Lebens- und besonders Ernährungsweise begleitet werde.[156] Dies zeige sich etwa bei Horaz, wenn sein Erzähler sich nach dem Land sehnt, wo er die Bücher der Alten lesen, die Sorgen vergessen und endlich wieder Bohnen, Kohl und Speck essen möchte.[157]

Als wichtiger literarischer Topos, der unmittelbar mit dem Motivkomplex ‚Essen und Vergangenheit' verknüpft ist, soll an dieser Stelle der literarische Topos des goldenen Zeitalters[158] Erwähnung finden. Da dieser in Kapitel 1

---

153 Hudson 1989, 71. *Street food* dagegen wird laut Hudson in der Satire nicht thematisiert, weil es weder extrem noch moralisch von Bedeutung sei, ebd.

154 Hudson 1991, 36.

155 Ebd. 39. Hudson 1989, 78.

156 S. auch oben, 33.

157 Hor. serm. 2,6,60–62: *O rus, quando ego te adspiciam quandoque licebit | nunc veterum libris, nunc somno et inertibus horis | ducere sollicitae iucunda oblivia vitae?* Während sich in der Satire und auch in Einladungsgedichten die Luxuskritik eher durch das Gegenteil, nämlich die explizite Sehnsucht nach dem Landleben, wie hier bei Horaz, ausdrückt, zeigt sich die explizite Luxuskritik eher außerhalb von Satire und Einladungsgedicht, wenn sich z.B. Varro negativ über die Gourmands seiner Zeit und gegen übertriebenes Feinschmeckertum äußert (Gell. 6,16) oder Seneca die ausschweifenden Gastmähler kritisiert (Sen. benef. 1,10,2); vgl. Tietz 2013, 72.

158 Der Begriff „goldenes Zeitalter" ist grundsätzlich problematisch, da die griechische Literatur – ausgehend von Hesiods Weltaltermythos – nur ein goldenes Geschlecht kannte, das unter der Herrschaft des Kronos lebte. Die *aurea saecula* sind eine römische Erfindung und bezeichnen eine auf Rom umgemünzte Version, die wenig mit dem ursprünglichen Mythos zu tun hat (vgl. unten, Kapitel 1.1.2). Dennoch hat sich der Begriff ‚goldenes Zeitalter' schon in der Antike als Sammelbegriff für beide Ideen durchgesetzt (s. etwa Hieronymus' Bezug-

des Hauptteils ausführlich behandelt wird, erfolgt hier nur eine Skizze, die auf Primär-Belege verzichtet. Dieses sehr alte Motiv definiert sich seit Hesiod vor allem über die besonderen Nahrungsumstände der Menschen in jener mythischen Zeit: Die klassische Vorstellung eines paradiesischen Urzustandes wird häufig mit Nahrungsmitteln assoziiert, die von der Natur selbst ohne Zutun der Menschen bereitgestellt werden, in griechischen Darstellungen besonders Getreide und Honig, in römischen Darstellungen zum Beispiel auch Früchte oder Milch, die von Ziegen und Schafen freiwillig gegeben wird.[159]

Bodo Gatz (1967) und Klaus Kubusch (1986) haben herausgearbeitet, dass der Topos des goldenes Zeitalters in augusteischer Zeit eng mit dem des *mos maiorum* verwoben wird, indem die in Hesiods Darstellung vorgezeichnete Zeit unter Kronos – literarisch erstmals durch Vergil in der Aeneis – eine Umdeutung im Sinne der augusteischen Herrscherideologie erfährt: Sie wird nicht mehr als jene paradiesische Urzeit aller Menschen gedeutet, sondern als ländliche Vergangenheit Latiums – und somit zu einem ausschließlich römischen Phänomen[160] –, die bereits im Rahmen des *mos maiorum* gepriesen wird und unter Kaiser Augustus wiederkehrt.[161]

Dementsprechend ist der Diskurs des *mos maiorum* zumindest in der augusteischen Literatur präsenter als der eines goldenen Zeitalters, da letzteres zunehmend in den Bann des ersteren gerät.[162] Das bedeutet, dass Nahrungsmittel, die als Zeichen im Diskurs des *mos maiorum* funktionieren, auch Zeichen des ,römischen' goldenen Zeitalters sein können. Dass es hier zu

---

nahme auf Dicaearchus: Porphyrios zufolge beschrieb Dikaiarch das χρυσοῦν γένος unter Kronos, Hieronymus hingegen spricht vom *aureum saeculum*, s. dazu den Abschnitt über Dikaiarch weiter unten, 97ff.). Deshalb wird im Folgenden unter Bezugnahme auf römische Darstellungen vom ,goldenen Zeitalter' die Rede sein, in Bezugnahme auf griechische Darstellungen vom ,goldenen Geschlecht'.
159 S. dazu die Tabellen 3 und 4.
160 Vgl. Kubusch 1986, 205.
161 Vgl. Gatz 1967, 72. Dies zeigt, dass die Römer die Entwicklung von Ernährung nicht wie die Griechen im Mythos verorten und als auf die gesamte Menschheit bezogenes Phänomen deuten, sondern in einer real existierenden Vergangenheit. Das entscheidende Resultat dieser Sichtweise besteht darin, dass man die Zustände jener Zeit – anders als etwa eine mythologische Vergangenheit wie das Zeitalter unter Kronos – wiederherstellen oder wiederholen kann, vgl. Purcell 2003, 341f.
162 Vgl. Kubusch 1986, der die Urzeitvorstellungen bei Vergil, Horaz, Properz, Tibull und Ovid ausführlich auswertet.

Überschneidungen mit älteren bzw. anderen Gold- oder Urzeitvorstellungen kommen kann, liegt dabei auf der Hand. Gleichermaßen arbeitet Kubusch heraus, dass einige augusteische Texte, aber besonders diejenigen Ovids, auch eine der augusteischen Ideologie zuwiderlaufende Vorstellung einer primitiven Urzeit aufweisen, die durch entsprechend karge Nahrung wie z.B. Kräuter und Eicheln, die unter unzivilisierten Umständen gesammelt werden, charakterisiert werde.[163] Diese ebenfalls aus griechischen Darstellungen erwachsene Vorstellung entspricht der sogenannten aszendenten Kulturentstehungslehre.[164] Darin wird der kulturelle Fortschritt im Gegensatz zur primitiven Urzeit gelobt.[165]

Es zeichnet sich also ab, dass literarische Kommentare zu einer wiederkehrenden goldenen Zeit unter Augustus als Projektionsfläche für politische Ansichten dienen können und dass Nahrungsmittel und Ernährungsweisen darin eine besondere Rolle als Zeichen spielen können.

3.4 Zusammenfassung und Schlussfolgerungen für die eigene Vorgehensweise

Es wurde dargelegt, dass Altertumswissenschaftlerinnen und -wissenschaftler der letzten 50 Jahre die Bedeutung der aus der Anthropologie und Soziologie stammenden Erkenntnisse über den Zeichencharakter von Essen für ihr eigenes Feld erkannt haben. Sie haben unter verschiedenen Gesichtspunkten und in verschiedenen Teildisziplinen aufgezeigt, dass Essen in seiner Funktion als soziokulturelles Kommunikationsmittel auch in der römischen Gesellschaft ein *phénomène total* ist und „eine vielschichtige[n] Quelle für die gesellschaftliche Lebenswelt der Epoche insgesamt [...]".[166] Diese Erkenntnisse werden in der Altertumsforschung je nach Ansatz unterschiedlich bewertet.

Diese Arbeit geht im Kern – der Terminologie Tietz' entsprechend – philologisch-textanalytisch vor und orientiert sich in der Vorgehensweise an den Arbeiten von Gowers und Hudson. Beide sind sich der soziokulturellen

---

163 Kubusch 1986, 92 (Horaz), 186–236 (Ovid).
164 S. unten, 67ff.
165 S. ebd. und unten, 87ff.
166 Stein-Hölkeskamp 2002, 487.

Faktoren von Essen bewusst, nutzen diese jedoch im Rahmen einer detaillierten Textanalyse für eine umfassende literarische Deutung und berücksichtigen dabei den Kontext der jeweiligen fiktiven Szenarien und vor allem die narrativen und rhetorischen Funktionen der Speisedarstellungen, deren künstlerische Umsetzung sowie die Eigenheiten und Zielsetzung der jeweiligen Textgattung.[167] Eine solch differenzierte Herangehensweise strebt auch diese Arbeit an. Nahrungsmittel werden hier als literarische Motive verstanden und nicht als Quelle für historische Praxis. Dennoch müssen die sozial- und kulturhistorischen Bedeutungen der entsprechenden Nahrungsmittel und Essgewohnheiten ebenso bewusst sein wie etwa die literarische Motivgeschichte von Milch und Honig, um die jeweilige kontextspezifische Funktion der Nahrungsmittel deuten zu können. Dies schließt ein, dass bisweilen eine Analyse des realen Nahrungsmittels aus moderner oder historischer Sicht wertvolle Hinweise für die literarische Deutung liefern kann. Dieser Ansatz, so muss man sich hierbei bewusst machen, kann in jedem Fall nur eine Annäherung sein, da wir in den meisten Fällen keine Beweise für die exakte Beschaffenheit antiker Nahrungsmittel haben.[168]

Ferner müssen methodisch zwei Punkte berücksichtigt werden: Während die soziologische Forschung in der Regel von Essen als Zeichen spricht,[169] wird Essen hier, wie gesagt, in erster Linie als literarisches Motiv verstanden. Das schließt aber nicht aus, dass es auch eine Funktion als Zeichen oder Symbol haben kann. Aus diesem Grund wird auf eine allzu eng gefasste Terminologie verzichtet. Des Weiteren war oben im Zusammenhang mit Satire mehrfach von Humor die Rede. Für diese Textsorte ist

---

167 Vgl. Gowers 1993, 48.

168 Auch wenn archäologische Methoden im Bereich der Ernährung bereits sehr fortgeschritten sind, wissen wir besonders über die Beschaffenheit bestimmter Obst- und Gemüsesorten wenig, da diese vergänglich sind. Manchmal bleiben Kerne oder Samen erhalten, die Schlussfolgerungen auf bestimmte Arten und Sorten zulassen, vgl. Livarda 2019, 54f.; Livarda stellt jedoch heraus, dass archäobotanische Methoden zur Untersuchung von essbaren Pflanzenresten im Mittelmeerraum noch nicht vollständig in die archäologische Forschung integriert seien (63). Bourbou 2019, 77 weist zudem darauf hin, dass bestehende Erkenntnisse aus der Archäologie über Ernährung nicht repräsentativ bezüglich der durchschnittlichen Ernährung im Römischen Reich seien. Einen allgemeinen Überblick über neue archäologische Methoden und Erkenntnisse liefern Moore 2014; Metheny/Beaudry 2015; Banducci 2019; Bourdou 2019; Halstead 2019; Livarda 2019.

169 Tietz macht sich diese Terminologie zu eigen und definiert für seinen Umgang mit Essen in römischen Texten Zeichen ersten, zweiten und dritten Grades, vgl. Tietz 2013, 15–22, bes. 18.

der Begriff passend, in Bezug auf die Metamorphosen jedoch aufgrund der Gattungsdifferenz schwierig. Deshalb wird in dieser Arbeit grundsätzlich eher von ‚Ironie‘ oder ‚ironischen Brechungen‘ gesprochen. Die Verwendung von Begriffen wie ‚Humor‘, ‚Komik‘ oder ‚Witz‘ wird dennoch nicht ausgeschlossen; diese werden jedoch differenziert gehandhabt und je nach Kontext erklärt.

Es wurde deutlich, dass Essensdarstellungen in der römischen Literatur Moralvorstellungen transportieren. Diese richten sich besonders auf den in spätrepublikanischer Zeit konstruierten *mos maiorum*. Das von Augustus propagierte Ideal von *frugalitas* steht dabei exemplarisch für die positiv bewerteten bäuerlichen Ursprünge Roms und drückt sich besonders durch Essgewohnheiten aus. Essensdarstellungen, so haben Gowers und Hudson gezeigt, sind in der römischen Literatur besonders in komischen und satirischen Texten präsent. Dort werden sie genutzt, um auf unterhaltsame Weise Zeitkritik zu üben. Im Epos findet sich zwar das immer wiederkehrende Motiv des Gastmahls,[170] die Speisen selbst treten dabei jedoch eher in den Hintergrund.

Ausgehend von diesen Erkenntnissen ist im Hinblick auf Essensszenen in den Metamorphosen zu fragen, inwiefern Ovid sich in die bestehenden Traditionen einreiht: Stellt auch er einen Bezug zum *mos maiorum* und dem Ideal von *frugalitas* her? Falls ja, wie geht er mit dieser Thematik um? In dem Bewusstsein, dass Ovid ein souveräner Kenner unterschiedlicher Textgattungen ist, wäre außerdem zu vermuten, dass seine Essensdarstellungen sich von der epischen Tradition lösen und sich an anderen (zeitgenössischen) Gattungen orientieren, in denen Essen stärker präsent ist als im Epos. Letzteres würde freilich einen Gegenwartsbezug im Gewand von mythologischen Erzählungen suggerieren, der auf den ersten Blick so nicht zu erwarten ist. Gleichermaßen wäre es somit naheliegend, dass die Essensdarstellungen in einem satirischen oder ironischen Kontext behandelt würden.

170 Vgl. Bettenworth 2004.

4 Darstellungen von Essen in den Metamorphosen

4.1 Systematischer Überblick über Essensdarstellungen und -erwähnungen in den Metamorphosen

Essen kommt in den Metamorphosen in ganz unterschiedlichen Formen und Kontexten vor. Einer Untersuchung von Essensdarstellungen muss daher ein systematischer Überblick über diese Darstellungen vorausgehen, um anschließend eine gezielte Auswahl für eine ertragreiche Interpretation treffen zu können. Für diesen Überblick wurden alle Stellen berücksichtigt, die in irgendeiner Form mit Essen in Verbindung stehen. Dabei muss ein Nahrungsmittel nicht unbedingt genannt werden, es kann sich auch um eine abstrakte Schilderung von Ernährung handeln, beispielsweise wenn ein Gastmahl lediglich erwähnt wird oder wenn von Sammelbegriffen für Nahrungsmittel die Rede ist. Bei Opferdarstellungen muss berücksichtigt werden, dass der Verzehr des geschlachteten Tieres implizit ist.[171] Vernachlässigt werden Stellen, in denen (a) gejagt oder gefischt wird, ohne dass sich ein anschließender Verzehr andeutet, (b) die bloße Erwähnung von Tieren und Nahrungsmitteln in einem Nicht-Nahrungs-Kontext stattfindet, (c) Getränke, (d) Zaubersubstanzen[172] sowie (e) das Gefressenwerden durch Tiere

---

171 S. hierzu unten, 80.
172 Met. 7,238–293: Medea und Aeson (Verjüngungstrank); 7,404–424: Medea und Theseus (Gifttrank mit Steinkraut; gescheitert); 13,942–945: Glaucus' Zauberkraut; 14,273–284: Circe und Odysseus (Zaubertrank aus gerösteten Gerstenkörnern, Honig, Quark und Wein); 14,606f.: Venus macht Aeneas zum Gott (Ambrosia, Nektar); 15,313–336: Pythagoras nennt Beispiele dafür, dass Wasser neue Gestalten geben oder empfangen kann.

oder Ungeheuer.[173] Eine Ausnahme für (b) bilden solche Nahrungsmittel, deren Schilderung in irgendeiner Form mit der Nahrungsaufnahme in Zusammenhang zu bringen ist wie zum Beispiel der Reifungsprozess von Obst oder Nahrungsmittel als Besitz oder als Geschenk.[174] Eine Ausnahme für (c) stellen Milch zur Ernährung für Babys sowie Getränke, die im Rahmen einer Mahlzeit vorkommen, dar. Letzteres gilt auch dann, wenn das Getränk als einziges Nahrungsmittel bei einem Gastmahl oder Opfer genannt wird, wenn man davon ausgehen kann, dass auch gegessen wird. Aus (c) und (d) auszunehmen sind ebenfalls Ambrosia und Nektar, wenn sie als (göttliche) Nahrung, nicht aber als Zaubersubstanz fungieren.

Tabelle 1 am Ende dieses Kapitels enthält einen Überblick über Essensdarstellungen und -erwähnungen im Verlauf der Metamorphosen, Tabelle 2 bildet den Versuch einer Kategorisierung und Systematisierung der entsprechenden Textstellen ab. Die in Tabelle 2 aufgestellten Kategorien wurden für eine leichtere Zuordnung auch auf Tabelle 1 übertragen.

Einige Erläuterungen seien in Bezug auf die Kategorisierung vorausgeschickt: Als *normal* (I) wird hier Essverhalten verstanden, das entweder in einem für die Antike typischen sozialen oder religiösen Rahmen stattfindet, d.h. innerhalb eines Gastmahls oder Opfers (hier kann es zu Dopplungen kommen), oder außerhalb dieses Rahmens dazu dient, Hunger zu stillen. Für all diese Kategorien gilt, dass kein Menschenfleisch verzehrt wird. Ein solches kannibalisches Essverhalten wird in der Kategorie II, *Von der Norm abweichendes Essverhalten*, aufgeführt. In diese Kategorie fällt auch das Nichtessenkönnen oder Hungern. Kategorie III umfasst alle weiteren Erwähnungen von Nahrung oder Ernährung, die eine besondere Funktion oder Bedeutung haben und nicht ohne Weiteres den ersten beiden Kategorien zugeordnet werden können.

---

173 Met. 3,26–57: Drachenschlange frisst Gefährten des Cadmus; 3,235–252: Enkel des Cadmus wird von eigenen Hunden zerfleischt; 4,456: Tityos' Eingeweide werden zerfleischt; 4,103–106: Pyramus glaubt, die Löwin hätte Thisbe gefressen; 5,17f.: Cepheus erzählt von einem menschenfressenden Seeungeheuer; 11,370–375.395f.: Wolf frisst Menschen, die ihn abwehren wollen.
174 Bei Polyphem beispielsweise weiß man, dass dieser Besitz, sprich seine Schafe, der Nahrungsproduktion dient.

4.2 Auswertung und Schlussfolgerungen für die Auswahl der zu untersuchenden Essensstellen

Die folgenden Beobachtungen beziehen sich auf die Aufstellungen in den folgenden Tabellen 1 und 2.

Die mit Abstand häufigste Erwähnung von Nahrungsaufnahme ist der Kategorie I, Normales Essverhalten, zuzuordnen, genauer: der Nahrungsaufnahme im Rahmen eines Gastmahls oder Opfers. Bei der Schilderung von Gastmählern wird nie detailliert auf die Speisen eingegangen, sondern es werden eher Sammelbegriffe wie Getreide, Wein, Fleisch oder zum Teil gar keine Speisen genannt. Eine Ausnahme bildet die Geschichte von Philemon und Baucis, in der zahlreiche Nahrungsmittel wie beispielsweise verschiedene Obst- und Gemüsesorten vorkommen. Bei der Schilderung von Opfern verhält es sich ähnlich wie bei den Gastmahlschilderungen: Wenn überhaupt, nennt Ovid das zu opfernde Tier oder andere Opfergaben.[175] In der Unterkategorie IC, *Essen aus Hunger*, wird in jedem Fall das eingenommene Nahrungsmittel genannt, im Falle von Achaemenides sind es sogar drei: Eicheln, Gras und Laub.

In der zweiten Kategorie II, *Von der Norm abweichendes Essverhalten*, wird unter Punkt IIA, *Nichtessenkönnen oder Hungern*, stets Getreide als den Menschen genommenes Grundnahrungsmittel als Folge von göttlichem Zorn genannt. Bei den Unterkategorien *Nichtessenkönnen oder Hungern als Strafe, aus Liebeskummer* oder *aufgrund eines Wunsches* werden nie Nahrungsmittel genannt.[176]

In der Kategorie IIIA, *Essen steht den Menschen zur Verfügung*, kommen im goldenen Zeitalter des ersten Buches und in dessen Schilderung durch Pythagoras im 15. Buch zahlreiche Nahrungsmittel wie Getreide, Obstsor-

175 Häufig handelt es sich um Stiere, aber auch Getreide, Wein und Öl kommen vor. Der anschließende Verzehr der Opfergaben wird nur selten thematisiert. Die entsprechenden Stellen kommen in Tabelle 2 sowohl in Kategorie IA (Gastmahl) als auch in Kategorie IB (Opfer) vor: met. 7,427–433 (Theseus bei Aegeus); 7,238–293 (Festmahl anlässlich Achilles' Sieg über Cygnus).
176 All diesen Kategorien ist gemeinsam, dass Nichtessenkönnen oder Hungern stets die Konsequenz eigener oder fremder Befindlichkeiten sind. In der Kategorie IIB, Kannibalismus, fällt auf, dass der Verzehr oder das Vorsetzen von Menschen für andere zum Verzehr stets mit einer negativen Charakterisierung der entsprechend agierenden Figuren verknüpft ist.

ten, Gräser, Milch und Honig vor – in den anderen Stellen dieser Kategorie höchstens eines.

Als Zwischenfazit ergibt sich in Bezug auf die Erwähnung von Nahrungsmitteln also folgendes Bild: Selbst wenn Ernährungssituationen geschildert werden – dies gilt besonders für die Kategorie I –, wird nicht unbedingt immer ein Nahrungsmittel erwähnt. Es werden in einem Erzählkontext gewöhnlich nur einzelne, bisweilen auch zwei oder drei Nahrungsmittel genannt. Es gibt allerdings vier Ausnahmen, in denen sich Nahrungsmittel innerhalb einer Episode häufen: die Schilderung des goldenen Zeitalters in Buch 1, das Gastmahl bei Philemon und Baucis in Buch 8, das Liebeslied des Zyklopen Polyphem in Buch 13 sowie den Appell zur fleischlosen Ernährung des Philosophen Pythagoras in Buch 15. Auf den ersten Blick fällt auf, dass einige Nahrungsmittel wie etwa Obst, Getreide und Milchprodukte in mehreren dieser Textstellen vorkommen. Diese Auffälligkeiten regen zu weiteren Beobachtungen der vier Passagen an:

In einem konkreten Essenskontext (Kategorien IA und IB: *Gastmahl* und *Opfer*) treten Nahrungsmotive nur in der Geschichte von Philemon und Baucis auf. In den Schilderungen der Bücher 1 und 15 ist der Essenskontext freilich auch vorhanden, aber deutlich abstrakter. Die Philemon-und-Baucis-Episode befindet sich ziemlich genau in der Mitte der Metamorphosen; das einzige detailliert geschilderte Gastmahl des Werkes bildet sozusagen das Zentrum der Metamorphosen. Umso auffälliger erscheint die Positionierung zweier anderer Passagen mit einer hohen Dichte an Nahrungsmitteln (goldenes Zeitalter und Pythagoras) im ersten und im letzten Buch. Sie bilden also eine Art Rahmen. Die Symmetrie dieses Rahmens wird dadurch verstärkt, dass die Essensschilderungen in beiden Textstellen unter dieselbe Kategorie (IIIA, *Essen als Kennzeichen eines Entwicklungszustandes*) fallen. Die Polyphem-Episode fällt aus dieser Struktur heraus, einerseits durch die Position in Buch 13, andererseits durch den Kontext, da Nahrungsmittel hier in erster Linie die Funktion von Besitz und Geschenken haben (Kategorie IIIC). Andererseits haben die Pythagoras- und die Polyphem-Episode gemeinsam, dass die Essensschilderungen sich innerhalb einer Figurenrede befinden – während sie beim goldenen Zeitalter und bei Philemon und Baucis innerhalb einer Erzählung vorkommen. Schließlich lässt sich beobachten, dass in Buch 1 und 15 das Essverhalten aller Menschen thematisiert wird, während in den Büchern 8 und 13 Essen in einem figurengebundenen Kontext auftritt.

Die vier genannten Textstellen stechen demnach nicht nur durch eine Häufung und teilweise Übereinstimmung von Nahrungsmitteln aus den übrigen Erwähnungen von Essen aus den Metamorphosen heraus. Auch die Positionierung im Werk sowie wiederkehrende Kontexte in Buch 1 und 15 vermitteln den Eindruck, dass die vier Passagen in einer besonderen Beziehung zueinander stehen und darüber hinaus ein strukturgebendes Element innerhalb der Metamorphosen sein könnten. Sie vor diesem Hintergrund einer genaueren Untersuchung zu unterziehen, erscheint deshalb lohnenswert. Um Aussagen über eventuelle Gemeinsamkeiten und Verbindungen zwischen den Textstellen machen zu können, ist zunächst eine differenzierte Betrachtung aller vier Passagen notwendig. Folgende Vorgehensweise erscheint dabei sinnvoll:

Jeder Einzelinterpretation geht ein motivgeschichtlicher Überblick des zentralen Motivs voraus, das in der jeweiligen Stelle mit Essen oder Ernährung verknüpft ist. Ausgehend von einer kurzen Einordnung und Gliederung der Textstelle erfolgt dann eine Analyse der darin auftretenden Nahrungsmotive entlang des Textes. Die entsprechenden Passagen werden dabei nicht isoliert, sondern einerseits im Kontext des Erzähl- und Argumentationsvorgangs betrachtet und andererseits unter Berücksichtigung intra- und intertextueller Bezüge sowie stilistischer und struktureller Besonderheiten mit dem Inhalt der Episode verknüpft. Wo es für die Interpretation notwendig erscheint, werden auch Passagen, in denen keine Nahrungsmotive vorkommen, in die Analyse miteinbezogen.

Um den Symbolgehalt und die Funktion einzelner Nahrungsmotive erschließen zu können, muss jeweils eine kurze Sachanalyse vorausgehen, in der die Merkmale und Verwendungszwecke des Nahrungsmittels in der Antike, soweit dies möglich ist, dargestellt werden. Oftmals ist dabei auch ein Blick auf ein vergleichbares modernes Nahrungsmittel hilfreich, wenn die antiken Quellen nicht eindeutig sind. Diese Vorgehensweise ist als ein den folgenden vier Kapiteln gemeinsamer Rahmen zu verstehen, der im Einzelfall angepasst werden kann.

Tabelle 1 Essen in den Metamorphosen – Übersicht im Verlauf der Metamorphosen

	Stelle	Kontext	Kategorie
1	101–112	Nahrung im goldenen Zeitalter	IIIA
	123	Ceres versenkt im silbernen Zeitalter die Samen im Acker	IIIA
	137	Die Menschen fordern im ehernen Zeitalter vom Boden Nahrung und Saaten	IIIA
	165, 228–230	Lykaon kocht die Glieder einer Geisel vom Molosserstamm und setzt sie den Göttern vor, um diese zu prüfen	IIB
	270–273, 311f.	Sintflut: Juno lässt es regnen und zerstört damit die Saaten, Menschen verhungern	IIA
2	285–289	Die verdorrte Mutter Erde spricht zu den Göttern	IIIA
	768–772	Minerva besucht Invidia, die Missgunst, in deren Haus; diese isst Vipernfleisch	IIIB
3	315	Das Baby der Cadmustochter Semele wird von den Nymphen des Berges Nysa mit Milch aufgezogen	IC
	482–485	Narziss' Brust verfärbt sich von den selbst zugefügten Verletzungen wie reifende Früchte	IIIB
4	262f.	Clytie hungert aus Liebeskummer	IIA
	635–662	Atlas hat viele Herden und einen Garten mit goldenen Äpfeln	IIIC
	755	Perseus errichtet Altäre für die Götter, dann wird seine Vermählung mit Andromeda gefeiert	IB
	764f.	Perseus bei Cepheus: Festmahl beim König, man schmaust und trinkt Wein	IA
5	341f.	Ceres hat den Menschen als erste Getreide und unblutige Nahrung geschenkt	IIIA

	Stelle	Kontext	Kategorie
	477–486	Ceres lässt aus Zorn die Felder verdorren, die Menschen verhungern	IIA
	530–538	Proserpina hat Kerne eines Granatapfels gegessen und muss deshalb in der Unterwelt bleiben	IIID
6	342	Latonas kleine Zwillinge haben ihr beide Brüste leergetrunken	IC
	640–651	Die Schwestern Procne und Philomena töten Procnes kleinen Sohn und zerfleischen ihn, ein Teil wird im Kessel gekocht, ein anderer am Spieß gebraten und dem Vater Tereus vorgesetzt	IIB
7	159–162	Jason kommt mit seinen Gefährten und Medea heim und ihm zu Ehren wird ein Tier (Stier?) mit vergoldeten Hörnern geopfert	IB
	427–433	Aegeus richtet ein großes Fest aus	IA,B
	569	Juno verursacht die Pest auf Aegina, die Pestkranken sterben durstig	IIA
	592–601	Durch die Pest sind auch die Opferstiere krank, was man nach dem Schlachten an ihren Eingeweiden sieht	IB
	707	Cephalus beschreibt die Göttlichkeit seiner Frau Procris, die Nektar trinkt	IIIB
8	152	Minos opfert anlässlich seines Sieges über Nisus	IB
	273–278	Kalydonischer Eber I: Durch die zahlreichen Götterehrungen zieht Oeneus Dianas Zorn auf sich, da sie als einzige ausgelassen wurde	IB
	290–295	Kalydonischer Eber II: der Eber zerstört Getreide, Wein und Oliven auf Geheiß Dianas	IIA
	445f.	Kalydonischer Eber III: Althaea opfert als Dank für den Sieg ihres Sohnes	IB
	571–73	Kalydonischer Eber IV: Theseus bei Achelous	IA

Stelle		Kontext	Kategorie
	664–684	Die armen Eheleute Philemon und Baucis empfangen ahnungslos die verkleideten Götter Jupiter und Merkur und bereiten ihnen ein im Rahmen ihrer Möglichkeiten opulentes Mahl	IA,B
	784–878	Ewiger Hunger als Strafe für Erysichthon, der sich selbst zum Schluss isst	IIA
	799f.	Die personifizierte Hungersnot Fames isst spärliche Grashalme	IIIB
9	615	Dass Caunus als Kind keine Löwenmilch trank, zeigt, dass er nicht als Held geboren ist	IIIB
	796f.	Hochzeitsopfer für Iphis und Ianthe	IB
10	73–75	Orpheus wacht sieben Tage ohne Essen und Trinken am Fluss Styx	IIA
	228f.	Die Cerasten opfern einen Fremden	IIB
	270–274	Pygmalion bittet beim Opfer zum Feiertag der Venus um seine Steinbraut	IB
	431–435	Ährengewinde als Opfer beim Ceresfest	IB
11	112–135	Midas' Wunsch, alles, was er berühre, möge zu Gold werden, geht in Erfüllung, er leidet unter riesigem Durst und Hunger, den er nicht stillen kann	IIA
	208–210	Troja wird von Neptun überflutet, die Saaten zunichte gemacht	IIA
	248	Peleus erbittet beim Opfer den Rat der Götter	IB
12	149–156	Opfer und Gastmahl anlässlich Achilles´ Sieg über Cygnus	IA,B
	210–457	Das Hochzeitsmahl zu Ehren von Hippodamia und dem Sohn des Ixion wird durch einen Zentauren gestört, es kommt zur Schlacht	IA
13	637–639	Aeneas kehrt bei Anius ein	IA

	Stelle	Kontext	Kategorie
	650–655	Die Töchter des Anius können alles in Brot, Oliven und Öl verwandeln	IIIE
	794–796	Schönheit Galateas, die aus Polyphems Sicht die Qualität von Obst übersteigt	IIIB
	813–837	Der Zyklop Polyphem will seine Angebetete Galatea mit seinem Besitz und reichlichen Geschenken beeindrucken	IIIC
14	194–196	Polyphem stellt sich vor, wie er Odysseus oder einen seiner Gefährten zerfleischt und dessen Eingeweide frisst	IIB
	201, 207–212	Polyphems Glieder und Bart sind mit Menschenblut verklebt	IIB
	216	Achaemenides erzählt, wie er als einziger die Begegnung mit dem Zyklopen Polyphem überlebt hat	IC
	524–526	Ein Hirte wird zur Strafe in einen Olivenbaum verwandelt, weil er die Nymphen geärgert hat; Bitterkeit seiner Worte wird zum bitteren Geschmack	IIIB
	689–691	Pomonas Obstgarten	IIIC
15	76–142	Pythagoras spricht sich gegen den Fleischverzehr aus	IIIF
	76–82	Pythagoras spricht sich gegen den Fleischverzehr aus und benennt vegetarische Lebensmittel in einer goldzeitalterartigen Gegenwart	IIIA
	96–126	Pythagoras preist das goldene Zeitalter, als alle Lebewesen noch in Eintracht miteinander lebten, und beschreibt eine Deszendenz, die aus dem Fleischverzehr erwächst	IIIA
	461–478	Pythagoras' Schlussappell	IIIF

Tabelle 2 Essen in den Metamorphosen – Systematische Übersicht

Stelle	Bezeichnung	Speisen
I normales Essverhalten		
A Gastmahl		
4,764f.	Perseus bei Cephalus	Wein
7,427–433	Theseus bei Aegeus	Stiere, Wein
8,571–573	Theseus bei Achelous	Wein
8,646–684	Philemon und Baucis	*holus*, Schweinerücken, Oliven, Kornelkirschen, Endivien, Radieschen, Käse, Eier, Nüsse, Feigen, Datteln, Pflaumen, Äpfel, Trauben, Honigwabe
12,149–156	Festmahl anlässlich Achilles' Sieg über Cygnus	Fleisch
12,210–457	Hochzeitsmahl der Hippodamia	
13,637–639	Aeneas bei Anius	Getreide, Wein
B Opferszenen oder Erwähnung von Opfern		
4,755	Opfer anlässlich Perseus' Hochzeit	Kuh, Kalb, Stier
7,159–162	Opfer anlässlich Jasons Heimkehr	Stier?
7,427–433	Theseus bei Aegeus	Stiere, Wein
7,592–601	Kranke Opferstiere bei der Pest von Aegina	Stiere
8,152	Opfer anlässlich Minos' Sieg über Nisus	100 Stiere

Stelle	Bezeichnung	Speisen
8,273–278	Oeneus' Opfergaben für Ceres, Lyaeus, Minerva	Getreide, Wein, Öl
8,445f. 8,684–688	Althaea opfert zum Dank für den Sieg ihres Sohnes Philemon und Baucis, vereitelte Opferung der Gans	Gans
9,796f.	Hochzeit Iphis und Ianthe	
10,270–274	Pygmalion bittet beim Opfer um seine Steinbraut	
10,431–435	Ceresfest	Getreide
11,248	Peleus erbittet göttlichen Rat	Tiereingeweide
12,149–156	Festmahl anlässlich Achilles' Sieg über Cygnus	Fleisch

C Essen aufgrund von Hunger[177]

Babyernährung

3,315	Semeles Tochter wird von Bergnymphen großgezogen	Milch
6,342	Latonas Zwillinge trinken Brüste leer	Milch

Hunger stillen (Not)

14,216	Achaemenides	Eicheln, Gras und Laub

II Von der Norm abweichendes Essverhalten

A Das Nichtessenkönnen bzw. Hungern

---

177 Stellen, in denen Durst gelöscht wird, sind: met. 3,415f.: Narziss trinkt aus einer Quelle, um seinen Durst zu löschen; 5,445–451: Ceres bittet eine alte Frau um Wasser gegen den Durst. Sie erhält ein süßes Getränk, das mit gerösteten Gerstengraupen bestreut ist; 6,354–58: Latona bittet einheimische Bauern, aus einem Weiher trinken zu dürfen, um ihren Durst zu stillen.

Stelle	Bezeichnung	Speisen
Aus göttlichem Zorn (betrifft viele Menschen)		
1,270–273, 311f.	Juno zerstört durch Sintflut die Saaten	Getreide
5,477–486	Ceres lässt Felder verdorren	Getreide
7,569	Juno verursacht die Pest auf Aegina, Menschen sind durstig	
8,290–295	Dianas calydonischer Eber zerstört Ernten	Getreide, Wein und Oliven
11,208–210	Neptun überflutet Troja	Saaten
Als Strafe		
4,456–463	Tantalos und die Beliden leiden Hunger und Durst	
8,784–878	Ewiger Hunger bei Erysichthon	
Aus Liebeskummer		
4,262f.	Clytie	
10,73–75	Orpheus	
Aufgrund eines Wunsches		
11,112–135	Midas	
B Kannibalismus		
Selbst essen		
10,228f.	Die Cerasten opfern einen Menschen	Menschen
14,194–196, 201–12	Polyphem	
Anderen vorsetzen		
1,165; 228–230	Lykaon	
6,640–651	Procne und Tereus	Menschen

Stelle	Bezeichnung	Speisen

III Nahrungsmittel oder Ernährungsverhalten mit bestimmten Funktionen und Bedeutungen

A Essen steht den Menschen zur Verfügung

Allgemein

2,285–289	Mutter Erde schenkt den Menschen unblutige Nahrung	

Als Kennzeichen eines Entwicklungszustandes

1,101–112	Goldenes Zeitalter	Arbutus-Früchte, Erdbeeren, Kornelkirschen, Brombeeren, Eicheln, Getreide, Milch, Honig
1,123	Silbernes Zeitalter	Saat
1,137	Ehernes Zeitalter	
5,341f.	Entstehung des Ackerbaus durch Ceres	Getreide
15,76–82	‚Goldenes Zeitalter der Gegenwart' bei Pythagoras	Getreide, Früchte, Trauben, Milch, Honig, Kräuter
15,96–126	Goldenes Zeitalter und Deszendenz bei Pythagoras	Erst Früchte und Kräuter, dann Fleisch

B Nahrungsmittel bzw. Essverhalten symbolisieren Eigenschaften

Nahrungsmittel mit Verzehr[178]

2,768–772	Invidia	Vipernfleisch

---

178   Unter eine entsprechende Kategorie *Getränke* wäre hier zu zählen: met. 1,632-634: Io wird von Jupiter in eine Kuh verwandelt, damit sie von Juno nicht erkannt wird, und muss nun Flusswasser trinken.

Stelle	Bezeichnung	Speisen
7,707	Procris trinkt Nektar als Zeichen für Göttlichkeit	Nektar
8,799f.	Fames	Gräser
9,615	Caunus; Zeichen, kein Held zu sein	(keine) Löwenmilch

Nahrungsmittel ohne Verzehr

14,524–526	Herbe Zunge eines apulischen Hirten	Olive
3,482–85	Narziss' Brust	Äpfel, Traube, Beeren
13,794–796	Schönheit Galateas	Obst, Traube, Käse

C Nahrungsmittel als Besitz

4,635–662	Atlas	Viehherden, goldene Äpfel
13,813–837	Polyphems Liebeslied	Früchte, Trauben, Erdbeeren, Kornelkirschen, Pflaumen, Kastanien, Arbutus-Früchte, Käse, Milch, Schafe?, *dammae?*, Hasen?, Bock?, Tauben?, Vogelnest?, Bärenjunge?
14,689–691	Pomona und Vertumnus	Obstgarten

D Nahrungsverhalten als Auslöser

5,530–538	Proserpina hat Kerne eines Granatapfels gegessen und muss deshalb in der Unterwelt bleiben	Granatapfel

Stelle	Bezeichnung	Speisen

E Etwas wird in Essen verwandelt

| 13,650–655 | Töchter des Anius; durch deren Berührung verwandelt sich alles in: | Brot, Oliven, Öl |

F Nahrung als Thema bzw. die Reflexion über Nahrung und Ernährung

| 15, 76–142; 461–478 | Pythagoras' Appell zur fleischlosen Ernährung | Fleisch, vegetarische Nahrung |

Essensdarstellungen in den Metamorphosen

1 Paradies oder Entbehrung? – Ovids goldenes Zeitalter (met. 1,101–112)

Als Ausgangspunkt des Weltaltermythos im ersten Buch der Metamorphosen steht Ovids goldenes Zeitalter in der Tradition sowohl griechischer als auch römischer Darstellungen.[1] Zu den Charakteristika, die dem goldenen Zeitalter stets zugeschrieben werden, gehört u.a. die Ernährungssituation. So auch bei Ovid. Die von ihm verwendeten Ernährungsmotive stammen dabei nicht allein aus der Tradition der von Hesiod geprägten Goldzeitdarstellungen, sondern haben ihren Ursprung zum Teil auch in anderen Vorstellungen von der Urzeit, die nicht wie die des goldenen Zeitalters von einem idealen Urzustand ausgehen, sondern durch Mangel und Gefährdung gekennzeichnet sind.

1 In der Forschung erscheinen als meistdiskutierte Themen in Bezug auf Ovids goldenes Zeitalter dessen Quellen (Reynen 1965 unter dem Aspekt des ewigen Frühlings; Otis 1966, 94 zu Reminiszenzen bezüglich Vergil und Horaz; Gatz 1967, 70–76 bietet darüber hinaus eine Strukturanalyse; überblickhaft Bömer 1969, 47–56; übergangen bei Vischer 1965) und die Beurteilung des goldenen Zeitalters im Hinblick auf die augusteische Ideologie (Bömer 1958, 242, hier in seinem *Fasti*-Kommentar, ist der Auffassung, dass man von Ovid kein geschlossenes Weltbild verlangen dürfe und dass die Darstellung des goldenen Zeitalters für Ovid keine philosophische oder religiöse, sondern eine poetische Frage gewesen sei. Galinsky 1983, 197, der über Ovids Haltung gegenüber dem augusteischen goldenen Zeitalter generell schreibt, streift diese Passage lediglich mit der Beobachtung, dass Ovids Schilderung zum großen Teil aus dem Verneinen gegenwärtiger Missstände bestehe. Insgesamt sehe Ovid das goldene Zeitalter als eine der Gegenwart moralisch überlegene Zeit an.). Die Passage wird übergangen in den Gesamtdarstellungen der Metamorphosen von Galinsky 1975; Solodow 1988; Tissol 1997; Wheeler 1999. Die Nahrung in Ovids goldenem Zeitalter wird lediglich von Haußleiter 1935, 57 und Kubusch 1986, 231–235 besprochen.

Deswegen muss hier in gebotener Kürze zunächst die Motivgeschichte des goldenen Zeitalters und verwandter Urzeitvorstellungen unter dem Aspekt der Ernährung überblickt werden, ehe dann die von Ovid verwendeten Ernährungsmotive eingeordnet und gedeutet werden können. Dieser Überblick ist auch für die weiteren Abschnitte dieser Arbeit von Bedeutung, da die Ernährungsmotive des ersten Buches der Metamorphosen in den anderen drei ausgewählten Textpassagen ebenfalls vorkommen.

Die Motivgeschichte wird in zwei Abschnitte unterteilt, wobei im ersten griechische und römische Darstellungen betrachtet werden, in denen die Beschreibung der Menschheitsgeschichte ein zentrales Anliegen des jeweiligen Textes ist. Nur vor dem Hintergrund dieser früheren Darstellungen können die Vorzeitdarstellungen der augusteischen Zeit verstanden werden.[2] Diesen wird im Anschluss ein eigener Abschnitt gewidmet.

1.1 Motivgeschichte: Ernährungsmotive in Vorzeitdarstellungen

1.1.1 Hesiod bis Lukrez

In der antiken Literatur gibt es unterschiedliche Schilderungen vom Leben der ersten Menschen, wobei zwei Hauptlinien zu unterscheiden sind:[3] Zum einen gibt es die Vorstellung eines goldenen Zeitalters, in dem die Menschen glücklich und sorgenfrei in paradiesähnlichen Zuständen leben. Diese Epoche steht häufig am Beginn einer deszendenten Entwicklung, die in der Gegenwart ihren moralischen Tiefpunkt erreicht – in Form von Unrecht, Gewalt und Krieg.

Dem gegenüber steht die Vorstellung einer primitiven Zeit, in der die Menschen unzivilisiert, zum Teil tierähnlich und karg leben. Solche Darstellungen stehen häufig im Zusammenhang mit der aszendenten Kulturentstehungslehre, die davon ausgeht, dass die Menschheit sich durch Fort-

---

2 Vgl. Gatz 1967, 161.
3 Vgl. Haußleiter 1935, 54; Vischer 1965, 89; Gatz 1967, 161; Bömer 1969, 47; Hans Schwabl: Weltalter (Kulturfortschritt), RE Suppl. 15, 1978, 827–839; Kubusch 1986, 3. Sehr hilfreich für unser Thema ist der Überblick über utopische Themen wie etwa ewigen Frühling oder milch- und nektartragende Flüsse in Marek Winiarczyks neuerer Abhandlung (2011) über hellenistische Utopien, Appendix I (231–259).

schritt immer weiter zu Zivilisation und Kultur entwickelt hat.[4] Während die deszendente Theorie – ausgehend von Hesiods goldenem Geschlecht – sich vorwiegend in mythologischen Darstellungen und bei Dichtern findet, kommen Darstellungen der aszendenten Theorie eher bei Philosophen, Historikern und Naturwissenschaftlern vor.[5] Deszendente Goldzeitvorstellung und aszendente Vorzeitvorstellung sind freilich zwei extreme Pole, die in den überlieferten Darstellungen häufig nebeneinanderstehen und miteinander vermischt werden.[6] Für solche, im Folgenden als dialektisch[7] bezeichnete Darstellungen gibt es im Einzelnen zahlreiche Unterschiede und Gatz hat zu Recht darauf hingewiesen, dass in solchen Fällen nicht der Kulturprozess selbst, sondern dessen Bewertung der maßgebliche Faktor sei.[8] Gemeinsam ist diesen unterschiedlichen Darstellungen der Vorzeit die Schilderung der Ernährungssituation, die nicht immer zentral, doch stets präsent ist.

Im Folgenden werden prominente Beispiele für literarische Überlieferungen der goldenen Zeit bzw. der menschlichen Vorzeit unter besonderer Berücksichtigung der darin enthaltenen Nahrungsmittel vorgestellt. Es wurden Darstellungen ausgewählt, mit denen es in Ovids goldenem Zeitalter (z.B. Hesiod, Lukrez), aber auch in den anderen zu untersuchenden

4 Dies trifft allerdings auch auf die deszendenten Darstellungen zu, da die Menschen ohne kulturelle und technische Weiterentwicklung nicht in der Lage wären, Krieg zu führen oder zur See zu fahren. Jeder Deszendenz wohnt demnach auch eine Aszendenz inne, lediglich die Perspektive ist eine andere: Während in aszendenten Darstellungen die zivilisatorischen Errungenschaften in den Vordergrund gerückt und als positiv bewertet werden, wird in deszendenten Darstellungen der moralische Abstieg betont, der mit diesen Errungenschaften einhergeht, vgl. Gatz 1967, 144.

5 Vgl. Bömer 1969, 47. Deszendente Darstellungen finden sich seit Hesiod z.B. bei Arat und Empedokles; aszendente Darstellungen etwa bei Xenophanes, Demokrit und den Sophisten, aber auch in der Tragödie, z.B. bei Aischylos; s. zu einzelnen Strömungen und Autoren ausführlich Lovejoy/Boas 1997, 117–286. Demokrit wird für den ersten gehalten, der die paradiesische Goldzeit in einen Zustand der Not und des Mangels umgedeutet hat; freilich kann es aber sein, dass es diese Idee schon früher gab und dass sie erst im fünften Jahrhundert zu voller Blüte kam, vgl. Burton 1972, 48.

6 Dies wird in den Einzeldarstellungen weiter unten deutlich; vgl. hierzu auch Vischer 1965, 89, 97; Gatz 1967, 151; 161; Kubusch 1986, 4.

7 „Dialektische Synthese von Deszendenz und Aszendenz" bei Gatz 1967, 161.

8 Gatz 1967, 145f. In solchen Darstellungen verfolgen die Autoren meist eine bestimmte Intention wie den Vegetarismus oder das einfache Leben, ebd. 145. Es gibt auch Autoren, die gleichermaßen aszendente und deszendente Sichtweisen zur Schau stellen (z.B. Ovid). Gatz sieht darin keinen Widerspruch, sondern stellt fest, dass derselbe Tatbestand nur dialektisch verstanden werde (161). Genauer untersucht und vergleicht Kubusch 1986 die Darstellungen und Sichtweisen einzelner, besonders augusteischer Dichter.

Ovid-Textpassagen (z.B. Empedokles, Theophrast) Berührungspunkte gibt,[9] ergänzt durch solche, die für die Tradition bestimmter Ernährungsmotive innerhalb dieses thematischen Rahmens prägend sind (z.B. die Alte Komödie).

Die meisten dieser Darstellungen schildern nicht nur einen Urzustand, sondern eine Entwicklung, die sich über mehrere Phasen erstreckt. Um die Bewertung des jeweiligen Urzustandes zu verstehen, muss dieser im Kontext der Gesamtdarstellung betrachtet werden, deshalb werden die übrigen Phasen jeweils miteinbezogen. Die Vorstellung der Textstellen erfolgt gegliedert nach deszendenten, aszendenten oder dialektischen Darstellungen, innerhalb dieser Kategorien dann – soweit dies beurteilbar ist – chronologisch gegliedert. Eine tabellarische Übersicht der folgenden Vorzeitdarstellungen mit Nennung der darin enthaltenen Nahrungsmotive findet sich am Ende dieses Kapitels (Tabelle 3).[10]

Zuletzt sei auf die Problematik hingewiesen, dass bei Empedokles, Dikaiarch, Theophrast und der Alten Komödie die entsprechenden Textstellen nicht als Primärtexte, sondern nur durch die Überlieferung sekundärer Quellen vorliegen. Auch wenn die hier vorliegenden Sekundärzitate oder Erwähnungen als Fragmente gewertet werden, ist dennoch Vorsicht im Umgang mit ihnen geboten. Es gilt immer im Hinterkopf zu behalten, dass einerseits die Originalschrift zum Zeitpunkt des Zitats bisweilen schon mehrere 100 Jahre alt ist und wir die Quelle des Zitierenden gewöhnlich nicht kennen, dass andererseits hinter der Einbeziehung von Zitaten stets eine bestimmte Absicht steht. Beide Probleme treffen etwa bei der Überlieferung der Fragmente von Empedokles, Theophrast und Dikaiarch durch Porphyrios zu, der im 3. Jahrhundert n. Chr. lebte und in seiner Schrift Περὶ ἀποχῆς ἐμψύχων (‚Über die Enthaltsamkeit von Beseeltem‘) das Ziel verfolgt, seine Leser von einer vegetarischen Lebensweise zu überzeugen.[11]

9　Diese werden in den Einzelinterpretationen aufgegriffen.
10　S. unten, 152.
11　Zu Porphyrios sei auf die 2018 erschienene Studie von Piedro Martins verwiesen.

1.1.1.1 Deszendente Darstellungen

Hesiod, Ἔργα καὶ ἡμέραι
Hesiods episches Lehrgedicht Ἔργα καὶ ἡμέραι („Werke und Tage", kurz
Erga)[12] wurde bislang gemeinhin in die Zeit um 700 v. Chr. datiert, jüngst
von Golla um 730 v. Chr.[13] Einen großen Teil des Werkes nimmt der Weltaltermythos[14] ein. Dieser dient als Exemplum für das Wirken der personi-
fizierten Gerechtigkeit Dike in der Welt der Menschen innerhalb vergange-
ner Menschengeschlechter bis zur Gegenwart.[15] Es ist in fünf aufeinander

---

12 Zugrunde liegt die Ausgabe von Solmsen 1970. Das Gedicht umfasst 828 Verse im Hexameter und hat den Charakter einer fortlaufenden Mahnrede, die sich aus einer assoziativen
Aneinanderreihung verschiedener Themenkomplexe mit den übergreifenden Themen Gerechtigkeit und Arbeit zusammensetzt, vgl. Andrea Ercolani/Luigi E. Rossi: Hesiod (Werke
und Tage), HGL 1, 88f.; Hose 2012, 41; Golla 2016, 24). Die Rede richtet sich zu einem großen Teil an Hesiods Bruder Perses, z.B. op. 213; 275, vgl. West 1978, 35. In den Versen 27 bis
41 erscheint ein Rechtsstreit zwischen den beiden Brüdern nach dem Tode des Vaters als Anlass für die folgenden Ermahnungen. Man geht davon aus, dass es sowohl den Bruder als auch
den Rechtsstreit tatsächlich gegeben hat, vgl. Hose 2012, 40. Im ersten, eher theoretischen
Teil werden die Ermahnungen durch verschiedene Mythen (z.B. Prometheus, Pandora, Weltalter) fundiert, im zweiten Teil folgen die Ermahnungen als solche. Diese konkretisieren sich
in Form einer Art Bauernkalender immer weiter zu direkten Verhaltensanweisungen und
münden schließlich in eine Art Tageskalender, in dem dargelegt wird, welche Monatstage
für welche Tätigkeiten günstig sind. Das Werk gliedert sich wie folgt (nach Hose 2012, 40f.):
Gebet an Zeus (1–10), Erläuterung des Unterschieds zwischen gutem und schlechtem Streit
(11–26), Streitsituation mit dem Bruder (27–41), Prometheus-Mythos (42–105), Weltaltermythos (106–201), Fabel von Falke und Nachtigall (202–382, anders Nicolai 1964, 7:
Ainos: 203–212; Dikeparainesen 1–3: 213–285), Bauernkalender (383–617), Schifffahrt
mit Erinnerungen an den Vater (618–694), Lebensregeln zum Sozialverhalten (695–764),
‚Tage', d.h. Anweisungen zu bestimmten Tätigkeiten an bestimmten Tagen (765–828). Der
letzte Abschnitt stammt wohl nicht von Hesiod, vgl. Hose 2012, 40.
13 Golla 2016, 60f.
14 Dieser geht vermutlich auf einen mesopotamischen Mythos zurück, vgl. Hartwig He-
ckel: Zeitalter, DNP 12.2, 2003, 706. Hesiods Schilderung der fünf Zeitalter entspricht wohl
einer um das Heroengeschlecht erweiterten orientalischen Doktrin von vier Weltaltern, die
in indischen und persischen Schriften, ferner in der jüdischen und mandäischen Literatur
vorliegt, vgl. Reitzenstein 1966 (1924); West 1999, 312–318, zu mythologischen Vorstellungen des Alten Orients im archaischen Griechenland vgl. auch Heubeck 1966 (1955); Lesky
1966 (1955); Gatz 1967, 7–27; im Besonderen sei hier auf die Monographie von West 1999
verwiesen.
15 Ausführlich dazu Golla 2016, 165–167. Golla bietet eine neue Interpretation des Weltaltermythos und gibt einen ausführlichen Forschungsüberblick (163f.).

folgende Geschlechter[16] eingeteilt – das goldene, das silberne, das eherne, das Heroen- und das eiserne Geschlecht[17] –, wobei ausgehend vom goldenen Geschlecht eine allmähliche Degeneration der Menschheit stattfindet (Deszendenz)[18], die mit dem eisernen Geschlecht in der Gegenwart ihren Tiefpunkt findet.

In den *Erga* werden dreimal einander ähnliche paradiesische Zustände beschrieben, die sich jeweils unter anderem im Nahrungsangebot manifestieren: innerhalb des Weltaltermythos beim goldenen (109–126) und beim Heroengeschlecht (156–173) sowie später bei der Belohnung der gerechten Menschen in der Gegenwart durch Dike (225–237, im Folgenden Dikeparainese 1[19] genannt). Diese werden im Folgenden nacheinander vorgestellt und in Bezug auf die darin enthaltenen Ernährungsmotive näher beleuchtet. Im Anschluss wird kurz auf das silberne und eherne Geschlecht eingegangen, da auch dort jeweils – in Form von Negationen – eine Aussage über Ernährung getroffen wird.

Paradiesische Zustände

Die Menschen des goldenen Geschlechts (erstes Zeitalter unter Kronos, op. 112–119)[20] werden als glücklich und frei von Übel, Not und schlimmem Alter geschildert (112–115). In Bezug auf Ernährung wird gesagt, dass

---

16 Die allgemein gebräuchliche Bezeichnung ,Welt*alter*mythos' ist deshalb irreführend; von einem goldenen Zeitalter ist erst bei römischen Dichtern die Rede (*aurea saecula*); vgl. Bömer 1969, 48; Golla 2016, 168.

17 Goldenes Geschlecht: 109–126, silbernes Geschlecht: 127–142, ehernes Geschlecht: 143–155, Heroengeschlecht: 156–173, eisernes Geschlecht: 174–201.

18 Dass Hesiods Darstellung durchgängig deszendent ist, wurde anhand verschiedener Unstimmigkeiten (am augenscheinlichsten das Heroengeschlecht) widerlegt, vgl. Gatz 1967, 28–33; Miller 1980, 41f. Von einer Deszendenz kann man hier aber sicherlich im Sinne einer Kontrastierung der idealisierten Vorzeit mit der negativ bewerteten Gegenwart nach wie vor ausgehen.

19 Nach Nicolai 1964, 7; 53–60.

20 Hes. op. 112–119: ὥστε θεοὶ δ' ἔζωον ἀκηδέα θυμὸν ἔχοντες | νόσφιν ἄτερ τε πόνων καὶ ὀιζύος· οὐδέ τι δειλὸν | γῆρας ἐπῆν, αἰεὶ δὲ πόδας καὶ χεῖρας ὁμοῖοι | τέρποντ' ἐν θαλίῃσι, κακῶν ἔκτοσθεν ἁπάντων· [...] (117) καρπὸν δ' ἔφερε ζείδωρος ἄρουρα | αὐτομάτη πολλόν τε καὶ ἄφθονον· οἱ δ' ἐθελημοὶ | ἥσυχοι ἔργ' ἐνέμοντο σὺν ἐσθλοῖσιν πολέεσσιν. Vers 120, in dem die Menschen als reich an Herden beschrieben werden ([ἀφνειοὶ μήλοισι, φίλοι μακάρεσσι θεοῖσιν]), wird gemeinhin als unecht angesehen, vgl. West 1978, 100; Verdenius 1985, 84. Der Vers kommt nur in der Wiedergabe von Diodor vor; weitere Details bei West 1978, 181.

sie sich am üppigen Festmahl[21] erfreuen, und dass die nahrungsspendende unbearbeitete Erde Feldfrüchte (117f.), d.h. Getreide[22], in Hülle und Fülle (118) trägt. Die Menschen leben willig und friedvoll von ihren Feldern (119) und sind an vielen Gütern reich (119).[23]

21 Dass θαλίη (Grundbedeutungen laut LfgrE 2, 1991, s.v. θαλίη, B, 964: Wohlleben, Üppigkeit, Fest(lichkeit)) hier im Sinne von Festmahl, d.h. in einem Zusammenhang mit Ernährung verstanden werden dürfte, zeigt die Ähnlichkeit der gesamten Phrase τέρποντ᾽ ἐν θαλίῃσι mit den Worten μετ᾽ ἀθανάτοισι θεοῖσι | τέρπεται ἐν θαλίῃς aus Hom. Od. 11,602–3, die sich wohl auf das ewige Festessen der Götter beziehen, vgl. Verdenius 1985, 132. Im LSJ, s.v. θαλία wird für diese Stelle die Bedeutung „festivities" angegeben.

22 Die Bedeutung ‚Getreide' (Verdenius 1985, 82 deutet καρπός ebenfalls als „corn". Im LSJ, s.v. καρπός der Verweis, dass das Wort bei Homer und Hesiod für gewöhnlich im Zusammenspiel mit ἄρουρα (wie auch an dieser Stelle) in der Bedeutung „the fruits of the earth" und „corn" verwendet wird. Keine Entscheidung bei West 1978, 180. Laut LfgrE 2, 1991, s.v. καρπός, IB1, 1337 ist an dieser Stelle eine unbestimmte Frucht gemeint.) ergibt sich aus dem Zusammenhang mit ἔργα und ζείδωρος ἄρουρα, deren Assoziationen mit Landwirtschaft auf die Odyssee zurückgehen (vgl. hierzu Vidal-Naquet 1981(1976), 82–85, auch mit weiteren Beispielen): Als Odysseus bemerkt, dass er zurück in Ithaka ist, küsst er zuerst die getreidespendende Erde (ζείδωρον ἄρουραν, Od. 13,354), ein Symbol menschlicher Zivilisation, das er auf seiner Reise vergeblich gesucht hat (z.B. Od. 10,147: ἔργα [...] βροτῶν). Auch das Vorkommen von *fruges* in den Goldzeitdarstellungen römischer Autoren wie Vergil und Ovid weist auf diese Bedeutung hin (s. Tabellen 4 und 5).

23 Ich folge hier der Übersetzung von West 1978, 181: „lived off their fields". Zur Schwierigkeit der Übersetzung dieses Verses s. Golla 2016, 185–87. Besonders problematisch ist die Übersetzung von ἔργα, das (landwirtschaftliche) Arbeit impliziert. Diese ist aber nicht notwendig, da die Erde alles von selbst gibt: „ἔργα, with its connotation of tillage, is not altogether apt.", West 1978, 181; zur Konnotation ‚Ackerbau' vgl. LSJ, s.v. ἔργον, 3a. Es würde bedeuten, dass die Menschen des goldenen Geschlechts Bauern sind. In diesem Fall legen die Wörter ἐθελημοὶ und ἥσυχοι immerhin nahe, dass die Menschen diese Arbeit gerne, wenn nicht gar freiwillig verrichten (vgl. dazu Verdenius 1985, 83, und auf ihn Bezug nehmend Golla 2016, 185f.). Dazu Meyer 1966 (1924), 502: „obwohl die Erde alles von selbst gibt, kann Hesiodos sich den Menschen doch nur als Bauern denken, der ‚willig' an die Feldarbeit geht, die ihm aber in dieser glücklichen Zeit keine Plage macht." Verdenius 1985, 83 merkt allerdings mit Verweis auf Hom. Od. 4,318 an, dass ἔργα ursprünglich „Agrarprodukte" bedeutet (LfgrE 2, 1991, s.v. ἔργον, B(4), 674) und auch die Bedeutung „Essen" haben kann, ohne dass die für die Herstellung dieser Produkte notwendige Arbeit impliziert wird. Auch die Bedeutung „Getreidefeld" ist möglich, s. die Übersetzung von West 1978; vgl. LfgrE 2, 1991, s.v. ἔργον, B(4), 674. Die zuletzt genannten Möglichkeiten erscheinen mir vor dem Hintergrund des *Automaton*-Motivs (Begriff s. unten, Anm. 29) am wahrscheinlichsten. John Wilkins bezeichnete das Beschriebene in einem Gespräch passend als eine idealisierte Getreidefarm, auf der man keinen Ackerbau betreiben muss, um Getreide zu erhalten. So interpretiert es auch Dikaiarch in Porphyrios' Überlieferung (fr. 56A Mirhady, Porph. abst. 4,2,3): Αὐτόματα μὲν γὰρ πάντα ἐφύετο, εἰκότως · οὐ γὰρ αὐτοί γε κατεσκεύαζον οὐθὲν διὰ τὸ μήτε τὴν γεωργικὴν ἔχειν πω τέχνην μήθ᾽ ἑτέραν μηδεμίαν ἁπλῶς, s. unten Abschnitt zu Dikaiarch, 97ff.

Das Geschlecht der Heroen (op. 156–173) bildet eine Ausnahme innerhalb der Geschlechter, da die Deszendenz hier innehält, d.h. es wird nicht
als in irgendeiner Form schlechter als das vorangegangene eherne Geschlecht, sondern als gerechter und besser dargestellt.[24] Einen Teil der Heroen, die in Troja gekämpft haben, schickt Zeus auf die Inseln der Seligen
(μακάρων νῆσοι, 171), wo ihnen ein Leben zuteil wird, das mit dem des
goldenen Geschlechts fast identisch ist.[25] Dies äußert sich in zahlreichen
sprachlichen und inhaltlichen Ähnlichkeiten mit der Darstellung des goldenen Geschlechts,[26] auch in Bezug auf die Ernährungssituation: Zunächst
gibt es eine ‚vielnährende' Erde (157)[27], etwas später bringt die nahrungsspendende Erde dreimal im Jahr süße Feldfrucht in Fülle.[28] Der Wortlaut
ist mit Vers 117 (ζείδωρος ἄρουρα, καρπόν) identisch, doch diesmal liegt die
Betonung nicht auf dem αὐτόματος βίος (im Folgenden auch *Automaton-
Motiv*[29] genannt), sondern auf dem Geschmack der Früchte. Auch dies ist
ein paradiesischer Zug, denn Getreide ist gewöhnlich nicht süß, im rohen
Zustand nicht einmal besonders genießbar.

In der Dikeparainese 1 (op. 213–247) wird das Schicksal der gerechten
und das der ungerechten Menschen der Gegenwart antithetisch einander
gegenübergestellt.[30] Dabei werden die gerechten Menschen mit den Attribu-

---

24 Δικαιότερον καὶ ἄρειον, 158. Die Frage nach Funktion und Genese des Heroengeschlechts
in Hesiods Weltaltermythos behandelt ausführlich Gatz 1967, 28f.; 45–48. Lovejoy/Boas
1997, 25 gehen von zwei verschiedenen Mythen aus: den vier Geschlechtern mit Metall-
namen auf der einen und dem Heroengeschlecht auf der anderen Seite, das entweder Hesiod
oder jemand anders eingefügt hat.
25 Gatz 1967, 38.
26 Gatz 1967 31, 114 stellt sprachliche und inhaltliche Ähnlichkeiten zwischen dem He-
roen- und dem goldenem Geschlecht heraus und schließt, dass „Diesseitigkeit des goldenen
und Jenseitigkeit des Heroengeschlechts bei Hesiod potentiell, im späteren Mythos sogar
ausdrücklich mit dem Leben unter Kronos identisch ist."; vgl. auch Golla 2016, 204.
27 Golla 2016, 199f. sieht in πουλυβοτείρῃ ein bewusstes Erinnern an die Lebensbedingun-
gen des goldenen Geschlechts, zumal im silbernen und ehernen Geschlecht nicht von der
Natur die Rede sei.
28 Hes. op. 172f.: ὄλβιοι ἥρωες, τοῖσιν μελιηδέα καρπὸν | τρὶς ἔτεος θάλλοντα φέρει ζείδωρος
ἄρουρα.
29 Begriff zuerst bei Gatz 1967, 203.
30 Darin 225–237: Belohnung der Gerechtigkeit, 238–247: Bestrafung der Ungerechtigkeit, vgl. Nicolai 1964, 57. Die Menschen der Gegenwart gehören zum eisernen Geschlecht
(Hesiod beklagt, dass er selbst zum eisernen Geschlecht gehört, op. 174f.).

ten des goldenen Geschlechts vorgestellt:[31] Sie leiden keinen Hunger (230), sondern erfreuen sich bei Festmählern der Früchte ihrer Arbeit (231). Die Erde trägt ihnen reiche Nahrung (232), wenig später wird dieser Inhalt nur leicht variiert: der nahrungsspendende Acker trägt ihnen üppige Frucht (237). Hinzu kommt das Motiv der Bergeiche (232f.), die sowohl Früchte (d.h. Eicheln) als auch Bienen (233, wohl als Metapher für Honig zu verstehen[32]) bringt. Die Menschen betreiben nun auch Viehzucht und haben Wolle tragende Schafe (234).

Auffällig ist, dass es in allen drei Passagen Feldfrüchte tragende Getreidefelder gibt. Während die Menschen der Gegenwart das Getreide durch Ackerbau gewinnen und, im Besitz von Feuer und technischen Errungenschaften, auch zum Verzehr weiterverarbeiten können, ernten die Menschen des goldenen und des Heroengeschlechts offenbar zum Verzehr bereites Getreide, denn die Natur spendet dieses, wie oben gezeigt, von selbst und Ackerbau gibt es nicht.[33]

Interessant ist außerdem, dass jede Beschreibung ein allein ihr eigenes Ernährungsmotiv enthält: das *Automaton*-Motiv beim goldenen Geschlecht, der süße Geschmack der Feldfrüchte beim Heroengeschlecht, das Motiv der Eicheln und Bienen (Honig) tragenden Eiche in der Dikeparainese 1. Hieraus ergibt sich eine Steigerung im chronologischen Verlauf der Textpassagen: Beim goldenen Geschlecht erhalten die καρποί keine nähere Beschreibung, beim Heroengeschlecht werden sie als süß bezeichnet; bei den gerechten Menschen schließlich kommen zwei weitere Nahrungsmittel,

---

31 Hes. op. 230–237: οὐδέ ποτ' ἰθυδίκῃσι μετ' ἀνδράσι Λιμὸς ὀπηδεῖ | οὐδ' Ἄτη, θαλίης δὲ μεμηλότα ἔργα νέμονται. | τοῖσι φέρει μὲν γαῖα πολὺν βίον, οὔρεσι δὲ δρῦς | ἄκρη μέν τε φέρει βαλάνους, μέσση δὲ μελίσσας· [...] (237)[...] καρπὸν δὲ φέρει ζείδωρος ἄρουρα.

32 Vgl. West 1978, 215. West mutmaßt anhand von anderen Quellen wie den *Gymnosophisten* von Onesikritos (FGrH 2B, 134 F 17 § 64), die von einer Zeit erzählen, in der Honig, Milch, Wein und Öl aus der Erde geflossen seien, dass Hesiods Eicheln und Bienen eine Version früherer Darstellungen des goldenen Zeitalters oder utopischer Vorstellungen sind, in denen Bäume süße Früchte, süßen Tau oder Honig tragen. S. dort auch Parallelstellen. Dass Bienen (u.a. als göttliche Boten) in der älteren griechischen Dichtung häufig zusammen mit Honig genannt werden, hat Usener 1902, 179 gezeigt. Ein Indiz für die angenommene metaphorische Bedeutung als Honig liefern auch die augusteischen Dichter, die von aus Eichen fließendem Honig sprechen, s. Tabellen 4 und 5.

33 Erst ab dem Zeitpunkt, als Zeus nach seinem Disput mit Prometheus das Getreide in der Erde versteckt hatte (op. 42–50), waren die Menschen dazu gezwungen, das Getreide durch harte Arbeit mittels Ackerbau zu gewinnen und durch Feuer genießbar zu machen, vgl. Vernant 1981, 78f.

Eicheln und Honig, hinzu. Die Nahrungssituation wird also vom goldenen Zeitalter bis hin zu den gerechten Menschen immer konkreter geschildert. Daran wird deutlich, dass die Goldalterdarstellungen der nachhesiodischen klassischen Tradition, in denen sowohl *Automaton* als auch Eicheln und Honig zum Motivmaterial gehören, sich keineswegs nur auf Hesiods goldenes Geschlecht, sondern auch auf die Dikeparainese 1 beziehen.[34]

Negationen von Essverhalten

Das silberne Geschlecht (op. 127–142), voll Bosheit und Hybris, weigert sich, den Göttern Opfer darzubringen.[35] Dass das Opfer mit dem Fleischverzehr des Tieres gekoppelt war, erfährt man im Prometheus-Mythos in der Theogonie.[36] Ob die Menschen des silbernen Geschlechts dennoch Tiere (ohne zu opfern) essen oder sich vegetarisch ernähren, bleibt offen.[37]

Die Menschen des ehernen Geschlechts (143–155), gewalttätig und kriegerisch, essen kein Getreide (145f.).[38] Anstatt jedoch die Nahrung zu benennen, die sie stattdessen zu sich nehmen, kontrastiert Hesiod die Aussage mit deren Hartherzigkeit und Unerschrockenheit. Es scheint also einen Zusammenhang zwischen dem Fehlen der Getreidenahrung und der Rohheit des ehernen Geschlechts zu geben.[39] Um diesen zu verstehen, muss zunächst klar sein, dass das Fehlen von Getreide einerseits die Unterscheidung vom goldenen Geschlecht markiert, andererseits das Fehlen von Ackerbau

---

34 Nicht ganz richtig Gatz 1967, 36, demzufolge allein die Dikeparainese 1 das Vorbild darstellt.

35 Hes. op. 135–137: [...] οὐδ᾽ ἀθανάτους θεραπεύειν | ἤθελον οὐδ᾽ ἔρδειν μακάρων ἱεροῖς ἐπὶ βωμοῖς | ᾗ θέμις ἀνθρώποις κατὰ ἤθεα. [...]. Eine neue Interpretation bietet Golla 2016, 189–194.

36 Hes. theog. 535–557. S. Abschnitt zu Empedokles weiter unten, besond. Anm. 57.

37 Die Frage wird nicht thematisiert bei West 1978 oder Golla 2016.

38 Hes. op. 143–153: Ζεὺς δὲ πατὴρ τρίτον ἄλλο γένος μερόπων ἀνθρώπων | χάλκειον ποίησ᾽, οὐκ ἀργυρέῳ οὐδὲν ὁμοῖον, | ἐκ μελιᾶν, δεινόν τε καὶ ὄβριμον· οἷσιν Ἄρηος | ἔργ᾽ ἔμελε στονόεντα καὶ ὕβριες, οὐδέ τι σῖτον | ἤσθιον, ἀλλ᾽ ἀδάμαντος ἔχον κρατερόφρονα θυμόν· | [ἄπλαστοι· μεγάλη δὲ βίη καὶ χεῖρες ἄαπτοι | ἐξ ὤμων ἐπέφυκον ἐπὶ στιβαροῖσι μέλεσσιν.] | τῶν δ᾽ ἦν χάλκεα μὲν τεύχεα, χάλκεοι δέ τε οἶκοι, | χαλκῷ δ᾽ εἰργάζοντο· μέλας δ᾽ οὐκ ἔσκε σίδηρος. | καὶ τοὶ μὲν χείρεσσιν ὑπὸ σφετέρῃσι δαμέντες | βῆσαν ἐς εὐρώεντα δόμον κρυεροῦ Ἀίδαο. Im Gegensatz zum goldenen Geschlecht wird hier explizit das Wort für Getreide, σῖτον, verwendet, während die Menschen des goldenen Geschlechts καρπός essen.

39 Vgl. Clay 2003, 91, Anm. 32. Etwas merkwürdig dazu Golla 2016, 197, der daraus eine „therapeutische" Wirkung der Feldarbeit ableitet, „als Besänftigung des Gemüts und als Dienst an der natürlichen Ordnung – ein jedes Ausdruck eines *dike*-haften Lebens".

bedeutet.[40] Landwirtschaft und die Ernährung mit Getreideprodukten stellen aus griechischer Sicht einen grundlegenden Pfeiler menschlicher Zivilisation dar. Das äußert sich beispielweise darin, dass sowohl bei Homer als auch bei Hesiod Menschen als Brotesser (ἀρούρης καρπὸν ἔδοντες) vorgestellt werden.[41] Die Wesen, denen Odysseus auf seiner Reise begegnet, essen hingegen alles mögliche, nur kein durch Ackerbau erzeugtes Getreide, und werden dadurch als nicht-menschlich klassifiziert.[42] Die Menschen des ehernen Zeitalters weichen also, indem sie kein Getreide essen, von der griechischen kulturellen Norm im homerischen Sinne ab.[43]

Das Fehlen einer alternativen Nahrung hat bereits bei antiken Kommentatoren Anlass zu der Überlegung gegeben, ob die Menschen des ehernen Geschlechts aufgrund ihres gewalttätigen Wesens wilde Tiere gegessen oder sogar Kannibalismus betrieben hätten.[44] Dies gibt Hesiods Text nicht her, dennoch hat seine Schilderung spätere Autoren offenbar dazu angeregt, die Leerstelle mit ebendieser Annahme zu füllen: In Arats Weltaltermythos, der sich klar an Hesiods Darstellung orientiert,[45] ist es ebenfalls das eherne Geschlecht, das zuerst gewalttätig ist, Krieg führt – und sich überdies als erstes von Fleisch ernährt.[46]

---

40 Golla 2016, 197 deutet Letzteres als eine Art Hybris, weil Feldarbeit im hesiodischen Sinne zum Dike-gemäßen Handeln gehöre. Er geht dementsprechend davon aus, dass auch die Menschen des goldenen Geschlechts – wenn auch gern und freiwillig – Feldarbeit betrieben haben (185f.). Dazu oben, Anm. 23.

41 Hom. Il. 21,465: ἀρούρης καρπὸν ἔδοντες; Od. 2,290: ἄλφιτα, μυελὸν ἀνδρῶν; Hes. theog. 512: ἀνδράσιν ἀλφηστῇσι; op. 82: ἀνδράσιν ἀλφηστῇσιν (= Hom. Od. 1,349); vgl. Vidal-Naquet 1976 (1981), 84; Vernant 1981, 71.

42 Beispiele bei Vidal-Naquet 1981 (1976), 82–94. Den Zyklopen (Od. 9,107–111. 191) allerdings spendet die Erde Getreide wie Hesiods goldenem Geschlecht, vgl. West 1978, 188.

43 Vgl. Martins 2018, 123.

44 Schol. vet. ad Hes. op. 146a. Auch West 1978, 188 ist der Ansicht, dass sie sich von Fleisch, allerdings auch (ohne Erklärung) von wildwachsenden Pflanzen ernährten. Die Kannibalismus-These schließt er, ebenso wie Golla 2016, 197 aufgrund fehlender Hinweise im Text aus. Golla meint weiter richtig, man könne auch nicht schließen, sie hätten gar nichts gegessen.

45 S. unten, Abschnitt zu Arat, 85ff.

46 Vgl. West 1978, 188.

Empedokles, Οἱ Καθαρμοί

Empedokles, ein Naturphilosoph des fünften Jahrhunderts,[47] steht mit seinen sittlich-religiösen Anschauungen in orphisch-pythagoreischer Tradition.[48] So glaubt er an Dämonen, die auf der Erde in immer neuen Körpern wiedergeboren werden,[49] woraus seine Forderung nach der Abschaffung von Tieropfern[50] und vermutlich auch seine Schilderung eines vegetarischen goldenen Zeitalters resultieren.[51] Eine der beiden von Empedokles erhaltenen Schriften ist das Lehrgedicht Οἱ Καθαρμοί[52] (*Die Reinigungen*).[53] In Fragment 31 B 130 Diels-Kranz (DK)[54], das in den Scholien zu Nikanders Θηριακά (*Theriaca*) überliefert ist, wird beschrieben, dass alle Lebewesen, d.h. Menschen und Tiere, in Freundschaft (φιλοφροσύνη) miteinander leben. In Fragment 31 B 128 DK[55], das in Porphyrios' zweitem Buch

47 Wright 1981, 3 geht von einer Schaffensphase zwischen 477 und 432 v. Chr. aus. Empedokles wurden vielfältige politische, philosophische, medizinische und wundersame Fähigkeiten und Tätigkeiten nachgesagt. Zu Leben und Wirken des Empedokles s. Kranz 1949, 9–112; Kingsley 1995, 1–6; Oliver Primavesi: Empedokles, Der Neue Ueberweg 1/2, §17, Basel 2013.

48 Max Wellmann: Empedokles, RE 10. Hbd., 1905, 2511. Diogenes Laertios z.B. zieht in seiner Empedokles-Biografie (8,2) immer wieder Verbindungen zu Pythagoras; in 8,2,56 behauptet er sogar, Empedokles sei Schüler des Pythagoras gewesen.

49 Die Lehre besteht darin, dass die Götter – als Dämonen bezeichnet – als Strafe für Verfehlungen wie Mord oder Meineid auf die Erde geschickt werden, um dort verschiedene Körper zu durchlaufen, vgl. fr. 31 B 115 Diels-Kranz (DK).

50 Vgl. Michael Erler: Empedokles, HGL 1, 279. S. hierzu Kapitel 4 dieser Arbeit zu Pythagoras.

51 Die Vorstellung einer von ἀποχή geprägten Frühzeit geht wahrscheinlich schon auf die Orphiker zurück, doch geben nur sehr wenige sekundäre Quellen darauf Hinweise, z.B. Plat. leg. 6,782 C (= Kern Orphicorum Fragm. Test. 212); vgl. Haußleiter 1935; Gatz 1967, 167.

52 Zur Erwähnung der Schrift in antiken Quellen s. Wright 1981, 20. Der Titel ist sehr wahrscheinlich eine spätere Zuschreibung. Es ist nach wie vor umstritten, ob οἱ Καθαρμοί ein eigenes Gedicht oder zusammen mit dem ebenfalls Empedokles zugeschriebenen Gedicht Περὶ Φύσεως einen einzigen Text darstellt, vgl. Wright 1981, 57–76; Trépanier 2004, 1–30; Michael Erler: Empedokles, HGL 1, 278; anders Gemelli Marciano 2013, 323.

53 In diesem an die Bewohner der Stadt Akragas gerichteten Gedicht berichtet er u.a. von seinem eigenen Schicksal als umherwandernder Dämon, aus dem er Ermahnungen zu einer sittlich reinen Lebensweise und würdigen Verehrung der Götter ableitet; s. etwa fr. 31 B 115 DK; vgl. Max Wellmann: Empedokles, RE 10. Hbd., 1905, 2511.

54 Fr. 31 B 130 DK (= Schol. vet. ad Nik. Ther. 452f.): ἦσαν δὲ κτίλα πάντα καὶ ἀνθρώποισι προσηνῆ, | θῆρές τ' οἰωνοί τε, φιλοφροσύνη τε δεδήει. Zugrunde gelegt wird hier die Ausgabe der Fragmente von Diels-Kranz (DK) 1951. Auf die neueren Ausgaben von Wright 1981 und Inwood 2001 wird in Kapitel 4, 303, Anm. 15 eingegangen.

55 Wright 1981 sieht die beiden Fragmente 128 und 130 in direktem Zusammenhang und ordnet sie deshalb direkt nacheinander an (fr. 31 B 128 DK = fr. 118 Wright, fr. 31 B 130

der Schrift Περὶ ἀποχῆς ἐμψύχων überliefert ist, erfährt man Folgendes:[56] Die Menschen des goldenen Zeitalters verehrten ausschließlich die Göttin der Liebe, Kypris, der sie bemalte Tierfiguren opferten. Dies ist darauf zurückzuführen, dass Kypris Patronin über die (in Fragment 31 B 130 DK geschilderte) Freundschaft zwischen Menschen und Tieren war. Neben anderen Opfergaben wurde ihr als einziges Nahrungsmittel gelber Honig dargebracht. Nicht jedoch, so wird betont, ist mit Stierblut der Altar benetzt worden; denn es galt als größte Befleckung, Leben zu entreißen und Glieder hineinzuschlingen. Der Stier ist also – neben seiner besonderen Bedeutung als Mitarbeiter bei der Landwirtschaft – Symbol für das Schlachten und den

DK = fr. 119 Wright), dem schließt sich auch Inwood 2001 an (fr. 31 B 128 DK = fr. 122 Inwood, fr. 31 B 130 DK = fr. 123 Inwood). Die Reihenfolge ist allerdings nicht gesichert, vgl. Wright 1981, 284.

56 Fr. 31 B 128 DK (= Porph. abst. 2,21,1–4, ausgelassen wurden die Kommentare des Porphyrios in eckigen Klammern): οὐδέ τις ἦν κείνοισιν Ἄρης θεὸς οὐδὲ Κυδοιμὸς | οὐδὲ Ζεὺς βασιλεὺς οὐδὲ Κρόνος οὐδὲ Ποσειδῶν, | ἀλλὰ Κύπρις βασίλεια [...] τὴν οἵ γ᾽ εὐσεβέεσσιν ἀγάλμασιν ἱλάσκοντο | γραπτοῖς τε ζώιοισι μύροισί τε δαιδαλεόδμοις | σμύρνης τ᾽ ἀκρήτου θυσίαις λιβάνου τε θυώδους | ξανθῶν τε σπονδὰς μελίτων ῥίπτοντες ἐς οὖδας·[...] ταύρων δ᾽ ἀκρήτοισι φόνοις οὐ δεύετο βωμός. [...]. In Abschnitt 27,7 wiederholt Porphyrios den letzten Vers des Zitates aus 21,1 und führt diesen fort: ταύρων δ᾽ ἀκρήτοισι φόνοις οὐ δεύετο βωμός, | ἀλλὰ μύσος τοῦτ᾽ ἔσκεν ἐν ἀνθρώποισι μέγιστον, | θυμὸν ἀπορραίσαντας ἐ<ν>έδμεναι ἠέα γυῖα. An dieser Stelle zitiert Porphyrios aus Theophrasts verlorenem Werk Περὶ Εὐσεβείας, der sich zur Erläuterung von Opferriten wiederum auf Empedokles beruft (vgl. DK 1951, 362; Michael Erler: Theophrast, HGL 2, 396; s. auch den Abschnitt zu Theophrast unten, 92ff.).

Verzehr von Tieren allgemein[57] und damit für die Abkehr vom Vegetarismus, der in Empedokles' goldenem Zeitalter herrscht.[58]

57 Das von Empedokles verwendete Motiv des geschlachteten Ackerstiers als Symbol für das Opfern (d.h. rituelles Schlachten) und Verspeisen des Stiers geht auf Hesiods Darstellung des Prometheus-Mythos in der Theogonie zurück, in der der Ursprung des Opferritus mythologisch erklärt wird, vgl. Vernant 1981, 57: Bei einem gemeinsamen Festmahl von Menschen und Göttern in Mekone (Theog. 535–557; damals lebten Menschen und Götter noch zusammen) versucht Prometheus Zeus zugunsten der Menschen zu überlisten. Er schlachtet einen Stier und zerlegt ihn mit dem Ziel, dass die Menschen die essbaren Teile erhalten. Zu diesem Zweck erstellt er zwei Portionen: eine bestehend nur aus Knochen, die er aber mit einer Fettschicht tarnt, und eine zweite bestehend aus fetten Fleischstücken, die er mit einer Haut bedeckt. Dann lässt er Zeus die Wahl zwischen den beiden Portionen. Dieser wittert Prometheus' List, lässt sich aber nichts anmerken und wählt den Haufen mit den Knochen. Auf diese Weise entscheidet sich, dass den Menschen beim Opfer der essbare Teil zufällt, den Göttern hingegen nur die Knochen. Vernant 1981, 57–79 erklärt ausgehend von dieser Szene das Paradox der Zivilisationsentwicklung im Mythos: Die Trennung der Nahrung markiert die erstmalige Trennung zwischen den unsterblichen Göttern und den sterblichen Menschen, vgl. Gladigow 2002, 195. Den Menschen steht nun das Fleisch der Opfertiere zum Verzehr zur Verfügung, aber aus Zorn über den Betrug verwehrt Zeus ihnen das Feuer, sodass sie das Fleisch nicht zubereiten und essen können. Hierauf raubt Prometheus den Göttern das Feuer, um den Menschen zu ermöglichen, das Fleisch zu essen. Der Feuerraub hat also in erster Linie etwas mit Ernährung zu tun. Eine Entsprechung zum Fleisch in der Theogonie findet Vernant im Getreide in den *Erga*. Dort wird das folgenschwere Gastmahl in Mekone nur angedeutet (op. 42–59): Hesiod erklärt Perseus, dass die Götter den Menschen die Lebensmittel, sprich das Getreide (βίος, hier als Metapher für das Leben spendende Getreide zu verstehen) versteckt haben. Die Folge ist, dass das Hauptnahrungsmittel Getreide nunmehr durch Mühe und Arbeit gewonnen werden muss (denn wenn die Götter es nicht versteckt hätten, so Hesiod, könnte Perseus an einem Tag für ein ganzes Jahr vorsorgen, ohne einen Finger zu rühren). Hesiod führt weiter aus, dass Zeus βίος ebenso wie das Feuer aus Zorn auf Prometheus versteckt habe. Auch Feuer ist ein trügerisches Geschenk, denn es ist notwendig, um Fleisch und Getreide essbar zu machen – während im goldenen Zeitalter Getreide von sich aus in einem essbaren Zustand wuchs, – und es muss mit Mühe entfacht und gebändigt werden. Aus dem Streit zwischen Zeus und Prometheus sind also Kochen *und* Landwirtschaft entsprungen, zwei entscheidende Errungenschaften menschlicher Zivilisation, die paradoxerweise Resultate der von Zeus gegen die Menschheit gerichteten Übel sind, vgl. Gladigow 2002, 195. Die Menschen müssen sich ihre Nahrung nun durch harte Arbeit erkaufen und sind, so schließt Vernant, „that they may eat as men eat, [...] doomed to the cultivation of corn as they are doomed to cook in the sacrifice." (79).

58 Indem Empedokles die Zeit vor den Tieropfern als vegetarisch darstellt, malt er aus, was bei Hesiod ungeklärt bleibt. Weder aus der Szene in Mekone (Theogonie) noch aus der Darstellung des goldenen Geschlechts in den *Erga* geht hervor, wie sich die Menschen vor der Zeit des Fleischverzehrs beim Opfer Tieren gegenüber verhalten haben. Der Umstand, dass sie durch Prometheus (erstmalig) das Opferfleisch zum Verzehr erhielten, impliziert eine vegetarische Ernährung (Das goldene Geschlecht der *Erga* würde in diesem Fall den Menschen vor dem Vorfall in Mekone in der Theogonie entsprechen. Golla 2016, 192 ist der Ansicht,

Damit wird ein grundlegendes Element des griechischen Opferwesens explizit, nämlich dass beim Opfer Schlachten und Verzehr der Opfertiere zusammengehören.[59] Dies ist auch für das Verständnis späterer Darstellungen der Menschheitsentwicklung wichtig, in denen Tieropfer eine Rolle spielen, in denen aber nicht explizit erwähnt wird, dass diese auch verspeist werden.

Alte Komödie
Die Vorstellung einer goldenen Zeit wird auch von den Dichtern der Alten Komödie (fünftes bis frühes viertes Jahrhundert) – im Gegensatz zur Tragödie, wo sie fast keine Beachtung findet[60] – verarbeitet. Athenaeus erwähnt in seinen Δειπνοσοφισταί (*Das Gelehrtengastmahl*) mehrere Stücke, die speziell das *Automaton*-Motiv thematisieren und durch fantastische Übertreibungen der Nahrungssituation das burleske Bild einer schlaraffenlandartigen goldenen Zeit malen.[61]

der Weltalter- und der Pandoramythos ließen sich zeitlich nicht miteinander koordinieren, gleichwohl ist eine Verbindung allein durch die Erwähnung des Mythos in den *Erga* sicherlich naheliegend; dies wird auch in den Ausführungen Vernants 1981 deutlich). Empedokles freilich bringt als Erklärung orphisch-pythagoreisches Gedankengut ein.
59 S. oben, Anm. 57. Vernant 1981, 61f. hat am Beispiel der Wörter ἱερεῖον, ἱερεύω und θύω gezeigt, dass in der griechischen Antike ‚opfern' und ‚zum Verzehr schlachten' durch dieselben Vokabeln ausgedrückt wurden und somit – im Gegensatz zu heute – zum selben semantischen Feld gehörten; so hatten die Griechen keine anderen Worte für ‚zum Verzehr schlachten' als die, die auch ‚opfern' bzw. ‚für die Götter opfern' bedeuten.
60 Andererseits hat die aszendente Kulturentstehungslehre breiten Eingang in die Tragödie gefunden, dagegen in die Komödie kaum, vgl. Gatz 1967, 150, z.B. Aischylos' Προμηθεὺς Δεσμώτης, Sophokles' Ἀντιγόνη und Euripides' Ἱκέτιδες, vgl. dazu ausführlich Kubusch 1986, 11–23.
61 Athen. deipn. 267e–270a, vgl. Baldry 1953, 49; Vischer 1965, 91; Pellegrino 2000, 5; 23–36; Wilkins 2000, 110. Daraus, dass das *Automaton*-Motiv in fast jeder der von Athenaeus zitierten Passagen explizit genannt wird, dass es aber nirgendwo eine direkte Referenz zu Hesiod gibt, schließt Baldry 1953, 50f., dass das Motiv zu diesem Zeitpunkt (also im fünften und vierten Jahrhundert v. Chr.) eine traditionelle Idee gewesen sei, da es ja auch in anderen Darstellungen wie etwa der Unterwelt oder fremden Ländern vorkam (s. dazu die einzelnen Komödienauszüge).
Ziel der Zitate ist es zu zeigen, dass es damals keine Sklaverei gab, wobei dieses Ziel schnell in den Hintergrund tritt und Platz schafft für ausschweifende Schilderungen der utopischen Nahrungssituation (Baldry 1953, 50). Auch wenn nur die ersten drei Fragmente tatsächlich eine Vorzeit beschreiben (s. dazu weiter unten im Text), wird in der Einleitung zu den Zitaten explizit auf das Leben in den alten Zeiten Bezug genommen (περὶ τοῦ ἀρχαίου βίου, Athen. deipn. 6,267e). Vischer 1965, 91 verwendet aus oben genanntem Grund nur die drei erstgenannten als Belege für das goldene Zeitalter, räumt jedoch ein, dass in allen Passagen ähnliche paradiesische Zustände beschrieben werden. Wilkins 2000, 115 sieht in den unter-

In dem entsprechenden Auszug aus Kratinos' Πλοῦτοι (*Reichtum spendende Götter*)[62] wird die Zeit unter Kronos beschrieben. Offenbar war Nahrung in einem solchen Überfluss vorhanden, dass man sie zweckentfremden konnte: Mit Brotstücken wurden Würfelspiele gespielt, Gerstenkuchen wurden als Zahlungsmittel in Kampfschulen verwendet.

In den Θηρία (*Wilde Tiere*)[63] des Krates wird eine Zeit geschildert, in der Tiere noch mit Menschen sprechen konnten.[64] Einer der Sprecher will dem anderen anscheinend eine Utopie schmackhaft machen,[65] in der die Küchenutensilien von alleine arbeiten und Speisen kommen, wenn sie gerufen werden, darunter wieder ein Gerstenkuchen. Ein Fisch in der Pfanne weist hilfsbereit darauf hin, dass er noch nicht auf der anderen Seite gebraten sei.

Der Auszug aus Telekleides' Ἀμφικτύονες (*Amphictyonien*)[66] spielt in den alten Tagen. Telekleides übernimmt darin einzelne Motive von Krati-

---

schiedlichen Schauplätzen der von Athenaeus zitierten Stücke Charakteristika des mythologischen Zeitalters unter Kronos.

Eine Einführung zu den jeweiligen Autoren und Stücken mit Forschungsüberblick geben Zimmermann (HGL 1, 718–797) und Storey 2011, 1–3; vgl. auch die Ausgaben der Serie Fragmenta Comica (FrC) mit Einführung und Kommentar: Bagordo 2013 (FrC 4: Teleklei-des); Pellegrino 2013 (FrC 15: Nicophon); Orth 2014 (FrC 9.2: u.a. Metagenes).

62 Fragmente nach Kassel/Austin = Poetae Comici Graeci (PCG). Fr. 176 PCG IV (= Athen. deipn. 267e): οἷς δὴ βασιλεὺς Κρόνος ἦν τὸ παλαιόν, | ὅτε τοῖς ἄρτοις ἠστραγάλιζον, μάζαι δ᾽ ἐν ταῖσι παλαίστραις | Αἰγιναῖαι κατεβέβληντο δρυπεπεῖς βώλοις τε κομῶσαι.

63 Fr. 16 und 17 PCG IV (= Athen. deipn. 267e–268a), hier fr. 16 (= deipn. 6,267e): [...] (B.) πρόσεισιν αὔθ᾽ ἕκαστον | τῶν σκευαρίων, ὅταν καλῇ τις „παρατίθου τράπεζα· | αὐτὴ παρασκεύαζε σαυτήν. μάττε θυλακίσκε. | ἔγχει κύαθε. ποῦ ᾽σθ᾽ ἡ κύλιξ; διάνιζ᾽ ἰοῦσα σαυτήν. | ἀνάβαινε μάζα. τὴν χύτραν χρῆν ἐξερᾶν τὰ τεῦτλα. | ἰχθὺ βάδιζ᾽." „ἀλλ᾽ οὐδέπω ᾽πὶ θάτερ᾽ ὀπτός εἰμι." | „οὔκουν μεταστρέψας σεαυτὸν ἁλὶ πάσεις ἀλείφων;".

64 Vgl. Storey 2011, 214; Baldry 1953, 54.

65 Vielleicht handelt es sich um den Chor der Tiere: In Fragment 19 PCG IV (= Athen. deipn. 119c; Poll. 6,53) fordern die Sprecher jemanden auf, Kohl und Fisch zuzubereiten, aber die Finger von ihnen zu lassen (καὶ τῶν ῥαφάνων ἕψειν χρή, ἰχθῦς τ᾽ ὀπτᾶν τούς τε ταρίχους, ἡμῶν δ᾽ ἀπὸ χεῖρας ἔχεσθαι.). Baldry 1953, 54 vermutet deshalb als Angriffsziel des Stückes den Vegetarismus der Orphiker, den um dieselbe Zeit Euripides im Hippolytus 952–953 anprangern lasse.

66 Fr. 1 PCG VII (= Athen. deipn. 268a–e), hier fr. 1, 3–14 PCG VII: ἡ γῆ δ᾽ ἔφερ᾽ οὐ δέος οὐδὲ νόσους, ἀλλ᾽ αὐτόματ᾽ ἦν τὰ δέοντα· | οἴνῳ γὰρ ἅπασ᾽ ἔρρει χαράδρα, μάζαι δ᾽ ἄρτοις ἐμάχοντο | περὶ τοῖς στόμασιν τῶν ἀνθρώπων ἱκετεύουσαι καταπίνειν, | εἴ τι φιλοῖεν, τὰς λευκοτάτας. οἱ δ᾽ ἰχθύες οἴκαδ᾽ ἰόντες | ἐξοπτῶντες σφᾶς αὐτοὺς ἂν παρέκειντ᾽ ἐπὶ ταῖσι τραπέζαις. | ζωμοῦ δ᾽ ἔρρει παρὰ τὰς κλίνας ποταμὸς κρέα θερμὰ κυλίνδων, | ὑποτριμματίων δ᾽ ὀχετοὶ τούτων τοῖς βουλομένοισι παρῆσαν, | ὥστ᾽ ἀφθονία τὴν ἔνθεσιν ἦν ἄρδονθ᾽ ἁπαλὴν καταπίνειν. | λεκανίσκαισιν δ᾽ † ἀνάπαιστα † παρῆν ἡδυσματίοις κατάπαστα. | ὀπταὶ δὲ κίχλαι μετ᾽ ἀμητίσκων ἐς τὸν φάρυγ᾽

nos (Würfeln mit Essen)[67] und Krates (Fisch, der sich selbst kocht), fügt aber viele neue groteske Motive hinzu wie Kämpfe zwischen Kuchen und Broten um die Menschenmünder, in den Mund fliegende Milchkuchen und Drosseln, Ströme von Wein, Suppen und Eintöpfen mit schwimmenden Fleischbrocken darin.[68]

Pherekrates beschreibt in seinen Μεταλλῆς (*Minenarbeiter*)[69] ähnliche Zustände in der Unterwelt:[70] Es gibt u.a. wieder Flüsse mit Suppe, in denen Brotstücke löffelfertig schwimmen, und mit Haferbrei, an deren Rändern Fleischstücke wie Austern sitzen; zum Mund fliegende Bratenstücke, die darum betteln, gegessen zu werden; darüber hinaus Äpfel, die wie aus dem Nichts herunterhängen. Alle Speisen sind, nachdem man sie gegessen hat, sofort in doppelter Menge wieder vorhanden.

In dem Auszug aus den Πέρσαι (*Perser*)[71], dem zweiten bei Athenaeus zitierten Stück des Pherekrates, werden die paradiesischen Zustände in

---

εἰσεπέτοντο·|. τῶν δὲ πλακούντων ὠστιζομένων περὶ τὴν γνάθον ἦν ἀλαλητός· | μήτρας δὲ τόμοις καὶ χναυματίοις οἱ παῖδες ἂν ἠστραγάλιζον.

67 Diesmal nicht mit Brot, sondern mit Stücken von Fleisch und Saueuter (μήτρας δὲ τόμοις καὶ χναυματίοις).

68 Vgl. Baldry 1953, 55.

69 Fr. 113 PCG VII (= Athen. deipn. 268e–269c), hier fr. 113, 3–33: ποταμοὶ μὲν ἀθάρης καὶ μέλανος ζωμοῦ πλέῳ | διὰ τῶν στενωπῶν τονθολυγοῦντες ἔρρεον | αὐταῖσι μυστίλαισι, καὶ ναστῶν τρύφη, | ὥστ᾽ εὐμαρῆ γε καὐτομάτην τὴν ἔνθεσιν | χωρεῖν λιπαρὰν κατὰ τοῦ λάρυγγος τοῖς νεκροῖς. | φύσκαι δὲ καὶ ζέοντες ἀλλάντων τόμοι | παρὰ τοῖς ποταμοῖς σίζοντ᾽ ἐκέχυντ᾽ ἀντ᾽ ὀστράκων. | καὶ μὴν παρῆν τεμάχη μὲν ἐξωπτημένα | καταχυσμάτοισι παντοδαποῖσιν εὐτρεπῆ, [...] (13) σχελίδες δ᾽ ὁλόκνημοι πλησίον τακερώταται | ἐπὶ πινακίσκοις καὶ δίεφθ᾽ ἀκρωκώλια | ἥδιστον ἀτμίζοντα, καὶ χόλικες βοός, | καὶ πλευρὰ δελφάκει᾽ ἐπεξανθισμένα | χναυρότατα παρέκειτ᾽ ἐπ᾽ ἀμύλοις καθήμενα. | παρῆν δὲ χόνδρος γάλακτι κατανενιμμένος | ἐν καταχύτλοις λεκάναισι καὶ πυοῦ τόμοι. | (Β.) οἴμ᾽ ὡς ἀπολεῖς μ᾽ ἐνταῦθα διατρίβουσ᾽ ἔτι, | παρὸν κολυμβᾶν ὡς ἔχετ᾽ ἐς τὸν Τάρταρον. | (Α.) τί δῆτα λέξεις, τἀπίλοιπ᾽ ἤνπερ πύθῃ; | ὀπταὶ κίχλαι γὰρ εἰς ἀνάβραστ᾽ ἠρτυμέναι | περὶ τὸ στόμ᾽ ἐπέτοντ᾽ ἀντιβολοῦσαι καταπιεῖν, | ὑπὸ μυρρίναισι κἀνεμώναις κεχυμέναι. | τὰ δὲ μῆλ᾽ ἐκρέματο, τὰ καλὰ τῶν καλῶν ἰδεῖν, | ὑπὲρ κεφαλῆς, ἐξ οὐδενὸς πεφυκότα. | κόραι δ᾽ ἐν ἀμπεχόναις τριχάπτοις, ἀρτίως | ἡβυλλίωσαι καὶ τὰ ῥόδα κεκαρμέναι, | πλήρεις κύλικας οἴνου μέλανος ἀνθοσμίου | ἤντλουν διὰ χώνης τοῖσι βουλομένοις πιεῖν. | καὶ τῶνδ᾽ ἑκάστοτ᾽ εἰ φάγοι τις ἢ πίοι, | διπλάσι᾽ ἐγίγνετ᾽ εὐθὺς ἐξ ἀρχῆς πάλιν. Die Urheberschaft dieses Stückes ist umstritten, vgl. Storey 2011b, 470.

70 Baldry 1953, 56 nimmt an, dass er den Großteil von Telekleides übernommen habe.

71 Fr. 137 PCG VII (= Athen. deipn. 269c–e): τίς δ᾽ ἔσθ᾽ ἡμῖν τῶν σῶν ἀροτῶν ἢ ζυγοποιῶν ἔτι χρεία, | ἢ δρεπανουργῶν ἢ χαλκοτύπων ἢ σπέρματος ἢ χαρακισμοῦ; | αὐτόματοι γὰρ διὰ τῶν τριόδων ποταμοὶ λιπαροῖς ἐπιπάστοις | ζωμοῦ μέλανος καὶ Ἀχιλλείοις μάζαις κοχυδοῦντες ἐπιβλύξ | ἀπὸ τῶν πηγῶν τῶν τοῦ Πλούτου ῥεύσονται, σφῶν ἀρύτεσθαι. | ὁ Ζεὺς δ᾽ ὕων οἴνῳ καπνίᾳ κατὰ τοῦ κεράμου βαλανεύσει, | ἀπὸ τῶν δὲ τεγῶν ὀχετοὶ βοτρύων μετὰ ναστίσκων πολυτύρων |

den Orient verlagert. [72] Ein Sprecher fragt, warum man noch Pflüge oder Saat brauche, da es doch Flüsse voll Suppe gebe, in denen essfertige Kuchen schwimmen, da es Wein, diverse Kuchen und Erbsensuppe regne und an den Bäumen statt Blätter Würstchen aus Rehkitzfleisch, Babytintenfische und Drosseln hängen würden.

Der Auszug aus Nicophons Σειρῆνες (*Sirenen*)[73] stellt möglicherweise eine Absage Odysseus' an die ein Schlaraffenland versprechenden Sirenen dar,[74] die ihm vom Himmel schneiende und regnende Gerstenkekse, Brot und Erbsensuppe versprechen, ebenso wie durch die Straßen fließende Fleischbrühe und Kuchen, die von Leuten gegessen werden wollen.

Die Passage aus Metagenes' Θουριοπέρσαι (*Thurioperser*)[75] spielt wohl in der Stadt Thurioi, deren Luxus offenbar Ziel des Spottes ist.[76] Hier kommen ausschließlich Flüsse vor: Während ein Fluss riesige Gerstenkuchen trägt, schwimmen in einem anderen Kuchen, Fleisch und geschmorte Rochen; es gibt Bäche mit verschiedenen gegrillten Fischarten, Würstchen, Hackfleisch und Pfannkuchen (ταγηνίαι). Auch hier können Fische (in Form von Steaks) sich selbst zubereiten und in die Münder fliegen, während Weizenkuchen um die Menschen herumfließen.

Die Auszüge zeigen, wie fantasievoll die Komödiendichter mit dem *Automaton*-Motiv umgehen und immer wieder neue Details erdichten; gleichwohl werden einige Motive wiederholt verwendet. Bezüglich der Darstellung der Nahrungsmittel besteht die erste Gemeinsamkeit aller Stellen darin, dass die Speisen bereits essfertig zubereitet sind oder sich selbst zubereiten. Auch das Getreide bei Hesiods goldenem Geschlecht wächst schon essfertig, wie

ὀχετεύσονται θερμῷ σὺν ἔτνει καὶ λειριοπολφανεμώναις. | τὰ δὲ δὴ δένδρη τὰν τοῖς ὄρεσιν χορδαῖς ὀπταῖς ἐριφείοις | φυλλοροήσει, καὶ τευθιδίοις ἀπαλοῖσι κίχλαις τ᾽ ἀναβράστοις.

72 Bernhard Zimmermann: Pherekrates, HGL 1, 737.
73 Fr. 21 PCG VII (= Athen. deipn. 269e–f): νειφέτω μὲν ἀλφίτοις, | ψακαζέτω δ᾽ ἄρτοισιν, ὑέτω δ᾽ ἔτνει, | ζωμὸς διὰ τῶν ὁδῶν κυλινδείτω κρέα, | πλακοῦς ἑαυτὸν ἐσθίειν κελευέτω.
74 Zimmermann in HGL 1, 762: „Mag es auch Leckerbissen regnen, ich ziehe mein karges Ithaka vor".
75 Fr. 6 PCG VII (= Athen. deipn. 269f–270b): ὁ μὲν ποταμὸς ὁ Κρᾶθις ἡμῖν καταφέρει | μάζας μεγίστας αὐτομάτας μεμαγμένας, | ὁ δ᾽ ἕτερος ὠθεῖ κῦμα ναστῶν καὶ κρεῶν | ἐφθῶν τε βατίδων εἰλυομένων αὐτόσε. | τὰ δὲ μικρὰ ταυτὶ ποτάμι᾽ ἐνμεντευθενὶ | ῥεῖ τευθίσιν ὀπταῖς καὶ φάγροις καὶ καράβοις, | ἐντευθενὶ δ᾽ ἀλλᾶσι καὶ περικόμμασι, | τῃδὶ δ᾽ ἀφύαισι, τῇδε δ᾽ αὖ ταγηνίαις· τεμάχη δ᾽ ἄνωθεν αὐτόματα πεπνιγμένα | εἰς τὸ στόμ᾽ ᾄττει, τὰ δὲ παρ᾽ αὐτὼ τὼ πόδε, | ἄμυλοι δὲ περινάουσιν ἡμῖν ἐν κύκλῳ.
76 Baldry 1953, 57f., vgl. Bernhard Zimmermann: Metagenes, HGL 1, 757.

oben gezeigt wurde. Doch dafür werden bei ihm keinerlei Kochutensilien benötigt, wodurch die Zeit unter Kronos zu einer vorkulturellen Phase wird. Die Komödiendichter erweitern das Motiv um zahlreiche ihnen bekannte Nahrungsmittel und Gerichte und fügen Ess- und Kochutensilien hinzu, wodurch ihre Utopien diesen vorkulturellen Charakter verlieren und näher an die Gegenwart heranrücken. Indem die Alte Komödie das *Automaton*-Motiv in dieser Weise regelrecht ausschlachtet, unterscheidet sie sich von anderen Darstellungen der goldenen Zeit oder paradiesischer Zustände, in denen Nahrungsmittel stets in ihrer rohen Form präsentiert werden (selbst wenn sie in dieser auf wunderbare Weise essbar sind).

Eine weitere groteske Auslegung des *Automaton*-Motivs besteht darin, dass Speisen sich dem Mund aufdrängen und sich von selbst, meist fliegend oder schwimmend, fortbewegen.[77] Flüsse werden in diesem Zusammenhang besonders häufig als Träger von Nahrung dargestellt. Dies liegt, so hat John Wilkins (2000) überzeugend dargelegt, in der antiken Assoziation von Flüssen mit Reichtum durch Bewässerung und somit erfolgreicher Landwirtschaft begründet.[78] Jegliche Prozesse der Landwirtschaft und Viehhaltung werden in der Utopie der Komödie, ebenso wie Kochen, im wahrsten Sinne des Wortes über*flüssig*.[79] Deshalb bestehen auch die Flüsse in der Komödie nicht aus Natursubstanzen wie Milch oder Honig, sondern aus essfertigen Suppen oder Soßen, die mundgerechte Happen von Fleisch oder Kuchen an die Speisesofas herantragen.[80]

All diese Merkmale verdeutlichen, dass die Komödiendichter den Zustand des αὐτόματος βίος – eines Naturzustandes – in einen Kulturzustand umdeuten. Die Errungenschaften der Kochkunst, damit auch Landwirtschaft und Viehzucht, sind Voraussetzung für diese schlaraffenlandartige Version eines goldenen Geschlechts beziehungsweise paradiesischen Zustandes, in dem die Menschen dennoch nicht arbeiten müssen. Dies führt zu einem von Faulheit und Völlerei gezeichneten Dasein der Menschen, einer Perversion des von Glück und Muße geprägten Daseins des goldenen Geschlechts bei Hesiod. Dadurch erhalten die Darstellungen der Komödie eine gewisse Aktualität, denn augenscheinlich werden Verhaltensweisen

---

77 Vgl. Wilkins 2000, 113.
78 Ebd. 119.
79 Ebd.
80 Ebd. 199; 121.

nicht von Menschen eines Naturzustandes, sondern eines vorangeschrittenen Kulturzustandes parodiert, in dem es all die Leckereien gibt, die in den Darstellungen genannt werden.[81]

Schließlich bleibt zu klären, warum das damals bereits in die Tage gekommene *Automaton*-Motiv in der Komödie so populär war, in anderen Literaturgattungen hingegen nicht. Ein Grund könnte darin liegen, so Harold C. Baldry (1953), dass die Vorstellung eines goldenen Geschlechts und verwandter paradiesischer Vorstellungen zu jener Zeit bereits als komisch angesehen wurden.[82] Dies könnte durchaus zutreffen, bedenkt man z.b. Platons Darstellung des goldenen Geschlechts, die durchaus ironische Züge trägt (s. den Abschnitt zu Platon weiter unten).

Obwohl hier durch die Parodie ein Sonderfall vorliegt, kann man die Darstellungen der Komödie durchaus der deszendenten Linie zuordnen, da sie – wenn auch übertrieben – die Goldzeit bzw. den αὐτόματος βίος idealisiert.

Arat, Φαινόμενα

Der Stoiker Aratos von Soloi begründete in der ersten Hälfte des dritten Jahrhunderts v. Chr. eine neue Form des Lehrgedichts, die sich am Modell von Hesiods zu dieser Zeit sehr populären *Erga* orientierte.[83] Sein bekanntestes Werk, das ebenfalls in diese Kategorie gehört, ist das 1154 Verse lange Gedicht Φαινόμενα (*Phänomene*). Neben überwiegend naturphilosophischen Themen wie Astronomie und Meteorologie enthält es auch philosophische, mythische und ethische Themen, darunter den stark an Hesiod erinnernden[84] Weltaltermythos.[85] Hesiods fünf Geschlechter werden darin

---

81 Vgl. Baldry 1953, 60. Die Funktion des Spottes und der Alten Komödie in der attischen Gesellschaft ist in der Forschung sehr umstritten, vgl. Bernhard Zimmermann: Themen, Motive und komische Techniken in der Alten Komödie, HGL 1, 703.

82 Baldry 1953, 59.

83 Andrea Ercolani/Luigi E. Rossi: Hesiod (Rezeption), HGL 1, 118.

84 Evina Sistakou: Arat, HGL 2, 127. Sistakou (130) bietet einen Überblick zu Vergleichen von Arats und Hesiods Weltalterdarstellungen. Bömer 1969, 48 hält Arats Darstellung des goldenen Geschlechts für die wichtigste griechische neben der Hesiods. Zu weiteren Quellen des Werkes, darunter Theophrast, ausführlich Martin 1998a, LXXXVI-CXXV.

85 Das Werk lässt sich grob in zwei Teile gliedern, wobei sich der erste mit Sternenkonstellationen und dem Himmel beschäftigt und der zweite mit Wetterzeichen, die Zeus den Menschen schickt (Evina Sistakou: Arat, HGL 2, 128). Der Weltaltermythos gehört zu dem Teil, in dem die Sternbilder und ihre Bahnen erklärt werden (19–461). Er dient als Erklärung für die Entstehung des Sternbildes Jungfrau (96–136), verkörpert durch die Göttin Dike,

auf das goldene (98–114)[86], das silberne (115–128) und das eherne Geschlecht (129–136) reduziert, die ebenfalls eine deszendente Entwicklung durchmachen.[87]

Sowohl die Lebensweise des goldenen als auch die des ehernen Geschlechts werden u.a. durch deren Ernährungsweise charakterisiert:[88] Beim goldenen Geschlecht sorgen Ackerstiere und Pflüge für den Lebensunterhalt und die Göttin Dike gewährt alles im Überfluss (112f.). Diese Beschreibung lässt Interpretationsspielraum zu, denn einerseits sprechen die Nennung von Pflug und Ackerstier dafür, dass die Menschen Ackerbau betreiben, um sich zu ernähren; andererseits stellt Dike den Menschen alles zur Verfügung. Möglicherweise ist das *Automaton*-Motiv hier so zu verstehen, dass Dike die Saat zur Verfügung stellt und gedeihen lässt, dass die Menschen diese allerdings selbst in den Boden bringen müssen[89] (anders als bei Hesiod, in dessen Schilderung das Getreide ganz von allein zu wachsen scheint)[90]. In diesem Sinne liest sich dann wohl auch der folgende Satz, dass die Erde das goldene Geschlecht ernährt (114). Vielleicht soll die Betonung der Erde außerdem eine vegetarische Lebensweise implizieren, die ja – wie man im ehernen Zeitalter erfährt – tatsächlich herrscht. Dies passt insofern, als Dike die Menschen verlässt, als sie im ehernen Zeitalter anfangen Fleisch zu essen (das heißt, sich nicht mehr von den Gaben der Erde ernähren).

die statt Kronos zu Beginn der Menschheit auf der Erde herrscht (vgl. Evina Sistakou: Arat, HGL 2, 128f.).

86 Etwas anders Martin 1998a, LIV: Das goldene Geschlecht endet bei ihm schon in Vers 113, da die Deszendenz mit Vers 114 eingeleitet wird. Dennoch ist in Vers 114 noch vom goldenen Geschlecht die Rede. Als Zwischenschritt fügt er die Verse 123 bis 128 ein, in denen Dike eine direkte Ansprache an die Menschen des silbernen Geschlechts hält.

87 Die Menschengeschlechter werden jedoch nicht wie bei Hesiod von den Göttern erschaffen und wieder vernichtet, sondern es erfolgt eine schrittweise Degeneration der Menschen, aufgrund derer Dike sich von ihnen distanziert und sie schließlich ganz verlässt und in den Himmel auffährt, vgl. Martin 1998b, 200.

88 Arat. 112–114: ἀλλὰ βόες καὶ ἄροτρα καὶ αὐτὴ πότνια λαῶν | μυρία πάντα παρεῖχε Δίκη δώτειρα δικαίων. | Τόφρ᾽ ἦν, ὄφρ᾽ ἔτι γαῖα γένος χρύσειον ἔφερβεν.

89 Martin 1998b, 208 geht davon aus, dass die Menschen in Arats goldenem Zeitalter Glück und Überfluss aufgrund ihrer Arbeit verdienen: „les hommes jouissent d'une prospérité méritée, parce qu'elle est le fruit du travail, au moins pour la race d'or. Dans l'âge d'or aratéen le bonheur suppose le travail." Von Arbeit geht offenbar auch Kubusch 1986, 90 aus, wenn er Arats goldenes Zeitalter als „gemäßigte Stufe der Zivilisation" beschreibt. Anders Campbell 2003, 196: „Dike ploughs for humanity, but humans are free of agricultural toil."

90 S. oben, 74.

Im ehernen Zeitalter schmieden die Menschen zum ersten Mal Waffen und essen zum ersten Mal das Fleisch ihrer Ackerstiere (131–134).[91] Die Verwerflichkeit dieser Verhaltensweise tritt besonders durch den Kontrast mit dem goldenen Geschlecht hervor, das der Stier durch seine Arbeitskraft mit Nahrung versorgt. Nun aber wird er selbst zur Nahrung. Diese Ungerechtigkeit wird durch die ausdrückliche Erwähnung, dass es sich um den Ackerstier (βοῦς ἀροτήρ) handelt, betont. Dies unterscheidet Arats Darstellung von der des Empedokles, der lediglich von ταῦρος spricht und in dessen goldenem Zeitalter, soweit wir wissen, nicht von Ackerbau die Rede ist.[92] Während uns von Empedokles nur die Darstellung des goldenen Zeitalters, nicht aber diejenige weiterer Phasen bekannt ist, markiert auch für Theophrast der Beginn von Tieropfern in der dritten Phase den Tiefpunkt der menschlichen Entwicklung.[93] Mit ihm hat Arats Darstellung auch den Zusammenhang zwischen Waffengewalt und Tieropfern gemein.[94] Allen dreien ist trotz individueller Unterschiede die Vorstellung eines vegetarischen goldenen Zeitalters bzw. Urzustandes gemeinsam.[95]

1.1.1.2 Aszendente Darstellungen

Diodor, Βιβλιοθήκη ἱστορική

Der Historiker Diodor diskutiert in den Kapiteln 6 bis 8 des ersten Buches seiner Universalgeschichte Βιβλιοθήκη ἱστορική verschiedene Theorien über die Entstehung des Universums, des Lebens auf der Erde (6–7) und der ersten Menschen (8).[96] Seine Darstellung der Menschheitsentwicklung ist

91 Arat. 131–134: οἱ πρῶτοι κακοεργὸν ἐχαλκεύσαντο μάχαιραν | εἰνοδίην, πρῶτοι δὲ βοῶν ἐπάσαντ᾿ ἀροτήρων, | καὶ τότε μισήσασα Δίκη κείνων γένος ἀνδρῶν | ἔπταθ᾿ ὑπουρανίη [...].
92 Arat greift, soweit wir wissen, als erster das empedokleische Motiv des Stieropfers als moralischen Gegenpol zum goldenen Zeitalter wieder auf, vgl. Gatz 1967, 169.
93 S. unten, 96f.
94 Vgl. Martin 1998b, 213.
95 Die Verse 131f. in Bezug auf den Ackerstier werden bei Plutarch *De esu carnium* 998a zitiert mit dem Hinweis, dass die Doktrinen von Pythagoras und Empedokles bei den Griechen Gesetz gewesen seien und noch zu seiner Zeit gekannt würden, vgl. Martin 1998b, 212. Gatz 1967, 169 weist darauf hin, dass Arat als Stoiker zwar die ἀποχή in seine Version des Weltaltermythos einfließen lässt, dass aber „die Haltung der Stoa zum Vegetarismus keineswegs einheitlich gewesen" sei, s. dort auch Beispiele.
96 Die ersten sechs Bücher widmet Diodor Mythen und Geschichten vor dem trojanischen Krieg, wobei die Bücher 1–3 den in seinen Augen barbarischen Osten und die Bücher 4–6

aszendent[97] und Diodor vertritt darin die Ansicht, dass Not die Menschen lehrte, zu überleben und für ihre Entwicklung wichtige technische und soziale Fähigkeiten zu erlangen.[98] In Diodors Darstellung der Menschheitsentwicklung ist Ernährung immer wieder präsent. Die Darstellung lässt sich in fünf Phasen einteilen:[99] In der ersten Phase[100] führen die Menschen ein unzivilisiertes und tierähnliches Leben. Sie gehen einzeln auf Futtersuche und essen die zartesten Kräuter und von selbst wachsende Baumfrüchte. In der zweiten Phase[101] bilden die Menschen Gemeinschaften, um sich vor wilden Tieren zu schützen. In der dritten Phase[102] erlernen sie Sprache, kennen aber noch keine kulturel-

---

den Westen behandeln, vgl. Sacks 1990, 55f.

97 Auch in den Utopien, die Diodor in seinem Werk beschreibt, relativiert er jegliche deszendente Vorstellung, dazu Sacks 1990, 69. Dies zeigt sich auch in seinem Verhältnis zur Debatte um den moralischen Niedergang der römischen Republik im ersten Jahrhundert v. Chr.: „Diodorus does not accept as well the explanation that the Roman civil wars signaled a fall from grace and a consequent moral decline. Possibly Diodorus was more confident than his compeers; he has been described as ‚among the most optimistic of all our progressivists.‘", ebd. 82.

98 Diod. 1,8,9. Über Diodors Quellen zu diesem Abschnitt wurde in der Forschung immer wieder diskutiert (besonders über Demokrit und Poseidonios, s. hierzu die Diskussionen bei Burton 1972, 47–51; Kubusch 1986, 26–28; Sacks 1990, 56f.). Diodor selbst schreibt, er habe Zugang zu Recherchematerial in Alexandria und Rom gehabt, wo er Reiseberichte und lokale Geschichten studiert habe, vgl. z.B. 1,4,2–4; 3,38,1. Da die Beweislage mangelhaft und in Diodors Darstellung Gedankengut verschiedener philosophischer Richtungen (etwa stoisch und epikureisch) vereint ist, beschränkt sich der Konsens darauf, dass seine Darstellung eklektisches Gedankengut des ersten Jahrhunderts v. Chr. widerspiegelt, vgl. Burton 1972, 49; Sacks 1990, 57–60; Bertrac/Chamoux/Vernière 1993, 6.

99 Einteilung nach Kubusch 1986, 27. Zugrunde liegt die Textausgabe von Bertrac/Chamoux/Vernière 1993.

100 Diod. 1,8,1: Καὶ περὶ μὲν τῆς πρώτης τῶν ὅλων γενέσεως τοιαῦτα παρειλήφαμεν, τοὺς δὲ ἐξ ἀρχῆς γεννηθέντας τῶν ἀνθρώπων φασὶν ἐν ἀτάκτῳ καὶ θηριώδει βίῳ καθεστῶτας σποράδην ἐπὶ τὰς νομὰς ἐξιέναι, καὶ προσφέρεσθαι τῆς τε βοτάνης τὴν προσηνεστάτην καὶ τοὺς αὐτομάτους ἀπὸ τῶν δένδρων καρπούς.

101 Diod. 1,8,2: Καὶ πολεμουμένους μὲν ὑπὸ τῶν θηρίων ἀλλήλοις βοηθεῖν ὑπὸ τοῦ συμφέροντος διδασκομένους, ἀθροιζομένους δὲ διὰ τὸν φόβον ἐπιγινώσκειν ἐκ τοῦ κατὰ μικρὸν τοὺς ἀλλήλων τύπους.

102 Diod. 1,8,3–6: Τῆς φωνῆς δ᾽ ἀσήμου καὶ συγκεχυμένης ὑπαρχούσης ἐκ τοῦ κατ᾽ ὀλίγον διαρθροῦν τὰς λέξεις, καὶ πρὸς ἀλλήλους τιθέντας σύμβολα περὶ ἑκάστου τῶν ὑποκειμένων γνώριμον σφίσιν αὐτοῖς ποιῆσαι τὴν περὶ ἁπάντων ἑρμηνείαν. (4) Τοιούτων δὲ συστημάτων γινομένων καθ᾽ ἅπασαν τὴν οἰκουμένην, οὐχ ὁμόφωνον πάντας ἔχειν τὴν διάλεκτον, ἑκάστων ὡς ἔτυχε συνταξάντων τὰς λέξεις· διὸ καὶ παντοίους τε ὑπάρξαι χαρακτῆρας διαλέκτων καὶ τὰ πρῶτα γενόμενα συστήματα τῶν ἁπάντων ἐθνῶν ἀρχέγονα γενέσθαι. (5) Τοὺς οὖν πρώτους τῶν ἀνθρώπων μηδενὸς τῶν πρὸς βίον χρησίμων εὑρημένου ἐπιπόνως διάγειν, γυμνοὺς μὲν ἐσθῆτος

len Errungenschaften wie Kleidung, Feuer oder Nahrungsanbau. Sie kön-
nen nicht einmal wilde Nahrung beiseitelegen, sodass sie keine Vorräte an
Früchten haben, wenn sie welche brauchen. Deshalb sterben im Winter
Viele durch Kälte und Hunger. In der vierten Phase[103] lernen die Menschen
aus Erfahrung, den Winter in Höhlen zu verbringen und einen Vorrat an
Früchten anzulegen. In der fünften Phase[104] schließlich entdecken sie den
Gebrauch von Feuer und weitere Fähigkeiten, die für ihre Weiterentwick-
lung förderlich sind.

In der ersten, dritten und vierten Phase erfährt man, dass die Menschen
Früchte essen. Offenbar machen sie bis zur fünften Phase, in der sie schließlich das Feuer kennenlernten, keinen Fortschritt bei der Ernährung. Nur
in der ersten Phase ernähren sie sich außer von Früchten noch von zarten
Kräutern. Die Wortwahl in dieser Phase unterstreicht das tierähnliche Dasein der Menschen: βοτάνη bedeutet ursprünglich ‚Weide‘ oder ‚Weideland‘
und davon abgeleitet ‚Futter‘.[105] Auch das Attribut προσηνεστάτη (*zarteste*
Kräuter) erinnert an Ziegen oder Schafe, die bekanntlich gerne zarte Triebe
und Gräser fressen.[106] Das Motiv der von selbst wachsenden Früchte hingegen erinnert – auch sprachlich – an das goldene Geschlecht Hesiods, in
dem die Menschen ebenfalls καρποί essen und die Erde Nahrung von sich
aus zur Verfügung stellt. Diese Mischung primitiver Elemente und Motive
aus der Goldzeittradition hingegen ähnelt der Darstellung von Lukrez.[107]

Interessant ist auch Diodors Darstellung des Nahrungsverhaltens, dessen Änderung jeweils im Übergang von der ersten zur zweiten und vom
Übergang von der dritten zur vierten Phase einen für das Überleben und
die soziale Entwicklung bedeutenden Sprung markiert: In der ersten Phase wird das mangelnde Sozialverhalten am Beispiel der Nahrungssuche be-

---

ὄντας, οἰκήσεως δὲ καὶ πυρὸς ἀήθεις, τροφῆς δ᾿ ἡμέρου παντελῶς ἀνεννοήτους. (6) Καὶ γὰρ
τὴν συγκομιδὴν τῆς ἀγρίας τροφῆς ἀγνοοῦντας μηδεμίαν τῶν καρπῶν εἰς τὰς ἐνδείας ποιεῖσθαι
παράθεσιν· διὸ καὶ πολλοὺς αὐτῶν ἀπόλλυσθαι κατὰ τοὺς χειμῶνας διά τε τὸ ψῦχος καὶ τὴν σπάνιν
τῆς τροφῆς.
103 Diod. 1,8,7: Ἐκ δὲ τοῦ κατ᾿ ὀλίγον ὑπὸ τῆς πείρας διδασκομένους εἴς τε τὰ σπήλαια
καταφεύγειν ἐν τῷ χειμῶνι καὶ τῶν καρπῶν τοὺς φυλάττεσθαι δυναμένους ἀποτίθεσθαι.
104 Diod. 1,8,8: Γνωσθέντος δὲ τοῦ πυρὸς καὶ τῶν ἄλλων τῶν χρησίμων κατὰ μικρὸν καὶ τὰς
τέχνας ἐξευρεθῆναι καὶ τἆλλα τὰ δυνάμενα τὸν κοινὸν βίον ὠφελῆσαι.
105 LSJ, s.v. βοτάνη.
106 Vgl. Verg. georg. 2,371f.: *Texendae saepes etiam et pecus omne tenendum,* | *praecipue dum
frons tenera imprudensque laborum.*
107 S. weiter unten den Abschnitt zu Lukrez, 102ff.

schrieben. Die Menschen tun dies allein. In der zweiten Phase wird zwar nichts über das Ernährungsverhalten gesagt; allerdings lässt sich daraus, dass die Menschen sich nun zu Gruppen zusammenfinden, schließen, dass sie nun auch zusammen auf Nahrungssuche gehen. Der Sprung von der dritten zur vierten Phase erscheint noch viel bedeutender, da er die Menschen vor dem Verhungern im Winter bewahrt: Sie lernen, Vorräte anzulegen. Es ist interessant, dass Diodor der Entwicklung des Essverhaltens mehr Aufmerksamkeit widmet als der Nahrung selbst, die ja vier Phasen lang auf derselben Stufe verharrt. Damit unterscheidet sich Diodor von anderen Autoren wie Theophrast, bei denen sich der Fortschritt stärker in der *Art* der Nahrung manifestiert (z.B. von Eicheln zu Getreide). Diese geht dann meistens mit einer Entwicklung der Natur einher, während bei Diodor die Gegebenheiten der Natur von Anfang an dieselben sind. Entscheidend ist für ihn, wie der Mensch diese Gegebenheiten nutzt.

Varro, *De re rustica*

Varro überliefert ebenso wie Porphyrios die Menschheitsentwicklung des Dikaiarch, allerdings ist Porphyrios' Wiedergabe dialektisch, Varros hingegen aszendent. Da eine direkte Gegenüberstellung der beiden Überlieferungen sinnvoll und interessant ist, wird Varro unter dem Abschnitt zu Dikaiarch besprochen.[108]

1.1.1.3 Dialektische Darstellungen

Platon, Πολιτικός

Im Πολιτικός (*Staatsmann*), einem der späteren Werke Platons, wird in einem fiktiven Gespräch der Versuch unternommen, zu definieren, was ein Staatsmann (πολιτικός) und was die Staatskunst (πολιτικὴ τέχνη) sei.[109] Die Hauptteilnehmer des Gesprächs sind Sokrates der Jüngere und ein Fremder aus Elea.[110] Um die Rolle des Staatsmannes zu definieren, zieht der Frem-

---

108 S. unten, 97ff. In Tabelle 4 ist Varros Darstellung separat bei den aszendenten Darstellungen eingegliedert.
109 Michael Erler: Platon (Chronologie), HGL 2, 319; (Dialoge) 339. Zur Methode des Dialogs in diesem Werk s. Skemp/Ostwald 1992, xi-xiv; vgl. Rowe 1995, 4–8; Lane 1998, 1f. Zugrunde liegt die Ausgabe von Duke 1995.
110 Anwesend sind außerdem Sokrates der Ältere, Theodoros von Kyrene und Theaitetos.

de im Laufe des Gesprächs eine Analogie zum Mythos des goldenen Geschlechts.[111] Er berichtet,[112] dass die Menschen des goldenen Geschlechts friedlich miteinander lebten, was sich u.a. darin äußerte, dass sie einander nicht aßen. Sie kannten keine politischen Einrichtungen, dafür hatten sie Früchte und andere Pflanzen in Fülle, die nicht durch Ackerbau gewonnen, sondern von der Erde freiwillig gegeben wurden. Sie waren nackt und aßen und schliefen meistens draußen, da es keine extremen Jahreszeiten gab. Sie teilten sich mit den Tieren eine Sprache und man erzählt sich, so der Fremde, dass sie ihre Zeit mit Essen und Trinken verbracht hätten und damit, miteinander und mit den Tieren Geschichten auszutauschen.

Platon orientiert sich in seiner Darstellung zu großen Teilen an Hesiod,[113] so auch in Bezug auf die Ernährung: Er verwendet das *Automaton*-Motiv, das Motiv der Fülle der Nahrung und der Früchte. Daraus, dass die Menschen als friedlich dargestellt werden, keinen Kannibalismus betreiben und mit den Tieren eine Freundschaft führen, die sich sogar in einer gemeinsamen Sprache manifestiert, darf sein goldenes Zeitalter wohl als vegetarisch verstanden werden.[114] Das Verhältnis von Menschen und Tieren erinnert an Empedokles' Darstellung, in der ebenfalls von einer Freundschaft zwischen Mensch und Tier die Rede ist.

---

111 Die Herrschaft von Kronos über die Menschen wird dabei mit der Rolle eines Hirten verglichen, der über seine Herde wacht (polit. 271d7–e10, vgl. Skemp/Ostwald 1992, xiv-xx), und anschließend mit der Regierungszeit des Zeus (der Gegenwart) kontrastiert, in die Menschen sich selbst überlassen sind und in Not und Mühe ihr Leben fristen (polit. 273e4–274e1). Einige Forscher gehen von einer dritten Phase aus, die zwischen der des Kronos und der des Zeus eingeschlossen ist (272d6–273e4), vgl. Rowe 1995, 13; Brisson 1995, 353. Zu Funktionen des Mythos im Πολιτικός ausführlich Miller 1980, 36–53; Rowe 1995, 11.
112 Plat. polit. 271e1–3: αὐτάρκης εἰς πάντα ἕκαστος ἑκάστοις ὢν οἷς αὐτὸς ἔνεμεν, ὥστε οὔτ' ἄγριον ἦν οὐδὲν οὔτε ἀλλήλων ἐδωδαί, πόλεμός τε οὐκ ἐνῆν οὐδὲ στάσις τὸ παράπαν· [...] (272a3–b1) καρποὺς δὲ ἀφθόνους εἶχον ἀπό τε δένδρων καὶ πολλῆς ὕλης ἄλλης, οὐχ ὑπὸ γεωργίας φυομένους, ἀλλ' αὐτομάτης ἀναδιδούσης τῆς γῆς. γυμνοὶ δὲ καὶ ἄστρωτοι θυραυλοῦντες τὰ πολλὰ ἐνέμοντο· τὸ γὰρ τῶν ὡρῶν αὐτοῖς ἄλυπον ἐκέκρατο, μαλακὰς δὲ εὐνὰς εἶχον ἀναφυομένης ἐκ γῆς πόας ἀφθόνου. [...] (272 b10–c3) Εἰ μὲν τοίνυν οἱ τρόφιμοι τοῦ Κρόνου, παρούσης αὐτοῖς οὕτω πολλῆς σχολῆς καὶ δυνάμεως πρὸς τὸ μὴ μόνον ἀνθρώποις ἀλλὰ καὶ θηρίοις διὰ λόγων δύνασθαι συγγίγνεσθαι [...].
113 Vgl. Miller 1980, 41f.
114 Brisson 1995, 358. Im Timaios klingt Ähnliches an: Die ersten Menschen ernährten sich pflanzlich, nämlich von Früchten und Blättern (Tim. 80d–e). In Tim. 77a–b bezeichnet Platon die Tiere obendrein als dem Menschen verwandt (συγγενής), vgl. Dillon 1996, 365f.; 373f.

Die Frage, ob die Zeit unter Kronos der Zeit unter Zeus vorzuziehen sei, macht der Fremde davon abhängig, ob die Menschen ihre Zeit dazu nutzten, Philosophie zu betreiben und ihr Wissen zu vergrößern, oder nicht. Die Antwort bleibt er schuldig. Darüber hinaus erfolgt eine ironische, fast humorvolle Distanzierung zum Mythos, indem der Fremde ihn als eine Art Ammenmärchen darstellt.[115] Aufgrund dieser beiden Beobachtungen kann die Abfolge der beiden Phasen, obwohl sie sich am hesiodischen Modell orientieren, nicht als deszendent, sondern muss als dialektisch gewertet werden.[116]

Theophrast, Περὶ Εὐσεβείας

In der Schulschrift Περὶ Εὐσεβείας (Über die Frömmigkeit) beschäftigt sich der Aristoteles-Schüler Theophrast mit der ethischen Frage nach der richtigen Art zu opfern.[117] Er vertritt die Auffassung, dass man nur durch unblutige (d.h. vegetarische) Opfer Frömmigkeit und die Unterstützung der Götter erlangen könne.[118] Das Werk ist nur durch die Wiedergabe in Porphyrios' Schrift Περὶ ἀποχῆς ἐμψύχων überliefert.[119]

In den Fragmenten 2, 12, 13 und 18 Pötscher spricht Theophrast im Zusammenhang mit Opferbräuchen über die Ernährung der Vorzeit. Fragment 2 Pötscher hat die Entstehung der Opfer zum Inhalt, anhand derer die Entwicklung der Menschheit dargestellt wird.[120] Diese Entwicklung wird anhand der sich verändernden Nahrung gegliedert und lässt sich in drei

---

115 Plat. polit. 268e5–8. Der Fremde gibt außerdem in seiner Überlegung darüber, ob die Menschen des goldenen Geschlechts wohl Philosophie betrieben hätten, indirekt zu verstehen, dass er nicht daran glaubt (272c6–d3), enthält sich aber eines Urteils mit der ironischen Bemerkung, dass man mit dem Urteil warten müsse, bis jemand auftaucht, der qualifiziert sei, darüber Auskunft zu geben (272d3–6). Vgl. Baldry 1953, 51; Dillon 1995, 373; Erler 1995, 377f.
116 Zu Platons unterschiedlichen Ansichten zur Urzeit in seinen Werken s. Gatz 1967, 145; Kubusch 1986, 42. Zwar setzt in allen Darstellungen Platons irgendwo die Entartung ein (Gatz), doch sind seine Darstellungen zu differenziert, als dass er ausschließlich der aszendenten oder deszendenten Theorie zugeordnet werden kann (Kubusch).
117 Einführend Michael Erler: Theophrast, HGL 2, 394f.; Fritz Wehrli: Theophrast, in: Der Neue Ueberweg 3, § 17, Basel 2004.
118 Vgl. Fr. 12 Pötscher (= Porph. abst. 2,24,5). Mit dem Gedanken, dass Tiere ungerecht behandelt werden können, steht er gegen seinen Lehrer Aristoteles, vgl. William W. Fortenbaugh: Theophrastos, DNP 12.1, 2002, 391; Martins 2018, 101.
119 Zugrunde gelegt wird die Ausgabe von Pötscher 1964.
120 Fr. 2 Pötscher (= Porph. abst. 2,5,1–2,7,2), vgl. Gatz 1967, 156.

Phasen unterteilen, innerhalb derer sich wiederum eine schrittweise Entwicklung vollzieht.[121]

Die primitive Phase[122] lässt sich in zwei Unterphasen untergliedern: (a) Die Menschen opfern Kräuter, denn die Erde bringt zunächst nur jährlich neu sprießendes Gras hervor, von dem die Menschen Blätter, Wurzeln und ganze Triebe als Rauchopfer darbringen.[123] (b) Dann bringt die Erde auch Bäume hervor und die Menschen beginnen, Eicheln zu essen. Diese stehen allerdings nur in mangelnder Anzahl zur Verfügung, sodass die Menschen davon nur wenig, dafür aber viele Blätter opfern.[124]

Es schließt sich die Phase der Landwirtschaft[125] an, die fünf Unterphasen hat: (a) Die Menschen haben genug von der Eichennahrung, essen nun kultivierte Nahrung und opfern Früchte. Vom Getreide wachsen zuerst Hülsenfrüchte,[126] (b) dann Gerste, deren Körner man zunächst im Ganzen opfert, [127] (c) die man später aber mit der Erfindung des Ackerbaus und der Getreidemühle schrotet und davon den für die Nahrung bestimmten Teil zerreibt.[128] Auch diesen zerriebenen Teil opfert man später den Göttern. Die dafür verwendeten Werkzeuge werden wie etwas Göttliches verehrt und die Menschen rühmen das Mühlenleben im Gegensatz zum früheren Leben. (d) Schließlich[129], als es Feldfrüchte und besonders Weizen in grö-

---

121 Die grobe Phaseneinteilung folgt Kubusch 1967, 45f.

122 Fr. 2 Pötscher (hier = Porph. abst. 2,5,1–6).

123 Fr. 2 Pötscher (hier = Porph. abst. 2,5,2): Οὐ τούτων <οὖν> ἔθυον πρότερον, ἀλλὰ χλόης, οἷον εἴ τινα τῆς γονίμου φύσεως χωοῦν ταῖς χερσὶν ἀράμενοι. Δένδρα μὲν γὰρ δὴ πρὸ ζῴων ἀνέδωκεν ἡ γῆ, τῶν δένδρων δὲ πολὺ πρόσθεν τὴν ἐπέτειον γεννωμένην πόαν, ἧς δρεπόμενοι φύλλα καὶ ῥίζας καὶ τοὺς ὅλους τῆς φύσεως αὐτῶν βλαστοὺς κατέκαιον, ταύτῃ τοὺς φαινομένους οὐρανίους θεοὺς τῇ θυσίᾳ δεξιούμενοι καὶ διὰ τοῦ πυρὸς ἀπαθανατίζοντες αὐτοῖς τὰς τιμάς [...].

124 Fr. 2 Pötscher (hier = Porph. abst. 2,5,6): Ὅθεν μετὰ τὴν ἐξ ἀρχῆς πόαν δενδροφυούσης ἤδη τῆς γῆς, καὶ πρώτης δρυὸς καρποφαγησάντων, τῆς μὲν τροφῆς διὰ τὴν σπάνιν μικρά, τῶν δὲ φύλλων αὐτῆς πλείω τοῖς θεοῖς εἰς τὰς θυσίας ἀνῆπτον [...].

125 Fr. 2 Pötscher (hier = Porph. abst. 2,5,6–2,6,4).

126 Fr. 2 Pötscher (hier = Porph. abst. 2,5,6–2,6,1): Μετὰ δὲ ταῦτα ὁ βίος ἐπὶ τὴν ἥμερον ἤδη τροφὴν μεταβαίνων καὶ θύματα <τὰ> ἐκ τῶν καρπῶν „ἅλις δρυὸς" ἔφη. Τοῦ δὲ Δημητρείου καρποῦ μετὰ τὸν χέδροπα [...].

127 Fr. 2 Pötscher (hier = Porph. abst. 2,6,1): [...] πρώτου φανέντος κριθῶν, ταύταις ἀπ᾽ ἀρχῆς μὲν οὐλοχυτεῖτο κατὰ τὰς πρώτας θυσίας τὸ τῶν ἀνθρώπων γένος.

128 Fr. 2 Pötscher (hier = Porph. abst. 2,6,2): Ὕστερον δὲ ἐρειξαμένων τε αὐτὰς καὶ τὴν τροφὴν ψαισαμένων τὰ μὲν τῆς ἐργασίας ὄργανα θεῖαν τοῖς βίοις ἐπικουρίαν παρασχόντα κρύψαντες εἰς ἀπόρρητον, ὡς ἱεροῖς αὐτοῖς ἀπήντων, τοῦ δ᾽| ἀληλεμένου βίου παρὰ τὸ πρόσθεν μακαρισθέντος, ἀπήρξαντό τε τῆς ψαισθείσης τροφῆς πρῶτον εἰς πῦρ τοῖς θεοῖς [...].

129 Fr. 2 Pötscher (hier = Porph. abst. 2,6,3–4): Ἀφ᾽ ὧν ὁρμωμένοις ἡμῖν, καὶ τῶν καρπῶν ἀλλὰ καὶ τῶν πυρῶν ἀφθονωτέρων γιγνομένων, προσετίθετο πελάνων ἤδη καὶ τῶν λοιπῶν

ßerer Menge gibt, opfert man Kuchen[130], (e) später auch Wein, Honig und Olivenöl, nachdem man es für den menschlichen Gebrauch entdeckt hat.[131] Als Beweis für das zuvor Gesagte nennt Theophrast die Opfergaben, die in der Gegenwart zu Ehren des Helios und der Horen stattfinden:[132] Schlamm,[133] Gräser, Süßgräser auf einem Obstkernbett[134], Olivenzweige[135], Hülsenfrüchte, Eicheln, Arbutus-Früchte[136], Gerste, Weizen, ein Kuchen aus getrockneten Feigen, ein Kuchen aus Weizen- und Gerstenmehl, ein aufrechter Kuchen und ein Kochtopf. Diese Auflistung reflektiert augenscheinlich die Entwicklung der Opferarten.[137]

Die dritte Phase ist die der blutigen Opfer:[138] Nachdem die Menschen infolge von Hungersnöten und Kriegen Blut gekostet haben, beginnen sie,

ἁπάντων ἀπαρχαὶ τοῖς θεοῖς εἰς τὰς θυσίας· [...]. In dieser Phase sammeln die Menschen auch Blumen und erzeugen wohlriechende Mischungen, wobei sie erstere zu Kränzen binden und letztere als Rauchopfer darbringen.

130 Zur Etymologie des Wortes πέλανος s. Bouffartigue/Patillon 1979: Ursprünglich bezeichnet es eine dicke Flüssigkeit, meint aber hier wohl eine Art gebackenen Teig aus Mehl, vgl. Pausanias 8,2,3.

131 Fr. 2 Pötscher (hier = Porph. abst. 2,6,4): Καὶ τὰ μὲν στέφοντες, τὰ δ' εἰς πῦρ δωρούμενοι, θείας ἑτέρας σταγόνας οἴνου καὶ μέλιτος ἔτι δ' ἐλαίου ταῖς χρείαις ἀνευρίσκοντες ἀπήρχοντο καὶ τούτων τοῖς αἰτίοις θεοῖς.

132 Fr. 2 Pötscher (hier = Porph. abst. 2,7,1): Οἷς μαρτυρεῖν ἔοικε καὶ ἡ Ἀθήνησιν ἔτι καὶ νῦν δρωμένη πομπὴ Ἡλίου τε καὶ Ὡρῶν. Πομπεύει γὰρ ἰλύς, πόα, ἄγρωστις ἐπὶ πυρηνίων, ἱκετήριαι, ὄσπρια, δρῦς, μιμαι|κυλα, κριθαί, πυροί, παλάθη ἡγητηρία, ἀλεύρων πυρίνων καὶ κριθίνων φθοῖς, ὀρθοστάτης, χύτρος.

133 Anders Pötscher 1964, 150f.: Er liest εἰλύσπόα, wohl entsprechend der Version bei Plutarch, De esu carnium 1,2,993f. (vgl. Bouffartigue/Patillon 1979, 199, Anm. 2), mit der Überlegung, ob es sich um so etwas wie Fingergras handeln könnte.

134 Bouffartigue/Patillon 1979, 77 übersetzen ἄγρωστις mit ,chiendent', zu deutsch ,Quecke'. Pötscher 1964, 151 übersetzt ,Fingergras'. Beide Gräser gehören zu den Süßgräsern, und da eine eindeutige Identifizierung wohl nicht möglich ist, wähle ich die Übersetzung „Süßgräser"; vgl. LfgrE 1, 1979, s.v. ἄγρωστις, B, 100.

135 ἡγηρίας (nicht im LSJ) bei Pötscher 1964, 150. Er teilt außerdem die Sinneinheiten an dieser Stelle anders ein (ἄγρωστις, ἐπὶ πυρηνίων ἡγηρίας, ὄσπρια) und kommt dadurch auf die mögliche Übersetzung „Kernkuchen aus Feigenteig", die er als „ganz unsichere Deutung" bezeichnet und die auch nur durch die Änderung von ἡγηρίας in ἡγητηρίας (dabei kommt ἡγητηρία wenig später in der Aufzählung bereits vor) möglich ist, dazu auch Bouffartigue/ Patillon 1979, 200, Anm. 2. Deren Version, wie ich sie oben wiedergebe, ist meines Erachtens wesentlich überzeugender.

136 Genaueres zur Arbutus-Frucht s. die Besprechung von met. 1,104 weiter unten, 129ff.

137 Vgl. Pötscher 1964, 101.

138 Fr. 2 Pötscher (hier = Porph. abst. 2,7,2): Πόρρω δὲ τῶν περὶ τὰς θυσίας ἀπαρχῶν τοῖς ἀνθρώποις προϊούσων παρανομίας, ἡ τῶν δεινοτάτων θυμάτων παράληψις ἐπεισήχθη, ὠμότητος πλήρης, ὡς δοκεῖν τὰς πρόσθεν λεχθείσας καθ' ἡμῶν ἀρὰς νῦν τέλος εἰληφέναι, σφαξάντων τῶν

zu töten und die Altäre mit Blut zu beflecken. Theophrast bezeichnet dies als die Sitte der furchtbarsten Opfer voller Rohheit.

Aus dem skizzierten Fragment ergibt sich für Theophrasts Darstellung folgendes Bild: Phase 1, in der in Ermangelung anderer Nahrung erst Gräser[139], dann Eicheln gegessen werden, wird als primitiv und mangelhaft dargestellt. Die Menschen sind auf die Natur angewiesen und passen ihre Ernährung an deren Gegebenheiten an. Eicheln werden offenbar roh verzehrt,[140] im Gegensatz zum essfertigen Getreide in Hesiods Darstellung wird diese Form der Nahrung als unangemessen bewertet. Das wird während des Übergangs zur zweiten Phase am Willen der Menschen deutlich, sich nun kultivierter Nahrung zuzuwenden. Der Nahrungsfortschritt ist neben dem Willen zur Veränderung auch an die Veränderung der Natur gebunden, die nun nach und nach verschiedene Getreidesorten zur Verfügung stellt. Das Glück und der Wohlstand dieser Phase manifestieren sich einerseits in der immer üppiger werdenden Nahrung und andererseits im technischen Fortschritt, der die Herstellung von Getreideprodukten wie Kuchen ermöglicht.[141] Auch der Reichtum an anderen durch Kulturtechniken gewonnenen Nahrungsmitteln wie Honig[142], Wein und Öl unterstreicht die Idealisierung dieser Epoche.[143]

ἀνθρώπων καὶ τοὺς βωμοὺς αἱμαξάντων, ἀφ' οὗ λιμῶν τε καὶ πολέμων πειραθέντες αἱμάτων ἥψαντο.

139 Zwar spricht Theophrast nicht explizit vom Verzehr der Gräser, sondern nur vom Opfern, aber zum einen schließt das Opfern von Nahrungsmitteln auch immer deren Verzehr ein (s. dazu weiter oben, 80) und zum anderen lässt Theophrasts Darstellung keine andere Möglichkeit zu: Wenn die Erde zuerst Gräser, dann Bäume hervorgebracht hat, und die Menschen mit Beginn der Baumphase Eicheln essen, werden sie wohl vorher Gräser gegessen haben.

140 Zur Eichel als Nahrung s. weiter unten, 136f., Anm. 334–338.

141 Vgl. Bouffartigue/Patillon 1979, 70: „Et il n'est pas douteux que pour Théophraste l'évolution de l'alimentation atteint son sommet avec la consommation du pain."

142 In fr. 12 Pötscher wird Honig vor Wein und Öl gesetzt. Diese Abweichung kann freilich Porphyrios' Mangel an Sorgfalt im Umgang mit seinen Quellen zugeschrieben werden, aber andererseits stellt sie nicht unbedingt einen Widerspruch dar. Honig ist ein genuines Naturprodukt, das dennoch eine Kulturtechnik verlangt, um es effizient nutzen zu können. Öl und Wein hingegen sind reine Kulturprodukte. Es ist also nur eine Frage der Perspektive, ob man Honig entwicklungstechnisch vor Wein und Öl oder gleichberechtigt daneben stellt.

143 Kubusch 1986, 46f. widerspricht zu Recht Gatz 1967, 156, der die zweite Phase als eine Art goldenes Zeitalter bezeichnet. Theophrast, so Kubusch richtig, idealisiere die zweite Phase zwar, identifiziere sie aber nicht mit einem goldenen Zeitalter.

Erst in der dritten Phase wird mit dem Einsetzen der blutigen Opfer deutlich, dass Theophrast sich die Vorzeit (= Phasen 1 und 2) als eine vegetarische vorstellt. Deren moralischer Wert wird dadurch rückwirkend erhöht, dass Theophrast die blutigen Opfer zutiefst verwerflich findet. Die Fragmente 12, 13 und 18 Pötscher unterstützen diese Sichtweise: In Fragment 12 Pötscher[144] geht Theophrast noch einmal auf die ursprüngliche Form der Opfer ein. Diese hätten zunächst aus Wasser, dann aus Honig bestanden, weil beide Substanzen zuerst vorhanden waren, später aus Öl- und Weinspenden. An dieser Stelle zieht er die bereits oben vorgestellte Passage von Empedokles (Fragment 31 B 128 DK) zur Unterstützung hinzu, in der dieser behauptet, im goldenen Zeitalter seien keine Stiere geopfert worden. Theophrast begründet dies damit, dass Freundschaft und das Gefühl der Verwandtschaft damals alles beherrscht hätten und niemand ein Lebewesen ermordet habe, weil man glaubte, alle Lebewesen seien miteinander verwandt.

In Fragment 13 Pötscher[145] schreibt Theophrast, dass die Menschen den Göttern ursprünglich Feldfrüchte geopfert hätten und dann aus Vernachlässigung ihrer frommen Haltung und aus Nahrungsmangel begonnen hätten, das Fleisch ihrer Mitmenschen zu essen. Später sei man dazu übergegangen, anstelle des Menschenfleischs Tierfleisch zu essen.

---

144 Fr. 12 Pötscher (= Porph. abst. 2,20,3–25,7): Τὰ μὲν ἀρχαῖα τῶν ἱερῶν νηφάλια παρὰ πολλοῖς ἦν· νηφάλια δ' ἐστὶ τὰ ὑδρόσπονδα, τὰ δὲ μετὰ ταῦτα μελίσπονδα (τοῦτον γὰρ ἕτοιμον παρὰ μελιττῶν πρῶτον ἐλάβομεν τὸν ὑγρὸν καρπόν) · εἶτ' ἐλαιόσπονδα · τέλος δ' ἐπὶ πᾶσι τὰ ὕστερον γεγονότα οἰνόσπονδα. [...] [Emp. fr. 31 B 128 DK] (22,1) Τῆς γὰρ οἶμαι φιλίας καὶ τῆς περὶ τὸ συγγενὲς αἰσθήσεως πάντα κατεχούσης, οὐθεὶς οὐθὲν ἐφόνευεν, οἰκεῖα εἶναι νομίζων τὰ λοιπὰ τῶν ζῴων. [...].

145 Fr. 13 Pötscher (= Porph. abst. 2,26,1–28,1, hier 27,1–27,3): Ἀπ' ἀρχῆς μὲν γὰρ διὰ τῶν καρπῶν ἐγίγνοντο τοῖς θεοῖς θυσίαι. Χρόνῳ δὲ τῆς ὁσιότητος ἡμῶν ἐξαμελησάντων, ἐπεὶ καὶ τῶν καρπῶν ἐσπάνισαν καὶ διὰ τὴν τῆς νομίμου τροφῆς ἔνδειαν εἰς τὸ σαρκοφαγεῖν ἀλλήλων ὥρμησαν [...] (27,3). Ἐντεῦθεν οὖν μεταβαίνοντες ὑπάλλαγμα πρὸς τὰς θυσίας τῶν ἰδίων ἐποιοῦντο σωμάτων τὰ τῶν λοιπῶν ζῴων σώματα ·, dann weiter: (27,4–7) Aufgrund von Übersättigung am Bekannten und aus Unersättlichkeit habe man schließlich nichts ungekostet und ungegessen gelassen. Dies sei auch der aktuelle Zustand, denn in der Gegenwart würden viele über die eigentliche (vegetarische) Nahrung hinaus vieles essen, was eine maßvolle Haltung überschreite, da die Menschen der Vorzeit, die ursprünglich von den geopferten Früchten gekostet hatten, glaubten, nun, da sie Tiere opferten, diese ebenfalls verspeisen zu müssen. An dieser Stelle wird erneut das bereits oben genannte Zitat des Empedokles eingefügt, dass die ersten Menschen keine Stiere geopfert hätten, mit der Ergänzung des Empedokles (erneute Verwendung von fr. 31 B 128 DK), dass dies ein Verbrechen dargestellt habe.

In Fragment 18 Pötscher[146] schließlich schreibt Theophrast, dass es in alter Zeit nicht fromm gewesen sei, Tiere zu töten, die durch ihre Arbeit zum Lebensunterhalt beitrugen. Er richtet sich damit gegen den aktuellen Brauch, in Athen bei den Dipolien einen Ackerstier zu töten und zu verspeisen.

Theophrasts Sicht auf die Entwicklung der Menschheit ist demnach dialektisch: Natur und Technik entwickeln sich stetig weiter (Aszendenz), während der Beginn blutiger Schlachtopfer als Resultat des kulturellen Niedergangs (Deszendenz) dargestellt wird.[147] Dementsprechend unterscheidet sich Theophrasts Vorzeitdarstellung stark von derjenigen Platons: Während dieser sich an altem Material bedient, erfindet Theophrast etwas Neues.

Dikaiarch, Βίος Ἑλλάδος

Der größte Teil der überlieferten Fragmente[148] des Theophrast-Schülers Dikaiarch gehört zu seinem Werk über das Leben der Griechen Βίος Ἑλλάδος (Fragmente 53–77 Mirhady).[149] Die Fragmente 53 bis 57 Mirhady dieses Werkes behandeln die Ursprünge der Menschheit, davon thematisieren die Fragmente 54, 56A, 56B und 57 Mirhady Ernährung. Die ausführlichsten hier relevanten Fragmente sind bei Varro und Porphyrios überliefert: Fragment 54 Mirhady[150] stammt aus dem zweiten Buch von Varros Schrift *Res rusticae* (‚Über die Landwirtschaft‘), Fragment 56A[151] aus dem vierten Buch von Porphyrios' Schrift Περὶ ἀποχῆς ἐμψύχων. Beide Überlieferungen beschreiben drei Entwicklungsphasen, unterscheiden sich aber stark in der Darstellung. Sie werden deshalb im Folgenden einander direkt gegenübergestellt. Das in Hieronymus' Schrift *Adversus Iovinianum* überlieferte Fragment 56B[152] bezieht sich nur auf die erste Entwicklungsphase; in Fragment 57[153] schließlich, das in Zenobius' Epitome der Sprichwörtersammlung der

---

146 Fr. 18 Pötscher (= Porph. abst. 2,29,1–31,1, hier 31,1): Οὕτως οὔτε τὸ παλαιὸν ὅσιον ἦν κτείνειν τὰ συνεργὰ τοῖς βίοις ἡμῶν ζῷα, νῦν τε τοῦτο φυλακτέον ἐστὶ πράττειν.

147 Michael Erler: Theophrast, HGL 2, 396.

148 Zugrunde liegt die Textaugabe von Mirhady 2001. Zur besseren Auffindbarkeit werden bei den im Folgenden besprochenen Fragmenten auch die Fragmente nach Wehrli 1967 genannt.

149 Mirhady 2001, 4.

150 Fr. 54 Mirhady (= fr. 48 Wehrli = Varro rust. 2,1,3–9).

151 Fr. 56A Mirhady (= fr. 49 Wehrli = Porph. abst. 4,2,1–9).

152 Fr. 56B Mirhady (= fr. 50 Wehrli = Hier. adv. Iovin. 2,13)·

153 Fr. 57 Mirhady (= fr. 59 Wehrli = Zenob. Epitome collectionum Lucilli Tarrhaei et Didymi 5,23). Dieses Werk des Zenobios ist wiederum nur durch spätere Quellen überliefert, s. Wehrli 1967, 60.

griechischen Grammatiker Didymos und Lukillos von Tarrha überliefert ist, wird lediglich von den Vorfahren gesprochen. Diese beiden Fragmente werden ergänzend hinzugezogen. Die erste Phase beschreibt das goldene Geschlecht. Varro[154] sagt darüber lediglich, dass die Menschen darin von dem gelebt hätten, was die unberührte Erde freiwillig gibt. Porphyrios[155] hingegen führt Dikaiarchs Beschreibung der Vorzeit als Beispiel für Völker an, die kein Fleisch essen. Aufgrund der guten Lebensweise und im Kontrast zu den degenerierten Menschen der Gegenwart werden die frühen Menschen als goldenes Geschlecht bezeichnet.[156] Porphyrios betont, dass sie kein beseeltes Wesen (μηδὲν φονεύειν ἔμψυχον) getötet hätten. Dann erst beginnt er mit der eigentlichen Beschreibung des goldenen Zeitalters unter Kronos:[157] Alle Dinge seien von allein gewachsen (αὐτόματα), weil man die Kunst des Ackerbaus noch nicht beherrscht habe. Die gute Gesundheit der Menschen führt Dikaiarch auf die Ernährung zurück: Die Menschen hätten nur das gegessen, was ihr Körper auch vertragen konnte, sie hätten nie mehr gegessen, als angemessen war, dafür meistens unzureichend, weil es nicht genug gab. Das einfache und

154 Fr. 54 Mirhady (hier = Varro rust. 2,1,3): [...] *summum gradum fuisse naturalem, cum viverent homines ex iis rebus quae inviolata ultro ferret terra.*
155 Fr. 56A Mirhady (hier = Porph. abst. 4,2,1–6): Ἀρξώμεθα δ᾽ ἀπὸ τῆς κατὰ ἔθνη τινῶν ἀποχῆς, ὧν ἡγήσονται τοῦ λόγου οἱ Ἕλληνες, ὡς ἂν τῶν μαρτυρούντων ὄντες οἰκειότατοι. Τῶν τοίνυν συντόμως τε ὁμοῦ καὶ ἀκριβῶς τὰ Ἑλληνικὰ συναγαγόντων ἐστὶ καὶ ὁ περιπατητικὸς Δικαίαρχος, ὅς τὸν ἀρχαῖον βίον | τῆς Ἑλλάδος ἀφηγούμενος, τοὺς παλαιοὺς καὶ ἐγγὺς θεῶν φησι γεγονότας, βελτίστους τε ὄντας φύσει καὶ τὸν ἄριστον ἐζηκότας βίον, ὡς χρυσοῦν γένος νομίζεσθαι παραβαλλομένους πρὸς τοὺς νῦν, κιβδήλου καὶ φαυλοτάτης ὑπάρχοντας ὕλης, μηδὲν φονεύειν ἔμψυχον. (2) Ὅ δὴ καὶ τοὺς ποιητὰς παριστάντας χρυσοῦν μὲν ἐπονομάζειν γένος · ἐσθλὰ δὲ πάντα, λέγειν, [Hes. op. 116–119]. (3) Ἄ δὴ καὶ ἐξηγούμενος ὁ Δικαίαρχος τὸν ἐπὶ Κρόνου βίον τοιοῦτον εἶναι φησίν · εἰ δεῖ λαμβάνειν μὲν αὐτὸν ὡς γεγονότα καὶ μὴ μάτην ἐπιπεφημισμένον, τὸ δὲ λίαν μυθικὸν ἀφέντας, εἰς τὸ διὰ τοῦ λόγου φυσικὸν ἀνάγειν. Αὐτόματα μὲν γὰρ πάντα ἐφύετο, εἰκότως · οὐ γὰρ αὐτοί γε κατεσκεύαζον οὐθὲν διὰ τὸ μήτε τὴν γεωργικὴν ἔχειν πω τέχνην μήθ᾽ ἑτέραν μηδεμίαν ἁπλῶς. [...] (4) Οὔτε γὰρ τὴν τῆς φύσεως ἰσχυροτέραν τροφὴν ἀλλ᾽ ἧς ἡ φύσις ἰσχυροτέρα προσεφέροντο, οὔτε τὴν πλείω τῆς | μετρίας διὰ τὴν ἑτοιμότητα, ἀλλ᾽ ὡς τὰ πολλὰ τὴν ἐλάττω τῆς ἱκανῆς διὰ τὴν σπάνιν. [...] (6) Δηλοῖ δὲ τὸ λιτὸν τῶν πρώτων καὶ αὐτοσχέδιον τῆς τροφῆς τὸ μεθύστερον ῥηθὲν ἅλις δρυός, τοῦ μεταβάλλοντος πρώτου, οἷα εἰκός, τοῦτο φθεγξαμένου.
156 In Porphyrios' Darstellung steht der Fleischverzicht gleich zu Beginn, ebenso am Ende der Darstellung. Kubusch mutmaßt deshalb, dass diese Betonung wohl eher von Porphyrios stammt als von Dikaiarch (was nicht ausschließt, dass Fleischverbot tatsächlich Bestandteil der ursprünglichen Darstellung war), Kubusch 1986, 52.
157 Dabei zitiert er zunächst Hesiods Darstellung des goldenen Geschlechts und betont anschließend, dass Dikaiarchs Darstellung die allzu mythologischen Elemente weglasse und sich stattdessen auf Vernunft berufe.

unzubereitete Essen dieser Zeit wird durch das Sprichwort „Genug der Eichel!" versinnbildlicht, das von den Menschen eingeführt worden sei, die als
erste diese Lebensweise änderten. Wie bei Porphyrios essen die Menschen
des goldenen Zeitalters auch in der Version des Hieronymus[158] in Dikaiarchs Schilderung kein Fleisch, sondern ernähren sich von Feldfrüchten und
Baumfrüchten, die die Erde von sich aus gibt.

Es schließt sich eine Hirtenphase an: In Varros[159] Überlieferung sammeln die Menschen in dieser Phase Arbutus-Früchte, Maulbeeren und
Baumfrüchte von wilden und unkultivierten Bäumen und Büschen für den
späteren Gebrauch.[160] Außerdem zähmen sie wilde Tiere, besonders Schafe, und fügen ihrer Nahrung Milch und Käse hinzu. In Porphyrios'[161] Darstellung werden keine Früchte genannt, sondern es wird lediglich zusammenfassend gesagt, dass die Menschen beginnen, Überschüsse an Besitz zu
produzieren. Man habe unschädliche Tiere gezähmt und schädliche Tiere
gejagt. Zusammen mit diesen Verhaltensweisen habe außerdem Krieg Einzug in das Leben der Menschen gehalten, und da es nun Besitztümer gab,
begann ein Teil der Menschen, die anderen zu berauben. Die bei Zenobius[162] paraphrasierte Aussage Dikaiarchs über das Portionieren von Fleisch

---

158 Fr. 56B Mirhady (= Hier. adv. Iovin. 2,13): *Dicaearchus in libris Antiquitatum et De-
scriptione Graeciae refert sub Saturno (id est in aureo saeculo), cum omnia humus funderet,
nullum comedisse carnem, sed universos vixisse frugibus et pomis quae sponte terra gignebat.*
159 Fr. 54 Mirhady (hier = Varro rust. 2,1,4): *Ex hac vita in secundam descendisse pasto-
riciam, e feris atque agrestibus ut arboribus ac virgultis [ac] decarpendo glandem, arbutum,
mora, poma colligerent ad usum, sic ex animalibus cum propter eandem utilitatem quae possent
silvestria deprenderent ac concluderent et mansuescerent. In quis primum non sine causa putant
oves adsumptas et propter utilitatem et propter placiditatem. Maxime enim hae natura quietae
et aptissimae ad vitam hominum. Ad cibum enim lacte et caseum adhibitum, ad corpus vestitum
et pelles adtulerunt.*
160 Varro schreibt lediglich *ad usum*; dass er den späteren Gebrauch (so auch die Übersetzung von Mirhady 2001, 59) im Sinne eines Vorrates meint, wird durch Porphyrios' Darstellung deutlich, in der die Menschen dieser Phase Überschüsse produzieren und Besitz erlangen.
161 Fr. 56A Mirhady (hier = Porph. abst. 4,2,7–8): Ὕστερον ὁ νομαδικὸς εἰσῆλθεν βίος, καθ'
ὃν περιττοτέραν ἤδη κτῆσιν προσπεριεβάλλοντο καὶ ζῴων ἥψαντο, κατανοήσαντες ὅτι τὰ μὲν
ἀσινῆ ἐτύγχανεν ὄντα, τὰ δὲ κακοῦργα καὶ χαλεπά · καὶ οὕτω δὴ τὰ μὲν ἐτιθάσευσαν, τοῖς δὲ
ἐπέθεντο, καὶ ἅμα ἐν τῷ αὐτῷ βίῳ συνεισῆλθεν πόλεμος. Καὶ ταῦτα, φησίν, οὐχ ἡμεῖς, ἀλλ' οἱ τὰ
παλαιὰ ἱστορίᾳ διεξελθόντες εἰρήκασιν. (8) Ἤδη γὰρ ἀξιόλογα κτήματα ἐνυπῆρχον, ἃ οἱ μὲν ἐπὶ
τὸ παρελέσθαι φιλοτιμίαν ἐποιοῦντο, ἀθροιζόμενοί τε καὶ παρακαλοῦντες ἀλλήλους, οἱ δ' ἐπὶ τὸ
διαφυλάξαι.
162 Fr. 57 Mirhady (= Zenob. Epitome collectionum Lucilli Tarrhaei et Didymi 5,23):
Μερὶς οὐ πνίγει. Δικαίαρχός φησιν ἐν τοῖς Περὶ τῆς Ἑλλάδος ἐν τοῖς δείπνοις μὴ εἶναι σύνηθες

weist Ähnlichkeiten mit Porphyrios' Darstellung der Hirtenphase auf,[163] deshalb gehört sie möglicherweise auch hierher: Laut Dikaiarch sei es bei den frühen Menschen Sitte gewesen, gemeinsam Fleisch zu essen und dies nicht individuell zu portionieren. Dies habe jedoch dazu geführt, dass die Stärkeren den Schwächeren das Essen wegnahmen, sich daran aber zu Tode würgten. Daraufhin sei das Portionieren ersonnen worden.

Die dritte und finale ist die agrikulturelle Phase: Über diese Phase sagt Varro[164] lediglich, dass die Menschen darin lange und bis zur Zivilisation der Gegenwart verharrt seien. Porphyrios[165] beschränkt sich darauf, die Phase zu nennen.

Vergleichend lässt sich festhalten, dass Varros Darstellung im Gegensatz zu der Porphyrios' rein aszendent ist.[166] Die Idealisierung der ersten Menschen zu einem goldenen Geschlecht, wie sie durch Porphyrios und Hie-

τοῖς ἀρχαίοις διανέμειν μερίδας. Διὰ δὲ προφάσεις τινὰς ἐνδεεστέρων γενομένων τῶν ἐδεσμάτων, κρατῆσαι τὸ ἔθος τῶν μερίδων, καὶ διὰ τοῦτο τὴν παροιμίαν εἰρῆσθαι. Τῶν γὰρ ἐδεσμάτων κοινῇ καὶ μὴ κατὰ μέρος τιθεμένων τὸ πρότερον οἱ δυνατώτεροι τὰς τροφὰς τῶν ἀσθενῶν ἥρπαζον, καὶ συνέβαινε τούτους ἀποπνίγεσθαι, μὴ δυναμένους ἑαυτοῖς βοηθεῖν. Διὰ τοῦτο οὖν ὁ μερισμὸς ἐπενοήθη.

163 Möglicherweise essen die Menschen der zweiten Phase das Fleisch der domestizierten oder gejagten Tiere. Darauf weist auch Porphyrios' Aussage im Anschluss an die Darstellung Dikaiarchs (4,2,9) hin, in der er wiederholt, dass Dikaiarch das Leben der ersten Menschen u.a. wegen ihrer Fleischabstinenz als besonders positiv bezeichnet habe. Später habe es Ungerechtigkeit gegenüber Tieren und damit auch Krieg und Wettstreit gegeben (wie er es auch Dikaiarchs Hirtenphase attestiert). Daraus lässt sich schließen, dass Dikaiarchs Hirtenphase den Fleischverzehr einschloss. Anders Varro, der nur von Milch und Käse spricht.

164 Fr. 54 Mirhady (hier = Varro rust. 2,1,5): *Tertio denique gradu a vita pastorali ad agri culturam descenderunt, in qua ex duobus gradibus superioribus retinuerunt multa, et quo descenderant, ibi processerunt longe, dum ad nos perveniret. [...].* In rust. 1,2,15–16 (fr. 55 Mirhady = fr. 51 Wehrli) erörtert Varro, ob Hirtentum oder Landwirtschaft zuerst da waren. In diesem Zusammenhang verweist er noch einmal auf Dikaiarchs Darstellung der Hirtenphase, in der die Menschen noch nicht wussten, wie man pflügt, Bäume pflanzt oder beschneidet. Aus diesem Grund, so Varro, sei Landwirtschaft sekundär zum Hirtentum.

165 Fr. 56A Mirhady (hier = Porph. abst. 4,2,8): Προϊόντος δὲ οὕτω τοῦ χρόνου, κατανοοῦντες κατὰ μικρὸν ἀεὶ | τῶν χρησίμων εἶναι δοκούντων, εἰς τὸ τρίτον τε καὶ γεωργικὸν ἐνέπεσον εἶδος [...].

166 Dies zeigt sich auch in seiner vorangehenden These, zu der er Dikaiarchs Darstellung unterstützend heranzieht, nämlich dass die Menschheit sich stufenweise bis zur Gegenwart entwickelt habe (Varro. rust. 2,1,3): *necesse est humanae vitae a summa memoria gradatim descendisse ad hanc aetatem [...].* Kubusch 1986, 52 ist der Auffassung, Varro idealisiere die dritte Phase. In rust. 3,1,5 schreibt Varro, dass allein die Bauern vom Stamm des Saturn übriggeblieben seien, vgl. Haußleiter 1935, 63.

ronymus[167] überliefert ist, kommt bei ihm nicht vor. Die Ernährung dieser Phase, fassen wir die Überlieferungen zusammen, besteht aus vegetarischer Kost wie Eicheln.

Die zweite Phase stellt einen kulturellen Fortschritt in Form eines neu aufkommenden Hirtentums dar, in Porphyrios' Darstellung allerdings auch einen moralischen Niedergang, da die Menschen beginnen, Tiere zu töten (und deren Fleisch zu essen), Krieg zu führen und einander den Besitz zu neiden. Die Ernährung besteht aus den Produkten der domestizierten Tiere: Milch, Käse, Fleisch (möglicherweise auch von den schädlichen gejagten Tieren).

Die dritte Phase wird in keiner Überlieferung näher beschrieben. Agrikultur stellt selbstverständlich einen weiteren Schritt in der kulturellen Entwicklung dar; spätestens jetzt müsste Getreide die menschliche Ernährung ergänzen. Aus Porphyrios' Sicht verharren die Menschen dieser Phase offenbar weiter in einem Zustand der moralischen Verkommenheit. Dies bekräftigt er im Anschluss an die Dikaiarch-Paraphrase, als er sagt, dass Luxus, Krieg und Ungerechtigkeit (die er offenbar als Phänomene seiner eigenen Zeit begreift) zusammen mit dem Schlachten von Tieren Einzug gehalten hätten.[168]

Die Sichtweise Dikaiarchs auf die Entwicklung der Menschheit scheint ausgehend von den Überlieferungen Porphyrios' und Hieronymus' eine dialektische zu sein: Indem er, wie Kubusch treffend formuliert, „den vorgestellten negativ bewerteten primitiven Urzustand in eine Phase des Glücks umdeutet",[169] verbindet Dikaiarch – und das wohl als erster – die aszendente Kulturentstehungstheorie mit dem Mythos vom goldenen Geschlecht. Wie bei Empedokles, Arat und Theophrast ist sein goldenes Zeitalter durch vegetarische Nahrung geprägt. Ob die moralische Deszendenz, wie Porphyrios sie hervorhebt, bei Dikaiarch tatsächlich in dem Ausmaß vorhanden war, muss jedoch offenbleiben.[170]

---

167 Hieronymus spricht von einem *aureum saeculum*, das freilich in augusteischer Zeit für eine andere Idee stand als das hesiodische χρυσοῦν γένος. S. oben, Anm. 158.
168 Porph. abst. 4,2,9: [...] συνεισῆλθεν δὲ ὕστερον καὶ πόλεμος καὶ εἰς ἀλλήλους πλεονεξία ἅμα τῇ τῶν ζῴων ἀδικίᾳ.
169 Kubusch 1986, 47. Das Glück besteht, so Kubusch, eben im „Fehlen dessen, was spätere Zivilisationsstufen hervorbrachten." (50). S. dort für mehr Details. Kubusch widerspricht damit Gatz, der Dikaiarchs Darstellung lediglich als weitgehende Übernahme der „angestammte[n] Motivik des goldenen Zeitalters" (Gatz 1967, 161) sieht.
170 Vgl. Kubusch 1986, 52.

Lukrez, *De rerum natura*

In seinem aus sechs Büchern bestehenden Lehrgedicht *De rerum natura* erklärt Lukrez das philosophische System Epikurs.[171] Im fünften Buch[172] widmet er eine lange Passage der Entstehung des menschlichen Lebens (925–1010) und der Entwicklung der Zivilisation (1011–1457). Durch die Häufung von Topoi, die sich vor allem durch das Nichtvorhandensein (als negativ bewerteter) kultureller Errungenschaften der Gegenwart manifes-

171 Duff 1889 (1982), xii. Dabei behandelt er die Grundlagen der Atomtheorie (Bücher 1 und 2), die Aufspaltung der Seele in *anima* und *animus* (Bücher 3 und 4), den Kosmos und die Phänomene im Himmel und auf der Erde (Bücher 5 und 6), vgl. Bailey 1972a (1947), 31.
172 Das Ziel des fünften Buches ist es zu zeigen, dass die Welt und alles in ihr nicht von göttlichen Kräften geschaffen wurde, und dass jegliche Entwicklung das Ergebnis natürlicher Erfahrung ist, nicht einer göttlichen Führung, vgl. Duff 1982 (1889), xiii; Campbell 2003, 1. Lukrezens Darstellung der menschlichen Entwicklung vereint verschiedene, seiner eigenen Weltanschauung teilweise widersprechende Traditionen wie die des goldenen Zeitalters (Campbell 2003, 10–12). Möglicherweise folgt Lukrezens Prähistorie Epikurs verlorenem zwölften Buch von Περὶ Φύσεως; es ist aber nicht klar, inwieweit sich seine Darstellung in den fundamentalen Ideen von Epikur unterscheidet (ebd. 12). Epikurs Lehren wiederum gehen auf Demokrit zurück, vgl. Bailey 1972a (1947), 22; Campbell 2003, 1–4. Darüber hinaus sind Einflüsse von Empedokles festzustellen, die besonders bei der Entstehung der Arten in Buch 5 hervortreten, vgl. ebd. Diesen hat freilich auch Epikur gekannt. Campbell argumentiert, dass Lukrez, da Epikur wahrscheinlich aufgrund seiner bekannten Antipathie gegen Dichtung und Mythologie nicht direkt von Empedokles geborgt habe, vielleicht empedokleisches Material in das epikureische Material eingebaut habe (3). Abgesehen von diesen Quellen verarbeite Lukrez Motive aus verschiedenen mythologischen, teleologischen und poetischen Quellen (12), namentlich Hesiod, Homer, Demokrit, Theokrit, Dikaiarch, Aristophanes, die Vorsokratiker, besonders Empedokles, die Hippokratiker und Ennius (180). Einige dieser Motive behalten die Konnotation aus früheren Darstellungen, andere werden ihrem eigentlichen Kontext entfremdet und von Lukrez in eine rational-anti-teleologische Form gebracht (10–12). In seiner Darstellung verwendet Lukrez praktisch alle mit der Vorzeit assoziierten Topoi wie das goldene Zeitalter, irdische Paradiese, ideale Staaten oder primitive Menschen (12). Campbell findet für dieses augenscheinlich widersprüchliche Vorgehen zwei Erklärungen: Einerseits lasse sich die bittere Pille, dass menschliche Gesellschaft und Kultur kein Geschenk der Götter sind, besser schlucken, indem schon vorhandene Topoi des goldenen Zeitalters eingeflochten werden, die das Gegenteil verkünden („honeyed cup/sugared pill technique", 11, im Detail 181–184). Andererseits lasse sich auch das epikureische Konzept von Gerechtigkeit und moralischem Verhalten durch diese Technik legitimieren, indem Lukrez die epikureische Doktrin einer gerechten Lebensweise in die Prähistorie (2. Phase der Menschheitsentwicklung, Lucr. 5,1011–1027) versetze und mit der Gegenwart kontrastiere (15). In keiner anderen Darstellung des goldenen Zeitalters kommen all die von Lukrez verwendeten Motive gemeinsam vor; er hat in seiner Darstellung praktisch die gesamte Motivik des goldenen Zeitalters absorbiert (13f.).

tieren,[173] erhält Lukrezens Darstellung eine deszendente Tendenz.[174] Dennoch idealisiert er keine Phase, sondern wägt jeweils die Vor- und Nachteile jedes Entwicklungsstadiums sorgfältig ab.[175]

Ernährung ist besonders in der ersten von Lukrez geschilderten Menschheitsphase präsent:[176] Diese Naturphase[177] lässt sich wiederum in zwei Unterphasen gliedern: (a) Zunächst schildert Lukrez das Leben der primitiven Menschen:[178] Diese führen ein tierähnliches Leben. Jeder sorgt für sich selbst, die einzige soziale Interaktion ist die sexuelle Vereinigung in den Wäldern. Sie haben noch kein Feuer, keine Kleidung und keine Häuser. In Bezug auf Ernährung wird zunächst ausgesagt, was die Menschen nicht kennen, nämlich Ackerbau und Baumzucht.[179] Die eigentliche Beschreibung der Ernährung wird anschließend auf die Bereiche Essen und Trinken aufgeteilt: Die Menschen sind mit den Geschenken von Sonne und Regen und dem, was die Erde freiwillig gibt, zufrieden. Sie essen überwiegend Eicheln und Arbutus-Früchte, die damals viel größer waren; die Erde bietet ihnen derbes, aber für ärmliche Menschen ausreichendes ‚Futter'.[180] Den Durst

173 Etwa die Abwesenheit von Gold und Besitz (Lucr. 5,1113–1135, dadurch auch Abwesenheit von Neid, Gewinnsucht, Luxusstreben, Streit).
174 Vgl. Gatz 1967, 152; Kubusch 1986, 66–68.
175 Bailey 1972b (1947), 1473; Kubusch 1986, 67f. Es wird in der (überwiegend älteren) Forschung auch die abweichende Meinung vertreten, dass Lukrez den Urzustand der Menschheit idealisiere, z.B. Gatz 1967, 151. Einen Überblick hierzu gibt Campbell 2003, 11. Campbell ist der Ansicht, dass aufgrund der von ihm skizzierten Vorgehensweise Lukrezens (s. oben, Anm. 172) die Diskussion über eine Idealisierung der menschlichen Urzeit in den Hintergrund rücke, da Lukrez die Passage entsprechend seinen didaktischen Intentionen konzipiert habe, für die sowohl positive als auch negative Aspekte der Vorzeit von Nutzen seien (ebd.).
176 Vgl. Kubusch 1986, 59. Zur Diskussion um die Einteilung der Phasen s. ebd. Es liegt die Textausgabe von Bailey 1972a (1947) zugrunde.
177 Lucr. 5,925–1010.
178 Die Einteilung und Titel folgen im Wesentlichen Bailey 1972b (1947), 1472–1550, und ergänzend Campbell 2003, 179–329. Phasen: 925–930: Körperbau und Widerstandskraft. 931–932: Tiergleiches Umherstreifen. 933–936: Unkenntnis von Landwirtschaft. 937–944: Nahrung (Essen). 945–952: Nahrung (Trinken). 953–957: Unkenntnis von Feuer, Kleidung und Behausung. 958–961: Unkenntnis von Gemeinschaft und Gesetzen. 962–965: Sex in den Wäldern. 966–970: Jagd auf wilde Tiere. 970–972: Nacktes Schlafen. 973–981: Warten auf den Tagesanbruch. 982–987: Nächtliche Angst vor wilden Tieren.
179 Lucr. 5,933–936: *nec robustus erat curvi moderator aratri | quisquam, nec scibat ferro molirier arva | nec nova defodere in terram virgulta neque altis | arboribus veteres decidere falcibu' ramos.*
180 Lucr. 5,937–944: *quod sol atque imbres dederant, quod terra crearat | sponte sua, satis id placabat pectora donum. | glandiferas inter curabant corpora quercus | plerumque; et quae nunc*

stillen Wasser aus Flüssen und Quellen,[181] was einerseits an den *locus amoenus* in der pastoralen Dichtung erinnert,[182] andererseits eine rationalisierte Version des goldenen Zeitalters darstellt, indem statt Honig, Milch oder Wein Wasser im Überfluss fließt.[183] Nahrungsmittel, speziell Eicheln, Arbutus-Früchte und Birnen dienen darüber hinaus als Bezahlungsmittel für sexuelle Gefälligkeiten.[184]

(b) Eine zweite Unterphase beschreibt den Tod der primitiven Menschen: Sie sterben entweder, indem sie von wilden Tieren gefressen werden oder aufgrund der von Tieren zugefügten Wunden,[185] indem sie verhungern oder sich versehentlich vergiften.[186] Der Schrecken dieser Todesarten wird den Todesarten der Gegenwart, die durch Seefahrt und Krieg verursacht werden, gegenübergestellt.[187] Der Tod der Menschen geht mit der negativen Seite der primitiven Ernährung einher: Unter den Geschenken der Erde befinden sich offenbar auch giftige Pflanzen, die die Menschen aufgrund mangelnden botanischen Wissens nicht von essbaren unterscheiden können.[188] Außerdem laufen sie Gefahr, selbst zur Nahrung zu werden.

hiberno tempore cernis | arbita puniceo fieri matura colore, | plurima tum tellus etiam maiora ferebat. | multaque praeterea novitas tum florida mundi | pabula dura tulit, miseris mortalibus ampla.

181 Lucr. 5,945–952: *at sedare sitim fluvii fontesque vocabant, | ut nunc montibus e magnis decursus aquai | claricitat late sitientia saecla ferarum. | denique nota vagis silvestria templa tenebant | nympharum, quibus e scibant umori fluenta | lubrica proluvie larga lavere umida saxa, | umida saxa, super viridi stillantia musco, | et partim plano scatere atque erumpere campo.*

182 Campbell 2003, 205 spricht von einer ,pastoralen Ekphrasis'.

183 Ebd.

184 Lucr. 5,962–965: Sex kam entweder durch gegenseitige Attraktivität, Vergewaltigung oder Prostitution zustande: *et Venus in silvis iungebat corpora amantum; | conciliabat enim vel mutua quamque cupido | vel violenta viri vis atque inpensa libido | vel pretium, glandes atque arbita vel pira lecta.* Durch den Austausch von Früchten, der vor allem in der pastoralen Dichtung zu finden ist, erhält dieses an sich sehr negativ gezeichnete Bild primitiven Paarungsverhaltens einen gewissen pastoralen Charme und wird dadurch etwas abgeschwächt, vgl. Campbell 2003, 223.

185 Lucr. 5,990–998: *unus enim tum quisque magis deprensus eorum | pabula viva feris praebebat, dentibus haustus, | et nemora ac montis gemitu silvasque replebat | viva videns vivo sepeliri viscera busto. | at quos effugium servarat corpore adeso, | posterius tremulas super ulcera tetra tenentes | palmas horriferis accibant vocibus Orcum, | donique eos vita privarant vermina saeva | expertis opis, ignaros quid volnera vellent.*

186 Lucr. 5,1007–1010: *tum penuria deinde cibi languentia leto | membra dabat, contra nunc rerum copia mersat. | illi inprudentes ipsi sibi saepe venenum | vergebant, nunc dant aliis sollertius ipsi.*

187 Lucr. 5,988f.999–1006.

188 Vgl. Campbell 2003, 240f.

Die zweite Phase markiert den Beginn der Zivilisation:[189] Darin beginnen die Menschen sich zu sozialisieren und verlieren ihre frühere Härte. Sie bauen nun Hütten, fertigen Kleidung aus Tierhäuten und entdecken das Feuer. Inspiriert durch das Vorbild der Sonne, unter deren Strahlen Früchte reifen, erlernen sie das Kochen.[190]

Die Weiterentwicklung der Zivilisation erfolgt in einer dritten Phase[191] anhand verschiedener Themenbereiche. Aus dem ersten Themenkomplex ‚Könige, Besitz und Reichtum' geht hervor, dass die Menschen nun Viehwirtschaft betreiben.[192] Im Komplex über die Entstehung von Handwerk und Künsten gibt es einen Abschnitt über die Baumzucht:[193] Die Menschen lernen, Obstbäume zu pflanzen und treiben die Wälder zugunsten von Anbauflächen für Getreide, Wein und Oliven immer weiter die Hänge hinauf.

Während Lukrez also die Nahrungssituation in der zweiten und dritten Phase ausschließlich im Lichte des Fortschritts beschreibt (Erlernen von Kochen, Landwirtschaft etc.), vermittelt er durch Kombination traditioneller Goldzeitmotive mit negativen Aspekten eines primitiven Lebens ein

---

189 Lucr. 5,1011–1104. Bailey fügt hier keine Zwischenphase ein, sondern nennt nur eine Phase: ‚the beginnings of civilization'. Campbell hingegen schließt mit Vers 1104 die Phase der menschlichen Evolution ab. Phasen: 1011–1013: Hütten, Kleidung, Feuer, erste Gemeinschaften. 1014–1018: Weichwerden der Menschen. 1019–1023: Nachbarschaftsverbünde, Schutz von Kindern und Frauen. 1024–1027: Einigkeit und Verträge. 1028–1090: Entstehung der Sprache. 1091–1104: Entdeckung des Feuers und sein Gebrauch. Lukrez hat schon in 1011 von der Entdeckung des Feuers gesprochen, nicht jedoch vom Kochen, vgl. Bailey 1972b (1947), 1497.

190 Lucr. 5,1102–1104: *inde cibum quoquere ac flammae mollire vapore | sol docuit, quoniam mitescere multa videbant | verberibus radiorum atque aestu victa per agros.*

191 Lucr. 5,1105–1457. Phasen: 1105–1135: Könige, Besitz und Reichtum. 1136–1160: Einrichtung von Stadtstaaten und die Angst vor Bestrafung. 1161–1240: Entstehung von Religion. 1241–1457: Entstehung von Handwerken und Künsten.

192 Lucr. 5,1110f.: *et pecudes et agros divisere atque dedere | pro facie cuiusque et viribus ingenioque.*

193 Lucr. 5,1361–1378: *At specimen sationis et insitionis origo | ipsa fuit rerum primum natura creatrix, | arboribus quoniam bacae glandesque caducae | tempestiva dabant pullorum examina supter; | unde etiam libitumst stirpis committere ramis | et nova defodere in terram virgulta per agros. | inde aliam atque aliam culturam dulcis agelli | temptabant fructusque feros mansuescere terra | cernebant indulgendo blandeque colendo. | inque dies magis in montem succedere silvas | cogebant infraque locum concedere cultis, | prata lacus rivos segetes vinetaque laeta | collibus et campis ut haberent, atque olearum | caerula distinguens inter plaga currere posset | per tumulos et convallis camposque profusa; | ut nunc esse vides vario distincta lepore | omnia, quae pomis intersita dulcibus ornant | arbustisque tenent felicibus opsita circum.*

differenzierteres Bild der ersten Phase: Er verwendet das aus dem Mythos stammende *Automaton*-Motiv,[194] das jedoch nicht wie im goldenen Zeitalter als Grund für das Nicht-Vorhandensein von Ackerbau im Sinne göttlichen Wohlwollens dargestellt wird. Im Gegenteil erklärt sich die Ernährungsweise aus dem Nicht-Vorhandensein von kulturellem Wissen etwa über Ackerbau oder Obstanbau.[195] Nahrung gibt es wie im goldenen Zeitalter reichlich, jedoch nur für Menschen mit niedrigen Ansprüchen. Die Nahrung selbst ist nicht annähernd paradiesisch, sondern wird als derbes Futter bezeichnet. Die Ernährungssituation der traditionellen Goldzeitaltervorstellung wird also von Lukrez – wie auch von Dikaiarch, Varro und Diodor – rationalisiert, indem die Fülle der irdischen Gaben auf eine moderate Menge reduziert und natürlicher dargestellt wird.[196]

1.1.1.4 Zusammenfassung[197]

Als Kernmotiv, das ausgehend von Hesiods goldenem Geschlecht sowohl in fast allen deszendenten als auch aszendenten und dialektischen Vorzeitdarstellungen auftritt, ist das *Automaton*-Motiv zu nennen,[198] d.h. die Vorstellung von der selbsttätigen Erde, die ohne menschliches Zutun Nahrung spendet. In den deszendenten Darstellungen bedeutet das meist ein natürliches Vorkommen von essfertigem Getreide und Honig, womit ausgedrückt wird, dass die Menschen jener Zeit – im Gegensatz zu den Menschen späterer Phasen – für ihren Lebensunterhalt nicht arbeiten müssen.[199] Dieser wunderbare Zustand wird von den Dichtern der Alten Komödie verballhornt zu einer Art Schlaraffenland, in der sich fertig zubereitete Speisen

---

194 Vgl. Campbell 2003, 194.
195 Vgl. Bailey 1972b (1947), 1474.
196 Campbell 2003, 194f. Vgl. Bailey 1972b (1947), 1473.
197 Diese Zusammenfassung erhebt keinen Anspruch auf Vollständigkeit, da sie sich nur auf die hier vorgestellten Texte bezieht. Für eine Übersicht der Ernährungs- und anderer Motive des goldenen Zeitalters und verwandter Vorstellungen s. die ausführliche Aufstellung bei Campbell 2003, 341f. (Appendix B).
198 So auch Gatz 1967, 203. Verwandte Vorstellungen sind die Inseln der Seligen, das Elysium, Utopien oder idealisierende Beschreibungen von Randvölkern, s. Gatz 1967, 203; Campbell 2003, 336. In der Bukolik wird das Motiv dahingehend ausgeweitet, dass Ziegen und Schafe ihre Milch dem Menschen von sich aus zur Verfügung stellen, vgl. Tabelle 4. Darüber hinaus s. die Aufstellung bei Gatz 1967, 204.
199 Der Reichtum der Natur geht häufig mit der hohen moralischen Qualität der Menschen einher, vgl. Campbell 2003, 194.

wie Kuchen und Braten den Mündern der Menschen aufdrängen. In den aszendenten und dialektischen Darstellungen geht das *Automaton*-Motiv dagegen mit realistischeren Speisen wie Früchten und Gräsern[200] einher und schließt einen Zustand der Not und Arbeit nicht aus.

Eicheln, die in Hesiods Dikeparainese 1 zusammen mit Honig die Nahrung eines paradiesischen Zustandes beschreiben, werden in späteren Darstellungen überwiegend einer von Mangel geprägten Vorzeit zugeordnet. In solchen Darstellungen markiert der Übergang zur Getreidenahrung im Zusammenhang mit dem Erlernen des Ackerbaus häufig den entscheidenden – positiv bewerteten – Schritt zur nächsten Zivilisationsstufe.

Im Zusammenhang mit dem *Automaton*-Motiv steht die Beobachtung, dass in allen Schilderungen bis auf die der Alten Komödie, die aufgrund ihrer parodistischen Herangehensweise eine Sonderposition im Kanon der Vorzeitdarstellungen einnimmt, nur einfache, überwiegend unverarbeitete Nahrungsmittel wie Honig und Früchte vorkommen. Das Getreide in Hesiods goldenem Zeitalter scheint zwar reif und essfertig zu sein, kommt aber in seinem natürlichsten Zustand, καρπός, nicht etwa als Brot oder Kuchen, vor. Dies nämlich würde dem intendierten Bild einer vorkulturellen Phase zuwiderlaufen. Indem die *Erde* dieses Getreide spendet, wird aus dem Kulturprodukt ein Naturprodukt. Die ersten Menschen in aszendenten und z.T. dialektischen Darstellungen hingegen müssen sich mit wilder, unkultivierter Nahrung begnügen, da keine Gottheit ihnen essfertige Nahrung zur Verfügung stellt und sie kulturelle Errungenschaften wie Feuer oder Ackerbau noch nicht kennen.

Seit Empedokles tritt in einigen deszendenten und dialektischen Darstellungen das Motiv des Vegetarismus auf. Es ist im *Automaton*-Motiv

---

200 Gatz arbeitet basierend auf den in seinem Index 2BIIa (230) zusammengetragenen Quellen aus einem „Vergleich der Zusammengehörigkeit von Motivreihen [in den aszendenten Ansätzen] etwa folgende Entwicklungsabläufe" heraus, hier auf die Ernährungsweise bezogen: (Erde) > *Gras und Kräuter* > (Kräuter) > *Eicheln* > *Ackerbau* > Weinbau. Die in Klammern stehenden Nahrungsmittel sind dabei seltenere, auf einzelne philosophische Systeme beschränkte, und die kursiven dort die häufigsten Knotenpunkte. Gatz weist darauf hin, dass die Abläufe selten in vollständiger und logischer Form, sondern häufig in sprunghafter und vermischter Form auftreten, Gatz 1967, 147. Auch werden „nach einigen Lehren [...] schon in den Katalog der primitiven Vegetabilien Wendemarken der Entwicklung eingeschoben.", ebd. 146. Z.B. ist nach kynischer Lehre mit dem Schritt von der Erd- zur Grasnahrung die früheste Etappe der Entwicklung abgeschlossen; bei Theophrast sind Gras- und Eichelnahrung Symbole zweier unterschiedlicher Entwicklungsstadien (ebd.), s. Tabelle 3.

bereits latent enthalten, da der Mensch, um ein Tier zu fangen und zu schlachten, selbst tätig werden müsste.[201] Das Symbol für Fleischverzehr in Vorzeitdarstellungen ist seit Empedokles der Ackerstier.[202] Der Verzehr von Tieren geht in diesen Darstellungen stets mit einer moralischen Entartung der Menschheit einher.

Zusammen mit dem Vegetarismus tritt bei Empedokles außerdem zum ersten Mal das Motiv des Tierfriedens auf,[203] das eng mit dem Motiv des Vegetarismus zusammenhängt (Menschen und Tiere sind befreundet und essen einander deshalb nicht). Es tritt in abgewandelter Form noch bei Platon (Tiere und Menschen haben eine gemeinsame Sprache), dann jedoch erst wieder in der augusteischen Dichtung auf.[204]

Bei Lukrez wird zum ersten Mal das Zufriedenheitsmotiv mit der Vorzeit verwoben:[205] Die Menschen sind zufrieden mit der naturgegebenen Nahrung und ihrem einfachen Leben, das hier positiv bewertet und – ähnlich wie bei den deszendenten Goldzeitdarstellungen – den als negativ bewerteten kulturellen Errungenschaften, besonders Bodenschätzen, Handel und Seefahrt, gegenübergestellt wird.[206]

Zusammenfassend lässt sich Folgendes festhalten: Nahrung ist in Vorzeitdarstellungen in der Regel mit einer moralischen Bewertung der darin lebenden Menschen verbunden. Das zeigt sich beispielsweise schon in den *Erga* Hesiods, wo die Menschen des goldenen Geschlechts nicht für ihr Essen arbeiten müssen und die Verkommenheit des ehernen Geschlechts sich darin widerspiegelt, dass es kein Getreide isst. Noch deutlicher tritt dieser

201 Vgl. Gatz 1967, 168. Dies geschieht bei Hesiod etwa erst mit dem Zwist zwischen Zeus und Prometheus in der Theogonie 535–564, aus dem die Trennung der Menschen von den Göttern und der Verzehr des Fleisches beim Opfer resultieren, s. oben, Anm. 57.
202 Ebd. Mit der Tötung und dem Verzehr des Stiers beginnt auch bei Platon, Theophrast (hier wird nur von Tieropfern allgemein gesprochen), in der römischen Literatur bei Vergil und Ovid, ebenso wie etwa mit dem Einsetzen der Schifffahrt, die Dekadenz, s. Tabellen 4 und 5; vgl. auch die Übersicht bei Campbell 2003, 341, Appendix B; vgl. Haußleiter 1935, 157; Gatz 1967, 62, 169.
203 Vgl. Buchheit 1986, 144.
204 Vgl. Gatz 1967, 171. In der augusteischen Dichtung wird häufiger der Friede unter den Tieren, nicht zwischen Mensch und Tier geschildert, vgl. Tabelle 4, für Platon Tabelle 3; darüber hinaus etwa Tib. 1,10,10. Zum Topos des Tierfriedens vgl. Buchheit 1986b.
205 Unklar Gatz 1967, 162: „Sein [sc. des Zufriedenheitstopos] Symbol ist seit Dikaiarch die Eichel."
206 Seit Sallust wurde es mit dem *mos maiorum* in Verbindung gebracht, z.B. Sall. Cat. 2,1; vgl. auch Tac. ann. 3,26; Tib. 2,3,74; Prop. 3,13,26; Ov. fast. 4,400; s. dazu Gatz 1967, 161.

Zusammenhang in Darstellungen hervor, in denen eine moralische Deszendenz mit dem Fleischverzehr verknüpft wird.

Eine weitere Beobachtung ist, dass sich das mit Ernährung im Zusammenhang stehende Motivmaterial literarischer Vorzeitdarstellungen nicht auf Darstellungen des goldenen Zeitalters beschränkt, sondern auch in aszendente und dialektische Darstellungen einfließt, wie man zuletzt deutlich bei Lukrez sehen kann, der das gesamte Motivmaterial des goldenen Zeitalters verwendet und dem es trotzdem gelingt, einen primitiven Urzustand auszumalen. Diese Flexibilität des Motivmaterials speist sich aus der Widersprüchlichkeit, die dem Motiv der Urzeit immanent ist: nämlich dass die Deszendenz von der selbsttätigen Erde zum mühsamen Beschaffen des Nahrungsbedarfs zugleich eine Aszendenz ist.[207] Für den Umgang mit Nahrungsmotiven im Rahmen von Vorzeitdarstellungen zu augusteischer Zeit müssen wir uns deshalb vor Augen halten, dass die bereits vorhandenen, von den augusteischen Dichtern verwendeten Ernährungsmotive mehrfach symbolisch aufgeladen waren und diesen einen großen Spielraum an Bedeutungen und Anspielungen eröffneten, die je nach Intention und Kontext variiert werden konnten.

1.1.2 Augusteische Dichtung

Die Vorzeit ist bei augusteischen Dichtern ein beliebtes Thema, zumal es im Kontext der augusteischen Propaganda im Hinblick auf altrömische Werte und eine ‚Wiederkehr‘ des goldenen Zeitalters hochaktuell ist.[208] Die Dichter, besonders Vergil und Ovid, schildern im Rahmen dieses Diskurses immer wieder ihre Auffassung der menschlichen Vorzeit, sei es in Form eines goldenen Zeitalters oder eines primitiven Urzustandes. Auf eine Einteilung in deszendent, aszendent und dialektisch wird hier verzichtet, da sich ambivalente Vorzeitdarstellungen teilweise bei einem und demselben Autor finden. Entsprechend der Vorgehensweise oben werden die Textpassagen im Folgenden in chronologischer Reihenfolge vorgestellt und in Bezug auf

---

207 Um Getreide in einem Zustand, in dem es die Natur im goldenen Zeitalter zur Verfügung stellt, verzehren zu können, sind Ackerbau und Feuer notwendig (= kulturelle Errungenschaften), vgl. Gatz 1967, 144.
208 Maltby 2002, 194.

Nahrungsmotive erläutert. Auch hier findet sich ein tabellarischer Überblick der behandelten Textstellen mit ihren Ernährungsmotiven am Ende des Kapitels (Tabelle 4).

Vergil

In der vierten Ekloge[209] stellt Vergil als erster uns bekannter Autor die goldene Zeit unter Saturn nicht als einen der unwiederbringlichen Vergangenheit angehörigen, sondern als einen Zustand, der in absehbarer Zeit mit der Geburt eines Kindes wiederkehren wird, dar.[210] Somit verknüpft er mythologische Vergangenheit und Zeitgeschichte. Das goldene Zeitalter wird in drei Wachstumsphasen des Kindes eingeteilt,[211] die jeweils traditionelle Motive des goldenen Zeitalters in sich tragen, darunter folgende, die mit Ernährung im Zusammenhang stehen: Im Kindesalter (18–25)[212] wird die Erde ohne menschliches Zutun kleine Geschenke geben,[213] Ziegen ihre von Milch prallen Euter von selbst nach Hause tragen und Rinder werden Löwen nicht zu fürchten brauchen. Im Knabenalter (26–36)[214] wird das Feld von weichen Ähren gelb werden, rote Trauben werden an unkultivierten Dornbüschen hängen und Honig wird aus der Steineiche tropfen. Im Mannesalter (37–45)[215] schließlich wird die Erde alles hervorbringen, daher wird keine

209 Eine Einführung zu Vergils Eklogen bietet Coleman 1977, 1–40. Hier und in der gesamten Arbeit liegt bei Bezugnahme auf Vergils *Bucolica* die Ausgabe von Conte/Ottaviano 2013 zugrunde.

210 Coleman 1977, 29.

211 Vgl. Page 1920, 127.

212 Verg. ecl. 4,18–25: *At tibi prima, puer, nullo munuscula cultu | errantis hederas passim cum baccare tellus | mixtaque ridenti colocasia fundet acantho. | Ipsae lacte domum referent distenta capellae | ubera, nec magnos metuent armenta leones; | ipsa tibi blandos fundent cunabula flores. | occidet et serpens, et fallax herba veneni | occidet, Assyrium volgo nascetur amomum.*

213 Dies bezieht sich auf dekorative Pflanzen wie Efeu und Wasserrosen (19–20), aber das Motiv selbst ist dem von Hesiod geprägten αὐτόματος βίος zuzuordnen, vgl. Coleman 1977, 136.

214 Verg. ecl. 4,26–36: *At simul heroum laudes et facta parentis | iam legere et quae sit poteris cognoscere virtus, | molli paulatim flavescet campus arista, | incultisque rubens pendebit sentibus uva, | et durae quercus sudabunt roscida mella. | Pauca tamen suberunt priscae vestigia fraudis, | quae temptare Thetin ratibus, quae cingere muris | oppida, quae iubeant telluri infindere sulcos. | alter erit tum Tiphys, et altera quae vehat Argo | delectos heroas; erunt etiam altera bella | atque iterum ad Troiam magnus mittetur Achilles.*

215 Verg. ecl. 4,37–45: *Hinc, ubi iam firmata virum te fecerit aetas, | cedet et ipse mari vector nec nautica pinus | mutabit merces; omnis feret omnia tellus. | non rastros patietur humus, non vinea falcem; | robustus quoque iam tauris iuga solvet arator; | nec varios discet mentiri lana*

Landwirtschaft mehr nötig sein. Aus dem hesiodischen Mythos[216] verwendet Vergil das *Automaton*-Motiv, darunter das selbst wachsende und essfertige[217] Getreide sowie den Honig aus der Eiche (bei Hesiod ist freilich von Bienen die Rede, s. oben, 74). Vergil erweitert den αὐτόματος βίος um das Motiv der freiwillig mit Milch heimkehrenden Ziegen, das er von Theokrit übernommen hat und ebenso im bukolischen Kontext verwendet.[218]

Der erste Teil des ersten *Georgica*-Buches[219] kreist um das Thema Ackerbau.[220] Darin beschreibt Vergil die zahlreichen Aufgaben des Bauern, die als nie enden wollende Mühen erscheinen.[221] Diese rechtfertigt er mit dem göttlichen Willen Jupiters, der die Menschen zu harter Arbeit gezwungen habe, indem er den bisher herrschenden paradiesischen Zustand beendete. [222] Dieser bestand aus Blättern voll Honig, aus (himmlischem?) Feuer und

---

colores: | *ipse sed in pratis aries iam suave rubenti* | *murice, iam croceo mutabit vellera luto,* | *sponte sua sandyx pascentis vestiet agnos.*

216 Direkter Vergleich beider Stellen bei Kubusch 1986, 93f, s. Abschnitt zu Hesiod weiter oben und Tabellen 3 und 4.

217 Coleman 1977, 138 mutmaßt lediglich, ob damit die sanft wiegenden Stängel oder die Ähren selbst gemeint sind, die keine harte schützende Schale mehr brauchen werden.

218 Theokr. eid. 8,41–42 (Παντᾷ δὲ γάλακτος | οὔθατα πιδῶσιν): Der Hirte Daphnis beschreibt in einem Wettgesang seine idyllische Umgebung. Bei Vergil treibt der Hirte Corydon seine *distentas lacte capellas* zusammen (ecl. 7,3) und Moeris' Kühe haben strotzende Euter (*distendant ubera vaccae,* ecl. 9,31). Zu Theokrits Idyllen als Modell für Vergils Eklogen s. Page 1920, xf.; vgl. Coleman 1977, 137. Bereits in griechischen bukolischen Texten treten immer wieder Motive eines goldenen Zeitalters auf wie etwa das friedvolle Leben jenseits kultureller Errungenschaften wie Ackerbau, Schifffahrt oder Handel, vgl. Coleman 1977, 6. Bereits in der Zyklopenepisode der Odyssee fließen paradiesische Motive, wie sie Hesiod später in den *Erga* verwendet, mit dem Hirtendasein zusammen, vgl. Kapitel 3.1.1 weiter unten, 240f.,

219 Eine Einführung zu den *Georgica* gibt Mynors 1990. Hier und in der gesamten Arbeit liegt bei Bezugnahme auf Vergils *Georgica* die Ausgabe von Conte/Ottaviano 2013 zugrunde.

220 Aufbau des ersten Buches nach Richter 1957, 78–84: Proömium (1–42), 1. Hauptteil (Ackerbau, 43–203), 2. Hauptteil (Kalender der ländlichen Arbeit, 204–310), 3. Hauptteil (Wetterkunde, 311–465), Epilog (Bürgerkriegsnot und Friedenssehnsucht, 466–514).

221 Verg. georg. 1,118–121.

222 ‚Mythos von der Entstehung der Arbeit' (vgl. Richter 1956, 136), georg. 1,121–154: *Pater ipse colendi | haud facilem esse viam voluit primusque per artem | movit agros, curis acuens mortalia corda, | nec torpere gravi passus sua regna veterno. | Ante Iovem nulli subigebant arva coloni; | ne signare quidem aut partiri limite campum | fas erat: in medium quaerebant ipsaque tellus | omnia liberius, nullo poscente, ferebat. [...] | (131) mellaque decussit foliis ignemque removit | et passim rivis currentia vina repressit, | ut varias usus meditando extunderet artis*

Bächen voll Wein. Arbeit zur Nahrungsbeschaffung wie Ackerbau oder Jagd gab es nicht, die Erde gab alles von allein, die Menschen aßen Eicheln und Arbutus-Früchte aus dem heiligen Wald. Vergil beschwört zur mythologischen Begründung für die harte (Feld-)Arbeit den Prometheus-Mythos herauf, nur lässt sein Jupiter die Natur nicht wie der hesiodische Zeus aus Zorn über die Listen des Prometheus verarmen, sondern aus Menschenliebe: Sein Ziel ist es, die Menschen durch Sorge und harte Arbeit aus ihrer Dumpfheit zu holen und ihren Geist zu schärfen, sodass sie gezwungen sind, Künste wie etwa Ackerbau oder das Entfachen von Feuer zu erlernen.[223] Die Not als Antrieb zur menschlichen Entwicklung hat Vergils Darstellung mit der des Lukrez gemein,[224] nur dass es bei ihm keine natürliche, sondern eine göttliche Ursache gibt.

Bezüglich der Ernährungssituation in jener paradiesischen Zeit bleibt Vergil der klassischen Goldzeit-Tradition treu, bei ihm gibt es sogar wie bei Hesiod Eicheln *und* Honig. Arbutus-Früchte gibt es allerdings sonst nur in Varros und in Lukrezens Vorzeitdarstellungen. Bei Varro werden sie der zweiten, der Hirtenphase zugeordnet, die im Gegensatz zur Urphase als positiv dargestellt wird (s. oben, 99), bei Lukrez werden sie nicht als paradiesisch, aber immerhin als größer als in der Gegenwart dargestellt (s. oben, 103f.). Vergil fügt außerdem noch das Motiv weinführender Flüsse hinzu, das weniger der Goldaltertradition als vielmehr Darstellungen im Zusammenhang mit Dionysos entspringt.[225]

Der dritte Teil des zweiten Buches der *Georgica* ist dem Lob des Landlebens gewidmet.[226] Darin hebt Vergil die Vorzüge des ländlichen Daseins gegen-

---

| *paulatim et sulcis frumenti quaereret herbam* | [...] (139) *tum laqueis captare feras et fallere visco* | *inventum et magnos canibus circumdare saltus;* | *atque alius latum funda iam verberat amnem* | *alta petens, pelagoque alius trahit umida lina;* | [...] (145) *tum variae venere artes:* *labor omnia vicit* | *inprobus et duris urgens in rebus egestas.* | *Prima Ceres ferro mortalis vertere terram* | *instituit, cum iam glandes atque arbuta sacrae* | *deficerent silvae et victum Dodona negaret.* | *Mox et frumentis labor additus* [...].

223 Verg. georg. 1, 121–24; 130–35, vgl. Richter 1957, 136f.

224 S. Abschnitt zu Lukrez oben, 102ff. Beide Darstellungen weichen demnach von der klassischen Tradition ab, die diesen Akt des Zeus gemeinhin als Strafe auffasst, s. oben, 79, Anm. 57; vgl. Richter 1957, 136f.; Gatz 1967, 163; Kubusch 1986, 95f.

225 Diese schildern vergleichbare paradiesische Zustände; in den *Bakchen* des Euripides etwa fließen ebenfalls Weinströme und Honig tropft von den Blättern (Bacch. 706–711), zusätzlich fließt Milch; vgl. Bacch. 142f., s. auch unten, 146, dort auch Anm. 365 und 366.

226 Aufbau des zweiten Buches nach Richter 1957, 85, 234–250: Proömium (1–8), Mannigfaltigkeit im Werden der Bäume (9–176), Pflanzung (177–345), Arbeit und Nutzen, Lob

über dem städtischen Leben und kulturellen Errungenschaften wie Handel oder Seefahrt hervor.[227] Der Abschnitt enthält Elemente, die sehr stark an Hesiods goldenes Geschlecht erinnern, wie das *Automaton*-Motiv[228] oder die Aussage, dass die Bauern reich an manchen Gütern sind und in Muße auf ihren Feldern leben.[229] Im letzten Teil dieser Einheit werden die Vorzüge des Landlebens noch einmal zusammenhängend beschrieben:[230] Das Bauernleben ist geprägt durch Land- und Viehwirtschaft: Es gibt Viehherden und Ackerstiere, Schweine werden mit Eicheln gemästet, Böcke stoßen einander mit den Hörnern, Kühe tragen milchschwere Euter. Es gibt Obst in Fülle, Wein und Oliven und wilde Arbutus-Früchte aus dem Wald. Auf diese Weise, so schließt Vergil, hätten auch die alten Sabiner und Romulus und Remus gelebt, ja Rom sei so zur Krone der Welt geworden und auch der goldene Saturn habe ein solches Leben auf der Erde geführt, bevor das frevelnde Geschlecht Pflugstiere geschlachtet und verzehrt habe.[231]

Es fällt auf, dass Vergils Darstellung des Bauernlebens, das gleichermaßen die goldene Zeit unter Saturn und die Gegenwart beschreibt, zwar Elemente des goldenen Zeitalters enthält (*Automaton*, Fülle der Natur, Arbutus-Früchte), aber gleichzeitig landwirtschaftlich geprägt ist. Mit dem Motiv ‚Verzehr des Ackerstiers‘ reiht sich Vergil in die Tradition von Empedokles

des Landlebens (346–540), darin Landarbeit und ihr Segen (346–370), Schutzmaßnahmen für die Pflanzung (371–396), die nie enden wollende Sorge um den Erfolg (397–419), geringe Mühe bei Öl- und Obstbäumen (420–433), Freigiebigkeit der Natur (434–457), Lob des Landlebens (458–540), Abschluss (541f.).

227 Zu ähnlichen Motiven bei Lucr. 2,24–29 s. Richter 1957, 250.

228 Verg. georg. 2,500f.: *fructus, quos ipsa volentia rura | sponte tulere sua*; vgl. auch 2,459f.: *quibus ipsa procul discordibus armis | fundit humo facilem victum iustissima tellus.*

229 Verg. georg. 2,468f.: *at secura quies et nescia fallere vita, | dives opum variarum [...]*, vgl. Hes. op. 119.

230 Verg. georg. 2,513–531: *Agricola incurvo terram dimovit aratro: | hinc anni labor, hinc patriam parvosque nepotes | sustinet, hinc armenta boum meritosque iuvencos. | Nec requies, quin aut pomis exuberet annus | aut fetu pecorum aut cerealis mergite culmi, | proventuque oneret sulcos atque horrea vincat. | Venit hiems: teritur Sicyonia baca trapetis, | glande sues laeti redeunt, dant arbuta silvae; | et varios ponit fetus autumnus et alte | mitis in apricis coquitur vindemia saxis. | Interea dulces pendent circum oscula nati, | casta pudicitiam servat domus, ubera vaccae | lactea demittunt pinguesque in gramine laeto | inter se adversis luctantur cornibus haedi. | Ipse dies agitat festos fususque per herbam, | ignis ubi in medio et socii cratera coronant [...].*

231 Verg. georg. 2,536–540: *Ante etiam sceptrum Dictaei regis et ante | inpia quam caesis gens est epulata iuvencis, | aureus hanc vitam in terris Saturnus agebat; | necdum etiam audierant inflari classica, necdum | inpositos duris crepitare incudibus enses.*

und Arat (s. weiter oben ad loc. und Tabelle 3) ein, in deren Darstellungen dieser auch den Beginn des Fleischverzehrs in Abgrenzung zu einem vegetarischen goldenen Zeitalter markiert. Vergil scheint es mit dieser Chiffre allerdings nicht unbedingt darum zu gehen, das Zeitalter unter Kronos als vegetarisch darzustellen, denn schließlich gibt es in seiner Darstellung auch Schweinemast – im Vordergrund steht (ähnlich wie bei Arat) der moralische Frevel, den eigenen Feldarbeiter, also einen essenziellen Bestandteil dieses idealisierten Bauernlebens, zu töten und zu verzehren.

Im Laufe des achten Buches der Aeneis[232] reist Aeneas zu Euander, einem Griechen, der sich auf dem Palatin niedergelassen hat, um diesen um Hilfe im Kampf gegen die Rutuler zu bitten.[233] Während Euander Aeneas über den Palatin führt (306–369), erzählt er ihm von den Ursprüngen Latiums bis zur Zeit seiner eigenen Ankunft (306–36)[234]. Die ersten Menschen (314–318)[235] seien ein aus dem Stamm harter Eichen geborenes Geschlecht, das verstreut und unkultiviert lebte, sich von Zweigen und Jagdbeute ernährte, keinen Ackerbau kannte und nicht wusste, wie man Vorräte anlegt. Dann sei Saturn ins Land gekommen (319–325)[236], das er Latium nannte, habe die Menschen geeint und ihnen Künste und Sitten gebracht und sie friedlich regiert. Dies seien *aurea saecula* gewesen. Dieser Phase schließlich sei eine dritte (326–328)[237], eine entartete Zeit (*decolor aetas*) voll Kriegswut und Habgier gefolgt.

Die Nahrungssituation wird nur in der ersten Phase näher beleuchtet, die als primitiver Mangelzustand beschrieben wird. Obwohl es Ähnlichkeiten zu der Darstellung des Lukrez gibt,[238] verwendet Vergil nicht dessen

---

232 Einleitung zu Buch 8 bei Gransden 1976, 24–51. Hier und in der gesamten Arbeit liegt bei Bezugnahme auf Vergils Aeneis die Ausgabe von Conte 2009 zugrunde.

233 Handlungsübersicht der Bücher 5–10 bei Gould/Whiteley 1953, 8f.

234 Zu den einzelnen Phasen vgl. Kubusch 1986, 103.

235 Verg. Aen. 8,314–318: *Haec nemora indigenae fauni nymphaeque tenebant | gensque virum truncis et duro robore nata, | quis neque mos neque cultus erat, nec iungere tauros | aut componere opes norant aut parcere parto, | sed rami atque asper victu venatus alebat.* [...] (321) *genus indocile ac dispersum montibus altis.*

236 Verg. Aen. 8,319–325: *Primus ab aetherio venit Saturnus Olympo, | arma Iovis fugiens et regnis exsul ademptis. | Is genus indocile ac dispersum montibus altis | composuit legesque dedit Latiumque vocari | maluit, his quoniam latuisset tutus in oris. | Aurea quae perhibent illo sub rege fuere | saecula. Sic placida populos in pace regebat* [...].

237 Verg. Aen. 8,326–328: [...] *deterior donec paulatim ac decolor aetas | et belli rabies et amor successit habendi.*

238 Zum Vergleich mit Lucr. 5,937–959 s. Gransden 1976, 37f.

oder andere traditionelle Nahrungsmotive wie Früchte oder Eicheln, sondern Zweige und Jagdbeute. Das Motiv der Unfähigkeit, Vorräte anzulegen,
stimmt mit Diodors Darstellung überein.[239]

Die zweite Phase enthält Elemente aus den Mythen des goldenen Zeitalters und dem Prometheus-Mythos:[240] Saturn entspricht dem griechischen
Kronos, nach dessen Fall das goldene Geschlecht endete. In Vergils Version
flieht Saturn nach Italien in das Gebiet, das er Latium nennt, wo er eine
friedliche Herrschaft errichtet und den Menschen Künste beibringt, darunter die Landwirtschaft. Er wird also gleichermaßen zum Vorfahren der Lati-
ner und Kulturstifter Latiums,[241] das unter ihm ein *aureum saeculum* erlebt.

In den vier soeben skizzierten Textstellen stellt Vergil die Zeit unter Saturn
jeweils unterschiedlich dar, entsprechend geht er auch unterschiedlich mit
Nahrungsmotiven um. In seiner Zukunftsvision in der vierten Ekloge kehrt
die *gens aurea* unter Saturn wieder. Ihr stehen ohne den Einsatz von Arbeit
Getreide, Milch und Wein zur Verfügung. Ganz im hesiodischen Sinne werden also Kulturprodukte von der Natur gegeben.

Im ersten Buch der *Georgica* wird die Zeit unter Saturn ähnlich beschrieben.
Auch hier müssen die Menschen keinen Ackerbau betreiben oder jagen. Die
Erde stellt ihnen Wein, Honig, Eicheln und Arbutus-Früchte – also eine
Mischung aus Kultur- und Naturprodukten – bereit.

Im zweiten Buch der *Georgica*, in der die bäuerliche Gegenwart mit der
Zeit Saturns identifiziert wird, gibt die Erde ebenfalls alles freiwillig, z.B.
wieder Arbutus-Früchte, dennoch betreiben die Menschen Ackerbau und
Viehzucht. Getreide, Milch und Wein sind nun – im Gegensatz zur Darstellung der vierten Ekloge – Produkte menschlicher Arbeit.[242]

Im achten Buch der Aeneis schließlich wird die Phase der Landwirtschaft, die im ersten Buch der *Georgica* der Herrschaft unter Jupiter zufällt,
in eine zweite Herrschaft Saturns umgedeutet, der, nachdem er von Jupiter
aus dem Olymp vertrieben wurde, nach Latium floh, um dort den Menschen Ackerbau und andere Künste beizubringen. Die traditionelle *aurea
gens*, von der Vergil in der vierten Ekloge spricht, scheint es in dieser Version

---

239 Diod. 1,8,3–6, s. weiter oben ad loc.
240 Gransden 1976, 37.
241 Ebd. S. dort auch Ähnlichkeiten mit der Beschreibung Latinus' in Buch 7.
242 Vgl. Kubusch 1986, 102.

nicht gegeben zu haben, denn die Menschen vor Saturns Ankunft schwelgen nicht in kulinarischer Fülle, sondern müssen für ihre Nahrung jagen; statt von Wein und essfertigem Getreide ernähren sie sich außerdem von Zweigen. Die Nahrung scheint so knapp zu sein, dass sie Vorräte anlegen müssen, um zu überleben, wozu sie allerdings nicht in der Lage sind. Die Ankunft Saturns, der den Menschen die entsprechenden *artes* beibringt, stellt eine Erlösung aus diesem elenden Zustand dar.

Durch diese unterschiedlichen Vorzeitdarstellungen lässt Vergil sich nicht einer aszendenten oder deszendenten Sichtweise zuordnen. Eine Deszendenz ist in der vierten Ekloge und im zweiten Buch der *Georgica* sichtbar, wo jeweils das goldene Zeitalter unter Saturn als (wiederkehrendes) Ideal angesehen wird. Die Darstellungen im ersten Buch der *Georgica* und im achten Buch der Aeneis hingegen sind dialektisch: Zwar wird in der vierten Ekloge der Zustand unter Saturn als paradiesisch beschrieben, doch verhilft Jupiter anschließend den Menschen zu *artes,* was positiv bewertet wird. In Buch 8 der Aeneis folgen auf eine Phase des Mangels die *aurea saecula* unter Saturn, die aber wiederum von der lasterhaften *decolor aetas* abgelöst werden.

Insgesamt kristallisiert sich eine positive Haltung Vergils gegenüber einer gemäßigten von Ackerbau geprägten ländlichen Zivilisationsstufe heraus. Festzuhalten bleibt außerdem, dass sowohl in der vierten Ekloge als auch im 2. Buch der *Georgica* und in der Aeneis das goldene Zeitalter im Gegensatz zu älteren Schilderungen als etwas historisch Greifbares dargestellt wird.

Horaz

In der 16. Epode[243] schlägt das lyrische Ich einer Versammlung vor dem Hintergrund anhaltender Bürgerkriege vor, dass die ganze Bevölkerung Roms zu den seligen Inseln auswandern solle.[244] Horaz denkt hier an die

---

243 Überblick und Einführung zu den Epoden bei Maurach 2001, 15–50. Eine Interpretation von Epode 16 ebd. 18–28; Fraenkel 1957, 42–55. Hier und in der gesamten Arbeit liegt bei Bezugnahme auf die Werke des Horaz die Ausgabe von Shackleton Bailey 1991 zugrunde.

244 Hor. epod. 16,25–66. Treffend dazu Maurach 2001, 20: „Das Gedicht ist kein realistischer oder realisierbarer Ratschlag; es will wirken, indem es der verzweifelten Stimmung Ausdruck verleiht, einer Stimmung, die beherrscht ist vom Ekel an der Politik in der Heimat.", Maurach 2001, 20; ähnlich Fraenkel 1957, 50.

Inseln der Seligen, auf denen Hesiods siegreiche Heroen leben durften.[245] Wie auch bereits bei Hesiod weisen seine Inseln Charakteristika des goldenen Zeitalters unter Saturn auf (41–56):[246] Die Inseln[247] werden als reich beschrieben, die Erde spendet jedes Jahr ungepflügt Getreide und der Weinstock blüht unbeschnitten. Auch Oliven und Feigen gibt es sowie aus der Eiche tropfenden Honig und Wasserbäche; Ziegen kommen ungerufen und mit prallen Eutern zum Melkeimer. Es herrscht Tierfrieden und fruchtbares Klima und es gibt keine Vieh-Seuchen.

Der Großteil der Motive findet sich, z.T. mit sprachlichen Parallelen,[248] auch in Vergils vierter Ekloge (*Automaton*-Motiv, Tierfriede, milchtragende Ziegen, Getreide, Wein, Honig aus der Eiche; bei Horaz kommen noch Oliven und Feigen hinzu.).[249]

In der dritten Satire des ersten Buches[250] gibt der Sprecher einen Abriss der menschlichen Entwicklung, um zu zeigen, dass Recht aus der Angst vor Unrecht entstanden sei.[251] Die menschliche Frühzeit (99–102)[252] wird in

---

245 Hor. epod. 16,63f.: *Iuppiter illa piae secrevit litora genti,* | *ut inquinavit aere tempus aureum.*

246 Vgl. Kubusch 1986, 148. Reynen 1965, 432 spricht von einer völligen Identifikation der Inseln der Seligen in der 16. Epode mit *aurea aetas.*

247 Hor. epod. 16,41–56: [...] *arva beata* | *petamus, arva divites et insulas,* | *reddit ubi Cererem tellus inarata quotannis* | *et inputata floret usque vinea,* | *germinat et numquam fallentis termes olivae* | *suamque pulla ficus ornat arborem,* | *mella cava manant ex ilice, montibus altis* | *levis crepante lympha desilit pede.* | *illic iniussae veniunt ad mulctra capellae* | *refertque tenta grex amicus ubera* | *nec vespertinus circumgemit ursus ovile* | *nec intumescit alta viperis humus;* | *pluraque felices mirabimur, ut neque largis* | *aquosus Eurus arva radat imbribus,* | *pinguia nec siccis urantur semina glaebis,* | *utrumque rege temperante caelitum.*

248 Hor. epod. 16,49: *illic iniussae veniunt ad mulctra capellae* > Verg. ecl. 4,21: *ipsae lacte domum referent distenta capellae*; Hor. epod. 16,33: *credula nec ravos timeant armenta leones* > Verg. ecl. 4,22: *ubera nec magnos metuent armenta leones*, vgl. Maurach 2001, 21. Horaz verwendet das Motiv des Löwen vor der Beschreibung der *arva beata*, der Tierfriede wird bei ihm durch einen Bären symbolisiert (51).

249 Villeneuve 1946, 197.

250 Die Satire hat die Nachsicht gegenüber Freunden zum Thema. Der Sprecher vertritt darin die Auffassung, dass man kleinen Fehlern seiner Freunde gegenüber nachsichtig sein solle (1–75). Anschließend verspottet er die Stoiker, die diese Kunst nicht beherrschen und stattdessen alle Vergehen gleich hart bestrafen (76–123), vgl. hierzu Fraenkel 1957, 87; Maurach 2001, x; 68.

251 Hor. serm. 1,3,111: *iura inventa metu iniusti fateare necesse est.*

252 Hor. serm. 1,3,99–102: *Cum proreserunt primis animalia terris,* | *mutum et turpe pecus, glandem atque cubilia propter* | *unguibus et pugnis, dein fustibus atque ita porro* | *pugnabant armis, quae post fabricaverat usus.*

dieser Darstellung als lebensfeindlich und primitiv bezeichnet.[253] Die in ihr lebenden Menschen waren unschöne stumme Geschöpfe, die mit Krallen und Pranken um Eicheln und Schlafplätze kämpften. In der weiteren Entwicklung (103–110) lernen die Menschen sprechen, fühlen und erfinden schließlich Gesetze, um Unrecht zu bestrafen. Diese Darstellung ähnelt der des Lukrez,[254] der ebenfalls die Eichel als Symbol des primitiven Lebens verwendet, nur schildert Horaz den Naturzustand rein negativ; seine gesamte Darstellung ist damit aszendent.[255]

Die beiden genannten Horaz-Textstellen drücken ein gegensätzliches Verhältnis zur Gegenwart aus: Während sich das lyrische Ich der 16. Epode aus der verkommenen Gegenwart hinaus und in einen paradiesischen vorkulturellen Zustand hinein wünscht (hier also eine Deszendenz ausgedrückt wird), schildert dasjenige der dritten Satire eine rein aszendente Menschheitsentwicklung, die den Menschen Sprache und Recht brachte.

Tibull

In Elegie 1,3 greift Tibull[256] das Motiv des goldenen Zeitalters auf. Das lyrische Ich, elend, auf einer militärischen Reise krank von der Kompanie zurückgelassen, richtet seine Worte an seine Geliebte Delia daheim, in der Hoffnung, sie möge auf ihn warten. Es sehnt sich im Laufe des Gedichts nach dem goldenen Zeitalter unter Saturn (35–52), als es noch keinen Ackerbau, keine Schifffahrt und keine Kriege gab. Zu jener Zeit spendeten die Eichen von selber Honig und Schafe boten freiwillig ihre Euter voll Milch dar.[257] Beide Motive kommen in ähnlicher Form auch in Vergils vierter Ekloge und Horazens 16. Epode vor.[258]

---

253 Kubusch 1986, 148f.
254 Übersicht zu Parallelen zu Lukrez bei Duff 1982 (1889), xxi; vgl. Hadzsits 1963, 30–54.
255 Trotz der Darstellung einer primitiven Vorzeit sieht Kubusch 1986 Horaz nicht als Verfechter der aszendenten Theorie, da er immer wieder auf den gegenwärtigen Verfall aufmerksam mache (149, s. dort auch weitere Horaz-Stellen).
256 Einführung in Maltby 2002, 21–72. Hier und in der gesamten Arbeit liegt bei Bezugnahme auf Tibulls Werke die Ausgabe von Luck ²1998 zugrunde.
257 Tib. 1,3,45f.: *ipsae mella dabant quercus, ultroque ferebant | obvia securis ubera lactis oves.*
258 Vgl. Verg. ecl. 4,21; Hor. epod. 16,49 (Milch); Verg. ecl. 4,30; Hor. epod. 16,47 (Honig); s. Tabelle 4.

In den Elegien 2,1 und 2,3 hingegen wird eine primitive Vorzeit geschildert: In Elegie 2,1 wird ein ländlicher Feiertag[259] beschrieben. Im Laufe des Gedichts lobt das lyrische Ich die Götter der Landwirtschaft und ihre Rolle in der Menschheitsentwicklung (37–50):[260] Dank ihrer Belehrung, so das lyrische Ich, mussten die Menschen sich nicht länger von Eicheln und wilder Kost ernähren. Getreide, Obst, Wein und Honig sind Produkte dieser Belehrung.

In der Elegie 2,3 beklagt das lyrische Ich, dass seine Geliebte ohne ihn aufs Land gefahren ist, um dort mit einem anderen Mann zusammen zu sein. Es verflucht Bacchus und Ceres, da diese beiden Götter für die Landwirtschaft und somit für die Abwesenheit der Geliebten verantwortlich seien (61–65), und fordert, dass es keine Landwirtschaft mehr geben solle, wenn diese mit sich bringe, dass alle Frauen auf dem Land sind (67). Das Leben, so fantasiert das lyrische Ich weiter, war besser in der Urzeit, als man sich von Eicheln und Wasser ernährte und Venus allen Menschen freie Liebe in schattigen Tälern gewährte (68–76)[261]. Sowohl die Nahrungssituation (Eicheln und Wasser) als auch die Vorstellung von Venus als Liebesgöttin in der Vorzeit finden sich bei Lukrez.[262]

Zusammenfassend lässt sich also Folgendes sagen: Während Tibull in Elegie 1,3 das goldene Zeitalter mit der Abwesenheit von Ackerbau lobt, preist er in der Elegie 2,1 die Freuden der Landwirtschaft und stellt diese einer vorkulturellen primitiven Phase gegenüber, in der sich die Menschen nur von Eicheln ernähren. Honig, der in Elegie 1,3 noch von selbst aus der Eiche fließt, wird nun zum Kulturprodukt. In Elegie 2,3 wird das Verhält-

---

259 Zur Diskussion, ob es sich um einen bestimmten Feiertag handelt, s. Maltby 2002, 359f.
260 Tib. 2,1,37–50: *rura cano rurisque deos. his vita magistris | desuevit querna pellere glande famem: | illi compositis primum docuere tigillis | exiguam viridi fronde operire domum: | illi etiam tauros primi docuisse feruntur | servitium et plaustro supposuisse rotam. | tum victus abiere feri, tum consita pomus, | tum bibit inriguas fertilis hortus aquas, | aurea tum pressos pedibus dedit uva liquores | mixtaque securo est sobria lympha mero. | rura ferunt messes, calidi cum sideris aestu | deponit flavas annua terra comas. | rure levis verno flores apis ingerit alveo, | compleat ut dulci sedula melle favos.* In den Versen 51–66 folgt die weitere Entwicklung der Bauern, die in der Beschreibung der Macht des Cupido mündet (67–80), vgl. Maltby 2002, 360.
261 Tib. 2,3,68–76: *glans alat et prisco more bibantur aquae. | glans aluit veteres, et passim semper amarunt: | quid nocuit sulcos non habuisse satos? | tunc, quibus aspirabat Amor, praebebat aperte | mitis in umbrosa gaudia valle Venus. | nullus erat custos, nulla exclusura dolente | ianua: si fas est, mos precor ille redi.* [...] *horrida villosa corpora veste tegant.*
262 Vgl. Lucr. 5,925–987, s. weiter oben ad loc. und Tabelle 3, vgl. Maltby 2002, 413.

nis umgedreht, die Landwirtschaft wird verflucht, die primitive Vorzeit mit ihrer Eichelnahrung gutgeheißen. Dies scheinen drei völlig widersprüchliche Vorzeitvorstellungen zu sein, doch auf den zweiten Blick erfüllen sie alle einen bestimmten Zweck im Rahmen ihres Kontextes:[263] In Elegie 1,3 drückt die Vision eines goldenen Zeitalters, in der es keinen Krieg und keine Notwendigkeit gab, zu reisen, die Sehnsucht des lyrischen Ichs nach Frieden und Heimat aus (Deszendenz). Milch und Honig dienen hier lediglich als illustrierende Attribute des goldenen Zeitalters. In Elegie 2,1 hingegen wird die Landwirtschaft mit ihren Produkten gelobt; völlig passend erscheint dort die Kontrastierung mit einem primitiven Urzustand, als dessen prägnantestes Motiv Tibull die Eichel wählt (Aszendenz). Die Umkehrung von positiver und negativer Bewertung dieser beiden Entwicklungszustände in Elegie 2,3 darf nicht ganz ernst genommen werden,[264] denn sie resultiert aus dem Liebeskummer des lyrischen Ichs, das sich in diesem Gedankenspiel lieber von Eicheln ernähren und dafür freie Liebe genießen als sich von der Landwirtschaft seine Geliebte wegnehmen lassen möchte (ironische Sicht auf Aszendenz).

Zusammenfassung

Nach Betrachtung dieser Textpassagen aus der augusteischen Dichtung fällt auf, dass die Vorzeit nicht mehr wie in früheren Darstellungen in Schilderungen der Menschheitsgeschichte allgemein eingebettet wird, sondern einem bestimmten Thema (z.B. Liebe, Ackerbau) untergeordnet ist bzw. als Erläuterung eines bestimmten Sachverhaltes dient (z.B. Wie ist Ackerbau entstanden? Wann wurde das Recht erfunden?). Dabei werden meist keine mehrphasigen Entwicklungsmodelle beschrieben, sondern häufig nur ein (positiv oder negativ bewerteter) Ur- oder Idealzustand, dem eine weitere Entwicklungsstufe oder die Gegenwart gegenübergestellt wird.[265] Bei allen drei Autoren kommen die Motive des goldenen Zeitalters vor, bei Vergil

---

263 Zu relativieren deshalb Kubusch 1986, 161, der einen Widerspruch zwischen der Idealisierung der Zeit unter Saturn in Elegie 1,2 und anderen Gedichten wie 2,1 oder 1,10 sieht, in denen Tibull die Landwirtschaft idealisiert.

264 Vgl. Maltby 2002, 394.

265 In Bezug auf deszendente Darstellungen spricht Gatz 1967, 83 von Erstarrungsformen des ursprünglichen Weltaltermythos, d.h. die Zeitalter werden reduziert und nur noch katalogartig aufgezählt. Häufig werde der Katalog nur noch genannt, oftmals um eine Aussage lediglich über das goldene Zeitalter zu treffen, oder „die Zwischenstufen [...] fehlen und nur noch der vereinfachte Gegensatz der *aurea* und *ferrea saecula* [kommt] zu Worte." (85).

und Horaz u.a. in Form von Utopien (nahe Zukunft, selige Inseln), darunter das *Automaton*-Motiv, Honig, Getreide und neuerdings – hier wurde wohl Vergil zum Vorreiter[266] – Milch, die dem Menschen von Ziegen oder Schafen freiwillig dargeboten wird.

Explizit als vegetarisch wird nur die Zeit unter Saturn im zweiten Buch der *Georgica* beschrieben, als noch kein Ackerstier geschlachtet wurde. In Vergils vierter Ekloge und Horazens 16. Epode gibt es noch das in eine ähnliche Richtung weisende Motiv des Tierfriedens, in Vergils goldenem Zeitalter im ersten Buch der *Georgica* gibt es keine Jagd. Dies bedeutet allerdings nicht automatisch, dass kein Fleisch gegessen wurde.

Von Horaz und Tibull wird ein primitiver Urzustand beschrieben, der stets durch Eichelnahrung gekennzeichnet ist; Tibull kontrastiert diesen primitiven Urzustand jeweils mit dem Zeitalter der Landwirtschaft. Vergil allerdings benutzt die Eichel auch als Nahrung seines goldenen Zeitalters.

Die unterschiedliche Verwendung und Bewertung von Nahrungsmotiven bei den augusteischen Dichtern wird anhand von Getreide und Eichel deutlich: Beides kann als Motiv eines paradiesischen goldenen Zeitalters verwendet werden; gleichzeitig kann die Eichel als Motiv eines kargen Urzustandes und Getreide als Produkt harter Arbeit Motiv einer späteren Zivilisationsphase sein. Die Verwendung der Motive variiert nicht nur von Autor zu Autor, sondern bisweilen sogar von Werk zu Werk ein und desselben Autors. Sie hängt in diesem Fall von der jeweiligen Zielsetzung des Textes ab, die beispielsweise bei Vergil in der Idealisierung sowohl einer paradiesischen Zeit unter Saturn (vierte Ekloge, *Georgica* 1) als auch einer von Arbeit geprägten Zeit unter Jupiter (*Georgica* 2) bestehen kann. Dementsprechend ambivalent erscheint das Verhältnis der Autoren zur Gegenwart, da sich aszendente mit deszendenten Darstellungen abwechseln. Dies liegt, wie oben gezeigt, an den unterschiedlichen Perspektiven, aus denen die Dichter je nach Intention und Kontext auf die Vorzeit schauen. Die Vielfalt der älteren Modelle erlaubt es ihnen dabei, diese je nach eigener Agenda zu verwerten.

Auch bei Ovid wird man dementsprechend einen flexiblen Umgang mit den unterschiedlichen Urzeit-Traditionen und ihren Ernährungs-Motiven erwarten.

---

266 Das Motiv selbst stammt von Theokrit (s. Kapitel 3.1.2 und 3.1.3, 249ff.), kommt aber bei Vergil zuerst als Motiv des goldenen Zeitalters vor, s. die Aufstellung bei Gatz 1967, Reg. 2BIbα (229).

1.2 Ernährungsmotive in den Vorzeitdarstellungen Ovids

Die Popularität von Gold- und Vorzeitmotiven in der augusteischen Literatur spiegelt sich auch bei Ovid wider. Von ihm sind weitaus mehr Erwähnungen dieser Motive überliefert als von seinen literarischen Vorgängern.[267] Besonders hinsichtlich einer negativ bewerteten Vorzeit findet Ovid seine eigene, immer wiederkehrende Darstellungsform, in der Nahrungsmittel das wichtigste Element darstellen. Die entsprechenden Textstellen, die eine Vorzeitschilderung im Zusammenhang mit Nahrungsmotiven enthalten, werden im Folgenden kurz chronologisch vorgestellt, anschließend werden sie im Zusammenhang betrachtet. Ein tabellarischer Überblick der Textstellen findet sich am Ende des Kapitels (Tabelle 5).

In *Amores* 3,8 echauffiert sich das lyrische Ich über die Geldgier und Kriegstreiberei seiner Zeitgenossen. Dieser verkommenen Gegenwart setzt es das Zeitalter Saturns entgegen, in dem es Besseres als Gewinnsucht hervorbringendes Metall gegeben habe, nämlich Getreide ohne Ackerbau, Obst und Honig aus der Eiche (35–40).[268] Nochmals betont das lyrische Ich, dass es keinen Pflug gegeben habe (41), und prangert die Erfindungsgabe der Menschen an, die sich durch Besitz und Seefahrt selbst geschadet hätten (42–46).[269]

In *Amores* 3,10 beklagt das lyrische Ich den kultischen Keuschheitsbrauch während des Ceres-Festes, der es ihm verbiete, bei seiner Geliebten zu schlafen (1–4). Um die Widersprüchlichkeit dieses Brauches hervorzuheben, hebt es Ceres' Gutherzigkeit hervor, die ja den vormals rohen Men-

---

267 Besonders Erwähnungen des goldenen Zeitalters finden sich nach Platon am häufigsten bei Ovid, vgl. Gatz 1967, 72; Galinsky 1983, 193.
268 Ov. am. 3,8,35–40: *at cum regna senex caeli Saturnus haberet, | omne lucrum tenebris alta premebat humus: | aeraque et argentum cumque auro pondera ferri | Manibus admorat, | nullaque massa fuit. | at meliora dabat, curvo sine vomere fruges | pomaque et in quercu mella reperta cava.*
269 Weiter klagt das lyrische Ich die Kriegslust, Hab- und Machtgier der Menschen an (47–58) und beklagt, dass auch Frauen sich mit Geld kaufen lassen (59–64). Zum Schluss wünscht es sich einen Rachegott für verschmähte Geliebte, der das im Krieg gewonnene Geld zunichte macht (65f.).

schen Ackerbau beigebracht hätte, während die Menschen sich vorher von Eicheln und zarten Wiesenkräutern ernährten.[270]

Im Laufe des zweiten Buches der *Ars Amatoria* beschreibt Ovid, wie die Lust die ersten Menschen erweichte und Mann und Frau zusammenbrachte (ars 2,477–488). Davor führten die Menschen ein tierähnliches einsames Dasein und ernährten sich von Kräutern (473–476)[271].

Wenig später, im Abschnitt über Verschwiegenheit (601–640), berichtet Ovid von der Schamhaftigkeit, die Menschen dazu bringe, sich beim Geschlechtsakt zu verstecken. Dies sei auch schon so gewesen, als die Eiche den Menschen Dach und Nahrung war (621–624).[272]

Im Abschnitt über das Saatfest am 24. Januar im ersten Buch der *Fasti* ruft Ovid die Göttinnen Tellus und Ceres an und preist sie dafür, dass durch sie das unzivilisierte Leben überwunden wurde und die Eichel tauglicherer Nahrung wich (673–678)[273].

Im zweiten Buch vergleicht Ovid das Leben der Arkader mit dem frühesten Dasein der Menschen in der Zeit vor Jupiter, das tierähnlich und roh war (289–292).[274] Die Menschen ernährten sich nicht von Getreide, sondern von Kräutern, Wasser war für sie Nektar (293f.).[275] Es gab weder Landwirtschaft noch Besitz (295f.).

---

270 Ov. am. 3,10,5–14: *te, dea, munificam gentes, ubi quaeque, loquuntur,* | *nec minus humanis invidet ulla bonis.* | *ante nec hirsuti torrebant farra coloni,* | *nec notum terris area nomen erat,* | *sed glandem quercus, oracula prima, ferebant;* | *haec erat et teneri caespitis herba cibus.* | *prima Ceres docuit turgescere semen in agris* | *falce coloratas subsecuitque comas.* | *prima iugis tauros subponere colla coegit* | *et veterem curvo dente revellit humum.*
271 Ov. ars 2,473–476: *tum genus humanum solis errabat in agris* | *idque merae vires et rude corpus erat,* | *silva domus fuerat, cibus herba, cubilia frondes,* | *iamque diu nulli cognitus alter erat.*
272 Ov. ars 2,621–624: *tum quoque, cum solem nondum prohibebat et imbrem* | *tegula, sed quercus tecta cibumque dabat,* | *in nemore atque antris, non sub Iove, iuncta voluptas:* | *tanta rudi populo cura pudoris erat.*
273 Ov. fast. 1,673–678: *officium commune Ceres et Terra tuentur;* | *haec praebet causam frugibus, illa locum.* | *consortes operis, per quas correcta vetustas* | *quernaque glans victa est utiliore cibo,* | *frugibus immensis avidos satiate colonos,* | *ut capiant cultus praemia digna sui.*
274 Ov. fast. 2,289–292: *ante Iovem genitum terras habuisse feruntur* | *Arcades, et luna gens prior illa fuit.* | *vita feris similis, nullos agitata per usus:* | *artis adhuc expers et rude volgus erat.*
275 Ov. fast. 2,293f.: *pro domibus frondes norant, pro frugibus herbas;* | *nectar erat palmis hausta duabus aqua.*

Im vierten Buch beschreibt Ovid das Ceresfest am 12. April. Ihrem Verdienst stellt Ovid die Vorzeit entgegen (395–406):[276] die ersten Menschen ernährten sich von grünen Kräutern, die die Erde von selbst gab. Sie rupften entweder zarte Kräuter oder aßen zarte Blätter von den Zweigspitzen. Später entdeckte man die Eichel, die eine deutliche Verbesserung gegenüber jener ersten Nahrung darstellte. Ceres aber schenkte den Menschen bessere und nützlichere Nahrung als Eicheln und zwang die Stiere unters Joch. Den Abschluss des Abschnittes bildet der Aufruf, den Ackerstier leben zu lassen, der ja das Joch trägt und beim Pflügen hilft, und stattdessen das träge Schwein zu schlachten.[277]

Etwas später erzählt Ovid, wie Ceres den ersten Menschen zum Bauern auserkor (507–562):[278] Der Greis Celeus sammelte Brombeeren und Eicheln, die Tochter trieb Ziegen nach Hause. Zu ihm kommt Ceres in Gestalt einer alten Frau; Celeus lädt sie in sein Haus ein, wo sein kleiner Sohn im Sterben liegt. Ceres heilt den Jungen und als Dank erhält sie ein bescheidenes Festmahl, bestehend aus in Milch zerlassenem Lab, Früchten und einer Honigwabe. Den genesenen Sohn bestimmt Ceres schließlich zum ersten Menschen, der Ackerbau betreiben wird.

In den vorgestellten Textpassagen Ovids bezieht sich nur die Vorzeitdarstellung in *Amores* 3,8 auf die paradiesische Goldzeit unter Saturn. Offenbar inspiriert durch die Darstellungen Vergils, Horazens und Tibulls wird ein Bild von automatisch wachsendem Getreide, Früchten und Honig aus der Eiche gezeichnet und der von Habgier und Krieg gekennzeichneten Gegenwart gegenübergestellt.[279] In *Amores* 3,10 sowie im ersten und vierten Buch der *Fasti* wird die erste Menschheitsphase als roh und unzivilisiert

---

276 Ov. fast. 4,395–406: *panis erat primis virides mortalibus herbae,* | *quas tellus nullo sollicitante dabat;* | *et modo carpebant vivax e caespite gramen,* | *nunc epulae tenera fronde cacumen erant.* | *postmodo glans nota est: bene erat iam glande reperta,* | *duraque magnificas quercus habebat opes.* | *prima Ceres homine ad meliora alimenta vocato* | *mutavit glandes utiliore cibo,* | *illa iugo tauros collum praebere coegit:* | *tum primum soles eruta vidit humus,* | *aes erat in pretio,* Chalybeia massa latebat: | eheu, perpetuo debuit illa tegi.
277 Zu diesem Motiv vgl. den Abschnitt zum Schwein als Schädling im Kapitel zu Pythagoras auf den Seiten 339ff. dieser Arbeit.
278 Ov. fast. 4,509–511: *ille domum glandes excussaque mora rubetis* | *portat et arsuris arida ligna focis.* | *filia parva duas redigebat monte capellas,* [...] (545f.) *mox epulas ponunt, liquefacta coagula lacte* | *pomaque et in ceris aurea mella suis,* [...].
279 S. Galinsky 1983, 198; Kubusch 1986, 188–191.

beschrieben und dem Verdienst der Ceres entgegengesetzt, die den Ackerbau brachte. Der Aspekt der Nahrung bzw. der Übergang von primitiver
zu kultivierter Nahrung steht in diesen Darstellungen im Vordergrund. Im
zweiten Buch der *Fasti* wird das frühe Leben der Arkader vor Jupiter beschrieben und ebenfalls mit der späteren Getreidenahrung kontrastiert. Ein
ebensolches Dasein führen auch die ersten Menschen in der *Ars Amatoria*,
nur liegt hier der Fokus auf deren sexuellen Aktivitäten. Die Menschen in
diesen Darstellungen werden als roh und unzivilisiert dargestellt, als Ernährungsmotive wählt Ovid stets Eicheln und/oder Kräuter;[280] damit erinnern
diese Darstellungen an diejenigen von Dikaiarch (in Varros Darstellung),
Diodor und Lukrez und entsprechen der aszendenten Kulturentstehungslehre.[281] Im vierten Buch der *Fasti* schiebt Ovid das *Automaton*-Motiv, das
ja aus der traditionellen Goldzeitaltervorstellung stammt, in seine Darstellung einer primitiven Vorzeit ein,[282] was aber nicht unbedingt einen Widerspruch darstellt, da diese Kombination bereits in älteren dialektischen
oder aszendenten Darstellungen vorgenommen wurde und durch die Art
der Nahrung (Kräuter, Eicheln) die paradiesische Assoziation des *Automaton*-Motivs relativiert.

Die Geschichte von Celeus bildet in dieser Reihe eine Ausnahme: Zwar
thematisiert sie ebendiesen Übergang von primitiver zu kultivierter Nahrung durch die Hilfe von Ceres, und Celeus bringt passenderweise Eicheln
und Brombeeren nach Hause. Im Gastmahl aber, das die Familie zum Dank
an Ceres ausrichtet, werden mit Milchprodukten, Honig und Obst eher
Nahrungsmotive der goldenen Zeit aufgegriffen. Andererseits essen die
Figuren die Milchprodukte ihrer Ziegen und befinden sich damit bereits
auf einer fortgeschrittenen Zivilisationsstufe. Hier spiegelt sich die Zivilisationsentwicklung von Dikaiarch wider, bei dem ebenfalls die Hirtenphase vor der Ackerbauphase kam, besonders Varros Überlieferung, in der die
Menschen der Hirtenphase ebenfalls Eicheln, Früchte und *mora* (dort als
Maulbeeren)[283] sammeln. Bemerkenswert an dieser Darstellung Ovids ist,
dass er trotz der primitiven Umstände eine kleine Gastmahl-Idylle schafft,
die keine eindeutig negative Bewertung dieser Phase zulässt. In großen Tei-

---

280 Vgl. Kubusch 1986, 200; 204.
281 Vgl. ebd. 215.
282 Vgl. ebd. 216.
283 Zu *mora* als Brombeeren bei Ovid s. den Abschnitt zu met. 1,105 unten, 87f.

len parallel zu dieser Szene ist die Geschichte von Philemon und Baucis in den Metamorphosen.[284]

Die unterschiedlichen und zum Teil konträren Auffassungen einer paradiesischen Goldzeit und einer primitiven Frühzeit, wie sie sich etwa in *Amores* 3,8 und 3,10 gegenüberstehen, ergeben sich wie auch bereits bei den übrigen augusteischen Dichtern aus dem jeweiligen Kontext und der jeweiligen intendierten Aussage.[285] Dennoch ist deutlich geworden, dass Ovid bis auf die Darstellung in *Amores* 1,3 von der Vorzeit, so Kubusch treffend, „das Bild eines primitiven, tierähnlichen und rückständigen Daseins"[286] entwirft. Dieses Bild ist vereinfacht und stilisiert, das prägnanteste Attribut aller Darstellungen sind die immer wiederkehrenden Nahrungsmotive Eicheln (*glandes*) und Kräuter (*herbae*) (s. Tabelle 5).[287]

An diesen Motiven zeigt sich, inwieweit sich Ovids Umgang mit Nahrungsmotiven in Vorzeitdarstellungen von denen seiner augusteischen Vorgänger abhebt: Er kombiniert das seit jeher mit der Vorzeit assoziierte Motiv der Eichel mit dem weniger bekannten Motiv der Kräuter, das er möglicherweise von Theophrast oder von Diodor übernommen hat. Während die Eichel bei Vergil Motiv der goldenen Zeit unter Saturn ist, wird sie von Ovid ebenso wie von Tibull und Horaz allein als Attribut einer primitiven Vorzeit verwendet. Er ist allerdings der erste Autor, der das lateinische Wort *herba* als Motiv der Vorzeit verwendet.[288]

284 S. weiter unten das Kapitel zu Philemon und Baucis, bes. 178.

285 Vgl. Kubusch 1986, 198f., 234.

286 Ebd. 225.

287 Kubusch 1986, 232 erkennt dies nur in Bezug auf Eicheln: „Das Motiv der Eichelnahrung benutzt Ovid [...] in Beschreibungen der einfachen Frühzeit, um deren Unzulänglichkeit aufzuzeigen."

288 Vgl. Bömer 1958, 241. *Herbae* bezeichnen im Allgemeinen grüne Pflanzen, die am Boden wachsen (TLL 6.3.2614.50.), in erster Linie Wiesengräser bzw. Kräuter (etwa Lucr. 1,885; 2,33; 5,1396. Verg. georg. 4,200; als Gras: Lucr. 1,260; 5,461; Verg. ecl. 3,55; 3,93; 4,527) oder Unkraut (etwa Verg. georg. 1,69; 1,155.180; 2,411). In Bezug auf die Verwendung kommen sie bisweilen im medizinischen Kontext oder im Bereich der Zauberei vor (z.B. Verg. georg. 2,129; Hor. serm. 1,8,22.), in Bezug auf Nahrung in erster Linie als Futter für Weidevieh (Lucr. 2,319; 2,361; 2,666; Verg. ecl. 5,26; 6,54. Diese Bedeutung hat auch die griechische Entsprechung βοτάνη, die ursprünglich Weide meint, daher auch Weidefutter, LSJ, s.v. βοτάνη). Ein besonders prägnantes Beispiel, in dem explizit gemacht wird, dass *herbae* Tier- und keine Menschennahrung bezeichnen, ist der von Plautus' Koch Pseudolus gezogene spöttische Vergleich von in seinen Augen minderwertigen Zutaten mit *herbae*: Pseudolus spottet über „billige" Köche, die „Wiesen" ins Essen tun, als würden sie Rinder füttern, und dieses Gras (gemeint ist vegetarische Kost wie grünes Gemüse), das sie den Gäs-

Durch diese Kombination von Eicheln und Kräutern wird die Ernährung mit der von Tieren gleichgesetzt; es fehlen Früchte, die etwa in Diodors Darstellung zusammen mit Kräutern verzehrt werden, und die als menschliche Nahrung noch nachvollziehbar gewesen wären. *Herbae* gehören seit

ten anbieten, dann wieder mit Gras (gemeint sind scharfe Gewürze) würzen. Kräuter, die das Vieh nicht fresse, fresse der Mensch (Plaut. Pseud. 810–825: *non ego item cenam condio ut alii coqui | qui mihi condita prata in patinis proferunt, | boves qui convivas faciunt, herbasque oggerunt, | eas herbas herbis aliis porro condiunt: | indunt coriandrum, feniculum, alium, atrum holus, | apponunt rumicem, brassicam, betam, blitum: | eo laserpici libram pondo diluont: | teritur sinapis scelera, quae illis qui terunt, | prius quam triverunt oculi ut exstillent facit. | ei homines cenas ubi coquont, cum condiunt, | non condimentis condiunt, sed strigibus, | vivis convivis intestina quae exedit. | hoc hic quidem homines tam breuem vitam colunt, | quom hasce herbas huiusmodi in suom alvom congerunt, | formidulosas dictu, non essu modo. | quas herbas pecudes non edunt, homines edunt.*).

In Bezug auf menschliche Nahrung kommen *herbae* entweder als Gewürze (z.B. Verg. ecl. 2,11: hier bezeichnen *herbae* Knoblauch und Thymian) oder seit Vergil als eigentlich menschenunwürdige Nahrung der Not und des Mangels vor (TLL 6.3.2619.26f.): Achaemenides ernährt sich, zurückgelassen auf der Zyklopeninsel, von derber Kost (*victus infelix*): *bacas lapidosaque corna | dant rami, et vulsis pascunt radicibus herbae* (Aen. 3,649f.). Ähnlich Ovids Version: *glande famem pellens et mixta frondibus herba* (met. 14,216). Die Nahrung, die Ovids Achaemenides in der Not zu sich nehmen muss, entspricht genau der Nahrung der von ihm an anderen Stellen dargestellten primitiven Vorzeit. Diese Verbindung zu der Aeneis-Stelle zeigt noch einmal deutlich, dass Ovid *herbae* bewusst als eine menschenunwürdige Speise wählt, um den Aspekt des Primitiven und Mangelhaften in seinen Vorzeitdarstellungen zu unterstreichen. Auch im achten Buch der Metamorphosen tritt die Konnotation von *herbae* prägnant hervor, wenn die personifizierte Hungersnot *rara herba* im kargen Kaukasus rupft (met. 8,800).

Die Idee Ovids, *herbae* als Motiv einer primitiven Vorzeit zu verwenden, stammt möglicherweise von Lukrez, der *herbae* zwar nicht als Nahrung der ersten Menschen, aber ebenfalls in Verbindung mit der Entstehung der Welt als erste Pflanzen, die auf der Erde wachsen, vorstellt (Lucr. 5,783.790.816). Der Gedanke liegt auch deshalb nahe, weil Ovid bei seinen Schilderungen der Frühzeit noch häufiger auf Lukrez zurückgreift, wie sich in der Interpretation in diesem Kapitel, aber auch im Kapitel zu Pythagoras zeigen wird; s. dazu Kubusch 1986, 201f. Kräuter als Nahrung einer primitiven Urzeit finden sich auch bereits bei Theophrast und Diodor, s. Tabelle 3.

Als weiteres Beispiel eines anderen Dichters für die Verwendung von *herbae* als menschenunwürdige Kost sei noch Tib. 1,5,53f. genannt: Das lyrische Ich verflucht eine Kupplerin, die ihm seine geliebte Delia entrissen habe: *ipsa fame stimulante furens herbasque sepulcris | quaerat* [...]. Als Ausnahme, in der *herbae* tatsächlich als menschliche Nahrung außerhalb eines spöttischen oder von Not und Mangel geprägten Kontextes geschildert werden, ist eine Erwähnung von Plinius d.Ä. zu nennen: Plin. nat. 21,104 beschreibt eine Klettenpflanze, die auch für den Menschen süß schmeckt: *herba etiam homini dulcis. Etiam* suggeriert, dass es sich hierbei um eine Ausnahme handelt. Es gibt allerdings keinen Hinweis darauf, ob *herbae* als nährendes Lebensmittel oder doch eher als Kräuter bzw. Gewürzpflanzen verstanden werden.

den *Amores* neben *glandes* zu Ovids Motivmaterial einer in ihrer Primitivität negativ bewerteten Vorzeit, auf das er in seinen Werken immer wieder zurückgreift. In den Metamorphosen wird er, so viel sei hier bereits gesagt, dieses Motiv nutzen, um mit traditionellen Goldzeitvorstellungen sein Spiel zu treiben.

1.3 Interpretation

In den Metamorphosen gibt es drei Darstellungen eines goldenen Zeitalters: im ersten Buch ist es Teil des Weltzeitaltermythos, im 15. Buch kommt es zweimal im ersten Teil der Pythagoras-Rede vor, davon einmal als Schilderung der Gegenwart und einmal als Schilderung der Vergangenheit im Sinne der *aurea aetas* in Buch 1 (s. Tabelle 5). Für die Schilderungen des 15. Buches sei auf Kapitel 4.3.1 in dieser Arbeit verwiesen.

Ovids Weltaltermythos folgt im groben Aufbau der hesiodischen Tradition:[289] Er besteht aus goldenem (89–162), silbernem (113–124), ehernem (125–127) und eisernem Zeitalter (127–150), wobei mit Beginn des silbernen Zeitalters ein moralischer Verfall der Menschen einsetzt (Deszendenz). Das goldene Zeitalter (*aurea aetas,* 89)[290] wird dementsprechend als Idealzustand beschrieben, sowohl im Hinblick auf die darin lebenden Menschen (89–100) als auch im Hinblick auf Umwelt, Landschaft und Nahrung (101–112).[291] Dieser zweite Abschnitt teilt sich in eine Phase der Genügsamkeit der Menschen mit der aus Baumfrüchten bestehenden Nahrung (101–106) und in die eines schlaraffenlandähnlichen Zustandes (107–112).

Bereits auf den ersten Blick fällt besonders im Vergleich zu den Darstellungen anderer augusteischer Dichter die Fülle der Nahrungsmotive auf (Tabellen 4 und 5). Obwohl zahlreiche Themen zur Sprache kommen, be-

---

289 Einzelne Unterschiede zu Hesiod s. Gatz 1967, 70–76.

290 Gatz 1967, 205f. plädiert besonders im Vergleich mit Parallelstellen, und da *aurea saecula* zuerst bei Ovid belegt ist, dafür, dass Ovid *aetas* nicht als Zeitalter, sondern als Geschlecht im hesiodischen Sinne verstanden wissen wollte. Bömer 1969, 48 sieht darin eine Überinterpretation des Unterschiedes zwischen *aurea aetas* und *aurea saecula*.

291 Diese Einteilung folgt Bömer 1969, 48; vgl. auch Reynen 1965, 415. Der erste Abschnitt lässt sich weiter aufgliedern in die Gerechtigkeit der Menschen (89–93), die Abwesenheit von Habgier (94–96) und von Krieg (97–100), ebd. Ähnlich Gatz 1967, 48: Recht (89–93), Seefahrt (94–96) und Krieg (97–100).

fassen sich allein zehn (101–106, 109–112) der insgesamt 24 Verse, die das goldene Zeitalter schildern, mit Ernährung.

1.3.1 Verse 101–106: Wilde Nahrung

Die ersten drei Verse beinhalten ganz allgemein das *Automaton*-Motiv: Anhand von Negationen (*inmunis, rastro intacta, nec ullis saucia vomeribus, nullo cogente*) wird das Fehlen jeglichen Zwanges oder menschlichen Einwirkens auf die Erde geschildert;[292] diese habe alles von sich aus gegeben (*dabat omnia tellus*, 102), und die Menschen seien mit dieser zwanglos entstandenen Nahrung zufrieden gewesen (*contenti*, 103). Das Zufriedenheits-Motiv, das, wie oben gezeigt wurde, besonders in der römischen Literatur im Zusammenhang mit dem einfachen Bauernleben im Rahmen des *mos maiorum* präsent ist, verbindet Ovid hier mit dem goldenen Zeitalter. Womit die Menschen genau zufrieden waren, wird allerdings einen Vers lang hinausgezögert, denn man liest zunächst nur *cibis* (103) und, dass diese *cibi* ohne Zwang entstanden sind (*nullo cogente*, 103). Die folgenden drei Verse lösen diese Spannung mit der Aufzählung von fünf Nahrungsmitteln auf: Arbutus-Früchte (104), Bergerdbeeren (104), Kornelkirschen (105), Brombeeren (105) und Eicheln (106).

Arbutus-Früchte (*arbuteos fetus*, 104)
Der heute noch existierende westliche Erdbeerbaum[293] (diese Namensgebung ist darauf zurückzuführen, dass die Frucht einer Erdbeere ähnelt) ist in der Mittelmeerregion heimisch. Seine Frucht ist zwar genießbar, doch hat sie einen fleischig-mehligen, faden Geschmack,[294] weshalb man dem rohen

---

292 Die gesamte Darstellung des goldenen Zeitalters ist durch eine Fülle an negativen Formulierungen geprägt, mit deren Hilfe Ovid die idealen Verhältnisse durch „Verneinungen der gegenwärtigen Lebenssphäre" schildert, Gatz 1967, 74. Vgl. Bömer 1969, 48f. Die Verneinungen sind: *vindice nullo, sine lege, aberant nec legebantur, nec timebant, nondum caesa, nullaque litora, nondum cingebant, non tuba, non galea, non ensis, sine militis usu, immunis, intacta, nec ullis vomeribus, nullo cogente, sine semine, inarata.*
293 Franz Olck: Erdbeerbaum, RE 11. Hbd., 1907, 399–401.
294 Eberle, G.: Pflanzen am Mittelmeer. Mediterrane Pflanzengemeinschaften Italiens mit Ausblick auf das ganze Mittelmeergebiet. Frankfurt a.M. 1965, 56. S. dazu auch Bärtels, A: Farbatlas mediterrane Pflanzen. Stuttgart 1997, 27 und Schönfelder, P. u. I.: Was blüht am Mittelmeer? Stuttgart ⁴2005, 39.

Genuss heute die Verarbeitung zu Marmelade und Likör vorzieht.[295] Der botanische Name *arbutus unedo* geht auf Plinius d.Ä. zurück, der die Frucht als *inhonorum* bezeichnet, weshalb sie ihren Namen *unedo* aus der Formulierung „ich esse nur eine" (*unum tantum edo*)[296] habe. Ob diese etymologische Ableitung stimmt, weiß man nicht. Sie zeigt aber, dass bereits Plinius nicht besonders viel von der Arbutus-Frucht gehalten hat, sei es wegen ihrer Unverträglichkeit oder ihres Geschmacks. Auch aus anderen zeitgenössischen Erwähnungen geht hervor, dass die Frucht zwar essbar, jedoch nicht besonders bekömmlich gewesen sein dürfte.[297]

Die Arbutus-Frucht wird in den Frühzeitdarstellungen von Theophrast, Lukrez, Varro und Vergil erwähnt, dort aber eher mit einem primitiven Zustand assoziiert (Tabellen 3 und 4). Erst bei Vergil wird sie zur Nahrung des goldenen Zeitalters unter Saturn.[298] Außerhalb von Vorzeitdarstellungen kommen in der augusteischen Dichtung weniger die Früchte, sondern die Blätter des Arbutus-Baumes als Nahrung nicht für Menschen, sondern für Ziegen vor.[299]

---

295 Ebd. In Portugal z.b. wird aus den Erdbeerbaumfrüchten der Obstbrand *Medronho* hergestellt.

296 Plin. nat. 15,99; vgl. Genaust, s.v. unedo.

297 An anderer Stelle (nat. 23,151) bezeichnet Plinius die Arbutus-Frucht als schwer verdaulich und dem Magen unbekömmlich. Auch Dioskurides mat. med. 1,175 zufolge ist die Frucht dem Magen schädlich und verursacht Kopfschmerzen. In Athenaeus' Gelehrtengastmahl sagt Asclepiades, die Frucht mache benommen wie Alkohol und verursache Kopfschmerzen. Dem stimmt der Erzähler zu und meint, man bekomme Kopfschmerzen beim Verzehr von mehr als sieben Beeren (Athen. deipn. 50e). Bereits Theophrast (hist. plant. 3,16,4, dort μεμαίκυλον) kennt die Frucht und stuft sie zwar als essbar ein, sagt aber nichts über deren Qualität. Auch antike Aussagen über den Reifungsprozess der Arbutus-Früchte legen eine Identifikation mit der modernen Erdbeerbaumfrucht nahe, denn sie ist rot und reift im Winter (Lucr. 5,938, Verg. georg. 2,520, Diosk. mat. med. 1,175); zum Reifen braucht sie ein Jahr und die reifen Früchte hängen dementsprechend gleichzeitig mit den neuen Blüten an einem Baum (Plin. nat. 15,98), vgl. Eberle 1965, 56; Schönfelder 2005, 39. Es gibt auch noch eine zweite Art, den *arbutus andrachne L.*, der im Ostmittelmeerraum vorkommt und seltener beschrieben wird, vgl. Franz Olck: Erdbeerbaum, RE 11. Hbd., 1907, 400f.

298 In Fragment 680 K Hall/Geldart von Aristophanes ist die Rede vom spontanen Wachstum von Arbutus-Früchten (ἐν τοῖς ὄρεσιν αὐτομάτοισιν τὰ μιμαίκυλα φύεται πολλά), möglicherweise beschreibt es das goldene Zeitalter. Zur Diskussion über dieses Fragment s. Baldry 1953, 59.

299 Und dies wohl inspiriert durch Theokrits Idyll 5,129: vgl. Verg. ecl. 3,82, georg. 3,301; Hor. 1,17,5; Prop. 2,33,12 (hier eine Kuh).

Erdbeeren vom Berg (*montanaque fraga*, 104)

Im Gegensatz zur Arbutus-Frucht ist die Erdbeere in der römischen Literatur rar,[300] in der griechischen Literatur ist sie überhaupt nicht präsent.[301] Außer bei Vergil und Ovid kommt die Erdbeere nicht in der augusteischen Literatur vor, und auch Plinius d.Ä. schenkt ihr trotz mehrfacher Erwähnung keine große Aufmerksamkeit.[302] Die Frucht scheint demnach nicht besonders beliebt oder bekannt gewesen zu sein und wurde in der Antike nicht kultiviert;[303] am ehesten entspricht sie deshalb wohl der modernen Walderdbeere. Diese duftet stark und hat einen deutlich süßeren und intensiveren Geschmack als die gezüchtete Erdbeere.[304] Der Wortstamm von *fraga* weist auf diesen angenehmen Geruch hin (*fragrare* = duften).[305] Das könnte auch erklären, warum sie bei Vergil in einem Zuge mit *flores* (die ja gewöhnlich auch duften) genannt wird.[306] Plinius d.Ä. unterscheidet das Fleisch (*corpus*) der Erdbeere von dem der *Arbutus*-Frucht,[307] was sich auf dessen Konsistenz, aber auch auf den Geschmack beziehen könnte. Im Falle des letzteren würde Plinius diesen wohl für besser befinden als den der Arbutus-Frucht, die man nur einmal isst (*unedo*, s. oben).

Der Nachteil der Walderdbeere ist, dass sie höchstens etwa haselnussgroß wird und die Flächen, auf denen die kleinen Pflanzen wachsen, verhältnismäßig klein und meist verstreut liegen. Dadurch ist das Sammeln in

---

300 Laut TLL 6.1.1239.26–55, insgesamt nur 14 Erwähnungen, davon eine bei Vergil (s. unten, Anm. 309), zwei in Ovids Metamorphosen (met. 1,104; 13,815f.), die übrigen später.

301 Offenbar hatten die Griechen kein Wort für die Erdbeere und haben die Pflanze nicht gekannt oder für den Keimling oder Kümmerling des Erdbeerbaumes gehalten, vgl. Max C.P. Schmidt: Erdbeere, RE 11. Hbd., 1907, 402.

302 Plin. nat. 15,98; 21,50; 21,86; 25,109.

303 Plinius (nat. 21,86) zählt *fraga* zu den essbaren wildwachsenden (*sponte*) Früchten, die in Italien wachsen. So auch bei Vergil (ecl. 3,92) und bei Ovid (met. 1,104 *montana*; 13,815 *silvestri nata sub umbra*). Vgl Max C.P. Schmidt: Erdbeere, RE 11. Hbd., 1907, 401f. Dies liege daran, so André 2013 (1961), 227, dass „die Erdbeere für die einzige Ernte pro Jahr, die einen Monat dauert, in den Gärten sehr viel Fläche beansprucht und in den übrigen Monaten die Beete für andere Kulturen nicht nutzbar sind. Die Gartenpflanzen wurden erst um das 15./16. Jahrhundert gezüchtet."

304 Liebster 2002, 104 bezeichnet sie als „geschmacklich unübertroffen" unter den Erdbeersorten.

305 Schmidt (RE 11. Hbd., 1907, 401, s.v. Erdbeere) ist sich der Wortherkunft sicher, während der TLL 6.1.1239.28f. sie als eine Möglichkeit nennt. Keine Entscheidung bei Maltby 1991; Genaust, s.v. Fragaria erkennt keine „befriedigende Etymologie".

306 Verg. ecl. 3,92f.: *Qui legitis flores et humi nascentia fraga* [...].

307 Plin. nat. 15,98: *corpus* [...] *aliud congeneri eorum unedoni*.

größeren Mengen recht mühsam. Die Walderdbeere ist wie andere Erdbeersorten außerdem leicht verderblich und muss für den Rohgenuss an einem anderen Ort schnell gekühlt und schonend transportiert werden.[308] Diese Eigenschaften bedeuten in der Antike einerseits einen sehr hohen (Kosten-) Aufwand, machen die Erdbeere aber andererseits zu einer passenden Frucht für die Bukolik, wo sie erstmals bei Vergil Erwähnung findet.[309] Nur zu gut kann man sich vorstellen, wie Vergils *pueri* die kleinen süßen Früchte pflücken und naschen, während die Herde nicht weit entfernt ruhig grast.

Nach Vergil ist Ovid der erste Autor, bei dem die Erdbeere vorkommt, einmal im goldenen Zeitalter und einmal in der Polyphem-Episode, wo sie ebenso wie bei Vergil in ein idyllisch-bukolisches Setting eingebettet wird.[310] In beiden Ovid-Stellen kommen *fraga* – ebenso wie bei Vergil – in der Verbindung mit *legere* vor. Folglich transportieren die Erdbeeren des goldenen Zeitalters Ovids die Assoziation einer bukolischen Idylle im vergilischen Sinne.

Kornelkirschen (*cornaque*, 105)

Wie auch die Erdbeere ist die Kornelkirsche in der römischen Literatur nicht sehr präsent und tritt ebenfalls zuerst bei Vergil auf, dann bei Horaz und Ovid.[311] Letzterer verwendet die Kornelkirsche ebenso wie die Erdbeere zuerst als Nahrungsmittel der Vorzeit.

Bei Plinius d.Ä. und Columella erfährt man, dass die Kornelkirsche nicht kultiviert wurde.[312] Aufschluss über ihre Beschaffenheit geben zwei

---

308 Liebster 2002, 107f.
309 Verg. ecl. 3,92.
310 Ov. met. 13,816, s. unten, 216.
311 Verg. georg. 2,34; Aen. 3,649; Hor. epist. 1,16,9; serm. 2,2,57; zu diesen Stellen unten mehr. Ovid: ars 3,706 (Ovid vergleicht die Blässe eines Mädchens mit der Farbe einer unreifen Kornelkirsche. Dabei bezeichnet er diese grundsätzlich als essbar (*apta cibis*), ansonsten steht aber eher ihre Farbe im Vordergrund; met. 1,105 (goldenes Zeitalter); 8,665 (Philemon und Baucis); 13,816 (Polyphem), vgl. TLL 4.0.974.2–28.
312 Laut Columella ist der *cornus* ein wilder Obstbaum (*pomiferisque silvestribus*, Colum. 7,9,6), laut Plinius d.Ä. wächst er gern auf Bergen und in Tälern, vgl. nat. 16,73. Dies bestätigt auch ein Brief Horazens an Quinctius (epist. 1,16,9), in dem zwar von Bäumen mit roten Kornelkirschen auf seinem Landgut spricht, diese aber nicht unter die Obstbäume (*pomis*, 1,16,3) zählt. Er sieht sie anscheinend eher als ein schmückendes Element seines Gartens an. Tietz 2013, 51 versteht Ovid falsch, wenn er aus ars 3,703–706 (*palluit, ut serae lectis de vite racemis | pallescunt frondes, quas nova laesit hiems, | quaeque suos curvant matura Cydonia ramos | cornaque adhuc nostris non satis apta cibis.*) schließt, dass die Kornelkirsche bis zur

Vergil-Stellen: In der Aeneis berichtet Achaemenides, der von Odysseus auf der Zyklopeninsel zurückgelassen wurde, dass er sich dort von *victum infelicem*, elender Kost, ernähren musste.[313] Diese bestand u.a. aus *corna lapidosa*. Dieses Attribut verwendet Vergil für die Kornelkirsche auch in den *Georgica* in einem Abschnitt über Baumzucht.[314] In beiden Fällen ist nicht eindeutig klar, ob sich *lapidosa* auf das Fruchtfleisch oder den Stein bezieht.[315] Letzteres ist jedoch wahrscheinlicher, da auch Columella (10,15) Pflaumen als *pruni lapidosis pomis* bezeichnet und sie damit als Steinobst kennzeichnet. Auch die moderne Kornelkirsche *cornus mas* hat einen harten, im Verhältnis zum Fruchtfleisch sehr großen Stein, von dem es sich schlecht lösen lässt.[316] In beiden Fällen kann man nicht einfach beherzt in die Frucht beißen wie etwa in eine Erdbeere, da die Zähne, sei es im Fleisch oder im Kern, auf harten Widerstand stoßen. Plinius d.Ä. berichtet außerdem von einem *Cornus*-Baum[317], dessen Früchte erst nach dem Herbst ausgebildet werden und aufgrund ihres hohen Säuregehaltes für kein Lebewesen genießbar sind.[318]

Vor diesem Hintergrund würde auch verständlich, warum Philemon und Baucis ihren Gästen eingelegte herbstliche Kornelkirschen anbieten.

Zeit Ovids so gezüchtet worden sei, dass sie essbar war. *Adhuc nostris satis apta cibis* bezieht sich aber auf den Reifeprozess der Kornelkirsche während des Jahres, nicht auf deren Zucht. Die Kornelkirsche hatte wohl eher eine Bedeutung bei der Baumveredlung und in Bezug auf ihr Holz: Bei Vergil georg. 2,34 z.B. wird der *cornus* bei der Baumveredlung genannt, Columella lobt Kornelkirschen als gutes Schweinefutter (7,9,6). Beliebter als die Frucht scheint überhaupt das Holz des *cornus* gewesen zu sein. So wird *cornus* in der augusteischen Dichtung als Synonym für eine Lanze oder einen Speer (Ov. met. 7,678; Verg. Aen. 9,698) und in dem Zusammenhang als nützlich im Krieg bezeichnet (vgl. Verg. georg. 2,448). Auch Plinius lobt das Holz des männlichen *cornus* als eines der stärksten und härtesten (vgl. nat. 16,105).
313 Verg. Aen. 3,649.
314 Verg. georg. 2,34.
315 In georg. 2,34 (*prunis lapidosa rubescere corna*) könnte durchaus der harte Zustand des Fleisches gemeint sein, bevor die Frucht zur Reife kommt und dadurch weich wird. S. dazu auch TLL 7.2.945.82ff.
316 Liebster 2002, 197.
317 Zur Etymologie des *cornus/cornum* s. Franz Olck: Kirschbaum, RE 21. Hbd., 1921, 509–515 und Genaust s.v. Cornus. Dass *cornus* eine altertümliche Bezeichnung für die Kirsche (*cerasus*) ist, widerlegt Plinius d.Ä., der beide Obstbäume in einem Absatz nennt, vgl. nat. 16,183.
318 Plin. nat. 16,105: [...] *acerbas et ingustabiles cunctis animantibus*. Ähnlich Ovid in ars 3,706, wo wir erfahren, dass die Kornelkirsche erst dann essbar ist, wenn sie eine dunkelrote Farbe erreicht hat, s. auch oben, Anm. 314, 315.

Im rohen Zustand wären sie wohl trotz der späten Ernte ungenießbar.[319] Die Eigenschaften der modernen Kornelkirsche bestätigen dieses Bild: Ihren höchsten Zuckergehalt erreicht sie erst im Herbst.[320] Doch auch bei spätgeernteten Früchten liegt der Zuckergehalt bei höchstens 15 Prozent, was auch eine überreife Kornelkirsche für den Rohgenuss zu sauer macht.[321]

Ähnlich abwertend wie Plinius äußert sich Horaz in der zweiten Satire von Buch 2 über die Kornelkirsche, als er sich über Avidienus lustig macht, der sich aus lauter Knauserigkeit von fünf Jahre alten Oliven, wilden Kornelkirschen und längst verdorbenem Wein ernährte.[322]

Die genannten Textstellen vermitteln von der Kornelkirsche den Eindruck einer wildwachsenden, beinahe ungenießbaren Frucht, die nicht zu den essbaren Früchten an einer kultivierten Speisetafel gezählt wird. Gerade aus diesem Grund hat Vergil sie möglicherweise als *victus infelix* für seinen gestrandeten Achaemenides gewählt. Sie erscheint deshalb eher als Attribut einer kargen, von Mangel geprägten Vorzeit, weniger einem goldenen Zeitalter angemessen.

Brombeeren (*in duris haerentia mora rubetis*, 105)

Mora existieren in der römischen Antike sowohl als Maulbeeren (Maulbeerbaum: *morus*) als auch als Brombeeren (Brombeerstrauch: *rubus*),[323] beide werden selten erwähnt, die Brombeere jedoch noch seltener als die Maulbeere.[324] Obwohl beide Pflanzen nicht miteinander verwandt sind, ist möglicherweise die äußere Ähnlichkeit der Früchte ausschlaggebend für

319 Über das Einlegen von Kornelkirschen liest man auch bei Columella (12,10,3) und Dioskurides (mat. med. 1,172). Dioskurides schreibt in dieser Textstelle unter anderem, dass die Kornelkirsche zum Kochen und zum Essen mitverwendet wird. Ausgehend von unserem Wissen über die moderne Kornelkirsche möchte man denken, dass das Einlegen der Kornelkirsche eine Methode war, um sie genießbar zu machen. Man muss aber andererseits bedenken, dass in der Antike die meisten Früchte für den Winter konserviert wurden und die Kornelkirsche hier keine Ausnahme bildete, vgl. André 2013 (1961), 73–76.
320 Vgl. Liebster 2002, 179. Es gibt wohl seit einigen Jahrzehnten besonders in Osteuropa neue Züchtungen, die zu unterschiedlichen Zeiten reifen; sehr früh die Sorte „BO 2034" (Ende August), eher spät die Sorte „Devin" (ab Mitte Oktober), vgl. ebd.
321 Flowerdew 1999, 176. Heutzutage verarbeitet man die Kornelkirsche deshalb eher weiter zu Marmeladen, Säften oder Likören, vgl. Liebster 2002, 179.
322 Hor. serm. 2,2,57.
323 Vgl. Bömer 1969, 54; TLL 8.0.1521.40–75; Genaust, s.v. Rubus.
324 Als Brombeere zuerst bei Ovid, dann noch dreimal bei Plinius, danach erst wieder bei Hieronymus, s. TLL 8.0.1521.67–75.

diese falsche Zuordnung.[325] Hinweise auf eine Kultivierung von Maul- oder Brombeere gibt es in den überlieferten Stellen nicht. In der landwirtschaftlichen Literatur liest man nur über ihre medizinischen Kräfte,[326] nicht aber über ihre Qualität als Speiseobst.

Mora treten generell zum ersten Mal in Varros Überlieferung von Dikaiarchs Vorzeitdarstellung im Βίος Ἑλλάδος auf und werden dort zusammen mit Arbutus-Früchten und Eicheln im zweiten, dem Hirtenzeitalter gesammelt.[327] Dort sind wohl Maulbeeren gemeint. In der Bedeutung von Brombeeren (*rubetis*) erscheinen *mora* dann erstmalig in unserer Stelle in den Metamorphosen.[328]

In dieser Bedeutung treten *mora* in der augusteischen Dichtung nur noch in Ovids *Fasti* auf, wo sie, ähnlich wie hier, zusammen mit Eicheln die Speise der Menschen im Zeitalter vor Ceres darstellen.[329] Da Ovid sich bei der Auswahl der Nahrungsmittel offenbar an Varros Darstellung orientiert hat (*arbuta, glandes, mora*) und er gleichermaßen der erste ist, der *morum* als Brombeere verwendet, ist wohl von einer bewussten Umdeutung des Wortes seitens Ovids auszugehen, die andere Assoziationen mit sich bringt: Während man reife Maulbeeren einfach vom Baum schütteln kann,[330] ist das Pflücken von Brombeeren durch die stacheligen Ranken anstrengend und mitunter schmerzhaft. Ovid betont diese Schwierigkeit im Umgang mit dem Strauch durch das Attribut *duris*, vielleicht ein Anklang an die *pabula dura* aus Lukrezens Vorzeitdarstellung.[331] Folglich erscheint die Brombeere mit ihren Assoziationen von Mühe und Schmerz im Gegensatz zur Maulbeere, die gleichermaßen süß und leicht zu sammeln ist, an dieser Stelle als unpassend für eine hesiodisch geprägte Goldzeit.

---

325 Die moderne schwarze Maulbeerfrucht sieht der Brombeere sehr ähnlich, doch handelt es sich bei der Maulbeere um einen sog. ‚Nussfruchtverband‘, während Brombeeren ‚Sammelsteinfrüchte‘ sind, vgl. Liebster 2002, 207.

326 Pall. agric. 14,17,3; Plin. nat. 16,180; 24,117.

327 Varro rust. 2,1,4, s. oben, 99, Anm. 159.

328 TLL 8.0.1521.52; 69.

329 Ov. fast. 4,509, s. weiter oben. In den Metamorphosen kommen *mora* noch einmal als Maulbeeren (4,127) an derselben Versstelle vor (*purpureo tingit pendentia mora colore*), vgl. Bömer 1969, 54.

330 Reife schwarze Maulbeeren fallen vom Baum ab, deshalb kann man sie leicht durch Schütteln des Baumes auf einem untergelegten Tuch auffangen, vgl. Liebster 2002, 207.

331 Vgl. Lucr. 5,944; s. oben, 104, Anm. 180; vgl. Reynen 1965, 430.

Eicheln (*quae deciderant patula Iovis arbore glandes*, 106)
Die Aufzählung der Früchte endet mit der Eichel.[332] Sie ist in dieser Aufzählung die wohl bekannteste bzw. symbolisch am meisten aufgeladene Frucht. Bereits in der griechischen Antike ist die Eiche dem Zeus heilig und Bestandteil zahlreicher Kulte und Mythen.[333] Dieser mythisch-religiösen Bedeutung steht ihre Unzulänglichkeit als menschliche Nahrung gegenüber, die in antiken Texten immer wieder betont wird.[334] Bis auf wenige Ausnahmen wird die Eichel in den Quellen, wenn überhaupt, als Nahrung in der Not bezeichnet und hauptsächlich als Tierfutter angesehen.[335] In der römi-

332 Es gab sehr viele Eichenarten mit unterschiedlichen Eigenschaften, dazu Franz Olck: Eiche, RE 10. Hbd., 1905, 2014–2070. In den oben vorgestellten griechischen Vorzeitdarstellungen ist von βάλανος (Hesiod) oder der Frucht der δρῦς (Theophrast und Dikaiarch bei Porphyrios) die Rede; ersteres bezeichnet wohl die Frucht von letzterem (LfgrE 2, 1991, s.v. βάλανος, B, 23), gemeint ist damit die Bezeichnung für Eichen im Allgemeinen (Franz Olck: Eiche, RE 10. Hbd., 1905, 2066f.) sowie für ähnliche Früchte (LSJ, s.v. βάλανος). Die lateinische Entsprechung für βάλανος ist *glans*, s. TLL 6.2.2030.1. Sie kommt in den römischen, besonders der augusteischen Literatur als Frucht von *quercus* oder *ilex* vor. *Quercus* ist die am weitesten verbreitete Eichensorte, *ilex* hingegen ist in Italien selten. Olck (2058f.) mutmaßt deshalb, dass eine andere Art als die botanische *quercus ilex* gemeint ist. Ebenso wie *quercus* kann auch *ilex* unter dem Schutz des Jupiter stehen oder Verbindungen zum Göttlichen oder Mythos haben (z.B. Verg. ecl. 9,15 und Ov. fast. 3,295; met. 10,94), vgl ebd. 2062, dort auch Weiteres zu *quercus* (2049–2058) und *ilex* (2059–2062).
333 Die Eiche wird literarisch z.B. mit den Göttinnen Rhea und Demeter, mit Herakles, den Bacchantinnen und Nymphen in Verbindung gebracht. Dabei können verschiedene Teile des Baumes oder daraus hergestellte Gegenstände eine kultische Rolle spielen, z.B. Eichenlaubkränze als Kopfbedeckung oder Weihgeschenk etwa bei Rhea oder Appollon (Ausführlich hierzu mit Quellen s. ebd. 2027–2030. Zum Baumkult und *quercus* als heiligem Baum des Jupiter s. ausführlich ebd. 2051–2053.
334 Cicero hält es im *orator* 31 für unbegreiflich und falsch, nach der Erfindung der Feldfrüchte noch Eicheln zu essen. Pollux 1,234 hält die Eichel für ungenießbar und bezweifelt deshalb, dass die Arkader sich davon ernährt haben sollen; für weitere Belege s. nächste Anm.
335 So Galen alim. fac. 2,38 Helmreich = 621 Kühn. Die Eichel, so Galen, würde auf dem Land noch gegessen werden, er bezieht sich dann aber auf die Vergangenheit und meint, dass die Arkader diese Sitte noch lange beibehalten hätten, während die übrigen Hellenen bereits die Demeterfrucht aßen; Olck (2067) mutmaßt, er dachte hier vielleicht an eine essbare Eichel aus seiner Heimat Mysien. Appian (civ. 1,50) schildert, dass sich im Bürgerkrieg 87 v. Chr. ein Teil des Heeres im Winter von Eicheln ernähren musste und dabei zugrunde ging, vgl. Franz Olck: Eiche, RE 10. Hbd., 1905, 2068. Plinius d.Ä. (nat. 16,15) schreibt, dass bei manchen Völkern in Notsituationen Eicheln statt Feldfrüchte gedörrt, gemahlen und zu Brot gebacken würden. Eine Eichelart mit essbaren Früchten (*quercus ballota*) wuchs wohl in Spanien, vgl. Strab. geogr. 3,155; 4,2; Plin. nat. 16,15; vgl. Franz Olck: Eiche, RE 10. Hbd., 1905, 2069; vermutlich beziehen sich die antiken Erwähnungen von Eicheln als Nahrung jeweils auf deren Verwendung als Mehl für die Verarbeitung zu Brot, nicht auf den Rohverzehr, vgl. André 2013 (1961), 46. Olck (2068) verweist auf archäologische Funde von

schen Bezeichnung *glans* schwingt dieses Konnotation sogar mit, da *glans* auch die als Tierfutter verwendete Buchecker bezeichnen kann.[336] Wenn Eicheln in römischen Darstellungen als Nahrung der Vorzeit genannt werden, ist es also durchaus wahrscheinlich, dass die Assoziation des Tierfutters geweckt wird.

Wahrscheinlich gerade wegen dieser Untauglichkeit als menschliche Nahrung wird die Eichel bereits in der griechischen Literatur zur topischen Speise einer primitiven Vorzeit stilisiert, mit dem Ziel, die Härte der Menschen bzw. die Not und den Mangel jener Zeit hervorzuheben (z.B. Dikaiarch bei Porphyrios).[337] Hesiod, der die Eichel zur Nahrung eines paradiesischen Zustandes (der Gegenwart!)[338] macht, und diesem folgende deszendente Darstellungen (z.B. Vergil georg. 1,148, wo Eicheln zur Nahrung des goldenen Zeitalters unter Saturn gehören) bilden eine Ausnahme. Als Symbol einer primitiven, von Mangel geprägten Phase verwenden auch die augusteischen Dichter – außer, wie gesagt, Vergil,– die Eichel,[339] meist im Kontrast mit dem als positiv bewerteten Zeitalter des Ackerbaus,[340] so auch Ovid in den *Amores*, der *Ars Amatoria* und den *Fasti* (s. oben, 122ff.). Verwunderlich ist es deshalb, dass Ovid Eicheln in dieser Darstellung als Nahrung des goldenen Zeitalters unter Saturn wählt. Gleichwohl hebt er, indem er die Eichel hier nicht wie üblich als *quercus* oder *ilex*, sondern als *Iovis arbor* bezeichnet, deren Konnotation als heilige Frucht des Jupiter hervor und wertet sie somit auf. Andererseits enthält diese Bezeichnung auch

großen Behältnissen mit Eicheln in Pfahldörfern der Poebene und der Schweizer Seen, die zu Spekulationen geführt hätten, dass die Eicheln als Nahrung auch für Menschen genutzt worden seien; Beweise gebe es jedoch nicht.

336　Vgl. ebd. 2068; TLL 6.2.2031.44–47. Als *glans* bezeichnete Früchte werden in der römischen Literatur generell vor allem als Viehfutter dargestellt, s. dazu die Stellen bei Franz Olck: Eiche, RE 10. Hbd., 1905, 2069.

337　Das Volk der Arkader wurde bei den Griechen als Eichelesser (βαλανοφάγοι) bezeichnet; die Eichelnahrung stand in Verbindung mit der Stärke, gleichermaßen aber auch der Rückständigkeit dieses Volkes, s. etwa Hdt. 1,66; Pollux 1,234M vgl. Franz Olck: Eiche, RE 10. Hbd., 1905, 2067.

338　In der Dikeparainese 1, s. oben, 73f., und Tabelle 3. Als essbar in seinem eigenen Zeitalter bezeichnen βάλανος nur Hesiod op. 232 und Strabon 3,155, der sich allerdings auf eine spanische Sorte mit essbaren Früchten bezieht (vgl. georg. 4,2). In den meisten Darstellungen wird βάλανος als Speise der Vergangenheit bezeichnet, s. Stellen bei Franz Olck: Eiche, RE 10. Hbd., 1905, 2023. Auch in römischen Zeugnissen wird die Eichel nicht als menschliche Nahrung der Gegenwart, sondern der Urzeit dargestellt, vgl. ebd. 2068f.

339　Vgl. Bömer 1958, 242; André 2013 (1961), 71.

340　So wenig später auch Plin. nat. 7,191: *Ceres frumenta, cum antea glande vescerentur.*

ein ironisches Moment, da Jupiters Herrschaft erst im silbernen Zeitalter (met. 1,114) beginnt – und mit ihm die Deszendenz.

Inhaltliche und strukturelle Besonderheiten der Verse 101–106

Bömer bezeichnete in seinem Kommentar die Aufzählung dieser Früchte als „topisch für die Nahrung der Frühzeit"[341], ohne genauer darauf einzugehen. Die Ergebnisse oben ermöglichen nun eine Prüfung seiner Aussage: Während Eicheln freilich eine topische Speise der primitiven Urzeit darstellen und die Arbutus-Frucht immerhin in mehreren Frühzeitdarstellungen auftritt, finden wir *mora* als Nahrung der Frühzeit lediglich einmal bei Varro. Erdbeeren und Kornelkirschen hingegen sind vorher nicht aus dem Vorzeit-Kontext bekannt.[342] Es hat stattdessen vielmehr den Anschein, als würde Ovid einen Katalog aus Baumfrüchten (*glans, arbutus, mora*) anderer zeitgenössischer Vorzeitdarstellungen – namentlich Lukrez, Varro und Vergil[343] – zusammenstellen und diesen mit Früchten anreichern, die vorher in recht unterschiedlichen Kontexten verwendet wurden: *fragum* in einem bukolischen Idyll (Vergil), *cornum* als zum Essen ungeeignete Speise in Armut und Not (ebenfalls Vergil; Horaz). Die auszumachenden literarischen Vorbilder sind alle römisch und dem ersten Jahrhundert v. Chr. zuzuordnen. Als topisch kann eigentlich nur die Eichel gelten, da deren Tradition als Frucht der Vorzeit als einzige – soweit erkennbar – weiter in die griechische Literatur zurückreicht. Bömers Aussage ist deshalb nicht zutreffend und seine Formulierung „Nahrung der Frühzeit" wird man differenzieren müssen, da, wie oben gezeigt wurde, Vorzeit nicht gleich Vorzeit ist. Ovids konkrete Vorbilder sind diesbezüglich sehr unterschiedlich: Zwar werden die entsprechenden Früchte in allen Fällen einer prä-agrikulturellen Phase zugeordnet, diese wird aber unterschiedlich dargestellt und bewertet (tierähnlicher, durch karge, aber ausreichende Nahrung geprägter Zustand bei Lukrez; nicht näher erläutertes oder bewertetes Hirtendasein bei Varro;

---

341 Bömer 1969, 53.

342 Die Erdbeere kommt vor Ovid nur einmal bei den Hirten Vergils vor, die Kornelkirsche als *victus infelix* in der Aeneis und als groteske Nahrung eines Geizhalses bei Horaz, s. oben, 133f.

343 S. Tabellen 3 und 4. Lukrez führt teilweise dieselben Motive in derselben Reihenfolge an: *Automaton*-Motiv (*sua sponte*), Zufriedenheit (*satis*), Arbutus-Früchte (*arbita*), Eicheln (*glandiferas quercus*); In Varros zweitem Zeitalter gibt es ebenfalls *glans, arbutus* und *mora*; im ersten Buch von Vergils *Georgica* gibt es in der Zeit vor Jupiter neben Honig und Flüssen voll Wein (bei Ovid ist es Nektar) Arbutus-Früchte und Eicheln.

paradiesisches, von Trägheit geprägtes goldenes Zeitalter unter Saturn bei Vergil).

Es bleibt also festzuhalten, dass Ovid Früchte aus unterschiedlichen Kontexten mit unterschiedlichen Konnotationen für sein goldenes Zeitalter gewählt hat. Eine Gemeinsamkeit kristallisiert sich aus den Einzelbetrachtungen dennoch heraus: Keine der aufgezählten Früchte scheint, soweit wir wissen, zu Ovids Zeit kultiviert worden zu sein; sie alle kommen wild in der Natur vor, wodurch in Ovids Darstellung die Assoziation eines kulturfernen Naturzustandes hervorgerufen wird, in dem der Nahrungserwerb im Sammeln von Früchten bestand.

Die zuvor festgestellten Unterschiede hinsichtlich der Assoziationen mit einzelnen Früchten dürfen dennoch nicht übergangen werden; vielmehr regen sie zu weiteren Betrachtungen bezüglich der literarischen Gestaltung des Abschnittes an:

Der Abschnitt ist auf den ersten Blick zweigeteilt (s. Tabelle 6): die ersten drei Verse (101–103) beschreiben allgemein das Automaton-Motiv, in den Versen 104–106 werden anschließend konkrete Nahrungsmittel genannt. Diese Zweiteilung äußert sich ebenfalls darin, dass die ersten drei Verse von Verneinungen geprägt sind, die letzten drei hingegen nicht. Vers 103 bildet hierbei sowohl inhaltlich als auch syntaktisch ein Bindeglied: Hinsichtlich der zuvor getroffenen Unterscheidung (*Automaton* im Allgemeinen – Früchte im Speziellen) gehört der Vers zum ersten Teil des Abschnittes. Allerdings ist die Formulierung *nullo cogente* einerseits eine Zusammenfassung der vorangehenden Verse 101–102, deren Verneinungen sich konkret auf landwirtschaftliche Geräte beziehen (*rastro, vomeribus*). Andererseits konkretisiert das Wort *cibi* die Funktion der automatisch tätigen Erde (nämlich Nahrung zu spenden) und leitet die Verse 103–106 ein. Somit ergibt sich in diesem Abschnitt im Blick auf Ernährung eine dreischrittige Bewegung vom Allgemeinen zum Speziellen: (1) Die Erde gibt alles von selbst, (2) darunter Nahrung, (3) und zwar die genannten Früchte. Syntaktisch spiegeln sich diese Bewegung und die Bindegliedstellung des Verses 103 darin wieder, dass dieser trotz der augenscheinlichen Zugehörigkeit zum ersten Teil (Verse 101–103) gleichwohl den Beginn des Satzes markiert, der den kompletten zweiten Abschnitt umfasst (insgesamt also die Verse 103–106).

Im zweiten Teil (104–106) fällt auf, dass Vers 106 nur eine, die Verse 104 und 105 jedoch jeweils zwei Früchte enthalten. Diese sind ihren realen (soweit sich dies beurteilen lässt) Eigenschaften entsprechend paarweise angeordnet (s. Tabelle 7): Arbutus-Früchte und Erdbeeren (104) sind sich äußerlich ähnlich und haben weiches steinloses Fleisch. Kornelkirsche und Brombeere (105) wiederum bereiten dem Nahrungssuchenden Mühen: die Kornelkirsche durch ihren harten Stein und ihr sauer schmeckendes Fleisch, die Brombeere durch die stacheligen Blätter und Ranken, die den Sammler verletzen können. Die Eichel schließlich (106) ist hart und ungenießbar.

Es ist also eine versweise Steigerung von weichen Früchten über solche, die unangenehm im Verzehr bzw. in der Beschaffung sind, hin zu einer harten und ungenießbaren Frucht zu beobachten (Tabelle 7).

Während die paarweise angeordneten Früchte in 104–105 in Bezug auf ihre realen Eigenschaften etwas gemeinsam haben, sind sie in Bezug auf ihre literarischen Vorbilder antithetisch angeordnet (Tabelle 7): Die Arbutus-Frucht ist aus Vorzeitschilderungen bekannt, die Erdbeere nicht. Sie kommt in der Bukolik vor. Darüber hinaus gibt es von der Arbutus-Frucht vor Ovid mehrere Erwähnungen, von der Erdbeere nur eine bei Vergil. *Mora* als Maulbeere kommt als Frucht der Vorzeit bei Varro vor, die Kornelkirsche hingegen findet sich vor Ovid nicht in Vorzeitdarstellungen, sondern im Epos und in der Satire. Darüber hinaus gibt es mehrere Erwähnungen der Kornelkirsche vor Ovid, allerdings keine von der Brombeere. Diesem Wechselspiel setzt die Eichel freilich ein Ende, denn sie ist die literarische Baumfrucht der Vorzeit schlechthin.

Die Eichel steht in dieser Aufzählung also gleichzeitig am Ende einer Abwärtsbewegung hinsichtlich der Eignung zum Verzehr und am Ende einer Aufwärtsbewegung hinsichtlich der literarischen Bedeutung als Nahrung der Vorzeit.[344] Von den anderen Früchten abgehoben wird sie zusätzlich durch zwei Umstände: Einerseits wird die Eiche als *arbor Iovis* bezeichnet, eine Erinnerung an die göttliche Konnotation der Eichel. Andererseits ist sie, im Gegensatz zu den anderen Früchten, vom Baum heruntergefallen, d.h. er hat sie freiwillig gegeben. Damit wird ein Bogen zurück zum *Automaton*-Motiv der Verse 101–103 geschlagen.

---

344 Beide Bewegungen sind freilich nicht genau diametral, da es bezüglich der literarischen Bedeutung keine Steigerung von Vers 104 zu 105 gibt.

Die sich steigernde Struktur des Abschnittes spiegelt sich auch in der Wortwahl und Versstruktur wieder (Tabelle 7): In Vers 104 gibt es nur ein Attribut, bestehend aus einem Wort (*montana*); in Vers 105 wird das Attribut zu einer längeren Partizip-Präsens-Aktiv-Konstruktion erweitert (*duris haerentia mora rubetis*); in Vers 106 schließlich wird zur näheren Beschreibung der Eicheln ein ganzer Relativsatz eingefügt (*quae deciderant patula Iovis arbore*). Außerdem steht in den Versen 104–105 die erste Frucht jeweils am Versanfang (*arbuteos fetus, cornaque*); die zweite Frucht mit jeweils zwei Silben an vorletzter Stelle (*fraga, mora*) im Vers, eingerahmt von zwei Wörtern mit gleicher Silbenanzahl. Schließlich ist auch der Rhythmus beider Verse parallel (s. Tabelle 8). Vers 106 schließlich hebt sich durch dreierlei Besonderheiten von diesen beiden Versen ab: Erstens ist der Rhythmus ein etwas anderer (Tabelle 8). Zweitens wechselt das Verb: Während die Verse 104f. sich das Verb *legebant* teilen (Subjekt sind die Menschen; es wird demnach deren Aktivität und Mühe betont), ist allein den Eicheln das Verb *deciderant* zugeordnet (Subjekt sind *glandes*, betont wird dadurch die Aktivität seitens der Natur). Drittens steht das Wort *glandes* am Ende des Verses, wodurch es den Höhepunkt nicht nur des Verses, sondern des gesamten Abschnittes (101–106) markiert.

Es bleibt festzuhalten, dass dieser Abschnitt (104–106) inhaltlich und sprachlich klimaktisch aufgebaut ist,[345] während sich die paarweise angeordneten Früchte in den Versen 104 und 105 in Bezug auf ihre Eignung als menschliche Nahrung jeweils ähneln, sich in Bezug auf ihre literarische Tradition als Nahrungsmittel der Vorzeit jedoch antithetisch gegenüberstehen. Die Eichel schließlich trägt eine solche Antithetik in sich selbst und wird dementsprechend von Ovid – nicht ohne Ironie, wie mir scheint – gleichermaßen als Klimax und Antiklimax der Aufzählung inszeniert: die Frucht des Jupiter, in ihrer literarischen Bedeutung als topische Speise der Vorzeit unangefochten, in diesem Abschnitt als kunstvoller Höhepunkt einer Reihe wildwachsender Früchte präsentiert – ist doch von allen diesen Früchten mit Abstand die härteste und ungenießbarste Speise und überhaupt „das Symbol der Erbärmlichkeit schlechthin".[346]

---

345 Dies sah schon Bömer 1969, 49. Bis auf die Nennung von *glandes* und in den anschließenden sechs Versen von *mella* als Höhepunkt bleibt er eine Ausführung schuldig.
346 Reynen 1965, 430.

Im Blick auf die gesamte Aufzählung ist deutlich geworden, dass es Ovid nicht unbedingt darum geht, ausschließlich topische Früchte der Vorzeit zu vereinen, sondern dass er bewusst wildwachsende Früchte mit bestimmten, z.T. gegensätzlichen Eigenschaften und Konnotationen gewählt hat, um sich diese für die kunstvolle Struktur des Früchte-Katalogs zunutze zu machen. Drei dieser Früchte (Brombeeren, Arbutus-Früchte und Eicheln) erwecken allerdings durch ihre Eigenschaften (stachelige Ranken, harter Kern, saures Fleisch) bzw. ihre bereits vorhandene Konnotation als Frucht einer primitiven Vorzeit (Eichel) den Eindruck einer kargen Nahrungssituation, und auch das Verb *legere* impliziert – entgegen der vorangegangenen, mehrfachen Betonung einer Abwesenheit von Arbeit – dass die Menschen sich diese Früchte selbst beschaffen müssen. Dadurch wird die mit dem so ausufernd geschilderten *Automaton*-Motiv zusammenhängende Erwartung paradiesischer Speisen geradezu ironisch gebrochen. Die Erde scheint doch nicht *omnia* zu geben, sondern nur nicht besonders nahrhafte, kleine, verstreut wachsende, saure, harte oder mit Stacheln umgebene Früchte. Da scheint es angebracht, vorher die Genügsamkeit der Menschen hervorzuheben, weicht die Kost doch beträchtlich von Speisen aus anderen Goldzeitdarstellungen Vergils oder Ovids ab, in denen etwa Weintrauben von selbst wachsen oder Honig aus Eichen fließt.

1.3.2 Verse 107–112: Paradiesische Zustände

Der zweite Teil des Abschnittes über die Umweltbedingungen des goldenen Zeitalters gliedert sich in drei Abschnitte à 2 Verse. Der erste beschreibt das Klima im goldenen Zeitalter: einen ewigen Frühling, in dem sanfte Westwinde (*placidi zephyri*) Blumen, die ohne Saat gewachsen (*natos sine semine*) sind, streicheln (107–108). Bald darauf, im zweiten Abschnitt, habe die ungepflügte Erde (*tellus inarata*) Getreide mit schweren Ähren (*fruges, gravidis aristis*) getragen (109–110). Der dritte Abschnitt nennt Flüsse voll Milch und Nektar (*flumina lactis, flumina nectaris*) sowie Eichenhonig (*mella*, 111–122).

Ewiger Frühling (*ver aeternum,* 107–108)

Ver aeternum, exponiert am Versbeginn stehend, markiert den Beginn des zweiten Abschnittes, dessen Thema nun zunächst nicht mehr Nahrung, sondern das Klima ist.[347] Das Motiv des ewigen Frühlings kommt in dieser expliziten Form zuerst bei Ovid vor,[348] erinnert aber gleichermaßen an Platons goldenes Zeitalter, in dem die Menschen nackt sind und sogar draußen schlafen, weil es keine extremen Jahreszeiten gibt.[349] Nach dem *Automaton*-Motiv, das bereits im vorangegangenen Abschnitt eingeführt wurde, ist *ver aeternum* der erste paradiesische Zug in Ovids goldenem Zeitalter. Ersteres wird in Vers 108 ebenfalls wieder aufgenommen – und zwar abermals in Form einer Verneinung – da die Blumen *sine semine* wachsen. *Flores* erinnern einerseits an Vergils dritte Ekloge, in der die Jünglinge *flores* und *fraga* sammeln,[350] andererseits auch an das wiederkehrende Zeitalter unter Saturn in der vierten Ekloge, in der den neu geborenen Knaben ein Blumenteppich erwartet.[351]

Getreide (*fruges*, 109–110)

Mox kennzeichnet direkt zu Beginn des Verses 109 einen neuen Zeitabschnitt innerhalb des goldenen Zeitalters. Dieser wird dadurch charakterisiert, dass die Erde nun auch Getreide zur Verfügung stellt. Erneute Verneinungen menschlichen Eingreifens – *inarata* und *nec renovatus* – drücken dabei ihre Selbsttätigkeit aus. Durch das Attribut *gravidis* (schwere Ähren) wird außerdem ihre Üppigkeit betont. Das Motiv des Getreides, das den Menschen ohne Arbeit, d.h. ohne Ackerbau, zur Verfügung steht, ist seit Hesiod ein traditionelles Motiv des goldenen Zeitalters (vgl. Arat, Platon,

---

347 Vgl. Bömer 1969, 48.
348 Vgl. ebd. 47. Zum Motiv des Frühlings s. ebd. 55, und ausführlich Reynen 1965.
349 Vgl. Plat. rep. 272a 5–b1. Die Parallelität verstärkt sich im silbernen Zeitalter, da Jupiter nun den langen Frühling verkürzt und durch extreme Jahreszeiten (met. 1,116–120) ergänzt; dadurch werden die Menschen zum ersten Mal dazu gezwungen, in Häusern (in Form von Höhlen, Dickicht und Flechtwerk, 121f.) Unterschlupf zu suchen. Ein ähnliches Phänomen gibt es auch in dem bei Theophrast (caus. plant. 1,13,2) überlieferten Empedokles-Fragment 31 B 77 und 78 DK. Theophrast bezieht sich dabei auf Dichter im Allgemeinen und auf Empedokles, der in einem uns unbekannten Zusammenhang ganzjährig grüne und fruchttragende Bäume nennt, und zwar der Luft entsprechend. Dies erklärt Theophrast so, dass Empedokles wohl eine gleichbleibende Luft, nämlich die des Frühlings annehme.
350 Verg. ecl. 3,92, s. oben, 131, Abschnitt zu met. 1,104..
351 Verg. ecl. 4,23: *ipsa tibi blandos fundent cunabula flores.*

Vergils vierte Ekloge und *Georgica*)[352]. Dies erklärt auch, warum nicht, wie in den meisten anderen Ovid-Stellen, Ceres das Getreide bringt.[353] Diese Sichtweise gehört zur aszendenten Kulturentstehungslehre, in der den Menschen mit dem Erhalt von Getreide auch der Ackerbau beigebracht wird. Dies wäre aber für ein traditionelles goldenes Zeitalter unpassend, dementsprechend beginnt der Ackerbau in Ovids Weltaltermythos erst im silbernen Zeitalter.[354]

Milch, Nektar und Honig (*lac, nectar, mella,* 111–112)

Ovids Beschreibung des goldenen Zeitalters endet mit drei weiteren Ernährungsmotiven: Flüsse von Milch (*flumina lactis*), Flüsse von Nektar (*flumina nectaris*) fließen und gelber Honig tropft aus der Steineiche (*flavaque de viridi stilabant ilice mella*). Da diese drei Flüssigkeiten in der antiken Literatur ähnlich konnotiert sind und nicht selten in Kombination miteinander auftreten, werden sie im Folgenden gemeinsam besprochen.

Ovids Formulierung weckt beim modernen Leser die Assoziation eines paradiesischen Landes, in dem Milch und Honig fließen; entsprechend kommentiert Bömer, Milch und Honig seien „geradezu topologisch bekannt".[355] Nicht verwunderlich wäre es also aus heutiger Sicht, wenn Ovid *flumina* von Milch und Honig fließen lassen würde. Stattdessen aber bestehen diese aus Milch und *Nektar*; Honig kommt zwar ebenfalls vor, jedoch nicht als *flumen* strömend, sondern aus einer Eiche tropfend. Zur Erklärung muss man sich bewusst machen, dass die Vorstellung eines paradiesischen Landes, in dem Milch und Honig fließen, aus der biblischen Tradition stammt,[356] während die augusteischen Autoren eher hellenistischen Vorbildern verpflichtet sind, in denen Milch und Honig zwar im Zusammenhang

---

352 S. die entsprechenden Abschnitte weiter oben, 85ff. (Arat), 90ff. (Platon), 111ff. (Vergils Aeneis und *Georgica*).
353 Bömer 1969, 55, vgl. Tabelle 5.
354 Ov. met. 1,123f.: *semina tum primum longis Cerealia sulcis | obruta sunt, pressique iugo gemuere iuvenci,* vgl. Bömer 1969, 55.
355 Bömer 1969, 56, ohne diese Aussage allerdings näher auszuführen.
356 Im biblischen Land der Verheißung, in das Moses die ägyptischen Sklaven führt, fließen Milch und Honig (Ex 3,8.13,5.). Zu Milch und Honig in der (früh-)christlichen Liturgie s. Usener 1902, 183–195. Freilich geht auch das biblische Land der Verheißung auf ältere (griechische, aber möglicherweise auch orientalische) Vorstellungen von Milch und Honig als göttlichen Substanzen zurück, vgl. Usener 1902 zum ‚Land, wo Milch und Honig fließen‘, dort auch besonders zur Verwendung des Motivs im frühen Christentum; vgl. auch Derrett 1984.

mit Göttlichkeit vorkommen, aber nicht ausschließlich in dieser Kombination und noch nicht als typisches Attribut des goldenen Zeitalters.[357]

Als einzige der drei Flüssigkeiten ist Honig in voraugusteischen literarischen Darstellungen der Vorzeit zu finden,[358] etwa in Empedokles' goldenem Zeitalter (in der Überlieferung des Porphyrios) oder in Theophrasts zweiter Phase der Zivilisation.[359] Besonders populär wurde Honig als Motiv des goldenen Zeitalters – offenbar ausgehend von Hesiods Dikeparainese 1 (in der die Gegenwart, nicht die Vergangenheit beschrieben wird!) meist im Zusammenhang mit Eichen – erst wieder bei den augusteischen Dichtern.[360] Die Kombination von Eiche und Honig greift auch Ovid in dieser Darstellung auf.

Milch hingegen ist kein traditionelles Motiv der Vorzeitdarstellungen, sondern wurde für diesen Zweck von Vergil aus der bukolischen Dichtung Theokrits übernommen und zum ersten Mal in der vierten Ekloge in den Goldzeitmythos integriert.[361] Vergil verwendet es im zweiten Buch der *Georgica* ebenso für die Beschreibung des Zeitalters unter Saturn wie nach ihm auch Tibull; Horaz nutzt es für die Beschreibung der Inseln der Seligen. Das Motiv steht, wie auch bereits bei Theokrit, in diesen Darstellungen stets im Zusammenhang mit den Ziegen oder Schafen, die ihre prallen Euter dem Menschen von allein zur Verfügung stellen. Im Gegensatz zum Honig verzichtet Ovid auf das vollständige Bild, wie es die anderen augusteischen Dichter vor ihm verwendet haben. Er eliminiert dadurch den Bezug zur Bukolik und verleiht seinem goldenen Zeitalter stattdessen – indem aus einer realistischen Milchquelle (Euter) eine fantastische (Fluss) wird – eine be-

---

357 Vgl. Usener 1902, 181. In der griechischen Literatur sind Milch und Honig als mythologische Speise der Götter verankert und werden generell im Zusammenhang mit Göttlichkeit und Kulten (in der Odyssee gehören Milch und Honig zum Totenopfer: Od. 11,26f.) genannt, vgl. Usener 1902, 179; Adelheid Sallinger: Honig, RAC 16, 1994, 440–447; Alistair C. Steward: Milch, RAC 24, 2012, 787–791. In diesem Zusammenhang kommen aber auch immer wieder andere mit dem Göttlichen assoziierte Flüssigkeiten wie Nektar oder Wein vor (s. Konrad Wernicke: Ambrosia, RE 2. Hbd., 1894, 1811). Eine Verknüpfung dieser Motive mit dem goldenen Zeitalter ist nicht verwunderlich, leben doch schon die Menschen des goldenen Geschlechts bei Hesiod ὥστε θεοί (op. 112).

358 S. TLL 7.2.815.9–819.39, s.v. lac; Konrad Wernicke: Ambrosia, RE 2. Hbd., 1894, 1810f.; Wilhelm H. Roscher: Ambrosia, Roscher 1.1, 1978 (1884–1886), 280–282.

359 S. Tabelle 3, vgl. z.B. auch Plat. leg. 6,782c, hier in Bezug auf eine vorzeitliche orphische Lebensweise.

360 S. Tabelle 4, vgl. Gatz 1967, 186.

361 S. Abschnitt zu Vergils vierter Ekloge weiter oben, 110, bes. Anm. 218.

sonders wundersame Qualität. Weniger wahrscheinlich ist es, dass *flumina* hier nur als Metapher für Fülle dienen – auch wenn diese Konnotation natürlich mitschwingt –, denn einerseits wäre menschliche Arbeit, deren Abwesenheit Ovid ja mehrfach betont, dann nicht ausgeschlossen, z.b. in Form von Imkern oder Melken. Andererseits weist der ovidische Wortgebrauch auf Darstellungen zurück, die mit Dionysos im Zusammenhang stehen und in denen Flüssigkeiten wie Milch, Wein, Honig und Nektar wortwörtlich aus Quellen, Bächen und Flüssen strömen.[362] Von diesen Vorbildern hat sich möglicherweise auch Vergil inspirieren lassen, als er in seinem goldenen Zeitalter im ersten Buch der *Georgica* Wein in Flüssen fließen lässt.[363] Es ist durchaus wahrscheinlich, dass Ovid das Flussmotiv aus Vergils Darstellung, die sich ja auch in anderen Punkten mit unserer deckt, aufgegriffen hat; aus der Dionysos-Tradition standen ihm freilich diverse Flüssigkeiten zur Verfügung, mit denen er seine Flüsse anreichern konnte, z.b. eben Nektar. Unklar bleibt, was genau Ovid mit *nectar* meint. Diese fiktive Flüssigkeit, das traditionelle Getränk der Götter, kann Milch, Wein, Honig oder eine andere süße Flüssigkeit bezeichnen.[364] In Euripides' *Bakchen* ist damit der Nektar der Bienen, also Honig gemeint,[365] der zusammen mit Milch und Wein aus dem Boden strömt. Honig allerdings wird in unserem Text explizit im nächsten Vers genannt, deshalb ist diese Möglichkeit unwahrscheinlich. Vielleicht handelt es sich in Anlehnung an Vergils *Georgica*-Stelle auch um Wein, zumal Wein bei Vergil zweimal als *nectar*, davon einmal im Zusammenhang mit *flumina,* bezeichnet wird.[366] Ebenso denkbar, vielleicht sogar

362 Z.B. Eur. Bacch. 142f. (Milch, Wein und Bienennektar fließen über den Boden), 706–711 (die Gottheit lässt Wein aufsprudeln, Milch fließt in Strömen, Honig tropft aus Bäumen); Plat. Ion 534a (Bacchantinnen schöpfen aus den Flüssen Milch und Honig); Hor. carm. 2,19,9–12 (Wein strömt aus Quellen, Milch in Bächen, Honig tropft aus Bäumen); Ov. fast. 3,736 (Bacchus soll den Honig entdeckt haben). Weitere Stellen zu Milch im Zusammenhang mit Dionysos, Bacchus und Pan s. TLL 7.2.817.9–34; weitere Stellen zu Honig und Nektar s. Usener 1902, 178.
363 Verg. georg. 1,132: *Et passim rivis currentia vina repressit.* Auch in der griechischen Komödie kommen Speisen tragende Flüsse vor (s. oben, 84), allerdings eher in Form von verarbeiteten Speisen wie Suppen oder Soßen. Dass in dem Auszug von Telekleides' Ἀμφικτύονης (Athen. deipn. 268a–e) Ströme von Wein fließen, stellt dabei eine Ausnahme dar.
364 Vgl. Wilhelm H. Roscher: Ambrosia, Roscher 1.1, 1978 (1884–1886), 280–282; Konrad Wernicke: Ambrosia, RE 2. Hbd., 1894, 1809f.
365 Eur. Bacch. 143: μελισσᾶν νέκταρι.
366 Verg. ecl. 5,71: [...] *vina novom fundam calathis Ariusia nectar*; georg. 4,380–384: [...] ,*cape Maeonii carchesia Bacchi:* | *Oceano libeamus* ait. [...] *nymphasque sorores,* | *centum quae*

am wahrscheinlichsten, ist die Möglichkeit, dass Ovid sich – im Bewusstsein der Reminiszenzen seiner Darstellung an Vergil und womöglich andere
literarische Vorbilder – einen Spaß daraus gemacht hat, es offen zu lassen.
Die Kenntnis der intendierten Bedeutung von *nectar* – wenn es denn
eine gibt – ist freilich nicht notwendig, um zu erkennen, dass Ovid drei
Flüssigkeiten auswählt, die sowohl an sich als auch besonders in ihrer Kombination und Präsentation mit Göttlichkeit assoziiert werden.

Inhaltliche und strukturelle Besonderheiten der Verse 107–112, auch im Vergleich zu den Versen 101–106

Im Gegensatz zu den Versen 101–106 ist dieser Abschnitt dreigeteilt (s.
Tabelle 9), wobei Ernährung Thema der letzten beiden Abschnitte ist.
Während im ersten Abschnitt Früchte (einschließlich Eicheln) als Ernäh-
rungsmotive dienten, die in ihrer Kombination und Darstellung an den pri-
mitiven Naturzustand der aszendenten Kulturentstehungslehre erinnern,
sind es in diesem Abschnitt paradiesische Motive wie essfertig wachsendes
Getreide und wundersames Vorkommen von Milch, Nektar und Honig.
Das *Automaton*-Motiv wird erneut anhand von Verneinungen (*sine semine,
inarata, nec renovatus,* s. Tabelle 9) weitergeführt und bezieht sich hier auf
Blumen und Getreide, nicht aber auf Flüssigkeiten. Wie bereits im ersten
Abschnitt zeichnet sich hierbei eine Steigerung der Nahrungsmittel bezüglich ihrer paradiesischen Erscheinung ab: (1) Üppiges Getreide wächst ohne
menschliches Zutun, (2a) Flüsse von Milch und, noch wunderbarer (2b),
Nektar fließen, schließlich (3) tropft Honig aus der Eiche. Auf den ersten
Blick erscheinen die Milch und Nektar führenden Flüsse wundersamer
als der Eichenhonig, andererseits ist Honig in den Vorzeit- und Paradies-
schilderungen der anderen augusteischen Dichter das am häufigsten verwendete Ernährungsmotiv und damit vielleicht in diesem Zusammenhang
am bedeutungsschwersten. Die finale Positionierung von *mella* gibt Ovid

silvas, centum quae flumina servant. | *ter liquido ardentem perfudit nectare Vestam* [...]. Die-
se Beobachtungen, so Bömer 1969, 56 richtig, berechtigten freilich nicht ohne Weiteres zu
einer Gleichsetzung von Nektar mit Wein bei Ovid. Bömers Begründung, dass schon bei
Euripides Nektar neben Wein und Honig auftrete (s. oben, Anm. 362), ist allerdings unklar,
denn in der entsprechenden Stelle in den Bakchen ist mit Nektar Honig gemeint (s. oben,
Anm. 365). Dass Nektar und Wein nebeneinander vorkommen können, ist davon abgesehen
kein Argument dagegen, dass Ovid Wein meinen könnte. Auch Reynen 1965, 431, der die
Stelle mit Vergils vierter Ekloge vergleicht, ist der Auffassung, es handele sich um Wein, wohl
da bei Vergil Weinstöcke wachsen.

außerdem Raum für weitere strukturelle Spielereien (Tabelle 9): Parallel zu *glandes* (106) bildet *mella* als letztes Wort des Verses den Höhepunkt des Abschnittes. Ebenso wie Eicheln entspringt auch der Honig einer Eiche.[367] Der Baum wird in beiden Versen jeweils direkt vor dem Nahrungsmittel im Ablativ genannt; Silbenanzahl und Rhythmus stimmen ebenfalls überein. Diese Komposition erinnert an Hesiods Dikeparainese 1, in der die Eiche Eicheln und Honig gibt (Tabelle 3). Durch die anfängliche Umschreibung der Eiche mit *Iovis arbore* vermeidet Ovid eine doppelte Nennung von *ilex*, aber auch ein Nebeneinander von *quercus* und *ilex*, das vielleicht an zwei verschiedene Eichenarten denken lassen könnte.[368]

Das Wort *mox* markiert einen neuen zeitlichen Abschnitt innerhalb des goldenen Zeitalters. Diese Zweiteilung innerhalb des goldenen Zeitalters erscheint zunächst merkwürdig, findet seine Entsprechung aber in Vergils vierter Ekloge, in der die wiederkehrende Zeit unter Saturn ebenfalls in (drei) zeitliche Abschnitte, nämlich die Lebensabschnitte des Knaben, aufgeteilt wird. Die Abhängigkeit unseres Abschnittes von Vergils Darstellung wird bei näherem Hinsehen noch deutlicher: Sowohl Auswahl als auch Reihenfolge der Nahrungsmittel gleichen sich,[369] darüber hinaus gibt es mehrere Übereinstimmungen in Rhythmus, Wortwahl und Struktur.[370]

Im Gegensatz zu Vergils Darstellung, in der verschiedene Motive des goldenen Zeitalters durch die zeitliche Unterteilung aufgefächert werden, unterstreicht *mox* in Ovids Darstellung die Abgrenzung der folgenden paradiesischen Nahrung von der Früchte- und Eichelnahrung davor.

Die Abfolge Früchte bzw. Eicheln – Getreide erinnert an aszendente und dialektische Vorzeitschilderungen, in denen Getreide, meist in Kom-

367 Vgl. Kubusch 1986, 227.
368 S. oben, Anm. 332.
369 Getreide, Flüssigkeit (bei Vergil sind es Weinstöcke; Reynen ist deshalb der Auffassung, bei Ovids Nektar handele es sich um Wein, s. hierzu oben, Anm. 366), Eichenhonig, s. Abschnitt zu Vergils vierter Ekloge weiter oben, 110f., vgl. Reynen 1965, 431.
370 Diese hat bereits Reynen 1965, 431 herausgearbeitet: „[...] wenigstens die letzten beiden Nahrungsmittel nehmen bei beiden Dichtern jeweils genau einen Vers in Anspruch, und der drittletzte und letzte Vers enden beidemal mit dem gleichen Wort, der letzte Vers sogar mit der gleichen Form. Darüber hinaus ist der Rhythmus des letzten Verses in beiden Versgruppen von der Penthemimeres an gleich, und auch das Adjektiv *flavus* nimmt offenbar das Verb *flavescere*, wenn auch an verschiedener Stelle, auf. Das *mox* schließlich [...] scheint geradezu auf *at simul ..., paulatim* 26ff. Bezug zu nehmen, und in beiden Fällen ist die frühere Stufe im Wachstum der Natur das Hervorsprießen und Aufblühen der Blumen.“; vgl. auch Bömer 1969, 55f.

bination mit Ackerbau, die Mangelnahrung ablöst und einen wichtigen Schritt der menschlichen Entwicklung einleitet; auf diese Weise schildert auch Ovid selbst die Vorzeit in mehreren Werken, wie oben gezeigt wurde. Dadurch wird hier die Assoziation der zuvor genannten Früchte mit primitiver Mangelnahrung, die es zu überwinden gilt, verstärkt.

Während Ovid durch diese Strukturierung also einerseits die aszendente Sichtweise anklingen lässt, betont er andererseits die Abwesenheit von Ackerbau, wodurch an das hesiodische goldene Zeitalter unter Kronos erinnert wird, in dem Getreide gottgegeben ohne Arbeit essfertig zur Verfügung steht. Ovid bringt somit die gegensätzlichen Konnotationen von Getreide als Nahrung der Vorzeit und damit deszendente und aszendente Sichtweise zusammen.

1.3.3 Schlussbemerkungen

Diese Gegenüberstellung der beiden traditionellen Vorstellungen der Vorzeit innerhalb des Nahrungskataloges wurde in der Forschung zwar zur Kenntnis genommen,[371] aber allein von Kubusch kommentiert. Er ist der Ansicht, dass Ovids „Versuch, die beiden sich widersprechenden Auffassungen von der Frühzeit zu verbinden", missglückt sei, da die primitive Frucht- und Eichelnahrung im Sinne einer konsequenten Deszendenz eher in das silberne Zeitalter gepasst hätte, in das Ovid auch Motive des primitiven Naturzustandes, wie etwa Lukrez ihn schildert,[372] hineinnimmt: „Hätte er es dabei belassen, die primitive Phase, zeitlich versetzt, hinter die paradiesische Goldzeit zu setzen, wäre das Ergebnis plausibel gewesen."[373]

Kubusch sieht freilich allein die logische Abfolge im Spiegel aszendenter und deszendenter Auffassung, übersieht aber die kunstvolle Gestaltung, unter deren Gesichtspunkt die Reihenfolge der Nahrungsmotive sehr wohl einer Logik folgt. Blicken wir in diesem Sinne noch einmal auf die Ergebnisse zurück:

---

371 Haußleiter 1935, 57; Reynen 1965, 415; 430f.; Bömer 1969, 47f.; Kubusch 1986, 231–235.
372 Nämlich die einfache Behausung in Höhlen (met. 1,121f.), Lucr. 5,955, vgl. Kubusch 1986, 234.
373 Ebd. 235f.

Einfache und paradiesische Nahrung sind zwar chronologisch angeordnet und damit voneinander abgegrenzt, werden aber durch das gemeinsame *Automaton*-Motiv und die zueinander parallelen letzten Verse beider Abschnitte miteinander verbunden. Eichel und Honig werden als Produkte desselben Baumes in Anlehnung an Hesiods Dikeparainese 1 zu gleichwertigen Nahrungsmotiven desselben paradiesischen Zustandes. Mit diesem Zug vereint Ovid gleichzeitig paradiesische und primitive Konnotation der Eichel. Dies gelingt ihm ebenso in Bezug auf das Getreide, wie oben gezeigt wurde, und auch dies ist nur durch die gegebene Struktur möglich, nämlich indem Getreide auf Früchte bzw. Eicheln folgt. Die Reihenfolge der Nahrung erzeugt in Kombination mit dem anfangs eingeführten *Automaton*-Motiv gleichermaßen ein Spannungsmoment: Nachdem der Leser durch Einführung des *Automaton*-Motivs auf paradiesische Zustände eingestellt ist, entpuppt sich das verheißungsvolle, von der Erde gegebene *omnia* als „bloß das bei äußerster Einschränkung der Ansprüche zur Erhaltung des Lebens Notwendige".[374] Indem Ovid zunächst die Eichel als unerwarteten Höhepunkt der Aufzählung nennt und anschließend zwei Verse lange überhaupt keine Nahrung schildert, verzögert er geschickt die erwartete paradiesische Nahrung, die dann endlich in den letzten vier Versen, innerhalb derer nochmal eine Steigerung stattfindet, das Ideal des goldenen Zeitalters verwirklicht.[375] Möglich ist auch, dass Ovid bei seiner Schilderung an Homers Beschreibung des Gartens von Alkinoos gedacht hat, in dem Früchte das ganze Jahr über reifen und ein beständiger Westwind – wie bei Ovid – weht.[376] Dieses potentielle Vorbild würde Früchte und ewigen Frühling zusammenbringen.

Es besteht jedenfalls kein Zweifel, dass Ovid versucht hat, aszendente und deszendente Vorzeitdarstellungen anhand von Ernährungsmotiven miteinander zu verbinden. Die Verbindung bedeutet jedoch kein simples Nebeneinanderstellen, sondern ein kunstvolles Spiel mit beiden Traditionen, das

---

374 Reynen 1965, 430.
375 Vgl. Bömer 1969, 56.
376 Hom. Od. 7,114–122: ἔνθα δὲ δένδρεα μακρὰ πεφύκασι τηλεθόωντα,| ὄγχναι καὶ ῥοιαὶ καὶ μηλέαι ἀγλαόκαρποι | συκέαι τε γλυκεραὶ καὶ ἐλαῖαι τηλεθόωσαι. | τάων οὔ ποτε καρπὸς ἀπόλλυται οὐδ᾽ ἀπολείπει | χείματος οὐδὲ θέρευς, ἐπετήσιος· ἀλλὰ μάλ᾽ αἰεὶ | Ζεφυρίη πνείουσα τὰ μὲν φύει, ἄλλα δὲ πέσσει. |ὄγχνη ἐπ᾽ ὄγχνη γηράσκει, μῆλον δ᾽ ἐπὶ μήλῳ, | αὐτὰρ ἐπὶ σταφυλῇ σταφυλή, σῦκον δ᾽ ἐπὶ σύκῳ. | ἔνθα δέ οἱ πολύκαρπος ἀλωὴ ἐρρίζωται [...]. Vgl. Ov. met. 1,108: *mulcebant Zephyri* [...].

seinen Charme durch eine geschickte Kombination aus intertextuellen Bezügen und einer zweigeteilten, gleichzeitig sich steigernden Strukturierung erhält. Die Reihenfolge der Nahrungsmotive ist dabei bis aufs Kleinste durchdacht; Ernährungsmotive mit teils gegensätzlichen, teils mehrdeutigen Konnotationen werden geschickt platziert, um das Erwartete zu verzögern und dadurch Spannung zu erzeugen. Um diesen Effekt zu erzielen, hat Ovid freilich die Unregelmäßigkeit der Deszendenz innerhalb des Weltaltermythos in Kauf genommen.

Tabelle 3 Ernährungsmotive in griechischen und römischen Vorzeitdarstellungen von Hesiod bis Lukrez[377]

Zeit	Dichter/ Werk	Phasen	Motive/Themen	Nahrungsmotive	
		DESZENDENTE DARSTELLUNGEN			
ca. 700	**Hesiod** Ἔργα καὶ ἡμέραι	Goldenes Geschlecht unter Kronos	*Automaton* Üppige Nahrung (118)	Früchte (Getreide)	καρπόν (117)
		Ehernes Geschlecht	Keine Getreidenahrung (145f.)		
		Heroengeschlecht auf den seligen Inseln	Üppige Nahrung	Honigsüße Frucht (Getreide)	μελιηδέα καρπὸν (172)
		Dikeparainese 1 (Eisernes Geschlecht)	Üppige Nahrung	reiche Nahrung	πολὺν βίον (232)
				Frucht (Getreide) Eicheln und Bienen (Honig) aus der Bergeiche	καρπὸν (237) οὔρεσι δὲ δρῦς ἄκρη μέν τε φέρει βαλάνους, μέσση δὲ μελίσσας (232f.)
5. Jh.	**Empedokles** Οἱ Καθαρμοί	Goldenes Geschlecht (fr. 31 B 128 DK)	Tierfriede Vegetarismus	gelber Honig kein Stierblut	ξανθῶν μελίτων ταύρων φόνοις
5.-4. Jh.	**Alte Komödie**	In der Zeit unter Kronos, in der Unterwelt oder in fernen Ländern verorteter schlaraffenland- artiger Zustand	*Automaton* abgewandelt: Speisen ... • sind essfertig zubereitet • bereiten sich selbst zu • drängen sich den Mündern auf • bewegen sich fliegend oder bes. schwimmend fort	Gerstenkuchen Fleischhappen Würstchen Fisch Flüsse aus Suppen, Eintöpfen, Soßen	μᾶζαι (Krat. fr. 176 PCG; Telekl. fr. 1 PCG) κρέα (Telekl. fr. 1PCG) ἀλλάντων (Pherekr. fr. 113 PCG) οἱ δ᾽ ἰχθύες (Telekl. fr. 1 PCG) ποταμοὶ μὲν ἀθάρης καὶ μέλανος ζωμοῦ πλέῳ (Pherekr. fr. 113 PCG)
3. Jh.	**Arat** Φαινόμενα	Goldenes Geschlecht (112-114)	Landwirtschaft durch Dike Üppige Nahrung Vegetarismus		
		Ehernes Geschlecht	Fleischnahrung	Ackerstier	βοῶν ἐπάσαντ᾽ ἀροτήρων (132)

377 Erläuterungen zu Tabelle 3: Die Zeitangaben beziehen sich auf die Jahrhunderte v. Chr. Bei Darstellungen mit Phasen werden nur die Phasen abgebildet, in denen Ernährung eine Rolle spielt. Quellenverweise wie Versangaben, Fragmente und Autoren stehen in Klammern jeweils auf der höchsten möglichen Ebene. Bei unterschiedlichen Quellen bzw. Fragmenten wurde versucht, die kleineren Fragmente den jeweiligen Phasen der Hauptfragmente logisch zuzuordnen. Unsichere Zuordnungen sind mit gestrichelten Linien markiert. Bei den griechischen und lateinischen Nahrungsmotiven handelt es sich um Zitate, deshalb stehen auch einzelne Begriffe in ihrem ursprünglichen Kasus. ‚Pötscher‘ wird in dieser Tabelle aus Platzgründen mit ‚P‘, Mirhady‘ mit ‚M‘ abgekürzt.

Zeit	Dichter/Werk	Phasen	Motive/Themen	Nahrungsmotive	
		A S Z E N D E N T E D A R S T E L L U N G E N			
1. Jh.	Diodor Βιβλιοθήκη (1,8)	Phase 1 (1)	Primitivismus	Zarteste Kräuter	βοτάνης τὴν προσηνεστάτην
			Automaton	Baumfrüchte	δένδρων καρπούς
		Phase 3 (3-6)	Keine Vorräte		
		Phase 4 (7)	Vorräte		
		Phase 5 (8)	Feuer		
	Varro Res rusticae	Naturphase (2,1,3)	Automaton		
		Hirtenphase (2,1,4)	Sammeln	Eicheln	glandem
				Arbutus-Früchte	arbutum
				Maulbeere	mora
				Baumfrüchte	poma
			Hirtenleben	Milch und Käse vom Vieh	lacte et caseum
		Ackerbauphase (2,1,5)	Landwirtschaft		
		D I A L E K T I S C H E D A R S T E L L U N G E N			
4.Jh.	Platon Πολιτικός	Goldenes Geschlecht unter Kronos	Automaton (272a3-b1)	Früchte von der Erde und von fruchtbaren Bäumen	καρποὺς δὲ ἀφθόνους εἶχον ἀπό τε δένδρων καὶ πολλῆς ὕλης ἄλλης
			Tierfriede (272 b10-c3)		
4.-3. Jh.	Theophrast Περὶ Εὐσεβείας	Phase 1 allg. (fr. 12 P mit Emp. fr. 31 B 128 DK)	Vegetarismus Tierfriede	Wasser	ὑδρόσπονδα
		Phase 1a (fr. 2 P)	Primitive Nahrung	Kräuter	χλόης
				Gras	πόαν
				Süßgräser	ἄγρωστις
		Phase 1b (fr. 2 P)		Eicheln	δρυὸς καρποφαγήσαντες
		Phase 2a (fr. 2 P)	Kultivierte Nahrung	Früchte	καρπῶν (+ fr. 13 P)
				Arbutus-Früchte	μιμαίκυλα
				Getreide	Δημητρείου καρποῦ
				Weizen	πυροί
		Phase 2b (fr. 2 P)		Gerste	κριθῶν
				Hülsenfrüchte	χέδροπα, ὄσπρια
		Phase 2c (fr. 2 P)	Ackerbau und Weiterverarbeitung von Getreide		
		Phase 2d (fr. 2 P)	Üppigkeit der Nahrung	Früchte	καρπῶν
				Weizen	πυρῶν
				Kuchen	πελάνων
				ein Kuchen aus getrockneten Feigen	παλάθη ἠγητηρία λεύρων πυρίνων καὶ κριθίνων φθοῖς
				ein Kuchen aus Weizen- und Gerstenmehl	
				ein aufrechter Kuchen	ὀρθοστάτης

		Phase 2e	Kulturprodukte	Wein	οἴνου (fr. 2 P)
					οἰνόσπονδα (fr. 12 P)
				Honig	μέλιτος (fr. 2 P)
					μελίσπονδα (fr. 12 P)
				Olivenöl	ἐλαίου (fr. 2 P)
				Öl	ἐλαιόσπονδα (fr. 12 P)
		Phase 3	Fleischverzehr	Blut	αἱμάτων (fr. 2 P)
				furchtbarste Opfer	δεινοτάτων θυμάτων (fr. 2 P)
				erst Menschenfleisch	σαρκοφαγεῖν ἀλλήλων (fr. 13 P)
				...dann stattdessen Tierfleisch	ζῴων σώματα (fr. 13 P)
4.-3. Jh.	**Dikaiarch** Περὶ τῆς Ἑλλάδος (?)	Goldenes Geschlecht (Porph.)/ Zeitalter (Hier.)	Vegetarismus (fr. 54 M)		
			Automaton	Feldfrüchte	_frugibus_ (fr. 56B M)
				Baumfrüchte	_pomis_ (fr. 56B M)
			Primitivismus	Einfaches und unzubereitetes Essen	τὸ λιτὸν καὶ αὐτοσχέδιον τῆς τροφῆς (fr. 56A M)
				Eicheln	δρυός (fr. 56A M)
		Hirtenphase	Domestizierung, Jagen wilder Tiere (fr. 56A M)	Fleischverzehr	_ἐδεσμάτων κοινῇ_ (fr. 57 M)
		Ackerbauphase	Landwirtschaft (fr. 54, 56A M)		
1. Jh.	**Lukrez** De rerum natura Buch 5	Naturphase	Automaton	Eicheln	glandiferas quercus (938)
			Zufriedenheit	Derbes Futter	pabula dura (944)
			Primitivismus	Arbutus-Früchte	arbita (941)
			Üppigkeit der Nahrung	Wasser	aquai (946)
			Nahrungsmittel als Zahlungsmittel für sexuelle Gefälligkeiten (965)	Eicheln Arbutus-Früchte Birnen	glande arbita pira
			Tod durch...	...Gefressenwerden	pabula feris (991)
				...Verhungern	penuria cibi (1007)
				...Giftige Nahrung	venenum (1009)
		Beginn der Zivilisation	Lernen kochen		cibum quoquere ac flammae mollire vapore (1102)
		Weiterentwicklung der Zivilisation	Viehwirtschaft	Viehherden	pecudes (1110)
			Baumzucht	Wein	vineta (1372)
			Landwirtschaft	Oliven	olearum (1373)
				Obst	pomis (1377)

Tabelle 4 Ernährungsmotive in Vorzeitdarstellungen augusteischer Dichter (ohne Ovid)[378]

Dichter/ Werk	Motive/ Themen	Nahrungsmittel/ Nahrungsmotive		Einordnung/ Bezeichnung	
		VERGIL			
Ekloge 4	Tierfriede (Tier – Tier)		(22f.)	Wiederkehrendes Zeitalter des Saturn	DES
	Automaton	Milch	ipsae lacte domum referent distenta capellae | ubera (21f.)	aurea gens (9)	
		Getreide	molli paulatim flavescet campus arista. (28)		
		Weinstöcke	incultisque rubens pendebit sentibus uva (29)		
		Honig	et durae quercus sudabunt roscida mella (30)		
		Erde gibt alles	omnis feret omnia tellus [...] (39f.)		
		Keine Landwirtschaft nötig	non rastros patietur humus, non vinea falcem; robustus quoque iam tauris iuga solvet arator (40f.)		
Georgica 1	Automaton	Erde gibt alles freiwillig	ipsaque tellus omnia liberius nullo poscente ferebat (127f.)	Zeit vor Jupiter ante Iovem (125)	DIA
		Keine Landwirtschaft	nulli subigebant arva coloni (125)		
		Honig	mellaque decussit foliis (131)		
		Weinführende Flüsse	et passim rivis currentia vina repressit (132)		
	Tierfriede (Tier – Mensch)	Keine Jagd, Netze, Fallen	139–142		
	Baumfrüchte	Eicheln	glandes (148)		
		Früchte vom Erdbeerbaum	arbuta (148)		
Georgica 2	Automaton	Erde gibt von sich aus	humo facilem victum iustissima tellus (459) rura sponte sua (500)	Zeit unter dem goldenen Saturn aureus Saturnus (538)	DES
	Vegetarismus	Kein Opfern von Pflugstieren	ante impia quam caesis gens est epulata iuvencis (537f.)		
	Fülle an Nahrung und Vieh durch Landwirtschaft und Ackerbau	Obst in Fülle	pomis exuberet annus (516)		
		Getreide in Fülle	cerealis mergite culmi proventuque oneret sulcos atque horrea vincat (517-518)		
		Weinernte	vindemia (521f.)		
		Oliven	Sicyonia bacca (519)		
		Viehzucht	fetu pecorum (517), sues laeti, (520), pinguesque haedi (525f.)		
		Milch	ubera vaccae lactea demittunt (524f.)		
		Obstanbau	Pomis (516), varios fetus (521)		
	Sammeln	Früchte vom Erdbeerbaum	arbuta silvae (520)		

378 Erläuterung zu Tabelle 4: DES = deszendent, AS = aszendent, DIA = dialektisch. Diese Zuschreibungen werden teilweise nur aus dem im Fließtext erläuterten Kontext ersichtlich, da an dieser Stelle nur Bezug auf die Nahrungsmittel und -motive genommen wird.

Dichter/ Werk	Motive/ Themen	Nahrungsmittel/ Nahrungsmotive		Einordnung/ Bezeichnung	
Aeneis 8	Sammeln	Zweige	*rami* (318)	Zeit vor Saturn	DIA
	Jagen	Jagdbeute Keine Vorräte Keine Landwirtschaft	*victu venatus* (318) *componere opes norant aut parcere parto* (317) *nec iungere tauros* (316)		
	Landwirtschaft	Pflügen	*iungere tauros* (316)	Zeit unter Saturn *aurea saecula* (324f.)	
	Haushalt	Vorräte anlegen	*componere opes* (317)		
		Sparsamkeit	*parcere parto* (317)		
HORAZ					
Epode 16	Tierfriede (Tier – Tier)		*nec vespertinus circumgemit ursus ovile* (51)	Selige Inseln *arva beata* (41)	DES
	Automaton	Getreide	*reddit ubi Cererem tellus inarata quotannis* (43)		
		Weinstock	*et inputata floret usque vinea* (44)		
		Oliven	*germinat et numquam fallentis termes olivae* (45)		
		Feige	*suamque pulla ficus ornat arborem* (46)		
		Eichenhonig	*mella cava manant ex ilice* (47)		
		Milch	*illic iniussae veniunt ad mulctra capellae* | *refertque tenta grex amicus ubera* (49f.)		
		Wasserbäche			
Satire 1,3	Primitivismus	Eicheln	*glandem atque cubilia propter unguibus et pugnis* (100f.)	*primis terris* (99)	AS
TIBULL					
1,3	Automaton	Honig	*Ipsae mella dabant quercus* (45)	Zeit unter Saturn *Saturno rege* (35)	DES
		Milch	*ultroque ferebant* | *obvia securis ubera lactis oves* (45f.)		
2,1	Primitivismus	Eicheln	*pellere glande famem* (38)	Bevor die Götter zu Lehrmeistern wurden (37f.)	AS
		Wilde Nahrung	*victus feri* (43)		
2,3	Primitivismus	Eicheln	*glans alat* (68), *glans aluit veteres* (69)	Zeit vor dem Ackerbau	AS
		Wasser als Getränk	*prisco more bibantur aquae* (68)	*non habuisse satos* (70)	

Tabelle 5 Ernährungsmotive in Vorzeitdarstellungen Ovids[379]

Buch / Kapitel	Motive/ Themen	Einzelmotive/Nahrungsmotive		Einordnung	
		AMORES 3			
8	Automaton	Getreide	curvo sine vomere fruges (39)	Zeit unter Saturn Regna Saturnus	DES
		Obst	pomaque (40)	haberet (35)	
		Honig	in quercu mella reperta cava (40)		
10	Primitivismus	Eicheln	sed glandem quercus (9)	Zeit vor Ceres ante [Cererem] (7)	AS
		Kräuter	teneri caespitis herba cibus (10)		
		ARS AMATORIA 2			
2	Primitivismus	Kräuter	cibus herba (475)	Anfang aller Dinge prima fuit rerum [...] moles (467)	AS
		Eicheln	quercus tecta cibumque dabat (622)	damals, tunc (621)	
		FASTI			
1	Primitivismus	Eicheln statt Getreide	quernaque glans victa est utiliore cibo: frugibus (676f.)	Zeit vor Ceres correcta vetustas (675)	AS
2	Primitivismus	Kräuter statt Getreide	pro frugibus herbas (293)	Zeit vor Jupiter ante Iovem (289)	AS
		Wasser statt Nektar	nectar erat palmis hausta duabus aqua (294)		
4	Automaton	Boden spendet	quas tellus nullo sollicitante dabat (396)	erste Menschen vor Ceres	AS
		Kräuter von allein		primis mortalibus (395)	
	Primitivismus	a Kräuter statt Brot	panis erat virides herbae (395)		
		Gras vom Rasen	e caespite gramen (397)		
		Zweig- spitzen	tenera fronde cacumen (398)		
		b Eichel	duraque magnificas quercus habebat opes (401)		
	Sammeln	Eicheln	glandes (509)	Zeit vor Ceres quod nunc Cerialis Eleusin dicitur (507f.)	DES
		Brombeeren	excussaque mora rubetis (509)		
	Landwirtschaft	Milch	lacte (545)		
		Lab	liquefacta coagula (545)		
		Obst	poma (546)		
		Honig	in ceris aurea mella suis (546)		

379 Erläuterung zu Tabelle 5: DES = deszendent, AS = aszendent, DIA = dialektisch. Um einen Gesamtüberblick über die Ernährungsmotive in Ovids Vorzeitdarstellungen zu erhal-

Buch / Kapitel	Motive/ Themen	Einzelmotive/Nahrungsmotive		Einordnung	
		METAMORPHOSEN			
1	*Automaton*	Erde gibt alles freiwillig	*per se dabat omnia tellus (102), nullo cogente (103)*	Goldenes Geschlecht *aurea aetas* (89)	DES
		Getreide	*mox etiam fruges tellus inarata ferebat,*		
		Milch	*nec renovatus ager gravidis canebat aristis* (109f.)		
		Nektar	*flumina iam lactis, iam flumina nectaris ibant* (111)		
		Honig	*flavaque de viridi stillabant ilice mella* (112)		
	Sammeln	Früchte vom Erdbeerbaum	*arbuteos fetus* (104)		
		Walderd-beeren	*montanaque fraga* (104)		
		Kornel-kirschen	*cornaque* (105)		
		Brombeeren	*in duris haerentia mora rubetis* (105)		
		Eicheln	*quae deciderant patula Iovis arbore, glandes* (106)		
15	*Vegetarismus alimenta mitia sine caede et sanguine* (81f.)	Getreide	*fruges* (76)	Goldenes Zeitalter der Gegenwart *sunt* (76–82)	DIA
		Obst	*sunt deducentia ramos | pondere poma suo* (76f.)		
		Trauben	*tumidaeque in vitibus uvae* (77)		
		Kräuter	*herba* (78)		
		Milch	*lacteus umor* (79)		
		Honig	*mella thymi redolentia flore* (80)		
	Vegetarismus Nec polluit ora cruore (98)	Obst	*fetibus arboreis* (97)	Goldenes Zeitalter der Vergangenheit *aurea aetas* (96)	DES
		Kräuter	*quas humus educat, herbis* (97)		

Tabelle 6 Schematische Übersicht der Verse 101–106

Vers	Syntax	deduktiv	zusammenfassend	kont1r	
101-102	Satz 1	*omnia*	*inmunis rastro vomeribus*	*Automaton* allgemein	Verneinungen
103	Satz 2	*cibis*	= *nullo cogente*		
104-106		*arbuteos fetus, fraga, corna, mora, glandes*		Nahrungsmittel konkret	keine Verneinungen

ten, werden die beiden Textstellen aus den Metamorphosen hier bereits berücksichtigt.

Tabelle 7 Inhaltliche Strukturierung der Verse 104–106

Vers	Gegenstand	Eignung als menschliche Nahrung: Antiklimax		Verwendung des Motivs vor Ovid: Klimax		Verb
104	Arbutusfrüchte *arbuteos fetus*	weich	Optische Ähnlichkeit	Frühzeit	mehrfach genannt	*legebant*
	Erdbeeren *montana fraga*	weich, süß		Bukolik	einmal genannt	
105	Kornelkirschen *corna*	hart (Stein), sauer	Mühsam im Verzehr oder Beschaffung	Epos, Satire	mehrfach genannt	
	Brombeeren *in duris haerentia mora rubetis*	stachelig		Frühzeit	unbekannt	
106	Eicheln *glandes*	hart, ungenießbar, ABER göttlich *Automaton*: sie sind heruntergefallen		Frühzeit	topisch	*deciderant*

Tabelle 8 Metrische und strukturelle Besonderheiten der Verse 104–106

Vers	Position der Früchte (blau) und Abweichungen im Metrum (orange)
104	—◡◡ —— —‖— ‖
	arbute os fe tus mon tanaque fraga legebant
105	—◡◡ —— —‖— ‖
	cornaqu(e) et in dur is hae rentia mora rubetis.
106	—— —◡◡ — ‖◡◡
	et quae decide rant patu la Iovis arbore glandes.

Tabelle 9 Inhaltliche und strukturelle Gemeinsamkeiten der Verse 101–106 und 107–112

Wilde Nahrung (101-106)	Paradiesische Nahrung (107-112)
ipsa quoque inmunis rastroque intacta nec ullis saucia vomeribus per se dabat omnia tellus, contentique cibis nullo cogente creatis	ver erat aeternum, placidique tepentibus auris mulcebant zephyri natos sine semine flores;
	mox etiam fruges tellus inarata ferebat, nec renovatus ager gravidis canebat aristis;
arbuteos fetus montanaque fraga legebant cornaque et in duris haerentia mora rubetis	flumina iam lactis, iam flumina nectaris ibant,
— ᴗᴗ | — —	—ᴗᴗ | — ᴗ
et quae deciderant patula Iovis arbore glandes.	flavaque de viridi stillabant ilice mella.

grün: *Automaton*

2 Römische *pietas* in drei Gängen – das Gastmahl bei Philemon und Baucis (met. 8,626–724)

Die Geschichte der alten Eheleute Philemon und Baucis, die ahnungslos zwei göttliche Besucher in ihrer ärmlichen Hütte aufnehmen und im Rahmen ihrer bescheidenen Möglichkeiten opulent bewirten, enthält in ihrer detaillierten Schilderung eine der berühmtesten Gastmahlszenen der römischen Literatur.[1] Das zentrale Motiv der Göttereinkehr ist mit weiteren,

---

1 Vgl. Gowers 2005, 339; Hollis 2009, 350. Dies zeigt sich in der umfangreichen Rezeptionsgeschichte von Philemon und Baucis, ausführlich besprochen von Beller 1967. Dennoch wurde, wie Gowers 2005, 332 bereits richtig feststellte, die Geschichte in neueren Untersuchungen des Gesamtwerkes häufig übergangen (Solodow 1988, Tissol 1997 sogar in seinem Kapitel ‚The *Hecale* in the *Metamorphoses*', 153–166) oder nur gestreift (Myers 1994, 91f. und Wheeler 1999, 169–170 befassen sich eher mit der Rahmenhandlung, Otis 2010 (1966), 384–86 behandelt sie vorwiegend im Zusammenhang mit der Eröffnung der Deucalion-und-Pyrrha-Geschichte, ohne im Detail auf die Handlung einzugehen). Freundt 1973, 79–87 untersucht das liebevolle Verhältnis der Eheleute, Galinsky 1975, 197–203 behandelt die Geschichte immerhin in Bezug auf Humor und Leichtigkeit in der Erzählweise. Vernachlässigt wird die Geschichte auch in Anja Bettenworths Untersuchung zur Typik von Gastmahlszenen (2004), die nur Epen mit fortlaufender Handlung berücksichtigt. Die Forschung zu Philemon und Baucis beschäftigte sich bisher überwiegend mit Fragen nach der Herkunft der Geschichte bzw. der darin enthaltenen Motive (zu verschiedenen Motiven Malten 1939; Hollis 2008 (1970) 179–186; Bömer 1977, 191–193; Griffin 1991; zum Flutmotiv Fontenrose 1945; Jones 1994 beschäftigt sich mit einer geografischen Zuordnung der Geschichte), aber auch mit der idealisierten Armut, gegenseitigen Liebe und Gleichberechtigung des Paares (Bömer 1977, 194; Gamel 1984). Hallet 2000 untersucht in diesem Zusammenhang die Harmonie zwischen Philemon und Baucis und ihrer Umwelt sowie die Gleichberechtigung zwischen ihnen und den Göttern. Dabei geht sie auch auf einige Nahrungsmittel in ihrer Rolle als ‚Haushaltshelfer' ein (558f.). Eine weitere Forschungslinie, in der allerdings eher die Rahmenhandlung betrachtet wird, thematisiert die Erzählsituation, etwa die Glaubhaftigkeit der Erzählung bzw. des Erzählers Lelex (Gamel 1984; Feeney 1991,

moralisch-religiösen Motiven wie göttlicher Belohnung von *pietas*, Flut als göttlicher Bestrafung und Baumkult verwoben.[2] Die inhaltliche Struktur der Episode stellt sich wie folgt dar:

Sie ist eingebettet in einen größeren Mythenkomplex, der sich mit Unterbrechungen zunehmend auf Theseus konzentriert.[3] Dieser kehrt nach der Jagd auf den kalydonischen Eber (met. 8,273–546) mit seinen Gefährten bei Achelous ein. Die Bewirtung und Gespräche in dessen Haus (571–988) bilden den Rahmen für verschiedene Erzählungen, darunter auch die von Philemon und Baucis.[4] Die Geschichte selbst gliedert sich folgendermaßen: Der alte Lelex erzählt Theseus und den anderen Jagdgefährten von einem Baumheiligtum nahe einem See in Phrygien als Handlungsort der Geschichte (616–625). Als Ausgangssituation wird geschildert, wie Jupiter und Merkur in Menschengestalt an jenem Ort eine Unterkunft suchen und nur von Philemon und Baucis, einem greisen Paar in einem ärmlichen Bauernhaus, aufgenommen werden (626–636). Beide fangen sofort an, ihren Gästen den größtmöglichen Komfort zu bieten, sie zu unterhalten und ein Essen für sie vorzubereiten (637–663). Es folgt das dreigängige Mahl (665–678), in dessen Anschluss sich die Götter durch das wundersame Nachfüllen des Weinkruges zu erkennen geben und das Ehepaar für sie seine einzige Gans schlachten will, was diese jedoch verbieten (679–88). Es kommt zu einer doppelten Belohnung des Paares für seine Gastfreundschaft und zur Bestrafung der gastunfreundlichen Menschen (689–710): Der Ort wird überflutet bis auf das Haus von Philemon und Baucis, das in einen Tempel verwandelt wird. Zusätzlich dürfen sich beide etwas wünschen: Sie möchten fortan Priester des Tempels sein und eines Tages gemeinsam sterben. Dieser letzte Wunsch geht im hohen Alter in Erfüllung, als sie sich vor den Stufen des Tempels in eine Eiche und eine Linde verwandeln (711–720). Lelex beendet die Geschichte mit der Bekräftigung ihres Wahrheitsgehaltes und mit der Respektbekundung *qui coluere, colantur* (724).

229–32; Myers 1994, 91–93; Wheeler 1999, 169–170), und hinterfragt in diesem Zusammenhang das göttliche Handeln (Green 2003). Forschungsliteratur zum Thema Bewirtung und Speisen wird weiter unten besprochen, s. Anm. 6–9.

2 Vgl. Malten 1939, 203; Flückiger-Guggenheim 1984, 50f.

3 Vgl. Malten 1939, 178.

4 Vgl. Bömer 1977, 176.

Bei der Fülle an Handlungselementen und Motiven in dieser Geschichte nimmt die Vorbereitung der Mahlzeit und Bewirtung der Gäste den verhältnismäßig größten Teil ein, nämlich mit 42 Versen (637–678) fast die Hälfte der gesamten Erzählung (95 Verse).[5] Dennoch sind ausfürliche Untersuchungen zu diesem Teil der Geschichte rar gesät.[6] Das Interesse an der Bewirtungsszene hat sich bisher weitgehend auf eine potentielle Abhängigkeit von griechischen Vorbildern, besonders Kallimachos, beschränkt;[7] darüber hinaus wurde der römische Tenor des Gastmahls erkannt,[8] doch die aufgetischten Speisen wurden dabei, wenn überhaupt, eher pauschal abgehandelt.[9] Der Grund für das mangelnde Interesse an der Bewirtungsszene mag daran liegen, dass Einkehrszenen in der griechischen Literatur zwar eine lange Tradition haben, aber vorher nie mit einer solchen Fülle anderer, nicht nur auf griechische, sondern auch auf biblische und vorderasiatische

---

5 Nimmt man die Gänsejagd hinzu (10 Verse), sogar mehr als die Hälfte, vgl. Malten 1939, 183. Die Sagen-Elemente werden demgegenüber sehr knapp gehalten: Die Wanderung der Götter und deren Suche nach einer Herberge sowie Aufnahme bei Philemon und Baucis werden in sechs Versen zusammengefasst, die Überflutung fast beiläufig in einem Vers, vgl. Flückiger-Guggenheim 1984, 55. Insgesamt umfassen unmittelbare Belohnung und Bestrafung 22 Verse (689–710), letzter Lebensabschnitt und Metamorphose in Bäume zehn Verse (711–720).

6 Am ausführlichsten geht, soweit ich sehe, Emily Gowers in ihrem Artikel „Talking trees" (2005) auf die Bewirtungsszene ein. Darin zeigt sie, wie verschiedene Elemente der Bewirtungsszene, darunter auch einige Speisen, auf das hohe Alter der Gastgeber und deren spätere Verwandlung in Bäume hinweisen.

7 Beller 1967, 13–36; Anderson 1972, 390; Bömer 1977, 191f.; Kenney/Melville 1986, xxviii. S. den Appendix zum Thema Einkehr-Szenen in Hollis' Kommentar zu Kallimachos' *Hekale* 2009, 341–354. In die motivgeschichtlichen Betrachtungen werden in der Regel auch Gen 18 und 19 einbezogen, s. dazu weiter unten, 165f.

8 Malten 1939, 184f.; Hallet 2000, 553.

9 So geht etwa Malten 1939, 184f. lediglich auf den Ablauf der Mahlzeit, nicht aber auf die Speisen ein: „[...] wenn nicht die Art der Bewirtung, wie sie bei Ovid zutage liegt, so ganz römisches Gepräge trüge. Der Dichter teilt deutlich [...] in *gustatio, cena* und *secundae mensae*, dazwischen wird jedesmal der Wein eingeschoben, der immer wieder entfernt wird, um auf dem kleinen Tisch Platz zu schaffen, und dann wieder erscheint. Es ist die typische Mahleinteilung, wie wir sie auch sonst bei römischen Schriftstellern finden und für das tägliche römische Leben voraussetzen dürfen." Galinsky 1975, 201f. zählt alle Speisen mit Blick auf die übertriebene, seiner Ansicht nach parodistische Betonung der typisch römischen Speisen auf, bleibt aber Details und Erläuterungen schuldig. Anderson/Frederick 1988, 124 beschränken sich in Bezug auf die Auswahl der Speisen auf einen Verweis auf Horazens Spruch *ab ovo usque ad mala*, ebenso wie Hallet 2000, 553: „[...] by extending from ‚eggs to apples' [...], this food qualifies as a traditional Roman meal [...]". Anderson/Frederick 1988, 124 verweisen außerdem – leider nur sehr oberflächlich – auf Ähnlichkeiten mit Horazens Satiren.

Traditionen zurückgehender Motive wie Flut und Baumkult verknüpft wurden.[10] Entsprechend groß war das Forschungsinteresse, möglichen Quellen Ovids bezüglich dieser Motive nachzuspüren.[11] Bisweilen werden sie trotz der bemerkenswerten Länge der Bewirtungsszene sogar für primär gehalten, da man die detaillierte Beschreibung des Gastmahls weglassen könne, ohne den Verlauf der Geschichte zu beeinflussen.[12]

Diese Beobachtung ist meiner Ansicht nach kein Grund für die Vernachlässigung der Bewirtungsszene; ganz im Gegenteil lädt sie dazu ein, erstens dieses Spannungsverhältnis zwischen der Länge und Prominenz des Gastmahls auf der einen und dessen Verzichtbarkeit auf der anderen Seite näher zu beleuchten, und zweitens die Bewirtungsszene und besonders das Gastmahl, dem Ovid die meisten Verse widmet, auf die Funktion seiner Bestandteile (d.h. primär der Nahrungsmittel) hin zu untersuchen.

Da das Motiv der Göttereinkehr, wie gesagt, einer langen Tradition in der griechischen (und biblischen) Literatur folgt und auch Ovids Geschichte sich in wesentlichen Elementen in diese Tradition einreiht, geht der Analyse und Deutung der im Rahmen des Gastmahls auftretenden Nahrungsmittel ein diesbezüglicher motivgeschichtlicher Überblick voraus.

2.1 Motivgeschichte: Theoxenie-Geschichten

Das Motiv der Einkehr von Göttern (Theoxenie) in einer einfachen Bauernunterkunft ist im Altertum in Sagen der griechischen und verschiedener vorderasiatischer Kulturen präsent[13] und wird häufig mit weiteren Motiven wie dem Prüfen, Belohnen oder Bestrafen menschlichen Verhaltens durch die Götter (zum Beispiel in Form einer Flut) oder mit der Gastfreundschaft und Bewirtung der übermenschlichen Gäste durch die meist armen Gast-

---

10 Die Geschichte von Philemon und Baucis, auch dem Namen nach, kommt zuerst bei Ovid vor, vgl. Bömer 1977, 190. Für Beispiele solcher Motive s. unten, 173, Anm. 60.
11 S. dazu oben, Anm. 1.
12 Griffin 1991, 64. Galinsky hingegen hält die Aufnahme und Bewirtung der Gäste für die primäre, von Kallimachos' *Hekale* und *Molorchos* übernommene Geschichte, in die Ovid zusätzliche Elemente wie die Flutsage, die Theophanie und den Baumkult eingebaut habe, vgl. Galinsky 1975, 198.
13 Vgl. Hollis 2008 (1970), 106. Zu Beispielen aus dem Nahen Osten (sumerische, akkadische, hethitische und ägyptische Geschichten) s. Irvin 1978.

geber gekoppelt.[14] Im Folgenden werden solche Theoxenie-Geschichten herausgegriffen, die in der Forschung als mögliche Vorbilder für Ovids Philemon-und-Baucis-Geschichte diskutiert werden. Um zumindest eine grobe Chronologie zu wahren,[15] werden Texte aus dem Alten Testament vor den griechischen behandelt. Darüber hinaus wird der Begriff ‚Theoxenie'[16] im Folgenden auch auf von Göttern abstammende Helden ausgeweitet, da diese besonders in der griechischen Literatur als Protagonisten in Einkehrszenen auftreten, wie gezeigt werden wird.

2.1.1 Theoxenie-Geschichten in der Genesis

Obwohl es freilich viele Einkehrgeschichten im Alten Testament gibt, weisen die Geschichten von Abraham und Lot in Genesis 18 und 19 die größte Übereinstimmung mit Philemon und Baucis auf.[17] Beide Figuren zeigen sich jeweils dem Herrn bzw. zwei Engeln gegenüber gastfreundlich und bleiben als Dank verschont, als Gott die Orte Sodom und Gomorrah als Strafe für das schlechte Verhalten der darin lebenden Menschen zerstört. Diese letztgenannten Motive – Bestrafung der schlechten Menschen durch Zerstörung eines Ortes und gleichzeitig Belohnung der Gastgeber durch Verschonung ihres Lebens – finden sich ebenfalls bei Philemon und Baucis; bei der Geschichte von Abraham kommt das mit Philemon und Baucis gemeinsame Motiv des Baumkultes hinzu.[18] Die servierten Nahrungsmittel

14 Für einen Überblick über das umfangreiche Quellenmaterial antiker Theoxenie-Geschichten sei auf Flückiger-Guggenheim 1984 verwiesen; s. auch Malten 1939, 179–186; Griffin 1991; Hollis 2009, 341–354.
15 Die sog. Erzelternerzählungen der Genesis (Gen 12–36,38), zu denen auch die im Folgenden thematisierten Geschichten um Abraham und Lot gehören, werden in der Regel auf die Zeit vor dem achten Jahrhundert v. Chr. datiert, vgl. Jan C. Gertz (Hg.): Grundinformation Altes Testament. Göttingen ⁵2016, 216.
16 Begriffsklärung s. Friedrich Pfister: Theoxenia, RE 2. Reihe, 10. Hbd., 1934, 2256f.
17 Für weitere Einkehrgeschichten im Alten Testament s. Irvin 1978; Hiltbrunner 2005, 22; vgl. auch Fritz Rienicker/Gerhard Maier/Alexander Schick/Ulrich Wendel: Lexikon zur Bibel. Stuttgart 2013, s.v. Gast. Als prägnantes Beispiel ist hier beispielsweise noch die Geschichte um Elias und die Witwe von Sarepta (1. Kön 17,8–24) zu nennen. Zur Belohnung für ihre Gastfreundschaft wird Sarepta nicht vor einer Katastrophe gerettet, sondern ihr toter Sohn wird wiederbelebt.
18 Der Herr erscheint Abraham bei dem Hain von Mamre (Gen 18,1), wo die Verehrung eines heiligen Baumes bis mindestens ins Mittelalter belegt ist, vgl. Flückiger-Guggenheim

allerdings – Brot (18,6)[19], ein Kalb (18,7), Sauermilch (18,8)[20] und frische Milch (18,8) bei Abraham und Sara,[21] ungesäuertes Brot (19,3) bei Lot[22] – stimmen nicht mit denen bei Philemon und Baucis überein.

2.1.2 Theoxenie-Geschichten in der griechischen Literatur

In der griechischen Literatur ist das Motiv der Theoxenie durch die Odyssee vorgeprägt:[23] Die Geschichte vom Schweinehirten Eumaios, der seinen alten Herrn Odysseus nicht erkennt, sondern für einen Bettler hält und ihn trotzdem großzügig bewirtet (Od. 14), wurde zum Prototyp der Einkehrgeschichte für spätere Dichter.[24] In der Bewirtungsszene (Od. 14,48–79) baut Eumaios zunächst eine improvisierte Sitzgelegenheit aus Reisig und einem Ziegenfell (48–52). Anschließend bereitet er das Essen vor (72–79)[25]: Er schlachtet zwei Ferkel, brät und serviert sie Odysseus heiß am Spieß und be-

---

1984, 54, s. dort auch für weitere Baumkulte. Sämtliche Parallelen beider biblischer Geschichten mit der Philemon-und-Baucis-Geschichte zeigt Griffin 1991, 68–70 auf; vgl. Bömer 1977, 190.

19 Hier und im Folgenden liegt für den griechischen Text des Alten Testaments die LXX-Fassung zugrunde. Das griechische Wort bezeichnet Brot, das in Asche gebacken wird, LSJ, s.v. ἐγκρυφίας; Westermann 1981, 338 aus dem Hebräischen: „kleine runde Aschekuchen, die auf heißen Steinen gebacken wurden".

20 Die Übersetzung aus dem Hebräischen folgt hier Westermann 1981, 338. הָאָמֶה, kann neben ,Sauermilch' auch ,Butter' oder ,Rahm' bedeuten (Gesenius s.v.). Die frische Milch, so Westermann, diene dem Durststillen, die Sauermilch der Erfrischung.

21 Gen 18,6–8: יָשׁוּל תֵּלֶס חֲמַק מִיאָס שֶׁלֶשׁ יְהָרֵם רְמָאֵיו הָרְשֶׁ-לָא הַלְהָאָה סְהָרְבָּא רָהַמְיו וְהֹא וְשָׁעַל רְהַמְיו רַעֲנָה-לָא וְתֵי בּוֹטְו דֶר רְקָב-זֶב חְקָיו סְהָרְבָּא עֵר רְקָבֶה-לָאו תוֹגֵע יְשָׁעַ / וּלְבָאֵיו יָעָה תֵּתְת דָמֹיע סְהַיֵּלַע דָמֹע-אוּהו סְהָיּגַפֵל זָתְיו הַשֶּׁע רְשָׁא רְקָבֶה-בּוֹ בְּלָחֹ הָאָמַח חְקָיו:

καὶ ἔσπευσεν Ἀβραὰμ ἐπὶ τὴν σκηνὴν πρὸς Σάρραν καὶ εἶπεν αὐτῇ· Σπεῦσον καὶ φύρασον τρία μέτρα σεμιδάλεως καὶ ποίησον ἐγκρυφίας. καὶ εἰς τὰς βόας ἔδραμεν Ἀβραὰμ καὶ ἔλαβεν μοσχάριον ἁπαλὸν καὶ καλόν, καὶ ἔδωκεν τῷ παιδί, καὶ ἐτάχυνεν τοῦ ποιῆσαι αὐτό. ἔλαβεν δὲ βούτυρον καὶ γάλα καὶ τὸ μοσχάριον, ὃ ἐποίησεν, καὶ παρέθηκεν αὐτοῖς, καὶ ἐφάγοσαν· αὐτὸς δὲ παρειστήκει αὐτοῖς ὑπὸ τὸ δένδρον.

22 Gen 19,3: וּלְבָאֵיו הַפָּא תוֹצַמוּ תֹאצָמוּ הֶתֱשַׁמ סֹהֵל שֶׁעָיו וְתִיב-לָא וְאָבְיו וְלָא וְרְסָיו דָאָם סַב-רצָפִיו / [...] καὶ ἐποίησεν αὐτοῖς πότον, καὶ ἀζύμους ἔπεψεν αὐτοῖς, καὶ ἔφαγον.

23 Vgl. Bömer 1977, 191f.

24 Hollis 2009, 343; vgl. Bettenworth 2004, 215–276; Bowie 2013, 172, bes. bezogen auf Kallimachos' *Hekale* und *Molorchos* sowie Ovids Philemon und Baucis.

25 Hom. Od. 14,72–79: ὡς εἰπὼν ζωστῆρι θοῶς συνέεργε χιτῶνα, | βῆ δ' ἴμεν ἐς συφεούς, ὅθι ἔθνεα ἔρχατο χοίρων. | ἔνθεν ἑλὼν δύ' ἔνεικε καὶ ἀμφοτέρους ἱέρευσεν, | εὗσέ τε μίστυλλέν τε καὶ ἀμφ' ὀβελοῖσιν ἔπειρεν. | ὀπτήσας δ' ἄρα πάντα φέρων παρέθηκ' Ὀδυσῆι | θέρμ' αὐτοῖς ὀβελοῖσιν, ὁ δ' ἄλφιτα λευκὰ πάλυνεν. | ἐν δ' ἄρα κισσυβίῳ κίρνη μελιηδέα οἶνον, | αὐτὸς δ' ἀντίον ἷζεν, ἐποτρύνων δὲ προσηύδα.

gießt sie mit weißem Gerstenmehl; schließlich mischt er in einer hölzernen Schale honigsüßen Wein.

Das Motiv der Göttereinkehr als Prüfung klingt im 17. Buch der Odyssee an:[26] Der hochnäsige Antinoos wird, nachdem er den als Bettler verkleideten Odysseus wegen seiner Erbärmlichkeit beschimpft hat, von den Anwesenden vor den möglichen Konsequenzen seines unsittlichen Verhaltens gewarnt, denn die Götter würden bisweilen, als Fremde verkleidet, in die Städte kommen und die Menschen auf ihr Handeln prüfen. Ernährungsmotive kommen in dieser Erzählung allerdings nicht vor.

Eine weitere Einkehrszene, die Ovid später in seinen *Fasti*[27] aufgreift und parallel zur Philemon- und Baucis-Geschichte gestaltet, befindet sich im homerischen Hymnos an Demeter:[28] Diese wandert, in Trauer um ihre von Hades entführte Tochter Persephone, in Gestalt einer alten Frau durch die Lande. Schließlich trifft sie auf die Töchter des Königs von Eleusis, Celeus, und bittet sie um eine Anstellung bei einer Familie in Eleusis. Die Mädchen verschaffen ihr eine Position als Kindermädchen ihres kleinen Bruders Demophon. Als Demeter das Haus betritt, kommt es zur eigentlichen Einkehrszene (180–211, hier 206–210)[29]: Metaneira, die Frau des Celeus, bietet Demeter Wein an, diese aber akzeptiert nur eine Mischung aus Gerste, Wasser und zarter Minze.[30]

26 Hom. Od. 17,483–487.

27 Ceres bei Celeus (fast. 4,507–562); Jupiter mit Merkur und Neptun bei Hyrieus (fast. 5,493–537), s. unten, 177ff.

28 Gemeint ist der zweite Hymnos, denn auch der dreizehnte ist an Demeter gerichtet. Unter den homerischen Hymnen (Ὁμήρου Ὕμνοι) versteht man eine unter dem Namen Homers überlieferte Sammlung von Götterhymnen, vgl. Michael Reichel: Homerische Hymnen, HGL 1, 62. Näheres zu den Hymnen s. ebd. 62–65. Zugrunde liegt die Ausgabe von Allen/Halliday/Sikes 1936. Der Hymnos an Demeter ist einer der längsten der Sammlung und wird in die archaische Zeit datiert, vgl. Richardson 1974, 3.

29 Zu Ablauf und Erläuterung der Einkehrszene s. Richardson 1974, 205–225. Hom. ad Dem. 206–210: τῇ δὲ δέπας Μετάνειρα δίδου μελιηδέος οἴνου | πλήσασ᾽, ἡ δ᾽ ἀνένευσ᾽· οὐ γὰρ θεμιτόν οἱ ἔφασκε | πίνειν οἶνον ἐρυθρόν, ἄνωγε δ᾽ ἄρ᾽ ἄλφι καὶ ὕδωρ | δοῦναι μίξασαν πιέμεν γλήχωνι τερείνῃ. | ἡ δὲ κυκεῶ τεύξασα θεᾷ πόρεν ὡς ἐκέλευε.

30 Κυκεών bezeichnet ein Mischgetränk aus Getreide und einer Flüssigkeit (Wasser, Wein, Milch, Honig oder Öl), das oft mit Kräutern wie z.B. Flohkraut, Minze oder Thymian gemischt wird, vgl. Richardson 1974, 344. Es ist eine Zwischenstufe zwischen ganzen Getreidekörnern und gemahlenem Mehl, bei der das Getreide leicht zerstampft und dann über eine Flüssigkeit gegeben wird, vgl. ebd. In der Ilias wird Nestor und dem verwundeten Machaon zur Erfrischung nach der Schlacht ein κυκεών aus Ziegenfrischkäse und Wein, bestreut mit weißem Gerstenmehl, gereicht ([...] κύκησε γυνὴ εἰκυῖα θεῇσιν | οἴνῳ Πραμνείῳ, ἐπὶ δ᾽ αἴγειον

In der Tradition von Eumaios steht später z.b. auch Euripides' *Elektra*:[31] Orest und Pylades kommen verkleidet zu Elektra und ihrem Mann, einem armen Bauern. Dieser bittet sie herein (369–376), woraufhin Elektra aufgebracht ist, da sie nichts im Haus haben, was den scheinbar noblen Gästen angemessen wäre (420f.). Sie schickt ihren Mann deshalb zu einem alten Bekannten, der Viehherden besitzt, um diesem zu befehlen, Essen für die Gäste mitzubringen (424–435). Bevor ihr Mann daraufhin das Haus verlässt, trägt er Elektra auf, bis zu seiner Rückkehr zu improvisieren, da sie ja genug im Haus hätten, was eine Frau brauche, um ein herzhaftes Mahl zuzubereiten (438f.), außerdem sei er sich sicher, dass sie genug Vorräte hätten, um die Gäste für einen Tag zu versorgen (440f.). Obwohl die Nahrungsbeschaffung in dieser Szene von großer Wichtigkeit ist, wird doch an keiner Stelle ein Nahrungsmittel genannt. Die Handlung der Tragödie endet, bevor Elektras Ehemann mit dem Essen zurückkehrt.

Kallimachos schließlich entwickelt das Theoxenie-Motiv weiter und schafft den Typus der Einkehridylle, dem auch Ovids Philemon-und-Baucis-Geschichte zuzuordnen ist.[32] Der Fokus liegt dabei auf der detaillierten Schilderung der Bewirtung des göttlichen bzw. übermenschlichen Gastes durch einen ärmlichen Gastgeber und auf dem daraus erwachsenden Spannungsverhältnis „zwischen der Bedürftigkeit des Gastgebers und seinem rührenden Bemühen, dem Gast das Beste zu bieten".[33] In diesem Zusammenhang stehen auch zum ersten Mal die dem Gast servierten Speisen im Fokus. Die beiden prominentesten Beispiele hierfür sind die Geschichten um *Molorchos* und *Hekale*:

κνῆ τυρὸν | κνήστι χαλκείη, ἐπὶ δ' ἄλφιτα λευκὰ πάλυνε, | πινέμεναι δ' ἐκέλευσεν, ἐπεί ῥ' ὥπλισσε κυκειῶ, Hom. Il. 11,638–641); in der Odyssee bietet Circe Odysseus und seinen Gefährten einen Trank aus Frischkäse, Gerste, Honig und Wein zur Begrüßung an (τυρόν τε καὶ ἄλφιτα καὶ μέλι χλωρῷ | οἴνῳ Πραμνείῳ ἐκύκα, Od. 10,234f.316f.), wenig später Odysseus einen κυκεών (Od. 10,316). Mit ἄλφι ist wahrscheinlich Gerste bzw. Gerstenschrot gemeint; das Wort kommt in dieser Form ansonsten nicht in der frühen Epik vor, vgl. Richardson 1974, 225; keine Erwähnung bei Pierre Chantraine: Grammaire homérique, tome 1, phonétique et morphologie. Paris 2013. Mit γλήχων könnte Minze oder Flohkraut (LSJ, s.v. βλήχων: ‚pennyroyal') gemeint sein. Keine Entscheidung bei Richardson 1974, 225. Das Trinken des *Kykeons* gehörte wohl auch zum berühmten Mysterienkult in Eleusis, in dem Verschwinden, Verbleib und Wiederauftauchen der Kore (Persephone) in Beziehung mit dem Ackerbau verehrt wurden, vgl. Bömer 1958, 253f.

31 Es liegt die Ausgabe von Basta Donzelli ²2002 zugrunde.

32 Vgl. Bömer 1977, 192; Hollis 2008 (1970), 106.

33 Flückiger-Guggenheim 1984, 77; vgl. Tissol 1997, 155.

Im dritten Buch der *Aitia* kehrt Herakles, der sich auf dem Weg zu dem nemeischen Löwen befindet, bei dem alten Hirten Molorchos ein, der ihn bewirtet.[34] Molorchos will anschließend seinen einzigen Widder für Herakles
schlachten, Herakles jedoch lehnt ab und sagt ihm stattdessen, er solle das
Opfer bis zum Ende des Kampfes mit dem numidischen Löwen aufsparen.[35]
Das Gedicht ist nur fragmentarisch überliefert und die Bewirtungsszene ist
verloren.[36] Aus Fragment 54c geht allerdings hervor, dass es auch eine Frau
in Molorchos' Haushalt gab (vielleicht ein Vorbild für Philemon und Baucis?).[37]

Ähnlich aufgebaut ist Kallimachos' *Hekale*: Die alte, in ärmlichen Verhältnissen lebende Frau nimmt Theseus während eines Gewitters bei sich
auf und bewirtet ihn im Rahmen ihrer Möglichkeiten. Obwohl auch dieses
Gedicht nur fragmentarisch überliefert ist, ist eine Bewirtungsszene greifbar, deren wesentliche Elemente auch bei Philemon und Baucis auftreten:[38]

---

34 Fr. 54–60j Harder. Die Ausgabe und Fragmente von Harder 2012 werden hier zugrun-
degelegt. Zur besseren Auffindbarkeit werden ebenfalls jeweils die Fragmente nach Pfeiffer
(Pf.) und dem *Supplementum Hellenisticum* (SH) angegeben. Die *Molorchos*-Geschichte ist
Teil des auf 200 Verse geschätzten Gedichtes zu Beginn des dritten Buches der *Aetia*, das
den Sieg von Berenike beim Wagenrennen im Rahmen der nemeischen Spiele besingt, und
stellt die Vorgeschichte zur Erfindung der nemeischen Spiele durch Herakles dar, vgl. Nisetich 2001, 130. Der grobe Hergang der Geschichte ist in einem lateinischen Kommentar zu
Vergils *Georgica* (fr. 60c Harder = fr. 54 Pf. = SH 266) überliefert.
35 Fr. 60c Harder: [...] *Qui cum immolaturus esset unicum arietem, quem habebat, ut Hercu-
lem liberalius acciperet, impetravit ab eo Hercules, ut eum servaret* [...]. Nämlich entweder um
diesen nach siegreicher Rückkehr als Gott oder im Falle einer Niederlage seinem Geist zu
opfern, vgl. Nisetich 2001, 130.
36 Vgl. Nisetich 2001, 133. Erhalten ist die Mäusejagd: Molorchos stellt Fallen auf und
schimpft dabei über die Mäuse, die sich regelmäßig über seine Vorräte hermachen (fr. 54c
Harder = fr. 177 Pf. = SH 259).
37 Fr. 54c 2–4 Harder: Die Frau hält eine hölzerne Harke hoch, möglicherweise will sie
damit wie Baucis einen Schinken vom Dachboden holen? (Harder 2012 b, 440; vgl. met.
8,646: *quodque suus coniunx riguo conlegerat horto*).
38 Die folgende Aufstellung folgt im Wesentlichen Maltens Vergleich, s. Malten 1939, 183f.,
wurde aber unter Berücksichtigung neuerer Kommentare (Pfeiffer und Hollis) überarbeitet.
Zugrunde liegen die Fragmente nach Hollis 2009, zur besseren Auffindbarkeit ergänzt um
die Nummerierung nach Pfeiffer (Pf.). Die Fragmente stammen aus verschiedenen Papyri,
hierzu ausführlich Hollis 2009, 48–51. Hervorgehoben werden die Quellen im Folgenden
nur bei solchen Fragmenten, in denen Speisen vorkommen, und nur dann, wenn es sich um
von den gängigen Papyri abweichende Quellen handelt. Unsicher bezüglich der Zugehörigkeit zur Bewirtungsszene der *Hekale* ist Fr. 114 Hollis (= fr. 295 Pf.): σὺν δ' ἄμυδις φορυτόν τε
καὶ ἴπνια λύματ' ἄειρεν. Es ist ungewiss, wer die Handlung ausführt und ob eventuell der Herd

Theseus wird auf einen einfachen Stuhl genötigt (Fragment 29 Hollis)[39], ein Stück Stoff wird auf einem Tisch ausgebreitet (Fragment 30 Hollis)[40], Holz wird heruntergeholt und gespalten (Fragment 31 und 32 Hollis)[41], Wasser wird in einem Topf gekocht (Fragment 33 Hollis),[42] ein Fußbad wird bereitet (Fragment 34 Hollis)[43], die Ärmlichkeit von Haus und Tisch wird betont (Fragment 82 Hollis),[44] Hekale reicht drei Sorten Oliven (Fragment 36 Hollis):[45] sehr reife, unreife[46] und herbstliche, die in Salzlake eingelegt wurden, während sie noch hellgrün waren.[47] Daneben gibt es zwei weitere Fragmente, die Nahrungsmittel enthalten und von denen ebenfalls vermutet wird, dass sie zur *Hekale* gehören: In Fragment 35 Hollis kommen in Asche gebackene Brotlaibe in Fülle[48] vor, in dem bei Plinius dem Älteren

saubergemacht oder Brennmaterial gesucht wird. Letzteres könnte zu met. 8,641f. passen, vgl. Hollis 2009, 299f.

39 Fr. 29 Hollis = fr. 240 Pf., vgl. met. 8,639.

40 Fr. 30 Hollis = fr. 241 Pf., vgl. met. 8,640.

41 Fr. 31 + 32 Hollis = 242 +243 Pf., vgl. met. 8,644f.

42 Fr. 33 Hollis = fr. 244 Pf., vgl. met. 8,650.

43 Fr. 34 Hollis = fr. 246 Pf., vgl. met. 8,655f. (ähnlich ausgedrückt in beiden Versionen der Doppelfassung, s. Tarrant 2004, 240f.) Pfeiffer ordnet der Fußwaschung drei Fragmente zu (244–246). Hollis äußert nachvollziehbare Zweifel daran: In fr. 244 Pf. (fr. 33 Hollis) wird kochendes Wasser beschrieben, aber nicht der Zweck dieses Vorganges. In Fragment 445 Pf. (fr. 60 Hollis) fragt jemand, in welches Behältnis er das Wasser für die Fußwaschung schütten soll. Hollis bemerkt zu Recht, dass diese Frage für Theseus an *Hekale* gerichtet ziemlich unpassend wäre, Hollis 2009, 210. Er ist der Auffassung, das Fragment gehöre in die Unterhaltung zwischen *Hekale* und Theseus.

44 Fr. 82 Hollis = 252 Pf., vgl. met. 8,636–638; 661f.

45 Fr. 36 Hollis (= 248 Pf.): γεργέριμον πιτυρίν τε καὶ ἣν ἀπεθήκατο λευκὴν | εἰν ἁλὶ νήχεσθαι φθινοπωρίδα.; vgl. met. 8,664f. Zu Ovids Abwandlung von Hekales Oliven s. weiter unten ad loc.

46 Die Bedeutung ist nicht ganz klar. Πίτυρον bedeutet ‚Kleie‘ (LSJ, s.v. πίτυρον), Hollis 2009, 174 mutmaßt deshalb, dass die Olive eine ähnliche Farbe wie Kleie haben könnte. In Athen. deipn. 56c bezieht sich Philemon auf die Stelle und meint, es seien dieselben wie φαυλία (πιτυρίδες καλοῦνται αἱ φαύλιαι ἐλᾶαι), womit die vulgäre Olive gemeint ist (LSJ, s.v. φαύλιος: „a coarse kind of olive"). Die Wörter γεργέριμος und πίτυρις bereiteten bereits in der Spätantike Interpretationsprobleme (s. Athen. deipn. 56c, s. auch Pfeiffer 1965, 241; vgl. Bömer 1977, 214).

47 Das Einlegen in Salzlake ist noch bei den Römern die herkömmliche Konservierungsart für Oliven, vgl. André 2013 (1961), 76 mit Verweis auf Colum. 12,49,8; 12,50,5, Plin. nat. 15,16, Pall. agric. 12,22,1 u.a.

48 Fr. 35 Hollis (= fr. 251 Pf.): ἐκ δ᾽ ἄρτους σιπύηθεν ἅλις κατέθηκεν ἑλοῦσα | οἵους βωνίτῃσιν ἐνικρύπτουσι γυναῖκες, wörtlich „such as women hide under the ashes for herdsmen", Übers. Hollis 2009, 172. Im Anschluss daran befand sich vielleicht fr. 37 (= fr. 334 Pf.): εἰκαίην, τῆς οὐδὲν ἀπέβρασε φαῦλον ἀλετρίς. Das eigentliche Substantiv hinter εἰκαίην fehlt, es wurde aber

überlieferten Fragment 38 Hollis zwei Sorten Gemüse, *crethmus* (Queller?) und *soncus* (Gänsedistel?).[49]

Schließlich ist die ebenfalls nur fragmentarisch überlieferte Elegie *Erigone*[50] des Eratosthenes zu nennen.[51] Der Athener Icarios hat darin den Gott Dionysos zu Gast, der ihm als Dank für die Gastfreundschaft den ersten Weinstock schenkt und ihn die Kunst des Weinbaus lehrt. Fragment 1 Rosokoki[52], in dem beschrieben wird, wie Icarios ein Feuer macht, wird in der Forschung allgemeinhin einer vermuteten Bewirtungsszene innerhalb der Geschichte zugeordnet.[53] In Fragment 1 dub. Rosokoki, dessen Zuordnung zur *Erigone* allerdings unsicher ist,[54] ist die Rede von Salz.[55] Plinius der Äl-

aufgrund des Kontextes („[?flour], from which the mill-woman did not shake out any of the waste", Hollis 2009, 174) vermutet, dass es sich um Mehl gehandelt habe (ἄλευρον oder κριθή), ebd. Zur Einordnung des Fragments s. Hollis 2009, 173f.

49 Die Fragmente sind durch Plinius d.Ä. überliefert: fr. 38 Hollis (= fr. 249 Pf. = Plin. nat. 26,82): *eadem vis* crethmo *ab Hippocrates admodum laudato; est autem inter eas quae eduntur silvestrium herbarum hanc certe apud Call. Adponit rustica illa Hecale speciesque elatinae.* Fr. 39 Hollis = fr. 250 Pf. = Plin. nat. 22,88: *estur est* soncus *ut quem Theseo apud Call. adponat Hecale uterque, albus et niger; lactucae similes ambo. Crethmus* meint laut Hollis 2009 „samphire". Diese fleischige, leicht salzige Pflanze, zu deutsch ‚Queller', wächst heutzutage auf Wattböden und wird besonders in Großbritannien und den Niederlanden als Beilage oder Salat verzehrt. *Soncus* meint laut Hollis „sow-thistle", zu deutsch ‚Gänsedistel', eine alte Speisepflanze, die heute nicht mehr als solche verwendet wird; vgl. Genaust, s.v. Sonchus. Hollis 2009, 319 merkt an, dass auch die beiden unsicheren Fragmente 156 = fr. 495 Pf. und 157 = 585 Pf. zu dieser Szene gehören könnten. Fr. 156 (= Didymus' Kommentar zu Demosthenes) enthält ἀγλῖθες (Knoblauch); In fr. 157 (= Plin. nat. 25,167) sagt Plinius d.Ä., dass Kallimachos das Wort *acanthis* für das Gemüse *erigeron* verwendet habe. Bei Theophr. hist. plant. 7,7,1 wird ἠριγέρων als eine Art Chikoree bezeichnet, ἄκανθα hingegen meint eine Distel, vgl. LSJ, s.v. ἄκανθα.

50 Zugrunde liegt die Ausgabe von Rosokoki 1995. Diese führt die Fragmente der Ausgaben u.a. von Powell 1925 und Diehl ²1942 mit einer neuen Nummerierung zusammen. Da die hier relevanten Fragmente nicht bei Powell *und* Diehl vorkommen, bietet sich diese neue Ausgabe zugunsten einer einheitlichen Darstellung als Textgrundlage an. Für die bessere Auffindbarkeit sind jeweils die Fragmente von Diehl und Powell ebenfalls angegeben.

51 Die Angabe aus der Suda, Eratosthenes sei Schüler des Kallimachos gewesen, ist in der Forschung umstritten, vgl. Doris Meyer: Eratosthenes, HGL 2, 101. Dies gäbe freilich Anlass zur Spekulation über eine ähnlich detaillierte Bewirtungsszene in der *Erigone* wie etwa in der *Hecale*, aber so oder so bleibt die Wahrheit verborgen, vgl. Hollis 1990, 342, Anm. 7.

52 Fr. 1 Rosokoki = fr. 2 Diehl (= Schol. in Dion. Thr. 112,12 Hilgard): [...] μέσον δ' ἐξαύσατο βαῦνον.

53 Vgl. Geus 2002, 100, Anm. 7; Rosokoki 1995, 80.

54 Fr. 1 dub. Rosokoki = fr. 32 inc. sed. Powell; zur zweifelhaften Zuordnung vgl. Hollis 2008 (1970), 106; Rosokoki 1995, 90.

55 Fr 1 dub. Rosokoki = Hesych. s.v.: ἡδυντῆρες.

tere spricht über einen *scolomos*, eine Distelart bei Eratosthenes, der vermutlich auch in die Bewirtungsszene gehört.[56]

2.1.3 Zusammenfassung

Die Ähnlichkeiten der skizzierten Textpassagen untereinander zeigen, dass der Topos der Theoxenie in ähnlicher Gestalt sowohl in griechischen als auch in biblischen Texten vorkommt. Die vom Gastgeber bereitgestellte Nahrung wird zwar in mehreren Geschichten erwähnt, nimmt jedoch meistens im Verhältnis zur gesamten Geschichte jeweils einen eher kleinen Teil ein und beschränkt sich auf höchstens vier verschiedene Nahrungsmittel. Eine detailliert beschriebene Mahlzeit scheint es nur bei Kallimachos' *Hekale* zu geben,[57] doch ausgerechnet dieses Stück ist nur fragmentarisch erhalten. Diese Annahme ist freilich auch ein Rückschluss vom Detail der ovidischen Erzählung, die, wie oben gezeigt, der kallimacheischen in so vielen Punkten ähnelt. Eine tatsächlich belegte ausführliche Schilderung einer Bewirtungsszene im Rahmen einer Theoxenie-Geschichte findet sich erst bei Philemon und Baucis.

Zu den Nahrungsmitteln: Als Getränk wird in den archaischen Beispielen (Eumaios, Demeter-Hymnos) mit Honig gesüßter Wein gereicht; Abraham hingegen bietet seinen Gästen Milch an. In drei Beispielen werden Haustiere geschlachtet (zwei Ferkel bei Eumaios, ein Kalb bei Abraham, ein Widder bei Molorchos, allerdings zunächst von Herakles abgelehnt), davon dienen diejenigen bei Eumaios und Abraham in erster Linie der Bewirtung des Gastes (Eumaios hält Odysseus zu diesem Zeitpunkt noch für einen Bettler). Nur bei *Hekale* sind Oliven und Gemüse überliefert. In allen Einkehrszenen, in denen Nahrungsmittel vorkommen, sowohl den hellenistischen als auch den biblischen, gibt es eine Speise auf Getreidebasis, sei es in Form eines Trankes, Brotes oder in Form von Mehl, das über das geschlachtete Tier gestreut wird. Der Demeter-Hymnos nimmt hier freilich eine Sonderstellung ein, da Demeter eng mit dem Getreide verbunden ist.[58]

---

56 Plin. nat. 22,43 (= T5 Rosokoki): *scolymum quoque in cibos recipit oriens.* [...] *frutex est* [...] *radice nigra, sed dulci, Eratostheni quoque laudata in pauperis cena.*
57 Bei *Molorchos* ist zu viel verloren, um Genaueres zu sagen.
58 Otto Kern: Demeter, RE 8. Hbd., 1901, 2760f.

Ihr wird nur Wein angeboten, sie aber fordert ein getreidehaltiges Getränk. Hier zeigt sich die Bedeutung von Getreide als wichtigstes Grundnahrungsmittel sowohl im antiken Griechenland als auch im Vorderen Orient. Die Bedeutung von Getreidenahrung als kultureller Norm aus griechischer Sicht wurde im vorangegangenen Kapitel bereits im Zusammenhang mit dem Weltaltermythos bei Hesiod angesprochen. Die Gastgeber, die Brot anbieten oder in einer anderen Form mit Getreide umgehen, zeigen sich als zivilisiert, d.h. menschlich – im Gegensatz etwa zu Anti-Gastgebern wie etwa Polyphem, der sich offenbar nicht von Getreide ernährt und seine Gäste auffrisst, anstatt sie zu bewirten.[59]

Neben Getreide als festem Grundnahrungsmittel werden den Gästen auch flüssige Grundnahrungsmittel wie Milch und Wein angeboten. Darüber hinaus gibt es keine aufwändig zubereiteten oder luxuriösen Speisen, stattdessen zeigen sich im Zubereiten von Brot (zumindest in Genesis 18 und 19 wird das Brot extra für die Gäste frisch zubereitet) und besonders im Schlachten, Zerteilen und Braten von Haustieren, die für einen Bauern freilich den größten Wertgegenstand darstellt, gleichsam der Aufwand und die Großzügigkeit, die für die Bewirtung des fremden Gastes aufgeboten werden.

Zu dem Motiv der Theoxenie treten bei Philemon und Baucis noch Motive hinzu, die sich in der Region Phrygien – wo die Geschichte spielt – bzw. in Vorderasien verorten lassen: Es gibt mehrere Flutsagen (auch als göttliche Strafe) aus dieser Gegend und verschiedene Baumkulte; ferner weisen die Quellen auf eine gemeinsame Verehrung von Zeus und Hermes in der Region hin.[60]

---

59 Zur Polyphem-Episode in der Odyssee als Anti-Gastmahl und weiteren antiken Anti-Gastmählern s. ausführlich Bettenworth 2004, 395–478.
60 Flückiger-Guggenheim 1984, 52; Griffin 1991, 67. Einige Beispiele für Flutsagen: Es gibt eine sehr alte phrygische Flutsage über König Nannakos von Iconium, die sprichwörtlich war: ‚Weinen wie Nannakos' (Herodas 3,10). Nannakos habe eine schreckliche Flut vorhergesehen und sein Volk deshalb in Sicherheit gebracht. Dazu im Detail Malten 1939, 187; Hollis 2008 (1970), 110. Nonnos überliefert eine Geschichte über eine große Flut in Phrygien, bei der nur ein Mann wegen seiner *pietas* gerettet worden sein soll (Dion. 13,522–545). Für weitere vorderasiatische Flutsagen s. Malten 1939, 186–192; Hollis 2008 (1970), 109f. Flutgeschichten gibt es auch in der griechischen Tradition, z.B. die von Zeus verursachte Flut in Hom. Il. 16,384–393, die auch von Ovid verarbeitet wird (Deucalion und Pyrrha, met. 1,313–415), vgl. Griffin 1991, 63. Eine deutliche Parallele in Bezug auf die Kultgemeinschaft von Zeus und Hermes in Vorderasien zeigt sich in der Apostelgeschichte (Apg 14,8–20): Paulus und Barnabas werden in Lykaonien nach einem Wunder (Heilung eines gelähmten

2.2 Theoxenie-Geschichten bei Ovid

Der Rückblick auf die weiter oben skizzierten Erzählungen in griechischen und biblischen Texten sowie auf mit Phrygien bzw. Vorderasien verknüpfte Kulte zeigt, dass sich in Ovids Geschichte in verschiedenen Traditionen verankerte Motive wie Theoxenie, Flutsage oder Baumkult überlagern. Besonders aufgrund der Vielfalt potentieller Quellen ist es deshalb äußerst schwierig, festzustellen, welcher literarischen Tradition, oder gar, welchem konkreten Vorbild die Konzeption von Philemon und Baucis verpflichtet ist.[61] Aufgrund der vielfältigen Berührungspunkte der Philemon-und-Baucis-Geschichte mit phrygischen Flutsagen und Baumkulten wurde bisweilen vermutet, dass Ovid damit eine phrygische Sage verarbeitet habe, und es wurde mehrfach versucht, nachzuzeichnen, wie Ovid von einer solchen erfahren haben könnte.[62] Da sich aber die unterschiedlichen Motive aus der Region (um) Phrygien überlagern – ähnlich wie wir es bei den Theoxenie-Geschichten aus griechischer und biblischer Tradition beobachten – und da Ovid, wie Daniela Flückiger-Guggenheim (1984) richtig feststellt, als „Dichter in der Hauptstadt des römischen Weltreiches [über] vielfältige Informationsquellen"[63] verfügte, ist wohl eher davon auszugehen, dass die Philemon-und-Baucis-Geschichte nicht auf eine bestimmte Sage oder einen bestimmten Ort zurückgeht. Wahrscheinlicher ist, dass Ovid durch die verwendeten Motive eine Idee des Ostens heraufbeschwören wollte, mit der bestimmte Assoziationen verknüpft waren.[64]

Eine ausschließliche Rückführung der Geschichte auf eine phrygische Sage ist natürlich allein aufgrund des prominenten griechischen Motivmaterials hinsichtlich der Theoxenie abzulehnen. Andererseits erscheint vor dem Hintergrund des oben aufgezeigten biblischen und vorderasiatischen Materials auch die Aussage von Flückiger-Guggenheim, „dass Ovid in der

Mannes) als Zeus und Hermes verehrt, und der Priester will den neuerkannten Göttern opfern (ähnlich wie bei Philemon und Baucis), vgl. Bömer 1977, 191; Flückiger-Guggenheim 1984, 52. Zahlreiche Beispiele für Baumkulte in Vorderasien liefert Malten 1939, 195–202; vgl. Fontenrose 1945, 113–119.

61 Vgl. Bömer 1977, 191.
62 So erörtert etwa Griffin 1991 die mögliche Lage des Schauplatzes aus Textstellen innerhalb der Metamorphosen und argumentiert für Nicander als primäre Quelle (64–67), ähnlich Hollis 2008 (1970), 110f.
63 Flückiger-Guggenheim 1984, 52.
64 Vgl. Bömer 1977, 191.

Erzählung von Philemon und Baucis stark der hellenistischen Tradition verpflichtet ist"[65], allzusehr festgelegt. Greifbarer erscheint mir die Schlussfolgerung, dass Ovid verschiedene, sich in unterschiedlichen Traditionen überlagernde Motive zusammenführt.[66]

In Bezug auf die Bewirtungsszene und damit verbunden die Nahrungsmotive liegen die größten Ähnlichkeiten augenscheinlich – obwohl ausgerechnet dieser Text unvollständig vorliegt – bei *Hekale*. Diese Geschichte wird in der Regel als direktes Vorbild für die Bewirtungsszene in der Philemon-und-Baucis-Geschichte gesehen.[67] Bezeichnend hierfür ist auch die Rahmenhandlung um Philemon und Baucis, da ausgerechnet Theseus die Geschichte hört und besonders bewegt von ihr ist[68] – vielleicht weil er selbst eine ähnliche Gastfreundschaft bei Hekale erlebt hat.[69] In der *Molorchos*-Geschichte wiederum ist das auch bei Philemon und Baucis präsente Motiv des Wunsches des Gastgebers, das einzige Tier zu opfern, auf der einen, und der Weigerung des Gastes, dieses Opfer anzunehmen, auf der anderen Seite, vorhanden.[70] Auch andere der oben genannten Einkehrgeschichten, besonders Homers Eumaios und Eratosthenes' *Erigone*, wurden bisweilen als direkte Vorbilder Ovids angenommen,[71] doch in allen möglichen Vorbildern können jeweils nur ähnliche oder parallele Elemente nachgewiesen werden.

65 Flückiger-Guggenheim 1984, 50f.
66 Vgl. Bömer 1977, 193. Auch Galinsky 1975, 198 stuft die Philemon-und-Baucis-Geschichte immerhin als „amalgam of Phrygian legend and Callimachean elements" ein, lässt aber die älteren griechischen und biblischen Texte außen vor.
67 Vgl. Hollis 2008 (1970), 118; Galinsky 1975, 198; Bömer 1977, 192; Griffin 1991, 63; Myers 1994, 91. Eine allumfassende Nachahmung der *Hekale* durch Ovid wird allerdings von mehreren Stimmen in mancherlei Hinsicht abgelehnt: Malten 1939, 183 etwa hält die Sichtweise, *Hekale* sei nicht nur Anregung, sondern auch stilistisches Muster gewesen, für „über Gebühr vereinfacht" und verweist auf den „römischen Geist" der Darstellung. Galinsky und Griffin hingegen sehen zu Recht keinen Grund anzunehmen (und das deckt sich ja auch mit den weiter oben gemachten Beobachtungen), dass Ovid die gesamte Philemon-und-Baucis-Geschichte nach dem *Hekale*-Modell gestaltet habe, vgl. Galinsky 1975, 199; Griffin 1991, 63. Griffin weist in diesem Zusammenhang darauf hin, dass die Bezüge sich auf die Essenszubereitung beschränken und Ovid lediglich das Motiv der Gastfreundschaft aufgreift – die Motive Flut, Baumkult und Bestrafung durch die Götter hingegen kommen nicht in der *Hekale* vor. Anderson 1972, 390 hält die Abhängigkeit von *Hekale* nicht für nachweisbar und weist darauf hin, dass einfache Gastmähler in den 250 Jahren nach Kallimachos sicherlich zu einem Topos geworden seien.
68 Ov. met. 8,725f.: [...] *cunctosque et res et moverat auctor,* | *Thesea praecipue.*
69 Kenney/Melville 1986, xxviii; Griffin 1991, 64. Green 2003, 51.
70 Vgl. Hollis 2009, 345.
71 Vgl. dazu etwa Malten 1939, 186; Hollis 2008 (1970), 106; Bömer 1977, 192.

Bemerkenswert erscheint in diesem Zusammenhang, dass allein Ovids Geschichte beinahe alle Elemente und Motive, die in den älteren bekannten Theoxenie-Geschichten auftreten, enthält.[72]

72 Dies kann man gut an dem modellhaften Ablauf ablesen, den Hollis 1990, 341f. anhand griechischer, römischer und biblischer Texte, von denen die meisten hier besprochen wurden, erstellt hat. In keinem der von Hollis gewählten Beispiele sind alle von ihm aufgezählten Elemente präsent – außer bei Philemon und Baucis. Dabei muss natürlich berücksichtigt werden, dass *Hekale*, *Molorchos* und *Erigone* nur fragmentarisch überliefert sind, aber auf eine Prüfung durch die Götter oder eine Bestrafung von Ungastlichkeit gibt es dort keine Hinweise. Im Folgenden werden nur die Beispiele genannt, die auch in dieser Arbeit vorkommen. Für eine ausführliche Aufstellung der Quellen s. Hollis 1990, 341–354. Der typische Ablauf nach Hollis: (1) Der einkehrende Gott oder Held ist am Anfang meistens unerkannt: Odysseus wird von Eumaios und von Antinoos für einen Bettler gehalten; Demeter verkleidet sich als alte Frau, Elektra erkennt Orest und Pylades nicht; Hekale und Molorchos scheinen ihre Gäste Theseus und Herakles jeweils ebenfalls nicht gleich zu erkennen (Wann Hekale Theuseus' wahre Identität erkennt, ist nicht klar, vgl. Hollis 1990, 341); Abrahams Frau Sara glaubt den Besuchern nicht, als sie verkünden, beide würden in ihrem hohen Alter ein Kind haben; Hyrieus und Celeus in Ovids *Fasti* erkennen die göttlichen Gäste erst im Laufe der Geschichte. Jupiter und Merkur kommen *specie mortali* (met. 8,626) zu Philemon und Baucis. (2) Manchmal verkleidet sich der Gast absichtlich, um das Verhalten der Menschen zu prüfen und sie ensprechend zu belohnen oder zu bestrafen: Dies wird Antinoos erzählt. In Gen 18 will der Herr prüfen, ob die Bewohner von Sodom und Gomorrah wirklich so schlecht sind, wie ihm zu Ohren gekommen ist; dies bestätigt sich in Gen 19, als die Engel einzig Lot und seine Familie verschonen, da er sie freundlich in seinem Haus aufgenommen hat. Dass Jupiter und Merkur mit der Intention nach Phrygien kommen, die Menschen zu prüfen, wird nicht explizit gesagt, es erscheint allerdings wahrscheinlich, passt es doch gut zu der Antinoos-Episode, die Ovid freilich gekannt hat. Warum auch sonst sollten die Götter an 1000 Türen (*mille domos*, met. 8,628f.) klopfen und warum sonst wird gleich zu Beginn die *impietas* der anderen Menschen betont (*mille domos clausere serae*, met. 8,629)? (3) Der Gast kommt gelegentlich abends an: Theseus bei *Hekale* (Arg. Hek. 8, vgl. Hollis 1990, 341, Anm. 3*)*, die Engel bei Lot (Gen 19), die Götter bei Hyrieus, Jupiter und Merkur suchen ein Lager für die Nacht (*locum requiemque petentes*, met. 8,628). (4) Der oder die Gastgeber sind in der Regel arm: Eumaios, Elektras Mann, Hekale (diese drei stammen ursprünglich aus einer guten Familie oder wurden reich geboren), Philemon und Baucis (*Baucis anus parilique aetate Philemon*, met. 8,631), und (5) alt: Hekale, Molorchos, Abraham und Sara, Hyrieus, Philemon und Baucis (*paupertatem*, met. 8,633). (6) Die Bewirtung bildet einen zentralen Teil der Geschichte: Zu vermuten bei *Hekale*, *Molorchos*, *Erigone*, vgl. Hollis 1990, 342; Philemon und Baucis: met. 8,637–678. (7) Wenn der Gast göttlich ist, gibt er sich manchmal im Laufe des Mahls durch ein Wunder zu erkennen: Vielleicht in *Erigone*, vgl. Hollis 1990, 342. Bei Philemon und Baucis füllt sich der Weinkelch von alleine nach (met. 8,679f.). (8) Zum Schluss wird der Gastgeber belohnt: Icarius erhält Wein; Hekale wird nach ihrem Tod geehrt, vgl. fr. 81–83 Hollis = fr. 342, 252, 264 Pf.); Abraham und Hyrieus wird jeweils ein Sohn versprochen; Philemon und Baucis werden Priester im neu entstandenen Tempel von Jupiter und Merkur und sterben gleichzeitig (met. 8,711–720). (9) Ungastliche Menschen

Wie oben bereits erwähnt, gibt es, soweit wir wissen, vor Ovid keinen römischen Text, in dem eine Theoxenie-Geschichte im Detail geschildert wird.[73] Ovid jedoch scheint eine Vorliebe für die Thematik gehabt zu haben, denn er schildert drei einander ähnelnde Göttereinkehrgeschichten: Ceres bei Celeus (fast. 4,507–562), Jupiter mit Merkur und Neptun bei Hyrieus (fast. 5,493–537) und Philemon und Baucis.[74] Letztere ist die bei Weitem ausführlichste und enthält die detaillierteste Bewirtungsszene mit vielen (Nah-

---

werden eventuell bestraft: Sodom und Gomorrah werden zerstört, Lykaon wird in eine Art Werwolf verwandelt, Philemons und Baucis' Dorf wird überflutet (met. 8,696f.).

73 Dennoch wurde die Thematik natürlich auch von anderen römischen Dichtern bearbeitet, z.B. steht die Einkehr von Aeneas in Evanders Haus (Aen. 8,359–369) in der Tradition der Odyssee. Evander schlägt dabei einen belehrenden Ton an, indem er die Gäste darauf hinweist, seine dürftigen Verhältnisse nicht geringzuachten, vgl. Hollis 2008 (1970), 107.

74 Vgl. Bömer 1977, 192. Gowers 2005, 333 nimmt in diese Reihe die Einkehrszene bei dem paelignischen Paar auf (Ov. fast. 4,685–712): Das lyrische Ich berichtet, wie es bei einem alten Gastfreund einkehrte, der ihm die Geschichte eines armen Bauernpaares berichtet, das auf einem kleinen Stück Land mit seinem zwölfjährigen Sohn sein sparsames Leben fristet. Hier liegt zwar keine Theoxenie vor und es gibt keine Bewirtungsszene, interessant ist aber die Kombination aus Einkehr und der Geschichte eines armen Paares, das gewisse Ähnlichkeiten mit Philemon und Baucis aufweist: Auch hier verortet der Erzähler die Geschichte an einem realen Ort (fast. 4,691f.: ‚hoc' ait ‚in campo' – campumque ostendit – ‚habebat | rus breve cum duro parca colona viro', vgl. met. 8,620–626). Mit ähnlichen Details wird die Armut des Paares hervorgehoben: Während der Tisch von Philemon und Baucis unterschiedlich lange Beine hat (met. 8,661), steht das Haus des paelignischen Paares nur auf einer Stütze (fast. 4,695: haec modo verrebat stantem tibicine villam). Die Ehepartner haben eine Arbeitsteilung wie auch Philemon und Baucis (fast. 4,693: ille [...], 695: haec [...]). Besonders die Tätigkeiten der Ehefrau könnte man sich genausogut für Baucis vorstellen: Sie kehrt das Haus (haec modo verrebat stantem tibicine villam, 695), legt der Henne Eier zum Ausbrüten unter die Federn (nunc matris plumis ova fovenda dabat, 696), sammelt Pflanzen und Pilze (aut virides malvas aut fungos colligit albos, 697), heizt den Herd (aut humilem grato calfacit igne focum, 698) und webt warme Kleidung (et tamen assiduis exercet brachia telis | adversusque minas frigoris arma parat, 699f.).

Als Negativbeispiel einer Theoxenie verarbeitet Ovid im ersten Buch der Metamorphosen die Lykaon-Geschichte, in der das Motiv der Prüfung durch die Götter mit dem eines schlechten Gastgebers kombiniert wird (1,209–239): Jupiter, der vom üblen Ruf der Zeit gehört hat, will die Menschen auf ihre Gesinnung prüfen (vgl. Gen 18–19) und betritt das Haus des Tyrannen Lykaon. Während die Menschen bei den ersten Anzeichen eines göttlichen Besuchers anfangen zu beten, verspottet Lykaon die angebliche Prüfung und will herausfinden, ob die Besucher tatsächlich Götter sind. Zu diesem Zweck versucht er zunächst, Jupiter im Schlaf zu töten, anschließend, als dies nicht geglückt ist, tötet er eine Geisel, kocht deren Glieder und setzt sie Jupiter als Speise vor. Als Strafe für dieses frevelhafte Verhalten verwandelt ihn Jupiter in eine Art Werwolf. Das Verhalten Lykaons und seine Bestrafung durch die Götter lassen die Geschichte als regelrechtes Gegenbild zur Philemon-und-Baucis-Geschichte erscheinen.

rungs-)Motiven, die auch in den anderen beiden Geschichten vorkommen. Diese werden deshalb im Folgenden kurz vorgestellt und mit der Philemon-und-Baucis-Geschichte verglichen.

Im vierten Buch der *Fasti* verarbeitet Ovid die Geschichte von Demeters Besuch bei Celeus (Verse 507–565). Seine Version unterscheidet sich in einigen wesentlichen Punkten vom homerischen Hymnos: Während die Geschichte im Hymnos zu einer Zeit spielt, in der es bereits Ackerbau gibt, dient die Geschichte in den *Fasti* zur Erklärung dafür, wie der Ackerbau entstanden ist: Ceres, verkleidet als alte Frau, kümmert sich, wie auch schon im Hymnos, um den kleinen Sohn von Celeus und Metaneira (nur lässt sie sich nicht wie im Hymnos als Kindermädchen anstellen, sondern heilt den Sohn von einer Krankheit) und wird von dieser dabei ertappt, wie sie den Jungen ins Feuer hält, und somit davon abgehalten, ihn unsterblich zu machen. Während Demeter im Hymnos daraufhin verkündet, dass der Junge aufgrund ihrer Pflege zwar nicht unsterblich werde, aber dennoch ewigen Ruhm erlangen werde, verkündet Ovids Ceres, dass er als erster Bauer Ackerbau betreiben werde. Weitere Unterschiede bestehen darin, dass Celeus nicht als reicher König, sondern als armer Mann dargestellt wird,[75] und dass dieser mit seiner Familie aus Dank und Freude über die Genesung des Sohnes Ceres ein Mahl (545f.), bestehend aus Frischkäse, Obst und Wabenhonig, bereitet.[76]

Im fünften Buch der *Fasti* wird die Geschichte von Hyrieus erzählt (Verse 493–544):[77] Jupiter, Neptun und Merkur kommen inkognito am Haus des armen alten Hyrieus vorbei, der sie zu sich einlädt. Er macht ein Feuer, kocht in zwei Töpfen Bohnen und Gemüse und schenkt den Gästen Wein ein (509–511).[78] Als Hyrieus erfährt, dass es sich bei den Besuchern um

---

75 S. hierzu Weiden Boyd 2000. Weiden Boyd argumentiert, dass Ovid diese Änderung – die im Übrigen zum ersten Mal in Vergils *Georgica* 1,165 auftritt, vgl. Bömer 1958, 321 – nutzt, um das Wort *Cerealia* (die Celeus-Geschichte wird in den *Fasti* im Rahmen des Cerealia-Festes zu Ehren von Ceres erzählt) etymologisch mit Celeus zu verbinden, und somit eine rein lateinische Aitiologie für den Feiertag einer ursprünglich griechischen Gottheit schaffe, die nun von den Römern verehrt wird.

76 Ov. fast. 4,545f.: *mox epulas ponunt, liquefacta coagula lacte | pomaque et in ceris aurea mella suis.*

77 Diese Geschichte ist bekannt seit Pindar fr. 83f. Turyn (= Strab. geogr. 9,2,12; Hyg. astr. 2,34), vgl. Bömer 1958, 321.

78 Ov. fast. 5,507–511: *ipse genu nixus flammas exsuscitat aura | et promit quassas comminuitque faces. | stant calices; minor inde fabas, holus alter habebat, | et spumat testo pressus uterque suo. | dumque mora est, tremula dat vina rubentia dextra.*

Götter handelt, schlachtet er seinen Ackerstier und brät ihn (515f.).[79] Die Götter erfüllen ihm als Belohnung für seine Gastfreundschaft schließlich den Wunsch, Vater zu werden, indem sie ihr Sperma[80] auf die Haut des geschlachteten Ochsen geben und diese vergraben. Nach zehn Monaten entsteht daraus ein Kind, das Hyrieus Orion tauft.

Beide Geschichten sind zwar in ihrer Struktur unterschiedlich, enthalten aber wie die Philemon-und-Baucis-Geschichte das Motiv der *pietas* eines armen Bauern, der unwissentlich göttliche Gäste bei sich aufnimmt.[81] Besonders auffällig sind die Parallelen der Hyrieus-Geschichte zu Philemon und Baucis: Merkur und Jupiter kehren unerkannt bei einem alten Mann ein, der sie bewirtet; im Laufe des Mahls offenbaren sie ihre wahre Identität und erfüllen dem Gastgeber einen Wunsch; der gute Wille wird mit einem Blick unterstrichen,[82] das Feuer des Vortags[83] wird mit dem Atem angefacht[84], Holz wird gespalten,[85] Gemüse gekocht,[86] ein Polster aus weichem Flussschilf liegt auf einem Sofa,[87] die Speisen werden in Tongeschirr und der Wein in Trinkpokalen aus Buchenholz serviert.[88] Trotz dieser Parallelität ist die Hyrieus-Geschichte wesentlich kürzer als die Philemon-und-Baucis-Geschichte.[89]

---

79 Ov. fast. 5,515f.: [...] *cultorem pauperis agri* | *immolat et magno torret in igne bovem.*
80 Vgl. Bömer 1958, 322: Der Name Orion (*Uriona*, fast. 5,535) geht wohl auf gr. οὐρέω (= Harn oder Samen lassen) zurück, vgl. OLD, s.v. *Vrion*; auch das lateinische *urina* kann neben Urin die Bedeutung Sperma haben (*urina genitalis*), vgl. Georges 2, s.v. *urina* II; letztere Bedeutung ist in diesem Zusammenhang wohl schlüssiger, deshalb sicher auch Ovids Worte: *pudor est ulteriora loqui* (532).
81 Vgl. Bömer 1977, 192.
82 Ov. fast. 5,503: *addidit et voltum verbis iterumque rogavit* ~ met. 8,677: *super omnia vultus accessere boni.*
83 Ov. fast. 5,506: *ignis in hesterno stipite parvus erat* ~ met. 8,641f.: *ignes suscitat hesternos.*
84 Ov. fast. 5,507: *ipse genu nixus flammas exsuscitat aura* ~ met. 8,643: *nutrit et ad flammas anima producit anili.*
85 Ov. fast. 5,508: *et promit quassas comminuitque faces* ~ met. 8,644: *multifidas ... faces ... detulit et minuit.*
86 Ov. fast. 5,509: *holus* ~ met. 8,647: *holus*. Zur Bedeutung von *holus* s. weiter unten ad loc.
87 Ov. fast. 5,519: *flumineam lino celantibus ulvam* ~ met. 8,655: *concutiuntque torum de molli fluminis ulva.*
88 Ov. fast. 5,522: *terra rubens crater, pocula fagus erant* ~ met. 8,668–70: *omnia fictilibus, post haec caelatus eodem sistitur argento crater fabricataque fago pocula.*
89 Die Geschichte von Hyrieus (fast. 5,493ff.) wird von manchen Forschungsstimmen als weniger kunstvolles „doublet" der Philemon-und-Baucis-Geschichte gesehen, vgl. Malten 1939, 186; Hollis 2008 (1970), 106. Strittig ist in diesem Zusammenhang, ob sie eine gekürzte Version von Philemon und Baucis ist oder, umgekehrt, Philemon und Baucis eine aus-

Sowohl bei Hyrieus als auch bei Celeus wird dem Gast bzw. den Gästen ein Mahl bereitet, allerdings findet bei Celeus das Mahl aus Freude und Dank an die Besucherin statt, die den todkranken Sohn gerettet hat.[90] Beide Gastmähler bestehen jeweils aus unterschiedlichen Zutaten, die (bis auf Bohnen) auch bei Philemon und Baucis verwendet werden: Frischkäse, Obst und Honig in der Celeus-Geschichte; Kohl, Wein und ein Nutztier, das für die Götter geschlachtet wird (bzw. geschlachtet werden soll), in der Hyrieus-Geschichte.[91] Diese Zutatenliste füllt Ovid bei Philemon und Baucis mit weiteren Speisen, besonders konkreten Obst- und Gemüsesorten, auf (s. Tabelle 10).

In den ovidischen Einkehrgeschichten kommen zwar Speisen vor, die sich auch in den literarischen Vorgängern finden (Wein, Milchprodukte, Tiere zum Schlachten), doch auffällig ist das Fehlen von Getreideprodukten, die in allen älteren Texten in irgendeiner Form eine Rolle spielen. In der Celeus-Geschichte liegt die Erklärung dafür in der Verknüpfung der Einkehrszene mit der Kulturentstehungslehre[92]: Die Geschichte spielt vor der Einführung des Ackerbaus durch Ceres, dementsprechend kommen bei Celeus keine Getreideprodukte auf den Tisch. Diese fehlen allerdings auch bei Hyrieus und bei Philemon und Baucis. Eine mögliche Erklärung hierfür ist, dass Ovid seine Einkehrgeschichten alle in derselben Epoche spielen lässt, in der es noch keinen Ackerbau, aber bereits Viehzucht (alle Gastgeber haben Nutztiere) gibt. Diese Epoche entspricht der zweiten Zivilisationsphase bei Dikaiarch, die auch von Varro aufgenommen wird.[93]

Holus und *faba* bei Hyrieus sind außerdem Speisen, die in augusteischen Texten mit dem *mos maiorum* in Verbindung gebracht, also der imaginierten bäuerlichen Frühzeit Roms zugeordnet werden.[94] Durch die Auswahl oder Nicht-Auswahl bestimmter Speisen werden Ovids Einkehrgeschichten somit in eine weit entfernte, auf einer früheren Stufe der menschlichen Zivi-

---

gebaute Variante der Hyrieus-Geschichte ist. Bömer liefert verschiedene Beobachtungen, die die Version der *Fasti* (in Bezug auf den Umgang mit Opfertieren) als die ältere erscheinen lassen, vgl. Bömer 1986, 287; s. hierzu auch unten, 338, Anm. 130 (Pythagoras).

90 Ob Celeus und seine Familie die Göttlichkeit der Besucherin zu diesem Zeitpunkt bereits erkannt haben, ist nicht klar. Dagegen spricht Metaneiras Entsetzen, als sie sieht, wie Ceres ihren Sohn ins Feuer hält. Hätte sie Ceres erkannt, wäre sie wohl nicht eingeschritten.

91 Vielleicht auch die Eier des paelignischen Paares (fast. 4,696)? S. oben, Anm. 76.

92 S. dazu die Erwähnung der Celeus-Geschichte oben, 124.

93 S. Abschnitt zu Dikaiarch oben, 97ff.

94 S. oben, 33ff.

lisation (kein Ackerbau) verortete Vergangenheit versetzt, die besonders im Falle von Hyrieus durch die mit der römischen Frühzeit assoziierten Speisen als eine römische dargestellt wird.[95] Dies ist in Anbetracht dessen, dass die Geschichten von Hyrieus und Celeus Teil des Werkes *Fasti* sind, das sich mit römischen Feiertagen befasst, nicht verwunderlich. In der Philemon-und-Baucis-Geschichte allerdings, die in einem rein griechisch-mythologischen Setting verortet ist, werden die bei Hyrieus vorhandenen römischen Bezüge, so wird sich in der Interpretation zeigen, durch die Auswahl und Darstellung der Speisen um ein Vielfaches gesteigert und auf die Spitze getrieben.

2.3 Interpretation

Die Bewirtungsszene gliedert sich in mehrere unterschiedlich lange Handlungselemente: Zunächst bereiten Philemon und Baucis für ihre Gäste eine Sitzgelegenheit vor (639f.), anschließend kümmert sich Baucis darum, die Feuerstelle zu erwärmen (641–645). Es folgen die Vorbereitungen der Hauptmahlzeit (646–651). Bis das Essen fertig ist, unterhalten die beiden ihre Gäste mit Gesprächen (651–652), bereiten ihnen ein warmes Bad (652–655), bereiten den Tisch und das Speisesofa vor (655–659). Beim Tischdecken muss Baucis den wackeligen Tisch mit einer Scherbe stabilisieren (660–663). Es folgen die Vorspeisen und Geschirr für Wein (664–670), die warme Hauptspeise (671), gefolgt von demselben Wein wie vorher (672) und schließlich den Nachspeisen (673–677). Das Gastmahl endet mit einem Wunder, denn der Weinkrug füllt sich immer wieder von selbst nach, woraufhin das Ehepaar die Göttlichkeit der Besucher erkennt und sich entsetzt für das einfache Mahl entschuldigt (679–683). Es versucht daraufhin, die einzige Gans zu fangen, um sie den Göttern zu Ehren zu schlachten, diese flieht jedoch, und zuletzt verbieten die Götter das Opfer (684–688).

Im Folgenden werden diejenigen Textstellen der Bewirtungsszene genauer betrachtet, die in irgendeiner Form mit Speisen in Verbindung stehen. Die übrigen Passagen werden, wo es nötig erscheint, unterstützend hinzugezogen.

---

95 Der römische Kontext ist allerdings auch bei der Celeus-Geschichte gegeben, s. hierzu oben, Anm. 75.

2.3.1 Verse 641–663: Vorbereitungen

Baucis macht Feuer (641–645)

Nachdem Baucis das Feuer vom Vortag wieder hat aufleben lassen (641–643), holt sie Holz vom Dachboden, zerkleinert dieses und legt es unter den Kessel (644f.).[96] Der Kessel (*aenum*) ist das letzte Wort dieser Vorgangsbeschreibung und legt zunächst die Vermutung nahe, dass eine Flüssigkeit darin erhitzt werden soll, aber erst der weitere Handlungsverlauf verschafft hierüber Klarheit: Zum einen wird in dem Kessel das geräucherte Schweinefleisch weichgekocht[97], das Baucis vom Dachbalken holt (*domat ferventibus undis*, 650); zum anderen wahrscheinlich aber auch das Gemüse, das sie in Vers 647 von den Blättern trennt, da beide Zutaten (Schweinefleisch und Gemüse) später nicht mehr genannt werden, sondern im Rahmen der Hauptspeise als Sammelbegriff *epulas calentes* (671) wieder aufgegriffen werden. Zum anderen wird den Gästen warmes Wasser zum Wärmen der Glieder angeboten (*is tepidis inpletur aquis artusque fovendos accipit*, 654f.). Ob es sich allerdings um dasselbe Wasser handelt wie das, in dem das Essen gekocht wird, ist nicht klar.[98] Die ausführliche Beschreibung des Feuermachens und vor allem die Tatsache, dass Baucis erst frisches Brennholz vom Dachbalken[99] herunterholen (*tecto detulit*, 644f.) muss, weisen darauf hin,

96 Die Zweiteilung in das Feuermachen im *focus* und das Entzünden der Feuerstelle unter dem *aenum* legt die Vermutung nahe, dass es sich um zwei verschiedene Feuerstellen handelt.
97 Die Metapher des „Zähmens" für das Weichmachen eines Nahrungsmittels findet sich zuerst an dieser Stelle, s. TLL 5.1.1946.32–42; vgl. dazu auch Gowers 2005, 340, s. dazu weiter unten, 190f. *Domare* kommt im Zusammenhang mit Nahrungsmitteln vorher nur bei Verg. georg. 4,100–102 vor; dort ist es eine besondere Honigsorte, die den herben Wein süßt ([...] *mella* [...] *durum Bacchi domitura saporem*).
98 Dagegen spricht, dass das Wasser lauwarm (*tepidis aquis*, 654) ist, während die Speisen noch kochen (erst in Vers 671 werden die Speisen vom Herd geholt: *epulasque foci misere calentes*). Möglich wäre es, dass etwas von dem Kochwasser dem Kessel entnommen und mit kaltem Wasser gemischt wird oder dass ein anderes Gefäß mit Wasser zum Wärmen in der Nähe der Feuerstelle platziert wird. Beide Möglichkeiten unterstreichen die Armut des Paares, vor allem die erste auf ironische Weise: Wer möchte schon gern die Hände in Wasser tauchen, welchem das Aroma von Schweinefleisch anhaftet?
99 Wahrscheinlich hängt das Reisig wie auch der Schweineschinken an einem Dachbalken (*tignum*, 648), wie es wohl in armen Häusern üblich war, einerseits um Platz zu sparen, andererseits um die wertvollen Gegenstände trocken zu halten, vgl. Bömer 1977, 204 mit Belegen für ähnliche Beschreibungen. Ein Dachboden im klassischen Sinn ist hier mit *tectum* deshalb wohl nicht gemeint, vgl. ebd. S. die Parallele bei Hyrieus: *tecta senis subeunt nigro deformia fumo* (fast. 5,505). Hyrieus, der in ähnlichen Umständen lebt wie Philemon und

dass das Feuer nur den Gästen zuliebe entfacht wird und dass von Philemon und Baucis an diesem Tag anscheinend keine warme Mahlzeit vorgesehen war.[100]

Grünzeug (?) (*holus*, 646f.)

Nachdem Baucis Feuer gemacht hat, befreit sie eine Gemüsepflanze von ihren Blättern (*truncat holus foliis*, 647), die ihr Mann aus dem bewässerten Garten geholt hat (*quodque suus coniux riguo collegerat horto*, 646). Um welche Pflanze es sich genau handelt, ist unklar. *Holus* wird nämlich in der Regel – dies gilt sowohl für landwirtschaftliche, medizinische als auch literarische Texte – als Sammelbegriff für grünes Gartengemüse verwendet, bezeichnet aber keine Pflanze im Speziellen.[101] Auch bei Horaz, der *holus* auffallend häufig in seinen Satiren verwendet und obendrein ähnlich wie hier Ovid als Zutat einfacher Mahlzeiten betont, bezeichnet das Wort nie eine einzelne Pflanze oder Gemüseart.[102] Auch in der zu Philemon und Baucis parallel gestalteten Stelle in den *Fasti*[103] wird *holus* zwar von Hyrieus ebenfalls in einem Topf gekocht, aber nicht weiter beschrieben. Am ehesten bietet sich deshalb zwar die Übersetzung ‚Grünzeug‘[104] an – da Philemon aber ein *holus* aus dem Garten holt und Baucis diesen von den Blättern trennt (*truncat foliis*), handelt es sich in diesem Fall wohl doch um eine einzelne Pflanze. Eine Auswahl an möglichen Gemüsepflanzen bieten Cato und Celsus, die *holera* als Oberbegriff für Kohl (*brassica*), Endivien (*intuba*), Lattich (*lactuca*), Pastinaken (*pastinaca*), Kürbis (*cucurbita*) und Feldsalat (*siser*) verwenden.[105] Bis auf den Kürbis und die Pastinake handelt es sich dabei um Salatpflanzen und (dem Salat in seiner Form ähnlichen) Kohl.

Baucis, scheint ebenfalls ein vom Ruß geschwärztes Dach (von innen freilich) zu haben, und keinen Dachboden.
100 Vgl. Bömer 1977, 202.
101 TLL 6.3.2861, 79–62.4; Franz Orth: Kohl, RE 21. Hbd., 1921, 1034; vgl. Dupont 1999, 118.
102 Zu den entsprechenden Stellen s. unten, Anm. 107.
103 Ov. fast. 5,509: *stant calices; minor inde fabas, holus alter habebat.*
104 Der Neue Georges schlägt ‚Grünkraut‘ und ‚Küchenkraut‘ vor, s. NG, Bd. 2, 2013, s.v. *olus.*
105 Cato agr. 156,1 (*brassica*); Cels. 2,24,2 (*intubus, lactuca, pastinaca, cucurbita elixa, siser*).

Folgt man der gängigen Übersetzung ‚entblättern' beziehungsweise ‚abblättern' für *truncat foliis*,[106] müsste es sich bei *holus* wohl um einen Salat- oder Kohlkopf[107] handeln. Letzteres[108] entspricht der mehrheitlichen Forschungsmeinung.[109] Wörtlich ist *truncare* aber eher als ‚(gewaltsam) von den Blättern abtrennen' im Sinne von ‚köpfen' zu verstehen.[110] Das Wort

106 So die neueren Übersetzungen etwa von Rösch 1992 („Blättert den Kohl ab"), von Albrecht 2003 („Den Kohl [...] entblättert sie"), Fink 2004 („blätterte den Kohl ab"), Holzberg 2017 („blättert dann den Kohl ab"). Im Englischen auch Griffin 1991, 68: „ [...] lopping off the outer leaves of a date-palm to get at its heart in the same way that Philemon lops off vegetables leaves [...]". Keine Entscheidung bei den Kommentatoren Hollis 2008 (1970), Anderson 1972, Bömer 1977.

107 In landwirtschaftlichen Werken findet man als Bezeichnung für Kohl gewöhnlich *caulis* oder *brassica*. Cato (agr. 156,1) klassifiziert Kohl *(brassica)* als Unterart der *holera (brassica est, quae omnibus holeribus antistat)*, wobei *caulis* der Stengel des Kohls ist (157,1). Bei Plinius d.Ä. ist die Klassifizierung nicht so eindeutig: Er beschäftigt sich in dem Kapitel, das er mit *olus caulesque* einführt, mit Kohl. Die Wortwahl *olus* ist merkwürdig, da Plinius sich einige Sätze später von *brassica* bezieht und im Verlauf des Absatzes auch weiterhin von *brassica,* nicht von *olus* spricht (19,136–138). Wilden Kohl bezeichnet er hingegen wieder als *olus silvestre* (144). In Buch 20 bezeichnet er Kohl, diesmal in Bezug auf seine medizinische Wirkung, wieder als *brassica* (20,78–96). Auch Columella bezeichnet Kohl als *brassica* und dessen Stegel als *caulis* (10,325f.). In 8,14,2 bezeichnet Columella *lactuca* als *olus*, in 2,10,22 *rapum* (die Rübe). Auch Plautus nennt im Übrigen *holus* neben *brassica* (Pseud. 815).

Kopfsalat oder Lattich wird normalerweise als *lactuca* bezeichnet. Dass die Übersetzer und Kommentatoren Kohl dem Salatkopf vorziehen, obwohl auch dieser auf ähnliche Weise entblättert wird, kann daran liegen, dass *holus* ja offenbar zusammen mit dem Schweinefleisch gekocht wird. Aus heutiger Sicht ist das eine Zubereitung, die zwar auf Kohl zutrifft, aber nicht auf Salat. Von gekochtem Kohl *(brassica)* sprechen auch Plinius (nat. 20,82–96) und Cato (agr. 156,1). Tatsächlich aber gibt es Belege, dass in der Antike auch Salat gekocht wurde. Galen zufolge essen die meisten Leute Salat (θριδακίνη) roh, er aber zieht gekochten Salat dem rohen aufgrund seiner Zahnschmerzen vor (alim. fac. 2,40 Helmreich = 625 Kühn). Auch Plinius kennt in Pfannen gekochte *lactuca* (nat. 19,130). Die Vorstellung, dass Philemon und Baucis Salat weichkochen, weil ihre alten Zähne ihn roh nicht mehr kauen können, ist zwar im Text sicher nicht gegeben, dennoch reizvoll.

108 Dabei ist es gut möglich, dass die Übersetzung ‚entblättern' ursprünglich gewählt wurde, *nachdem* man sich dafür entschieden hatte, *holus* mit Kohl zu übersetzen. Eine Erklärung für die Übersetzungen ‚entblättern' gibt bisher, soweit ich sehe, nur Griffin, der eine Parallele zu Nikander zieht (georg. fr. 80 Gow und Scholfield (= Athen. deipn. 71d–e): σὺν καὶ φοίνικος παραφυάδας ἐκκόπτοντες (e) ἐγκέφαλον φορέουσι νέοις ἀσπαστὸν ἔδεσμα), aber dies ist kein Beweis.

109 So Anderson 1972, 393; Galinsky 1975, 202; Bömer 1977, 204; Hallett 2000, 547; Gowers 2005, 340. S. die Übersetzungen oben in Anm. 106. Keine Entscheidung im TLL. Hollis 2008 (1970), 116 dagegen eher zutreffend: „some vegetables".

110 So auch Gowers 2005, 340. Sie übersetzt „cut its ‚trunk' from its ‚leaves'". Das Wort (*de-*)*truncare* kommt zuerst bei Livius und Ovid vor (TLL 5.1.845.14f.) und nur bei Ovid im

kommt zur selben Zeit nur noch bei Livius vor, und zwar im Zusammenhang mit Zerstörung und Verstümmelung.[111] Es handelt sich bei der Formulierung *holus truncat foliis* somit um eine Neuschöpfung, deren genaue
Bedeutung möglicherweise bereits in der Antike schon nicht eindeutig
war.[112] Bezogen auf Ovids *holus* kann dieser Vorgang demnach genauso gut

Sinne von ‚abtrennen' bzw. ‚köpfen': *detruncatque caput*, met. 8,769. Hier ist das abgetrennte
Glied (der Kopf) Objekt, während es bei Philemon und Baucis der Körper (*holus*) ist, vgl.
Bömer 1977, 205. Bei Livius bezeichnet *truncare* das gewaltsame Zertrümmern von Statuen
(*statuis inde regis deiectis truncatisque*, Liv. 31,23,10; *truncata simulacra deum*, Liv. 31,30,7).
Für die Beschreibung desselben Vorganges (stürzen: *deicere*, dann zerstören: *detruncare*) wie
im ersten Beispiel verwendet Livius im 21. Buch, diesmal in Bezug auf einen Baum, das Kom-
positum *detruncare* (*arboribus circa immanibus deiectis detruncatisque*, Liv. 21,37,2); im 31.
Buch bezieht er es auf die Verstümmelung eines menschlichen Körpers: *detruncata corpora*,
31,34,4. Interessanterweise wird das Abschlagen des Kopfes wenige Sätze weiter nicht wie
bei Ovid mit (*de-)truncare*, sondern mit *dividere* (*divisa a corpore capita*) beschrieben. Das
Verb *truncare* bzw. *detruncare* trägt demnach die Assoziation mit gewaltsamem Zerstückeln
und Zerteilen in sich. Das bildhafte Köpfen einer Gemüsepflanze passt hierzu freilich besser
als das Entblättern. Außerdem verwendet Ovid mit *foliis* einen *ablativus separationis*, wodurch umso deutlicher wird, dass der Fruchtkörper bzw. die Wurzel oder Rübe nicht in Ein-
zelteile zerlegt (wie beim Entblättern), sondern von den Blättern abgetrennt wird.
111 S. vorige Anm.
112 Auch in etwas späteren literarischen Texten des ersten Jahrhunderts ist die Verwendung
nicht eindeutig, doch in der Regel scheint der Begriff nach wie vor eher einen Sammelbegriff
für Gemüse darzustellen als ein bestimmtes Gemüse. In der zweiten Ekloge von Calpurnius
Siculus bietet der Hirte Astacus seiner Geliebten Crocale sowohl Obst (*poma*) als auch Gemüse (*holus*) aus seinem Garten an (ecl. 2,74). In Persius' dritter Satire wird holziger (*durum*,
112) *holus* mit grobem Brot (*populi cribro decussa farina*, 112) serviert, was abwertend zur
Kenntnis genommen wird. Als Beispiel für solches Gemüse wird gewöhnlicher Mangold
(*plebeia beta*, 114f.) genannt. In Persius' sechster Satire wird trockener (*siccum*, 20) *holus* in
Salzlake (*muria*, 20) serviert. Diese Konservierungsmethode wurde bei sehr vielen Gemüsesorten angewendet (André 2013 (1961), 39) und gibt keinen Hinweis auf eine spezielle
Bedeutung von *holus*. Bei Martial gibt es anscheinend unterschiedliche Bedeutungen: Einmal wird *holus* in einer Reihe mit anderen ländlichen Lebensmitteln wie Eiern und Obst
genannt, dort scheint es sich demnach um einen Sammelbegriff zu handeln (3,58,50;). In
13,57,1 bedeutet *holus* eindeutig Gemüse im Allgemeinen, denn auch ägyptische Bohnen
werden hier als *holus* bezeichnet. In zwei weiteren Epigrammen scheint Martial mit *holus*
aber tatsächlich Kohl zu meinen, denn er beschreibt den für Kohl typischen gräulichen Be-
schlag mit Rauhreif (7,31,5) und die ebenfalls typische Winterhärte (12,31,4). Auch Juvenals elfte Satire und das pseudovergilianische Gedicht *Moretum*, die beide auf Philemon und
Baucis anspielen (zur Abhängigkeit des *Moretums* von Philemon und Baucis s. unten, Anm.
120), zeichnen kein eindeutiges Bild: In Juvenals elfter Satire (11,79) werden als Anspielung
auf Philemon und Baucis *holuscula* aus dem Garten geholt und auf den Herd gesetzt. Einen
Hinweis auf eine konkrete Pflanze gibt es nicht. Im *Moretum* hat der Bauer Simulus neben
anderen Gemüsesorten wie *lactuca* und *cucurbita* u.a. *holus* in seinem Garten (Verg. app. Moret. 71), was darauf schließen lässt, dass *holus* wie bei Philemon und Baucis als spezielle Ge-

auf ein Rübengewächs zutreffen, das Philemon mitsamt den Blättern aus der Erde gezogen hat.[113] Für die ausschließliche Übersetzung ‚Kohl‘ oder ‚Salat‘ sehe ich deshalb keinen Grund.[114] Möglicherweise wählt Ovid auch bewusst einen Sammelbegriff für Gartengemüse oder ‚Grünzeug‘, zumal das Wort *holus* die Assoziation billiger und ländlicher Nahrung in sich trägt.[115] Die Bewertung des Wortes hat sich freilich mit der Zeit verändert: Während *holus* noch bei Plautus als für die kultivierte Küche unangemessene Speise abgewertet wird,[116] wird es später bei Horaz und Vergil stets positiv im Sin-

müsepflanze gewertet wird. Aus diesem Grund deutet Kenney 1984, 38, sich dessen bewusst, dass das Wort sonst Gemüse im Allgemeinen bezeichnet, *holus* an dieser Stelle als ‚cabbage‘ und gibt als Verweise zu dessen Eigenschaften die in Anm. 108 aufgeführten Stellen bei Cato und Plinius an, die aber, wie oben gezeigt, keine eindeutige Schlussfolgerung darauf zulassen, dass es sich bei *holus* um Kohl handelt. Wahrscheinlicher ist, dass der Autor des *Moretum holus* in Anlehnung an Philemon und Baucis neben anderen Gemüsesorten in Simulus' Garten gepflanzt hat.

Der moderne botanische Name von Gemüse-Kohl, *brassica oleracea* (Powell 2003, 188; s. Genaust, s.v. oleraceus), könnte ein Hinweis darauf sein, dass unter *holus* in der Antike auch Kohl verstanden wurde; ein Beweis für unsere Stelle ist dies aber deshalb keineswegs.

113 Verschiedene Forschungsstimmen sind auf die merkwürdige Formulierung eingegangen, keine jedoch in Bezug auf eine mögliche Bedeutung(sänderung) von *holus*, s. etwa Gamel 1984, 120. Griffin 1991, 68 sieht in der Formulierung eine Anspielung auf ein Nikander-Fragment (georg. fr. 80 Gow und Scholfield), in dem die äußeren Blätter einer Dattelpalme abgehackt werden. *Holus* übersetzt er allgemein als ‚vegetables‘. Gowers 2005, 340 sieht die Formulierung als Anspielung auf die Verwandlung des Paares in Bäume (*truncos*, 720), bleibt aber trotz ihrer wortgenauen Übersetzung von *truncat foliis* (s. oben, Anm. 110) bei ‚cabbage‘.

114 Diesen scheinen auch die Kommentatoren nicht zu brauchen, wenn sie *holus* als ‚Kohl‘ übersetzen; stattdessen liest man allgemeine, sich nicht direkt auf die Vokabel beziehende Aussagen wie bei Anderson 1972, 393: „Cabbage was one of the least elegant vegetables even in Roman times; Roman satirists regularly use it to connote domestic simplicity." Anderson bezieht sich hier offenbar auf Stellen bei Iuvenal und Persius, wo *holus* tatsächlich abwertend gebraucht oder zumindest mit Einfachheit in Verbindung gebracht wird, wo es aber keine Hinweise gibt, dass es sich um Kohl handelt. Erschwert wird eine Zuordnung des Wortes auch dadurch, dass die in Fachtexten gebräuchlichen Wörter für Kohl *brassica* und *caules* (der Stengel) in der augusteischen Dichtung kaum vorkommen (bei Prop. 4,2,44 rühmt sich der Gott Vertumnus mit Gaben der Gärten, die er detailliert beschreibt: Gurke, Kürbis und *brassica*. In Hor. serm. 1,3,116 geht es um das Umbrechen eines zarten (Kohl)Stengels in einem fremden Garten: *qui teneros caules alieni fregerit horti.*) und es dementsprechend fast kein poetisches Vergleichsmaterial mit tatsächlichen Vokabeln für Kohl gibt.

115 TLL 2.861.84f.: *est cibus vilis, rusticus, aegrotorum, carne vescenda abstinentium*, Beispiele ad loc.

116 Zweimal wird in Plautus' Komödien abwertend über *brassica* und *holus* geredet: In Pseudolus 810–825 schimpft der Koch über andere Köche, die eine ‚Wiese‘ ins Essen tun: all die Kräuter, die die Kühe nicht fressen wollen, frisst eben der Mensch, darunter auch *brassica*

ne altertümlicher Schlichtheit verwendet.[117] Es ist gut vorstellbar, dass Ovid sich diese Konnotation zunutze macht, um die ländliche Einfachheit des Paares zu unterstreichen – gleich, ob er bei *holus* an ein bestimmtes Gemüse gedacht hat oder nicht.

Geräucherter Schweinerücken (*terga suis*, 648)

Als nächstes hebt Philemon mit einer zweizinkigen Gabel ein Stück Schweinefleisch (*terga suis*, 648) von einem Dachbalken (*tignum*, 648) herab. Über das Fleisch erfährt man, dass es ebenso wie der Balken rußgeschwärzt ist (*sordida* terga suis *nigro* pendentia tigno, 647f.) und dass es schon lange so aufbewahrt wird (*servatoque diu* [...] *tergore*, 649). Es handelt sich deshalb offenbar um eine Art Räucherschinken und der Balken fungiert als *carnarium*, d.h. als trockener und (etwa vor Mäusen) sicherer Aufbewahrungsort

(815). In den *Captivi* 189f. möchte Ergasilus an seinem Geburtstag von Hegio bekocht werden, der aber ankündigt, sein potentieller Gast müsse sich mit wenig zufriedengeben, eben mit viel Gemüse (*multis holeribus*). Ergasilus möchte aber lieber Fleisch und sagt, er solle (mit dem Gemüse) lieber die Kranken versorgen (*curato aegrotos domi*,192*)*. In Plaut. Truc. 610 werden *holera* abwertend als winziges Geschenk bezeichnet.
117 Tietz 2013, 58. Beispiele bei Horaz: In serm. 1,1,74 sagt das lyrische Ich zu Maecenas, man solle sein Geld nutzen, um *panis, holus* und *vinum* [also Grundnahrungsmittel] zu kaufen. In serm. 1,6,112 hält das lyrische Ich seinen eigenen bescheidenen Lebensstil für angenehmer als den eines reichen Senators, z.B. indem es sich selbst (als Zeichen seiner Unabhängigkeit) nach dem Preis von *holus* und *far* erkundigt. In serm. 2,2,117 erzählt der Landmann Ofellus, dass er schon als Kind an Werktagen nur *holus* mit geräucherten Schinkenknochen (*funosae cum pede pernae*) gegessen habe. In serm. 2,6,64 lässt das lyrische Ich seinen berühmten sehnsuchtsvollen Ruf nach dem Landleben erklingen: *o quando faba Pythagorae cognata simulque uncta satis pingui ponentur holuscula lardo?* In serm. 2,7,30 macht sich Horazens Sklave Davus über seinen Herrn lustig, dessen Verhalten inkonsistent sei: bei Einladungen wolle er gut bekocht werden, wenn er aber allein zu Hause speise, preise er seinen *securum holus*. Epist. 1,5,2 enthält eine Einladung zum Gastmahl unter der Voraussetzung, dass der Gast fürchten solle, *holus* zu verzehren. Epist. 1,17,13 enthält eine Aufforderung zur Genügsamkeit und zum Lob der eigenen bescheidenen Speisen: *si pranderet holus patienter, regibus uti nollet Aristippus*. In Vergils *Georgica* baut der corycische Greis *rarum holus* zwischen den Dornhecken an (georg. 4,130). Auch Simulus, der arme Bauer, hat *holus* in seinem Garten, Verg. app. Moret. 71. Darüber hinaus zählt Plinius *olus caulesque* (nat. 19,136) sogar zu den Speisen des feinen Geschmacks (*opera ganeae*, 139). Er hebt Kohlsorten hervor, die besonders zarte Blätter (*folio tenerius*) und kleine Stengel (*cauliculis peculiaribus*) haben (140). Gerade diese letzte Textstelle bekräftigt den aus poetischen und satirischen Texten der Zeit erwachsenden Eindruck, dass Gartengemüse zu augusteischer Zeit bzw. kurz danach populär ist, sicherlich auch aufgrund besserer, durch vermehrte Kultivierung und Züchtungen hervorgerufene Qualität der Gemüseflanzen, s. dazu besonders zu Salat und Kohl etwa Cato agr. 156–157,1; Plin. nat. 20,75. 78–96; Colum. 10,111; 325f; Apic. 3,18.

für Nahrungsmittel, wie er z.b. auch von Columella[118] und in Anlehnung an Ovid von Iuvenal[119] und im pseudovergilianischen *Moretum[120]* beschrieben wird.[121] Schinken, den man zusammen mit *holus* oder Bohnen isst, kommt zweimal bei Horaz und einmal in den *Fasti* vor.[122] In der zweiten Satire berichtet der Gutsbesitzer Ofellus, dass er früher an Werktagen nur *holus* mit geräucherten Schinkenknochen (*funosae cum pede pernae*) gegessen habe.[123] In der sechsten Satire sehnt sich das vom Trubel und den Verpflichtungen in der Stadt entnervte lyrische Ich nach dem Lande und in diesem Zusammenhang nach Bohnen mit Speck (*lardum*) und *holuscula*.[124] In den *Fasti* wird

---

118 Columella 12,55 beschreibt eine Methode zum Pökeln von Schweinefleisch: Erst wird es in Salz eingelegt, dann im *carnarium* aufgehängt, vgl. Bömer 1977, 206.

119 Iuvenal beschreibt ein ländliches Mahl mit Zutaten aus eigener Produktion (11,66–85). Es gibt diverse inhaltliche und sprachliche Ähnlichkeiten mit Philemon und Baucis: (Trauben: *vitibus uvae* (72), das Gemüse aus dem eigenen Garten: *horto holuscula* (78f.), der getrocknete Schweinerücken vom Dachbalken: *terga suis pendentia crate* (82), Äpfel aus Körben: *de corbibus mala* (74f.).

120 Kenney 1984, xxii hält Ovids Philemon und Baucis für die Hauptvorlage des *Moretums*. Regina Höschele (Moreto-Poetik: Das Moretum als intertextuelles Mischgericht, in Holzberg 2005, 244–269) arbeitet mit Verweisen auf die vorangegangene *Moretum*-Forschung diverse Bezüge des Gedichtes nicht nur auf die Philemon-und-Baucis-Episode, sondern auch auf die Geschichten von Hyrieus und Triptolemus in den *Fasti* heraus, die ihrer Ansicht nach bewusst vom Autor des *Moretums* evoziert werden. Diese Intertextualität weist nunmehr darauf hin, dass der Autor die Werke Ovids gekannt hat und das *Moretum* danach entstanden sein dürfte.

121 Der Bauer Simulus, der unter ähnlichen Umständen lebt wie Philemon und Baucis, sucht nach einer Beilage zu seinem selbstgebackenen Brot, doch leider hat er keinen mit Salz konservierten Schweineschinken im Rauchfang (*non illi suspensa focum carnaria iuxta | durati sale terga suis truncique rigebant*, Moret. 55f.), dafür hängen dort ein Stück Käse und ein Bündel Dill (56f.). In Iuvenals elfter Satire berichtet der Erzähler, dass man früher trockenes, von Balken hängendes Schweinefleisch für Festtage aufbewahrt habe (*sicci terga suis rara pendentia crate | moris erat quondam festis servare diebus | et natalicium cognatis ponere lardum | accedente nova, si quam dabat hostia, carne*, Iuv. 11,82–85). Eine weitere, offenbar an Philemon und Baucis angelehnte (aber möglicherweise auch an *Hekale*, vgl. Bömer 1977, 206) Stelle findet sich bei Petron 135,4: Die alte Priesterin Oenothea holt mit einer Gabel einen Sack mit Bohnen und ein uraltes Stück Schweinekopf aus dem *carnarium: simulque pannum de carnario detulit furca, in quo faba erat ad usum reposita et sincipitis vetustissima particula mille plagis dolata.*

122 Iuvenal, in Anlehnung an Philemon und Baucis, bezeichnet *terga suis* als *lardum*, s. vorige Anm.; vgl. auch Bömer 1977, 206.

123 Hor. serm. 2,2,116f.: ,*non ego' narrantem ,temere edi luce profesta | quicquam praeter holus fumosae cum pede pernae. [...]'*.

124 Hor. serm. 2,6,63f.: *o quando faba Pythagorae cognata simulque | uncta satis pingui ponentur holuscula lardo?*

lardum traditionell am ersten Juni, dem Festtag der Göttin Carna, mit Bohnen und Spelt zubereitet.[125] Carna, so Ovid, sei die Göttin der alten Zeit
und ernähre sich deshalb von einfachen altertümlichen Speisen, wie man es
in einer Zeit getan habe, als man noch kein ausländisches und verschwende-
risches Essen kannte, sondern nur zum Festtag ein Schwein geschlachtet habe.[126] Schinken, entweder als *lardum* oder als *fumosae pes pernae* (diese Bezeichnung ist näher an Ovid, da hier ebenfalls ein Körperteil des Schweins
genannt wird) bezeichnet, dient bei Horaz und Ovid in Kombination mit
holus (oder Bohnen) folglich als Symbol ländlicher oder altertümlicher
Schlichtheit.

Weiterführende Gedanken
Die Verse, in denen das Essen vorbereitet wird, drücken in vielerlei Hinsicht die Armut bzw. Einfachheit von Philemon und Baucis aus: Dies gilt
zunächst, wie oben gezeigt, für die Speisen an sich, aber auch für die Attribute und Tätigkeiten, die sich auf die Speisen beziehen: Die Rußschwärze
von Fleisch und Balken impliziert, dass Philemon sich beim Herabholen des
Schinkens vor den Augen seiner Gäste schmutzig macht.[127] Dass der Schinken lange aufbewahrt wurde und Philemon nur ein winziges Scheibchen davon abschneidet, zeigt, dass er ihn nur anlässlich der Gäste vom Holzbalken
holt und dass es sich bei dem Schinken in den Augen der Gastgeber um eine
Kostbarkeit handelt, mit der dementsprechend sehr sparsam umgegangen
wird.[128] Dies wird auch durch das Weichkochen des Fleisches zum Ausdruck

---

125 Ov. fast. 6,169f.: *cur illis gustentur larda kalendis,* | *mixtaque cum calido sit faba farre,*
rogas?
126 Ov. fast. 6,171–180: *Prisca dea est aliturque cibis, quibus ante solebat,* | *nec petit ascitas*
luxuriosa dapes. | *Piscis adhuc illi populo sine fraude natabat,* | *ostreaque in conchis tuta fuere*
suis; | *nec Latium norat quam praebet Ionia dives* | *nec quae Pygmaeo sanguine gaudet avis;* | *et*
praeter pinnas nihil in pavone placebat, | *nec tellus captas miserat arte feras.* | *Sus erat in pretio,*
caesa sue festa colebant; | *terra fabas tantum duraque farra dabat.*
127 Tietz 2013, 78f. ist der Auffassung, *sordidus* werde in zeitgenössischen Texten mit
einem geizigen Verhalten des Gastgebers konnotiert, das „aus dem Kontext des *mos maio-*
rum [...] ein zumindest negatives Echo im zeitgenössischen Diskurs" erwartbar mache. Für
Philemon und Baucis ist diese Deutung unpassend, denn *sordidus* unterstreicht hier nur die
Ärmlichkeit des Paares.
128 Philemon und Baucis besitzen offenbar selbst keine Schweine und auf den ersten Blick
erscheint Fleisch, das in Rom zu den teuersten Lebensmitteln (vgl. Corbier 1989, 224; Montanari 1999, 73) gehörte, unpassend für so ein armes Paar. Andererseits wird der Wert des
Fleisches durch den oben beschriebenen sparsamen Umgang damit hervorgehoben. Mehr

gebracht, denn offenbar ist es vom langen Hängen schon ziemlich zäh geworden und wird durch Kochen überhaupt erst genießbar.

Der so zum Ausdruck gebrachten Armut des Paares wird dessen Aufopferung und Großzügigkeit gegenübergestellt. Diese zeigt sich zum einen in der detaillierten Vorgangsbeschreibung: Philemon und Baucis führen ganz selbstverständlich (und ohne jede Altersschwäche!) mühsame Tätigkeiten aus, die in einem gehobenen Haushalt Sklaven zukommen und die der Gast in einem solchen niemals zu Gesicht bekommen würde: Holen (aus verschiedenen Richtungen: von draußen (*holus*) und von oben (*terga suis*), Vor- und Zubereiten werden zu Tätigkeiten, die es wert sind, geschildert zu werden, um die Mühe des Paares auszudrücken. Dessen Großzügigkeit wird besonders durch das Teilen des wertvollen Schinkens ausgedrückt. Dass Philemon nur ein winziges Scheibchen davon abschneidet, zeigt seinen inneren Konflikt zwischen seiner Sparsamkeit und Gastfreundschaft[129] – auch dies ist ein Element, dass sich neben den Speisen *holus* und *lardum* in Horazens Satire 2,6 findet: In der Fabel von Landmaus und Stadtmaus wird beschrieben, wie die Landmaus, die sorgfältig mit ihren erworbenen Nahrungsmitteln haushaltet, ihre Sparsamkeit zuliebe der Gastfreundschaft lockert, als sie Besuch von der Stadtmaus bekommt.[130]

Das Spannungsverhältnis zwischen der Armut des Paares und dessen Aufopferungsbereitschaft und Großzügigkeit erzeugt in diesem Abschnitt eine anrührende Stimmung, die allerdings durch einen leichten, humorvollen Ton aufgelockert wird. Dieser entsteht vor allem durch die Wortwahl im Bezug auf die Nahrungsmittel: Die von Ovid gewählte Formulierung *terga suis*, wörtlich ‚Schweinerücken‘, ist weniger abstrakt als die übliche Vokabel *lardum* und evoziert die Assoziation eines realen Schweins;[131] auch die Vokabel für das Weichkochen des Fleisches, *domat*, lässt an das Zähmen

---

als die Assoziation bitterer Armut soll an dieser Stelle wahrscheinlich eher das ländliche Idyll (vgl. Thüry 1999, 16) hervorgehoben werden. Der Verzehr eines selbstgezogenen oder selbstgefangenen Tieres, z.B. eines Böckchens oder Huhns, gehört bei den betont frugalen Gastmählern der augusteischen und frühkaiserzeitlichen Autoren meistens dazu, z.B. Hor. serm. 2,2,21; Mart. 10,48,14; Iuv. 11,66.

129 Galinsky 1975, 202.

130 Hor. serm. 2,6,83f.: *asper et attentus quaesitis, ut tamen artum | solveret hospitiis animum.*

131 Gowers 2005, 340.

eines echten Tieres denken.[132] Dass Philemon nur ein winziges Scheibchen davon abschneidet, erweckt aus diesem Blickwinkel betrachtet fast den Eindruck, er denke an das Schwein, das der Schinken einst war, und könne sich nur schwer davon trennen. Baucis hingegen entfernt dem Gemüse brutal die Blätter, ausgedrückt durch das mit Gewalt assoziierte *truncare*.[133] Diese Wortwahl erweckt den Eindruck, bei den Speisen handele es sich um lebendige Wesen, zu denen Philemon und Baucis eine persönliche Beziehung haben.[134]

Nachdem die Vorbereitungen getroffen sind, vertreibt man sich die Wartezeit, bis das Essen gar ist, mit Gesprächen (651f.). Welcher Art diese sind, erfahren wir nicht.[135] Stattdessen folgt eine Beschreibung der umfangreichen Bemühungen des Paares, den Gästen ein Fußbad zu bereiten (652–655) und das Speisesofa und den Speisetisch vorzubereiten (655–663).[136]

2.3.2 Verse 664–668: Vorspeise

Bevor die gekochten Speisen gegessen werden, servieren Philemon und Baucis eine Vorspeise, bestehend aus zweifarbigen Oliven (*bicolor sincerae baca Minervae*, 664), in flüssiger Hefe eingemachten Kornelkirschen (*conditaque in liquida corna autumnalia faece,* 665), Endivien und Rettich (*intibaque et radix*, 666), einem Stück Käse (*lactis massa coacti*, 666) und leicht in schwacher Glut gewendeten Eiern (*ovaque non acri leviter versata favilla*, 668).

132 Ebd. 341. Ausgehend von dieser Bezeichnung stellt Gowers die Frage in den Raum, ob es sich bei dem Schinken nicht gar um die konservierten Reste des kalydonischen Ebers handeln könnte, der ja ebenfalls in Buch 8 erlegt wurde. Da einer von Theseus' Gefährten im Anschluss an diese Jagd die Geschichte von Philemon und Baucis erzählt, ist das strukturell ausgeschlossen, aber zumindest wäre eine humorvolle Anspielung auf den Eber denkbar.
133 S. oben, 184, Anm. 110.
134 Vgl. Anderson/Frederick 1988, 125.
135 Zum Verhältnis von Essen und Gesprächen s. weiter unten, 224f.
136 Die Auflistung all dieser Tätigkeiten, bis das Essen fertig ist, suggeriert einen hohen Grad an Organisation. Wie schaffen es Philemon und Baucis, ihre Gäste mit Gesprächen zu unterhalten, gleichzeitig aber ein Fußbad zu bereiten, das Speisesofa herzurichten und den Tisch zu decken? Baucis deckt zwar den Tisch und legt die Scherbe darunter (*anus*, 661), aber bei den anderen Tätigkeiten gibt es keinen Hinweis auf den Akteur.

Oliven (*baca Minervae*, 664) und Kornelkirschen (*corna*, 665)

Baca ist ein Sammelbegriff für beerenartige Baumfrüchte und kann derer verschiedene bezeichnen.[137] Durch das Genitivobjekt *Minervae* wird *baca* als Olive definiert, denn es spielt auf die mythologische Herkunft der Olive an, die einst von Athene auf der Akropolis in Athen gepflanzt worden sein soll.[138]

Oliven sind in der Antike aufgrund ihres Öls ein wichtiges Grundnahrungsmittel im gesamten Mittelmeerraum und ein wichtiger Bestandteil der Ernährung im ländlichen Raum Italiens.[139] Bei der wohlhabenden Stadtbevölkerung, so liest man etwa bei Petron oder Martial,[140] sind sie beliebt als Vorspeise und werden auf unterschiedliche Arten zubereitet.[141] Hierin zeigt sich eine Ambivalenz in der Bedeutung der Olive als Nahrungsmittel (Wichtigkeit als Grundnahrungsmittel vs. Imbiss der Reichen), die auch Horaz in seiner zweiten Satire zum Ausdruck bringt, wenn er sagt, dass Oliven und Eier, eigentlich Nahrung der Armen, immer noch an Tischen der Reichen gegessen werden.[142] Aus der Sicht eines römischen Lesers können die Oliven bei Philemon und Baucis demnach sowohl als Symbol ländlicher Schlichtheit als auch als typisches Element eines distinguierten Gastmahls verstanden werden. Die Assoziation eines armen Gastgebers wird freilich durch den Anklang an *Hekale* hervorgerufen, die ihrem Gast ebenfalls Oliven serviert.[143]

---

137 S. TLL 2.0.1657.20–54; 1658.9–26.

138 Die Geschichte schildert Ovid in met. 6,80f. Die Kombination von *baca* und Minerva als Umschreibung für eine Olive findet sich nur bei Ovid.

139 Vgl. Hollis 2008 (1970), 120; Bömer 1977, 213f. Stellen s. Arthur S. Pease: Oelbaum, RE 34. Hbd., 1937, 2012f. Cato nennt Oliven, die wenig Öl geben, als Zubrot zu Getreide und Feigen für die eigenen Sklaven, agr. 58. Als Brotersatz freilich taugen sie nicht, da sie, wie Galen schreibt, wenig Nährwert enthalten (Gal. alim. fac. 2,27 Helmreich = 609 Kühn). Bei Iuvenal ernährt sich die italische Landbevölkerung traditionell von Oliven (Iuv. 3,84), vgl. Tietz 2013, 271.

140 Mart. 11,52,11. Petr. 31,9.

141 Vgl. Gal. alim. fac. 2,27 Helmreich = 609 Kühn; am häufigsten, so Galen, werden gesalzene Oliven mit Brot und ‚schwimmende‘ Oliven mit Fischsoße als Vorspeise gegessen: ἐσθίουσι δ' οἱ ἄνθρωποι ταύτας μὲν σὺν ἄρτῳ μᾶλλον, ἄνευ δ' ἄρτου τὰς ἁλμάδας τε καὶ κολυμβάδας ὀνομαζομένας ἕνεκα γαστρὸς ὑπαγωγῆς μετὰ γάρου πρὸ τῶν σιτίων. Vgl. Bömer 1977, 214. Weitere Beispiele bei Arthur S. Pease: Oelbaum, RE 34. Hbd., 1937, 2013.

142 Hor. serm. 2,2,44–46: [...] *necdum omnis abacta | pauperies epulis regum: nam vilibus ovis | nigrisque est oleis hodie locus.*

143 Kall. Hek. fr. 248 Pf. 4–5. Dazu genauer weiter unten, 193f.

Als weitere Vorspeise werden in flüssiger Hefe eingemachte herbstliche Kornelkirschen gereicht (*conditaque in liquida corna autumnalia faece*, 665). In Kapitel 1 zum goldenen Zeitalter wurde gezeigt, dass die Kornelkirsche zu augusteischer Zeit offenbar eine wildwachsende, durch ihren hohen Säuregehalt und den großen Stein beinahe ungenießbare Frucht ist, die von Vergil und Horaz eher als Nahrung der Not und des Mangels charakterisiert wird.[144] Bei Columella allerdings gibt es eine Anleitung für das Einlegen von Kornelkirschen in Salzlake und Essig bzw. in Essig und Mostsirup,[145] wahrscheinlich nicht nur zur Aufbewahrung, sondern um die sauren Früchte genießbar zu machen.[146] Auch bei Philemon und Baucis sind die Kornelkirschen eingelegt, allerdings in flüssiger Hefe (*liquida faece*). Für diese Methode gibt es sonst in der antiken Literatur keine Entsprechung.[147] Entscheidend an dieser Stelle ist aber vor allem, *dass* die Kornelkirschen eingelegt und damit in einem genießbaren Zustand dargereicht werden – im Gegensatz etwa zu Polyphem, der Galatea im 13. Buch der Metamorphosen ebenfalls *autumnalia corna* anbietet,[148] aber offenbar roh – ein Zeichen seiner Einfältigkeit und Unzivilisiertheit. Philemon und Baucis aber sind keine unzivilisierten Zyklopen. Sie wissen nicht nur, *dass* man Kornelkirschen einlegt, sondern auch, *wie*.

Kallimachos' Hekale bietet Theseus drei Olivensorten an:[149] sehr oder überreife (γεργέριμος), unreife (πίτυρις) und herbstliche, die in Salzlake eingelegt wurden, als sie noch hell waren (ἣν λευκὴν | εἰν ἁλὶ νήχεσθαι φθινοπωρίδα). Ovid wandelt diese Auswahl etwas ab in zwei Sorten (*bicolor*)[150] Oliven einerseits und Kornelkirschen andererseits. Letztere ent-

---

144 S. oben, 133f.

145 Colum. 12,10,3: *acetum et sapa vel defrutum.*

146 Plinius (nat. 15,105) beschreibt noch eine andere Methode, um Kornelkirschen genießbar zu machen: Man mischt verschiedene Geschmacksarten (dabei ist nicht klar, ob er damit verschiedene Früchte oder verschiedene Arten desselben Obstes meint), damit die besser schmeckende die unangenehme überdeckt: *Quae cura et cornis atque etiam lentisco adhibetur. ne quid non hominis ventri natum esse videatur, miscentur sapores et alio alius placere cogitur.*

147 TLL 6.1.170.62f. Neben Weinhefe kennen die Römer noch Ölhefe, vgl. Bömer 1977, 665. Plinius spricht von Oliven, die in Ölschaum (*amurca*) eingemacht werden (nat. 15,16), der allerdings zusammen mit Ölhefe ein Abfallprodukt bei der Olivenölherstellung ist (nat. 15,21).

148 Ov. met. 13,816, s. unten, 262.

149 Kall. Hek. fr. 248 Pf. 4–5.

150 Die Bedeutung von *bicolor* wurde in der Forschungsliteratur mehrfach diskutiert (ältere Positionen bei Bömer 1977, 214f.). Es gibt scheinbar noch keine befriedigende Lösung

sprechen dabei der dritten Sorte Oliven bei *Hekale,* denn sie sind ebenfalls herbstlich und eingelegt. Die Funktion dieser Abwandlung lässt sich schwer erklären, aber immerhin weisen Kornelkirschen und Oliven hinsichtlich ihrer Konsistenz (roh ungenießbar, großer Stein) und Verwendung (nur eingelegt essbar) Gemeinsamkeiten auf. Diese erlaubten es Ovid, einerseits den intertextuellen Bezug zu *Hekale* herzustellen, andererseits das literarische Vorbild zu variieren und darüber hinaus eine weitere mit Armut assoziierte Speise in das Menü einzufügen.

zu der Frage, ob die Oliven nun an sich mehrfarbig, im Sinne von unreif, sind (so Hollis 2008 (1970), 120: „not yet wholly ripe") oder ob es sich um zwei Sorten Oliven handelt, sprich grüne und schwarze (so vermutet Hill 2008, 235). Bömer weist darauf hin, dass bereits bei den Attributen der Oliven bei *Hekale* in der Antike unklar gewesen sei, was genau mit γεργέριμον, πίτυριν und ἣν λευκὴν | εἰν ἁλὶ νήχεσθαι φθινοπωρίδα gemeint ist (s. dazu auch oben, 170, Anm. 46). Bömer mutmaßt, dass Ovid sich deshalb ähnlich mehrdeutig ausgedrückt habe. Er selbst plädiert für eine doppelte Enallage an dieser Stelle, sodass der Vers inhaltlich als *bicoloris sincera baca Minervae* zu verstehen wäre. Somit bezöge sich *sincerae* auf *baca*, im Sinne von ‚rein' und ‚frisch', während mit *bicolor* der Olivenbaum gemeint wäre, dessen Blattwerk tatsächlich zweifarbig, nämlich silber und grün zugleich ist (die Unterseite der Blätter ist silbrig, während die Oberseite grün ist). Dafür spricht, dass Ovid häufiger eine doppelte Enallage verwendet (Beispiele s. Bömer 1977, 214) und dass in met. 10,98 der Myrtenbaum ebenfalls *bicolor* ist. Auch in Verg. Aen. 8,276 gibt es eine zweifarbige Pappel (*bicolor populus*). Andererseits verwendet Ovid *bicolor* in den Metamorphosen auch anderswo als Attribut für *baca* (in met. 11,234 sind die *bacae* der Myrte *bicolores*). Dagegen spricht außerdem, dass Philemon und Baucis ihren Gästen kaum frische Oliven servieren würden, da diese bekanntlich zu hart und bitter zum Essen sind und deshalb stets eingelegt werden (vgl. André 2013 (1961), 75f. mit Belegen). Ein solch ungeschicktes Verhalten passt – wie das Anbieten roher Kornelkirschen – eher zu Polyphem. Da in den Metamorphosen noch mehrfach das Motiv zweier Sorten vorkommt (vor allem in Polyphems Liebeslied, s. zur Übersicht Tabellen 15 bis 17) und auch Kallimachos seine Hekale Theseus drei Sorten von Oliven servieren lässt, halte ich es für durchaus wahrscheinlich, dass in Anlehnung daran zwei verschiedene Sorten gemeint sind. Es könnte sich z.B. um grüne und schwarze (vgl. Plin. nat. 15,101: *virescit, ut olivis* [...] *dein nigrescit* [...] *olivis*; s. zu verschiedenen Olivensorten auch Cato agr. 6,18–9; Colum. 5,8–9; 12,52–59; Plin. nat. 15,1–24) handeln. Der Singular *baca* könnte dem Metrum geschuldet sein, da sich durch den Plural *bacae bicolores* der Vers um eine Silbe verlängern würde.

Endivien (*intiba*, 666) und Wurzelgemüse (*radix*, 666)

Intibum wird in den römischen Zeugnissen als dem Lattich (*lactuca*) verwandtes,[151] bitteres[152] und winterhartes[153] Salatgemüse beschrieben. Letzteres macht sie zu einer der wenigen Gemüsesorten bei den Römern, die auch im Winter frisch verzehrt werden können.[154] In römischen Texten kommt die Endivie kaum als Speise vor,[155] der verwandte Lattich hingegen schon.[156] Dieser wird besonders in den Epigrammen Martials, wohl besonders aufgrund seiner appetit- und verdauungsfördernden Wirkung, als Vorspeise geschätzt.[157] Diese Eigenschaften werden bei Plinius und Columella allerdings auch der Endivie nachgesagt.[158] Es ist deshalb durchaus möglich, dass sie, wenn auch in den literarischen Gastmählern verschmäht, in augusteischer Zeit durchaus gern gegessen wurde. Einen Hinweis darauf gibt auch Vergil im vierten Buch der *Georgica*, wo *intiba* als Bestandteil eines fruchtbaren

---

151 Plin. nat. 19,131; 20,75.; Colum. 10,111; Gal. alim. fac. 2,41 Helmreich = 628 Kühn; Apic. 3,18. Die antiken Beschreibungen (s. weiter unten) lassen darauf schließen, dass die Pflanze in etwa der modernen Endivie (*Cichorium endivia*) entspricht, vgl. André 2013 (1961), 26.

152 Plin. nat. 19,129; 20,76; bei Diosk. mat. med. 1,172 und Theophr. hist. plant. 7,11,3 πικρίς (Bitterling). Plin. nat. 19,126 meint, dabei handele es sich um eine bitttere Lattich-Sorte. Es gebe aber wohl auch eine Lattich-Sorte, die *intuba* ähnele, vgl. auch nat. 20,75f.; Genaust, s.v. intybus.

153 Plin. nat. 19,129; Pall. 11,11,1. Colum. 11,3,27; Apic. 3,18: *pro lactucis vero hieme intubae*. Wie Martial serviert Apicius *intuba* mit Fischsoße, im Winter mit Honig und Essig. Gegen die offenbar blähende Wirkung empfiehlt er Kümmel, gemischt mit weiteren Zutaten.

154 Der Großteil der römischen Bevölkerung, der sich vorwiegend von pflanzlicher Nahrung ernährte und zudem einen Teil der frischen Ernte verkaufte, musste die Nahrung vor allem für die Wintermonate haltbar machen, vgl. André 2013 (1961), 38. S. dort auch Einmachmethoden.

155 TLL 7.2.15.73–86.

156 TLL 7.2.856.32–68.

157 Mart. 13,14 (im Gegensatz zu den Vorfahren, die ihn wohl als Nachspeise aßen); 3,50,4 (mit Fischsoße); 10,48,9 (mit anderen Kräutern aus dem Garten, serviert mit einem Saueuter); 11,52,5 (um den Magen anzuregen); 13,53 (allerdings nur, wenn es keine Turteltaube zu essen gibt); Colum. 10,179f. zufolge regt Lattich den Appetit nach langer Krankheit an und hat einen heilsamen Geschmack. Plinius nat. 19,127 zufolge nimmt der Lattich dem Magen den Widerwillen und regt den Appetit an. S. auch Verg. app. Moret. 74: *grataque nobilium requies lactuca ciborum*.

158 Plinius (nat. 20,73–77) und Columella (10,110f.) beschreiben die wohltuende Wirkung der Endivie auf Magen, Blase und Gaumen. Galen hält die Endivie dem Lattich in allen wohltuenden Eigenschaften für unterlegen, vgl. alim. fac. 2,41 Helmreich = 628 Kühn.

Gartens gelobt werden.[159] Die abfällige Bemerkung bei Lucilius, dessen Erzähler bei einem Gastmahl über *intiba* als einfaches Essen des Gastgebers spottet, das man sonst den Pferden als Futter hinwerfe,[160] ist für die Bewertung der Pflanze zu Ovids Zeit irreführend: Bei der Besprechung von *holus* weiter oben wurde nämlich gezeigt, dass grünes Gemüse und Salat zu Vergils Zeit bereits eine andere Bedeutung hatte als noch zur Zeit von Plautus oder, wie hier, Lucilius, da im Rahmen der ideologischen Rückbesinnung auf die einfache Lebensweise der Vorfahren zur augusteischen Zeit auch der Gartenbau vorangetrieben wurde und viele neue Sorten eingeführt und kultiviert wurden.[161] Da Philemon und Baucis einen *hortus* haben, werden sie vermutlich die kultivierte, also eine milde Form der Endivie servieren.

Radix ist ein Sammelwort für Wurzel, auch im übertragenen Sinne, das für sich alleinstehend keine bestimmte Gemüsesorte bezeichnet.[162] Als Nahrung wird *radix* in der Prosa nur in Verbindung mit Notsituationen genannt, und in diesen Fällen sind wohl Wurzeln wilder Pflanzen im Allgemeinen gemeint.[163] In dieser Bedeutung tritt das Wort in der Dichtung vor Ovid nur in Vergils Aeneis auf, wo der von Odysseus zurückgelassene Achaemenides sich auf der Zyklopeninsel von *victus infelix* ernähren muss, darunter auch von Gräsern samt ausgerupfter Wurzeln (*vulsis radicibus herbae*).[164] Bei Horaz allerdings werden *radices* zusammen mit *rapula* (Rübchen) und *lactucae* (Lattich) als Vorspeise serviert.[165] Diese Gemüse werden als beißend

---

159 Verg. georg. 4,118: [...] *pinguis hortos* [...] (120) *quoque modo potis gauderent intiba rivis.* Im ersten Buch hingegen bezeichnet er *intiba* als bitteres Unkraut, das die Menschen beim Ackerbau behindert (georg. 1,120): *amaris intiba fibris.* Wahrscheinlich meint Vergil einmal die kultivierte und einmal die wilde, besonders bittere Sorte, vgl. Kenney 1984, 42; Erren 1985, 87; Plinius nat. 20,73: unterscheidet zwischen wilder und kultivierter Endivie. Die wilde nennt er nach ägyptischem Vorbild *cichorium*, die kultivierte *seris.* Von dieser gebe es eine Sommer- und eine Wintersorte. *Cichorium intibus* bezeichnet heute die Gemeine Wegwarte, vgl. André 2013 (1961), 26.
160 Lucil. 197 K: *Intibus praeterea pedibus praetensus equinis.* Ähnlich beschwerte sich auch schon der Koch Pseudolus über ‚Wiesenkräuter‘ als Gewürz, die sonst nur vom Vieh gefressen werden, u.a. über Senf, der die Augen zum Tränen bringe (Plaut. Pseud. 810–825).
161 S. dazu etwa die umfangreichen Bücher zum Gartenbau bei Plinius (Buch 19 zum Gartenbau, Buch 20 zu Heilmitteln aus Gartenpflanzen) und Columella. S. zum Gartenbau Wilhelmina F. Jashemski: Produce Gardens, in: Jashemski 2018, 121–151.
162 TLL 11.2.39–40.13.
163 TLL 11.2.40.15–31. Cic. Verr. 2,5,87; Liv. 23,19,13; Caes. Civ. 3,48,1; Plin. nat. 37,107.
164 Verg. Aen. 3,650.
165 Hor. serm. 2,8,8.

scharf (*acria*) und als appetitanregend (*lassum pervellunt stomachum*)[166] bezeichnet. Wahrscheinlich meint Horaz mit *radix* deshalb Rettich (in der landwirtschaftlichen Literatur *raphanus*)[167], ein scharfes[168] Wurzelgemüse. Eine entsprechende Deutung kann bei Ovid nicht nachgewiesen werden, aber folgende Beobachtungen regen dazu an: Der von Horaz, aber auch von Galen[169] hervorgehobenen appetitanregenden Wirkung des Rettichs bzw. von *radix* hält Plinius entgegen, dass dieser (hier: *raphanus*) Blähungen und Aufstoßen hervorrufe und deshalb eine unanständige Speise (*cibus illiberalis*) sei.[170] Diese Wirkung trete besonders dann hervor, wenn man anschließend *olus* esse;[171] mit vollreifen Oliven (*olivis druppis*) zusammen verzehrt, werde sie jedoch eingedämmt.[172] Es ist bemerkenswert, dass die Speiseabfolge bei Philemon und Baucis diesen Angaben bei Plinius entspricht (*radix/raphanus* vor Kohl, aber zusammen mit Oliven). Ob der von ihm beschriebene Umgang mit Rettich Ovid bekannt war und ob er dieses Wissen für die Komposition seines Mahls genutzt hat? In diesem Fall wäre es sehr umsichtig von Philemon und Baucis, ihren Gästen vor dem Verzehr von *holus* Rettich *und* Oliven anzubieten, um ihnen eventuelle peinliche Ausdünstungen zu ersparen.

---

166 Hor. serm. 2,8,7–9. *Pervellere* ist hier positiv im Sinne von ‚anregen' zu verstehen, vgl. TLL 10.1.1843.10, passend zu *lactuca*, denn auch Lattich war, wie oben gezeigt, für seine appetitanregende Wirkung bekannt und wurde gern als Vorspeise verwendet.
167 TLL 11.2.46.16. Vgl. Cato agr. 6,1; Plin. nat. 19,78–88. Plinius bezeichnet *raphanus* nicht als *radix*, aus seiner Beschreibung geht aber hervor, dass es sich um ein rübenartiges Gewächs handelt, vgl. nat. 19,83–84. Columella spricht von *raphani radix* (11,3,47); ein zu Beginn der frühen Kaiserzeit aus Syrien importierter Rettich wurde *radix Syriaca* genannt, vgl. Colum. 11,3,16.59. Plin. nat. 19,81 verweist auf die besondere Winterhärte dieser erst kürzlich eingeführten Sorte. Zu *radix* als Wintergemüse s. auch Pall. agric. 9,5,3.
168 Plin. nat. 19,78: *amaritudo plurima illis est. Amarus* kann nicht nur ‚bitter' bedeuten, was hier unpassend wäre, sondern kann verschiedene unangenehme Geschmacksrichtungen meinen, die in irgendeiner Weise unangenehm oder stechend sind oder Schmerz statt Genuss hervorrufen, ebenso wie die griechische Entsprechung πικρός, s. TLL 1.0.1820.21; LSJ, s.v. πικρός, II; LfgrE 3, 2004, s.v. πικρός, B (1–2), 1242. Auch Galen (alim. fac. 2,68 Helmreich = 657f. Kühn) hebt die Schärfe (δριμύτης) des Rettichs (ῥαφανίς) hervor.
169 Galen zufolge essen Stadtbewohner Rettich gerne roh zur Reinigung des Magens (γαστρὸς ὑπαγωγῆς ἕνεκεν), vgl. alim. fac. 2,68 Helmreich = 657 Kühn.
170 Plin. nat. 19,78.
171 Plin. nat. 19,79.
172 Plin. nat. 19,79.

Wie zuvor gezeigt wurde, haben Rettich und Endivie jeweils einen sehr intensiven (scharfen bzw. bitteren) Geschmack und gleichzeitig eine appetit- bzw. verdauungsanregende Wirkung. Diese wird in den literarischen Zeugnissen positiv bewertet und qualifiziert derartige Gemüsesorten offenbar zu Vorspeisen und Beilagen auch an gehobenen Tafeln.[173] Der herbe, stechende oder beißende Geschmack und damit verbundene körperliche Reaktionen wie Augentränen, Aufstoßen oder Blähungen wurden dagegen als unangenehm und einer gehobenen Tafel nicht angemessen empfunden.[174] Gemüsesorten wie Rettich oder Endivie wurden demnach anscheinend ambivalent bewertet. Dies zeigen auch die (aufgrund der zeitlichen und inhaltlichen Nähe für Philemon und Baucis besonders relevanten) Darstellungen von *intiba* bzw. *lactuca* und *radix* in Horazens Satire 2,8 und dem *Moretum:* In der achten Satire wird *radix* an der Tafel des reichen Nasidienus zusammen mit Rübchen und Lattich als Beilage zu einem lukanischen Eber serviert, der als Vorspeise dient.[175] Zwar wird der scharfe Geschmack dieser Gemüse erwähnt (*acria*), im Vordergrund steht aber deren anregende Wirkung auf einen trägen Magen (*lassum pervellunt stomachum*). Offenbar dienen sie vor allem dazu, den Gästen den Verzehr der vor ihnen liegende Menge an Fleisch (einen ganzen Eber!) zu erleichtern. Ähnliches liest man im *Moretum:*[176] Zu

173 S. dazu oben, 195, Anm. 158, 166; s. auch die Einladung zu einem Menü bei Mart. 10,48 mit Anklängen an Philemon und Baucis und das Moretum: *Exoneraturas ventrem mihi vilica malvas | Attulit et varias quas habet hortus opes. | In quibus est lactuca sedens et tonsile porrum, | nec deest ructatrix mentha nec herba salax; | secta coronabunt rutatos ova lacertos | et madidum thynni de sale sumen erit.*

174 So etwa bei Plautus und Lucilius: Der Koch Pseudolus zieht über Köche her, die mit minderwertigen ‚Wiesenkräutern' wie Senf kochen, der die Augen zum Tränen bringe (Pseud. 810–825). Auch bei Lucilius werden Zwiebeln serviert, die die Gäste zum Weinen bringen (198 K). Plinius und Galen können sich trotz der positiven medizinischen Wirkung offenbar nicht für die Schärfe des Rettichs begeistern (vgl. Gal. alim. fac. 2,68 Helmreich = 657f. Kühn; Plin. nat. 19,78), da sie Möglichkeiten beschreiben, wie man die Schärfe austreiben kann; auch die blähende Wirkung des Rettichs heißt Plinius, wie oben gezeigt, nicht gut (nat. 19,79). Den (bitteren) Geschmack der Endivie hält Galen für dem des Lattichs unterlegen, vgl. Gal. alim. fac. 2,41 Helmreich = 628 Kühn.

175 Hor. serm. 2,8,6–9: *In primis Lucanus aper. Leni fuit Austro | captus, ut aiebat cenae pater. Acria circum, | rapula, lactucae, radices, qualia lassum | pervellunt stomachum [...].*

176 Verg. app. Moret. 74–84: *Grataque nobilium requies lactuca ciborum, | ...... crescitque in acumina radix | et gravis in latum dimissa cucurbita ventrem. | Verum hic non domini (quis enim contractior illo?) | Sed populi proventus erat, nonisque diebus | venalis umero fasces portabat in urbem: | Inde domum cervice levis, grauis aere redibat, | vix unquam urbani comitatus merce macelli. | Coepa rubens sectique famem domat area porri | quaeque trahunt acri vultus nasturtia morsu | intibaque et Venerem reuocans eruca morantem.*

den Gemüsesorten, die er nicht selber isst, sondern auf dem Markt verkauft, zählt Simulus Lattich *(lactuca)*, der Erleichterung von reichhaltigen Speisen schaffe, sowie *radix*. Unter den Gemüsesorten aber, die Simulus selbst isst (vielleicht weil sie bei der Stadtbevölkerung unbeliebt sind?), sind Endivien und Wasserkresse[177], die ihn mit ihrer Schärfe das Gesicht verziehen lässt.[178] Intensiver noch als die Wasserkresse ist der Knoblauch, von dem er vier (!) Knollen für die Zubereitung des Moretums verwendet.[179] Der Beschreibung des scharfen Geruchs, der Simulus beim Zubereiten die Nase zusammenziehen lässt und Tränen in die Augen treibt, werden allein vier Verse gewidmet.[180] Diese Textstellen lassen mehrere Schlüsse im Hinblick auf intensiv schmeckendes bzw. riechendes Gemüse zu: (a) Verdauungsanregende und auch scharfe Gemüse werden an den Tafeln der (wohlhabenden) Stadtbevölkerung geschätzt. (b) Gemüse aber, die allzu starke körperliche Reaktionen hervorrufen, bzw. das Übermaß solcher Gemüse, wird der ärmlichen Landbevölkerung zugeordnet. (c) Lattich wird als Speise der Stadtbevölkerung, die Endivie hingegen in einer Reihe mit beißenden Gemüsesorten der Landbevölkerung zugeordnet. Als Rückschluss auf Philemon und Baucis wäre es durchaus möglich, dass Ovid die bitteren *intiba* anstelle der milderen (und offenbar beliebteren) *lactuca* verwendet hat, um die Rustikalität des Paares zu unterstreichen.

Die geschmackliche Intensität dieser Gemüsesorten hängt auch mit der Zubereitung zusammen. Durch Kochen würden sie ihr beißendes Aroma verlieren.[181] Horazens Beilagen zum lukanischen Eber z.B. sind aber *acria,* vermutlich also als Rohkost serviert. Dass Lattich und Rettich üblicherweise roh gegessen wurden, bestätigen auch Plinius und Galen.[182] Auch im Hin-

177 Ich folge der Übersetzung von Kenney 1984.
178 *Intibaque* hat dieselbe Form und Position wie bei Philemon und Baucis, met. 8,666.
179 Verg. app. Moret. 86f.: *Ac primum, leviter digitis tellure refossa, | quattuor educit cum spissis alia fibris.*
180 Verg. app. Moret. 105–108: *Saepe viri nares acer iaculatur apertas | spiritus et simo damnat sua prandia vultu, | saepe manu summa lacrimantia lumina terget | immeritoque furens dicit convicia fumo.*
181 S. Gal. alim. fac. 2,68 Helmreich = 658 Kühn; Plin. nat. 19,78. 136.
182 Galen sagt von Rettich und Lattich (den er ja als der Endivie verwandt beschreibt, s. alim. fac. 2,41 Helmreich = 628 Kühn), dass sie vornehmlich roh gegessen werden; Rettich mit Fischsoße oder Essig (alim. fac. 2,68 Helmreich = 657f. Kühn). Lattich esse man im Sommer, aber auch gerne gekocht mit Essig, Öl, Fisch- oder Käsesoße (alim. fac. 2,40). Plinius kennt neben dem Rohverzehr von Lattich auch die neue Erfindung, ihn in Krügen aufzubewahren und dann wie frisch in der Pfanne zuzubereiten (nat. 19,130). Columella nennt

blick auf Philemon und Baucis liegt diese Zubereitungsart nahe, da *intiba* und *radix* nicht zu den im Topf gekochten *epulae calentes* gehören. Beide Gemüse sind außerdem winterhart und damit gut als roh zu verzehrendes Gemüse in dieser Geschichte geeignet, die offenbar zur kalten Jahreszeit spielt.[183]

Käse (*lactis massa coacti*, 666)

Mit der eigenartigen, regelrecht unappetitlichen[184] Umschreibung *lactis massa coacti* (666, ‚ein Klumpen geronnener Milch') wird als nächstes Element der Vorspeise ein Stück Käse präsentiert. Dass es sich um Käse handelt, wird einerseits aus der Sache selbst ersichtlich (Käse besteht aus geronnener Milch), andererseits wird bei Vergil und Ovid im bukolischen Kontext auf ähnliche Weise, d.h. mit einer Umschreibung des eigentlichen Gegenstandes durch die Verwendung von Wörtern wie *lac* und *coagulum* – und jeweils im Rahmen einer Bewirtung – der Käse der Hirten beschrieben.[185] Die Benennung der Bestandteile Lab und Milch weist mehr auf den Herstellungsprozess als auf das eigentliche Produkt hin und verweist dadurch auf den ländlichen Kontext (der Hirtenwelt).[186]

ein Rezept zum Einlegen von *lactuca* in Essig und Salzwasser (12,9). Rettich, so Plinius, empfehlen Ärzte zur Reinigung der Eingeweide roh zu verzehren (nat. 19,29).
183 Für den Winter als Jahreszeit spricht, dass die Götter eine Unterkunft suchen. Im Winter kann eine warme Unterkunft und Mahlzeit lebensrettend sein, während man im Sommer auch draußen schlafen und sich von Waldfrüchten ernähren kann. Im Winter hingegen kann man die *pietas* der Menschen besonders gut prüfen: In dieser Jahreszeit sind sie auf dem Land noch stärker auf ihre Vorräte und die eigene Sparsamkeit angewiesen, umso mehr ist die Gastfreundschaft jener wert, die trotz der harten Umstände das wenige, das sie haben, teilen. Konkret zeigt sich die kalte Jahreszeit außerdem darin, dass der Raum durch ein Feuer erhitzt werden muss und dass den Gästen ein warmes Bad zum Erwärmen der Glieder bereitet wird. Die Kornelkirschen sind *autumnalia*. Wäre es Sommer, hätten sie sich wahrscheinlich nicht so lange gehalten.
184 So auch Gowers 2005, 341: „unappealingly".
185 Verg. ecl. 1,81: Tityrus lädt Meliboeus ein, bei ihm zu übernachten, und bietet ihm Obst, Kastanien und einen Vorrat gepresster Milch (*pressi copia lactis*) an. Ov. met. 13,830: Polyphem bietet seiner Geliebten Galatea zum Trinken (*bibenda*) bestimmte, d.h. frische Milch an, und solche, die durch Lab gefestigt wird (*partem liquefacta coagula durant*).
186 Die Herstellung von Käse ist auch in Tibulls Gedicht 2,3,14b–c Ausdruck des Ländlichen: Das lyrische Ich hat Kummer, weil seine Geliebte auf dem Land und damit unerreichbar für ihn ist. Als Leidensgenossen nennt es Apollo, der versucht haben soll, seine Geliebte durch ländliche Aufgaben zu beeindrucken. Als konkretes Beispiel soll er gelehrt haben, Milch mit Lab zu mischen (*coagula lacte*) und durch Körbe die Molke zu sammeln. In fast. 4,545 wird Celeus, anders als im homerischen Hymnos, als ärmlicher Bauer dargestellt

Martial allerdings, der die ovidische Formulierung in leicht veränderter Form nachahmt,[187] gibt weitere Hinweise auf die Beschaffenheit eines in dieser Form beschriebenen Käses: Der junge Clytus, so Martial, übertreffe an bebender Zartheit (*mollitia tremente*) Federn oder eine Masse gerade erst geronnener Milch (*massa modo lactis alligati*).[188] Der zum Vergleich herangezogene Käse ist folglich frisch, da gerade erst (*modo*) geronnen (*alligati*), daher weich (*mollis*) und noch nicht ganz fest, sodass er bei Berührung zittert oder bebt (*tremens*).[189] In einem anderen Epigramm ist mit *massa coacta* ein Räucherkäse[190] gemeint. All diese Eigenschaften treffen auf den von Columella beschriebenen Käse „*manu pressum*"[191] zu, dessen Herstellungsweise am bekanntesten (*notissima*) sei: Er wird mit der Hand gepresst und ist zum raschen Verzehr bestimmt, dementsprechend frisch, und kann durch Räuchern veredelt werden. Diesen Käse meint wahrscheinlich auch Plinius,

(s. oben, 124). Er besitzt zwei Ziegen (511) und serviert Ceres neben Honig und Obst in Milch zerlassenes Lab (*liquefacta coagula lacte*). Zu Käse als Symbol des Ländlichen mit Bezug zu Texten von Vergil, Horaz und Varro s. Jaeger 2015.
187 Kay 1985, 180f.
188 Mart. 8,64,8f: *vincas mollitia tremente plumas | aut massam modo lactis alligati.* Der Vergleich wurde nach dem Vorbild von Ovids Polyphem (*mollior et cygni plumis et lacte coacto,* met. 13,796) modelliert, vgl. Schöffel 2002, 537. Zum Beben als (erotische) Beschreibung eines jugendlichen Körpers s. ebd. 536.
189 Schöffel 2002, 537. Das Zittern wird auch zweimal in den Eklogen des Calpurnius Siculus in Verbindung mit *lac coactum* als Käse beschrieben: *calathos nutanti lacte coactos* (ecl. 2,77), *tremuere coagula lacte* (ecl. 3,69).
190 Mart. 11,52,10: *Velabrensi massa coacta foco.* In Epigramm 13,32 bezeichnet Martial den Rauchkäse aus Velabrum als den besten. *Velabrum* heißt die Gegend am westlichen Abhang des Palatins zwischen Kapitol, Palatin und Aventin. Auch dieses Epigramm weist deutliche Anklänge an Philemon und Baucis auf: Zur Vorspeise gibt es *lactuca* (5, zur Ähnlichkeit von *lactuca* und *intibae* s. weiter oben), Oliven (11), in Asche gewendete Eier (9f., mit selber Formulierung und Stellung im Vers wie bei Ovid: *versata favilla*) und Käse (10, ebenfalls sehr ähnliche Formulierung, gerade durch die Verwendung von *massa*).
191 Colum. 7,8,7: *quem dicimus manu pressum.* Der bei Columella geschilderte Herstellungsprozess und die kugelige Form des Handkäses entspricht in etwa der Herstellung des modernen Mozzarellas. Bei Columella wird die frisch geronnene Masse aufgelockert, mit kochendem Wasser übergossen und mit der Hand geformt. Die moderne verwandte Herstellungsmethode nennt man heute *Filata*, dabei wird die Käsemasse nach dem Abbrühen auseinandergezogen und geformt. Sie stammt – wie könnte es anders sein – aus Italien und der wohl berühmteste und besonders wasserreiche *Filata*-Käse ist der Mozzarella, vgl. Heinrich Mair-Waldburg/Christian Teubner: Das große Buch vom Käse. Füssen 1991, 12. Diese feuchte, fast schwammartige Konsistenz meinte vielleicht auch Sueton (Aug. 76,1), als er vom *caseum bibulum manu pressum* sprach. *Filata*-Käse wird heutzutage immer noch bisweilen geräuchert, vgl. ebd. 46.

wenn er von einem beliebten Ziegenkäse spricht, der im frischen Zustand geräuchert wird und am besten schmeckt, wenn er in Rom selbst, also lokal produziert wird.[192]

Ob Ovid bei *lactis massa coacti* genau an diese oder überhaupt an eine bestimmte Käsesorte gedacht hat,[193] können wir nicht mit Gewissheit sagen, doch gewisse Berührungspunkte bzw. Assoziationen zwischen den Aussagen über diesen Käse und der Darstellung bei Philemon und Baucis sind nicht zu übersehen: (a) Das Wort *massa* deutet auf etwas eher Unförmiges, eben Handgemachtes, hin. (b) Die Käsesorte ‚*manu pressum*' ist offenbar beliebt in Rom, einfach herzustellen und wird lokal produziert. Daher passt sie zu der in der augusteischen Literatur propagierten Rückbesinnung auf Nahrungsmittel aus eigener Produktion und ländliche Einfachheit im Rahmen des *mos maiorum* (Hier fügt sich auch Suetons Aussage, dass Augustus gerne *caseum bibulum manu pressum* gegessen habe,[194] sehr gut ein). Die Käsesorte würde demnach hervorragend in das Menü von Philemon und Baucis passen, das, wie sich bereits gezeigt hat und was sich im weiteren Verlauf des Textes bestätigen wird, dieser idealen Vorstellung genau entspricht. (c) Der handgepresste Käse wurde offenbar gerne geräuchert. Auch bei Philemon und Baucis kann man sich gut vorstellen, dass der Käse, wie etwa bei Simulus im *Moretum*,[195] zusammen mit dem Schinken am *tignum nigrum* hängt.

Eier (*ova*, 667)

Die letzte Komponente der Vorspeise besteht aus Eiern. In mehreren literarischen Zeugnissen des ersten Jahrhunderts v. Chr. werden Eier als typische

---

192 Plin. nat. 11,241. Der lokale Käse sei etwa dem gallischen vorzuziehen, der einen starken medizinischen Geschmack habe.

193 Bömer 1977, 216 schließt aus den vielen verschiedenen Bezeichnungen für Käse in der römischen Literatur, dass es sich dabei um die verschiedenen Sorten handelt. *Caseus* z.B. scheine ein Sammelbegriff für festen Käse zu sein, wie im *Moretum*, wo er anstelle von Schweinefleisch vom Holzbalken hängt, vgl. Verg. app, Moret. 57. Sueton muss die Machart (*manu pressum*) und Konsistenz (*bibulum*) von *caseus* spezifizieren, um einen genaueren Eindruck der Sorte zu vermitteln (Aug. 76,1). Die Bezeichnung *lac coactum* o.ä. für frischen weichen Käse ist daher auf den zweiten Blick gar nicht so merkwürdig, da er in seiner Konsistenz viel eher an die frisch geronnene Milch erinnert als z.B. ein harter, lange gereifter Käse.

194 Suet. Aug. 76,1.

195 Verg. app. Moret. 55–58: *Non illi suspensa focum carnaria iuxta, | durati sale terga suis truncique vacabant, | traiectus medium sparto sed caseus orbem | et vetus adstricti fascis pendebat anethi.*

Vorspeise eines römischen Gastmahls dargestellt.[196] Von Horaz werden sie zusammen mit Oliven als billige Nahrung der Armen bezeichnet, die aber gleichzeitig auch an den Tafeln der Reichen gegessen wird.[197]

Sie werden leicht in lauwarmer Asche gewendet, was eine ungewöhnliche Zubereitungsart ist[198] und sich in der römischen Literatur nur noch zweimal bei Martial findet – dort jeweils in Abhängigkeit von Philemon und Baucis.[199] Wie genau die Zubereitung von Eiern in Asche zu verstehen ist, erfährt man bei Martial jedoch ebensowenig wie bei Ovid. Einige Hinweise auf die Zubereitung gibt allerdings Galen,[200] der die Wirkung verschiedener Zubereitungsarten von Eiern auf den Körper erörtert. Seine Beschreibung lässt darauf schließen, dass sie mit der Schale in Asche gebacken werden und dass dieser Vorgang einen ähnlichen Effekt hat wie das Kochen in Wasser.[201] Dass die Asche bei Philemon und Baucis nur lauwarm ist und

196 Vgl. Varro rust. 1,2,11; Cic. fam. 9,20,1; Hor. serm. 1,3f. Später, in Abhängigkeit von unserer Stelle, auch Mart. 11,52,8.

197 S. oben, 192, Anm. 142.

198 Bei Betrachtung anderer Gastmähler, bei denen Eier aufgetragen werden, oder bei den Rezepten des Apicius sind die üblichen Zubereitungsformen ganze oder halbierte gekochte, oft mit einer Fischsoße servierte Eier, s. Beispiele bei André 2013 (1961), 130. Bei Apicius 7,19,1–3 gibt es z.B. Spiegeleier (*ova frixa*), gekochte (*ova elixa*) und weiche Eier (*ova apala*).

199 Mart. 1,55,12: *et sua non emptus praeparat ova cinis*? In diesem Epigramm lobt Martial das Leben auf einem Landgut mit selbst erzeugten Produkten (*non emptus*). Neben den in Asche zubereiteten Eiern erinnern auch der Honig (*flavaque de rubro promere mella cado*, 10) und der wackelige Tisch (*inaequales mensas*, 11) an Philemon und Baucis. Mart. 11,52,9: *Altera [ova] non derunt tenui versata favilla*. Auf die ländliche Einfachheit des Mahls verweist neben den Anklängen an Philemon und Baucis noch Martials Aussage, er würde bezüglich der weiteren Speisen lügen, damit sein Gast komme, und die anschließende Aufzählung luxuriöser Speisen (13–15).

200 Gal. alim. fac. 3,21 Helmreich = 706 Kühn: τὰ κατὰ θερμὴν σποδιὰν ὀπτηθέντα.

201 Galen zufolge ähneln in Asche gebackene Eier in der Konsistenz hartgekochten Eiern (Τὰ γὰρ ἐπὶ πλέον παχυνθέντα παραπλήσια τοῖς ἑψηθεῖσί τε καὶ ὀπτηθεῖσι γίγνεται, alim. fac. 3,21 Helmreich = 706 Kühn). Dies lässt darauf schließen, dass erstere wie gekochte Eier in der Schale gar werden. Eine Zubereitung ohne Schale in Asche ist freilich auch schwer vorstellbar. Bestätigt wird dies in dem aus dem 15. Jahrhundert stammenden Kochbuch *De honesta voluptate et valetudine* des Italieners Bartolomeo Platina. Darin wird in einem Rezept (volupt. 9,31: *aliter [ova]*) das Ei als Ganzes mit Schale in der Asche gebacken, wobei es vorsichtig gewendet wird, damit es von allen Seiten gleichmäßig erhitzt wird, ohne aber zu platzen. Aus diesem Grund sollte auch die Asche nicht zu heiß sein (In einem Experiment habe ich diese Zubereitung ausprobiert, und in der Tat platzte bzw. explodierte das Ei regelrecht mit einem lauten Knall, weil die Asche zu heiß war. Es wurde auch bei einem zweiten Versuch sehr schnell hart. Der Geschmack unterscheidet sich nicht wesentlich von dem eines hartgekochten Eis). S. Mary E. Milham (Hg.): Platina: On Right Pleasure and Good Health,

dass die Eier leicht darin gewendet werden, könnte darauf hinweisen, dass die Eier weich gebacken werden. Es könnte andererseits auch lediglich die Beschreibung dieser Zubereitungsart generell sein, da rohe Eier nur vorsichtig berührt werden dürfen, um nicht zu zerbrechen, und da das Backen in heißer Asche dazu führt, dass die Eier platzen.[202]

Obwohl diese Zubereitungsart von Eiern in der Literatur, soweit ich sehe, zuerst bei Ovid vorkommt, lässt die spätere Verwendung bei Martial den Rückschluss zu, dass sie mit einer einfachen ländlichen Lebensweise assoziiert wurde.[203] Vielleicht sind die Eier in Asche als Anklang auf *Hekale* zu verstehen, die Theseus in Asche gebackenes Brot serviert.[204] Gut vorstellbar ist, dass dieser Methode aus Sicht des römischen Stadtbewohners etwas Ärmliches und Archaisches anhaftete, weil man die Eier mit einfachsten Mitteln, d.h. ohne Topf und Wasser zubereitete. In diesem Fall wäre die Darstellung allerdings nicht ganz konsistent, denn Philemon und Baucis haben ja einen Topf, in dem sie Speisen kochen.[205]

Da Philemon und Baucis eine Gans besitzen, liegt der Gedanke nahe, dass diese auch die Eier produziert. Andererseits bezeichnen *ova* in der Regel Hühnereier und werden, wenn dies nicht der Fall ist, entsprechend gekennzeichnet.[206] Vielleicht stammen die Eier aus der Nachbarschaft von Philemon und Baucis.

Weiterführende Gedanken zur Struktur
Ähnlich wie im goldenen Zeitalter in Buch 1[207] sind die Nahrungsmittel der Vorspeise nicht willkürlich angeordnet, sondern folgen einer bestimmten Struktur (s. Tabelle 11). Diese definiert sich zunächst durch eine Zweiteilung auf verschiedenen Ebenen: Der gesamte Speisekatalog teilt sich in pflanzli-

Tempe 1998. Das Rezept findet sich auch in einem weiteren italienischen Kochbuch des 15. Jahrhunderts von Martino de Rossi: *Liber de arte coquinaria*, vgl. Maestra Martino of Como. The art of cooking. The first modern cookery book. Edited and with an introduction by Luigi Ballerini. Translated and annotated by Jeremy Parzen. London and Los Angeles 2005. 98.

202 S. vorige Anm.

203 S. oben, 192,Anm. 142.

204 Kall. Hek. fr. 35 Hollis = 251 Pf., s. weiter oben, 170, Anm. 48.

205 Allerdings ist der Topf schon mit anderen Speisen gefüllt, wie wir bereits wissen. Falls dies der Grund für die Zubereitung der Eier in Asche ist, wird auch so die Armut des Paares betont, da es nur einen Topf hat.

206 Mit *ovum* ist in der Regel das Hühnerei gemeint, vgl. André 2013 (1961), 129; vgl. zu Gänseeiern Petr. 65,2: *ova anserina*. TLL 9.2.1201.20–50.

207 S. oben, 149f.

che und tierische Erzeugnisse. Die pflanzlichen Erzeugnisse sind wiederum in zwei Kategorien unterteilt, denen jeweils zwei Sorten von Früchten zugeteilt werden: Früchte vom Baum (Oliven und Kornelkirschen) und Gemüse, das in oder auf der Erde wächst (Endivien und Rettich). Eine weitere Zweiteilung findet sich bei den Oliven, derer es zwei Sorten gibt.[208] Bei den tierischen Erzeugnissen gibt es ebenfalls eine Zweiteilung: Es gibt ein kalt serviertes Produkt vom Kleinvieh (Schaf oder Ziege) und eines vom Geflügel (Huhn oder Gans), das erhitzt wurde. Betrachtet man nun die jeweils zusammengehörigen Paare, ergibt sich eine Aufwärtsbewegung menschlicher Zivilisation: Von Früchten, die man von Bäumen sammelt, über Gemüse, das man im Garten anbaut, hin zu von domestizierten Tieren stammenden Produkten.[209]

Eine weitere strukturelle Besonderheit besteht in der parallelen Darstellung des ersten und des letzten Paares: Bei dem erstgenannten Nahrungsmittel werden jeweils äußere Merkmale (Farbe der Oliven, Form des Käses), beim zweitgenannten Nahrungsmittel hingegen die Art der Zubereitung (in Hefe eingelegte Kornelkirschen, in Asche gewendete Eier) genannt. Das mittlere Paar ist nicht mit Attributen versehen. Es unterscheidet sich außerdem dadurch von den anderen beiden Paaren, dass die Nahrungsmittel *intiba* und *radix* wahrscheinlich roh serviert werden, während die der anderen Paare in irgendeiner Weise verarbeitet sind. Neben der Aufwärtsbewegung der Paare hinsichtlich menschlicher Zivilisation gibt es demnach auch einen Mittelpunkt, der in der Reihe gleichzeitig einen zivilisatorischen Tiefpunkt (roher Verzehr bzw. keine Verarbeitung) markiert. Hält man sich andererseits vor Augen, dass im Rahmen der augusteischen Rückbesinnung auf die Einfachheit der Vorfahren in literarischen Darstellungen besonders Speisen

---

208 Selbst wenn *bicolor* entgegen dieser Interpretation (s. Abschnitt zu Oliven weiter oben) nicht die intendierte Bedeutung zweier Sorten hat, suggeriert das Wort dennoch eine farbliche Zweiteilung. Auch Emily Gowers ist diese strukturelle Besonderheit aufgefallen: „from the start, there has been play on an ambiguity of numbers, singulars and plurals", Gowers 2005, 351.

209 Es geht dabei nicht um die tatsächlichen Möglichkeiten, die Nahrungsmittel zu gewinnen und zu verarbeiten, denn schließlich waren auch Olivenbäume kultiviert, schließlich sind die Kornelkirschen bei Philemon und Baucis nicht roh, sondern eingelegt, schließlich wachsen Rettich und Endivie auch wild und schließlich kann ein Ei auch von einem wilden Vogel stammen. Es geht vielmehr um die grundlegenden Unterschiede der aufgeführten Nahrungsmittelgruppen und darum, welche Assoziationen man daraus ableiten kann.

mit einem geringen Verarbeitungsgrad geschätzt werden,[210] könnte man den Tiefpunkt auch als Höhepunkt idealisierter Einfachheit beim Essen deuten. Darüber hinaus spiegelt sich in der Struktur des Abschnittes die unerwaretete Fülle an Speisen wider: Der erste Vers der Aufzählung beginnt mit dem Verb *ponitur.* Der Singular suggeriert, dass im Folgenden nur eine Speise genannt wird. Umso überraschender ist die Menge an Nahrungsmitteln, die folgen. Diese werden ohne die Verwendung eines weiteren Verbs aneinandergereiht, dabei steht am Anfang jedes Verses ein einzelnes Nahrungsmittel, jeweils mit einem angehängten -*que* versehen. Dieser Parallelismus verstärkt den Eindruck, dass immer noch etwas Neues, Unvorhergesehenes hinzugefügt wird. Diese Gestaltung hat ihren Höhepunkt in Vers 667, wo sogar drei verschiedene Nahrungmittel, verbunden mit *et – et,* genannt werden. Die Gestaltung spiegelt gut die Fülle suggerierende rasche Abfolge beim Auftischen und den guten Willen des Paares wider, immer noch etwas in den Schränken zu finden, was man den unerwarteten Gästen servieren kann.

2.3.3 Verse 671–673: Hauptgang

Nach kurzer Zeit (*parva mora est,* 671) werden die heißen Speisen serviert (*epulasque foci misere calentes,* 671), zusammen mit jungem Wein (*nec longae vina senectae,* 672), der erneut (*rursus,* 672) aufgetragen wird, also offenbar schon bei der Vorspeise getrunken wurde. In doppelter Hinsicht wird somit die Armut des Paares ausgedrückt, denn je älter der Wein, desto wertvoller ist er,[211] außerdem wird bei wohlhabenden Gastgebern in der Regel nicht zweimal derselbe Wein aufgetischt.[212] Bei *epulas calentes* handelt es sich um die Hauptspeise, bestehend aus dem auf der Feuerstelle (*focus*) nun weichgekochten Schweinefleich und Gemüse. Nachdem der Vor- und Zubereitung der Hauptmahlzeit zu Beginn fünf Verse (646–50) gewidmet wurden, wird sie nun in einem Vers abgehandelt. Dadurch wird betont, dass die Hauptspeise – im Gegensatz zu den Gastmählern der Reichen – nur aus einem

---

210 S. dazu oben, 33.
211 Hyrieus bietet seinen Gästen zum Beispiel alten Wein an (fast. 5,517f.). Weitere Stellen bei Bömer 1977, 217.
212 So etwa bei Petrons Trimalchio, vgl. Anderson/Frederick 1988, 124.

Gang besteht. [213] Dieser wird nicht einmal beim Namen genannt, stattdessen muss der Leser aus der vorangegangenen Schilderung schließen, worum es sich handelt. Er kennt die Zutaten (*holus, terga suis*), in etwa deren Menge (eine *holus*-Pflanze, eine Scheibe Fleisch), deren Herkunft (verrußter Dachbalken, Garten) und weiß, wie sie zubereitet werden (*holus*, nachdem die Blätter entfernt wurden, vermutlich mit der Schinkenscheibe im Kochtopf gegart). Während auf diese Weise die tatsächlichen Speisen in den Hintergrund rücken, treten – wie bereits bei den Vorbereitungen – die Tätigkeiten in den Vordergrund. Diese werden nun allerdings nicht mehr von Philemon und Baucis ausgeübt, sondern von ihren Haushaltsgegenständen: Der Herd schickt die Speisen (*foci misere*) und der Wein macht anschließend Platz (*vina dant locum*) für die Nachspeisen. So entsteht der Eindruck, dass der gesamte Haushalt mithilft, die Gäste zu bewirten. Mehr noch: Da die Verben bereits seit dem Beginn der Vorspeise (664) nicht mehr Philemon und Baucis als Subjekt haben und meistens in passiver Form (*ponitur, sistitur, referuntur*) auftreten, entsteht der Eindruck, dass die Gastgeber an der Bewirtung ihrer Gäste überhaupt nicht mehr beteiligt sind und dass diese sie – im Widerspruch zu ihrem hohen Alter – überhaupt keine Mühe kostet.

2.3.4 Verse 674–677: Nachspeise

Direkt im Anschluss an den Hauptgang macht der Wein Platz für die Nachspeise (*dantque locum mensis paulum seducta secundis*, 673). Es gibt Nüsse und Feigen, mit runzligen Datteln vermischt (*hic nux, hic mixta est rugosis carica palmis*, 674), dazu Pflaumen und duftende Äpfel in ausladenden Körben (*prunaque et in patulis redolentia mala canistris*, 675), rote Trauben (*et de purpureis collectae vitibus uvae*, 676) und zuletzt eine glänzende Honigwabe (*candidus in medio favus est*, 677).

---

213 Dies wird besonders deutlich bei Martial (10,48,13), der seine Freunde zu einem stark an Philemon und Baucis erinnernden (s. oben. 198, Anm. 173) Gastmahl mit nur einer *cenula* einlädt. Neben dem Diminutiv *cenula* wird die Bescheidenheit des Hauptganges auch dadurch unterstrichen, dass die Fleischhäppchen so klein sind, dass sie kein Tranchiermesser brauchen (15, auch das sicher ein Rückbezug auf Philemon und Baucis).

Nüsse (*nux*, 674)

Mit *nux* wählt Ovid erneut eine allgemeine Bezeichnung für ein Nahrungs-
mittel, denn die einzelnen Nusssorten (z.b. Walnuss, Haselnuss) werden in
der landwirtschaftlichen Literatur gewöhnlich mit einem Attribut gekennzeichnet.[214] In literarischen Texten hingegen drückt *nux* auf verschiedene
Weisen Einfachheit und Ländlichkeit aus: In Plautus' *Stichus* sind Nüsse
Bestandteil eines Sklavenbanketts;[215] bei Horaz wird *nux* als Nachspeise des
Landmannes Ofellus gereicht;[216] bei Martial drückt die Verwendung von
Nüssen beim Würfelspiel bescheidene Lebensverhältnisse aus.[217] Diese Konnotation überträgt Ovid in den *Amores* sogar auf einen Papageien, der sich
im Gegensatz zum gefräßigen Geier mit Nüssen, Mohn und einem Schluck
Wasser zufriedengibt.[218] Die bei Horaz dargestellte Verwendung als Nachtisch geht außerdem einher mit der Bedeutung von Nüssen als Süßigkeit, sei
es in Reinfom oder als Bestandteil von Gebäck.[219]

Feigen (*carica*, 674) und Datteln (*rugosis palmis*, 674)

Feigen gehören bei den Römern zu den beliebtesten Früchten (Plinius d.Ä.
beschreibt allein 44 verschiedene Sorten)[220] und stellen neben Getreidepro-

214 Die Haselnuss wird gewöhnlich als *nux Abellana* oder *nux Pontica* bezeichnet, vgl. Cato agr. 10,2; Plin. nat. 17,96, Colum. 5,10,14; Weitere Hermann Stadler: Haselnuß, RE 14. Hbd., 1912, 2488. Die im ersten Jahrhundert bekannt gewordene Walnuss ist die *iuglans*, vgl. Plin. nat. 17,64; Colum. 5,10,14, Bömer 1977, 218. Vergil bezeichnet Kastanien in ecl. 2,52 als *castaneae nuces*. *Nux Graeca* und später *nux Thasia* ist die süße Mandel, vgl. Macr. Sat. 3,18,8; Plin. nat. 15,90; Colum. 5,10,12. Zu den verschiedenen Nusssorten s. auch Macr. Sat. 3,18,3–13.
215 Plaut. Stich. 689f. neben kleinen Feigen, Lupinen und Gebäck, vgl. Gowers 1993, 59.
216 Hor. serm. 2,2,122.: *et nux ornabat mensas cum duplice ficu.*
217 Vgl. Mart. 4,66,16; 14,19; zum Spiel mit Nüssen s. auch 5,30,8; 5,84,1.
218 Ov. am. 2,6,31f.: *Nux erat esca tibi causaeque papavera somni,* | *pellebatque sitim simplicis umor aquae.* | *Vivit edax vultur* [...]
219 Schon zur Zeit Plautus' scheinen Nüsse als Süßigkeit etabliert gewesen zu sein, da in Poen. 326 *frictas nuces* als Metapher für süße Worte verwendet werden. In Martials Epi-gramm 11,86 lässt sich ein Parthenopaeus vom Arzt für seinen angeblichen Husten Honig, Nusskerne (*nuclei*) und Kuchen verschreiben. An Trimalchios Tafel sind Nüsse und Rosinen die Füllung von Gebäck (*turdi siliginei uvis passis nucibusque farsi*, Petr. 69,2) , bei Apicius Bestandteil diverser Süßspeisen, vgl. Apic. 7,13,4 (*dulcia piperata*), 4,2,2 (*aliter patina ver-satilis*). Bei Macrobius schließlich (Sat. 3,18) gibt es zahlreiche Nuss- und Obstsorten zur Nachspeise.
220 Vgl. Plin. nat. 15,68: E *reliquo genere pomorum ficus amplissima est*. Übertroffen wird diese Zahl bei Plinius nur von der Birne und der Traube, vgl. André 2013 (1961), 63.

dukten ein wichtiges Grundnahrungsmittel dar.[221] Darüber hinaus werden sie u.a. in Ovids *Fasti* als typisches Neujahrsgeschenk,[222] von Martial als billiges Saturnaliengeschenk[223] und von Horaz – wieder bei Ofellus – als ländlicher und einfacher Nachtisch dargestellt.[224]

Das Attribut *carica* verweist auf den vordersiatischen Handlungsort der Geschichte, denn Karien liegt wie Phrygien in der Provinz Asia Minor.[225] Aufgrund der Verderblichkeit und des langen Transportweges wurden karische Feigen wie andere ausländische Feigensorten getrocknet nach Rom importiert[226] und gehörten zu augusteischer Zeit anscheinend zu den beliebtesten Sorten überhaupt, da sich im Laufe der Kaiserzeit der Name *carica* für getrocknete Feigen im Allgemeinen durchsetzte.[227] Bei Philemon und Baucis allerdings ist diese Feigensorte heimisch und sie haben vielleicht sogar das Privileg, diese aus römischer Sicht exotische Feigensorte ihren Gäs-

---

221 Das sieht man zum einen an der großen Anzahl der Sorten und daran, dass Feigen systematisch für den Winter getrocknet und in großen Tonbehältern aufbewahrt wurden, vgl. Cato agr. 48,2, Colum. 12,51,1, Plin. 15,34;82. Cato schlägt Feigen als Grundnahrungsmittel für Sklaven vor, das zu einem Fünftel Brot ersetzt, agr. 56. Colum. 12,14 schreibt, dass Feigen im Winter einen beträchtlichen Teil der Nahrung für Landleute darstellen. Seneca berichtet in seinem 87. Brief von einer Reise und lobt die bescheidenen Verhältnisse, in denen er währenddessen lebte. Zum Frühstück habe er Brot mit Feigen gegessen, und wenn es kein Brot gab, dann nur Feigen (epist. 87,3).
222 Zusammen mit Datteln und Honig: Ov. fast. 1,185f.: ,*Quid vult palma sibi rugosaque carica' dixi,* | ,*et data sub niueo candida mella cado?'* Die Süße dieser Geschenke, so erklärt Ianus (187f.), diene als gutes Vorzeichen für das kommende Jahr, vgl. Sen. epist. 87,3.
223 Mart. 7,53,7f.
224 Hor. serm. 2,2,122, s. oben, Anm. 216. Als Nachtisch zusammen mit Trauben außerdem bei Lucil. 1,111f.: *fici inquit comeduntur et uvae et adsiduas ficos.*
225 Vgl. Griffin 1993, 65. Laut Plinius nat. 15,83 wurden exotische Feigensorten wie die *carica* erst unter Kaiser Tiberius auch in Italien angebaut. Die karische Feigensorte wuchs ihm zufolge (nat. 13,51) auch in Syrien. Vor Ovid kommt *carica* nur bei Cicero (div. 2,84) vor, der beschreibt, wie frisch eingetroffene *caricae* im Hafen angeboten werden.
226 Einen Beleg für die Verderblichkeit liefert Plinius d.Ä., der von Cato berichtet, wie er im Kampf gegen Karthago als Beweis für die Nähe Afrikas zu Rom eine Feige vorzeigte, die vor zwei Tagen in Afrika gepflückt worden und dementsprechend noch frisch gewesen sei, Plin. nat. 15,77.
227 Während *carica* wohl zunächst eine aus der Stadt Kaunos importierte Feigensorte war, wurde der Name in der Kaiserzeit mehr und mehr zum Inbegriff einer zum Trocknen geeigneten Feige, s. Franz Olck: Feige, RE 12. Hbd., 1909, 2111. Dass bei Ovid hingegen die Herkunftsbezeichnung im Vordergrund steht, wird zum einen durch den Bezug zum Handlungsort der Geschichte deutlich, zum anderen hätte er auch, wie etwa Horaz bei seinem Ofellus, *ficus* wählen können.

ten frisch anzubieten.[228] Andererseits liegt Karien am Mittelmeer, Phrygien hingegen weiter nördlich und recht zentral im westlichen Kleinasien.[229] Die räumliche Zuordnung ist demnach nicht präzise. Die Vermutung liegt deshalb nahe, dass Ovid durch die Wahl einer sehr bekannten vorderasiatischen Feigensorte eine Assoziation des Ostens allgemein hervorrufen wollte und diese Ungenauigkeit dabei in Kauf nahm.

Datteln besitzen aus römischer Sicht ähnliche Eigenschaften wie Feigen: Es gibt sehr viele verschiedene Sorten, die aus Afrika und Asien (hauptsächlich Mesopotamien) importiert werden.[230] Aufgrund ihrer Süße dienen sie neben Honig als Zuckerersatz[231] und werden in den literarischen Zeugnissen als Zutat für Gewürzwein[232] oder süße Beilage zu Fleisch oder Fisch genannt.[233] Obwohl es sich um Importware handelt, waren Datteln in Rom anscheinend billig und eine beliebte Süßigkeit: Ovid nennt sie zusammen mit Feigen als typisches süßes Neujahrsgeschenk,[234] bei Martial liest man von Datteln als Snack bei Theateraufführungen.[235]

Wie in der Parallelstelle in den *Fasti* werden Datteln hier mit dem eher ungewöhnlichen Oberbegriff *palma* (,Palmenfrucht') bezeichnet.[236] Ein Grund könnte darin liegen, dass eine Sortenbezeichnung wie etwa *caryotae*

228 Zwar spielt die Handlung, wie oben gezeigt, wohl zur kalten Jahreszeit, aber laut Plinius gibt es auch sogenannte Winterfeigen (*hibernae*), d.h. man schützt im Winter kleine Feigenbäume mit unreifen Feigen mit Mist und legt sie bei milderen Temperaturen wieder frei, sodass sie nachreifen. Außerdem nennt er Feigensorten, die dreimal im Jahr tragen (nat. 15,73).
229 DNP Suppl. 3, 2012, Historischer Atlas der antiken Welt, 183: Die Entwicklung der römischen Provinzen in Kleinasien (2. Jh. v. Chr. bis 5. Jh. n. Chr.).
230 Plin. nat. 13,26–28. Plinius kennt 49 verschiedene Sorten und weiß über den Anbau und die Pflege der Dattelpalmen Bescheid. Im Gegensatz zu Feigen allerdings wurden Datteln ihm zufolge überhaupt nicht in Italien angebaut. S auch DNP Suppl. 3, 2012, Historischer Atlas der antiken Welt, 201: Wichtige Anbaugebiete im Mittelmeerraum (1. und 2. Jh. n. Chr.).
231 Vgl. André 2013 (1961), 166.
232 Colum. 12,20,5; Plin. nat. 14,107.
233 Petr. 40,3: Trimalchio serviert einen Keiler, an dessen Hauern Körbchen mit Datteln hängen; dazu Ferkel aus Biskuitteig: Datteln stellen die Eicheln dar, die das Schwein gefressen hat, zu weiteren Fleisch- und Fischgerichten mit Datteln s. Apic. 8,8,2–3; 9,1,1; 9,12.
234 Ov. fast. 1,185.
235 Mart. 8,33,11; 11,31,10; 13,27.
236 Am häufigsten liest man von Datteln als *caryotae* und *dactylae* (so in den oben aufgeführten Stellen). *Caryotae* sind Plinius zufolge die sog. Königsdatteln, weil sie dem persischen König vorbehalten waren. Sie stammen aus Babylon (nat. 13,41.46). Die *dactylae* hingegen werden durch ihre Form charakterisiert: Sie sind lang und dünn und manchmal gebogen.

oder *dactylae* nicht zu den anderen lateinischen und simplen Bezeichnungen der anderen Speisen gepasst hätte.[237] Im Unterschied zu der *Fasti*-Stelle, in der die Feigen runzelig (*rugosa*) sind, sind es hier die Datteln.[238] Das Attribut ist insofern austauschbar, als ja einerseits – aus römischer Sicht – beide Früchte Importware sind und deshalb eher im getrockneten Zustand verzehrt werden. Vielleicht hat Ovid das Attribut an unserer Stelle mit Absicht ausgetauscht, um den lokalen Bezug der *carica* zu unterstreichen und, wie oben bereits gesagt, die Assoziation frischer Feigen hervorzurufen.

Pflaumen (*pruna*, 675)

Die Pflaume wurde spätestens seit Cato in Italien kultiviert[239] und es gab Plinius zufolge *ingens turba prunorum*,[240] darunter auch wilde, die wohl in Italien überall wuchsen.[241] Bei Vergil und Horaz werden sie mit dem einfachen Landleben assoziiert,[242] bei Martial und Statius dagegen – ebenso wie Nüsse, Datteln und Feigen – als billiges Saturnaliengeschenk dargestellt.[243] Über die Verwendung von Pflaumen bei Mahlzeiten lesen wir nur bei Pe-

237 *Carica*, wenn auch ebenfalls die Bezeichnung einer ausländischen Frucht, passt wesentlich besser in die Reihe der anderen Nahrungsmittel, denn während die Bezeichnungen für Datteln jeweils ein auf die griechische bzw. fremde Herkunft inweisendes ,y' enthalten (*caryota* kommt vom griechischen κάρυον, ,Nuss', vgl. Genaust, s.v. Caryota; dactyla von δάκτυλος, ,Dattel', vgl. Genaust, s.v. dactylifer, LSJ, s.v. δάκτυλος, IV), fügt sich *carica* besser in das lateinische Schriftbild ein.
238 Ov. met. 8,674: *hic mixta est rugosis carica palmis*; fast. 1,185: *quid vult palma sibi rugosaque carica*.
239 Vgl. auch August Steier: Pflaume, RE 38. Hbd., 1938, 1456–1458. Schon Cato agr. 133,2 benutzt *prunus* als Name für eine kultivierte Pflaume. Dioskurides mat. med. 1,174 spricht von einem bekannten Baum. Es gab für die Frucht offenbar viele verschiedene Verwendungsmöglichkeiten. Columella 10,15 empfiehlt, einen Garten dort anzulegen, wo bereits Pflaumenbäume wachsen. Außerdem seien Pflaumen zusammen mit anderen Obstsorten als Schweinefutter geeignet, vgl. Colum. 7,8,9. Laut Plin. nat. 15,58 werden Pflaumen in Krügen aufbewahrt. Colum. 12,9–10 erläutert das Einmachen von Kornelkirschen und Pflaumen in Essig und Mostsirup.
240 Plin. nat. 15,41. Plinius beschreibt zwölf Sorten. Besonders beliebt müssen syrische Pflaumen aus Damaskus gewesen sein, vgl. Plin. nat. 13,51; Colum. 10,404. Bei Petron 31,11 werden als Vorspeise syrische Pflaumen mit Granatapfelkernen unter dem Grill serviert. Martial 13,29 empfiehlt sie gedörrt als Abführmittel.
241 Vgl. Plin. nat. 15,44: *pruna silvestria ubique nasci*.
242 Der corycische Greis im vierten Buch der *Georgica* lebt bescheiden, aber glücklich in Einklang mit der Natur und hat u.a. Pflaumenbäume (4,145). Horaz (epist. 1,16,9) dienen Pflaumenbäume zusammen mit Kornelkirschbäumen als Schmuck auf seinem Landgut.
243 Mart. 7,53,7; Stat. silv. 4,9,28.

trons Trimalchio, der syrische Pflaumen als Teil der opulenten Vorspeise serviert,[244] und im pseudovergilianischen Gedicht *Copa*, in dem die Wirtin ihren Gästen neben Käseballen, Äpfeln und Kastanien auch Pflaumen anbietet.[245]

Äpfel (*in patulis redolentia mala canistris*, 675)

Äpfel hatten aufgrund ihrer langen Haltbarkeit offenbar eine große Bedeutung als Basisfrucht im Römischen Reich und kamen in zahlreichen Sorten vor.[246] Horaz stellt sie als eine typische römische Nachspeise dar.[247] Darüber hinaus haben sie einen besonderen sozialen Symbolwert, denn sie drücken in Texten Einverständnis und Zuneigung aus und stellen das häufigste aller Liebesgeschenke dar.[248]

Die Äpfel bei Philemon und Baucis duften (*redolentia*) und werden in großen Körben (*patulis canistris*) auf den Tisch gestellt. Der Geruch von Naturprodukten wie Honig[249] und Obst, speziell Äpfeln, ist in der römischen Literatur sehr positiv konnotiert: Iuvenal etwa schwärmt vom Duft der Äpfel,[250] Martial vergleicht den Duft zarter Mädchen und Jünglinge mit dem von Äpfeln und Obst, das im Winter nachreift.[251] Neben dem Duft

---

244 Petr. 31,11. Syrische und speziell damaszenische Pflaumen waren offenbar sehr beliebt, da man sie gut trocknen konnte und weil sie gut für den Magen waren, vgl. Mart. 13,29; Diosk. mat. med. 1,121; André 2013 (1961), 64.

245 Verg. app. Copa 17–19: *sunt et caseoli, quos iuncea fiscina siccat,* | *sunt autumnali cerea pruna die* | *castaneaeque nuces et suave rubentia mala.* Die Versatzstücke erinnern an Vergils 2. Ekloge (*castaneae nuces, cerea pruna*, ecl. 2,52f.) und an Properz (4,2,15), der *autumnalia pruna* als Merkmale des Vertumnus, des Gottes der Jahreszeiten sowie der Gärten und Obstbäume, nennt. Über die genaue Datierung gibt es, soweit ich sehe, keinen Konsens, es ist aber wohl zwischen 16 n. Chr. und dem frühen zweiten Jahrhundert entstanden, zur Diskussion s. Stefan Merkle: Copa docta, in: Holzberg 2005, 91, Anm. 3.

246 Franz Olck: Apfel, RE 2. Hbd., 1894, 2704–2708. Bereits für Cato gehört ein Obstgarten mit Apfelbäumen zu einem Landgut nahe der Stadt (Cato agr. 9,3). Außerdem soll die Gutsverwalterin stets Krüge mit haltbaren Äpfeln haben (143,3). Auch Columella 12,14 beschreibt das Haltbarmachen von Äpfeln, die im Winter wohl einen wichtigen Teil der Nahrung ausmachen. Die Bedeutung der Äpfel liegt auch in ihrer Weiterverarbeitung zu Wein und Essig, vgl. Franz Olck: Apfel, RE 2. Hbd., 1894, 2704.

247 Hor. serm. 1,3,7: *ab ovo usque ad mala.* Als Nachspeise auch bei Mart. 10,48,18.

248 Tietz 2013, 314. In Hor. serm. 2,3,258 z.B. weist ein zorniges Kind einen Apfel als Geste der Versöhnung zurück. Zu Äpfeln als Liebesgaben s. Tietz 2013, 291f.

249 *Redolentia* sowohl von Vergil (Aen. 1,436; georg. 4,169) als auch von Ovid (met. 15,80) als Attribut für nach Thymian duftenden Honig verwendet.

250 Iuv. 5,150.

251 Mart. 3,65,1; 11,8,3.

wurde offenbar auch die Optik als angenehm und anregend empfunden, denn Varro spricht von der Sitte mancher Reicher, ihr Triclinium für ein Gastmahl in einer Obstgalerie (*oporotheca*) einzurichten, um dort umgeben von anmutig gestapeltem Obst zu speisen.[252] Der Reiz liegt für ihn darin, dass man sich in einer echten Obstgalerie befindet, d.h. auf dem Land, umgeben von lokalen Produkten – in der Stadt gekauftes Obst, das im Triclinium gestapelt wird, zählt für ihn nicht.[253] Ein solches Erlebnis bieten offenbar auch Philemon und Baucis ihren Gästen, und der Plural *canistris* sowie das Attribut *patulis* suggerieren einen Reichtum an Äpfeln, der ihrer zuvor wiederholt betonten Armut zuwiderläuft.

Trauben (*de purpureis conlectae vitibus uvae*, 676)
Als letztes Obst werden rote Trauben genannt.[254] Allein durch den Weinbau ist die Weintraube in der Antike eine der bekanntesten Obstsorten überhaupt.[255] Bei literarischen Gastmählern werden sie häufig als Beilage, Snack oder Nachspeise verwendet.[256] Sowohl bei Horaz – der seinen Ofellus Trauben zusammen mit Nüssen und Feigen servieren lässt[257] – als auch bei Martial und Iuvenal, deren Darstellungen Anklänge an Philemon und

---

252 Varro rust. 1,59,2: *In quo* [sc. in der Obstgalerie] *etiam quidam triclinium sternere solent cenandi causa. Etenim in quibus luxuria concessit ut in pinacothece faciant, quod spectaculum datur ab arte, cur non quod natura datum utantur in venustate disposita pomorum?*
253 Varro rust. 1,59,2f.: *Praesertim cum id non sit faciendum, quod quidam fecerunt, ut Romae coempta poma rus intulerint in oporothecen instruendam convivi causa.*
254 Bömer 1977, 219 ist der Ansicht, es handele sich um eine Enallage, da es eigentlich *purpureae uvae* heißen müsse. Das ist sicherlich möglich, aber auch ein Weinstock kann durch die Fülle an Trauben rot leuchten.
255 Die Weinrebe gehört bekanntlich zu den ältesten Kulturpflanzen des Mittelmeerraumes und Wein war in der Antike neben Getreide und Olivenöl ein Grundnahrungsmittel, vgl. Andreas Gutsfeld: Wein, DNP 12.2, 2003, 424. Vergil, Plinius d.Ä. und Columella sprechen von unzähligen verschiedenen Traubensorten, vgl. Verg. georg. 2,103–109; Colum. 3,2,29; Plin. nat. 14,20. Wein wurde laut Plinius in ganz Italien angebaut (nat. 14,8: *vitibus, quarum principatus in tantum peculiaris Italiae est*) und besonders Reben, deren Trauben zum Verzehr bestimmt waren, wurden laut Columella (3,2,1) aufgrund der schnellen Verderblichkeit in der Nähe der Städte gezüchtet.
256 Beispiele für Trauben als Beilage: Martial (1,43,3) beschwert sich über ein Gastmahl, bei dem ein viel zu kleiner „nackter" Eber serviert wurde, dem die üblichen Beilagen wie u.a. Trauben fehlten (*vitibus uvae*). Als Snack: Bei Trimalchio werden Trauben in geflochtenen Körbchen als Zwischengang nach dem Wildschwein serviert (Petr. 41,6). Als Nachspeise: Lucil. 11,73; Hor. serm. 2,2,121; Mart. 5,78,12. Vgl. Alcock 2006, 44.
257 Hor. serm. 2,2,121.

Baucis aufweisen,[258] werden Trauben als einfache, ländliche und altertümliche Nachspeise dargestellt.[259] Diese Konnotation wird auch durch Sueton untermauert, der behauptet, Augustus habe einmal berichtet, wie er auf einer Heimreise in der Sänfte (als Ausdruck seiner bescheidenen Lebensweise) Brot und hartschalige Trauben gegessen habe.[260] In den oben genannten Textstellen werden Trauben als Dessert stets im getrockneten Zustand serviert.[261] Bei Philemon und Baucis hingegen weisen der Aspekt des Sammelns (*conlectae*) und die rote Farbe (*purpureis*) auf frische Trauben hin.[262]

Honigwabe (*candidus in medio favus est*, 677)

Zum Schluss wird eine Honigwabe serviert. Honig ist das wichtigste Süßungsmittel in der römischen Antike und somit in der Küche allgegenwärtig.[263] Zusammen mit Datteln und Feigen dient er laut Ovid aufgrund seiner Süße als Neujahrsgeschenk.[264] Dieser grundlegenden Bedeutung des Honigs stehen die wenigen literarischen Textstellen gegenüber, in denen er pur gegessen wird. Dieser Widerspruch lässt sich anhand eines Auszuges aus

---

258 S. zu Iuvenal oben, 188, Anm. 119. Bei Martial (5,78) ähnelt nur die Auswahl an Speisen der von Philemon und Baucis: zartes Gemüse aus dem Garten, Speck, Oliven und Trauben.

259 Martial lädt zu einem bescheidenen Mahl bei sich zu Hause ein: *parva est cenula* (5,78,21). Das von Iuvenal beschriebene Mahl hätten Senatoren in der römischen Frühzeit ihm zufolge als Luxus empfunden: *Haec olim nostri iam luxuriosa senatus cena fuit* (11,77f.).

260 Suet. Aug. 76,2: *paucis acinis uvae duracinae*.

261 Hor. serm. 2,2,121: hängend getrocknete Trauben (*pensilis uva*); serm. 2,4,71f.: im Rauchfang gedörrt (*fumo duraveris uvam*) oder in Töpfen (*ollis*) aufbewahrt; Mart. 5,78,11: schrumpelige Trauben (*marcentes uvae*); Iuv. 11,71f.: ein halbes Jahr hängend getrocknet (*servatae parte anni quales fuerant in vitibus uvae*).

262 Hollis 2008 (1970), 120 hält die Trauben für frisch, da getrocknete Trauben bei Horaz *pensilis* sind (serm. 2,2,121), hier aber kein derartiges Attribut steht. Bömer 1977, 219 hingegen sieht keinen Hinweis darauf, dass Ovid hier frische Trauben meint. Gegessen wurden Trauben jedenfalls in beiden Varianten, die frischen hießen *vites escariae* (Plin. nat. 14,42; Colum. 3,2,1). Die Haltbarmachung geschah, wie die Stellen in Anm. 262 zeigen, auf jede erdenkliche Weise, etwa durch Trocknen in der Sonne oder Räuchern, durch Einlegen in Most oder Wein, s. André 2013 (1961), 75.

263 Die Bienenzucht ist ein wesentlicher Bestandteil der römischen Landwirtschaft und es gibt zahlreiche Abhandlungen darüber, z.B. Varro rust. 3,16,5; Verg. georg. 4; Colum. 9,2–16. Honig ersetzt bei den Römern den Zucker und wird als Würz-, Süßungs- und Konservierungsmittel angewendet. Apicius z.B. verwendet fast in jedem Rezept Honig. Zur Bedeutung und Verwendung von Honig s. André 2013 (1961), 164–6, 181–5.

264 In Ov. fast. 1,186f., s. oben, 200, Anm. 222.

Petrons Gastmahl bei Trimalchio erklären:[265] Einer der zahlreichen Gänge besteht aus einer Platte mit Tierkreiszeichen, die jeweils mit einer Speise bedeckt sind (u.a. eine afrikanische Feige). In der Mitte dieser Platte (*in medio*) wird eine Honigwabe (*favus*) – die Wortwahl suggeriert einen Anklang an Philemon und Baucis – auf einem ganzen Rasenstück serviert.[266] Trotz der Raffinesse und Kreativität dieser Idee verschmähen die Gäste das kulinarische Ensemble als *tam viles cibi* und sind voller Erleichterung, als sie darunter den eigentlichen Gang, nämlich Saueuter, Mastgeflügel und einen Hasen entdecken. Wenig später im Laufe des Mahles erfährt man allerdings, dass Trimalchio sich griechische Bienenvölker importieren lässt, um hymettischen Honig aus eigener Produktion zu haben.[267] Dieser findet offenbar in diversen Kuchen und als Dessertsoße Verwendung.[268] Zwar sind die bei Petron geschilderten Begebenheiten stark überzeichnet, dennoch wird deutlich, dass die Bedeutung von Honig als Nahrungsmittel in seiner Funktion als Süßungsmittel liegt,[269] der Verzehr von rohem Honig hingegen ärmlichen Verhältnissen zugeschrieben wird. Dies zeigt sich z.B. in Vergils Erzählung vom corycischen Greis im vierten Buch der *Georgica*:[270] Der alte Mann, der allein im Herzen reich ist, füllt jeden Abend nach getaner Arbeit seinen Tisch mit den eigenen Erzeugnissen, darunter auch Honig

---

265 Petr. 35,1–36,4.
266 Petr. 35,5.
267 Petr. 38,3. Die populäre Rückbesinnung der römischen Oberschicht auf das Einfache und Ländliche wird an dieser Stelle von Petron äußerst anschaulich parodiert. Auch bei einem ausufernden, luxuriösen Mahl wie diesem bleibt der Bezug zur ländlichen Einfachheit gewahrt, indem die Produkte vom Gastgeber selbst angebaut werden. Die Idee des Eigenanbaus wird aber pervertiert, indem Trimalchio Bienen importieren lässt, um einen ausländischen Honig lokal anbauen zu können.
268 Petr. 60,4: *repositorium cum placentis*. 66,3: *supra mel caldum infusum excellente Hispanum*.
269 Dies wird z.B. auch bei Mart. 1,43,4 deutlich: Er beklagt, dass ein Gastgeber keine in Honig eingelegten Früchte serviere, die in der Süße einer Honigwabe gleichkämen (*certant quae favis*). Interessant ist, dass er die Süße der Honigwabe schätzt, sich aber nicht eine solche, sondern in Honig eingelegtes Obst wünscht, was auch hier deutlich macht, dass Honig eher als Süßungs- oder Konservierungsmittel denn als Speise in ihrer Reinform geschätzt wurde. Zu Honig und Süße als Symbol für Genuss s. Tietz 2013, 308. Der Genuss in Geschmack, Duft und Farbe des Honigs wurde auch auf den erotischen Genuss übertragen. So gab es Kosenamen, die von Honig abgeleitet waren, und man sprach ebenfalls vom süßen erotischen Vergnügen (z.B. Plaut. Truc. 178.372.), vgl. Otto Böcher: Honig, RAC 16, 1994, 440; 455.
270 Verg. georg. 4,125–146.

aus eigener Bienenzucht.[271] In der Geschichte vom Besuch Ceres' bei dem Bauern Celeus und seiner Familie in Ovids *Fasti* wird dem Gast, wie bei Philemon und Baucis, eine Honigwabe serviert.[272] Die ländliche Einfachheit (der Nahrung) ist in beiden Passagen positiv konnotiert, in Vergils Fall durch die innere Zufriedenheit des Greises, in Ovids Fall durch die *pietas* der Gastgeber. Plinius assoziiert den Verzehr von rohem Honig als Nachspeise – vielleicht mit Bezug auf Philemon und Baucis? – außerdem mit der Zeit der Vorfahren.[273]

Bei Philemon und Baucis bildet die Honigwabe[274] den Höhepunkt der Nachspeise. Ihre besondere Stellung wird durch ein Hyperbaton ausgedrückt: Das Attribut *candidus*, welches durch die Anfangsposition im Vers hervorgehoben wird, weist, bevor der eigentliche Gegenstand benannt wird, auf dessen Schönheit hin.[275] Anstatt anschließend das dem Attribut zugehörige Substantiv zu nennen, folgt eine Ortsbeschreibung: Der Gegenstand liegt nicht irgendwo zwischen den übrigen Dingen, sondern in der Mitte (sowohl auf semantischer als auch auf syntaktischer Ebene (*candidus in medio favus est*). Dass es sich um eine Honigwabe handelt, erfährt man erst zum Schluss.

Die besondere Stellung des Honigs in diesem Gastmahl ergibt sich primär aus dessen mythologischer Bedeutung als göttliche Nahrung,[276] be-

271 Verg. georg. 4,139–141: *ergo apibus fetis idem atque examine multo | primus abundare et spumantia cogere pressis | mella favis.*

272 Ov. fast. 4,545f., s. oben, 124.

273 Plin. nat. 19,168: *in secunda mensa cum melle apud antiquos dabatur.*

274 Mit *favus* ist hier vermutlich nicht eine einzige sechseckige Wabe gemeint, denn die wäre wohl zu klein zum Essen – sondern eine mit Honig gefüllte Wachsplatte.

275 *Candidus* drückt im eigentlichen Sinne das strahlende Licht des Feuers oder der Sterne aus, das auch als Attribut für Götter, Menschen und andere (schöne) Gegenstände verwendet wird, vgl. TLL 3.0.239.60–241.46. Von Ovid wird das Wort in den *Amores* v.a. zur Beschreibung weiblicher Schönheit verwendet, z.B. *colla*, (am. 1,5,10), *puella* (am. 2,4,39). Im Liebeslied des Polyphem in met. 13,789 verbindet Ovid mit dem Wort beide Elemente, Pflanze und Frau: *candidior folio nivei, Galatea, ligustri.* Als erstes Wort des gesamten Liedes (und, parallel zu Philemon und Baucis, an erster Stelle des Verses) kommt *candidior* dort eine besonders starke Aussagekraft zu. Als Attribut für Honig verwendet Ovid *candidus* noch in fast. 1,186, zur Beschreibung der weißen Seite eines Apfels in met. 3,483.

276 Honig wurde wegen seiner wunderbaren Eigenschaften (goldene Farbe, Wohlgeruch, Süße, Heilkraft) und der geheimnisvollen Entstehung auf göttliches Wirken zurückgeführt, deshalb wurde er als Geschenk des Himmels (Verg. georg. 4,1; Petr. 56,6) und als Speise der Götter gesehen, vgl. Otto Böcher: Honig, RAC 16, 1994, 440. Auch die Vorstellung der göttlichen Speisen Nektar und Ambrosia dürfte wohl auf Honig zurückgehen, vgl. ebd. 445.

sonders für Jupiter, welcher der Legende nach als Kind mit Honig ernährt wurde.[277] Ausgehend von dieser Symbolik als Nahrung der Götter wurde Honig in der Antike auch in Verbindung mit Unsterblichkeitsvorstellungen gebracht.[278]

Vor diesem Hintergrund erfüllt die Honigwabe eine vorausdeutende Funktion innerhalb der Erzählung, einerseits in Bezug auf das Erscheinen der Götter – denn zu diesem Zeitpunkt wissen Philemon und Baucis noch nicht, dass ihre Gäste Götter sind – andererseits im Hinblick auf die spätere Verwandlung und das Weiterleben der beiden in Form von Bäumen.[279]

Weiterführende Gedanken zur Struktur

Ähnlich wie bei der Auflistung der Nahrungsmittel der Vorspeise gibt es bei der Nachspeise eine Zweiteilung in pflanzliche und tierische Produkte, die auf den ersten Blick sehr ungleich verteilt sind (s. Tabelle 12). Alle Früchte sind pflanzlich, während allein der Honig tierischen Ursprunges ist. Hier zeigt sich bereits die Sonderstellung, die der Honig in dieser Aufzählung einnimmt. Eine weitere Zweiteilung besteht zwischen den ersten beiden Versen (674–675) auf der einen und den letzten beiden Versen (676–677) auf der anderen Seite: In den ersten beiden Versen wird jeweils zuerst ein Lebensmittel ohne Eigenschaften genannt, anschließend ein weiteres (Datteln und Feigen zählen hier als ein Gericht, denn sie sind *mixta*), dessen Präsentation (Datteln und Feigen als eine Art Salat gemischt, Äpfel in großen Körben) und eine Eigenschaft (Datteln runzelig, Äpfel duftend). In den letzten beiden Versen dagegen wird jeweils nur ein Nahrungsmittel und dieses erst *nach* Angabe von dessen Eigenschaften genannt.

Belege s. ebd. und Kurt Sethe: Biene, RE 5. Hbd., 1897, 448f.; s. auch oben, 146 mit Anm. 364 und 365.

277 Es gibt verschiedene Versionen dieses Mythos, z.B. dass die beiden Ammen des Zeus Bienen gewesen seien (Diod. 5,70,2f.); zu den verschiedenen Versionen s. Otto Böcher: Honig, RAC 16, 1994, 445.

278 So wurde Honig traditionellerweise beim Totenkult dem Verstorbenen als Wegzehrung mitgegeben, um so dessen Berührung mit der Götterwelt zu ermöglichen (Varro rust. 3,16,5), verbunden mit der Hoffnung auf Wiedergeburt und ewiges Leben, vgl. Otto Böcher: Honig, RAC 16, 1994, 449–451. Auf diese Vorstellungen gründet sich auch die Verwendung von Honig bei Mysterienkulten oder Orakeln, ebd.

279 Der Bezug ist auch dadurch gegeben, dass einer der beiden sich in eine Eiche (620: *quercus*) verwandelt und diese vor allem in augusteischen Darstellungen des goldenen Zeitalters und verwandter Vorstellungen Honig hervorbringen, s. Tabellen 4 und 5.

Betrachtet man die Früchte ohne den Honig, ergibt sich eine Zweiteilung bezüglich ihrer Eigenschaften (Tabelle 12): Nüsse, (getrocknete) Datteln und Feigen sind klein und eher zäh und trocken; Pflaumen, Äpfel und Trauben (wenn man die gesamte Traube, nicht nur die Beere betrachtet) sind eher groß, weich und fleischig. Betrachtet man die Abfolge kleinschrittiger, ist sogar eine Staffelung der genannten Eigenschaften von klein, hart und trocken zu groß, weich und saftig zu erkennen. Eine Steigerung entsteht auch dadurch, dass bei den beiden letztgenannten Früchten, Äpfeln und Trauben, zusätzlich die von ihnen ausgehenden Sinnesreize, Duft und Farbe, benannt werden. Demgegenüber steht eine Abwärtsbewegung in Hinblick auf die Anzahl der in jedem Vers genannten Nahrungsmittel (hier zählen Feige und Dattel jeweils einzeln): Vers 674 hat drei Früchte, Vers 675 zwei, Vers 676 nur eine.

Der Höhepunkt dieser Bewegungen ist die Honigwabe, denn in seiner Konsistenz ist der Honig sehr weich bzw. flüssig, hat keinerlei Stein oder Kerne, und seine Größe kann man nicht in Zahlen fassen (bezogen auf Honig im Allgemeinen, das Wabenstück ist freilich begrenzt). Während bei Äpfeln und Trauben mit den Sinnen erfassbare Eigenschaften wie Farbe und Duft beschrieben werden, ist die Honigwabe *candidus* – eine Eigenschaft, die über die bloße helle Farbe hinausgeht, die ein mit Schönheit verbundenes Strahlen ausdrückt.[280] Darüber hinaus steht die Honigwabe strukturell in einer gesonderten Position, denn sie ist nicht mehr Teil der Abwärtsbewegung der Früchte und ihr ist ein eigenes Verb zugeordnet: Während alle Früchte sich das Verb *est* teilen müssen, wird mit einem erneuten *est* bei *favus* sozusagen eine neue Aufzählung begonnen, was den besonderen Wert der Honigwabe im Gegensatz zu den Früchten herausstellt. Auch innerhalb des Verses 677 ist die Honigwabe noch einmal hervorgehoben: *favus est* befindet sich zwischen Penthemimeres und Hephthemimeres und wird eingeschlossen von jeweils drei Wörtern und sieben Silben. Somit arbeitet die gesamte literarische Struktur der Nachspeise auf die Honigwabe hin und unterstützt deren symbolische Bedeutung innerhalb des Gastmahls.

Auffällig ist außerdem die Iuxtaposition von *favus est* und *super omnia vultus* sowie das folgende Enjambement. Durch das Nebeneinander der Honigwabe als End- und Höhepunkt des Mahles einerseits und der Ankündigung eines weiteren Höhepunktes, der offenbar das Mahl noch über-

---

280 S. oben, Anm. 275.

trifft (durch *super omnia* ausgedrückt), andererseits wird der ganze Vers zu einem Höhe- und Wendepunkt der gesamten Geschichte. Im nächsten Vers erfährt man, dass *super omnia vultus* sich auf die freundliche Gesinnung der Gastgeber bezieht (*vultus* [...] *boni nec iners pauperque voluntas,* 678). Somit verbindet das Enjambement den Honig mit den Gastgebern, und *favus* ist das Bindeglied zwischen dem Mahl – also der materiellen Aufopferung – und dem Ethos der beiden Alten, der diese materielle Aufopferung noch übertrifft. Die Speisen werden dadurch jedoch keineswegs abgewertet, denn schließlich zeigt sich in ihnen die fromme und selbstlose Haltung von Philemon und Baucis.

2.3.5 Verse 677–693: Das Ende des Gastmahls und die Gänsejagd

Der Wein

Wein wurde bereits während des Gastmahls getrunken, jedoch nicht genauer untersucht, da die Konzentration auf den Speisen lag. Nun, am Ende des Gastmahls, hat der Wein jedoch eine besonders wichtige Funktion: Nachdem der Honig als Vorzeichen des Göttlichen diente, dient der Wein nun als Instrument, um die Göttlichkeit der Gäste zu offenbaren, indem sich der Weinkrug von alleine wieder füllt (*totiens haustum cratera repleri* | *sponte sua per seque vident succrescere vina,* 679f.). Diese Theophanie unterscheidet sich von den beiden verwandten Geschichten in den *Fasti*: In der Celeus-Geschichte zeigt Ceres ihre Göttlichkeit erst bei ihrem Abgang, indem sie sich in eine Wolke hüllt und auf ihrem Schlangenwagen davonfliegt. Bei Hyrieus nennt Neptun Jupiter während des Gastmahls beim Namen, sodass Hyrieus es hört. Bei Philemon und Baucis hingegen zeigt sich die Göttlichkeit durch ein Nahrungsmittel, wie es sich bei der Honigwabe bereits angedeutet hat. Mit dem Nachfüllen des Weines tritt außerdem der Übergang von den menschlichen zu den göttlichen Akteuren ein.[281]

---

281 Die Stelle erinnert an das biblische Weinwunder bei der Hochzeit von Kana, auf der Jesus Wasser in Wein verwandelt (Joh 2,1–11). Wie bei Philemon und Baucis das Weinwunder die Götter als solche offenbart, dient auch das biblische Weinwunder im Johannesevangelium als Beweis, dass Jesus der Sohn Gottes ist. Man geht in der neueren Forschung davon aus, dass Jesus mit dem Weinwunder in der Tradition des paganen Weingottes Dionysos steht (Beispiele für Weinwunder des Dionysos bei Ovid und Plinius d.Ä.: Dionysos

Die Gans

Als drittes Zeichen des Göttlichen (nach Honig und Wein) fungiert die Gans. Sie hat eine Sonderrolle inne, da sie die Wächterin der kleinen Hütte (*minimae custodia villae*, 684) und nicht Bestandteil des Gastmahls und auch eigentlich überhaupt nicht zum Essen gedacht ist. Da Philemon und Baucis, sobald sich die Besucher als Götter entpuppt haben, den Drang verspüren, ein Opfer zu bringen und da die Gans das einzige lebende Tier in ihrem Besitz zu sein scheint, soll diese nun für die Götter geschlachtet (und gegessen)[282] werden. Sie nimmt also die Rolle eines Opfertieres und damit eines besonders symbolisch aufgeladenen Nahrungsmittels ein – doch nur für einen Moment, da sie sich nicht fangen lässt und die Götter ihre Schlachtung schließlich verbieten (686–688). Nachdem der Honig die Vorausdeutung auf das Göttliche und der Wein die Offenbarung des Göttlichen dargestellt hat, findet nun in Form der Verfolgungsjagd und der Verhinderung der Schlachtung der Gans eine Kommunikation zwischen Menschen und Göttern statt.

Das Verbot des Opfers des einzigen Haustieres durch den göttlichen Gast gibt es schon bei Kallimachos: Nachdem der arme Molorchos Herakles bewirtet hat, der auf dem Weg zu dem Kampf mit dem nemeischen Löwen ist, will Molorchos ihm zu Ehren seinen einzigen Widder schlachten. Herakles fordert ihn aber auf, mit dem Opfer bis nach dem Kampf zu warten,

---

verwandelt alles, was Mädchen berühren, in Getreide, Wein und Oliven (Ov. met. 13,650ff.); im Tempel des Liber (= Dionysos) fließt angeblich eine Quelle jedesmal an den Nonen des Januar mit Weingeschmack (Plin. nat. 2,231); an je sieben dem Gott Liber geweihten Tagen fließt angeblich aus der Quelle des Liber Wein, außerhalb des Tempels verwandelt sich der Geschmack wieder in den von Wasser (nat. 31,16)). Darüber, dass das biblische Weinwunder mit Dionysos in Verbindung steht, gab es in der diesbezüglichen Forschung einige Kontroversen. Broer stellt als Beweis für vorchristliche Weinwunder Textstellen zusammen, in denen im Zusammenhang mit Dionysos bzw. dem mit Dionysos identifizierten Gott Liber Wein statt Wasser fließt oder Dinge in Wein verwandelt werden (Ingo Broer: Das Weinwunder zu Kana (Joh 2,1–11) und die Weinwunder der Antike. In: Ulrich Mell/Ulrich B. Müller (Hg.): Das Urchristentum in seiner literarischen Geschichte. Festschrift für Jürgen Becker zum 65. Geburstag. ZNW 100. Berlin und New York 1999, 302–4). Eisele geht sogar davon aus, dass Jesus durch das Weinwunder Dionysos' Platz einnimmt und somit, sozusagen als Werbung für Dionysos-Anhänger, über den heidnischen Gott siegt (Eisele, W.: Jesus und Dionysos. Göttliche Konkurrenz bei der Hochzeit zu Kana (Joh 2,1–11). ZNW 100, 25.). Sicher ist es an unserer Stelle nicht verwunderlich, dass Jupiter als oberste Gottheit in der römischen Religion ebenso fähig ist, ein Weinwunder zu bewirken.
282 Zum Zusammenhang von Opfer und dessen Verzehr s. oben, 79, Anm. 57.

und so wird der Widder später doch noch geopfert.[283] In den *Fasti* opfert Hyrieus seinen göttlichen Gästen seinen Zugstier.[284] Dieses Opfer nehmen Jupiter, Merkur und Neptun allerdings an, weil sie die Stierhaut brauchen, um Orion zu erschaffen. Die Geschichte von Philemon und Baucis vereint Elemente beider Geschichten, doch kommt es hier nicht zum Opfer, weil es keine konkrete Funktion erfüllen würde wie z.b. bei Hyrieus oder Herakles: Denn weder müssen sich Jupiter und Merkur ein Opfer verdienen wie Herakles, noch wird ein Teil des Tieres für einen Zauber gebraucht wie bei Hyrieus. Philemon und Baucis haben durch ihre Selbstlosigkeit und Aufopferungsbereitschaft ihre Frömmigkeit zur Genüge bewiesen: Zu dem (für ihre Verhältnisse) opulenten Mahl zeigten sie auch noch die Bereitschaft, ihr einziges Haustier zu opfern. Die Inszenierung dieser Bereitschaft als Verfolgungsjagd zeigt dabei auf komische, epyllionhafte Art und Weise, dass Philemon und Baucis sich auch nicht von ihren alten Knochen abhalten lassen, ihren göttlichen Gästen das Beste zu bieten.

Außerdem hat die Gans eine besondere Funktion, die sie (im Gegensatz zu Hyrieus' Stier) nur lebend erfüllen kann: Allein das Vorhandensein einer Gans als Haus- und Hofwächterin erinnert an die kapitolinischen Gänse[285] und deutet auf die Verwandlung des Hauses in einen Tempel voraus, verleiht aber gleichzeitig der Hütte selbst bereits etwas Heiliges.[286]

2.3.6 Schlussbemerkungen

(a) Motivparallelen zu anderen augusteischen Texten

Obwohl Ovids Schilderung des Gastmahls bei Philemon und Baucis in seiner Zusammensetzung und bildhaften Darstellung einzigartig ist, wurden in

---

283 Kall. Ait. frg. 54–59 Harder, s. oben, 169.
284 Ov. fast. 5,515f., s. oben, 178f.
285 Der Sage nach retteten im Jahr 390 Junonische Gänse das Kapitol (Liv. 5,47). Die Gans ist im Altertum das Lieblingstier der Matronen und Symbol der Sittsamkeit und Züchtigkeit. Sie gehörten der Juno Moneta (‚Warnerin') an, die auf der kapitolinischen *arx* verehrt wurde, vgl. Julius Vogel: Iuno (Moneta), Roscher 2.1, 1978 (1890–1894), 593. In dem Moment, als die Hütte verwandelt wird, wird auch die Gans von Philemon und Baucis, die nun einen richtigen Tempel bewacht, zu einer Art kapitolinischer Gans.
286 Gowers 2005, 360 weist darauf hin, dass die Gans bei der Verfolgungsjagd mit den Attributen *celer penna* (686) und *eludit diu* (687) Merkmale Merkurs trägt.

diesem Kapitel wiederholt Motivparallelen zu anderen augusteischen Texten festgestellt, die im Folgenden noch einmal gebündelt aufgezeigt werden (vgl. Tabelle 13).

Eine besondere Häufung der von Ovid benutzten Nahrungsmittel gibt es bei Horaz: Allein neun der 14 von Philemon und Baucis servierten Speisen kommen in derselben oder einer ähnlichen Bezeichnung in der zweiten Satire des zweiten Buches vor:[287] Kohl mit geräucherten Schinkenende (*holus fumosae cum pede pernae*, 117), Trauben, Nüsse und Feigen (*pensilis uvae secundas et nux ornabat mensas cum duplice ficu*, 121f.) werden als Speisen des Gutsbesitzers Ofellus genannt.[288] Oliven und Eier werden als einfache Nahrung genannt, die (und das wird von Horaz positiv konnotiert) immer noch an den Tischen der Reichen verzehrt wird (*nam vilibus ovis nigrisque est oleis hodie locus*, 45f.). Rettich (*rapula*, 43) kommt als Magenheiler vor, von dem sich die gierigen Schlemmer ernähren müssen, wenn sie sich überfressen haben. Von der Kornelkirsche (*silvestria corna*, 57) ernährt sich Avidienus, der es mit der Bescheidenheit übertreibt und nur sehr ärmliche oder schlecht gewordene Nahrungsmittel zu sich nimmt.

Auch in anderen Satiren des zweiten Buches kommen immer wieder Speisen vor, die auch Ovid verwendet; besonders auffällig ist die Häufung des Wortes *holus* bei Horaz. Dem von Horaz genannten typischen Ablauf eines römischen Mahls, *ab ovo usque ad mala*[289], folgen auch Philemon und Baucis.

Auf besondere Weise scheint die Geschichte von Philemon und Baucis außerdem den Geist von Horazens Satire 2,6 widerzuspiegeln:[290] Das lyrische Ich, geplagt vom geschäftigen Leben und den Verpflichtungen in der Stadt, sehnt sich nach dem Landleben und einem *hortus* (serm. 2,6,2), nach *holuscula* und Schweinefleisch (64), wie wir sie auch bei Philemon und Baucis finden. Diese repräsentieren gleichsam die Sehnsucht des Städters Horaz nach dem Leben auf dem Land. Eine Parodie dieser von Horaz geschilderten Sehnsucht könnte man in der Verschiebung der geschilderten Tätigkeiten bei Philemon und Baucis sehen: Während Horaz Garten und Mahlzeit

---

287 Vgl. Anderson 1972, 393. Anderson hat nur die Übereinstimmung der von Ofellus genannten Speisen mit denen bei Philemon und Baucis erkannt.
288 Ofellus wird bei Horaz als Beispiel für *parvo vivere* (serm. 2,2,1) herangezogen, ebenso wie die Hütte von Philemon und Baucis *parva* ist (met. 8,630).
289 Hor. serm. 1,3,7.
290 Vgl. Anderson/Frederick 1988, 124.

benennt, beschreibt Ovid die arbeitsintensiven Tätigkeiten, die damit verbunden sind (Gemüse aus dem Garten holen und zubereiten). Horaz hingegen verbindet mit dem Aufenthalt auf dem Land geistige Tätigkeiten und Muße sowie das Füttern der liebgewonnenen Sklaven.[291]

Die wenig später in derselben Satire erzählte Fabel von Landmaus und Stadtmaus (79–117) hingegen weist große Ähnlichkeit mit dem Verhalten und der Attitüde von Philemon und Baucis auf: Die karg lebende Landmaus erhält Besuch von ihrer alten Freundin, der Stadtmaus, und lockert ihr zuliebe ihre Sparsamkeit.[292] Wie Baucis ist die Landmaus *succincta*.[293] Ihre gesammelten kulinarischen Schätze bestehen aus Erbsen, Hafer, Rosinen und einem angebissenen Stück Speck.[294] Mit der Vielfalt an Speisen versucht sie es dem verwöhnten Gast recht zu machen und überlässt ihm die besten Bissen.[295] Zum Schluss der Geschichte wählt die Landmaus, nachdem sie den Vorschlag der Stadtmaus angenommen hatte, mit ihr in die Stadt zu gehen, um dort besser leben zu können, ihr altes Leben, das zwar karge Kost, aber Sicherheit bietet (115–117).

Wenn zwischen Ovids Philemon-und-Baucis-Geschichte und den horazischen Satiren auch keine konkreten Parallelen über einzelne Wörter hinaus nachgewiesen werden können, sind die inhaltlichen Anklänge in ihrer Gesamtheit doch so zahlreich, dass man eine bewusste Anspielung Ovids auf diese vermuten kann.

Neben Horaz kommen einige der Nahrungsmittel auch bei Vergil vor: der corycische Greis im vierten Buch der *Geogica* baut *holus*, Pflaumen, Baumfrüchte und Honig an, nur wenig vorher werden Endivien als Bestandteil eines fruchtbaren Gartens genannt. Käse in der von Ovid präsentierten Form schließlich kommt bei Vergil und Tibull im bukolischen bzw. ländlichen Kontext vor. In Ovids *Fasti* werden in sehr ähnlicher Formulierung Feigen, Datteln und Honig als Neujahrsgeschenk genannt, Schinken in der-

---

291 Hor. serm. 2,6,61–63: *quandoque licebit | nunc veterum libris, nunc somno et inertibus horis | ducere sollicitae iucunda oblivia vitae?* [...] (65): *quibus ipse meique | ante Larem proprium vescor vernasque procaces | pasco libatis dapibus.*

292 Hor. serm. 2,6,82f.: *asper et attentus quaesitis, ut tamen artum | solveret hospitiis animum.*

293 Hor. serm. 2,6,107; vgl. met. 8,660.

294 Hor. serm. 2,6,83–86: [...] *neque ille | seposati ciceris nec longae invidit avenae | aridum et ore ferens acinum semesaque lardi | frusta dedit* [...].

295 Hor. serm. 2,6,86–89: [...] *cupiens varia fastidia cena | vincere tangentis male singula dente superbo* [...] *dapis meliora relinquiens.*

selben Wortwahl wie bei Horaz in Kombination mit *holus* als Festtagsessen zu den Ianualia.

In all diesen Stellen, ebenso wie bei Horaz, sind Nahrungsmittel mit eigener Produktion, meist in einem *hortus* und mit ländlicher, bisweilen altertümlicher Schlichtheit im Sinne des *mos maiorum* konnotiert. Indem sich Ovid dieser Nahrungsmotive bedient, stellt auch er einen Bezug zum *mos maiorum* her und verstärkt auf diese Weise den römischen Bezug der Geschichte.

(b) Römischer Kontext

Zwar steht das Gastmahl von Philemon und Baucis in Tradition griechischer Vorbilder und gewiss können Teile des Mahls wie etwa die Oliven, die ja auch von Hekale aufgetischt werden, Wein und Honig auch in der griechischen Darstellung eines Gastmahls genannt werden.[296] Doch weisen sowohl die Auswahl der Speisen als auch der Ablauf des von Philemon und Baucis aufgetischten Mahls einen starken Bezug zu römischen Texten und römischer Lebenspraxis auf: In Punkt (a) und Tabelle 13 wird deutlich, dass die von Ovid verwendeten Nahrungsmittel in anderen augusteischen Vorgängertexten präsent sind. Ebenso zeigen landwirtschaftliche Texte etwa des Columella oder des Plinius, dass die meisten der erwähnten Nahrungsmittel zu Ovids Zeit in Italien produziert wurden oder bekannte Importwaren (karische Feigen und Datteln) waren.[297]

Wie in der Forschung bereits erkannt wurde,[298] entspricht der Ablauf des Mahls dem Dreigängeschema anderer römischer literarischer Gastmähler von *prima mensa* (Vorspeise), *cena* (Hauptgang) und *mensa secunda* (Nachspeise), ebenso wie die Zuordnung der Speisen zu diesen Gängen (Gemüse, Eier und Käse als Vorspeise, Fleisch als Hauptspeise, Obst als Nachspeise).[299]

(c) Verhältnis von Gesprächen und Mahlbeschreibung

Der Ablauf der gesamten Einkehrszene reiht sich in die Tradition epischer Gastmähler ein. Die Elemente des diachronen Verlaufsschemas, das Bet-

---

296 S. Tabelle 10.
297 S.o. jeweils ad locum.
298 S. oben, 163, Anm. 9.
299 Das ‚Römische' der Speisen wurde bisher aber überwiegend nur auf Horazens Spruch *ab ovo usque ad mala* bezogen.

tenworth für epische Gastmähler seit Homer erstellt hat,[300] sind in unserer Geschichte größtenteils wiederzufinden: Die Ankunft des Gastes (629); Beschreibung der anwesenden Personen und des Schauplatzes (630–636); Begrüßung durch Reden und Gesten (637–639); die Vorbereitung des Mahls (hier nicht durch Sklaven, sondern durch die Gastgeber selbst, 646–650); der Genuss des Mahls (664–681); das Ende des Mahls mit anschließender religiöser Handlung, hier die durch die göttlichen Gäste vereitelte Schlachtung und Opferung der Gans (684). In einem entscheidenden Punkt weicht Ovid jedoch stark von diesem Schema ab: In der Regel dient ein literarisches *convivium* als Anlass bzw. Rahmen für philosophische oder politische Gespräche.[301] Diese nehmen den Großteil des Textes ein, während konkrete Elemente des eigentlichen Gastmahls für gewöhnlich vernachlässigt oder nur am Rande erwähnt werden.[302] So verhält es sich auch mit den Nahrungsmitteln, die oft nur als summarische Ausdrücke (z.B. Fleisch, Brot, Wein) genannt werden.[303] In unserer Geschichte hingegen werden die Speisen mit einer ungewohnten Ausführlichkeit und Liebe zum Detail beschrieben, während die Gespräche in den Hintergrund rücken, denn die Unterhaltung, deren Inhalt dem Leser verborgen bleibt, wird in einem einzigen Vers zusammengefasst: *interea media fallunt sermonibus horas sentirique moram prohibent* (651). Den Gesprächen selbst fällt dabei nur der summarische Begriff *sermones* zu. Ausgehend von den bei Bettenworth untersuchten Gastmahlszenen liegt demnach bei Philemon und Baucis ein umgekehrtes Verhältnis von Speisedarstellung und Gesprächen vor.

Dies könnte man nun damit begründen, dass das Gastmahl im Rahmen eines Einkehridylls vorliegt, in dem seit Kallimachos der Bewirtung eine große Rolle zukommt. Andererseits geht aus den Kallimachos-Fragmenten hervor, dass selbst in der *Hekale* die Gespräche zwischen Theseus und Hekale einen beträchtlichen Teil der Geschichte einnehmen.[304] Ovid hat diesen traditionell wichtigen Teil des Gastmahls also bewusst übergangen, mehr noch ordnet er die Gespräche, da sie lediglich die Funktion erfüllen, die Wartezeit bis zum Essen zu überbrücken, der Mahlzeit unter. Die Erklärung ist deshalb im Kontext der gesamten Erzählung zu suchen: Die Ein-

---

300 Vgl. Bettenworth 2004, 45.
301 Vgl. ebd. 92.
302 Vgl. ebd. 80.
303 Vgl. ebd. 78.
304 Vgl. Flückiger-Guggenheim 1984, 79.

kehr der Götter bei Philemon und Baucis ist eine Prüfung der *pietas*, die sich vor allem in der spontanen und selbstlosen Zubereitung einer Mahlzeit ausdrückt. In der detaillierten Darstellung des Mahls spiegelt sich demnach die Kausalität von Bewirtung, Belohnung der Gastgeber und Bestrafung der Ungastlichen wider. Lange Gespräche wären für die Kohärenz der Geschichte kontraproduktiv.

Das Überbrücken der Wartezeit, bis das *holus* gar ist, findet sich darüber hinaus – wieder einmal – bei Horaz: Dieser erzählt in der ersten Satire des zweiten Buches davon, wie sein großes Vorbild Lucilius mit dessen Freunden Scipio und Laelius sich aus dem städtischen Trubel zurückzog und die Zeit, bis das *holus* gekocht war, mit Albernheiten und Spielen verbrachte.[305] Dieses Verhalten von Scipio und Laelius beschreibt schon Cicero: Die beiden fuhren oft aufs Land hinaus, entkamen der Stadt wie einer Gefangenschaft, um dort wieder zu kleinen Jugen zu werden und zu spielen und geistige Entspannung zu suchen.[306]

Möglicherweise macht sich Ovid dieses Motiv hier zu eigen: Aus Sicht von Jupiter und Merkur erschiene der Besuch bei Philemon und Baucis plötzlich als willkommener Rückzug aus dem göttlichen Tagesgeschäft, die *sermones* als zwangloses und humorvolles Geplapper und geistige Erholung.[307]

(d) Roher Zustand

Die Nahrungsmittel werden, obwohl sie teilweise verarbeitet sind, stets in ihrem natürlichen und rohen Zustand benannt; es gibt keine Bezeichnung für ein fertiges Gericht. Auch in den Fällen, in denen die Nahrungsmittel bereits einen Verarbeitungsprozess erfahren haben, werden sie mit der Vokabel für das ursprüngliche Nahrungsmittel bezeichnet (z.B. Kornelkirschen,

---

305 Hor. serm. 2,1,71–74: *Quin ubi se a uolgo et scaena in secreta remorant | virtus Scipiadae et mitis sapientia Laeli, | vulgari cum illo et discincti ludere, donec | decoqueretur holus, soliti.* Dazu Freudenburg 2001, 102f.
Das Lob der lockeren Atmosphäre und Verzicht auf Etikette beim Essen auf dem Lande findet sich auch in serm. 2,2,67–76; die Gesprächsinhalte kreisen hier allerdings um durchaus philosophische Themen wie Freundschaft, Glück und Zufriedenheit.
306 Cic. de orat. 2,22: *Otium autem quod dicis esse, adsentior; verum oti fructus est non contentio animi, sed relaxatio. Saepe ex socero meo audivi, cum is diceret socerum suum Laelium semper fere cum Scipione solitum rusticari eosque incredibiliter repuerascere esse solitos, cum rus ex urbe tamquam e vinclis evolavissent.* [...].
307 Ist *sermones* gar als Anspielung auf die *sermones* von Horaz zu verstehen?

Eier). Dies trifft sogar auf Produkte zu, die sich aus anderen Nahrungsmitteln zusammensetzen: Käse kommt nicht etwa als *caseus*, sondern als *lactis massa coacta* vor, d.h. die beiden ursprünglichen Zutaten Milch und Lab werden benannt. Der Schinken wird nicht etwa als *lardum* bezeichnet, sondern wir erfahren exakt, worum es sich handelt, nämlich um das Rückenteil eines Schweines (*terga suis*). Darüber hinaus werden einige Nahrungsmittel mit nicht näher definierten Sammelbegriffen benannt (*holus, nux* und *radix*). Dies erweckt den Eindruck, dass die Speisen entweder roh oder in einem sehr geringen Grad der Verarbeitung aufgetischt werden. Selbst in den Fällen, in denen eine Verarbeitung genannt wird, dient diese nur dem Genießbar- oder Haltbarmachen der jeweiligen Speise (das Einlegen der Kornelkirschen und der Oliven, das Weichkochen des Schweinerückens und des *holus*, das Erhitzen des Eis, das Verfestigen von Milch durch Lab) und ist nicht als kulinarische Spielerei zu verstehen. Vielmehr bedienen die aufgetischten Speisen so den literarischen Topos gering- oder nichtverarbeiteter Nahrung als Zeichen ländlicher im Gegensatz zu städtischer Kost.[308]

Zum anderen entsteht durch die Verwendung von Sammelbegriffen und den Verzicht auf eine genauere Spezifizierung von Sorten (außer bei der karischen Feige), wie sie bisweilen in anderen literarischen Gastmählern zu finden ist, der Eindruck von einer rustikalen Lebensweise und Selbstversorgung: Philemon und Baucis brauchen keine ausgefallenen Namen für Nahrungsmittel, da sie von dem leben, was sie in ihrem eigenen Garten anbauen oder was sie in ihrer Umgebung vorfinden. Es gibt bei ihnen keine professionelle Kultivierung mit zehn verschiedenen Apfelsorten[309] und keine ausgefallenen Gerichte.

Diese Form der Darstellung von Nahrungsmitteln findet sich auch bereits in den oben besprochenen Stellen bei Vergil und bei Horaz, häufig auch noch bei Iuvenal und Martial, weniger hingegen in landwirtschaftlichen Texten. Dies lässt sich mit der unterschiedlichen Textintention erklären: Während letztere darauf abzielen, verschiedene Nahrungsmittel und Sorten möglichst präzise voneinander zu unterscheiden, steht in poetischen und satirischen Texten die Symbolkraft der Nahrungsmittel im Diskurs des *mos*

---

308 Vgl. Tietz 2013, 59.
309 Die Zweifarbigkeit der Oliven muss nicht auf verschiedene Olivenbaumsorten hinweisen, sondern kann mit einer unterschiedlichen Erntezeit oder Einlegetechnik verbunden sein.

maiorum im Vordergrund. Herkunftsbezeichnungen, durch die in der Regel Sorten ausgedrückt werden, verweisen auf importiertes Essen; dieses wiederum, ebenso wie ein hoher Grad an Finesse und Verarbeitung, auf Dekadenz und Luxus. Eine solche Lebensweise wird von den augusteischen Dichtern dem städtischen Leben zugeordnet und mit der als moralisch überlegen angesehenen ländlichen und bescheidenen Lebensweise, mit einfacher und lokal produzierter Kost kontrastiert.

(e) Fehlen von Getreidenahrung und Bohnen

Trotz der großen Vielfalt an Speisen fehlt bei Philemon und Baucis jegliches Getreideprodukt. Wie oben gezeigt wurde, spielt Getreide in griechischen und in den Theoxeniegeschichten der Genesis stets eine Rolle, sogar für Kallimachos' *Hekale* und *Molorchos* ist das Servieren von Brot überliefert. Darüber hinaus wird der Festtagsschinken *pinguia larda* in den *Fasti* zusammen mit Spelt gegessen.

Eine mögliche Erklärung liefert die Parallelgeschichte von Celeus, ebenfalls in den *Fasti:* Die Geschichte wird als mythologische Erklärung für die Entstehung des Ackerbaus erzählt, dementsprechend enthält das Gastmahl für (die zu diesem Zeitpunkt noch unerkannte) Ceres keine Getreideprodukte – dafür wie bei Philemon und Baucis Frischkäse, Obst und Honig. Die Geschichte von Philemon und Baucis spielt vielleicht ebenso in einer Zeit vor der Erfindung des Ackerbaus.[310]

Ebenso auffällig ist das Fehlen von Bohnen. Der Schweineschinken *pinguia larda* wird sowohl bei Horaz als auch in den *Fasti* zusammen mit Bohnen (bei Horaz mit Bohnen und *holuscula*) verzehrt und auch Hyrieus kocht *holus* und Bohnen.[311] Der römische Kontext des Mahls wäre dadurch noch stärker hervorgehoben worden. Ovid hat sich aber anscheinend eher an Horazens zweiter Satire orientiert, in der Ofellus einen Schweinefuß mit

---

310 Auch Gowers 2005, 339 vermutet, allerdings ohne den Zusammenhang mit der *Fasti*-Stelle, eine „prae-cereal aera". Ob die Geschichte in eine Art mythologische Chronologie der Metamorphosen einzuordnen ist, kann nicht mit Bestimmtheit gesagt werden. Wir wissen zunächst nur, dass sie aus Sicht von Theseus bereits weit in der Vergangenheit liegt (met. 8,622–625).

311 Hor. serm. 2,6,63f.: *o quando faba Pythagorae cognata simulque | uncta satis pingui ponentur holuscula lardo?,* fast. 6,169f.: *pinguia cur illis gustentur larda kalendis, | mixtaque cum calido sit faba farre, rogas?,* fast. 5,509: *minor inde fabas, holus alter habebat.*

holus isst.[312] Diese Stelle erinnert auch deshalb an Philemon und Baucis, weil dort ebenfalls kein abstraktes Wort wie *lardum* benutzt wird, sondern der Teil eines Schweines, *pedes*, wie in unserer Stelle *terga*.

(f) Altertümlichkeit

Es wurde gezeigt, dass durch die Auswahl der Speisen verschiedene Bezüge zu einer Vorzeitigkeit oder Altertümlichkeit der Geschichte hergestellt werden: Durch mit dem *mos maiorum* assoziierte Speisen wird der Bezug zu den angenommenen bäuerlichen Ursprüngen Roms hergestellt, durch das Fehlen von Getreide derjenige zu einer Zeit noch vor der Erfindung des Ackerbaus. Besonders Honig und Baumfrüchte evozieren außerdem die goldene Zeit unter Saturn, so auch in der Schilderung des goldenen Zeitalters im ersten und 15. Buch der Metamorphosen. Deshalb werden sie auch – wie etwa Honig, Datteln und Feigen in den *Fasti* – bevorzugt als Geschenke bei der Saturnalienfeier verwendet, in der ein kurzes Wiederaufleben der goldenen Zeit, die in der Vorstellung der Römer unter Saturn herrschte, gefeiert wurde.[313]

Die Kombination dieser Assoziationen ist auf den ersten Blick widersprüchlich, da das Vorhandensein von domestizierten Tieren (es gibt tierische Produkte wie Schinken, Eier und Käse und eine Hausgans) gegen ein goldenes Zeitalter im klassischen Sinne spricht und auch nicht mit der Darstellung einer vegetarischen *aurea aetas* im Sinne von Pythagoras im 15. Buch der Metamorphosen vereinbar ist.[314] Am ehesten entspricht die Nahrungssituation der zweiten menschlichen Entwicklungsphase bei Dikaiarch in der Darstellung von Varro,[315] in der die Menschen bereits Viehzucht betreiben und sich von Milchprodukten, gleichzeitig aber von gesammelten

---

312 Hor. serm. 2,2,116f.: *temere edi luce profesta | quicquam praeter holus fumosae cum pede pernae.* Interessant ist auch der Gedanke, dass Ovid mit dem Verzicht auf Bohnen pythagoreisches Gedankengut einfließen lässt. Horaz macht sich in der sechsten Satire (s. vorige Anmerkung) über das pythagoreische Verbot, Bohnen zu essen (die Pythagoreer glaubten der Überlieferung nach, dass Bohnen, ebenso wie Tiere, menschliche Seelen beherbergen können), lustig. Das Vorhandensein des Schinkens allerdings widerspricht einer solchen Annahme.

313 Martin P. Nilsson: Saturnalia, RE 2. Reihe, 3. Hbd., 1921, 203.

314 Dementsprechend ist Emily Gowers' Idee, dass das Vereiteln der Schlachtung ein Hinweis auf eine Zeit ist, in der es noch keine Tieropfer gab, zurückzuweisen vgl. Gowers 2005, 339.

315 S. oben, 99ff.

Baumfrüchten ernähren, und noch keinen Ackerbau kennen. Gartenbau, wie ihn Philemon und Baucis betreiben, passt dazu wiederum nicht. Es hat demnach den Anschein, dass die von Ovid verwendeten Nahrungsmotive sich hinsichtlich ihrer Bedeutung in Bezug auf Modelle und Vorstellungen von Vorzeit und Altertümlichkeit überschneiden. Diese Vermischung ist nicht kontraproduktiv, sondern bewusst von Ovid gewählt: Während durch die zahlreichen Anklänge an Horaz und Vergil die Assoziation der Speisen mit den bäuerlichen Ursprüngen Roms im Vordergrund steht und somit den römischen Kontext unterstreicht,[316] verweisen das Fehlen von Getreide sowie die Phraseologie des goldenen Zeitalters auf eine noch weiter zurückliegende Vergangenheit, die dem narrativen Rahmen der Geschichte, die ja aus der Sicht von Theseus und seinen Gefährten weit in der Vergangenheit spielt, gerecht wird. Die Assoziation mit einem goldenen Zeitalter verweist außerdem auf die Idealisierung der Lebensweise, die Philemon und Baucis verkörpern.[317]

(g) Philemon und Baucis als Ideal altrömischer Moral

Es hat sich gezeigt, dass durch Auswahl und Darstellung der Nahrungsmittel sowie durch das Verhalten von Philemon und Baucis im Rahmen der Bewirtung nicht nur ein römischer Kontext, sondern die Assoziation ländlicher Einfachheit im Sinne des *mos maiorum* erzeugt wird. Trotz der starken Anklänge an Horaz, an Vergil und Ovids *Fasti* ist das Mahl von Philemon und Baucis in seiner Komposition einzigartig: Ovid nämlich setzt Anklänge und Elemente anderer römischer literarischer Essensdarstellungen, die in irgendeiner Form Altertümlichkeit, Ländlichkeit und Einfachheit ausdrücken, zusammen, sodass dieses außergewöhnliche Festessen zu einer ausgedehnten Aufzählung symbolisch aufgeladener Nahrungsmotive wird – und damit zu einem hochgradig stilisierten Festmahl der Armen.

Zu klären bleibt die Funktion dieses detailliert geschilderten römischen Mahls innerhalb einer in ein griechisch-mythologisches Setting eingebetteten Theoxenie-Geschichte. Dieser Frage wurde in der Forschung durchaus schon Beachtung geschenkt, und am häufigsten wird die Meinung vertreten,

---

316 Vgl. Hollis 2008 (1970), 120.
317 Einen dem goldenen Zeitalter ähnlichen Idealzustand beschreibt auch Horaz in seiner 16. Epode; auf den seligen Inseln gibt es Olivenbäume, Feigenbäume und Honig, s. oben, 72f., s. auch Tabelle 4.

dass die Bewirtungsszene durch den leichten Ton sowie humorvolle und ironische Momente eine augenzwinkernde Distanz auf die Protagonisten und
das idyllisch-frugale Setting erlaube.[318] Diese Sichtweise ist sicherlich nicht
falsch, dennoch erklärt sie nicht die Funktion des Mahls im Kontext der
Theoxenie-Geschichte.

Das verbindende Glied zwischen der Bewirtungsszene und der sie ein-
rahmenden Geschichte ist das moralisch einwandfreie Verhalten von Philemon und Baucis. Über das idealisierte Mahl drücken sich die *pietas* und die
Moral der Gastgeber aus, für die sie anschließend von den Göttern belohnt
werden. In diesem Zusammenhang hat das Essen eine vermittelnde Funktion zwischen Leser und Text: Es transportiert römische Werte- und Moralvorstellungen und lässt Philemon und Baucis somit für den römischen Leser
als Ideal altrömischer Sittsamkeit erscheinen. Die anschließende dreifache
göttliche Belohnung (sie werden von der Flut verschont, ihr Haus wird in einen Tempel verwandelt, sie dürfen sich etwas wünschen) erzeugt – obwohl
diese nun wieder in einem griechisch-mythologischen, also einem fremden
Setting stattfindet – durch dieses Wiedererkennen vertrauter Wertevorstellungen eine umso größere Rührung.[319] Die Aussage von Flückiger-Guggenheim, dass das Bemühen Ovids nicht in der moralischen Aussage, sondern
in der idealisierten Situation liege,[320] muss deshalb insofern korrigiert werden, als dass sein Bemühen sicherlich auf beidem liegt, da die Idealisierung
des Gastmahls der moralischen Aussage mehr Gewicht verleiht.

---

318 Malten 1939, 183 erkennt zwar die „städtisch-parodistische[n] Lichter" der Geschichte,
liefert aber keine Erklärung. Hollis 2008 (1970), 112 spricht von einem leicht humorvollen
und unpolitischen Umgang mit dem Ideal der ländlichen Einfachheit. Galinsky 1975, 201f.,
der die ausführlichste Erörterung von Humor, Ironie und Parodie in Philemon und Baucis
liefert, sieht den leichten, humorvollen Ton und die komischen Momente, wie etwa die Gänsejagd, als parodistischen Kommentar zu patriotischen Kommentaren und der Erhöhung des
Landlebens bei anderen augusteischen Dichtern. Bömer 1977, 95 ist zurückhaltender und
meint lediglich, Ovid habe, „ohne persönlich tiefer bewegt zu sein, trotz allem mit feinem
Instinkt [...] den ‚Geschmack' seiner Zeit ‚getroffen' [...]". Griffin 1991, 62 stimmt Galinsky
bezüglich des humorvollen Tons zu, zielt aber auf die moralische Aussage der Geschichte ab.
319 Obwohl Ovid für ein römisches Publikum geschrieben hat, hat die moralische Wir-
kungskraft seiner Geschichte weit über den römischen Kontext hinausgereicht, vgl. Griffin
1991, 72, „moral and human qualities."
320 Flückiger-Guggenheim 1984 sieht die Geschichte lediglich als „romantische Idealisierung des Landlebens" (157) in „der hellenistischen Tradition, welche das einfache, naturnahe
Leben verherrlichte" (56).

(h) Ironische Brechung durch Gegensätze

Auswahl und Darstellung der Nahrungsmittel, aber auch die Verknüpfung des idealisierten römischen Mahls mit dem traditionellen Schema eines epischen Gastmahls bzw. einer Theoxenie-Geschichte sowie die Einbettung in einen phrygischen Handlungsort und ein griechisch-mythologisches Setting erzeugen verschiedene, das Essen betreffende Gegensätze:

(1) Die Anhäufung von Nahrungsmitteln, die mit einer einfachen Lebensweise assoziiert werden, gleichzeitig die Präsentation dieser in ihrem rohen oder gering verarbeiteten Zustand führen zu einem Gegensatz zwischen deren Vielfalt und Einfachheit bzw. dem Reichtum der Speisen und der immer wieder betonten Armut der Gastgeber.

(2) Ein armes Bauernpaar aus Phrygien tischt römische Kost auf und ist mit den Gepflogenheiten eines römischen Gastmahls in so hohem Maße vertraut, dass es sogar ein bekanntes römisches Sprichwort (*ab ovo usque ad mala*) bei der Speisereihenfolge beherzigt.

(3) Das Gastmahl reiht sich in seiner Struktur in die Tradition epischer Gastmähler ein, dennoch wird das übliche Verhältnis von Essen und Gesprächen umgekehrt und somit die Gespräche dem Essen untergeordnet.

(4) Während die Auswahl und Zubereitung der Speisen die Assoziation eines frühen Stadiums von Zivilisation evozieren, drücken die Tätigkeiten von Philemon und Baucis im Gegenteil einen hohen Grad an Zivilisiertheit aus.[321]

Diese Gegensätze zeigen ein scheinbar widersprüchliches Ineinandergreifen von Zivilisiertheit und Primitivität, das zu einer ironischen Brechung des idealisierten Bildes altrömischer Schlichtheit einerseits und des traditionellen Gastmahlschemas andererseits führt. Diese Brechung trägt zweifelsfrei zu dem schon in der Forschung erkannten[322] leichten, parodistischen Ton

---

321 Gowers 2005, 356f. sieht das Setting und die Verwandlung als Darstellung von Roms Entwicklung bzw. Kommunikation zwischen Roms Vergangenheit und ihrer Gegenwart zu Ovids Zeit.
322 S. oben, Anm. 318.

der Geschichte bei und erzeugt, wie Karl Galinsky bereits feststellte, eine belustigte Distanz zum rührenden Bemühen von Philemon und Baucis und dem Topos der altrömischen Schlichtheit generell.[323] Die moralische Bedeutung der Speisen ist grundlegend, um diesen Effekt zu erzielen.[324] Letztendlich aber überlässt Ovid es dem Leser, die Darstellung von Essen als Ausdruck ernstzunehmender rührender *pietas* von Philemon und Baucis oder als parodistischen Kommentar zur Erhöhung des Landlebens durch seine Zeitgenossen zu lesen.[325]

323 Vgl. Galinsky 1975, 201f.
324 Vgl. Ebd. 202f.
325 Galinsky 1975, 202. Galinsky sieht etwa das ärmliche Mahl als parodistischen Kommentar zu dem patriotischen Appell in Hor. carm. 3,2,1: *angustam ... pauperiem pati.* Besonders Horazens oft humorvoller Umgang mit Essen im zweiten Satirenbuch verweist allerdings darauf, dass bereits er einen parodistischen Blick auf den Topos einfacher Ernährung hatte, s. ausführlich Berg 1995/1996.

Tabelle 10 Nahrungsmotive in biblischen, griechischen und ovidischen Theoxenie-Geschichten[326]

	Autor, Werk	Szene	Nahrungsmittel	Textstelle
biblisch	Genesis 18	Jahwe bei Abraham und Sara	Brot	הָגֵע, ἐγκρυφίας (18,6)
			Kalb	רָקָב־זֶב, μοσχάριον (18,7)
			Sauermilch	הִאְמָה, βούτυρον (18,8)
			Frische Milch	בְלְחֵו, γάλα (18,8)
	Genesis 19	Zwei Engel bei Lot	Ungesäuertes Brot	תֹּאצְמוּ, ἀζύμους (19,3)
griechisch	Homer Odyssee 14	Odysseus bei Eumaios	Zwei Ferkel	χοίρων [...] δύ' (73f.)
			Weißes Gerstenmehl	ἄλφιτα λευκά (77)
			Honig-Wein-Gemisch	μελιηδέα οἶνον (78)
	Homer Hymnos an Demeter (2)	Demeter in Eleusis	Süßer Wein (Demeter angeboten)	μελιηδέος οἴνου (206)
			Mischung aus: (von Demeter gefordert)	κυκεῶ (210)
			Gerste	ἄλφι (208)
			Wasser und	ὕδωρ (208)
			Zarter Minze	γλήχωνι τερείνη (209)
	Eratosthenes *Erigone*		Salz?	ἡδυντῆρες (fr. 1 dub. Rosokoki)
			Distelart?	scolymum (T5 Rosokoki)

---

326 Die Darstellung orientiert sich an derjenigen von Tabelle 3. Wie in Tabelle 5 wird auch hier die Metamorphosenstelle bereits mitaufgenommen, um eine zusammenhängende Übersicht der entsprechenden Ovid-Stellen und darin vorkommender Nahrungsmotive zu erhalten.

	Autor, Werk	Szene	Nahrungsmittel	Textstelle
griechisch	Kallimachos *Aitia*	Herakles bei Molorchos	Widder (von Herakles verhindert)	*arietem* (fr. 60c Harder)
	Kallimachos *Hekale*	Theseus bei Hekale	Drei Sorten Oliven:	(fr. 36 H[327])
			Sehr reife	γεργέριμον
			Unreife (‚Kleie'- Oliven)	πίτυριν
			Herbstliche, die in Salzlake eingelegt wurden, während sie noch hellgrün waren	ἣν λευκὴν | εἰν ἁλὶ νήχεσθαι φθινοπωρίδα
			Brotlaibe	ἄρτους (fr. 35 H)
			Queller?	*cathmus* (fr. 38 H) Plin. nat. 26,82
			Gänsedistel?	*soncus* (fr. 39 H) Plin. nat. 22,88
Ovid	*Fasti 4*	Ceres bei Celeus (Essen von Ceres nicht angerührt)	In Milch zerlassenes Lab	*liquefacta coagula lacte* (545)
			Obst	*poma* (546)
			Wabenhonig	*in ceris aurea mella suis* (546)
	Fasti 5	Jupiter, Neptun und Merkur bei Hyrieus	Kohl	*holus* (509)
			Bohnen	*faba* (509)
			Wein	*vina* (511)
			Ochse	*bovem* (516)

327 ‚Hollis' wird in dieser Tabelle aus Platzgründen mit ‚H' abgekürzt.

Autor, Werk	Szene	Nahrungsmittel	Textstelle
Metamorphosen 8	Jupiter und Merkur bei Philemon und Baucis	Kohlkopf?	*holus* (647)
		Schweinerücken	*terga suis* (648)
		Zwei Sorten (?) Oliven	*bicolor baca Minervae* (664)
		Kornelkirschen	*corna* (665)
		Endivien	*Intiba* (666)
		Rettich	*radix* (666)
		Weichkäse	*Lactis massa coacti* (667)
		Eier	*ova* (667)
		Wein	*vina* (672)
		Nüsse	*nux* (674)
		Feigen	*carica* (674)
		Datteln	*palmis* (674)
		Pflaumen	*pruna* (675)
		Äpfel	*mala* (675)
		Trauben	*uvae* (676)
		Honigwabe	*favus* (677)
		Gans (von den Göttern verhindert)	*anser* (584)

Ovid

Tabelle 11 Vorspeise bei Philemon und Baucis – Übersicht der Verse 664–667

Vers	Gegenstand	Verarbeitung:	Eigenschaften	Herkunft		Verb
664	Oliven *baca Minervae* zwei Sorten *bicolor*	sehr wahrscheinlich eingelegt	Fleisch roh ungenießbar, großer Stein, Beeren	Herkunft: Wald/Baum	pflanzliche Produkte	*ponitur*
665	Kornelkirschen *corna*	eingelegt *condita liquida faece*				
666	Endivien und Rettich *intiba, radix*	wahrscheinlich roh serviert	intensiver (unangenehmer) Geschmack	Herkunft: Garten/Erde		
666	Käse *lactis massa coacti*	mit Lab fermentiert		Herkunft: Ziegen oder Schafe	tierische Produkte	
667	Eier, *ova*	erhitzt *non acri leviter versata favilla*		Herkunft: Geflügel (Huhn oder Gans)		

Tabelle 12 Nachspeise bei Philemon und Baucis – Übersicht der Verse 674–677

Vers	Gegenstand	Implizite Eigenschaften		Explizite Eigenschaften		Struktur/ Wortstellung	Verb
				der Frucht	Präsentation		
674	Nüsse *nux*	hart, trocken	klein			nur Wort	*est*
	Feigen *carica* Datteln *palmis*	zäh, trocken (da getrocknet)	eher klein	Beschaffenheit *rugosis*	Anrichtung *mixta*	Verschränkung der Früchte und deren Eigenschaften	
675	Pflaumen *pruna*	weiches Fleisch, aber harter Stein	mittel			nur Wort	
	Äpfel *mala*	hartes Fleisch, kein Stein	eher groß	Duft *redolentia*	Menge/Gefäß *In patulis canistris*	duftende Äpfel sind von weiten Körben eingeschlossen	
676	Trauben *uvae*	weiches Fleisch und kein Stein	groß in ihrer Gesamtheit als Traube	Farbe *de purpureis vitibus*		erst Eigenschaften, dann Wort	
677	Honigwabe *favus*	weich/flüssig	Größe des Stückes unbekannt, Honig an sich ohne Größe	Das Äußere *candidus*	Position *In medio*	zentrale Stellung im Vers (Wörter und Silben!)	*est*

Tabelle 13 Parallelen der Nahrungsmotive mit anderen augusteischen Texten (ohne Theoxenie-Geschichten)

Vergil			Tibull	Horaz				Ovid		
Aen. 3	ecl. 1	georg. 4	2,3	serm. 2,2	serm. 1,3	serm. 2,6	serm. 2,8	fast. 1	fast. 6	met. 8
		holus (130)		holus fumosae ... (117)		holuscula (64)				holus (647)
				... cum pede pernae (117)		pingui lardo (64)			pinguia larda (169)	terga suis (648)
baca (649)										bicolor baca
				nigris oleis (46), oleas (57)						Minervae (664)
lapidosa corna (649)				silvestria corna (57)						coma (665)
		intiba (120)					lactucae (8)			Intiba (666)
vulsis radicibus herbae (650)				rapula (43)			radices (8)			radix (666)
		pressi copia lactis (81)	coagula lacte (14b-c)							lactis massa coacti (667)
				vilibus ovis (45)	ab ovo... (7)					ova (667)
				nux (122)						nux (674)
				...cum duplice ficu (122)				rugosa carica (185)		carica (674)
								palma (185)		palmis (674)
		pruna (145)								pruna (675)
	poma (80)	autumno carpere poma (134)			...usque ad mala (7)					mala (675)
				pensilis uva (121)						uvae (676)
		mella (141)						mella (186)		favus (677)

3 Erdbeeren statt Menschenfleisch? – Polyphems Liebesgaben (met. 13,812–837)

Antike Darstellungen des Zyklopen Polyphem folgen zwei Hauptlinien: Die erste stellt den Zyklopen in seiner Rolle als Menschenfresser in den Vordergrund, die andere in seiner Rolle als Verehrer der Nymphe Galatea. In den meisten Darstellungen beider Linien ist das Nahrungsverhalten Polyphems entscheidendes Element und Antwort auf die homerische Vorlage.[1] So auch bei Ovid, der in seiner Darstellung beide Traditionen miteinander vereint.[2]

[1] Zur Motivgeschichte des Zyklopen Polyphem s. Perotti 2005; Hutchinson 2007; speziell zum Motiv Polyphem und Galatea s. Hordern 2004; Kostopoulou 2007. Zur Entstehung des literarischen Zyklopen s. Körner 1935. Zu Polyphem bei Homer s. Mondi 1983; Newton 1983; Scott 1995 (auch zur Rezeption durch Joyce); Bettenworth 2004, 396–429; Celentano 2018. Zu Polyphem bei Euripides s. McHugh/Konstan 2001; Gelli 2008; Peigney 2008; O'Sullivan/Collard 2013. Zu Polyphem bei Theokrit s. Du Quesnay 1979 (auch Vergils Adaption), Köhnken 1996; Mori 2018.

[2] Ausführliche Interpretationen der Polyphem-Episode in den Metamorphosen sind rar. An erster Stelle sind hier die Interpretationen von Dörrie 1969, Farrell 1992, Tissol 1997, 113–124 und Pietropaolo 2018/2019 zu nennen. Dörrie bietet eine Untersuchung des Liebesliedes Polyphems, die sowohl motivgeschichtliche als auch strukturelle und psychologische Aspekte betrachtet. Das Hauptaugenmerk der Interpretation liegt auf dem Scheitern Polyphems als angehender Liebhaber und auf den Vorausdeutungen auf die sich dem Lied anschließende Katastrophe (d.h. den Mord an Acis). Farrell und Tissol untersuchen das bei Ovids Polyphem präsente Spannungsverhältnis zwischen epischen, elegischen und bukolischen Motiven. Farrell akzentuiert in seiner ausführlichen Interpretation unter Aufgreifen der intertextuellen Bezüge besonders mit Theokrits elftem Idyll und Ovids *Ars amatoria* das Wechselspiel der verschiedenen Genres in Polyphems Liebeslied. Tissol legt in der Linie von Farrell den Fokus auf das Nebeneinander von Humor und Grausamkeit und bezieht dabei Vergils zweite Ekloge als Modell stärker als Farrell mit ein. Pietropaolo hingegen fokussiert die Erzählposition Galateas und den ästhetischen Wert des Grotesken – verkörpert von Polyphem – innerhalb ihrer Erzählung.

Schon bevor um das Jahr 400 v. Chr. durch die Erfindung der Figur Galatea ein sozialer, gefühlsbetonter Aspekt von Polyphems Charakter in den Vordergrund rückt,[3] findet in literarischen Darstellungen eine Zivilisierung des Zyklopen durch Zivilisierung seines barbarischen Essverhaltens statt. Um diesen Prozess, vor dessen Hintergrund auch Ovids Darstellung zu interpretieren ist, zu verdeutlichen, werden in den folgenden motivgeschichtlichen Überblick nicht nur die augenscheinlichen literarische Vorbilder Homer, Theokrit und Vergil, sondern auch Darstellungen aus der griechischen Komödie und Euripides' Satyrspiel *Kyklops* miteinbezogen.[4]

3.1 Motivgeschichte: Ernährungsmotive in Polyphem-Darstellungen

3.1.1 Homer bis Nikochares

Homer

Odysseus' Einkehr bei Polyphem hat den äußeren Rahmen eines Gastmahls innerhalb einer Theoxenie-Geschichte, wie wir sie später z.B. bei Philemon und Baucis finden: Odysseus (der göttlicher Abstammung ist) besucht Polyphem, um die Gastlichkeit der Zyklopen zu prüfen.[5] Nur endet das Gastmahl nicht wie in den meisten Fällen mit einer Belohnung des Gastgebers aufgrund seiner großzügigen Bewirtung, sondern mit dessen Bestrafung,[6]

In den gängigen Gesamtdarstellungen und Kommentaren (bis auf Tissol, s.o.) wird Polyphems Liebeslied höchstens gestreift oder ausgelassen (so von Myers 1997; Wheeler 1999). Das Interesse liegt dabei hauptsächlich im humorvollen, parodistischen Umgang mit den bukolischen Vorbildern Theokrits und Vergils (Haupt/Ehwald/Korn 1966 (1916); Otis 2010 (1966); Galinsky 1975, 192f.; Bömer 1982, 419f.; Solodow 1988, 22; Hill 2000, 165). Auch bei Parry 1964, dessen Aufsatztitel „Ovid's Metamorphoses: Violence in a pastoral landscape" geradezu eine Betrachtung der Polyphem-Episode erwarten lässt, bleibt es bei zwei Erwähnungen. Zur Behandlung der Nahrungsmotive in Polyphems Liebeslied s. unten, 255, Anm. 95.

3 S. unten, 248ff.

4 Wie in den vorangegangenen Kapiteln erhebt dieser motivgeschichtliche Überblick nicht den Anspruch auf Vollständigkeit, sondern beschränkt sich auf Darstellungen, die als Vorlagen Ovids relevant sind bzw. in denen Polyphems Umgang mit Nahrung in den Vordergrund tritt.

5 Hom. Od. 9,172–176. Zugrunde liegt die Ausgabe von West 2017.

6 In seiner Schmährede am Ende bezeichnet Odysseus die Blendung des Zyklopen als Strafe für dessen mangelnde Gastfreundschaft, Od. 9,475–479, vgl. Bettenworth 2004, 396.

da er das Gastrecht pervertiert, indem er seine Gäste verspeist, anstatt sie zu bewirten.[7] Odysseus' Pech besteht darin, dass er offenbar auf einen besonders unangenehmen Zyklopen getroffen ist, dessen grausames (Ess-)Verhalten keineswegs der Norm in Homers Zyklopenland entspricht:

Die Zyklopen leben in einem primitiven, aber paradiesähnlichen Zustand, der an das von Hesiod geschilderte Leben des goldenen Geschlechts unter Kronos erinnert:[8] Auf der Zyklopeninsel wachsen und gedeihen Getreide und Wein durch den von Zeus gespendeten Regen ganz von alleine, ohne dass jemand Ackerbau betreibt.[9] Im Gegensatz aber zum hesiodischen goldenen Geschlecht, das ohne kulturelle Errungenschaften wie Viehzucht oder Kochen auskommt,[10] kennen die Zyklopen Feuer und halten Ziegen und Schafe.[11] Über ihre Ernährung können wir demnach mutmaßen, dass sie sich von Getreide und Wein[12] sowie von den Milchprodukten und dem

---

7 Es handelt sich damit um ein Anti-Gastmahl nach Bettenworth 2004, 396. Inwiefern dieses Anti-Gastmahl den von Bettenworth herausgearbeiteten Merkmalen epischer Gastmahlszenen entspricht bzw. sich von diesen unterscheidet, arbeitet sie detailliert in ihrer Interpretation der Episode heraus, vgl. ebd. 397–446.

8 S. oben, 71ff.; vgl die Einführung bei McHugh/Konstan 2001, 11.

9 Od. 9,107–111: [...] οἵ ῥα θεοῖσι πεποιθότες ἀθανάτοισιν | οὔτε φυτεύουσιν χερσὶν φυτὸν οὔτ' ἀρόωσιν, | ἀλλὰ τά γ' ἄσπαρτα καὶ ἀνήροτα πάντα φύονται, | πυροὶ καὶ κριθαὶ ἠδ' ἄμπελοι, αἵ τε φέρουσιν | οἶνον ἐρισταφύλον, καί σφιν Διὸς ὄμβρος ἀέξει. Mondi formuliert die durchaus nachvollziehbare These, dass Zeus den Zyklopen dieses paradiesische Leben als Dank für ihre frühere Hilfe hat zuteilwerden lassen: Ursprünglich natürliche Sturmmächte, sind die Zyklopen in Hesiods Theogonie Handwerker, die für Zeus Sturmwaffen anfertigten, darunter den Dreizack für Poseidon und die Tarnkappe für Pluton. Somit wäre die Passage 107–115 ein Überbleibsel einer früheren Beschreibung der Zyklopen, die dem zeitgenössischen Leser bekannt gewesen sein muss, vgl. Mondi 1983, 37.

10 Zu dem in den meisten Kommentaren und Ausgaben getilgten Vers, in dem von Viehzucht die Rede ist, s. oben, 71, Anm. 20.

11 Hom. Od. 9,166f.: Κυκλώπων δ' ἐς γαῖαν ἐλεύσσομεν ἐγγὺς ἐόντων, | καπνόν τ' αὐτῶν τε φθογγὴν ὀΐων τε καὶ αἰγῶν. Beides trifft auch auf Polyphem zu, der seine Herde nach Hause treibt, Vieh in seiner Höhle hält (z.B. Od. 9,183f. 188. 217. 220f.) und zum Abendessen ein Feuer entfacht (Od. 9,251).

12 Werden Wein und Getreide von den Göttern ess- und trinkfertig zur Verfügung gestellt? Dies würde dem hesiodischen Zeitalter unter Kronos und den anderen in den *Erga* geschilderten paradiesischen Zuständen entsprechen und sich zumindest logisch in die Schilderung der Zyklopen einfügen, denen mühevolle Arbeit wie Ackerbau oder Schiffsbau fremd ist und die auch sonst als recht primitiv dargestellt werden. Eine Verarbeitung von Getreide oder Wein wäre ihnen demnach eher nicht zuzutrauen. Andererseits bereiten sie auch selbst Käse zu (dafür müssen geflochtene Körbe hergestellt werden). Möglich wäre natürlich auch, dass es sich um natürliches (aber von den Göttern im Wachstum vorangetriebenes) Getreide und Wein handelt und die Zyklopen zumindest vom Getreide gar keinen Gebrauch machen.

Fleisch ihrer Ziegen und Schafe ernähren. Dass sie Menschen essen, wird nirgends erwähnt.[13] Polyphems Rolle als Hirte, Milchtrinker und Käseerzeuger[14] lässt ihn im Hinblick auf sein Nahrungsverhalten noch nicht als von der Norm abweichenden Zyklopen erscheinen.[15] Sein liebevoller Umgang mit den Schafen[16] deutet im Gegenteil darauf hin, dass er zu Mitgefühl und Liebe anderen Kreaturen gegenüber in der Lage ist.

Wein hingegen kennt Polyphem, aber dieses Getränk unterscheidet sich von dem Wein, den Odysseus ihm zu trinken gibt (Od. 9,357–s59). Bettenworth 2004, 418 zeigt die Möglichkeit auf, dass die Zyklopen sich vom Saft der Trauben ernähren und dass Polyphem in seiner Überheblichkeit den von Odysseus gereichten Wein mit dem ihm bekannten Traubensaft verwechselt (s. ebd. die ausführliche Diskussion über die Bedeutung von οἶνος in der Zyklopengeschichte).

13 Die Zyklopen werden außerdem weder als bösartig noch als wild beschrieben. Ihre Gesetzlosigkeit (Od. 9,106f.: Κυκλώπων δ᾽ ἐς γαῖαν ὑπερφιάλων ἀθεμίστων | ἱκόμεθ᾽ [...]) ist nicht unbedingt als etwas Negatives zu sehen, sie entspricht vielmehr der von Homer angelegten „precivilization utopia" (Mondi 1983, 24f.): eine Urzivilisation wie die eines goldenen Geschlechts braucht noch keine Gesetze. Auch werden die Zyklopen nicht als einäugig beschrieben (Zur Debatte um die Einäugigkeit der Zyklopen als mögliche poetische Tradition vor Homers Polyphem s. Mondi 1983, 23.). Genau genommen erfahren wir gar nichts über ihr Aussehen. Offenbar sind all die negativen Merkmale Polyphems dessen spezifische Merkmale, nicht die seiner Artgenossen, vgl. Mondi 1983, 31f. Die Begründung für diese Abweichung Polyphems von den anderen Zyklopen liegt in der Dramaturgie im Rahmen des Themas Gastfreundschaft, das in der Odyssee-Geschichte im Allgemeinen eine sehr wichtige Rolle spielt, vgl. Mondi 1983, 25: Stets ist der Leser gespannt, wie und von wem Odysseus und seine Gefährten an dem Ort, an den es sie als nächstes hin verschlägt, aufgenommen werden. Um das Versagen dieser Gastfreundschaft zu erreichen, braucht der Dichter alle Eigenschaften, die Polyphem zu Polyphem machen und im Widerstreit zu Od. 9,107–115 stehen: ein feindliches Verhältnis zu Zeus, um das unter dessen Schutz stehende Gastrecht außer Kraft setzen zu können (zum antiken Gastrecht vgl. Beate Wagner-Hasel: Gastfreundschaft, DNP 4, 1998, 795), seine Boshaftigkeit und auch seine Einäugigkeit für den Verlauf und die Dramatik der Geschichte.
14 Hom. Od. 9,219: ταρσοὶ μὲν τυρῶν [...] (222–223) χωρὶς δ᾽ αὖθ᾽ ἕρσαι· ναῖον δ᾽ ὀρῷ ἄγγεα πάντα, | γαυλοί τε σκαφίδες τε, τετυγμένα, τοῖσ᾽ ἐνάμελγεν. [...] (246–249): αὐτίκα δ᾽ ἥμισυ μὲν θρέψας λευκοῖο γάλακτος | πλεκτοῖς ἐν ταλάροισιν ἀμησάμενος κατέθηκεν, | ἥμισυ δ᾽ αὖτ᾽ ἔστησεν ἐν ἄγγεσιν, ὄφρα οἱ εἴη | πίνειν αἰνυμένῳ καί οἱ ποτιδόρπιον εἴη.
15 Bestimmte Vorausdeutungen weisen jedoch auf sein grausames Wesen und die schrecklichen Geschehnisse hin, z.B. dass Odysseus dessen Äußeres – obwohl Getreide auf der Zyklopeninsel wächst – von dem Brot essender Menschen unterscheidet (Od. 9,190f.: [...] οὐδὲ ἐῴκει | ἀνδρί γε σιτοφάγῳ [...]). Im Gegensatz dazu erinnern sich die Überlebenden später an Polyphem als einen Menschen-Esser (ἀνδροφάγος), vgl. Bettenworth 2004, 398. Zu weiteren Vorausdeutungen s. ebd. 397–404.
16 Er legt die Lämmer den Müttern ans Euter (Od. 9,245) und spricht später liebevoll und voll Sorge um dessen Befinden mit einem scheinbar kranken Widder, unwissend, dass Odysseus sich an dessen Bauch gebunden hat, um zu fliehen (447–454). Der empfindsame Leser

Dennoch scheint Polyphem ein Sonderling unter seinesgleichen zu sein: Andere Zyklopen haben Frauen und Kinder, er hingegen wohnt allein.[17] Die Zyklopen scheinen in Eintracht mit den Göttern zu leben, denn diese lassen Wein und Getreide auf der Insel gedeihen; Polyphem aber hält nichts von den Göttern, er hält sie für seinem eigenen Volk unterlegen.[18] In diesem Zusammenhang tritt auch sein frevelhaftes Verhalten zutage, nämlich als Odysseus ihn nach einem Gastgeschenk fragt und, ohne seine Antwort abzuwarten, geradezu lehrmeisterhaft dazu auffordert, die Götter als Hüter des Gastrechtes zu achten.[19] Polyphem fühlt sich offenbar in seinem Stolz verletzt, da ein Fremder (der obendrein ungeladen in seine Höhle gekommen ist und sich an seinen Vorräten vergriffen hat) ihm befiehlt, das Gastrecht und die Götter zu achten.[20] Seine Erwiderung, die Zyklopen würden sich nicht um die Götter kümmern, steigert er mit der Aussage, er selbst scheue nicht einmal eine Feindschaft mit Zeus.[21] Seine Reaktion wirkt wie die eines aufbrausenden Kindes, das sich, erzürnt durch eine Belehrung oder ein Verbot, darüber hinwegsetzt.[22] Mit dem Mord und Verzehr der Gäste

---

mag hier sogar Mitleid mit Polyphem haben, weil Odysseus ihm die einzige geliebte Kreatur stiehlt, vgl. Newton 1983, 138.

17 Hom. Od. 9,188f.

18 Hom. Od. 9,275–278. Dennoch bittet er später ironischerweise seinen Vater Poseidon – einen Gott – darum, Odysseus' Fahrt zu verlängern (Od. 9,528–535).

19 Hom. Od. 9,267–272, vgl. Bettenworth 2004, 406.

20 Zwar ist Polyphems Reaktion maßlos übertrieben, widerwärtig und schockierend, dennoch folgt er dem archaischen Konzept von Gerechtigkeit: Tatsächlich begeht nämlich Odysseus das erste Unrecht, indem er entgegen dem Brauch, auf der Türschwelle zu warten, bis er hereingebeten wird, die Behausung betritt (Od. 9,219, vgl. Bettenworth 2004, 399f.); das zweite, indem er einfach in Abwesenheit des Bewohners dessen Käse opfert und verspeist (Od. 9,231f., vgl. ebd. 401). Außerdem bedient er sich des Gastrechts für seinen eigenen Vorteil, indem er Polyphem mit dem Hinweis, dass Zeus nicht erfreut wäre, wenn Polyphem die Regeln der Gastfreundschaft missachten würde, nach einem Gastgeschenk fragt, vgl. Newton 1983, 140.

21 Hom. Od. 9,275–277. Zwar bezieht er hier auch die anderen Zyklopen mit ein, doch steht das im Widerspruch zu 107–115. Möglicherweise will er die Gefährten mit dieser Äußerung erst gar nicht auf die Idee bringen, bei den anderen Zyklopen Hilfe zu suchen.

22 Der Mord und Fraß der Gäste erscheinen demnach als Ausdruck von Polyphems stolzem und aufbrausendem Charakter. Letzterer tritt auch später zutage, als Polyphem sich vorstellt, Odysseus' Hirn würde in seiner Höhle verspritzen (Od. 9,458f.), oder wenig später einen Felsen nach Odysseus' Boot wirft, um ihn zu töten (Od. 9,480–484.537–541), vgl. Mondi 1983, 25.

Vgl. Mondi 1983, 25.

lässt er den Worten Taten folgen und demonstriert, was er von Zeus und vom Gastrecht hält.

Die Kombination aus Mord und Verzehr der Ermordeten sowie die Schilderung ekelerregender Details ist im Vergleich zu anderen Anti-Gastmählern[23] und homerischen Schlachtungsszenen ungewöhnlich.[24] Bereits in der Schilderung des Mordes manifestiert sich Polyphems Normüberschreitung, da er die Männer nicht etwa wie Schlachtvieh (z.B. Rinder oder Schafe), sondern wie Hunde erschlägt, also Kreaturen, die eigentlich nicht zum Essen bestimmt sind.[25] Brutaler und ekelerregender als der Mord selbst erscheint der eigentliche Akt des Verzehrs: Die Hirne spritzen zu Boden, dann zerschneidet Polyphem die Leiber (ohne einen Teil zu opfern, wie es sich gehört)[26] und frisst sie gleich einem wilden Löwen, bis weder Fleisch noch Knochen übrig sind.[27] Die Assoziation eines wilden unzivilisierten Tieres wird noch dadurch betont, dass er die Menschen roh verzehrt,[28] obwohl ein Feuer brennt.[29]

Dass das Morden und Fressen der Männer allerdings mehr als ein spontaner Ausbruch von Rage ist, nämlich die Tat eines wahrhaft perfiden Charakters, zeigt sich dadurch, dass Polyphem sich mit dem Verspeisen der Männer

23 S. oben, 241, Anm. 7.
24 Normalerweise erfolgt in Anti-Gastmählern eine Trennung zwischen dem Mahl und einer sich anschließenden Schlachtszene (vgl. Bettenworth 2004, 396). Auch das Verspritzen von Hirn ist in der Schilderung homerischer Gastmahlszenen einzigartig und kommt auch nicht bei Schlachtungsszenen größerer Tiere vor, ebd. 407.
25 Vgl. Bettenworth 2004, 408.
26 Vgl. ebd. 409.
27 Hom. Od. 9,289–293: σὺν δὲ δύω μάρψας ὥς τε σκύλακας ποτὶ γαίῃ | κόπτ᾿· ἐκ δ᾿ ἐγκέφαλος χαμάδις ῥέε, δεῦε δὲ γαῖαν. | κόπτ᾿· ἐκ δ᾿ ἐγκέφαλος χαμάδις ῥέε, δεῦε δὲ γαῖαν. | τοὺς δὲ διὰ μελεϊστὶ ταμὼν ὡπλίσσατο δόρπον· | ἤσθιε δ᾿ ὥς τε λέων ὀρεσίτροφος, οὐδ᾿ ἀπέλειπεν, | ἔγκατά τε σάρκας τε καὶ ὀστέα μυελόεντα. Die Ekelhaftigkeit des Menschenfraßes zeigt sich auch später noch, wenn Polyphem vom Wein betäubt einschläft und dieser ihm zusammen mit Brocken von Menschenfleisch aus dem Mund rinnt ([...] φάρυγος δ᾿ ἐξέσσυτο οἶνος | ψωμοί τ᾿ ἀνδρόμεοι, Od. 9,373f.).
28 Vgl. Bettenworth 2004, 403. Der rohe Verzehr von Menschen (oder das Androhen desselben) ist sonst bei Homer ein Akt aus Zorn (nicht aus Hunger), s. Beispiele ebd. Anm. 20.
29 Es mag recht zynisch erscheinen, den Akt des Menschenfressens zivilisierter zu nennen, wenn man das Fleisch wenigstens brät oder kocht. Doch mit der Zubereitung im Feuer geht für gewöhnlich auch das Opfern an die Götter einher (s. oben, 79); auch ist das Braten von Fleisch (als einfachste Form des Essbarmachens für den Menschen) vor dem Verzehr selbst in einfachsten Verhältnissen oder Situationen die Regel (z.B. bei Eumaios, s. oben, 166f.). Das Garmachen von Fleisch in Feuer ist somit ein grundlegender Faktor menschlicher Zivilisation (vgl. das kulinarische Dreieck von Lévi-Strauss, s. oben, 23).

tagelang Zeit lässt, während die Überlebenden dabei zusehen müssen.[30] Er ist außerdem nachtragend in Bezug auf Odysseus' Forderung nach einem Gastgeschenk und zynisch, da er ihm am dritten Tag mitteilt, das erwartete Gastgeschenk bestehe darin, dass Odysseus als letzter gegessen würde.[31]

Das Erschreckende an Polyphems Tat ist nicht nur die Tatsache, *dass* er Odysseus' Gefährten verzehrt, oder *wie*, sondern dass er dabei äußerst menschliche und überraschend vielfältige Züge trägt: Stolz, Überheblichkeit, Unversöhnlichkeit, Hitzköpfigkeit, Tücke, Zynismus, aber gleichzeitig auch Fürsorglichkeit und Liebe gegenüber seinen Schafen.[32] Polyphem mag ein Monster sein, aber ein menschliches,[33] das macht ihn zum Kannibalen. Dieser bereits bei Homer angelegte paradoxe Charakter Polyphems hat gewiss zur Beliebtheit des Zyklopen bei späteren Dichtern geführt und auch Ovid macht ihn sich später zunutze.

Dorisch-sizilische und Alte Komödie

Die mit Nahrungsaufnahme verbundenen Handlungselemente der homerischen Zyklopengeschichte waren anscheinend so populär, dass Polyphem bei den frühen Komödiendichtern nicht mehr nur als Menschenfresser, sondern als (menschenfressender) Feinschmecker dargestellt wurde. Hinweise darauf geben kurze Fragmente von Epicharm (dorisch-sizilische Komödie) und Kratinos (Alte Komödie): In einem Fragment aus Epicharms Κύκλωψ ist die Rede von Würsten und Oberschenkeln (von Menschen?[34]).[35] In Kratinos' Komödie Ὀδυσσῆς gibt es bei Polyphem weiße Milch, Biestmilch[36] und (aus Biestmilch gewonnenen) Frischkäse.[37] In Bezug auf die Zubereitung von Menschenfleisch ist er ein regelrechter Gourmet, denn seine

---

30 Der zweite Fraß (Od. 9,311) wird nur kurz erwähnt, beim dritten Mahl schenkt Odysseus dem Zyklopen Wein ein (Od. 9,347–350).

31 Hom. Od. 9,368–370: ‚Οὖτιν ἐγὼ πύματον ἔδομαι μετὰ οἷς ἑτάροισι, | τοὺς δ' ἄλλους πρόσθεν· τὸ δέ τοι ξεινήϊον ἔσται.‘

32 Dörrie 1969, 81 hingegen sieht Polyphem lediglich als „Kontrast des Dummen und Ungesitteten zur Schläue, aber auch zur Kultiviertheit des Odysseus".

33 Auch sein Äußeres mag hässlich und abstoßend sein, aber außer seiner unnatürlichen Größe und der Einäugigkeit gibt es keinen Hinweis darauf, dass Polyphem nicht menschlich ist.

34 So vermutet Fauth 1972, 45; ähnlich Olson 2007, 53.

35 Fr. 71 PCG I (= Athen. deipn. 366b): χορδαί τε ἁδύ, ναὶ μὰ Δία, χὠ κωλεός.

36 Als Biestmilch wird die erste Milch einer Kuh bezeichnet, nachdem sie gekalbt hat.

37 Fr. 149 PCG IV (= Athen. deipn. 99f.): ἧσθε πανημέριοι χορταζόμενοι γάλα λευκόν, | πυὸν δαινύμενοι, κἀμπιμπλάμενοι πυριάτῃ. Bei diesem Fragment ist nicht sicher, wer Sprecher und

Methoden reichen von Braten und Kochen über Grillen bis zu Backen und obendrein tunkt er sein Fleisch in Salzlake, Essig und warme Knoblauchsoße.[38] Polyphem wird somit, da er seine Opfer nicht roh verzehrt, hier zivilisierter dargestellt als noch bei Homer.[39]

Euripides

In literarischen Darstellungen des fünften vorchristlichen Jahrhundert haben bereits alle Zyklopen, die mit der Odyssee-Geschichte und Polyphem verbunden werden, auch dessen Attribute: Sie sind einäugige Hirten, die Menschen fressen und die Götter missachten.[40] In Euripides' Κύκλωψ, dem einzigen vollständig erhaltenen Satyrspiel,[41] ist diese Übertragung der Eigenschaften zum ersten Mal nachweisbar.[42] In seiner Neuerzählung der Ankunft von Odysseus auf der Zyklopeninsel stellt Euripides Polyphem als tyrannengleichen Sklavenhalter dar, der den alten Satyrn Silenus mit dessen Kindern gefangen hält. Diese müssen auf Polyphems Viehherden aufpassen.[43] Polyphem ernährt sich hauptsächlich von Käse, Milch und dem Fleisch seiner Schafe,[44] Wein und Brot hingegen kennt er nicht.[45] Er habe darüber hinaus, so Silenus, bisher jeden Neuankömmling verspeist[46] und sei im Ausland dafür bekannt, Menschen roh zu essen.[47] Diese letzte Aussage entpuppt sich

wer Adressat ist, aber es handelt sich gewiss um Polyphems Lebensmittel, vgl. Storey 2011 (1), 339.

38 Fr. 150 PCG IV (= Athen. deipn. 385c–d): ἀνθ᾽ ὧν πάντας ἑλὼν ὑμᾶς ἐρίηρας ἑταίρους, | φρύξας χἀψήσας, κἀπανθρακίσας κὠπτήσας, | εἰς ἅλμην τε καὶ ὀξάλμην κᾆτ᾽ ἐς σκοροδάλμην | χλιαρὸν ἐμβάπτων, ὃς ἂν ὀπτότατός μοι ἁπάντων | ὑμῶν φαίνηται, κατατρώξομαι, ὦ στρατιῶται.

39 Vgl. oben,, Anm. 29.

40 Vgl. Mondi 1983, 31; 36f.

41 Vgl. McHugh/Konstan 2001, 3. Es liegt die Ausgabe von Biehl 1983 zugrunde.

42 Auch die Insel wird im Gegensatz zu Homers Version von Beginn an als menschenfeindlich dargestellt, Eur. Cycl. 91.

43 Eur. Cycl. 32–41.

44 Eur. Cycl. 121–124: Οδ. Νσπείρουσι δ᾽—ἢ τῷ ζῶσι; —Δήμητρος στάχυν; | Σι. Γάλακτι καὶ τυροῖσι καὶ μήλων βορᾷ | Οδ. Βρομίου δὲ πῶμ᾽ ἔχουσιν, ἀμπέλου ῥοαῖς; | Σι. ἥκιστα· τοιγὰρ ἄχορον οἰκοῦσι χθόνα. [...] (133–136) Οδ. ὅδησον ἡμῖν σῖτον, οὗ σπανίζομεν. | Σι. οὐκ ἔστιν, ὥσπερ εἶπον, ἄλλο πλὴν κρέας. | Οδ. ἀλλ᾽ ἡδὺ λιμοῦ καὶ τόδε σχετήριον. | Σι. καὶ τυρὸς ὀπίας ἐστὶ καὶ βοὸς γάλα.

45 Brot: 121f., Wein: 123f., s. vorige Anm.

46 Eur. Cycl. 125–128: Οδ. φιλόξενοι δὲ χῶσιοι περὶ ξένους; | Σι. γλυκύτατά φασι τὰ κρέα τοὺς ξένους φορεῖν. | Οδ. τί φής; βορᾷ χαίρουσιν ἀνθρωποκτόνῳ; | Σι. οὐδεὶς μολὼν δεῦρ᾽ ὅστις οὐ κατεσφάγη.

47 Eur. Cycl. 30f.: τῷδε δυσσεβεῖ | Κύκλωπι δείπνων ἀνοσίων διάκονος.

jedoch als falsch: Denn sobald Polyphem von den Besuchern erfahren hat, befiehlt er Silenus, das Messer zu schärfen und den Herd anzuzünden.[48] Einen Mann möchte er über dem Feuer grillen, die anderen schmoren, damit das Fleisch zart werde.[49] Es werden verschiedene Kochutensilien wie Kessel, Bratspieße und ein Messer genannt.[50] Die Zubereitung zeigt also auch hier einen weitaus zivilisierteren Umgang mit Menschenfleisch, als es noch bei Homer der Fall war.[51] Das Zivilisierte des Mahls wird auch durch Polyphems Aussage, dass er viel zu viele Mahlzeiten aus den Bergen wie Löwen und Rehe gehabt hätte und viel zu lange keinen Menschen mehr gegessen habe,[52] hervorgehoben. Das Fleisch zivilisierter Kreaturen verlangt offenbar nach einer zivilisierten Zubereitungsmethode.[53] Dass Essen für Euripides' Polyphem einen höheren Stellenwert als für Homers Polyphem hat, zeigt sich auch daran, dass er – im Gegensatz zu Homers Polyphem, der seine Verachtung der Götter dem vorlauten Gast durch das Morden und Fressen seiner Kameraden demonstriert – seinen Bauch als den einzigen Gott anerkennt, dem er etwas opfert.[54]

Euripides gibt darüber hinaus einen Impuls für Polyphems Rolle als Liebhaber, die ihm in späteren literarischen Adaptionen zugeschrieben wird: Der Chor schwärmt dem betrunkenen Polyphem von einer schönen Nymphe vor und stachelt ihn zu amourösen Gedanken an. Schließlich stellt dieser sich im Rausch den Satyrn Silenus als Ganymed und sich selbst als Zeus vor und vergewaltigt den Sklaven.[55]

---

48 Eur. Cycl. 241–243: ἄληθες; οὔκουν κοπίδας ὡς τάχιστ' ἰὼν | θήξεις μαχαίρας καὶ μέγαν φάκελον ξύλων | ἐπιθεὶς ἀνάψεις; [...].
49 Eur. Cycl. 243–246: ὡς σφαγέντες αὐτίκα | πλήσουσι νηδὺν τὴν ἐμὴν ἀπ' ἄνθρακος | θερμὴν ἔδοντος δαῖτα τῷ κρεανόμῳ, | τὰ δ' ἐκ λέβητος ἐφθὰ καὶ τετηκότα.
50 Kessel (λέβης, Cycl. 392; 399), Bratspieße (ὀβελοί, Cycl. 393), Messer (μάχαιρα, Cycl. 242; 403), vgl. Bettenworth 2004, 403.
51 Vgl. ebd.
52 Eur. Cycl. 247–249: ὡς ἔκπλεώς γε δαιτός εἰμ' ὀρεσκόου· | ἅλις λεόντων ἐστί μοι θοινωμένῳ | ἐλάφων τε, χρόνιος δ' εἴμ' ἀπ' ἀνθρώπων βοράς.
53 Auch Odysseus verhält sich in Euripides' Version zivilisierter als in der von Homer, denn er bietet Silenus an, für Lebensmittel zu bezahlen, Cycl. 160, vgl. McHugh/Konstan 2001, 11.
54 Eur. Cycl. 334–335: ἀγὼ οὔτινι θύω πλὴν ἐμοί, θεοῖσι δ' οὔ, | καὶ τῇ μεγίστῃ, γαστρὶ τῇδε, δαιμόνων.
55 Eur. Cycl. 483–518. 576–589, vgl. Hopkinson 2000, 36.

Weitere griechische Bearbeitungen vor Theokrit

Um 400 v. Chr. erhält die Polyphemgeschichte durch Philoxenos von Kythera eine neue Komponente: In seinem Dithyrambos Κύκλωψ zeichnet er das Bild des Zyklopen als das eines Mannes, der sich unsterblich in die Meeresnymphe Galatea verliebt hat, die aber nichts mit ihm zu tun haben will.[56] Das Stück ist heute vollständig verloren, soll aber ein von Polyphem gesungenes Lied über Galatea enthalten haben.[57]

Dieses neue Element der Polyphem-Geschichte wird wiederum von Komödiendichtern aufgegriffen und, soweit sich aus den wenigen erhaltenen Fragmenten schließen lässt, mit Polyphems Eigenschaft als Feinschmecker kombiniert: In Antiphanes Κύκλοψ listet er – wahrscheinlich für das von ihm imaginierte Hochzeitsbankett mit Galatea[58] – zunächst zahlreiche Fischsorten,[59] dann eine Anzahl von Land-Tieren[60] auf: einen fetten Ochsen, einen Ziegenbock von den Felsen, eine göttliche Ziege, einen kastrierten Widder, einen kastrierten Eber, ein Schwein, einen Hasen und ein Paar Zicklein.[61] Eine große Auswahl an verschiedenen Käsesorten schließt sich an.[62] In einem Fragment aus Nikochares' Γαλάτεια schenkt Polyphem seiner Geliebten eine fein gearbeitete Kümmel- oder Gewürzdose mit mehreren Fächern bzw. Fläschchen.[63]

---

56 Galatea war bisher nur in den Nereiden-Katalogen von Hesiod und Homer erwähnt worden, vgl. Bömer 1982, 407. Der Dithyrambos (PMG 814–824 (= fr. 1–11 Page) ist heute verloren. Es gibt einen Mythos um die Entstehung dieser Geschichte: Philoxenos soll selbst in eine Galatea verliebt gewesen sein, die die Geliebte des Dionysios von Syrakus war. Dieser hatte Philoxenos einsperren lassen, woraufhin er dieses Stück schrieb, in dem Polyphem Dionysius darstellte und Odysseus Philoxenos selbst, vgl. Dörrie 1969, 79; Hopkinson 2000, 36.

57 Vgl. Hopkinson 2000, 200. In Aristophanes' Πλοῦτος singt und tanzt Karion, der Tölpel, eine Strophe aus dem Dithyrambos von Philoxenos, wobei er den Zyklopen darstellt, vgl. Dörrie 1969, 79.

58 Vgl. Olson 2007, 130.

59 Fr. 130 PCG II (= Athen. deipn. 295f.): ἔστω δ' ἡμῖν κεστρεὺς τμητός, | νάρκη πνικτή, πέρκη σχιστή, | τευθὶς σακτή, συνόδων ὀπτός, γλαύκου προτομή, γόγγρου κεφαλή, | βατράχου γαστήρ, θύννου λαγόνες, | βατίδος νῶτον, κέστρας ὀσφύς, | † ψῆττας κίσχος † | μαινίς, καρίς, τρίγλη, φυκίς· | τῶν τοιούτων μηδὲν ἀπέστω.

60 Die Bezeichnung der Tiere folgt der Übersetzung von Edmonds 1959.

61 Fr. 131 PCG II (= Athen. deipn. 402e): τῶν χερσαίων δ' ὑμῖν ἥξει | παρ' ἐμοῦ ταυτί· | βοῦς ἀγελαῖος, τράγος ὑλιβάτης, | αἲξ οὐρανία, κριὸς τομίας, | κάπρος ἐκτομίας, ὗς οὐ τομίας, | δέλφαξ, δασύπους, ἔριφοι.

62 Fr. 131 PCG II (= Athen. deipn. 402e): [...] τυρὸς χλωρός, τυρὸς ξηρός, | τυρὸς κοπτός, τυρὸς ξυστός, τυρὸς τμητός, τυρὸς πηκτός.

63 Fr. 3 PCG VII (= Poll. 10,93): σοφαῖσι παλάμαις τεκτόνων εἰργασμένον | <καὶ> πόλλ' ἐν αὐτῷ λέπτ' ἔχον καδίσκια | κυμινοδόκον. S. hierzu auch Orth 2015, 42–49 (FrC 9.3).

3.1.2 Theokrit

Die Geschichte von Polyphem und Galatea greift auch Theokrit auf.[64] In seinem elften Idyll wird Polyphem Protagonist in der Bukolik. Das Gedicht ist an Theokrits Freund, den Arzt Nikias, gerichtet. Ihm nennt Theokrit die Poesie als Heilmittel für die Liebe.[65] Als Beispiel wählt er seinen „alten Landsmann" Polyphem, der, von Galatea zurückgewiesen, seinen Schmerz durch ein Liebeslied gelindert habe.[66] Dieses an die nicht anwesende Galatea gerichtete Lied Polyphems wird von Theokrit als sprachlich unbeholfen inszeniert und stellt den Zyklopen als plumpen Bauern ohne Einsicht dar.[67] Das bei Homer angelegte Bild des Hirten wird geschärft und humorvoll überspitzt, denn Polyphem, so Adolf Köhnken (1996) treffend, „denkt regelrecht in den Kategorien Schafzucht, Milchgewinnung und Käsezubereitung".[68] Dies zeigt sich unter anderem daran, dass er Galateas Schönheit mit Frischkäse und Lämmern vergleicht[69], ihr von seinen angeblich tausend Schafen und seinem Überfluss an Milch und Käse vorschwärmt[70] und ihr ausmalt, wie sie zusammen mit ihm Schafe melkt und Käse herstellt.[71] Neben den Milchprodukten ernährt sich Polyphem außerdem von Weintrauben und Wasser: Er vergleicht die Glätte von Galateas Haut mit einer unreifen Weintraube und schwärmt später von den süßen Weinreben, ebenso wie von ambrosiagleichem Wasser aus dem Schnee des Ätna.[72]

---

64 Zugrunde liegt die Ausgabe von Gow 1950.

65 Polyphems Liebeslied als Heilmittel schon bei Aristoph. Plut. 290f., vgl. Karl Scherling: Polyphemos, RE 42. Hbd., 1952, 1812.

66 Theokr. eid. 11,7f. Eine Variation des 11. Idylls ist Idyll 6: der Hirt Daphnis singt ein Lied über den verliebten Polyphem.

67 Hopkinson 2000, 36.

68 Köhnken 1996, 173.

69 Theokr. eid. 11,20: λευκοτέρα πακτᾶς ποτιδεῖν, ἁπαλωτέρα ἀρνός.

70 Theokr. eid. 11,35f.: κἠκ τούτων τὸ κράτιστον ἀμελγόμενος γάλα πίνω· | τυρὸς δ᾽ οὐ λείπει μ᾽ οὔτ᾽ ἐν θέρει οὔτ᾽ ἐν ὀπώρᾳ.

71 Theokr. eid. 11,65f.: ποιμαίνειν δ᾽ ἐθέλοις σὺν ἐμὶν ἅμα καὶ γάλ᾽ ἀμέλγειν | καὶ τυρὸν πᾶξαι τάμισον δριμεῖαν ἐνεῖσα.

72 Theokr. eid. 46–48: [...] ἔστ᾽ ἄμπελος ἁ γλυκύκαρπος, | ἔστι ψυχρὸν ὕδωρ, τό μοι ἁ πολυδένδρεος Αἴτνα | λευκᾶς ἐκ χιόνος ποτὸν ἀμβρόσιον προΐητι.

Als besonderes Geschenk will er für Galatea elf Rehkitze[73] und vier Bärenjunge aufziehen.[74] Der Zweck dieser Geschenke – etwa Nahrung oder Spielgefährten – wird nicht genannt.[75]

Dass Polyphem sich von Menschenfleisch ernährt, wird nirgends in dem Gedicht erwähnt. Er wird als Jüngling beschrieben und hat noch sein Auge, d.h. das Zusammentreffen mit Odysseus liegt noch vor ihm. Möglicherweise ist er zum Zeitpunkt der Handlung noch nicht gewalttätig und kein Kannibale.[76] Die unerfüllte Liebe zu Galatea endet auch nicht, wie später bei Ovid, in einem Gewaltausbruch – stattdessen merkt Polyphem, dass Galatea ihm gar nicht so wichtig ist und er schon eine Andere finden wird.[77]

Dieses idyllische Setting spielt mit den Erwartungen des Lesers, der ja die homerische Vorlage und somit auf Erzählebene die von Mord und Gewalt geprägte Zukunft des jungen Zyklopen kennt.[78]

3.1.3 Zusammenfassung

In Homers Polyphemgeschichte gibt es drei zentrale Nahrungsmotive: paradiesische Nahrung (Getreide und Wein), Hirtennahrung (Milch, Käse) und Menschenfleisch. Ersteres drückt ein gutes Verhältnis der Zyklopen zu den Göttern aus, die ja die Nahrung, ohne dass den Zyklopen Arbeit entsteht, wachsen lassen. Das Zweite drückt ein zivilisiertes Dasein der Zyklopen aus, denn es ist eine geregelte Arbeit, die Sorgfalt und auch Fürsorge den Schafen gegenüber erfordert. Unter anderem durch diese Nahrungsmotive defi-

---

73 Ob es sich tatsächlich um Rehkitze handelt, ist unklar. Das Adjektiv μαννοφόρος heißt möglicherweise „mit Abdrücken am Hals", vgl. Hunter 1999, 235, die Bedeutung ist aber nicht klar. Vergil zumindest hat es offenbar als Punkte auf dem Fell gedeutet: *sparsis etiam nunc pellibus albo*, ecl. 2,41, vgl. ebd.

74 Theokr. eid. 11,34–41: ἀλλ᾽ οὗτος τοιοῦτος ἐὼν βοτὰ χίλια βόσκω, | κἠκ τούτων τὸ κράτιστον ἀμελγόμενος γάλα πίνω· | τυρὸς δ᾽ οὐ λείπει μ᾽ οὔτ᾽ ἐν θέρει οὔτ᾽ ἐν ὀπώρᾳ, | οὐ χειμῶνος ἄκρω· ταρσοὶ δ᾽ ὑπεραχθέες αἰεί. | συρίσδεν δ᾽ ὡς οὔτις ἐπίσταμαι ὧδε Κυκλώπων, | τίν, τὸ φίλον γλυκύμαλον ἅμα κἠμαυτὸν ἀείδων | πολλάκι νυκτὸς ἀωρί. τράφω δέ τοι ἕνδεκα νεβρώς, | πάσας μαννοφόρως, καὶ σκύμνως τέσσαρας ἄρκτων.

75 Dieser Aspekt der Geschenke wird in der Interpretation von Ovids Version weiter unten relevant.

76 Das zeigt sich auch daran, dass er (noch) ein gutes Verhältnis zu Zeus zu haben scheint, denn immerhin sagt er: τὶν δ᾽ οὐ μέλει, οὐ μὰ Δί᾽ οὐδέν (eid. 11,29).

77 Vgl. Dörrie 1969, 94.

78 Vgl. Farrell 1992, 243; Hopkinson 2000, 36.

niert sich die Norm, von der Polyphem durch den rohen Verzehr von Menschenfleisch abweicht, denn dieser zeigt seine Gottesmissachtung und seine Unzivilisiertheit. Gleichzeitig ist bereits der homerische Polyphem in seiner Charakterisierung komplex, da er neben diesen Eigenschaften beispielsweise Zuneigung zu kennen scheint.

Alle drei Nahrungsmotive werden in späteren Bearbeitungen wieder aufgegriffen. Bei diesen handelt es sich meist um komische Texte. Die erhaltenen Fragmente von Epicharm und Kratinos sowie das Satyrspiel von Euripides weisen darauf hin, dass der Fokus zunächst auf dem Menschenfraß liegt. Dieser wird parodiert, indem der unzivilisierte Akt in etwas Zivilisiertes umgewandelt wird: Polyphem frisst Menschen nicht mehr roh wie eine wilde Bestie, sondern kennt diverse Methoden, um das Menschenfleisch zart und schmackhaft zu machen. Der Verzehr von Menschenfleisch ist nun nicht mehr nur Demonstration der Gotteslästerung, sondern Ausdruck kulinarischen Genusses, eine groteske Verzerrung moralischer Norm. Sobald Galatea Element der Polyphemdarstellungen wird, verschiebt sich die Funktion von Nahrungsmotiven: Essen dient nun als Instrument, um die Liebe einer Frau zu gewinnen, und markiert damit die Abkehr von Polyphems rein egoistischer zu seiner sozialen Seite. Spätestens bei Theokrit tritt nun die Hirtennahrung, d.h. Milch und Käse, wieder in den Vordergrund, aber auch andere Nahrung aus Polyphems Umfeld wie Schmelzwasser und Wein. Indem er Galatea diese Dinge schmackhaft zu machen versucht und sie dazu einlädt, mit ihm zu melken und Käse herzustellen, bietet er ihr auf seine naive Art und Weise etwas sehr Wertvolles an, nämlich sie an seiner eigenen Welt teilhaben zu lassen. Das dritte ursprüngliche Nahrungsmotiv, der Menschenfraß, kommt in dieser Darstellung nicht vor, ist dem Leser aber freilich dennoch präsent. Durch die Abweichung von dieser literarisch vorgeprägten Norm – Polyphem als Menschenfresser – werden die Erwartungen des Lesers durchbrochen.

Aus den oben genannten Darstellungen wird deutlich, dass die unterschiedlichen Färbungen von Polyphems Charakter in den verschiedenen literarischen Darstellungen stets durch seinen Umgang mit Nahrung hervorgerufen werden. Dieser wird mit der Zeit immer zivilisierter: Der Fraß rohen Menschenfleischs wird abgelöst durch das kunstvolle Garen und Zubereiten dieser Speise, schließlich lösen Weintrauben und Quellwasser das Menschenfleisch ab und Nahrung wird zur Liebesgabe. Diese meist humor-

vollen Darstellungen wirken freilich nur vor dem Hintergrund des homerischen Polyphems, nämlich indem dessen dort vorgezeichnete Nahrungsmotive in ihrer Betonung und Funktion verschoben und verzerrt werden.[79]

3.1.4 Sonderfall: Vergil

Vergil verarbeitet Theokrits elftes Idyll in seiner zweiten Ekloge.[80] Obwohl
darin nicht Polyphem, sondern der menschliche Hirte Corydon ein Liebeslied singt, ist seine Darstellung für die Interpretation unserer Stelle relevant,
da in dieser mehrere Motive aus Vergils Version enthalten sind. Corydons
Liebeslied richtet sich an den Jüngling Alexis. In Bezug auf (potentielle)
Nahrung übernimmt Vergil von Theokrit den Besitz und die Geschenke
Polyphems, d.h. Milch (statt Käse hat Corydon auch frische Milch im Winter)[81] und Rehkitze oder Gemslein.[82] Anstatt Weintrauben und Schmelzwasser bietet Corydon Alexis selbstgepflückte Quitten, Kastanien und
Pflaumen an.[83] Der hauptsächliche Unterschied zu Theokrits Darstellung
bezüglich der Funktion der Nahrungsmotive liegt darin, dass die homerische Projektionsfläche – denn Corydon ist kein menschenfressender Zyklop – und somit auch das parodistische Element wegfällt. In Vergils Version
drücken die Nahrungsmotive vor allem die Tragik der Figur Corydon aus:

79 Vgl. Tissol 1997, 110 in Bezug auf Ovids Polyphem.

80 Vergil verarbeitet außerdem die homerische Zyklopengeschichte in der Aeneis: Diese
wird aus der Perspektive von Achaemenides, eines Gefährten Odysseus', erzählt. Die Beschreibung des Mordes und Fraßes von Odysseus' Männern durch den Zyklopen ist sehr nahe
an der homerischen Darstellung (Verg. Aen. 3,613–654).

81 Verg. ecl. 2,20–22: *quam dives pecoris, nivei quam lactis abundans.* | *mille meae Siculis
errant in montibus agnae;* | *lac mihi non aestate novum, non frigore defit;* vgl. Coleman 1977,
95; Clausen 1994, 70.

82 Verg. ecl. 2,40–42: *Praeterea duo, nec tuta mihi valle reperti,* | *capreoli, sparsis etiam nunc
pellibus albo,* | *bina die siccant ovis ubera* [...], vgl. Clausen 1994, 76. Der Umstand, dass die
Tiere in einem gefährlichen Tal gefangen wurden, also wild sind, und vor allem die Flecken
auf dem Fell deuten darauf hin, dass Rehkitze gemeint sind. Andererseits ist das Wort *capreoli* von *capra* oder *caper* abgeleitet (vgl. TLL 3.0.356.66), demnach könnte es sich um wilde
Zicklein handeln. Das erklärt zwar nicht die Flecken, würde aber zu dem Fragment von Antiphanes passen, s. oben, Anm. 61.

83 Verg. ecl. 2,51–53: *Ipse ego cana legam tenera lanugine mala,* | *castaneasque nuces, mea
quas Amaryllis amabat* | *addam cerea pruna: honos erit huic quoque pomo.* Zu ähnlichen von
Theokrit inspirierten Motiven und Wendungen in den Eklogen 1, 7, 8 und 9 s. Hopkinson
2000, 36.

Der Hirte nutzt sie, um Alexis seine ländliche Lebensweise schmackhaft zu machen, gleichzeitig aber ist es genau diese Lebensweise, die Alexis, einen *puer* aus der Stadt, davon abhält, einen *rusticus* wie Corydon zu lieben.[84] Dieser (unüberwindliche) Gegensatz zwischen städtischer und ländlicher Welt ist, wie sich zeigen wird, auch Ovids Polyphem-Passage immanent.

3.2 Polyphem bei Ovid

Polyphems Liebeslied in Ovids Metamorphosen weist sowohl strukturell als auch inhaltlich zahlreiche Parallelen zu Theokrits elftem Idyll auf. Während in Theokrits Version das Liebeslied in ein Gespräch des Dichters mit seinem Freund Nikias über Heilmittel der Liebe eingebettet ist, gliedert Ovid es in einen größeren Erzählzusammenhang ein: Das Lied (789–869) ist Teil eines Monologs Galateas (750–897),[85] in welchem sie ihrer Freundin Scylla von ihrer Liebesbeziehung zu dem Jüngling Acis erzählt. Diese wurde ihrer Erzählung zufolge durch den rachsüchtigen Zyklopen Polyphem, der Galatea besitzen wollte, zerstört. Sowohl die Erzählperspektive Galateas als auch der Nebenbuhler Acis und die Verflechtung beider Figuren in eine Handlung (deren Hauptakteur Polyphem ist) sind Ovids Erfindungen.[86] Galatea schildert zuerst ihre Liebe zu Acis (750–755) und anschließend das Werben und die Liebestollheit des Zyklopen (755–769). Indem sie ihn als Verächter der olympischen Götter bezeichnet (761), von Polyphems Mordlust und

---

84 Vgl. Du Quesnay 1979, 55; Farrell 1992, 243. Dass Alexis aus dem städtischen Bereich stammt, wird u.a. daran deutlich, dass er eine *domina* hat (ecl. 2,2) und dass Corydon seinen eigenen Status als *rusticus* betont und in diesem Zusammenhang sagt, dass Alexis sich nicht um seine (ländlichen) Geschenke schere (ecl. 2,56f.). Die aufgezeigte Funktion der Nahrungsmotive finden wir in ähnlicher Form bereits bei Theokrits Polyphem, der Galatea ebenfalls seine rustikalen Schätze und seinen Lebensraum schmackhaft machen will (z.B. eid. 11,42–49.63–66), aber das Rührende dieses Bemühens wird durch die maßlosen Übertreibungen und das groteske Auftreten Polyphems und dadurch, dass er – im Gegensatz zu Corydon – durch sein Lied Heilung vom Liebeskummer erfährt, abgeschwächt.
85 Auf die Unterschiede der Erzählzusammenhänge zwischen Theokrits Idyll 11 und unserer Stelle geht ausführlich Farrell 1992, 261–267 ein.
86 Vgl. Dörrie 1969, 81. Acis wird als Liebhaber Galateas erstmals bei Ovid erwähnt. Bei Theokrit kommt nur ein Fluss auf Sizilien mit dem Namen Acis vor (eid. 1,69), vgl. Bömer 1982, 410. Er hat wie Theokrits Polyphem (eid. 11,9) gerade seinen ersten Bart bekommen (met. 13,754). Das trifft ironischerweise auf Ovids Polyphem nicht mehr zu, denn der ist haarig und hässlich (met. 13,765–767.838–853).

Blutdurst (768) spricht und von der Weissagung des Telemus erzählt, der den Zyklopen vor dem Verlust seines Auges warnte (770–776), wird der homerische Polyphem heraufbeschworen. Anschließend beschreibt Galatea, wie Polyphem einen Hügel besteigt, auf seiner Hirtenpfeife spielt und ein an sie gerichtetes Lied singt (778–786). Dieses hört sie, als sie sich, versteckt in einer Felshöhle, mit ihrem Geliebten Acis in den Armen liegt (786–788). Da Galatea nicht auf Polyphems Lied reagiert, tötet er aus Wut und Eifersucht ihren Acis.[87]

Obwohl die Geschichte zu einem Zeitpunkt spielt, lange bevor Polyphem Odysseus' Gefährten frisst,[88] weisen Galateas Aussagen in den Versen 761 sowie 770 bis 776 bereits auf sein grausames Wesen und die späteren Ereignisse beim Zusammentreffen mit Odysseus hin.[89] Dadurch und durch das gewaltsame Ende der Polyphem-Episode wird dem von Theokrit (und Vergil) vorgegebenen bukolischen Setting[90] die aus der epischen Tradition stammende gewalttätige Seite Polyphems gegenübergestellt.[91] Diese beiden Elemente werden durch Motive der römischen Liebesdichtung ergänzt, denn Polyphem gebärdet sich wie ein typischer elegischer Liebhaber, indem er sich etwa über sein Erscheinungsbild ärgert, dabei regelrecht Hinweise aus Ovids *Ars amatoria* anwendet oder sich über den Erfolg seines Nebenbuhlers ärgert.[92] Die Bemühungen des theokritischen Polyphems, des ver-

---

87 Acis wird anschließend von Galatea in einen Flussgott verwandelt, vgl. met. 13,886–897.

88 Allerdings ist Polyphem bereits ein Mörder, vgl. met. 13,768f.

89 Polyphem repräsentiert das epische Monster durch seine Größe und Stärke (842f., 863f., 882f.), seine wilde Erscheinung (765f, 844f) und Blutrünstigkeit (759, 765ff), vgl. Farrell 1992, 240. Zu den Vorausdeutungen s. auch Tissol 1997, 115–122; vgl. Dörrie 1969, 78f. Der Leser erwartet vielleicht, dass die Sache ähnlich harmlos ausgeht wie bei Theokrit und Vergils Corydon (vgl. Tissol 1997, 122), so betont Ovid anfangs Polyphems Harmlosigkeit, nur um die Gewalt zum Schluss noch schockierender zu machen, vgl. Tissol 1997, 115.

90 Dieses äußert sich konkret etwa darin, dass Polyphem Schafe hütet (821–830), einen Hirtenstab trägt (782), Panflöte spielt (784), und *pastoria sibila* singt (785). Auch die paradiesischen Züge der homerischen Vorlage sind vorhanden, denn die Vegetation wächst ohne menschliches Zutun (815f.), vgl. Dörrie 1969, 86; Farrell 1992, 240.

91 Vgl. Lutz Käppel: Polyphemos, DNP 10, 2001, 76; Hopkinson 2000, 38. Das gewalttätige Ende, so hat Dörrie 1994, 94f. überzeugend aufgezeigt, stellt ein Übertreffen des theokritischen Vorbildes dar, in dem das Überraschungsmoment darin bestehe, dass ein Zyklop durch ein Lied, sprich auf gewaltfreie Weise, von der Liebe geheilt werden kann. Ovid hingegen, so Dörrie, greife die homerisch vorgeprägte Unfähigkeit Polyphems, sich in irgendeine noch so kleine Gemeinschaft einzufügen, auf. Diese müsse er zerstören, wenn er auf sie treffe.

92 Er brennt aus Liebe und vergisst dabei seine eigentlichen Ziele und Pflichten (763, 867f.), er regt sich über den Erfolg seines Nebenbuhlers auf – und tötet ihn deshalb (859–884); er

gilischen Corydons oder auch die Hinweise zur Körperpflege aus Ovids *Ars amatoria* werden dabei durch groteske Übertreibungen[93] Polyphems parodiert.

Ovids Innovation besteht also zum einen darin, dass er poetische Traditionen kreuzt und den Leser mit verschiedenen antithetischen Motiven konfrontiert, deren Kombination wiederholt Pointen erzeugt.[94] Zum anderen parodiert er seine literarischen Vorbilder (darunter auch Textstellen seiner eigenen Werke) durch deren Verzerrung. Die Funktion der im Vergleich zu den vorangegangenen Darstellungen zahlreichen (potentiellen) Nahrungsmittel in Ovids Version wurde in diesem Zusammenhang in der Forschung noch nicht genauer betrachtet.[95]

3.3 Interpretation

Polyphems Liebeslied nimmt mit 81 Versen den weitaus größten Teil von Galateas Geschichte über dessen Liebeswerben (148 Verse)[96] ein, während Exposition und Schilderung der Katastrophe recht kurz veranschlagt wer-

---

ärgert sich über sein Erscheinungsbild (764–766) wie in der *Ars amatoria* 1,518, nur dass seine Haare *rigidus* sind und er Harke und Sichel als Toilettenartikel benutzt, vgl. Farrell 1992, 240; 250. Dörrie 1969, 85 meint, Polyphem hätte Ovids *Ars* besser in die Hände nehmen sollen, denn er begehe eine Reihe an Fehlern, vor denen Ovid gewarnt habe, und sei darum ein Musterbeispiel für Ungelehrsamkeit. Welche Fehler das konkret sind, verrät Dörrie allerdings nicht.

93 Der Gesang, den er zum Besten gibt, um Galatea zu beeindrucken, ist ein Paraklausithyron mit wahrhaft zyklopischen Dimensionen, denn mit 81 Versen umfasst er mehr als die Hälfte der gesamten Erzählung über Polyphem, vgl. Bömer 1982, 420. Sein Anliegen scheint es dabei zu sein, die Überzeugungskraft seiner literarischen Vorgänger zu übertreffen, vgl. Hopkinson 2000, 39. So beginnt Theokrits Polyphem z.B. sein Lied mit vier Vergleichen in zwei Versen, während Ovids Zyklop die Passage auf 19 Verse mit 30 Vergleichen ausweitet, vgl. Hopkinson 2000, 38. Statt einer normalen Flöte mit sieben Rohren wie bei Vergil (ecl. 2,36) benutzt er eine mit 100 Rohren (789–97), vgl. Farrell 1992, 246.

94 Vgl. Farrell 1992, 240, 245; Hopkinson 2000, 38.

95 Polyphems Aufzählung seiner aus (potentiellen) Nahrungsmitteln bestehenden Besitztümer und Geschenke an Galatea wird in keiner der in Anm. 2 genannten Untersuchungen näher betrachtet. Dörrie 1969, 88 erkennt immerhin, dass Polyphem viel über Essen spricht, führt den Gedanken aber nicht weiter aus und betrachtet die entsprechende Passage in ihrer Gesamtheit (Einzelheiten s. unten, 291).

96 Ov. met. 13,750–897.

den.[97] Wie bei Philemon und Baucis steht also eine im Wesentlichen recht knappe Erzählung einem ausführlichen (mit Nahrungsmotiven angereicherten)[98] Idyll[99] gegenüber.

Das Liebeslied ist folgendermaßen gegliedert:[100] Der Zyklop beschreibt mit Vergleichen zunächst Galateas Schönheit, dann ihren Charakter (789–807). Schon hier wird der Bezug zu einigen im Besitzkatalog vorkommenden Nahrungsmitteln hergestellt, denn Polyphem vergleicht Galateas Süße mit der einer reifen Traube (795) und ihre Zartheit mit geronnener Milch (796).[101] Nach einer kurzen Überleitung (808–809) preist Polyphem seinen Besitz und bietet Galatea Geschenke an (810–839), dann lobt er sein eigenes Äußeres (840–855), indem er alle abstoßenden Eigenschaften seines Erscheinungsbildes in das Gegenteil verkehrt und mit vielen Vergleichen deren Berechtigung erklärt.[102] Sein Selbstlob wandelt sich bald in eine erneute Anrede an Galatea, in der er diese um ihre Gunst anfleht (855–860), gleichzeitig aber damit droht, Acis zu zerfleischen, sollte er ihn finden (861–866). Zuletzt klagt er noch einmal über seine Leidenschaft und Galateas Zurückweisung (867–869).

In Bezug auf Nahrungsmotive ist die Aufzählung der Besitztümer und Geschenke relevant. Die Besitztümer gliedern sich in pflanzlichen (812–820) und tierischen Besitz (821–837)[103] sowie Nahrungsmittel oder Tiere, die explizit (Obst, Milch, Käse) oder implizit (Viehherde als Milch-, möglicherweise Lab- und Fleischlieferant) mit Essen zu tun haben. Die im Anschluss genannten Tier-Geschenke hingegen dienen auf den ersten Blick zwar nicht der Nahrungsaufnahme, werden aber dennoch in der Interpreta-

---

97 Das Liebeslied ist damit länger als die Exposition (39 Verse) und der Bericht der Katastrophe (28 Verse) zusammen, vgl. Dörrie 1969, 84.
98 Vgl. Dörrie 1969, 88: „Als Mann der Praxis spricht der Kyklop [...] vom Essen (davon spricht er ziemlich viel) [...]".
99 Mit ‚Idyll' ist hier ein ‚kleines Bildchen', eine detaillierte Situationsbeschreibung meist ohne Handlung im theokritischen Sinne gemeint, vgl. Bernhard Zimmermann (Hg.): Metzler Lexikon antiker Literatur, Stuttgart und Weimar 2004, s.v. Idylle.
100 Die Einteilung folgt Bömer 1982, 420.
101 Bezüglich ihres Charakters nennt Polyphem nur Eigenschaften, die im Zusammenhang mit ihrer Abneigung gegen ihn stehen, wie Stolz (802) und Flüchtigkeit (807).
102 Z.B. lobt er sein dichtes Haar, denn auch ein Baum ohne Laub sei hässlich, ebenso wie ein Pferd ohne Mähne, Vögel hätten Flaum und Schafe Wolle (845–850).
103 Die Aufzählung des Besitzes beginnt zwar mit der Nennung von Polyphems Höhle (810f.), diese wird aber im Folgenden vernachlässigt, weil keine Nahrungsmotive darin vorkommen.

tion berücksichtigt, da auch hier die Thematik des Essens durch eine inhaltliche und sprachliche Verknüpfung mit dem Besitzkatalog präsent bleibt,
die im entsprechenden Abschnitt weiter unten präzisiert wird.

3.3.1 Verse 812–820: Pflanzlicher Besitz (*poma*-Katalog)

In diesem Abschnitt beschreibt Polyphem zunächst lobend seine Baumfrüchte, die so schwer seien, dass sie die Äste nach unten ziehen (812).
Er zählt anschließend die folgenden Früchte auf: goldene und purpurne
Trauben, die er beide für Galatea aufgehoben hat (813–814); Erdbeeren
und Kornelkirschen, die Galatea mit ihren eigenen Händen sammeln soll
(815–816); zwei Sorten von Pflaumen (817–818), außerdem Kastanien
und Früchte des Erdbeerbaumes, an denen es Galatea nicht mangeln werde
(819–820). Jeder Baum, so schließt Polyphem die Aufzählung, werde ihr
dienen (820).

Diesen Katalog leitet Polyphem mit dem Verb *sunt* als erstem Wort des
Verses 810 ein, das in den folgenden vier Versen noch dreimal (812–814),
davon zweimal am Versanfang (813f.), wiederholt wird. Durch diese mehr-
fache Anapher erhält der Abschnitt bereits äußerlich den Charakter einer
längeren Aufzählung, sodass die Menge der von Polyphem genannten Besitztümer antizipiert wird, bevor man den Inhalt der Verse kennt. Diese
Anaphorik ist bereits bei Theokrits Polyphem in Bezug auf die bei ihm heimischen Bäume, Wein und Schmelzwasser zu finden,[104] markiert allerdings
das Ende des Besitzkataloges. Indem Ovid sie an den Anfang setzt, erhält
die Rede – im Gegensatz zu Theokrits Version – von Beginn an einen sehr
prahlerischen Charakter.

Eine äußerliche (und inhaltliche) Ähnlichkeit hat Polyphems Aufzählung außerdem mit den Versen 80f. in Vergils erster Ekloge, in welcher der
Hirte Tityrus seinem Freund Meliboeus anbietet, bei ihm zu übernachten,
und ihm seine Vorräte aufzählt.[105] Die Aufzählung beginnt ebenfalls mit
sunt, und die Vorräte bestehen wie bei Polyphem aus Obst, Kastanien und
Käse. Polyphem allerdings verwendet *sunt* nicht einmal, sondern viermal, er
belässt es nicht bei Obst im Allgemeinen, sondern zählt alle Obstsorten in

---

104 Theokr. eid. 11,45–47: ἐντί (45), ἐντί (45), ἔστι (46), ἔστ' (46), ἔστι (47).
105 Verg. ecl. 1,80f.: [...] *sunt nobis mitia poma,* | *castaneae molles et pressi copia lactis.*

seinem Besitz einzeln auf. Mit Blick auf Theokrit und Vergil scheint Polyphem also seine literarischen Vorgänger übertreffen zu wollen.[106]

Baumfrüchte (*poma*, 812)

Wie Vergils Tityrus beginnt Polyphem die Aufzählung seiner essbaren Besitztümer mit einem Sammelbegriff für Baumfrüchte: *poma*. Auch bei der Beschreibung dieser Frucht zeigt sich Polyphem Tityrus überlegen, denn während dessen *poma* zwar reif[107] sind, sind Polyphems so zahlreich, dass sie die Äste mit ihrem Gewicht zu Boden drücken (812). Der Vers ähnelt darüber hinaus Pythagoras' Beschreibung des ,goldenen Zeitalters der Gegenwart' im 15. Buch der Metamorphosen.[108] Auch in anderen Texten Ovids und Vergils werden *poma* als Motiv des goldenen Zeitalters genannt; in Ovids *Fasti* als Nahrung in der Geschichte von Celeus, in der es – wie bei Polyphem – zwar bereits Tierhaltung und Käseproduktion, aber noch keinen Ackerbau gibt.[109] Durch die Verwendung von *poma* wird folglich gleich zu Beginn der Aufzählung die Assoziation einer altertümlichen bukolischen, gar paradiesischen Idylle hervorgerufen.

Trauben (*uvae*, 813f.)

Trauben wachsen bereits bei Homer im Zyklopenland[110] und werden auch von Theokrits Polyphem gepriesen.[111] In Ovids Version werden die Trauben mehr noch als bei Theokrit als Geschenke gekennzeichnet, da Polyphem sie für Galatea aufhebt (*tibi et has servamus et illas*, 814). Als Liebesgaben dienen Trauben auch bei Properz und in Ovids *Ars amatoria*: Properz nennt sie als Liebesgeschenk der Vorzeit, als man noch mit den Gaben der Natur zufrieden war.[112] Ovid hingegen rät dem Liebhaber in der *Ars*, seine Ange-

---

106 Freilich kennt Polyphem weder sein theokritisches Selbst noch Vergils Tityrus, viemehr ist er der Ball eines intertextuellen Spiels, das allein Ovid und die Leser kennen.

107 S. oben, Anm. 105.

108 Ov. met. 13,812f.: [...] *sunt poma gravantia ramos | sunt auro similes longis in vitibus uvae*; met. 15,76f.: [...] *sunt deducentia ramos | pondere poma suo tumidaeque in vitibus uvae.*

109 Ov. fast. 4,545, s. oben, vgl. auch Tabelle 6.

110 Hom. Od. 9,111, s. Tabelle 14. Zur Bedeutung von Weintrauben zur Zeit Ovids s. oben, 213.

111 Theokr. eid. 11,46. S. weiter oben, 166.

112 Prop. 3,13,25–34: *Felix agrestum quondam pacata iuventus, | divitiae quorum messis et arbor erant! | Illis munus erant decussa Cydonia ramo | Et dare puniceis plena canistra rubis, | nunc violas tondere manu, nunc mixta referre | lilia vimineos lucida per calathos, | et portare suis vestitas frondibus uvas | aut variam plumae versicoloris avem. | His tum blanditiis furtiva per*

betete statt mit teuren mit kleinen, passenden Geschenken vom Lande wie z.b. Trauben zu beglücken.[113] Beide Dichter stellen die Idealisierung solcher kleinen ländlichen Geschenke der Habgier der Frauen und dem Materialismus im Allgemeinen gegenüber.[114] In einem ähnlichen Zusammenhang (und in der Gestaltung des Verses an unsere Stelle erinnernd)[115] kommt die Traube bei Tibull vor, der – wohl ebenfalls in Anlehnung an Theokrits 11. Idyll[116] – sich das gemeinsame Landleben mit seiner (verflossenen) Geliebten ausmalt und sich vorstellt, wie sie für ihn Wein aufhebt und eine Traube als Opfer für die Reben darbringt.[117] Auch diese Fantasie wird der materialistischen Realität in Form eines reichen Liebhabers gegenübergestellt.[118]

Die Traube erinnert demnach an dieser Stelle an die bescheidene Liebesgabe des *pauper amator*, die gleichsam im positiven Sinne mit ländlicher Idylle und Altertümlichkeit assoziiert wird.[119] Diese Assoziation wird auch auf sprachlicher Ebene unterstrichen, da die Verbindung *vitibus uvae* einer-

antra puellae | oscula silvicolis empta dedere viris. Diese Vorstellung des Austauschs von Früchten und sexuellen Gefälligkeiten entspricht dem Naturzustand in Lukrezens Darstellung der Menschheitsentwicklung, s. oben, 103.

113 Ov. ars 2,262–268: *Parva, sed e parvis callidus apta dato. | Dum bene dives ager, cum rami pondere nutant, | adferat in calatho rustica dona puer | (rure suburbano poteris tibi dicere missa, | ille vel in Sacra sint licet empta via). | Afferat aut uvas aut, quas Amaryllis amabat, | at nunc castaneas non amat illa nuces.*

114 Prop. 3,13,47–66: [...] (48) *aurum omnes victa iam pietate colunt. | auro pulsa fides, auro venalia iura, | aurum lex sequitur, mox sine lege pudor.* Ov. ars 2,275–278: *Carmina laudantur, sed munera magna petuntur: | Dummodo sit dives, barbarus ipse placet. | Aurea sunt vere nunc saecula: plurimus auro | venit honos, auro conciliatur amor.*

115 Im selben Rhythmus und an derselben Position im Vers wie in unserer Stelle (*in vitibus uvae*) steht bei Tibull *in lintribus uvae* (1,5,23). Während Polyphem die Trauben für Galatea aufheben will (*tibi* [...] *servamus,* 814), soll Delia Trauben für Tibull aufheben (*mihi servabit* [...] *uvas,* 23). Die Verbindung *vitibus uvae* kommt überdies einmal bei Vergil (ecl. 5,32) und zweimal in Ovids *Amores* (1,10,55; 3,7,33) vor und beinhaltet demnach auch die Assoziation des ländlich Idyllischen und Erotischen.

116 Seinen Traum vom Landleben mit Delia formuliert Tibull als Monolog (1,5,21–34), ähnlich wie Polyphems Liebeslied. Die Vorstellung von Delias ländlichen Tätigkeiten erinnert an Theokr. eid. 11,63–66, vgl. Maltby 2002, 247. Die Vorstellung, wie Delia den Patron Messalla bewirtet, für ihn Früchte pflückt und kocht, erinnert hingegen an Kallimachos' Einkehridyllen, vgl. ebd.

117 Tib. 1,5,23–27: *aut mihi servabit plenis in lintribus uvas | pressaque veloci candida musta pede* [...] (27) *illa deo sciet agricolae pro vitibus uvam* [...].

118 Tib. 1,5,47: *haec nocuere mihi, quod adest huic dives amator.*

119 Zum *pauper amator* in der römischen Liebeselegie, der sich nach „dem Goldenen Zeitalter oder einer idealisierten, angeblich idyllischen Vorzeit zurück[sehnt], als es noch keine oder nur geringfügige Geschenke gab", s. Burkard 2012, 60.

seits ebenfalls in den Metamorphosen bei Philemon und Baucis und in der Rede des Pythagoras, dort als Frucht des ‚goldenen Zeitalters der Gegenwart', vorkommt,[120] andererseits in Vergils fünfter Ekloge und zweimal in Ovids *Amores*.[121]

Während der Traube die Assoziation eines bescheidenen Liebesgeschenkes innewohnt, drückt deren Anpreisung das Gegenteil, nämlich Prahlerei mit Reichtum aus: Denn erstens besitzt Polyphem gleich zwei Sorten Trauben, zweitens drückt er mit dem zu *vitibus* gehörenden Attribut *longis* aus, dass die Weinreben ausgewachsen und dementsprechend alt und wertvoll sind, und drittens unterstreicht er den Wert der Trauben durch den farblichen Vergleich mit wertvollen Materialien wie Gold und Purpur (*auro similes, purpureae*, 813f.). Letzteres birgt eine gewisse Ambivalenz in sich, denn einerseits wird Gold in den oben vorgestellten Texten von Properz und Ovid explizit als Ausdruck von Habgier den bescheidenen Geschenken wie Trauben gegenübergestellt.[122] Andererseits werden goldene Trauben bei Tibull und purpurne Trauben bei Horaz im Zusammenhang mit einer idealisierten Vorstellung ländlicher und altertümlicher Schlichtheit genannt.[123] Die Verwendung der Adjektive *purpureus* und *aureus* ruft demnach ambivalente Assoziationen hervor und ermöglicht verschiedene Lesarten: einerseits haftet Polyphems Darstellung der Trauben etwas Materielles und Prahlerisches an, andererseits stellen die goldene und purpurne Farbe der Trauben auch einen ideellen Wert in Form von Schönheit dar und entsprechen somit wiederum einem angemessenen Geschenk des elegischen *pauper amator*.[124]

---

120 Philemon und Baucis: *et de purpureis conlectae vitibus uvae* (met. 8,677), Pythagoras: *pondere poma suo tumidaeque in vitibus uvae* (met. 15,77).

121 Verg. ecl. 5,32: *vitis ut arboribus decori est, ut vitibus uvae*; Ov. am. 1,10,55: *carpite de plenis pendentis vitibus uvas*. Am. 3,7,33: *ilicibus glandes cantataque vitibus uva*.

122 S. oben, Anm. 114.

123 Horaz (2,20) verwendet purpurne Trauben bei seinem Lob des Landlebens, in dem er die Freude beschreibt, wie die Vorfahren selbst Trauben im Herbst zu pflücken, jenseits des Alltagsstresses in der Stadt. Gleichzeitig wendet er sich von Luxusgütern aus fernen Ländern ab. Die Verbindung von *purpureus* und *uva* kommt außerdem noch vor bei Hor. carm. 2,5,10–12; Ov. ars 2,316; met. 3,484f.; 4,398; 8,676. Die Verbindung *aurea uva* kommt nur bei Tibull 2,1,45 vor, und zwar im Zusammenhang mit dem Landleben und der Kultivierung essbarer Pflanzen, insbesondere des Weines, als Überwindung der alten Zeit, in der man sich von Eicheln ernährte und wilde Nahrung zu sich nahm.

124 Die Idealisierung immaterieller oder bescheidener Güter ist allerdings nicht, wie es auf den ersten Blick scheint, vordergründig auf eine Romantisierung einer moralisch besseren Lebensweise zurückzuführen, sondern auf die Konkurrenzsituation, in der sich die Elegiker

In seiner Gesamtheit erinnert der Satz *tibi et has servamus et illas* (814) an Vergils Corydon, der für Alexis zwei[125] Rehkitze aufheben will (*quos tibi servo*, ecl. 2,42).[126] Vergil hat sich wiederum an Theokrits drittem Idyll orientiert, in dem ein unbekannter Hirte seiner geliebten Amaryllis – ähnlich wie Polyphem – ein Liebeslied singt und für sie eine Ziege aufheben will, die zwei Junge geboren hat.[127] Sowohl bei Theokrit als auch bei Vergil betont der Liebende, dass er das Geschenk auch einer anderen Dame geben könnte.[128] Ovids Polyphem allerdings scheint so von sich überzeugt zu sein, dass er eine solche Drohung nicht für notwendig hält.

Erdbeeren (*fraga*, 815f.)

In den Versen 815–816 wird Galatea in Polyphems Vorstellung nun selbst aktiv, indem sie weiche Erdbeeren aus dem Wald mit eigenen Händen pflückt (*ipsa tuis manibus silvestri nata sub umbra | mollia fraga leges*, 815f.). Mit *fraga* beschwört Ovid einerseits die bukolische Idylle aus Vergils dritter Ekloge herauf, in der Jünglinge ebenfalls Erdbeeren und Blumen sammeln,[129] andererseits sein goldenes Zeitalter aus dem ersten Buch der Metamorphosen, in dem ebenfalls Erdbeeren wachsen.[130] Das Attribut *mollia* („weich", 816) deutet darauf hin, dass die Erdbeeren reif sind, also süß und duftend.[131] Außerdem erinnert es erneut an Vergils Tityrus, der Meliboeus weiche Kastanien (*castaneae molles*) anbietet.[132] Der durch diese Anklänge entstehende Eindruck des Idyllischen, Paradiesischen wird durch die attri-

nach eigener Aussage befinden: Sie sehen sich als *pauperes* an und verfluchen die wohlhabenden Rivalen, gegen deren Geschenke sie oft machtlos sind. S. hierzu Burkard 2012, 58–62.

125 Auch die Anzahl hat Ovid übernommen: Aus zwei Rehkitzen werden zwei Sorten Weintrauben.

126 Eine ähnliche Formulierung findet sich noch bei Theokr. eid. 5,105. Dort geht es um einen Eimer aus Zypressenholz und einen offenbar besonders schön gearbeiteten Krug, die der Hirte Komatas für sein geliebtes Mädchen aufheben will.

127 Theokr. eid. 3,34: ἦ μάν τοι λευκὰν διδυματόκον αἶγα φυλάσσω.

128 Theokr. eid. 3,35f.: τάν με καὶ ἁ Μέρμνωνος ἐριθακὶς ἁ μελανόχρως | αἰτεῖ· καὶ δωσῶ οἱ, ἐπεὶ τύ μοι ἐνδιαθρύπτῃ. Verg. ecl. 2,43f.: *Iam pridem a me illos abducere Thestylis orat; et faciet, quoniam sordent tibi munera nostra*.

129 Dort (ecl. 3,92) und in met. 1,104 ebenfalls in der Verbindung mit *legere*, wodurch der Anklang an beide Stellen noch verstärkt wird.

130 Verg. ecl. 3,92; Ov. met, 1,104; s. dazu oben, 131f.

131 Zum Duft der Erdbeeren s. oben, 131.

132 Verg. ecl. 1,81, s. oben, Anm. 105.

butive Erweiterung *silvestri*[133] *nata sub umbra* unterstützt, die in ähnlicher Form in Vergils Idyllen und Horazens Gedichten vorkommen, in denen die Protagonisten gern *sub umbra* ausruhen oder Flöte spielen.[134]

Durch die adverbiale Bestimmung *ipsa tuis manibus* wird das Pflücken der Erdbeeren betont. Offenbar handelt es sich aus Polyphems Sicht bei dieser Betätigung um ein ganz besonderes Vergnügen, das er Galatea nicht vorenthalten will.[135] Diesmal preist Polyphem also nicht mehr nur die Qualität und Quantität der Frucht an, sondern auch ihren Fundort und das Sammeln – eine mögliche Lesart ist, dass die Fundstelle bisher nur ihm allein bekannt war und er dieses Geheimnis nun mit Galatea teilt, sodass sie die süßen Beeren vor Ort genießen kann.[136]

Dass Polyphem um das Vergnügen des Erdbeerensammelns weiß, entbehrt nicht einer gewissen Ironie, stellt man sich die winzigen und leicht zu zertretenden Früchte im Verhältnis zur riesenhaften Größe des Zyklopen vor.

Kornelkirschen (*corna*, 816)

Pflücken soll Galatea auch Kornelkirschen (*ipsa autumnalia corna*, 816). Sie sind, wie im ersten Kapitel des Hauptteils gezeigt wurde,[137] sauer und haben einen harten Stein. Aufgrund dieser Eigenschaften bilden sie einen starken Kontrast zu den süßen weichen Erdbeeren, der durch die gegenüberliegende Stellung beider Früchte im Vers noch betont wird.[138] In augusteischen Texten werden Kornelkirschen – wohl aufgrund dieser Eigenschaften – zumeist

---

133 Bei Vergil und in Ovids goldenem Zeitalter wachsen Erdbeeren ebenfalls im Wald (*hic ad veteras fagos*, Verg. ecl. 3,12) bzw. in den Bergen (*montana fraga*, Ov. met. 1,104).

134 Vgl. etwa Verg. ecl. 1,4f.: [...] *tu, Tityre, lentus in umbra | formosam resonare doces Amaryllida silvas*; ecl. 7,10: *et, si quid cessare potes, requiesce sub umbra*. Hor. carm. 1,17,21f.: *Hic innocentis pocula Lesbii | duces sub umbra* [...]; carm. 1,32,1f.: [...] *si quid vacui sub umbra | lusimus tecum* [...]. Die Worte *sub umbra* stehen in diesen Beispielen wie in unserer Stelle stets an letzter Position im Vers.

135 Vgl. Hopkinson 2000, 222.

136 Auch heute noch wachsen Walderdbeeren wie ein Teppich nur an bestimmten Stellen auf dem Waldboden. Eine solche Stelle zu finden und die Erdbeeren dann zu sammeln, ist, so weiß ich aus eigener Erfahrung, ein wahres Vergnügen. Den Fundort ,wilder' Nahrung wie Beeren, Esskastanien oder Pilze vor der Konkurrenz zu hüten, ist heute nach wie vor übliche Praxis im ländlichen Raum (man denke alleine an Trüffel).

137 S. oben, 133.

138 Ov. met. 13,816: *mollia fraga – leges ipsa – autumnalia corna*.

als Nahrung der Not und des Mangels gekennzeichnet.[139] Auch Philemon und Baucis servieren Kornelkirschen, allerdings eingelegt und nicht roh.[140] Der Bezug zu Philemon und Baucis wird durch die Verwendung desselben Attributes (*autumnalia*) verstärkt. Es weist darauf hin, dass die Kornelkirschen reif sind und sich somit in ihrem süßesten Zustand befinden. Dennoch sind Kornelkirschen auch in ihrem reifen Zustand immer noch weitaus saurer als etwa Erdbeeren oder Trauben.[141]

Entsprechend passt die Kornelkirsche aufgrund ihrer Eigenschaften und negativer Konnotation nicht zu den vorangegangenen Früchten. Umso mehr überrascht es, dass Polyphem seine Galatea die Kornelkirschen zusammen mit süßen Erdbeeren sammeln lassen will. Mehrere Deutungen sind hier denkbar: Vielleicht findet Polyphem Kornelkirschen ebenso schmackhaft wie Erdbeeren. Oder er selbst kennt den Geschmack und die Konsistenz der Kornelkirsche nicht. Beides könnte man sowohl als Ignoranz als auch als Empathie gegenüber Galatea werten, entweder weil er ihr das anbietet, was er selbst mag, oder weil er versucht sich vorzustellen, was einer jungen Nymphe gefallen beziehungsweise schmecken könnte.

Pflaumen (*pruna*, 817)

Zu den Früchten, die Galatea pflücken soll, gehören auch zwei Sorten von Pflaumen. Wie bei den Trauben beschreibt Polyphem die Sorten durch ihre unterschiedlichen Farben, doch diesmal ausschweifender und mit anderen Bildern: Während die einen sich durch schwarzen Saft auszeichnen (*prunaque non solum nigro liventia suco*, 817), vergleicht er die anderen mit frischem Wachs (*verum etiam generosa novasque imitantia ceras*, 818).[142] Dabei übertrifft Polyphem erneut Vergils Corydon, der seinem Alexis lediglich eine Sorte, nämlich wachsfarbene Pflaumen (*cerea pruna*) anbietet.[143] Allein diese eine Sorte, bei Corydon aus zwei Wörtern und fünf Silben bestehend, bauscht Polyphem zu vier Wörtern und 13 Silben auf.

139 Zu Eigenschaften und literarischer Verwendung der Kornelkirsche s. oben, 130ff.
140 Ov. met. 8,665: *conditaque in liquida corna autumnalia faece*, s. oben, 193f.
141 S. oben, 193.
142 Gelbe und blaue Pflaumen gehören laut Plinius nat. 15,41 zu den beliebten heimischen Sorten. Dabei ist die Beschreibung der gelben Sorte als ‚wachsfarben‘ auch in landwirtschaftlichen Werken üblich, vgl. Plin. nat. 15,41: *cerina*; Colum. 10,404: *cereola*.
143 Verg. ecl. 2,53.

Die Früchte Corydons[144] haben bestimmte Eigenschaften, die sich auf den Geliebten übertragen lassen, und wurden von ihm wohl deshalb als besonders geeignete (erotische) Liebesgaben ausgewählt.[145] Der Vergleich mit Wachs drückt dabei wohl einen besonders hellen Hautton aus, den auch Horaz bei einem Jüngling lobt.[146] Entsprechend ist auch an unserer Stelle die Lesart nicht ausgeschlossen, dass Polyphem – der ja schon zu Beginn des Liedes Galateas Haut mit weißer Milch verglichen hat[147] – mit seiner Beschreibung der wachsfarbenen Pflaumen eine Anspielung auf Galateas schöne, edle (*generosa*, 818) Haut macht.

Kastanien (*castaneae*, 819)

Auch Kastanien will Polyphem seiner Geliebten nicht vorenthalten (*nec tibi castaneae me coniuge, deerunt* 819f.). Kastanien kommen in der römischen Dichtung zuerst in Vergils Eklogen vor.[148] In der ersten Ekloge dienen sie als rustikales Nahrungsmittel im Rahmen des Abendessens, das Tityrus Meliboeus anbietet.[149] Dessen Kastanien sind *molles*, was darauf schließen lässt, dass sie durch Einlegen oder Garen weichgemacht wurden.[150] In der

144 Verg. ecl. 2,51–53, s. oben, Anm. 83.
145 Vgl. Du Quesnay 1979, 40. Quitten haben weichen Flaum (*lanugo*, ecl. 2,51) wie Alexis' Wangen (der ein Jüngling, kein erwachsener Mann ist, vgl. ecl. 2,17: *o formose puer*). Die mit Flaum bedeckten Jünglingswangen findet man auch schon bei Lukrez 5,888f: *tum demum puerili aevo florere iuventas | occipit et molli vestit lanugine malas*. Kastanien haben Ähnlichkeit zum männlichen Geschlecht, vgl. Isid. orig. 17,7,25: *fructus eius* [sc. *castaneae*] *gemini in modum testiculorum intra folliculum reconditi sunt*.
146 Vgl. Du Quesnay 1979, 40. Bei Horaz (carm. 1,13,1–3) werden die wachsfarbenen Arme eines Jünglings gelobt: *Cum tu, Lydia, Telephi | cervicem roseam, cerea Telephi | laudas bracchia* [...]. Servius schreibt in seinem Kommentar zu Vergils zweiter Ekloge, dass *cerea* sich entweder auf die Farbe oder die Zartheit der Haut beziehen könnte (*aut cerei coloris, aut mollia*), vgl. Coleman 1977, 103. Dass an unserer Stelle eher die Farbe gemeint ist, geht zum einen aus der Gegenüberstellung mit den dunklen Pflaumen hervor. Zum anderen meint auch Horaz wohl die Farbe, da er vor den *cerea bracchia* von *cervix rosea* spricht. Zu weißer bzw. heller Hautfarbe als Ausdruck von Schönheit s. weiter unten im Text unter *lac*.
147 S. unten, Anm. 173.
148 TLL 3.0.523.67.
149 Verg. ecl. 1,81, s. oben, Anm. 105.
150 Page 1920, 102: „,mealy' when roasted." So auch Coleman 1977, 89 mit der eigenartigen Ergänzung „or ,soft', as when they are ripe or pickled." Clausen 1994, 60. Kastanien waren schon bei den Griechen als Kulturpflanze bekannt, vgl. Hermann Stadler: Kastanie, RE 20. Hbd., 1919, 2338–2341; s. dort auch die Etymologie. Zunächst unterschieden die Griechen wohl nicht zwischen Eichel und Kastanie; bei den Römern: Vor allem bei Columella und Plinius d.Ä. lesen wir über die Kastanie als Kulturpflanze, vgl. TLL 3.0.523.67–524.25,

zweiten Ekloge dienen sie Corydon als Liebesgeschenk für Alexis.[151] In Anlehnung an diese Stelle verwenden auch Ovid in der *Ars amatoria* und Petron Kastanien als Liebesgaben.[152] Die erotische Konnotation der Kastanie tritt besonders deutlich in Vergils siebter Ekloge hervor, in der die Hirten Corydon und Thyrsis in einem Gesangswettbewerb ihre sexuelle Erregung durch Naturmotive ausdrücken.[153] In diesem Zusammenhang singt Corydon, die Natur sei fruchtbar, solange Alexis da wäre, und dass überall die Früchte der Kastanien auf dem Boden verstreut lägen;[154] wenn Alexis allerdings verschwände, würden alle Flüsse austrocknen.[155] Es ist durchaus wahrscheinlich, dass neben Vergils zweiter Ekloge auch diese Stelle aus der sieb-

z.B. Plin. nat. 15,93. 17,59; Colum. 4,30,2, aber auch Verg. georg. 2,52. Plinius kannte sogar 18 Sorten (nat. 1,15,25). Kastanien wurden in der Regel gekocht oder geröstet (s. Athen. deipn. 54c). Plinius zufolge (nat. 1,15,25) war die Kastanie als Nahrung geeignet, wenn sie gemahlen und geröstet wurde. Von einer entsprechenden Zubereitung lesen wir bei Martial 5,78,15: Er bietet seinem Gast langsam in Dampf geröstete Kastanien aus Neapel an (*lento castaneae vapore tostae*). Im Kochbuch des Apicius findet man das Rezept *lenticulam de castaneis*, in dem die Kastanien mit allerlei Gewürzen gekocht werden (Apic. 5,2,2).

151 Verg. ecl. 2,52: Corydon bietet seinem Alexis selbstgepflückte Kastanien, die auch seine Verflossene Amaryllis einst liebte, als Liebesgabe an, s. weiter oben, 252, zum Text Anm. 83. Coleman 1977, 102 verweist in Bezug auf die zweite Ekloge auf den von Vergil bewusst erzeugten Unterschied in Textur und Farbe zu den zuvor von Corydon genannten Quitten, die einen weichen Flaum haben (*tenera lanugine*, ecl. 2,50).

152 Ovid (ars 2,267f.) rät zu moderaten Liebesgaben, darunter Kastanien, die Amaryllis heute nicht mehr liebe (*quas Amaryllis amabat, at nunc castaneas non amat illa nuces*). Damit spielt er auf Vergils zweite Ekloge an, in der Corydon meint (um Alexis eifersüchtig zu machen), auch Amaryllis habe Kastanien geliebt (*castaneasque nuces, mea quas Amaryllis amabat*, ecl. 2,52). Er meint damit die Frauen, die kleine Geschenke des Liebhabers nicht mehr zu schätzen wissen, sondern z.B. teuren Schmuck im Gegenzug für sexuelle Gefälligkeiten wollen. Als Liebesgeschenk dienen Kastanien auch in einem Gedicht von Petron (fr. 33,2: *mittis et hirsutae munera castaneae*), in dem der Empfänger sich allerdings nur bedingt freut, da er nur die Früchte, nicht aber seine Geliebte zu Gesicht bekommt.

153 Diese Fruchtbarkeit wird ausgedrückt durch doppeldeutige Bilder von Hitze und Feuer (~Lust, vgl. ecl. 7,47: *solstitium*, 49f.: *hic plurimus ignis | semper*), vom Anschwellen der Knospen der Rebe (~Anschwellen von Geschlechtsorganen, vgl. ecl. 7,48: *iam lento turgent in palmite gemmae*), von bemoosten Quellen (~Geschlecht mit Schambehaarung, vgl. ecl. 7,45: *muscosi fontes*) und dem fruchtbaren Regen Jupiters (~Sperma, vgl. ecl. 7,60: *Iuppiter et laeto descendet plurimus imbri*), vgl. hierzu von Albrecht 2008, 184.

154 Die erotische Konnotation der Kastanie liegt möglicherweise in der Ähnlichkeit zu männlichen Hoden begründet, s. oben, Anm. 145.

155 Verg. ecl. 7,53–56: *Stant et iuniperi et castaneae hirsutae, | strata iacent passim sua quaeque sub arbore poma, | omnia nunc rident: at si formosus Alexis | montibus his abeat, videas et flumina sicca.* Durch die Erwähnung von *castaneae* und *poma* werden Corydons Liebesgaben aus der zweiten Ekloge wieder heraufbeschworen, vgl. Coleman 1977, 222.

ten Ekloge als Vorbild für Ovids Polyphem dient: Einerseits nämlich singt Corydon nicht nur über Alexis, sondern auch über Galatea,[156] andererseits singt er im Zusammenhang mit der fruchtbaren Natur nicht nur von Kastanien, sondern auch vom Arbutus-Baum[157] – dessen Beeren wiederum nennt Polyphem zusammen mit Kastanien als Abschluss des *poma*-Katalogs. Polyphems Kastanien unterstreichen demnach das idyllische Setting der Hirtenwelt und fügen sich neben Trauben und Pflaumen in die Reihe an Früchten ein, die in der augusteischen Dichtung mit Liebesgaben assoziiert werden. Im Unterschied zu diesen beiden Früchten sind Kastanien allerdings, ähnlich wie Kornelkirschen, roh nicht zum Verzehr geeignet. Sie müssen zunächst geschält und anschließend gegart werden.

Arbutus-Früchte (*arbutei fetus*, 820)

In einem Zuge mit den Kastanien nennt Polyphem Arbutus-Früchte (*nec tibi deerunt arbutei fetus,* 820). Diese erscheinen in der römischen Literatur als Speise der Vorzeit:[158] In Varros Vorzeitdarstellung gehören sie passenderweise in die Hirtenphase,[159] bei Lukrez in die primitive Naturphase,[160] im Buch 1 der Metamorphosen in das goldene Zeitalter.[161] Bei Lukrez dienen sie neben ihrer Funktion als Nahrungsmittel auch als Preis für sexuelle Gefälligkeiten. In einem sexuellen Kontext kommt der Arbutus-Baum, wie oben gezeigt, zusammen mit der Kastanie auch in Vergils siebter Ekloge vor. Der Arbutus-Frucht haftet demnach die Assoziation des Primitiven, Vorzeitlichen, aber auch – ebenso wie der Kastanie – die des Sexuellen an. Arbutus-Früchte kommen – im selben Wortlaut: *arbuteos fetus* – ebenfalls in Ovids goldenem Zeitalter in Buch 1 vor. Zum Verzehr geeignet ist die Arbutus-Frucht nur bedingt, da ihr Fleisch weder süß ist noch eine angenehme Konsistenz hat.[162]

---

156 Verg. ecl. 7,37–40.
157 Verg. ecl. 7,46: *et quae vos rara viridis tegit arbutus umbra.*
158 S. oben, 129f.
159 Varro rust. 2,1,4, s. Tabelle 4.
160 Lucr. 5,941, s. Tabelle 4.
161 S. o., 129.
162 S. o., 129f.

Abschluss (820)
Polyphem schließt seinen pflanzlichen Speisekatalog mit dem Versprechen *omnis tibi serviet arbor,* das im Aufbau und durch das ähnliche Verb (*servire* statt *servare*) an Vers 814 (*sunt et purpureae: tibi et has servamus et illas*) erinnert. Beide Male zählt Polyphem zwei Obstsorten auf und zieht anschließend eine Schlussfolgerung. Er steigert dabei die Dienstleistung von *servare* (,aufbewahren') zu *servire* (hier: ,untertan' bzw. ,zu Diensten sein')[163]. Das Subjekt ist diesmal auch nicht Polyphem selbst, sondern *omnis arbor,* dessen prägnante Stellung am Versende noch einmal den Ursprung all dieser Speisen betont: Sie stammen vom Baum. Dies ermöglicht die Deutung, dass Polyphem den pflanzlichen Ursprung seines Besitzes noch einmal hervorheben möchte, vielleicht um Galatea zu demonstrieren, dass er selbst nicht (mehr) das blutrünstige Monstrum ist, als das sie ihn wahrnimmt. Man könnte an dieser Stelle die Betonung aber auch auf *omnis* sehen, was folgende Deutung zulässt: Polyphem betont zusammenfassend, dass wirklich *jeder* Baum in seinem Besitz ist, so dass bei Galatea ja kein Zweifel an seinem Reichtum aufkommt.

Weiterführende Gedanken zu Struktur und Inhalt
Nachdem nun die Konnotation der von Polyphem gewählten Baumfrüchte untersucht wurde, ergibt sich für diesen Abschnitt eine auffällige Struktur in Bezug auf die Früchte (s. Tabelle 15): Obwohl die nachfolgenden Früchte nicht ausschließlich an Bäumen wachsen,[164] ist der erste Satz *sunt poma gravantia ramos* als Einleitung zu sehen und bildet mit dem letzten Satz *omnis tibi serviet arbor* einen allgemeineren, auf Bäume verweisenden Rahmen, der die konkreten Obstsorten einschließt. Innerhalb dieses Rahmens sind verschiedene Strukturen erkennbar: Zunächst erfolgt eine Zweiteilung der Verse 813 bis 818 in zwei Abschnitte mit jeweils vier Versen, die in Bezug auf die Eignung der Früchte als Nahrung (in literarischen Texten) jeweils parallel und in Bezug auf deren Eigenschaften chiastisch aufgebaut sind: Zuerst werden jeweils in zwei Versen zwei Sorten einer bekannten, kultivierten und viel konsumierten Frucht genannt (Trauben, Pflaumen), wobei

---

163 Vgl. Bömer 1982, 431; vgl. OLD, s.v. servire.
164 Erdbeeren wachsen auf dem Boden und Wein an Reben. Pflaumen, Arbutus-Früchte und Nüsse (also auch Kastanien) gehören zu *poma,* s. z.B. Colum. 7,9,8; 8,17,13; Plin. nat. 1,15,9–34.

bei den Trauben zuerst eine helle, dann eine dunkle Sorte, bei den Pflaumen hingegen zuerst eine dunkle, dann eine helle Sorte genannt wird. Es folgt jeweils eine Frucht, deren Beschaffung oder Verzehr mit Mühe verbunden ist (Erdbeeren sind klein und müssen vom Boden gesammelt werden, Kastanien müssen vor dem Verzehr geschält und gegart werden). Erdbeeren sind außerdem weich, Kastanien hingegen hart und stachelig. Zuletzt folgt jeweils eine wild wachsende, zwar grundsätzlich essbare, aber wegen ihres schlechten Geschmacks oder ihrer schlechten Bekömmlichkeit unbeliebte Frucht (Kornelkirsche, Arbutus-Frucht). Kornelkirschen haben einen harten Stein, Arbutus-Früchte hingegen sind weich. Eine Überkreuzung der letztgenannten vier Früchte erfolgt – parallel zur Überkreuzung der Eigenschaften – auch auf Versebene: Die Beschreibung von Erdbeeren und Arbutus-Früchten geht jeweils über das Versende hinaus (Enjambement), die Beschreibung von Kornelkirschen und Kastanien hingegen nimmt jeweils drei Wörter (und drei Hebungen) ein, wobei die der Kornelkirschen am Ende des Verses, die der Kastanien am Beginn des Verses steht:

Vers	Text
815	*Ipsa tuis manibus silvestri nata sub umbra*
816	*mollia fraga leges, ipsa autumnalia corna*
819	*Nec tibi castaneae* me coniuge, *nec tibi deerunt*
820	*arbutei fetus;* [...]

Die parallele Struktur der beiden Versgruppen spiegelt jeweils einen Abstieg der Früchte in Bezug auf ihre Essbarkeit und Kultivierung aus römischer Sicht wider: Von in vielerlei Sorten kultivierten, süßen und daher im rohen Zustand essbaren Pflaumen und Trauben über die mit Mühe zu beschaffenden bzw. essbar zu machenden Erdbeeren und Kastanien bis hin zu wild wachsenden, auf eine bestimmte Weise unangenehmen Früchten (Kornelkirsche, Arbutus-Früchte).

Neben dieser Struktur ist eine weitere Zweiteilung des Abschnittes zu erkennen: Die Früchte in den Versen 812 bis 818 sind mit Eigenschaften versehen, die auf ihre Reife hindeuten: Baumfrüchte durch ihr Gewicht, Trauben und Pflaumen durch ihre Farbe, Erdbeeren durch ihre weiche Beschaffenheit, Kornelkirschen durch Bestimmung der Jahreszeit, in der sie reifen.[165] Diese Betonung der Reife verweist einerseits auf die Funktion der Früchte als Nahrungsmittel (sie sind so reif und süß, dass Galatea sie direkt vom Baum oder Strauch essen kann), andererseits auf die Prahlerei Polyphems („Ich biete dir nur das Beste!"). Vor dem Hintergrund des bukolischen Settings und der Konnotation einiger der genannten Früchte als Liebesgaben könnte aber auch die Symbolik der Fruchtbarkeit mitschwingen. In diesem Zusammenhang erinnern die beiden letztgenannten Früchte, Kastanien und Arbutus-Früchte, an die siebte Ekloge Vergils, in der erotische Fantasien durch eine Naturmetaphorik ausgedrückt werden.[166] Eine Ähnlichkeit zwischen beiden Stellen könnte man auch aus der Verwendung der Verben bei Ovid herauslesen: Während Polyphem im ersten Abschnitt durch die Verwendung der ersten und zweiten Person (*servamus, leges*) seine eigenen und Galateas Aktivitäten hervorhebt, werden im zweiten Teil die Früchte und Bäume zu Subjekten, menschliche Aktivität findet dadurch nicht mehr statt.

Arbutus-Frucht und Kastanie heben sich bei Polyphem von den anderen Früchten ab: einerseits dadurch, dass sie nicht mit Eigenschaften versehen sind, andererseits dadurch, dass sie durch ihre parallele Darstellung auf Satzebene (*nec tibi – nec tibi – deerunt*) miteinander verknüpft sind. Angesichts einer denkbaren Anlehnung an Vergil ergibt sich somit die mögliche Lesart, dass diesen letzten Versen eine besonders erotische Assoziation innewohnt. Dafür spräche auch der Ablativus absolutus *me coniuge*, der zum ersten Mal innerhalb des Besitzkataloges die von Polyphem herbeigesehnte Liebesbeziehung explizit macht.

3.3.2 Verse 821–830: Tierischer Besitz (*pecus*-Katalog)

Nachdem er Galatea seinen Obstbestand angepriesen hat, verwendet Polyphem zehn Verse zur Beschreibung seiner Viehherde: Die Verse 821–824 sind der Größe seiner Herde gewidmet. Er betont zunächst, dass die Tiere,

---

165 Ignoriert man die Baumfrüchte, erkennt man weiterhin eine umrahmende Struktur: Trauben und Pflaumen, deren Reife jeweils durch die Farbe ausgedrückt wird, umschließen Erdbeeren und Kornelkirschen, deren Reife durch Beschaffenheit und Reifezeitpunkt ausgedrückt wird.
166 S.o., Anm. 153.

die ihn umgeben, alle ihm gehören (821). Viele befänden sich noch an weiteren Orten: in Tälern, im Wald und in Höhlen (821f.). Er könnte Galatea, würde sie fragen, gar nicht sagen, wie viele es eigentlich sind (823), denn nur ein Armer würde seine Herde zählen (824). Auch brauche Galatea ihm die Vorzüge der Herde gar nicht zu glauben (824), schließlich könne sie mit eigenen Augen sehen (824f.), dass die Tiere mit den Beinen kaum an ihren vollen Eutern vorbeikommen (826). Außerdem besitze er Jungvieh in verschiedenen Höhlen: Lämmer und Böcklein (827f.). Niemals, so schließt Polyphem, gehe ihm weiße Milch aus, deren einen Teil er zum Trinken aufbewahrt, während er aus dem anderen Käse herstellt (829–830).

Polyphems Viehherde (821–827)

Während Polyphem bei dem Katalog der Baumfrüchte die Anapher *sunt* benutzt, um die Vielzahl seiner Früchte zu betonen, drücken nun die unbestimmten Zahlwörter *multae, multas* und *omne* (821) die große Anzahl seiner Tiere aus. Darüber hinaus zeigen die Länge der Beschreibung und der kommentierende Einschub *nec, si forte roges, possim tibi dicere, quot sint: | pauperis est numerare pecus* (823f) seinen Stolz auf die große Viehherde. Ovid lässt seinen Polyphem an dieser Stelle außerdem als dessen literarischen Vorbildern bei Theokrit und Vergil überlegen erscheinen, die jeweils ‚nur‘ mit tausend Schafen auftrumpfen.[167] Wie bereits bei Pflaumen und Trauben werden die Schafe in zwei Sorten eingeteilt, nämlich in erwachsene (milchtragende, 826) und junge Schafe (827–8), diese wiederum in weibliche (*agni*, 827) und männliche (*haedi*, 828). Die weiblichen Lämmer leben in warmen Höhlen – ein Zeichen der Fürsorge und Zuneigung Polyphems seinen Schafen gegenüber, gleichsam eine Heraufbeschwörung des homerischen Polyphem, der seine Lämmer ebenfalls getrennt hält.[168] Neben der Einteilung der Lämmer in zwei Sorten erinnert auch die Einleitung der Verse 827f. mit der Anapher *sunt* an die Aufzählung der beiden Traubensorten weiter oben. So wird Polyphems Prahlerei in diesem zweiten Besitzkatalog auch sprachlich fortgesetzt.

---

167 Theokr. eid. 11,33 (Polyphem); Verg. ecl. 2,21f. (Corydon).
168 Vgl. Hom. Od. 9,219–221.

Milch (*lac*, 829f.)

Auf den Reichtum an Milch ist Polyphem besonders stolz, schließlich soll Galatea mit eigenen Augen sehen, dass die Schafe aufgrund ihrer prallen Euter kaum laufen können (*vix circueant distentum cruribus uber*, 826). Das Bild der prallen Euter wird schon bei Theokrit, später bei Vergil und bei Horaz als Element sowohl des idyllischen Hirten- beziehungsweise Landlebens,[169] aber auch als paradiesisches Motiv des goldenen Zeitalters bzw. der seligen Inseln verwendet.[170] Polyphem verzerrt diese Wendung ins Groteske, denn seine Schafe haben so pralle Euter, dass sie kaum laufen können.[171]

Die Milch wird wie zuvor die Lämmer in zwei Sorten eingeteilt: die flüssige Milch zum Trinken (*bibenda*, 829) und die zu Käse verarbeitete (*liquefacta coagula durant*, 830). Auch diese Einteilung entspricht dem homerischen und dem theokritischen Vorbild.[172]

Die Milch ist schneeweiß (*lac niveum*, 829), ebenso wie Galateas Haut, die Polyphem zu Beginn seines Liedes als weißer als schneeweißen Liguster beschreibt (*candidior folio nivei, Galatea, ligustri*, 789). Die weiße Farbe der Milch ist also für Polyphem ein Qualitätsmerkmal, ebenso wie die weiße Farbe von Galateas Körper, und trägt somit die Assoziation (körperlicher) Schönheit in sich.[173]

---

169 S. oben, 117. Darüber hinaus: In epist. 2,46 lobt Horaz das Landleben und stellt sich vor, wie eine *pudica mulier* die *distenta ubera* des Kleinviehs leert. Als positiv werden die prallen Euter auch in Horazens serm. 1,1,110 bewertet, wo Eifersucht an dem Beispiel eines Menschen erklärt wird, der seinem Nachbarn zürnt, weil dessen Ziegen die pralleren Euter haben.

170 S. Tabelle 4.

171 Tissol 1997, 119 spricht von einer „flower of speech".

172 Hom. Od. 9,246–249; Theokr. eid. 11,35f. Vergils Corydon betont seinen ganzjährigen Vorrat an Milch (ecl. 2,22), spricht aber nicht von Käse. Diese leichte Abänderung hängt mit dem Setting und Corydons Intentionen zusammen: Er möchte einen dem städtischen Kontext zugeordneten *puer delicatus* beeindrucken. Käse stellt für den Städter keine Besonderheit dar, frische Milch aufgrund ihrer hohen Verderblichkeit allerdings schon, vgl. Du Quesnay 1979, 47; 65; Dalby 2013, 217.

173 Die Schönheit ihrer Haut trägt Galatea bereits in ihrem Namen: γάλα ist die Milch, Galatea also die ‚Milchige' oder ‚Milchweiße', vgl. LSJ, s.v. γάλα. Da das Wort aus dem Griechischen stammt, ist es nicht verwunderlich, dass auch schon Theokrits Polyphem Galateas weiße Hautfarbe als Qualitätsmerkmal hervorhebt: Als weiß (Ὦ λευκὰ Γαλάτεια) bezeichnet er sie (wie daran anknüpfend auch Ovids Polyphem, vgl. met. 13,789) direkt zu Beginn seines Liedes, bevor er überhaupt ihren Namen nennt (vgl. eid. 11,19). Gleich darauf stellt er noch einmal lobend fest, dass sie weißer als der von ihm hergestellte Käse sei (λευκοτέρα πακτᾶς ποτιδεῖν, eid. 11,20). Auch Vergils Galatea ist weißer als Schwäne (*candidior cycnis*,

Käse (*partem liquefacta coagula durant*, 830)

Der zweite Teil der Milch wird zur Käseherstellung verwendet, die ohne Beschönigung als natürlicher Prozess beschrieben wird: Flüssiges Lab macht die Milch fest. Zwar ist die Umschreibung von Käse mit Wörtern wie *coagulum* oder *lac coacta* in der augusteischen Dichtung als Ausdruck für Ländlichkeit nicht ungewöhnlich,[174] dennoch ist dies die einzige Stelle, in der *coagulum* als Subjekt verwendet und damit als zentrales Element bei der Käseherstellung hervorgehoben wird. Vorbild ist auch hier Theokrit, dessen Polyphem Galatea zur Käseherstellung ermuntern möchte; dazu soll sie stechendes (gemeint ist der Geruch)[175] Lab in die Milch gießen.[176] Lab wurde in der Antike sowohl aus Feigensaft als auch aus den Mägen junger Wiederkäuer gewonnen;[177] sowohl bei Theokrit als auch bei Ovid handelt es sich um tierisches Lab.[178] Vor diesem Hintergrund ist es bemerkenswert,

vgl. ecl. 7,38) und der schöne Körper von Alexis ist strahlend weiß (*candidus,* vgl. ecl. 2,16f), ebenso wie die Milch seines Verehrers Corydon (vgl. ecl. 2,20).

Bei Plautus werden Milch und Käse als Liebkosungen verwendet: Plaut. Poen. 367: *mea colustra*; Poen. 390: *huius colustra, huius dulciculus caseus*. Weißer als Schnee (*candidior nivibus,* am. 3,5,11) und als Milch (*candidior lacte,* am. 3,5,13) ist auch die Kuh in Ovids *Amores*, die in einem Traum als Allegorie für die Geliebte steht. Auch in am. 3,7,8 ist die Geliebte *candidiora nive*. In der *Ars amatoria* ist es ein schöner Stier, der ebenfalls strahlend weiß (*candidus,* ars 1,290) und weißer als Milch ist (*cetera lactis erant,* ars 1,292). Zur Farbe Weiß bei Liebesgeschenken s. Tietz 2013, 295f.

174 *Coagulum* kommt in der Dichtung vor Ovid im Zusammenhang mit Käse bzw. Käseherstellung nur einmal bei Tibull vor, drei Mal bei Ovid selbst, s. oben, 200, Anm. 186, darüber hinaus met. 14,274: Circe gibt Odysseus und seinen Gefährten ein Gemisch aus gerösteten Gerstenkörnern, Honig, Wein und Frischkäse (*lacte coagula*).

175 Über den stechenden Geruch von Lab als ländliches Parfum (vgl. Hunter 1999, 157) machen sich in Theokrits siebtem Idyll der Städter Simichidas und sein Freund lustig, die auf dem Land unterwegs sind. Als sie einem Ziegenhirten begegnen, erkennen sie ihn als solchen an seinem Geruch: er riecht nach frischem (tierischen) Lab (νέας ταμίσοιο, eid. 7,16). Indem Theokrit im elften Idyll das Lab mit dem Attribut δριμύς (,stechend') versieht, betont er diese unangenehme Eigenschaft, vielleicht um hervorzuheben, wie abstoßend die Käseherstellung aus der Sicht Galateas sein muss.

176 Theokr. eid. 11,66: [...] τυρὸν πᾶξαι τάμισον δριμεῖαν ἐνεῖσα.

177 Varro, Plinius und Columella unterscheiden Feigenlab, für das es offensichtlich keinen eigenen Namen gibt (bei Varro rust. 2,11,4 als *umor fici lacteus,* bei Colum. 7,8,1 als *lac ficulnei,* bei Plin. nat. 16,181 als *lac fici* bezeichnet), von tierischem Lab (*coagulum*). Diese Textstellen zeigen außerdem, dass im ersten Jahrhundert v. und n. Chr. tierisches Lab das übliche Gerinnungsmittel ist.

178 Bei Euripides stellt Polyphem Käse aus Feigenlab her (τυρὸς ὀπίας, Eur. Cycl. 136, vgl. LSJ, s.v. ὀπίας). Auch in Homers Ilias lesen wir von Feigenlab, das Milch schnell dick werden lässt (ὡς δ᾽ ὅτ᾽ ὀπὸς γάλα λευκὸν ἐπειγόμενος συνέπηξεν, Il. 5,902, vgl. LSJ, s.v. ὀπός), woraus

dass Ovids Polyphem direkt vorher über seine *agni* und *haedi* spricht.[179] Entsprechend ist hier folgende Deutung möglich: Vielleicht möchte Ovid betonen, dass sein Polyphem die eigenen Lämmer zur Labherstellung verwendet. Freilich ist das Schlachten von Lämmern für einen Hirten nichts Ungewöhnliches; auch können wir nicht wissen, ob die Prozedur der Labgewinnung und -verarbeitung bei einem zeitgenössischen Leser negative Reaktionen wie Ekel hervorgerufen hat. Dennoch muss nicht ausgeschlossen werden, dass das direkte Nebeneinander der Beschreibungen der Lämmer und der Käseherstellung genau diese Reaktion hervorgerufen hat und bei aller Subtilität als ungeschickter rhetorischer Zug Polyphems gegenüber Galatea gedacht ist.[180]

Weiterführende Gedanken zu Struktur und Inhalt
Der *pecus*-Katalog hat eine binäre Struktur, in der sich die Funktion der erwachsenen und jungen Schafe widerspiegelt: Er beginnt wie die Obst-Passage mit einem Einleitungssatz, in dem das Folgende kategorisiert wird: es

Wilhelm Kroll schließt, dass auch in Homers Polyphem-Episode jenes Feigenlab gemeint sein müsse, weil der Zyklop die Milch ‚gleich‘ (αὐτίκα, Od. 9,246) gerinnen lässt, vgl. Wilhelm Kroll: Käse, RE 20. Hbd., 1919, 1491. Theokrits Polyphem schließlich verwendet tierisches Lab (τάμισος, eid. 11,66, LSJ, s.v. τάμισος). Da wir nur die oben genannten Polyphem-Geschichten als Anhaltspunkte haben, wissen wir nicht, ob Theokrit als Erster tierisches Lab in der Polyphem-Geschichte verwendet und ob er es bewusst dem Feigenlab vorzieht, um etwa Polyphems Bereitschaft zum Töten hervorzuheben. Eine andere Möglichkeit ist, dass man zur Zeit Homers und Euripides' tierisches Lab noch nicht kannte oder verwendete. Die früheste Beschreibung tierischen Labs erfolgt durch Aristoteles, der sich zeitlich zwischen Euripides und Theokrit befindet. In hist. anim. 522b 2ff. erklärt er, auf welche Weise man Milch gerinnen lassen kann. Feigenlab (ὀπός) nennt er dabei zuerst und belässt es bei der Nennung, während er die Herkunft von tierischem Lab (πυετία) ausführlich beschreibt. Man könnte daher vermuten, dass zu diesem Zeitpunkt ὀπός das übliche Gerinnungsmittel war, πυετία dagegen erst eingeführt werden musste. Eine zweite Bezeichnung für tierisches Lab ist τάμισον, wie es bei Theokrit verwendet wird. Zu Theokrits Zeit, also 100 Jahre nach Aristoteles, ist tierisches Lab wahrscheinlich genauso bekannt wie pflanzliches.
179 *Haedi* und *agni* werden bei Varro, Plinius und Columella als beste Lablieferanten genannt: Varro rust. 2,11,4: *melius leporinum et haedinum* [...]; Plin. nat. 11,239: *coagulum* [...] *haedi laudatum*; Colum. 7,8,1: *et id plerumque cogi agni aut haedi coagulo.*
180 Dieser Gegensatz zwischen Fürsorge und Gewalt seinen Schafen gegenüber ist auf einem Mosaik aus dem 4. Jahrhundert n. Chr. aus der Villa Romana del Casale in Piazza Armerina auf Sizilien dargestellt (Mosaik s. online unter: https://commons.wikimedia.org/wiki/File:UlisseM.jpg, Abrufdatum: 19.12.2018). Darauf ist zu sehen, wie Polyphem auf seinen Knien ein Schaf aufbricht, dessen Eingeweide hervorquellen, während im Vordergrund arglose Schafe und Ziegen beim Grasen zu sehen sind.

geht um *pecus*, Polyphems Viehherde (821). Die Struktur der zwei Sorten, die sich im poma-Katalog auf Trauben und Pflaumen beschränkt, zieht sich hier durch die gesamte Passage (s. Tabelle 16): Zunächst gibt es eine Zweiteilung in Quantität (Größe der Herde, 821–824) und Qualität (volle Euter, 824–826). Ferner werden die Schafe in erwachsene Tiere (milchtragend, 826) und Lämmer (827–828) unterteilt, die Lämmer wiederum in weibliche (*agni*) und männliche (*haedi*). Die beiden Altersklassen liefern je ein Produkt, das anschließend in paralleler Reihenfolge (829–830) genannt wird: Die alten Schafe liefern *lac*, die jungen *coagulum*. Beide Produkte werden wiederum für zwei Verwendungsarten von Milch benutzt: *lac* für flüssige Milch zum Trinken, *coagulum* für feste Milch zum Essen. Die Struktur des Abschnittes ist durch diese inneren Bezüge komplexer als die des *poma*-Katalogs und lässt eine durchgehende Bewegung vom Allgemeinen zum Besonderen erkennen, von der Herde über die einzelnen Tiere hin zu deren Produkten.[181]

Die Akteure dieses Abschnittes sind meistens die Tiere selbst, Polyphem dagegen führt keine einzige explizite Handlung aus (außer *possim dicere*, welches sich nicht auf die Hirtenarbeit bezieht und obendrein durch *nec* verneint ist). Dadurch entsteht der Eindruck, dass das Hirtengeschäft praktisch von alleine läuft und keiner großen Mühe bedarf.[182] Galatea hingegen ist im Gegensatz zum *poma*-Katalog keine aktive Rolle zugedacht. Sie ist

---

181 Im Zusammenhang mit dem Lab stellt sich die Frage, ob die Lämmer nicht auch (für Galatea) zum Essen gedacht sind. Ungewöhnlich wäre es insofern nicht, als dass auch in Euripides' *Cyclops* Polyphem sich laut Silenus vom Fleisch seiner Schafe ernährt (vgl. Eur. Cycl. 122) und der Verzehr von Lämmern in einem ländlichen Setting in augusteischen Texten nicht ungewöhnlich ist: Horaz (serm. 2,2,121) lobt den bescheidenen Gutsbesitzer Ofellus, bei dem nicht teurer Fisch aus der Stadt, sondern Essen vom Land auf den Tisch kommt, z.B. Böckchen (*haedus*) als Hauptspeise. Bei Horaz kommen Lämmer (*haedi, agni*) weiterhin mehrfach als Opfer vor: zur Ernte (carm. 3,18,5), als Opfer an die Quelle Bandusia (carm. 3,13,3), als Opfer für Faunus (carm. 1,4,12) und als ländliche Speise zum Terminalienfest, die den Luxusspeisen von weither vorgezogen wird (epod. 2,60f.). Laut Martial (10,92,7) haben Böcke und Lämmer (*haedi, agni*) oft die Altäre des Jupiter Tonans und Silvanus gefärbt. Er serviert außerdem einen *haedus* als kleinen Hauptgang bei einem Mahl (10,48,14). Properz (2,19,14) lobt das Landleben weitab von der Stadt, wo auf dem ländlichen Altar ein Böckchen geopfert wird. Bei Calpurnius Siculus (ecl. 4,166) lädt Amyntas zu einem schnellen Gastmahl ein, bei dem ein zartes Böcklein geschlachtet werden soll. Da es im Text aber keinen konkreten Anhaltspunkt gibt, kann die Vorstellung vom Verzehr der Lämmer nur eine Idee bleiben.
182 Bezogen auf Vergils zweite Ekloge weist Du Quesnay 1979, 64 darauf hin, dass das Verb *errant* – das auch Ovid in Vers 821 verwendet – im Gegensatz zu dem bei Theokrit ver-

Subjekt der Verben *videre, credere* und *rogare*, die ihr aus Polyphems Sicht die Rolle einer interessierten und aufmerksamen Beobachterin zukommen lassen – allerdings nur in Polyphems Fantasie, da Galatea, wie sie zu Beginn selbst erzählt, keinerlei Interesse an Polyphem oder seiner Lebenswelt zeigt. Auch in dieser Selbsttäuschung entspricht Polyphem der Rolle des elegischen Liebhabers.[183]

3.3.3 Verse 831–837: Die Geschenke (*munera*-Katalog)

Nach der Preisung seines Besitzes bietet Polyphem Galatea Geschenke (*munera*, 832) in Form von Tieren an. Diese sind für unsere Thematik insofern relevant, als dass sie einerseits ebenso wie seine Schafe grundsätzlich essbar und andererseits durch eine ähnliche Rhetorik des Anpreisens miteinander verknüpft sind. Diese Beobachtungen werden in der Detailanalyse noch präzisiert. Zunächst nennt Polyphem solche Tiere, die er als mühelos zu erlangene Vergnügungen und gewöhnliche Geschenke ansieht (*deliciae faciles vulgataque* [...] *munera,* 831f.): Rehe, Hasen und einen Bock (832), außerdem ein Taubenpaar und ein Vogelnest aus dem Baumwipfel (833). Ein besonderes Geschenk stellen dagegen zwei Bärenjunge dar, die Polyphem auf einem hohen Berg gefunden habe (836).

Dammae **und Hasen** (*dammae leporesque,* **832**)
Als erste Tiere aus der Kategorie ‚leicht zu beschaffende Geschenke' nennt Polyphem *dammae* und Hasen. Da beide Tiere in der antiken Literatur ähnliche Eigenschaften aufweisen und nicht selten in Kombination miteinander auftreten, werden sie im Folgenden gemeinsam besprochen. Zunächst ist jedoch der Begriff *damma* zu klären. Das Wort tritt erstmalig bei Vergil in Erscheinung und beschreibt in der augusteischen Dichtung ein wild lebendes scheues Tier, das gejagt wird.[184] Wahrscheinlich handelt es sich um ein ähnliches Tier wie *caprea*, das verschiedene wilde ziegen- oder rehartige

---

wendeten βόσκω „removes even the slightest hint at the work of shepherding and produces instead an idyllic picture calculated to appeal to the sentimental townsman".
183 Vgl. speziell zu Ovids *Amores* Holzberg [6]2015, 110–140.
184 Vgl. Bömer 1982, 433. Verg. ecl. 8,27f.: *timidi dammae*; georg. 3,539: *timidi dammae.* Hor. carm. 1,2,11f.: *pavidae dammae.*

Tiere bezeichnen kann.[185] Da sich nicht mit absoluter Sicherheit sagen lässt, um welche Tierart es sich handelt, bleibt der Begriff im Folgenden unübersetzt.

Dammae und Hasen kommen in Vergils *Georgica* und im zehnten Buch der Metamorphosen jeweils zusammen als Jagdwild vor.[186] Dort, in der letztgenannten Stelle, deutet sich an, was Polyphem mit *faciles* meint: Rehe und Hasen sind *tutae praedae*[187], Tiere also, die man ohne Gefahr einer Gegenwehr jagen kann.[188] Auch berichten Varro und Columella von Wildgehegen, in denen Hasen und *capreae* zum Verzehr gehalten werden.[189] In

185 Vgl. TLL 3.0.355.61–66; OLD, s.v. caprea; TLL 5.1.8.11–27; OLD, s.v. damma. Ovid unterscheidet *caprea* und *damma* (met. 1,442: [...] *dammis capreisque* [...]), was natürlich nicht ausschließt, dass es sich um ähnliche Tiere handelt. Bei Martial erscheint die Unterscheidung klarer: *Dammae* bezeichnet er im Gegensatz zu Keilern und Hirschen, die sich mit Hauern und Geweih verteidigen können, als wehrlos (13,94: *Dente timetur aper, defendunt cornua cervum: | inbelles dammae quid nisi praeda sumus?*), was darauf hindeutet, dass er Rehe meint. *Capreae* hingegen bezeichnet er als gute Kletterer (13,98f.): *Pendentem summa capream de rupe videbis: | casuram speres; decipit illa canes.*), was sie als eine Art Bergziege identifiziert. Die verschiedenen Verwendungen beider Worte sind aber insgesamt zu unterschiedlich, um sich aufgrund dieser Epigramme Martials festzulegen. Bömer 1982, 433 plädiert für ,Gazelle' als Übersetzung für *damma*. Die griechische Entsprechung von *damma* ist δάμαλις (TLL 5.1.8. 12f.), was ,junge Kuh' bedeutet (LSJ, s.v. δάμαλις); die von *caprea* δορκάς (TLL 3.0.355.63), was ganz allgemein ein rehartiges Tier bezeichnet (LSJ, s.v. δορκάς). Die moderne faunistische Verwendung beider Wörter wiederum könnte darauf schließen lassen, dass es sich bei *dammae* um Damhirsche (*dama dama*, vgl. Theodor C.H. Cole: Wörterbuch der Säugetiernamen. Berlin/Heidelberg 2015, 57.) und bei *capreae* um Rehe (*caprealus capreolus*, ebd. 30) handelt.
186 Als Jagdwild zusammen mit Hasen: Verg. georg. 1,308f.: *Auritosque sequi lepores, tum figere dammas | stuppea torquentem Balearis verbera fundae.* Georg. 3,409f.: *saepe etiam cursu timidos agitabis onagros, | et canibus leporem, canibus venabere dammas.* Met. 10,535–539.: [...] *per silvas dumosaque saxa vagatur | fine genus vestem ritu succincta Dianae | hortaturque canes tutaeque animalia praedae | aut pronos lepores aut celsum in cornua cervum | aut agitat dammas* [...]. Auch bei Galen (alim. fac. 3,1 Helmreich = 664 Kühn), der die Wirkung verschiedener Fleischsorten auf den menschlichen Körper beschreibt, werden Hasen (λαγωοῦ δ' ἡ σάρξ, hier „das Hasenfleisch") und Rehe (ἔλαφοι) direkt nacheinander abgehandelt.
187 Ov. met. 10,537, s. vorige Anm.
188 Gefährliche Beute hingegen sind Keiler, Wölfe, Bären und Löwen, met. 10,539–541.
189 Varro rust. 3,12,1: *Nam neque solum lepores in eo includuntur silva, ut olim in iugero agelli aut duobus, sed etiam cervi aut capreae in iugeribus multis* (Varro spricht wenig vorher von der Ernährung der in den Gehegen gehaltenen Tiere, von der ihr Geschmack abhänge (rust. 3,11,4). Colum. 9, praef.: [...] *siquidem mos antiquus lepusculis capreisque ac subus feris iuxta villam plerumque subiecta dominicis habitationibus ponebat vivaria, ut et conspectu sui clausa venatio possidentis oblectaret oculos et, cum exegisset usus epularum, velut e cella promeretur.* Hasenfleisch scheint schon bei den Griechen eine Delikatesse gewesen zu sein. S. Stellen bei S. Douglas Olson, D.S. und Alexander Sens: Archestratos of Gela. Greek culture

landwirtschaftlichen Texten werden darüber hinaus rehartige Tiere und vor allem Hasen als sehr gute Lablieferanten genannt.[190]

Beide werden allerdings auch zum Vergnügen gehalten: Columellas Tiere im Wildgehege dienen beispielsweise nicht nur zum Verzehr, sondern auch dazu, das Auge des Gutsherrn zu erfreuen.[191] Bei Martial wiederum wird eine Gazelle einem Kind zum Spielen geschenkt.[192] Hasen und Rehe wurden darüber hinaus in der Antike als Tiere mit einem besonders stark ausgeprägten Geschlechtstrieb der Göttin Aphrodite in ihrer Funktion als Förderin der animalischen Fruchtbarkeit und des Geschlechtstriebes zugeschrieben.[193] Passend dazu ist von *lepus* das Liebkosungswort *lepos* bzw. *lepor* abgeleitet.[194]

Die aufgezeigten Eigenschaften und Zuschreibungen beider Tiere suggerieren, dass an dieser Stelle verschiedene Konnotationen mitschwingen können: Möglicherweise hat Polyphem Hasen und *dammae* aufgrund ihres ansprechenden Äußeren, ihrer Harmlosigkeit und ihrer Verbindung zu Aphrodite als passendes und vielleicht erotisches (Liebes-)Geschenk für Galatea erachtet. Demgegenüber steht die Konnotation von *dammae* und *lepores* als Jagdwild. Es ist deshalb nicht auszuschließen, dass Polyphem auch an den

and cuisine in the fourth century BC. Text, translation and commentary. New York 2000, 208f. Auch bei Martial 13,92 wird Hase als die größte Delikatesse unter den Vierbeinern bezeichnet. Weitere Stellen zu Hasenfleisch s. Hans Gossen: Hase, RE 14. Hbd., 1912, 2484f. Über *dammae* oder *capreae* als Speise liest man nicht so viel. Horaz jedoch (serm. 2,4,43) erklärt, dass *capreae*, die Weinreben gefressen haben, nicht immer schmackhaft seien. Um so eine Aussage treffen zu können, muss er schon viel *caprea*-Fleisch genossen haben. Der Jagdkontext in den oben aufgeführten Stellen in den *Georgica* und Metamorphosen implizieren außerdem den späteren Verzehr der *dammae*.

190 Arist. hist. an. 522b 2ff: Lab könne man u.a. von Hasen gewinnen, aber das beste Lab stamme von jungen Rehen (νεβροῦ). Varro rust. 2,11,4 lobt Hasenlab mehr als das von Lämmern. Plin. nat. 11,239 bezeichnet das Lab von Hasen und Hirschkälbern (*hinnulei*) als *laudatum*.

191 Colum. 9 praef., s. oben, Anm. 189.

192 Mart. .13,99 (98): *Delicium parvo donabis dorcada nato: | iactatis solet hanc mittere turba togis.*

193 Vgl. LIMC 2,1, 1984, s.v. Aphrodite; Adolf Furtwängler: Aphrodite (G. d. Fruchtbarkeit), Roscher 1.1, 1978 (1884–1886), 398. Daneben gibt es eine Aphroditedarstellung im Louvre, auf der die Göttin flankiert von zwei Rehen dargestellt ist, vgl. ebd. 419 (Aphrodite in d. Kunst).

194 Z.B. bei Plaut. Cas. 138: *meus pullus passer, mea columba, mi lepus;* Capt. 32,2: *meae deliciae, mei lepores; lepor/lepos* bedeutet so viel wie ‚Anmut‘, ‚Liebenswürdigkeit‘ oder auch ‚Witz‘, vgl. TLL 7.2.1176.4–5, 23–25. Der Plural der Wörter *lepus, lepos* und *lepor* ist identisch.

Verzehr dieser Tiere denkt. Ob hier die mit dem Töten und Ausweiden verbundene Assoziation von Hase und *damma* als Lablieferanten mitschwingt, ist zwar theoretisch möglich. Dieser Kontext ist aber so speziell und bleibt obendrein in der Dichtung unerwähnt, dass sie eher unwahrscheinlich ist.

Bock (*caper*, 832)

Das dritte von Polyphem in diesem Vers genannte Tier-Geschenk ist ein Bock. In der homerischen Zyklopengeschichte ist der Bock das Leittier von Polyphems Herde. Als der Bock, nachdem Odysseus Polyphem geblendet und sich von unten an das Tier geklammert hat, ungewöhnlicherweise als letzter nach draußen geht, spricht Polyphem liebevoll mit ihm, als wäre er sein Freund.[195] Auch bei den vergilischen Hirten nimmt der Bock eine besondere Stellung ein: In der siebten Ekloge sucht der Hirte Meliboeus nach seinem Bock, dem Anführer seiner Herde,[196] der ähnlich wie in der Odyssee vermenschlicht wird, und zwar als *vir gregis*, der sich ungewöhnlicherweise verlaufen hat.[197] In der dritten Ekloge streiten sich die Hirten Menalcas und Damoetas um einen Bock, den Damoetas einem anderen gestohlen hat.[198] Vor diesem Hintergrund und eingedenk der Möglichkeit, dass mit *caper* sogar derselbe Bock gemeint sein könnte, mit dem Polyphem in der Odyssee spricht, erscheint er als Geschenk aus Polyphems Sicht besonders wertvoll. Darüber hinaus gibt es noch weitere mögliche Bezüge und Konnotationen: Auch bei Antiphanes' Polyphem kommen ein Ziegenbock und einen Widder vor.[199] Vermutlich sind sie für ein Festessen anlässlich der von Polyphem imaginierten Hochzeit mit Galatea bestimmt. In Anlehnung an das Stück von Antiphanes könnte auch Ovids Polyphem den Bock zum Essen vorgesehen haben. Unwahrscheinlich ist es insofern nicht, als auch beispielsweise in Vergils *Georgica*, in den *Fasti* und Metamorphosen der Bock als Opfertier vorkommt (das anschließend verzehrt wird).[200]

---

195 Hom. Od. 9,446–460, vgl. oben, 243, Anm. 16.
196 Verg. ecl. 7,7: *Vir gregis ipse caper deerraverat* [...].
197 Dies wird ausgedrückt durch *ipse*: ‚selbst der Bock', vgl. Page 1920, 149; Coleman 1977, 210. Eine ähnliche Personifizierung verwendet Vergil in georg. 3,125, wo der Zuchthengst als *pecori maritus* bezeichnet wird.
198 Verg. ecl. 3,16–24.
199 S. oben, 248.
200 Verg. georg. 2,380; Ov. fast. 1,353–361; met. 15,114. Zum Zusammenhang von Opfer und Verzehr s. oben, 79, Anm. 57. Der explizite Bezug zum Gott Bacchus in den jeweili-

Möglich ist hier auch eine Anspielung auf die *capreoli*, die Vergils Corydon seinem Alexis verspricht.[201] Diese sind weiß gesprenkelt und trinken noch Milch, d.h. sie sind klein und zart, weshalb Corydon sie vielleicht als passend für einen Jüngling erachtet. Polyphem hingegen schenkt Galatea einen ausgewachsenen Bock. Böcke gelten zwar, ebenso wie Rehe und Hasen, als der Aphrodite zugehörige Tiere.[202] Ein vergleichender Blick in Catulls *carmen* 69 ermöglicht jedoch eine Lesart, die den Bock als äußerst unpassendes Liebesgeschenk erscheinen lässt: Catull – und daran angelehnt auch Ovid in der *Ars amatoria* – verwendet den Bock aufgrund seines Gestanks als Metapher für üblen Achselgeruch.[203] Dabei weist Catulls *carmen* auffällige Ähnlichkeiten zu unserer Stelle auf:[204] Es richtet sich an einen Mann, unter dessen Achseln ein *trux caper* haust und der sich deshalb nicht wundern müsse, dass keine Frau mit ihm schlafe, selbst wenn er ihr ein Geschenk (*munus*, gemeint ist ein besonderes Kleid) oder eine Freude (*deliciae*) mit einem Edelstein mache. Der Bock, so das lyrische Ich weiter, sei ein widerwärtiges Tier, bei dem kein Mädchen liegen wolle, von ihm gehe ein grausamer Pestgeruch aus. Ovid verwendet ebenfalls die Worte *caper* (832), *munus* (832) und *deliciae* (831), wodurch ein Nachhall Catulls an dieser Stelle durchaus wahrscheinlich wird. Unter dieser Annahme lässt sich die Aussage Catulls sehr gut auf Polyphem übertragen: Während Rufus der Erfolg bei den Frauen durch den *caper* unter den Achseln trotz seiner Geschenke verwehrt bleibt, macht Polyphem Galatea ironischerweise einen *caper* zum Geschenk. Hätte er doch seinen Catull gelesen.

---

gen Stellen spricht allerdings dagegen, da Polyphem als *contemptor Olympi* (761) ja keinen Göttern opfert.

201 Verg. ecl. 2,41, s. oben, 252, Anm. 82.

202 Es gibt mehrere Aphroditedarstellungen, in denen die Göttin auf einem Bock reitet, vgl. Johann J. Bernoulli: Aphrodite. Ein Baustein zur griechischen Kunstmythologie. Leipzig 1873, 410f. Online unter https://books.google.de/books?id=NtpKM0w6BIwC&printsec=frontcover&dq=intitle:Aphrodite+inauthor:Bernoulli&as_brr=1&cd=1&source=gbs_gdata&redir_esc=y#v=onepage&q&f= false (Abrufdatum: 14.03.17).

203 Catull. 69,5; Ov. ars 3,193 mit jeweils derselben Wortwahl: *trux caper.*

204 Catull. 69: *Noli admirari quare tibi femina nulla,* | *Rufe, velit tenerum supposuisse femur,* | *non si illam rarae labefactes munere vestis* | *aut perluciduli deliciis lapidis.* | *Laedit te quaedam mala fabula, qua tibi fertur* | *valle sub alarum trux habitare caper.* | *Hunc metuunt omnes. Neque mirum: nam mala valde est* | *bestia, nec quicum bella puella cubet.* | *Quare aut crudelem nasorum interfice pestem,* | *aut admirari desine cur fugiunt.*

Taubenpaar und Vogelnest (*par columbarum, nidus*, 833)

Als weiteres Geschenk hat Polyphem ein Taubenpaar (*parque columbarum*, 833) und ein Vogelnest aus dem Baumwipfel (*demptusque cacumine nidus*, 833) für Galatea. Ein Taubenpaar erscheint eher als der *caper* als geeignetes Geschenk für die Geliebte, denn mehr als alle anderen Tiere werden Tauben in der römischen Literatur als Attribut der Venus mit Liebe und Treue assoziiert.[205] Bei Plautus wird *columba* sogar, ebenso wie *lepus*, als Kosename verwendet.[206]

Es ist wahrscheinlich, dass Ovid an dieser Stelle erneut Theokrit und Vergil als Vorbilder genommen hat: In Theokrits fünftem Idyll will der Hirte Comatas für seine Geliebte eine Ringeltaube aus dem Wacholder fangen.[207] Vergils Hirte Damoetas hat sich – wohl in Anlehnung an die Theokrit-Stelle – gemerkt, wo die Ringeltauben nisten, um seiner Geliebten ein Geschenk zu machen.[208] Diese Formulierung lässt zwar offen, worin genau das Geschenk besteht, doch liegt die Deutung nahe, dass Damoetas' Interesse sich auf den Inhalt des Nestes, sprich: die Eier, richtet.[209]

Das Ausrauben von Nestern ist bereits seit der Odyssee negativ konnotiert und wird auch von den römischen Dichtern als Akt der Rohheit dargestellt.[210] Andererseits wird bei Iuvenal im Rahmen eines ausdrücklich ländlich-bescheidenen Gastmahls – in dem obendrein viele Elemente der Philemon-und-Baucis-Geschichte entliehen sind[211] – ein Vogelnest samt

---

205 Vögel der Venus: z.B. Verg. ecl. 3,68f. Aen. 6,190; Ov. met. 13,674; Petr. 85,5 (hier auch als Liebesgabe!). Als Symbol für lebenslange Liebe und Treue vgl. Varro rust. 3,2,13; Hor. epist. 1,10,5–6; Ov. am. 2,6,12–16; Plin. nat. 10,104. Martial 1,7 schreibt über ein Tauben-Gedicht seines Gönners Stella, mit dem er Catulls *passer*-Gedichte übertroffen habe – dies, so Martial, allein weil eine Taube größer sei als ein Spatz.
206 Plaut. Cas. 138, s. oben, Anm. 194.
207 Vgl. Theokr. eid. 5,96–97: KO. Κῆγὼ μὲν δωσῶ τᾷ παρθένῳ αὐτίκα φάσσαν, | ἐκ τᾶς ἀρκεύθω καθελών· τηνεὶ γὰρ ἐφίσδει.
208 Verg. ecl. 3,68f.: *Parta meae Veneri sunt munera: namque notavi | ipse locum, aëriae quo congessere palumbes.*
209 So auch Page 1920, 118; Clausen 1994, 108; Cucchiarelli 2012, 225. Coleman 1977, 119 hingegen meint, Damoetas wolle die erwachsenen Tauben dort, wo sie nisten, fangen.
210 Vgl. etwa Hom. Od. 16,216f; Hor. serm. 2,2,49; Verg. georg. 4,511–515; Ov. met. 12,15–19; weitere s. Bömer 1982.
211 S. oben, 188, Anm. 119.

den Eltern verzehrt.[212] Zwar handelt es sich dort um Hühner.[213] Es kommen bei anderen Autoren jedoch auch Tauben als Speise vor.[214]

Vor diesem Hintergrund gestaltet sich eine Deutung schwierig. Das Taubenpaar allein wäre als Liebesgabe verständlich und passend gewesen. Die Erwähnung des Nests allerdings wirft Fragen auf: Hat Ovid auch hier eine Übertreffung der literarischen Vorbilder angelegt, indem er seinen Polyphem nicht einfach Tauben oder ein Nest schenken lässt, sondern gleich beides? Enthält das Nest Eier? Wenn ja, sind diese zum Verzehr gedacht? Ausbrüten wird Galatea sie nicht können, und enthielte das Nest Küken, könnte sie diese schwerlich aufziehen[215] – in beiden Fällen wären die Jungen zum Sterben verurteilt. Eine weitere Möglichkeit wäre, dass Polyphem das Nest zu dem Zwecke geholt hat, dass die Tauben darin brüten mögen, sozusagen als Metapher für eine geplante Familiengründung mit Galatea. Diese Überlegungen können aber nur Spekulation bleiben und lassen sich nicht am Text festmachen.

Zwei Bärenjunge (*catuli ursae*, 834–837)

Den Höhepunkt der Aufzählung stellt ein Geschenk dar, das nicht mehr zu den *faciles vulgataque munera* gehört.[216] Der eigentlichen Benennung dieses Geschenkes schickt Polyphem, um Spannung zu erzeugen, zwei metrisch gleiche und durch die Wortwahl ähnlich klingende Verse voraus, die verschiedene Details über das Geschenk verraten: Er habe Zwillinge gefunden (*inueni geminos*, 834). Der folgende Relativsatz, in dem (zum ersten Mal) der intendierte Verwendungszweck des Geschenkes genannt wird (*qui tecum ludere possint*, 834), unterbricht, erneut der Spannung wegen, die äußerliche Beschreibung der Tiere. Die Zwillinge, so Polyphem weiter, seien

---

212 Iuv. 11,71: *grandia praeterea tortoque calentia feno | ova adsunt ipsis cum matribus* [...].
213 Dies ist daran erkennbar, dass er von Müttern, d.h. Hennen spricht. Tauben etwa brüten als Paar, deshalb auch die Verbindung zur Liebe und Treue. Inwieweit *ova* Eier anderer Vögel als Hühner bezeichnen können, s. oben, 204, Anm. 206.
214 Martial 13,53 hält Turteltauben für ein so wohlschmeckendes Gericht, dass er dafür auf die Vorspeise verzichtet. In 13,66 warnt er davor, Tauben zu essen, wenn einem der Kult der knidischen Göttin (sc. Venus) anvertraut sei. Über das Mästen von Tauben schreibt Columella 8,8. Zum Verzehr von Taubeneiern in der Antike s. auch Andreas Gutsfeld: Ei, DNP 3, 1997, 903.
215 Vgl. Bömer 1982, 434.
216 Die Zweiteilung der Geschenkekategorien wird bereits in Vers 831 durch *nec tantum* ausgedrückt. Der Bärenabschnitt wird außerdem vom vorangehenden Abschnitt durch einen neuen Satzanfang (*inveni* [...], 834) getrennt.

so identisch, dass Galatea sie kaum auseinanderhalten könne (*inter se similes, uix ut dinoscere possis,* 835). Im dritten Vers schließlich bricht Polyphem die Spannung auf und eröffnet, worum es sich bei dem Geschenk handelt und wo er es gefunden hat. Die entscheidende Information, dass es die Jungen einer Bärin (*ursae*) sind, wird dabei bis zum Ende des Verses zurückgehalten, vorher wird mit dem Attribut *villosae* und der Ortsangabe *summis montibus* die Erwartung geweckt, dass es sich um etwas Gefährliches handelt.[217]

In diesem Abschnitt bedient sich Ovid erneut an Theokrits elftem Idyll und Vergils zweiter Ekloge, dabei lässt er seinen Polyphem abermals dessen literarische Vorgänger übertreffen: Theokrits Polyphem hatte zwar vier[218] statt zwei Bärenjungen, dafür wurden diese nur in einem Vers genannt, Ovids Polyphem hingegen verwendet insgesamt vier Verse für die Bären. Vergils Corydon übertrifft er in verschiedener Hinsicht: Corydon hat zwei *capreoli*, die jeweils zwei Euter leertrinken.[219] Ovid steigert dieses Zahlenspiel, indem er Polyphems Bären zu identischen Zwillingen macht. Auch übertrifft Polyphem Corydon im Schwierigkeitsgrad, denn während Corydon ‚nur' in ein gefährliches Tal hinabgestiegen ist,[220] musste Polyphem auf den höchsten Berg (*in summis montibus,* 835) klettern, um sie zu bekommen[221] – ein bewusster Gegensatz zum Vorbild.

Galateas Vergnügen soll im Spiel mit den Bären bestehen (*qui tecum ludere possint*). Sprachlich sind hier Anspielungen auf Catulls *carmen* 2 auszumachen, in dem Lesbia mit ihrem *passer* spielen soll.[222] Vergleicht man beide Texte, lässt sich Polyphems Geschenk als groteske Abwandlung der Version Catulls lesen: Bei Catull wird durch die Bisse des Vogels in die Fingerspitze Schmerz als Teil des Spiels angedeutet.[223] Überträgt man diese

217 Zum Spannungsaufbau an dieser Stelle vgl. auch Dörrie 1969, 89.
218 Gow 2008, 216 mutmaßt, dass Ovid lediglich ein besseres zoologisches Wissen hat als Theokrit, da Bären gewöhnlich zwei Junge zur Welt bringen. Auch Aristoteles hist. an. 579a 20 nennt fälschlicherweise fünf Bärenjungen als reguläre Zahl.
219 Verg. ecl. 2,42: *bina die siccant ovis ubera.*
220 Verg. ecl. 2,40: *nec tuta valle.*
221 Vielleicht will er auch durch das explizite Nennen von *ursa* hervorheben, wie gefährlich eine Bärin ist, der die Jungen geraubt wurden. Bereits in Vers 803 zu Beginn seines Liedes beschreibt Polyphem Galatea als *feta truculentior ursa,* mürrischer als eine Bärin mit frischgeborenen Jungen, vgl. dazu Arist. hist. an. 9,1; weitere Stellen bei Keller 2001 (1887), 376.
222 Catull. 1,2,1: *Passer, deliciae meae puellae,* | *quicum ludere, quem in sinu tenere* [...] (9) *Tecum ludere sicut ipsa possem.* Die sprachlichen Parallelen bestehen in den Worten *deliciae* und *tecum ludere.*
223 Catull. 1,2,3f.: *Cui primum digitum dare adpetenti, et acris solet incitare morsus.*

Szene auf Polyphems Bärenjungen (die spitze Zähne und Krallen haben), dürfte sich dieser um ein Vielfaches steigern.[224] In Bezug auf Catulls *carmen* steht in der Forschung nach wie vor die Frage im Raum, ob es sich um eine sexuelle Analogie handelt.[225] Eine solche wäre dementsprechend auch für Polyphem – hier wieder als groteske Abwandlung – denkbar. Passend wäre es insofern, als dass einerseits Polyphem Galatea nun in Manier des elegischen Liebhabers als *domina* anspricht,[226] und dass andererseits auch bei den beiden letztgenannten Früchten des *poma*-Katalogs eine erotische Konnotation nahe liegt, wie oben gezeigt wurde.[227]

Eine weitere mögliche Deutung ergibt sich im Vergleich mit Vergils zweiter Ekloge, die Ovid ja unter anderem als Vorbild für diese Stelle dient.[228] Zunächst muss die entsprechende Stelle jedoch gedeutet werden: Corydon bietet seinem Geliebten Alexis zwei Gemslein oder Rehkitze an (*capreoli*) und behauptet, Thestylis wolle sie haben, er habe sie aber stattdessen für Alexis aufgehoben.[229] Hier stellt sich die Frage, was Thestylis mit ihnen vorgehabt hätte; dass die *capreoli* jeden Tag zwei Schafseuter leertrinken,[230] mutet wie ein Mästen an und verweist möglicherweise auf den Verzehr der Tiere.[231] Dies würde auch zur Vorlage Antiphanes'[232] passen, in der Polyphem zwei Zicklein (für das Hochzeitsmahl) hat. Eine Bekräftigung

224 Zahme Bären hat es wohl hin und wieder gegeben: So soll Pythagoras laut Isokrates 15,213 eine Bärin gezähmt haben, und auch Seneca dial. 2,31,6 schreibt über zahme Bären. Aelianus 4,45 berichtet von einem Bären, der zusammen mit einem Hund und einem Löwen aufgewachsen sei und den Hund beim Herumtoben in einem plötzlichen Tobsuchtanfall zerrissen habe. Für weitere Stellen zu zahmen Bären s. Bömer 1982, 435. Darüber hinaus besteht auch bei Bären eine Verbindung zu Aphrodite bzw. Venus, wenngleich nicht so direkt wie bei den vorangegangenen Tieren: Aphrodite verzaubert in der Ilias 5,69–71, während sie auf dem Weg zu Anchises ist, mehrere wilde Raubtiere, darunter eben Bären, und erfüllt sie mit dem Wunsch, sich zu paaren.
225 Demzufolge wäre der *passer* eine Metapher für den Penis, der Biss für den Geschlechtsakt, s. hierzu Vergados/O'Bryhim 2012.
226 S. dazu etwa Tib. 1,5,40; Prop. 1,1,21; Ov. am. 1,4,60, vgl. Bömer 1982, 436.
227 S.o., 269.
228 S.o., 252f.
229 Vgl. Verg. ecl. 2,42: *quos tibi servo*. Ganz ähnlich Polyphem: *servabimus istae* (837).
230 S. oben, Anm. 219.
231 So auch Tietz 2013, 295: „Dem Hirtenjungen Alexis auch zwei Rehkitze als Liebesgabe versprochen [sic!], jedoch wohl kaum als Spielzeug oder lediglich als Augenweide, sondern tatsächlich als Nahrung. Dies geht aus dem Zusatz *quos tibi servo* hervor, was sicher bedeutet, dass Corydon sie schon verspeist hätte, gäbe es Alexis nicht, und sie für ihn zu schlachten gedenkt."
232 S. oben, 248.

dieser Verständnisweise bietet wieder Iuvenal, dessen literarischer Gastgeber seinen Gästen im Rahmen desselben ländlichen Mahls, in dem er auch das Vogelnest samt den Müttern serviert,[233] ein fettes Böckchen auftischt, das noch kein Gras und keine Zweige gekostet hat und noch mehr Milch als Blut in sich trägt.[234]

Sollten also Corydons *capreoli* zum Verzehr bestimmt sein, ist nicht auszuschließen, dass Ovid diese Assoziation hier zumindest anklingen lassen möchte.[235] Dies würde sich auch mit der Darstellung des Euripides decken, in der Polyphem sich normalerweise von wilden Löwen und Rehen ernährt (s. Tabelle 14). Gleichwohl wird man nicht annehmen, dass die Bärenjungen von Polyphem zum Verzehr gedacht sein könnten,[236] da Polyphem den Zweck der Bärenjungen ja explizit benennt: Sie sollen mit Galatea spielen.

Weiterführende Gedanken zu Struktur und Inhalt
Zum dritten Mal eröffnet Polyphem mit dem *munera*-Katalog einen in sich geschlossenen Abschnitt mit einem Einleitungssatz, in dem er das Folgende ankündigt, hier *deliciae* und *munera*. Ebenso schließt er wie auch bei den Abschnitten zuvor mit einem Resultat, das die Relevanz der dargestellten Nahrungsmittel bzw. Tiere für Galatea herausstellt: Er will diese nur für die Geliebte aufheben. Die binäre Struktur ist auch hier offenkundig (s. Tabelle 17): Sie zeigt sich einerseits in der qualitativen Einteilung der Geschenke in ‚leicht zu beschaffen und gewöhnlich‘ und ‚schwer zu beschaffen und besonders‘, andererseits in der Unterteilung der ersten Kategorie in Tiere der Erde (Rehe, Hasen, Bock) und Tiere der Luft (Vögel). Bei beiden ‚Sorten‘ von Tieren werden jeweils zunächst zwei Tiere genannt, deren Wert als

233 S. oben, Anm. 212.
234 Iuv. 11,65–68: *De Tiburtino veniet pinguissimus agro | haedulus et toto grege mollior, inscius herbae | necdum ausus virgas humilis mordere salicti, | qui plus lactis habet quam sanguinis* [...].
235 In Theokrits Vorlage wird nichts über den Verwendungszweck der vier Bärenjungen gesagt, außer dass Polyphem sie zusammen mit den elf Rehkitzen (?) für Galatea aufziehen (eid. 11,40f.) will. Dies spricht zumindest gegen den Verzehr ganz junger Tiere.
236 An Trimalchios Tafel essen die Gäste zum ersten Mal Bärenfleisch. Der Frau des Erzählers, Scintilla, wird bereits beim ersten Bissen (und sie wusste nicht, dass es sich um Bärenfleisch handelt!) übel, vgl. Petr. 66, 5–6: *In prospectu habuimus ursinae frustum, de quo cum imprudens Scintilla gustasset, paene intestina sua vomuit; ego contra plus libram comedi, nam ipsum aprum sapiebat. Et si, inquam, ursus homuncionem comest, quanto magis homuncio debet ursum comesse?* Auch Galen (alim. fac. 3,1 Helmreich = 664 Kühn) spricht von einigen Menschen, die Bärenfleisch essen.

Liebesgabe leicht nachvollziehbar ist (*dammae* und Hasen sind harmlos, vielleicht sogar zahm; Tauben sind Liebessymbole), gefolgt von einem Tier (Bock) beziehungsweise Gegenstand (Nest), dessen Eignung als Liebesgabe zumindest fragwürdig ist. Die Luftbewohner lassen sich wiederum in alt (Tauben) und jung (Bewohner des Nestes) aufteilen. Den Tauben als zum Verschenken geeignetem Paar stehen schließlich die Bärenzwillinge als zum Verschenken ungeeignetes Paar gegenüber.

Die Bärenjungen stellen den Höhepunkt der Aufzählung dar, dies zeigt sich auch in der klimaktisch aufgebauten Struktur des Abschnittes in Bezug auf die Symmetrie der Tiere: Der erste Vers enthält drei Tiere, die sich nicht symmetrisch durch zwei teilen lassen. Taubenpaar und Vogelnest im zweiten Vers lassen sich indes in alt und jung teilen, außerdem gehören sie derselben Tierart, Vögel bzw. Tauben, an. Die größte Symmetrie aber besteht bei den Bärenjungen, denn es sind nicht nur Geschwister, sie sind obendrein Zwillinge und so identisch, dass man sie kaum unterscheiden kann (dies steht im Widerspruch zu der sonst überall präsenten binären Struktur und betont gleichermaßen die Besonderheit der Bären). Dass Polyphem die Bärenjungen als sein wertvollstes Geschenk ansieht, zeigt ebenfalls die Verteilung der Verben (Tabelle 17): Während die *faciles vulgataque munera* nur einem Verb (*nec tantum contingent*) zugeordnet sind, häufen sich in den Bärenversen die Verben regelrecht. Außerdem erfolgt ein Wechsel von der dritten (*contingent*) zur ersten Person (*inveni, dixi, servabimus*), wodurch Polyphems erhöhtes Engagement in Bezug auf die Bären gegenüber den übrigen Geschenken ausgedrückt wird. Die in ihrem Aufbau parallelen Formulierungen *tecum ludere possint* und *vix cognoscere possis* drücken erneut Polyphems (unrealistische) Vorstellung davon aus, dass Galatea Interesse an seinen Geschenken habe.

3.3.4 Schlussbemerkungen

(a) (Potenzielle) Nahrungsmittel in Katalogform

Beobachtungen zur Struktur
Wie bereits im goldenen Zeitalter in Buch 1 und bei Philemon und Baucis werden (potenzielle) Nahrungsmittel bei Polyphem in Katalogform dar-

gestellt. Die drei Kataloge sind inhaltlich klar voneinander abgegrenzt: 1. Baumfrüchte (*poma*-Katalog), 2. Viehherde und entsprechende Produkte (*pecus*-Katalog), 3. wilde Tiere als Geschenke (*munera*-Katalog). Sie sind alle von einer binären Struktur (s. Tabellen 15–17) durchzogen, die sich in einer Unterteilung von verschiedenen Nahrungsmitteln und Tieren in zwei einander antithetisch gegenüberstehende Sorten manifestiert. Diese beziehen sich auf Eigenschaften (z.B. hell und dunkel, süß und sauer, fest und flüssig, ästhetisch und unästhetisch, harmlos und gefährlich, alt und jung), Herkunft (Erde und Luft) und Verwendungszwecke (Essen und Trinken).

Darüber hinaus gibt es weitere Gemeinsamkeiten: Jeder Katalog umfasst einen bzw. zwei Sätze, die jeweils (bis auf Vers 829f.) einen direkten Bezug zu Galatea (*tibi, dominae*) und die Verben *servare* oder *servire* enthalten:

814:	*tibi et has servamus et illas.*
820:	*omnis tibi serviet arbor.*
829f:	*pars inde bibenda servatur.*
837:	*inveni et dixi ‚dominae servabimus istos‘.*

In den drei ersten Fällen stellt der jeweilige Satz eine Schlussfolgerung nach der Aufzählung von Nahrungsmitteln im Sinne von ‚das ist (für dich) zum Essen bzw. Trinken‘ dar. In den Versen 814 und 829f. steht das Angebot außerdem jeweils mit zwei Sorten von Lebensmitteln (helle und dunkle Trauben, Milch in flüssiger Form im Gegensatz zur darauffolgenden festen Form) im Zusammenhang. In Vers 837 bietet Polyphem an dieser Stelle zwei Bärenjunge an.

Schließlich lassen sich entlang der drei Kataloge zwei verschiedene Bewegungen ausmachen: Einerseits wird die schematisch angelegte Struktur des ersten Teils bis zum dritten Teil immer weiter aufgebrochen beziehungsweise komplexer (s. Tabellen 15–17). Diese Bewegung kann auch inhaltlich nachvollzogen werden: Während es zu Beginn um etwas völlig Idyllisches, Gewaltfreies, nämlich um das Sammeln von Obst geht, werden im zweiten Teil domestizierte Tiere genannt; dass diese für die Käseherstellung geschlachtet werden, wird implizit durch das Wort *coagulum* und den direkten Zusammenhang dieses Wortes zu den Lämmern ausgedrückt (s. oben, 272f.). Der letzte Teil beinhaltet wilde Tiere, von denen die letztgenannten Raubtiere sind und eine potenzielle Gefahr für Galatea darstellen. Es gibt also eine Bewegung vom Gewaltfreien, Sanften hin zum Grotesken, potenziell Gewalttätigen.

Intratextuelle Bezüge zu Philemon und Baucis

Polyphems Kataloge weisen auf mehreren Ebenen Bezüge zu Philemon und Baucis auf: In beiden Episoden werden in drei Katalogen (teils potenzielle) Nahrungsmittel aufgezählt, darunter sind einige beiden gemeinsam: Zum Dessert reichen Philemon und Baucis fast ausschließlich Früchte und Nüsse, was etwa Polyphems *poma*-Katalog (Früchte und Kastanien, auch diese häufiger als *nux* bezeichnet) entspricht. Beiden Darstellungen gemeinsam sind Trauben, Pflaumen, Kornelkirschen und Käse, die auch in ihrer sprachlichen Darstellung zum Teil Ähnlichkeiten aufweisen:

Weiterhin ist in beiden Episoden eine Bewegung entlang der Kataloge von veganer über vegetarische[237] hin zu Fleischnahrung zu verzeichnen, die teilweise unvollendet bleibt: Bei Philemon und Baucis vollzieht sich diese Bewegung zweimal;[238] zunächst von Oliven und Gemüse über Käse und Eier hin zu Schweinefleisch, dann von Obst über Honig hin zur Gans, die allerdings verschont bleibt. Bei Polyphem enthält der *poma*-Katalog Früchte, der *pecus*-Katalog Milchprodukte. Um die Reihe logisch zu beenden, müsste als drittes Fleischnahrung folgen. Zwar werden im *munera*-Katalog Tiere, d.h. potenzielle Fleischlieferanten genannt, diese werden aber einem anderen Zweck (*deliciae, ludere*) zugeführt. Somit bleibt die Bewegung von veganer über vegetarische hin zu Fleischnahrung wie beim Dessert von Philemon und Baucis unvollendet.

Polyphem als sanfter Riese?

In Abschnitt 3.1.1 wurde gezeigt, dass Polyphems Liebeslied von Anspielungen auf die Odyssee und auf sein gewalttätiges Wesen im Allgemeinen umrahmt wird. Dass Polyphem Menschen frisst, wird allerdings nicht erwähnt, sondern nur von Galatea angedeutet, die behauptet, Polyphem habe

---

237 Für unsere Argumentation ist ‚vegetarisch‘ in den behandelten Episoden der Metamorphosen im Sinne von ‚ovo-lacto-vegetarisch‘ zu verstehen.
238 S. Tabellen 11 u. 12.

durch seine Liebestollheit sogar der Blutdurst verlassen.[239] Diese beifällige Erwähnung erinnert an den homerischen Menschenfraß und lässt darauf schließen, dass Polyphem bereits Menschen oder zumindest Tiere verspeist hat. Galatea sagt aber auch, dass dieser Blutdurst aus Liebestollheit nachgelassen habe. Dass dieses Nachlassen sich in einer plötzlichen Vorliebe für süßes Obst äußert,[240] überrascht und erzeugt dadurch eine ironische Brechung. Gleichzeitig wirft dieses überraschende Verhalten des Zyklopen, der sich plötzlich als sanftes Wesen der bukolischen Welt präsentiert, die Fragen auf, (a) ob Polyphem sich nun im Liebeswahn tatsächlich von Obst statt von Fleisch ernährt und (b) wenn ja, ob dieser Zustand von Dauer sein kann. Die Frage (a) ist nicht ohne Weiteres zu beantworten, da Ovid bewusst eine Leerstelle erzeugt, die der Leser selbst füllen muss: Die Beschreibung der Früchte evoziert zwar die Liebesgaben der Elegiker, verweist aber durch die Betonung der Reife und die Einladung zum Pflücken auch auf deren Verzehr. Andererseits sind die Früchte ganz eindeutig für Galatea gedacht, nicht für Polyphem selbst.

Dass Polyphem (b) seine sanfte Seite – sei es als Obst*esser* oder Obst*anbieter* – auf Dauer nicht aufrechterhalten kann und seine unzivilisierte gewalttätige Seite am Ende wieder hervortreten wird, zeigt sich sehr subtil in der Struktur der Kataloge. Die oben aufgezeigte unvollendete Bewegung von fleischloser (sprich gewaltfrei zu erlangender) zu fleischhaltiger (sprich gewaltsam zu erlangender) Nahrung erzeugt eine Spannung, die Ovid nicht auflöst. Er lässt Polyphem kein barbarisches Mahl aus Taubeneiern, Hasen und Bärenjungen zubereiten. Dennoch schließt sich dieser dritte, der *munera*-Katalog, in seiner Struktur nahtlos an die vorangegangenen beiden Kataloge (in denen Nahrung im Vordergrund steht) an. Somit kommt die Frage auf, ob Ovid mit den aufgezählten Tieren nicht doch die (vielleicht hintergründige) Assoziation von potenziellen Speisen aus Sicht Polyphems intendiert hat – man denke an Euripides' Polyphem, der in den Bergen wilde Rehe und Löwen erlegt und frisst.[241]

Diesen dritten Katalog könnte man dementsprechend als retardierendes Element deuten, in dem die vom homerischen Polyphem, der ja in Gala-

---

239 Ov. met. 13,768f.: *caedis amor feritasque sitisque immensa cruoris | cessant.*
240 Diese zeigt sich auch in der anfänglichen Huldigung Galateas, z.B. wenn er sie als *nobilior pomis* (794) bezeichnet.
241 S.o., 247.

teas Vorrede bereits angelegt ist, zu erwartenden Gewalttaten in Form von blutigem Fraß – zumindest explizit – ausbleiben.[242]Die augenscheinliche Verwandlung vom tölpelhaften Liebhaber zum Gewaltverbrecher wird erst anschließend im folgenden Abschnitt des Liebesliedes sichtbar[243] und löst damit die Frage, ob Polyphem als Wesen der bukolischen Welt bestehen kann, endlich auf.[244]

(b) Intertextuelle Bezüge und ambivalente Lesarten

In der Einleitung wurde bereits skizziert, dass Ovid in seiner Polyphem-Episode verschiedene Genres kreuzt und literarische Vorbilder durch Übertreibungen und Verzerrungen parodiert.[245] Dies wird auch ganz konkret innerhalb der drei Kataloge deutlich, die von zahlreichen Anspielungen auf die Bukolik und die Liebesdichtung durchzogen sind: etwa in Bezug auf Vergil, wenn aus Corydons zarten *capreoli* gefährliche Bärenjungen oder aus vollen Euter solche werden, die bildlich auf dem Boden schleifen; wenn der Bock, den Catull und Ovid als stinkend und als sinnbildlich für Achselgeruch bezeichnen, zum Geschenk für Galatea wird, oder wenn Polyphem ganz in Manier des *pauper amator* Früchte schenkt, sich aber durch sein prahlerisches Verhalten und die Konzentration auf Quantität tatsächlich als *dives amator* entpuppt.

242 Insofern Ovid die Betonung der Labgewinnung im *pecus*-Katalog bewusst evoziert hat, erscheint Polyphem auch dort nicht in der homerischen Brutalität, da er ja weder Menschen noch Schafe explizit und vor aller Augen schlachtet, sondern es handelt sich um eine der pastoralen Welt innewohnende Gewalt. Denn das Schlachten von Lämmern, sei es zur Labgewinnung oder zum Verzehr, gehört zum Hirtenleben dazu. Dies zeigt, dass Gewalt nicht immer auf das Epos verweisen muss bzw. dass Bukolik und Epos nicht immer Gegensätze darstellen müssen.
243 Die Sätze werden kürzer, Polyphem wird drängender und versteht nicht, warum Galatea ihn zurückweist (vgl. hierzu ausführlich Dörrie 1969, 90; Tissol 1997, 116–121). Seine Gewaltfantasie, in der er Acis die Eingeweide herausreißt und dessen Glieder zerstückelt und ins Meer streut, erinnert in der drastischen und ekelerregenden Schilderung an den homerischen Menschenfraß (s. dazu oben, 244). Sein anschließender Eifersuchtsanfall mündet nicht im Verzehr, wohl aber im gewaltsamen Morden von Acis.
244 Vgl. Dörrie 1969, 78; Tissol 1997, 115–128. Dörrie und Tissol haben den Besitz- und Geschenkkatalog in dieser Hinsicht nicht genauer untersucht. Dass Polyphems Versuch, sich zivilisiert zu geben, scheitern muss, ist dem Leser von vornherein klar, da Galatea Polyphems wahres Wesen nach eigener Aussage ja bereits kennt und eine Täuschung erfolglos bleiben muss. Auch Dörrie 1969, 78 meint, dass Polyphem von Anfang an keine Chance gegen Acis hat, bleibt aber eine Begründung schuldig.
245 S.o., 255.

Durch diese Verzerrung der Normen in Bukolik und Liebesdichtung entsteht auf erzählerischer Ebene eine Diskrepanz einerseits zwischen Gegenstand und Darstellung, andererseits zwischen der Selbst- und Fremdwahrnehmung Polyphems. Beides führt zu ironischen Brechungen. Denn der Reiz beim Lesen besteht freilich darin, sich vorzustellen, dass Polyphem seine Angebote durchaus ernst meint und nicht merkt, dass sie für Galatea vollkommen inakzeptabel sein müssen.[246] Aus dieser Deutung ergeben sich zwei Lesarten des Abschnittes, nämlich die aus der Perspektive Galateas und die aus der Perspektive Polyphems, die im Folgenden exemplarisch am *poma*-Katalog aufgezeigt werden:

Galatea-Perspektive	Polyphem-Perspektive

Die Wahl der Früchte als moderate, gar ärmliche Geschenke widerspricht ihrer prahlerischen Darstellung.

Galatea-Perspektive	Polyphem-Perspektive
Polyphem findet kein Maß in seiner Angeberei, deshalb ist sein Versuch, sich als *pauper amator* darzustellen, gescheitert. Tatsächlich ist er der Inbegriff eines *dives amator*, der mit seinem Reichtum prahlt und versucht, ein Mädchen mit materiellen Geschenken zu überzeugen.	Polyphem sieht sich tatsächlich als eine Art *pauper amator*, der nun einmal nicht viel zu bieten hat, der aber verständlicherweise das Wenige, das er hat, in höchsten Tönen lobt. Außerdem hat er auch Ideelles zu bieten wie z.B. das Pflücken der Früchte.

Die Reife der Früchte scheint eine große Rolle für Polyphem zu spielen (die Beschreibung von Trauben und Pflaumen, *autumnalia* und *mollia* weisen jeweils darauf hin, dass das Obst reif ist).

Galatea-Perspektive	Polyphem-Perspektive
Es müsste doch selbstverständlich sein, dass man nur reifes Obst zum Essen anbietet. Betont Polyphem die Reife nur für sie, weil er normalerweise auch unreifes oder gar kein Obst isst?	Polyphem will nur das Beste für Galatea, das heißt die süßesten Früchte. Er kennt sich mit Obst aus und will ihr das auch zeigen.

Polyphem benutzt Verben, die zeigen, dass er sich gar nicht an der Obsternte beteiligen will.

---

246 Vgl. Dörrie 1969, 95f., hier in Bezug auf das gesamte Liebeslied: „Wirklichkeit und Wunschdenken des Zyklopen geraten in eine ständig wechselnde Diskrepanz [...] man misst Polyphems Angebote mit den Forderungen eines Wesens der kultivierten Welt."

Polyphem macht ihr kein tatsächliches Geschenk wie ein Liebhaber, indem er ihr selbstgepflücktes Obst mitbringt, sie soll alles selbst pflücken und zubereiten (Kastanien) – und das für den Rest ihres Lebens als seine Ehefrau.

Polyphem weiht seine Geliebte nicht nur in das Vergnügen ein, selbst Obst zu pflücken, er gibt ihr außerdem freie Handlungsgewalt über seinen Lebensraum. Das ist auch sein Angebot für die Zukunft: Was mein ist, ist dein, du darfst dich überall bedienen.

Diese Lesarten zeigen, dass Ovid seinen Polyphem nicht allein als Angeber oder Tölpel[247], sondern als ambivalenten Charakter angelegt hat. Über den spielerischen Umgang mit (potenziellen) Nahrungsmitteln- und Motiven, denen aus literarischen Vorbildern bereits bestimmte Assoziationen zugewiesen sind, ermöglicht er dem Leser, die für ihn passende Nuance – sei es Hohn, Grauen, Ekel oder Mitleid[248] – herauszulesen.

(c) Polyphem als römischer Landmann?

Ebenso wie die Geschichte von Philemon und Baucis erscheint das Liebeslied Polyphems auf den ersten Blick als Episode einer fernen mythologischen Welt ohne Gegenwartsbezug. Bei Philemon und Baucis allerdings konnte die zu Ovids Zeit im römischen Diskurs aktuelle Thematik der *frugalitas* und der korrekten Tischsitten im Verlaufe des Mahls aufgedeckt werden. Wie verhält es sich bei Polyphem? Heinrich Dörrie ist der Auffassung, Ovid habe dem Leser außer dem allgemeingültigen Thema der Liebe keine Hilfen an die Hand gegeben, um die Gestalten „aus der Märchenwelt in die aktuelle Welt zu übertragen."[249] Die Untersuchungsergebnisse zeichnen jedoch ein anderes Bild: Gerade im Bereich der Liebe verweist das in der Untersuchung aufgezeigte Spannungsverhältnis zwischen *pauper amator* und *dives amator* auf die Klagen der elegischen Liebhaber über ihre reichen Nebenbuhler sowie auf die Käuflichkeit der verwöhnten Frauen (Galatea ist so eine Frau nicht, sie lässt sich nicht von Polyphems Prahlerei blenden).

247 So etwa Dörrie 1969, 92.
248 Das Mitleid hält sich in Dörries Interpretation in Grenzen: „Fast beschleicht den Zuhörer Mitleid: ‚Der arme Kerl, er weiß es nicht besser.'" Ovid ermöglicht dem Leser aber tatsächlich Mitleid, denn Polyphem, der gefangen ist in seiner Naivität und Sehnsucht nach der Frau, die er nicht haben kann, gleichsam in seinem psychologischen Käfig aus Eifersucht, Hass und Gewalt, ist wahrlich eine tragische Figur.
249 Dörrie 1969, 98f., 80.

Mehr noch wird Polyphem durch seine Maßlosigkeit, Prahlerei und seine Fokussierung auf materielle Werte zum Inbegriff von *luxuria*,[250] die von den augusteischen Dichtern bei ihren Zeitgenossen angeprangert wird.

Die Welt des Zyklopen steht darüber hinaus im Spannungsverhältnis zwischen Idylle und Primitivität, das in anderen zeitgenössischen Texten den städtischen Blick auf das (idealisierte) Landleben kennzeichnet. Wie auch Philemon und Baucis verkörpert er in gewisser Weise ein Leben, das zu Ovids Zeit zu einem erstrebenswerten Ideal der einfachen Vorzeit stilisiert wird: Ein Leben in einfachen Verhältnissen mit einer einfachen Ernährung, in dem man von den Gaben der Natur lebt und diese auch zu schätzen weiß. Man fühlt sich geradezu an Tibull erinnert, der, um seiner Geliebten zu gefallen, gleich unserem Zyklopen selbst Käse herstellen will.[251] Wie Philemon und Baucis kennt auch Polyphem einen *hortus*,[252] der zu Ovids Zeit in literarischen Beschreibungen des Landlebens häufig vorkommt.[253]

Gleichzeitig legt Polyphem eine – ihm freilich unbewusste – Primitivität an den Tag, die im Vergleich mit Philemon und Baucis deutlich hervortritt: Denn obwohl die mit Philemon und Baucis gemeinsamen Nahrungsmittel die gleichen Assoziationen von ländlicher Einfachheit und Altertümlichkeit evozieren, wird Polyphem von Philemon und Baucis an *cultus* übertroffen: seine Kornelkirschen sollen anscheinend roh vom Baum gegessen werden, während die ihren in Hefe eingelegt sind; seine Trauben sind offenbar nur zum Verzehr gedacht, während sie bei Philemon und Baucis auch in Form von Wein serviert werden. Darüber hinaus wohnt Polyphem im Gegensatz zu Philemon und Baucis in einer Höhle; auch Getreide und Feuer scheint er nicht zu kennen.[254] Einerseits erinnert dieses Setting, in dem es reifes Obst im Überfluss gibt, an die paradiesischen Zustände, die schon bei Homer auf der Zyklopeninsel herrschen.[255] Andererseits muss diese Welt einem zivilisierten Wesen sehr befremdlich erscheinen, besonders wenn es wie Galatea von Polyphem dazu aufgefordert wird, darin zu leben.[256] Eine ähnliche

250 Vgl. TLL 7.2.1921.64–7.2.1922.79.
251 Tib. 2,3,14b–c, s. oben 200, Anm. 186.
252 Ov. met. 13,797: *riguo formosior horto*.
253 S. o., 224.
254 Vgl. Dörrie 1969, 88.
255 S. o., 241f.
256 Diese distanzierte, teils belustigte, teils angewiderte Sicht eines kultivierten Wesens auf die unkultivierte Welt ist bei Polyphem ebenso wie bei Philemon und Baucis bereits in der Erzählsituation verankert: Lelex und Galatea stammen jeweils aus Lebensräumen, die

Sichtweise schwingt auch stets in den zeitgenössischen Texten mit, in denen das römische Landleben und das Ideal der gelebten *frugalitas* propagiert wird; es ist eben nur ein Ideal.[257] Erdbeeren zu pflücken, Schafe zu melken und auszuweiden, um Lab zur Käseherstellung zu gewinnen, wäre wohl keine ernsthaft zu erwägende Tätigkeit in den Augen eines wohlhabenden Römers, selbst wenn er ein Landgut besitzt. Durch Verzerrung und Übertreibung bukolischer Nahrungsmotive entlarvt Ovid die altertümlich-ländliche Idylle als unzivilisierte Lebenswelt ohne Annehmlichkeiten.[258]

denen in ihren Geschichten entgegengesetzt sind: Lelex stammt aus adeligem Haus und ist ein Stadtbewohner (erzählt aber die Geschichte armer, ländlicher Bauern), Galatea ist eine Bewohnerin des Wassers und kultiviert wie eine Stadtbewohnerin (erzählt aber von einem unzivilisierten Landbewohner).

257 S. o., 36f.

258 Dass Ovid die Vorzeit in seinen Werken überwiegend als negativ und primitiv darstellt, wurde oben auf den Seiten 122ff. gezeigt.

Tabelle 14 (potentielle) Nahrungsmotive in Polyphem-Darstellungen von Homer bis Ovid[259]

Autor, Werk	Nahrungsmotive		Text, Stelle
GRIECHISCHE DARSTELLUNGEN			
Odysseus bei Polyphem			
Homer Odyssee 9	Paradiesische Nahrung/ Automaton	Weizen	πυρός (110)
		Gerste	κριθή (110)
		Wein (Traubensaft?)	οἶνος (111)
	Hirtenleben	Milch	γάλα (246)
		Käse	τυρός (219)
	Menschenfresser	Menschen (roh)	289-293.311.347-350
Epicharm Κύκλωψ fr. 71 KA	Menschenfresser/ Gourmet (?)	Würste	χορδαί
		Oberschenkel	κωλέαι
Kratinos Ὀδυσσῆς	Hirtendasein (fr. 149 KA)	Milch	γάλα
		Biestmilch	πυός
		(aus Biestmilch gewonnener) Frisch-käse	πυριάτη
	Menschenfresser/ Gourmet (fr. 150 KA)	Menschenfleisch in ...	
		... Salzlake	ἅλμη
		... Essigsoße	ὀξάλμη
		... warmer Knoblauchsoße	σκοροδάλμη χλιαρά
Euripides Κύκλοψ	Hirtendasein	Milch	γάλα (122)
		Käse	τυρός (122)
		Schafsfleisch	μήλων βορά (122)
	Wilde Nahrung	Löwen	λέοντες (248)
		Rehe	ἔλαφοι (249)
	Menschenfresser/ Gourmet	Menschen	ἀνδροβρώς (93) ἀνθρώπων βορά (249)

---

259 Die Darstellung orientiert sich auch hier wieder an derjenigen von Tabelle 4.

Autor, Werk	Nahrungsmotive	Text, Stelle	
Polyphem und Galatea			
Antiphanes	Gourmet (fr. 130 DK)	Versch. Fischsorten	
Κύκλοψ	Gourmet (fr. 131 DK)	Ochse	βοῦς ἀγελαῖος
	Hirten- und Bauerndasein (fr. 131 DK)	Ziegenbock	τράγος
		Ziege	αἴξ
		Kastrierter Widder	κριὸς τομίας
		Kastrierter Eber	κάπρος ἐκτομίας
		Schwein	δέλφαξ
		Hase	δασύπους
		Ein Paar Zicklein	ἔριφοι
		Versch. Käsesorten	
Nikochares		Kümmel- (Gewürz?) dose mit mehreren Fächern (Fläschchen?)	[...] πόλλ᾽ ἐν αὐτῷ λέπτ᾽ ἔχον καδίσκια | κυμινοδόκον.
Γαλάτεια (fr. 3 KA)			
Theokrit	Hirtendasein	Milch	γάλα (35)
11. Idyll		Käse	τυρός (36)
	Tiergeschenke	11 Rehkitze (?)	ἕνδεκα νεβροί (40)
		4 Bärenjungen	σκύμνοι τέσσαρες ἄρκτων (41)
	Paradiesische Nahrung (?)	Wein	ἄμπελος (146)
		Schmelzwasser vom Ätna	ψυχρὸν ὕδωρ, τό μοι ἁ πολυδένδρεος Αἴτνα | λευκᾶς [...] (147f.)

Autor, Werk	Nahrungsmotive		Text, Stelle
RÖMISCHE DARSTELLUNGEN			
Vergil 2. Ekloge (Corydon)	Hirtendasein	Milch	*lac* (22)
	Tiergeschenke	2 Rehkitze oder Gemslein	*duo capreoli* (40f.)
	Selbstgepflückte Baumfrüchte als Liebesgaben	Quitten	*cana mala* (51)
		Kastanien	*castaneae nuces* (52)
		Pflaumen	*pruna* (53)
Ovid Metamorphosen 13. Buch	Baumfrüchte und Obst (zum Selberpflücken) als Liebesgaben	Baumfrüchte	*poma* (812)
		Zwei Sorten Trauben	*uvae* (813f.)
		Erdbeeren	*fraga* (815f.)
		Kornelkirschen	*corna* (816)
		Zwei Sorten Pflaumen	*pruna* (817f.)
		Kastanien	*castaneae* (819)
		Arbutus-Früchte	*arbutei fetus* (820)
	Hirtendasein	Milch	*lac* [...] *pars bibenda* (829)
		Käse	*... partem liquefacta coagula durant* (830)
	Tiergeschenke	Hasen	*lepores* (832)
		Rehe(?)	*dammae* (832)
		Bock	*caper* (832)
		Taubenpaar	*par columbarum* (833)
		Vogelnest	*nidus* (833)
		Zwei Bärenjungen	*gemini* [...] *catuli ursae* (834-836)

Tabelle 15 Strukturelle Besonderheiten des *poma*-Katalogs

Vers	Gegenstand	Eigenschaften				Verben
812	Einleitungssatz, Oberkategorie für das Folgende: Baumfrüchte *poma*	Quantität und Qualität: beschweren die Äste				*sunt*
813-814	zwei Sorten Trauben *uvae*	essbar, viel konsumiert	hell, dunkel	2 Verse		*sunt, sunt, servamus*
815-816	Erdbeeren *fraga*	essbar, ABER mühsam bis zum Verzehr (sammeln, geringe Größe)	weich	Enjambement		*leges*
816	Kornelkirschen *corna*	unangenehm, nicht oder wenig konsumiert, wild wachsend	hart	letzte drei Wörter und Hebungen im Vers		
817-818	zwei Sorten Pflaumen *pruna*	essbar, bekannt, viel konsumiert	dunkel, hell	2 Verse		
819	Kastanien *castaneae*	essbar, ABER mühsam bis zum Verzehr (müssen geschält und gegart werden)	hart	erste drei Wörter und Hebungen im Vers		*nec tibi deerunt*
820	Arbutus-Frucht *arbutei fetus*	unangenehm, nicht oder wenig konsumiert wild wachsend	weich	Enjambement		
820	Fazit: jeder Baum *omnis arbor*					*serviet*

Tabelle 16 Strukturelle Besonderheiten des *pecus*-Katalogs

Vers	Gegenstand	Eigenschaften				Verben
821	Einleitungssatz, Oberkategorie für das Folgende: pecus	Besitzanzeige: *meum*				*est*
821-824	Zweiteilung in Quantität und Qualität	Quantität (*multae*, unzählbar)				*errant, tegit, stabulantur, roges, nec possim dicere, sint, pauperis est*
824-826		Qualität (*laudibus*: volle Euter)	zwei Sorten Tiere	alt	liefern *lac*	*vix credideris, potes videre, circumeant*
827-828	zwei Sorten Lämmer	*agni*: weiblich		jung	liefern *coagulum*	*sunt, sunt*
		haedi: männlich				
829-830	zwei Sorten bzw. Verwendungen von Milch	zum Trinken	weich/flüssig		durch *lac* pur	*adest, servatur*
		zum Essen (Käse)	hart/fest		durch *coagulum*	*durant*

Tabelle 17 Strukturelle Besonderheiten des *munera*-Katalogs

Vers		Gegenstand		Eigenschaften				Verben
831– 832		Einleitungssatz, Oberkategorie für das Folgende: *deliciae, munera*						*nec tantum contingent*
832– 833	832	Hasen, Rehe		*faciles, vulgata*	Land		ästhetisch (erfreuen das Auge)	
		Bock					unästhetisch (stinkt)	
	833	Zwei Sorten Vögel	Taubenpaar		Luft	alt	Tier der Venus, Liebesgabe	
			Vogelnest			jung	Nestraub	
834– 837		Zwei Bärenjunge		nicht *faciles, vulgata*	identisch, kaum zu unterscheiden			*inveni, ludere possint, dinoscere possis, inveni, dixi, servabimus*

Tabelle 18 Inhaltliche und sprachliche Gemeinsamkeiten zwischen Polyphem und Philemon und Baucis

Nahrungs-motiv	Buch 8	Philemon und Baucis	Buch 13	Polyphem
Kornel-kirschen	665	*corna autumnalia*	816	*autumnalia corna*
Käse	666	*lactis massa coacti*	830	*partem [lactis] liquefacta coagula durant*
Trauben	676	*et de purpureis conlectae vitibus uvae*	813f.	*sunt auro similes longis in vitibus uvae, sunt et purpureae [...]*

4 Über den Frevel des entarteten Bauches – die Rede des Pythagoras (met. 15,75–478)

Nachdem in den bisher untersuchten Passagen der Metamorphosen Ernährungsweisen innerhalb mythologischer Narrative dargestellt worden sind, wird in Pythagoras' Appell zur vegetarischen Ernährung nun über Ernährung reflektiert.

Die Pythagoraspassage ist mit 419 Versen (davon nimmt die Rede selbst 404 Verse ein)[1] die bei Weitem längste Einzelepisode im 15. Buch und eine der längsten in den Metamorphosen.[2] Doch nicht nur durch ihren Umfang, sondern auch durch die philosophischen Inhalte – Fleischverbot, Seelenwanderung und kosmischer Wandel – sticht sie aus den mythologischen Erzählungen der Metamorphosen heraus.[3]

Die Rede ist eingebettet in die Geschichte von König Numa (met. 15,1–487), der, von großem Wissensdrang getrieben, bis in die Stadt Croton gewandert sein soll. Dort habe er sich durch Reden wie die des Pythagoras belehren lassen (met. 15,479), bevor er in seine Heimat zurückkehrte, um dort als König zu herrschen. In Croton angekommen, erfährt Numa die Geschichte von Myscelus (15,12–57), dem Gründer der Stadt. Anschließend wird der Bogen zu Pythagoras geschlagen, der ebenfalls in Croton lebte (15,60).

---

1 Pythagoras-Episode: met. 15,60–478; Pythagoras-Rede: met. 15,75–478.
2 Little 2010 (1970), 340; Oberrauch 2005, 107.
3 Zur Länge der Rede Oberrauch 2005, 107: „[...] weil man ihr [sc. der Pythagorasrede] bei der Interpretation dieses Epos in zunehmendem Maße eine zentrale Rolle zugestand, auch und vor allem aufgrund ihrer unüblichen Länge."

Der Abschnitt über Pythagoras[4] beginnt mit der Schilderung seiner Flucht aus Samos (60–62)[5] und einem Abriss über seine Lehren (63–74). Die Aussage, er habe seine Stimme als erster gegen den Verzehr von Tieren erhoben (72f.), leitet seine Rede (75–478) ein. Sie beginnt mit einem Appell zur fleischlosen Nahrung (75–153). Die Begründung für den Fleischverzicht, die Metempsychose (*morte carent animae*, 158), bildet die Überleitung zu einer langen Abhandlung über das universelle Prinzip des ständigen Wandels im Kosmos (*omnia mutantur*, 165),[6] die den Mittelteil der Rede einnimmt (165–452).[7] Abschließend kehrt Pythagoras über die Metempsychose zum Fleischverbot zurück (453–478). Dieses Thema bildet also den Rahmen der Rede und soll in diesem Kapitel näher untersucht werden.[8]

Vorab erscheinen noch zwei Vorklärungen notwendig: Zum einen muss das für den vorliegenden Zusammenhang wichtigste Motiv der Rede, die Forderung nach einer vegetarischen Lebensweise, motivgeschichtlich eingeordnet werden (Kapitel 4.1), zum anderen muss die umfangreiche Forschungsliteratur[9] überblickt werden (Kapitel 4.2).

4　In der Darstellung der Struktur folge ich im Wesentlichen der gut nachvollziehbaren Darstellung von Bömer 1986, 272.

5　Pythagoras soll ursprünglich aus Samos stammen, aber aus politischen Gründen nach Süditalien geflüchtet sein, wo er in der Stadt Croton seine Schule gründete, s. Aristoxenes fr. 16 Wehrli, vgl. Riedweg 2007, 25.

6　Dieser Teil, von Bömer 1986, 258 als das „Metamorphosen-Thema" bezeichnet (Bömer 1986, 158), wird in der Forschung bisweilen als Ovids Versuch einer kosmologischen bzw. philosophischen Erklärung für das Thema des Werkes, die Verwandlungen, angesehen (z.B. ebd. 272; ähnlich Segl 1970, 70; Otis 2010 (1970), 297f.). Das philosophische Gedankengut dieses Mittelteils stammt nicht von Pythagoras, sondern ist ein Konglomerat aus Lehren u.a. von Lukrez, Heraklit und Empedokles, vgl. etwa Hardie 1995; Galinsky 1998, 321–23. S. hierzu auch den Forschungsüberblick unten, 310ff.

7　Gliederung etwas anders bei Otis 2010 (1970), 297 und Galinsky 1975, 104.

8　Eine genauere Eingrenzung des Untersuchungsgegenstandes erfolgt auf S. 321f.

9　Bömer ‚beschränkt' sich allein wegen der „kaum mehr zu übersehenden Literatur zu den Themen ‚Pythagoras' und ‚Pythagoras bei Ovid' auf 4,5 dicht bedruckten Seiten, in denen er die „wichtigsten Linien [sc. der Forschungsliteratur] skizziert", Bömer 1986, 268, Darstellung 268–73. Zur noch angewachsenen Unübersichtlichkeit der Forschungsliteratur auch Segal 2001, 63.

4.1 Motivgeschichte: Antike Stimmen zum Vegetarismus

Die Motivgeschichte der Pythagorasrede oder auch des Vegetarismus-Themas darin in ihrer Gesamtheit zu überblicken und zusammenhängend darzustellen, ist aufgrund der Quellenlage schwierig und für unser Interesse nicht zielführend.[10] Herausgegriffen werden deshalb im Folgenden zwei Textstellen, die inhaltlich und rhetorisch besonders starke Ähnlichkeiten mit Pythagoras' Appell zur vegetarischen Ernährung aufweisen.[11] Es handelt sich dabei um Fragmente von Empedokles und Theophrast,[12] die beide ebenfalls eine vegetarische Ernährung fordern. Zu berücksichtigen ist in diesem Zusammenhang allerdings, dass die ausgewählten Fragmente durch spätere Autoren wie Aristoteles, Cicero, Sextus Empiricus und Porphyrios überliefert sind. Die darin enthaltenen Aussagen über Vegetarismus in der vorliegenden Form können Empedokles und Theophrast deshalb nur unter Vorbehalt zugeschrieben werden.

10 Die Frage nach möglichen Vorbildern und Quellen für Ovids Pythagorasrede wurde in der Forschung ausgiebig diskutiert, s. hierzu weiter unten, 310ff. Bezüglich ihrer Form ist die Pythagorasrede einzigartig, Segl 1970, 12 verweist allerdings auf Vorbilder der griechischen und römischen Epik, in denen eine *digressio* dieser Art vorkommt, so der Auftritt von Orpheus in den *Argonautika* von Apollonius Rhodius (Apoll. Rhod. 1,496f.), der epikureisch gefärbte Gesang des Silen von der Entstehung des Alls in Vergils sechster Ekloge (ecl. 6,31f.) und der Vortrag des Jopas, der in Vergils Aeneis von den Ursprüngen der Natur erzählt (Aen. 1,742ff.). Nicolas Lévi hat 2014 für das Format der Pythagorasrede einen neuen Begriff eingeführt: Die *révélation finale*, zu deutsch etwa ‚Schlussoffenbarung'. Neben der Pythagorasrede ordnet er diesem literarischen Motiv auch die Traumrede des Scipio in Ciceros sechstem Buch aus *De re publica* und die Schlussoffenbarung aus Apuleius' Metamorphosen zu. Das Motiv diene einerseits dazu, den vorangegangenen Text noch einmal zu erklären, und andererseits dazu, den Gesamttext zu gliedern, und sei deshalb für die entsprechenden Texte von entscheidender Bedeutung. Als eine Art Vorreiter der *révélation finale* sieht Lévi das besonders von Euripides benutzte Motiv aus der Tragödie *Deus ex Machina*. Zu griechischen Vorreitern und Charakteristika der *révélation finale* s. Lévi 2014, 17–54.
11 Vom historischen Pythagoras selbst sind keine schriftlichen Zeugnisse erhalten. Zur diesbezüglichen Quellenlage s. Riedweg 2013, 50f.
12 Die Parallelen zwischen Ovids Pythagorasrede und Fragmenten von Empedokles wurden bereits mehrfach beschrieben und diskutiert. Einen Überblick gibt Hardie 1995, 204f, bes. Anm. 6. S. dort auch eine Auflistung der konkreten Parallelen. Zu den Einflüssen Theophrasts und Empedokles' auf das von Ovids Pythagoras dargestellte goldene Zeitalter s. Segl 1970, 28–30, dazu auch dessen Grafik auf Seite 31. Auf den beachtlichen Umfang der Parallelen zwischen den hier aufgeführten Theophrast-Fragmenten und einem großen Teil der Argumentation im ersten Teil der Pythagoras-Rede wurde von Newmyer 1999, 485 hingewiesen. S. dazu jeweils die Verweise ad. loc. der Interpretation.

4.1.1 Empedokles

Empedokles scheint einer der wichtigsten und ersten Theoretiker zum Thema Vegetarismus in der Antike zu sein.[13] Seine diesbezüglichen Aussagen lassen sich nur aus Fragmenten rekonstruieren. Diese werden allgemeinhin dem Lehrgedicht Οἱ Καθαρμοί[14] zugeordnet. Darin vertritt Empedokles die Lehre von der Seelenwanderung, aus der sich für ihn eine vegetarische Lebensweise ableitet. Die wichtigsten Fragmente hierzu sind in der Textausgabe von Hermann Diels und Walther Kranz von 1951 (DK) gesammelt.[15]

Fragment 31 B 135 DK ist bei Aristoteles überliefert, Fragment 31 B 136 DK bei Cicero.[16] Aus beiden Fragmenten geht die Ansicht des Empedokles

13 S. hierzu auch oben, 77ff.

14 Zur Einordnung der unten behandelten Fragmente in dieses Werk s. Gemelli Marciano 2009, 287; 309.

15 Diese Ausgabe liegt auch der folgenden Darstellung zugrunde. Wright 1981 arrangiert die DK-Fragmente neu in Gruppen, je nach Wahrscheinlichkeit der Zugehörigkeit zu Οἱ Καθαρμοί oder Περὶ Φύσεως und deren möglicher Positionierung innerhalb dieser Gedichte. Dementsprechend nimmt sie auch eine neue Benennung der Fragmente vor. Die hier behandelten Fragmente behalten ihre Reihenfolge und werden auch von Wright als zusammengehörig angesehen: fr. 31 B 135 DK = 121 Wright, fr. 31 B 136 DK = 122 Wright, fr. 31 B 137 DK = 124 Wright. Allerdings fügt sie zwischen fr. 31 B 136 DK und fr. 31 B 137 DK fr. ein weiteres Fragment ein: 31 B 145 DK = fr. 123 Wright (Clem. Al. protr. 2,27,3). In diesem Fragment wird aber keine inhaltliche Aussage über den Vegetarismus getroffen. Eine neuere Edition bietet Inwood 2001 (überarbeitete Fassung von 1992). Inwood berücksichtigt den in den 90er Jahren identifizierte sog. Straßburger Papyrus (P. Strasb. Gr. Inv. 1665–66), der über 500 Verse von Empedokles' physikalischer Theorie enthält. Inwood hat die daraus extrahierten neuen Fragmente in die bekannten eingeordnet und alle Fragmente dementsprechend neu nummeriert. Die hier besprochenen Fragmente belässt er in derselben Reihenfolge wie Wright (fr. 121 Wright = 125 Inwood, fr. 122 Wright = 126 Inwood, fr. 123 Wright = 127 Inwood, fr. 124 Wright =128 Inwood).

16 Fr. 31 B 135 DK (= Arist. rhet. 1373b16): Ἔστι γὰρ, ὃ μαντεύονταί τε πάντες, φύσει κοινὸν δίκαιον καὶ ἄδικον [...], καὶ ὡς Ἐμπεδοκλῆς λέγει περὶ τοῦ μὴ κτείνειν τὸ ἔμψυχον· τοῦτο γὰρ οὐ τισὶ μὲν δίκαιον τισὶ δ' οὐ δίκαιον, «ἀλλὰ τὸ μὲν πάντων νόμιμον διά τ' εὐρυμέδοντος ' αἰθέρος ἠνεκέως τέταται διά τ' ἀπλέτου αὐγῆς»; Cic. rep. 3,11,19: *Pythagoras et Empedocles unam omnium animantium condicionem iuris esse denuntiant clamantque inexpiabilis poenas impendere iis, a quibus violatum sit animal;* fr. 31 B 136 DK (= Sext. Emp. adv. math. 9,129): Οἱ μὲν οὖν περὶ τὸν Πυθαγόραν καὶ τὸν Ἐμπεδοκλέα καὶ τὸ λοιπὸν τῶν Ἰταλῶν πλῆθος φασὶ μὴ μόνον ἡμῖν πρὸς ἀλλήλους καὶ πρὸς τοὺς θεοὺς εἶναί τινα κοινωνίαν, ἀλλὰ καὶ πρὸς τὰ ἄλογα τῶν ζῴων. ἓν γὰρ ὑπάρχει πνεῦμα τὸ διὰ παντὸς τοῦ κόσμου διῆκον ψυχῆς τρόπον, τὸ καὶ ἑνοῦν ἡμᾶς πρὸς ἐκεῖνα. διόπερ καὶ κτείνοντες αὐτὰ καὶ ταῖς σαρξὶν αὐτῶν τρεφόμενοι ἀδικήσομέν τε καὶ ἀσεβήσομεν ὡς συγγενεῖς ἀναιροῦντες. ἔνθεν καὶ παρῄνουν οὗτοι οἱ φιλόσοφοι ἀπέχεσθαι τῶν ἐμψύχων, καὶ ἀσεβεῖν ἔφασκον τοὺς ἀνθρώπους «βωμὸν ἐρεύθοντας μακάρων θερμοῖσι φόνοισιν». καὶ Ἐμπεδοκλῆς πού φησιν [fr. 31 B 137 DK].

hervor, es bestehe eine Verwandtschaft (κοινωνία) zwischen Menschen und Tieren und (deshalb) ein für alle Lebewesen gültiges Gesetz beziehungsweise Recht, das es verbietet, Beseeltes zu töten; deshalb versündige man sich an den Tieren, wenn man sie tötet und isst, als würde man Verwandte töten. Passend dazu enthält das bei Sextus Empiricus überlieferte Fragment 31 B 137 DK[17] eine polemische Ansprache des Empedokles, die inhaltlich und rhetorisch an die Verse 75f. und 459–68 der ovidischen Pythagorasrede erinnert:[18]

οὐ παύσεσθε φόνοιο δυσηχέος; οὐκ ἐσορᾶτε
ἀλλήλους δάπτοντες ἀκηδείῃσι νόοιο; [...]
μορφὴν δ᾽ ἀλλάξαντα πατὴρ φίλον υἱὸν ἀείρας
σφάζει ἐπευχόμενος μέγα νήπιος· †οἱ δὲ πορεῦνται†
λισσόμενον θύοντες· ὁ δ᾽ αὖ νήκουστος ὁμοκλέων
σφάξας ἐν μεγάροισι κακὴν ἀλεγύνατο δαῖτα.
ὡς δ᾽ αὔτως πατέρ᾽ υἱὸς ἑλὼν καὶ μητέρα παῖδες
θυμὸν ἀπορραίσαντε φίλας κατὰ σάρκας ἔδουσιν.

Werdet ihr nicht mit dem verhassten Morden aufhören? Seht ihr nicht, dass ihr einander zerfleischt in der Nachlässigkeit eures Sinnes? [...] Der Vater hebt aber seinen eigenen Sohn, der eine andere Gestalt angenommen hat, empor, und schlachtet ihn und betet noch dazu, der Tor; die anderen †... †, indem sie den Flehenden opfern; jener indes schlachtet mit lautem Zuruf, ohne auf ihn zu hören, den Sohn und bereitet so im Hause ein böses Mahl. Auf dieselbe Weise ergreift der Sohn seinen Vater und berauben die Kinder ihre Mutter der Lebenskraft und verzehren das Fleisch der eigenen Eltern.

Übersetzung: Gemelli Marciano 2013

Ausgehend von dieser Auffassung konstruiert Empedokles ein seiner Ansicht nach ideales Verhältnis zwischen Mensch und Tier im goldenen Zeitalter. Die entsprechenden Fragmente wurden in Kapitel 1.1.1.1 des Hauptteils dieser Arbeit behandelt.[19]

---

17 Fr. 31 B 137 DK (= Sext. Emp. adv. math. 9,129).
18 S. dazu unten, 336–351, bes. 353.
19 S. oben, 77ff.

4.1.2 Theophrast

Auch Theophrasts Schrift Περὶ Εὐσεβείας ist verloren. Die erhaltenen Fragmente sind in Porphyrios' Schrift Περὶ ἀποχῆς ἐμψύχων überliefert und liegen in der Ausgabe von Walter Pötscher (1964) vor.[20] Die Fragmente 12 und 20*[21] Pötscher behandeln das Verhältnis zwischen Mensch und Tier. Ähnlich wie Empedokles vertritt Theophrast darin die Auffassung, dass Tiere und Menschen einander ähnlich seien.[22] In Fragment 20* Pötscher stellt er fest, dass die Grundbestandteile der Leiber und vor allem deren Seelen einander ähneln;[23] so bestehe eine Zusammengehörigkeit (οἰκειότης) der Gemütsbewegungen, die sich durch dieselben Triebregungen und Zornerlebnisse, Reaktionen und Wahrnehmungen ausdrücke.[24]

Den Tieren komme außerdem dasselbe Recht zu wie Menschen (Fragment 12 Pötscher):[25] Wenn es Recht sei, schlechte Menschen, auch wenn

20 S. hierzu auch oben, 92. Die aktuelle Ausgabe dieser Schrift ist nach wie vor diejenige von Pötscher. Die Herausgeber der französischen Porphyrios-Ausgabe, Bouffartigue/Patillon 1979, gehen jedoch auch auf die Theophrast-Fragmente ein und kommentieren Pötschers Zuordnungen dort, wo sie Bedenken an dieser haben.
21 Pötscher 1964, 95–99 vermutet, dass Fragment 20 zu der verlorenen Schrift Περὶ ζῴων ζῴων φρονήσεως καὶ ἤθους α΄ gehört, deshalb ist es mit einem * gekennzeichnet.
22 Zum Vegetarismus bei Theophrast s. Alt 2008, 95–97.
23 S. hierzu Newmyer 1999, 484f. Ähnliches schreibt Iamblichos über Pythagoras: Dieser habe zwischen Mensch und Tier eine Verbindung durch die Gemeinschaft des Lebens, derselben Elemente und der Mischung aus diesen gesehen: συγγενικὴ δ᾽ ἡ τῶν ζῴων μετοχή, ἅπερ διὰ τὴν τῆς ζωῆς καὶ τῶν στοιχείων τῶν αὐτῶν κοινωνίαν καὶ τῆς ἀπὸ τούτων συνισταμένης συγκράσεως ὡσανεὶ ἀδελφότητι πρὸς ἡμᾶς συνέζευκται (Iambl. vita Pyth. 108).
24 Fr. 20* Pötscher (= Porph. abst. 3,25,3): Οὕτω δὲ καὶ τοὺς πάντας ἀνθρώπους ἀλλήλοις τίθεμεν [καὶ] συγγενεῖς, καὶ μὴν <καὶ> πᾶσι τοῖς ζῴοις · αἱ γαρ τῶν σωμάτων ἀρχαὶ πεφύκασιν αἱ αὐταί · λέγω δὲ οὐκ ἐπὶ τὰ στοιχεῖα ἀναφέρων τὰ πρῶτα · ἐκ τούτων μὲν γὰρ καὶ τὰ φυτά · ἀλλ᾽ οἷον δέρμα, σάρκας καὶ τὸ τῶν ὑγρῶν τοῖς ζῴοις σύμφυτον γένος · πολὺ δὲ μᾶλλον τῷ τὰς ἐν αὐτοῖς ψυχὰς ἀδιαφόρους πεφυκέναι, λέγω δὴ ταῖς ἐπιθυμίαις καὶ ταῖς ὀργαῖς, ἔτι δὲ τοῖς λογισμοῖς, καὶ μάλιστα πάντων ταῖς αἰσθήσεσιν. ἀλλ᾽ ὥσπερ τὰ σώματα, οὕτω καὶ τὰς ψυχὰς τὰ μὲν ἀπηκριβωμένας ἔχει τῶν ζῴων, τὰ δὲ ἧττον τοιαύτας, πᾶσί γε μὴν αὐτοῖς αἱ αὐταὶ πεφύκασιν ἀρχαί. Δηλοῖ δὲ ἡ τῶν παθῶν κοινωνία.
25 Fr. 12 Pötscher (= Porph. abst. 2,20,3–25,1, hier: abst. 2,22,2–23,2): Σκεπτέον δ᾽ ἔτι καὶ ταῦτα. Ὥσπερ γὰρ οἰκειότητος οὔσης ἡμῖν πρὸς τοὺς ἀνθρώπους, τοὺς κακοποιοὺς καὶ καθάπερ ὑπό τινος πνοῆς <τῆς> ἰδίας φύσεως καὶ μοχθηρίας φερομένους πρὸς βλάπτειν τὸν ἐντυγχάνοντα ἀναιρεῖν ἡγούμεθα δεῖν καὶ κολάζειν ἅπαντας, οὕτω καὶ τῶν ἀλόγων ζῴων τὰ ἄδικα τὴν φύσιν καὶ κακοποιὰ πρός τε τὸ βλάπτειν ὡρμημένα τῇ φύσει τοὺς ἐμπελάζοντας ἀναιρεῖν ἴσως προσήκει, τὰ δὲ μηθὲν ἀδικοῦντα τῶν λοιπῶν | ζῴων μηδὲ τῇ φύσει πρὸς τὸ βλάπτειν ὡρμημένα ἀναιρεῖν τε καὶ φονεύειν ἄδικον δήπου, ὥσπερ καὶ τῶν ἀνθρώπων τοὺς τοιούτους. (22,3) ὃ δὴ καὶ ἐμφαίνειν ἔοικεν <ἔν> δίκαιον ἡμῖν μηδὲν εἶναι πρὸς τὰ λοιπὰ τῶν ζῴων, διὰ τὸ βλαβερὰ ἄττα τούτων εἶναι

sie uns ähnlich sind, für ihre Taten zu töten, sei es gleichermaßen recht, dies bei von Natur aus schädlichen Tieren zu tun. Aber die übrigen Lebewesen, die nicht ungerecht sind, zu töten und zu schlachten, sei zweifellos Unrecht, so wie es auch für die so gearteten Menschen Unrecht sei. Die Frage, ob man von Natur aus bösartige Tiere denn opfern dürfe, verneint Theophrast mit der Begründung, dass man den Göttern in diesem Fall ja etwas Schlechtes opfern würde, das gehe nicht. Und da es, wie gesagt, Unrecht sei, nicht schädliche Tiere zu opfern, bleibe nur die Schlussfolgerung, dass kein Lebewesen geschlachtet und gegessen werden darf.

Opferschau und Gottesverehrung, so Theophrast weiter,[26] seien nur Vorwände, um der eigenen Genusssucht zu frönen. Dies untermauert er damit, dass nützliche Tiere ebenso wie Tiere ohne Nutzwert, wenn sie nur genießbar sind, unter dem Vorwand der Gottesverehrung geschlachtet und gegessen werden, dass Tiere aber, die nützlich sind, jedoch keinen Genuss bergen, wie Elefanten oder Esel, nicht geopfert werden. Die Menschen opfern also diejenigen Tiere, die ihre Begierden befriedigen, nicht die, die den

καὶ κακοποιὰ τὴν φύσιν, τὰ δὲ μὴ τοιαῦτα, καθάπερ καὶ τῶν ἀνθρώπων. (23,1) Ἆρ οὖν θυτέον τὰ ἄξια τοῦ σφάττεσθαι τοῖς θεοῖς; καὶ πῶς, εἴ γε φαῦλα τὴν φύσιν ἐστίν; οὐθὲν γὰρ μᾶλλον οὕτως ἢ τὰ ἀνάπηρα θυτέον. κακῶν δὲ οὕτως ἀπαρχὴν καὶ οὐ τιμῆς ἕνεκα τὰς θυσίας ποιήσομεν. εἰ δ᾽ ἄρα θυτέον τοῖς θεοῖς ζῷα, τὰ μηθὲν ἀδικοῦντα τούτων ἡμᾶς θυτέον. (23,2) οὐκ ἀναιρετέον δὲ ὡμολογήκαμεν <τὰ> μηθὲν ἡμᾶς ἀδικοῦντα τῶν λοιπῶν ζῴων, ὥστε οὐδὲ θυτέον αὐτὰ τοῖς θεοῖς. εἰ οὖν οὔτε ταῦτα θυτέον οὔτε τὰ κακοποιά, πῶς οὐ φανερὸν ὅτι παντὸς μᾶλλον ἀφεκτέον καὶ οὐ θυτέον ἐστὶ τῶν λοιπῶν ζῴων οὐθέν ; ἀναιρεῖν γε μέντοι τούτων ἕτερ᾽ ἄττα προσήκει.

26 Fr. 12 Pötscher (=Porph. abst. 2,25): (1) ταῖς γὰρ ἐκ τῶν θυμάτων ἀπολαύσεσι τὸ περὶ τούτων ἀληθὲς ἐξαλείφειν πειρώμενοι λανθάνομεν ἡμᾶς αὐτούς, οὐ γὰρ δὴ τὸν θεόν. (2) τῶν μὲν οὖν ἀτίμων ζῴων, ἃ μηδεμίαν εἰς τὸν βίον ἡμῖν παρέχεται χρείαν, καὶ τῶν οὐδεμίαν ἀπόλαυσιν ἐχόντων οὐθὲν θύομεν τοῖς θεοῖς. τίς γὰρ δὴ πώποτε ἔθυσεν ὄφεις καὶ σκορπίους ἢ πιθήκους ἤ τι τῶν τοιούτων ζῴων; (3) τῶν δὲ τοῖς βίοις ἡμῶν χρείαν τινὰ παρασχομένων ἤ καί τι εἰς ἀπόλαυσιν ἐν αὐτοῖς ἐχόντων οὐθενὸς ἀπεχόμεθα, σφάττοντες ὡς ἀληθῶς καὶ δέροντες ἐπὶ προστασίας τοῦ θείου. (4) βοῦς γὰρ καὶ πρόβατα πρός τε τούτοις ἐλάφους καὶ ὄρνιθας, αὐτούς τε τοὺς καθαρειότητος μὲν οὐθὲν κοινωνοῦντας, ἀπόλαυσιν δὲ ἡμῖν παρέχοντας σιάλους σφάττομεν τοῖς θεοῖς · ὧν τὰ μὲν τοῖς βίοις ἡμῶν ἐπικουρεῖ συμπονοῦντα, τὰ δὲ εἰς τροφὴν ἤ τινας ἄλλας χρείας ἔχει βοήθειαν. (5) τὰ δὲ οὐθὲν τούτων δρῶντα διὰ τὴν ἐξ αὐτῶν ἀπόλαυσιν ὁμοίως τοῖς ἔχουσι τὸ χρήσιμον ὑπὸ τῶν ἀνθρώπων ἀπόλλυται ταῖς θυσίαις. (6) ἀλλ᾽ οὐκ ὄνους οὐδ᾽ ἐλέφαντας οὐδὲ ἄλλο τῶν συμπονούντων μέν, οὐκ ἐχόντων δὲ ἀπόλαυσιν θύομεν. (7) καίτοι καὶ χωρίς γε τοῦ θύειν οὐκ ἀπεχόμεθα τῶν τοιούτων, σφάττοντες διὰ τὰς ἀπολαύσεις, καὶ θύομεν | αὐτῶν τῶν θυσίμων οὐ τὰ τοῖς θεοῖς, πολὺ δὲ μᾶλλον τὰ ταῖς τῶν ἀνθρώπων ἐπιθυμίαις κεχαρισμένα, καταμαρτυροῦντες ἡμῶν [τε] αὐτῶν ὅτι τῆς ἀπολαύσεως χάριν ἐμμένομεν τοῖς τοιούτοις θύμασιν. Ähnlich auch fr. 11 Pötscher (= Porph. abst. 2,51,1–2): (1) Φαίη γὰρ ἄν τις ὅτι πολὺ μέρος ἀναιρούμεν μαντείας τῆς διὰ σπλάγχνων ἀπεχόμενοι τῆς τῶν ζῴων ἀναιρέσεως. οὐκοῦν ὁ τοιοῦτος ἀναιρείτω καὶ τοὺς ἀνθρώπους· [...] (2) ἀλλ᾽ ὥσπερ ἀδικίας καὶ πλεονεξίας ἦν τὸ ἕνεκα μαντείας ἀναιρεῖν τὸν ὁμόφυλον, οὕτω καὶ τὸ ἄλογον ζῷον σφάττειν μαντείας ἕνεκα ἄδικον.

Göttern lieb sind, und so bleiben die Menschen wegen des Genusses bei den Opfern. Die hier von Theophrast diskutierten Fragen nach nützlichen und schädlichen Tieren, Recht und Unrecht, Genuss und Götterwille werden auch von Ovids Pythagoras im Abschnitt über die Tieropfer (Verse 111–126) thematisiert.

Ebenso verhält es sich mit Fragment 7 Pötscher: Darin erklärt Theophrast, dass der erste Fleischverzehr aus der Not heraus in Kriegen und Hungersnöten entstanden sei.[27] Welcher Zwang aber bestehe heute, so fragt Theophrast, von den Opfern jener Notzeit Gebrauch zu machen, wenn es heute doch Früchte[28] gebe?[29] Diesen Gedanken greift Ovids Pythagoras gleich zu Beginn seiner Rede auf, wenn er das ‚goldene Zeitalter der Gegenwart' (Verse 76–82) beschreibt.

Ebenso wie Empedokles schildert auch Theophrast eine vegetarische Urzeit und einen moralischen Verfall der Menschen, der mit dem Verzehr von Fleisch einhergeht. Diese Fragmente wurden in Kapitel 1.1.1.3 des Hauptteils dieser Arbeit besprochen.[30]

4.1.3 Zusammenfassung

Obwohl Empedokles und Theophrast beide von einer Verwandtschaft zwischen menschlichen und tierischen Seelen sprechen, meinen beide offenbar etwas anderes damit. Denn Empedokles, der von der Wanderung menschlicher Seelen in tierische Körper ausgeht, spricht beim Fleischverzehr von einem potentiellen Verbrechen gegen verwandte Menschen (nicht gegen Tiere!)[31], weil die Seele eines verstorbenen Verwandten ja in dem Tier

---

27 Fr. 7 Pötscher (= Porph. abst. 2,12–15): [...] λιμοὶ γὰρ αἴτιοι καὶ πόλεμοι, οἳ καὶ τοῦ γεύσασθαι ἀνάγκην ἐπήγαγον. [...].

28 Mit Früchten ist hier nicht unbedingt Obst, sondern sind generell Früchte im botanischen Sinn gemeint, wie Pötscher 1964, 159, Anm. 3.

29 Fr. 7 Pötscher (= hier Porph. abst. 2,12,1): [...] ὄντων οὖν τῶν καρπῶν, τίς χρεία τῷ τῆς ἀνάγκης χρῆσθαι θύματι; Früchte wären, so führt Theophrast weiter aus, im Gegensatz zu Fleisch ein frommes Opfer, weil man, wenn man die eigenen Früchte opfere, niemandem etwas stehle und nichts gegen den Willen der Pflanzen tue. Den Tieren würde man aber das Leben gegen ihren Willen stehlen. Dass dies bei Pflanzen nicht der Fall ist, zeige sich daran, dass sie irgendwann ihre Früchte von selbst abwerfen, Porph. abst. 2,13.

30 S. oben, 92ff.

31 Dazu Osborne 2007, 52: Da man beim Tieropfer also Gefahr laufe, die eigenen Verwandten zu schlachten und zu essen, und dies offenbar als falsch angesehen werde, sei es

wohnen könnte, das man gerade verspeist. Für Theophrast dagegen ergibt sich die Seelenverwandtschaft aus einer genuinen und beobachtbaren äußerlichen und innerlichen Ähnlichkeit zwischen Mensch und Tier.[32] Die Schlussfolgerung führt freilich zum selben Ergebnis, nämlich einer Ablehnung von Gewalt gegenüber Tieren, und noch schlimmer, deren Verzehr. Entsprechend teilen beide Philosophen die Auffassung eines vegetarischen goldenen Zeitalters beziehungsweise einer vegetarischen Urzeit. Auch hier unterscheiden sich die Darstellungen: Während Empedokles von einem goldenen Zeitalter unter der Herrschaft der Liebesgöttin Kypris spricht, in dem es eine Freundschaft zwischen Mensch und Tier und eine Geisteshaltung, die das Töten und Hinabschlingen anderer Lebewesen verabscheut, gegeben habe,[33] schildert Theophrast eine eher realistische, schrittweise Entwicklung menschlicher Nahrung, die erst durch Hungersnöte und Kriege zu Fleisch übergeht.[34]

Dieser Skizzierung der Auffassungen Empedokles' und Theophrasts lässt sich entnehmen, dass es bereits bei den Griechen unterschiedliche Begründungen für eine vegetarische Lebensweise gibt. Diese Ambivalenz der unter-

---

riskant, generell Tiere zu töten und zu essen, „not because killing an animal is itself wrong *under that description. The forbidden deed is killing and eating your own relations*, not killing and eating *animals.*" Dieses Beispiel von Empedokles zeigt, dass die ursprüngliche Pythagoras zugeschriebene Seelenwanderungslehre und die Vorstellung von Tieren als „fellow-creatures" (dazu Newmyer 1999, 482f.) nicht unbedingt zusammengehören. Dies demonstriert Osborne auch am Beispiel von Xenophanes (fr. 7; Diog. Laert. 8,36). Dieser berichtet, dass Pythagoras, als er gesehen hatte, wie ein Mann einen Welpen schlug, ihn aufgefordert habe, aufzuhören, weil er anhand des Schreis des Welpen in ihm einen befreundeten Mann erkannt habe. Daraus, so Osborne, lasse sich folgern, dass Pythagoras kein Mitleid mit dem Welpen an sich empfindet, sondern mit dem befreundeten Mann, den er in dem Welpen erkannt hat (Osborne 2007, 48). Abstrahierend könne man daraus schlussfolgern, dass Pythagoras in jedem tierischen Wesen eine potentielle menschliche Seele sehe, dass aber nicht jedes tierische Wesen deshalb gleich (gut) behandelt werden müsse, ebenso wenig wie man alle Menschen gleich behandele. Hätte er in dem Welpen einen feindlich gesinnten Menschen erkannt, hätte er womöglich anders gehandelt (ebd.). Daraus ergebe sich aber vor allem, dass es Pythagoras nicht um die Tiere selbst oder eine bestimmte Tierart geht, da diese keinen Einfluss auf die ihr möglicherweise innewohnende Identität der menschlichen Seele habe (49). So auch Newmyer 1999, 482f., hier zu Ovids Pythagoras: „The legal issue which Ovid adumbrates, that animals have some claim on human justice, is for Pythagoras [sc. der historische] fundamentally a question of concern for humans and not for animals."
32 Vgl. Martins 2018, 128.
33 Fr. 31 B 128 und 130 DK, s. oben, 77f.
34 Fr. 2, 12, 13 und 18 Pötscher, s. oben, 92ff.

schiedlichen Sichtweisen nimmt Ovid in seiner Pythagorasrede auf,[35] wie sich in der Interpretation zeigen wird.

4.2 Forschungsstand

Forschungspositionen im Hinblick auf Pythagoras' Appell zur fleischlosen Ernährung sind häufig in Gesamtdeutungen der Pythagorasrede enthalten und können deshalb nicht völlig losgelöst davon betrachtet werden. Dementsprechend wird im Folgenden zunächst ein kurzer Überblick über die Forschung zur Pythagorasrede allgemein (Kapitel 4.2.1) und anschließend speziell zum Vegetarismus-Thema (Kapitel 4.2.2) gegeben.

Zunächst ist jedoch noch eine Vorklärung notwendig: Eng mit einer Deutung der ovidischen Pythagorasfigur hängt die Frage zusammen, inwiefern pythagoreisches Gedankengut im gesellschaftlichen Diskurs des augusteischen Roms präsent ist und wie verbreitet die Vorstellung oder Praxis einer vegetarischen Lebensweise ist. Ziel ist es an dieser Stelle nicht, einen Überblick über den sogenannten Neu-Pythagoreismus und verwandte Strömungen zu geben.[36] Für das Verständnis der Pythagorasrede sollte aber Folgendes bewusst sein: Was im Rom des ersten vorchristlichen Jahrhunderts genau unter Pythagoreismus verstanden wird, ist unklar,[37] die Pythagoras zu jener Zeit zugeordneten Lehren und Strömungen schwer

---

35 Vgl. Gilhus 2006, 76f.

36 Zur Einführung s. Stapleton 1958; Burkert 1962; Heinrich Dörrie: Pythagoreer, RE 47. Hbd., 1963, 277; Kurt v. Fritz: Pythagoras, RE 47. Hbd., 1963,193–195; Detienne 1970; Riedweg 2002; 2013; Irmgard Männlein-Robert: Pythagoras, in: Der Neue Ueberweg 5/1 §§ 65, 66, Basel 2018.

37 Heute geht man in der Regel davon aus, dass verschiedene, zum Teil divergente Strömungen (z.B. platonisch, aristotelisch, stoisch) unter dem Namen Pythagoras zusammengefasst werden, vgl. Burkert 1962, 9–12; Galinsky 1998, 314; 317 mit Verweis auf ältere Literatur und Quellen; Schmitzer 2006, 40; Heinrich Dörrie gibt zu bedenken, dass es, soweit wir wissen, im ersten Jahrhundert v. Chr. keine sich „nach außen abgrenzende Schule des Pythagoras gibt, Heinrich Dörrie: Pythagoreer, RE 47. Hbd., 1963, 277. Die Seelenwanderungslehre – zusammen mit dem aus ihr erwachsenden Gebot zur vegetarischen Ernährung – erscheint in griechischen und römischen Quellen als die berühmteste des Pythagoras. S. hierzu Burkert 1962, 98; Kurt v. Fritz: Pythagoras, RE 47. Hbd., 1963, 187f.; 239. Sie geht im Kern davon aus, dass die Seelen der Menschen nach dem Tod in anderen Menschen und Tieren wiedergeboren werden, wodurch auch diese zu etwas Beseeltem werden. Der Verzehr von Tieren komme somit Kannibalismus gleich; s. hierzu Haußleiter 1935, 98f.; Kurt v. Fritz: Pythagoras, RE 47. Hbd., 1963,193–95; Detienne 1970; Riedweg 2013, 50.

greifbar.[38] Der Diskurs um eine vegetarische Ernährung, auch im Zusammenhang mit der Seelenwanderungslehre, scheint im Bewusstsein der schreibenden Oberschicht vorhanden zu sein, dies legen die literarischen Zeugnisse nahe.[39] Die Indizien reichen allerdings nicht aus, um auf eine mehrheitliche Meinung oder Haltung oder gar eine verbreitete vegetarische Lebenspraxis schließen zu können.

4.2.1 Forschungspositionen zum grundsätzlichen Verständnis der Pythagorasrede

Die soeben skizzierte Ambivalenz des Pythagorasbildes zu augusteischer Zeit spiegelt sich auch in Ovids Pythagorasdarstellung wider. Dies ist neben Umfang und Position der Rede einer der Gründe für die Kontroverse bei der Deutung der ovidischen Pythagorasfigur.

Das diesbezügliche Forschungsinteresse verlagerte sich während der zweiten Hälfte des 20. Jahrhunderts von (a) der Frage nach den Quellen und dem philosophischen Gehalt, (b) augusteischen oder anti-augusteischen sowie (c) ironischen Elementen hin zu (d) Fragen von Genre, Intra- und Intertextualität.[40] Diese Hauptlinien werden im Folgenden, soweit dies möglich ist, chronologisch vorgestellt. Da es zu jedem Themengebiet auch immer Gegenpositionen gibt, werden diese zugunsten der Übersichtlichkeit jeweils ad locum mit aufgeführt, auch wenn sie teilweise wesentlich später formuliert wurden.

(a) Quellenfrage und philosophischer Gehalt
Besonders in der älteren Sekundärliteratur wurde nach möglichen Quellen für die Pythagorasrede geforscht. Hier sind als frühe Beispiele etwa August

---

38 Dazu Bömer 1986, 269: „Die Tatsache, daß es zu kaum einem Teil dieser Dichtung eine so umfangreiche eigene Literatur gibt, zeigt, wie schwer entwirrbar die Fäden der geistigen Richtungen jener Zeit [...], speziell die Popularphilosophie und wiederum speziell die neopythagoreischer Observanz sind – was auch immer man darunter verstand oder versteht."
39 Vgl. Martins 2018, 91. Diese Zeugnisse werden, um den Rahmen dieses Forschungsüberblickes nicht zu sprengen, im Folgenden anknüpfend an die jeweils darauf fußenden Forschungsmeinungen ad locum in einer Fußnote vorgestellt und diskutiert.
40 Segal 2001, 63. Dieser Forschungsüberblick erhebt keinen Anspruch auf Vollständigkeit, zumal es in neueren Arbeiten zur Pythagorasrede solcher Überblicke nicht mangelt, z.B. Newmyer 1999, 477–480; Schmitzer 2006, 51f.

Schmekel (1885) und Georges Lafaye (1904) zu nennen, die hauptsächlich für Varro als Vorlage plädierten.[41] Es wurde darüber hinaus von einigen Forschern wie etwa Otto Korn (1916) oder Luigi Alfonsi (1958) angenommen, dass Ovid mit der Rede ernsthaftes philosophisches Material in die Metamorphosen einbinden wollte.[42] Solche Auffassungen wurden in der zweiten Hälfte des 20. Jahrhunderts und auch in jüngster Zeit wiederholt abgelehnt: Rudolf Segl (1970) beispielsweise betonte einerseits den starken Eklektizismus der bei Pythagoras vorkommenden Lehren und Strömungen und wies andererseits darauf hin, wie stark diese mitunter von Ovid verzerrt oder vereinfacht worden seien.[43] Daran anknüpfend sind sich Franz Bömer (1986),

41 Als Anlass dienten Schmekel u.a. die Ähnlichkeiten bezüglich der Tieropfer und der Schafe in Lukrez' Darstellung der menschlichen Frühzeit, vgl. Schmekel 1885, 26–42. Lafaye 1904 differenzierte Schmekels These, war aber ebenfalls der Meinung, Ovid sei als eine Art Fachwissenschaftler verschiedenen griechischen und lateinischen Autoren, allen voran Varro, verpflichtet. Ausführlich kommentiert werden Schmekel und Lafaye sowie weitere Untersuchungen dieser Art bei Segl 1970, 99–106.

42 Haupt/Korn/Ehwald (1966) 1916, 421; Alfonsi 1958, 265f., ähnlich Crahay/Hubaux 1958, 288.

43 Segl 1970 spricht von einer Materialsammlung und einem Lexikonwissen Ovids, an dem dieser sich großzügig bedient habe (115f.), vgl. auch van Schoor 2011, 131. Solodow 1988, 164 hält die Frage nach einer Quelle für irrelevant: „[...] it is hardly a philosophical discourse at all, and to consider it such is misleading. The framework renders nearly trivial what philosophizing there is". In dieser Debatte spiegelt sich auch die Uneinigkeit der Forschung über sogenannte neo-pythagoreische Strömungen zu augusteischer Zeit wider: Besonders Ciceros Aussage über die Wiederbelebung des Pythagoreismus durch seinen Vertrauten Nigidius Figulus (Tim. 1, vgl. Haußleiter 1935, 297; Wilhelm Kroll: Nigidius, RE 33. Hbd., 1936, 200–211) sowie das Wissen um eine von Quintus Sextius gegründete, von den Pythagoreern beeinflusste Sekte (vgl. hierzu Lévi 2014, 192f.) haben Forscher des 20. Jahrhunderts vom ‚Neo-Pythagoreismus' sprechen lassen (so vor allem ältere Studien wie etwa von Haußleiter 1935, 296–314; Haupt/Ehwald/Korn 1966 (1916), 429; vorsichtiger Segl 1970, 107. Aber auch neuere Stimmen sprechen von einer Wiederbelebungsbewegung des Pythagoreismus, so etwa Montanari 1999, 74; Schmitzer 2006, 35; Lévi 2014, 189–192, 201–208). Darüber hinaus lässt die Aussage Plinius' d.Ä., dass Varro *Pythagorio modo* begraben werden wollte (nat. 35,160), vermuten, dass auch Varro ein wie auch immer geartetes Interesse an Pythagoras hatte, vgl. Galinsky 1998, 316f., Purcell 2003, 349. Nicolas Lévi (201–208) sieht Varro u.a. deshalb als Beweis für eine Wiederbelebung des Pythagoreismus an. Ebenfalls umstritten als möglicher Beweis für eine neopythagoreische Sekte ist die 1917 in Rom entdeckte Porta Maggiore Basilica, die pythagoreische Motive und Zahlencodes enthalten soll und auf das 1. Jahrhundert v. Chr. datiert wird, s. hierzu Schmitzer 2006, 35 (der Zweifel an einer Verbindung zu einer möglichen neopythagoreischen Sekte äußert) und ausführlich Lévi 2014, 197–201. Dass ein Interesse an pythagoreischem Gedankengut im Rom des ersten vorchristlichen Jahrhunderts vorhanden ist, lässt sich aufgrund der literarischen Zeugnisse sicher nicht bestreiten (vgl.

Karl Galinsky (1998) und Niklas Holzberg (2016) im weitesten Sinne darüber einig, dass Ovid mit der Rede eher *delectare* als *prodesse* wolle und kaum ernsthafte wissenschaftliche oder philosophische Bestrebungen gehabt haben dürfte.[44]

(b) Augusteische oder anti-augusteische Intention
Etwa in der Mitte des 20. Jahrhunderts begann die verstärkte[45] Auseinandersetzung mit der Frage, inwieweit der Rede eine pro- oder anti-augusteische Intention nachzuweisen sei. Vertreter der ersten Linie wie etwa Luigi Alfonsi oder Roland Crahay und Jean Hubaux (1958) stützen sich hier besonders auf die von Ovid hervorgehobene Verbindung zwischen Pythagoras und Numa, der Preisung Roms durch den Philosophen (met. 15,426–452) sowie auf die Nähe der Pythagorasrede zur Apotheose Caesars und dem Lob des Augustus (met. 15,745–870).[46] Solchen Stimmen wurde bis in neuere Zeit hinein mehrfach widersprochen. So haben beispielsweise die Arbeiten von Charles Segal (1969), W. R. Johnson (1970), John F. Miller (1994) und Mary Beagon (2009) ironische Elemente der Pythagorasfigur herausgearbeitet, die deren Ansicht zufolge zu einer politisch-subversiven Kraft der Rede beitragen.[47]

Segal 1969, 280f.; Purcell 2003, 349). Doch in welchem Umfang dieses rezipiert wird oder Teil des gesellschaftlichen Bewusstseins und Interesses ist, lässt sich aufgrund dieser dürftigen Quellenlage nicht sagen, vgl. Freyburger 2016.
44 Vgl. Bömer 1986, 271; Galinsky 1998, 317; dazu Holzberg 2016, 110: Ovid „dürfte kaum erwartet haben, daß die Person seines Pythagoras und dessen Lehren ernst genommen würden. [...] Pythagoras' Ausführungen sollen mit Interesse, Spannung und Heiterkeit verfolgt werden, erheben aber nicht den Anspruch, darüber ‚was die Welt im Innersten zusammenhält‘, tiefsinnige Gedanken zu entwickeln.“
45 Bereits Otto Korn äußerte sich 1916 zu diesem Thema, s. nachfolgende Anmerkung.
46 Alfonsi 1958, 272 deutet beispielsweise die Regierung des Augustus als einzige Form der Stabilität inmitten der von Pythagoras aufgezeigten Vergänglichkeit. Crahay/Hubaux 1958, 296–299 wiederum sehen in der Unsterblichkeit der Seelen ein Symbol für die Beständigkeit Roms. Ähnlich Otto Korn: „in dieser Rede, welche in dem patriotischen Hinweis auf die einstige unter der Führung eines Nachkommen des Julus zu erreichende Größe des kleinen Rom ihren Höhepunkt und Abschluß findet [...]“, Haupt/Korn/Ehwald 1966 (1916), 421.
47 In der Ansicht Segals hat Ovid seinen Pythagoras als eine Art Witzfigur angelegt mit der Absicht, die Autorität bzw. den Allmachtsanspruch Augustus' auf komische Art zu untergraben und stattdessen den Allmachtsanspruch der eigenen Poesie zu untermauern, vgl. Segal 1969, 292. Ähnlich äußerte sich auch Walter R. Johnson 1970, 148: „What Augustus heard was a clear and resonant voice that spoke of love that would not be codified, of divinity that could not respond to artificial respiration, of the continuance of the age of iron, and of the crumbling of empires. Augustus was not amused.“ Miller 1994 legt anhand des Motivs der

(c) Ironische Elemente

Die letztgenannten Forschungsarbeiten befinden sich an einer Schnittstelle zwischen zwei Interessengebieten. Denn neben der Debatte um eine augusteische oder anti-augusteische Intention der Rede gibt es auch diejenige um eine ironische oder nicht-ironische Lesart. Joseph B. Solodow (1988) und David van Schoor (2011) etwa verknüpfen die von ihnen herausgearbeiteten ironischen Momente der Rede nicht mit einer politischen Intention, sondern sehen sie eher als Parodie der von Ovid in der Rede verarbeiteten philosophischen Ansichten und Strömungen.[48]

pythagoreischen *memoria* dar, dass Pythagoras als verwirrt und vergesslich dargestellt und dadurch auch die Panegyrik auf ironische Weise untergraben werde. Beagon 2009 stellt die These auf, dass Ovids Pythagoras die Vorstellung der augusteischen Ära von Stabilität, Ruhe und Frieden untergrabe, indem er die endlose Veränderung des Universums als Normalität darstelle und Augustus' Ordnung zu einem „wonderland" (Titel: „Ordering wonderland") degradiere.

48 Für van Schoor 2011, 135 beispielweise spricht die von ihm herausgearbeitete ironische Darstellung und Verzerrung lukrezischer Philosophie in der Pythagorasrede „against reading it as a serious explanation of the foregoing fourteen books and of Ovid's philosophy". Solodow 1988, 167 wiederum sieht in der ironischen Darstellung eine Entwertung ernstzunehmender philosophischer Aussagen und hält die gesamte Rede deshalb für einen „extended joke".
Es sind bereits in der griechischen, aber auch in der römischen Literatur satirische und spöttische Bemerkungen über Pythagoras verzeichnet, die sich vor allem auf die Seelenwanderung und den Vegetarismus beziehen (griechische Zeugnisse sind z.B. Xenophanes fr. 21 B 7 DK, Athen. deipn. 161f., Diog. Laert. 8,37; Theokr. eid. 14,5–7, s. hierzu Segal 1969, 282; Rawson 1985, 53; Alt 2008, 90; römische Zeugnisse sind z.B. Iuv. 3,229; 15,173; Hor. serm. 2,2,57ff.; 2,6,63; epist. 2,1,52; Pers. proöm. 1,6,11, s. hierzu Segal 1969, 280; Miller 1994, 478; Green 2008, 42). Diese Zeugnisse haben einige Forscher zu der Auffassung geführt, dass Pythagoras zu augusteischer Zeit als nicht ernstzunehmender Exzentriker gegolten habe. So spricht Miller 1994, 479 von „Pythagoras' reputation as something of a crackpot"; ähnlich Segal 1969, 280f.; Solodow 1988, 164; Schmitzer 2006, 35. Einige Forscher gehen sogar soweit zu vermuten, es habe eine Pythagoras-feindliche Gesinnung in der römischen Gesellschaft gegeben (z.B. Green 2008, 42; Freyburger 2016, 42–44). Neben den oben genannten spöttischen Bemerkungen über Pythagoras werden für diese These in der Regel zwei Ereignisse der römischen Geschichte herangezogen: einerseits die Verbrennung von Büchern im Jahr 181 v. Chr., die angeblich König Numa gehört haben und pythagoreisches Gedankengut enthalten haben sollen (vgl. Liv. 49,29,3–14; s. hierzu Freyburger 2016, 43), andererseits die Verbannung des Pythagoreers Anaxilaos aus Rom und Italien durch Augustus im Jahr 28 v. Chr. (vgl. Euseb. chron. 188,1) vgl. hierzu Lévi 2014, 189.
Beide Annahmen, sowohl die über eine spöttische oder belächelnde Haltung gegenüber Pythagoras und der Seelenwanderungslehre als auch die einer feindlichen Gesinnung gegenüber den ‚Pythagoreern', sind zu relativieren. Denn erstens stehen die zugrundeliegenden Zeugnisse neben Aussagen anderer römischer Schriftsteller wie etwa Ciceros, die Pythagoras als respektierten Gelehrten erscheinen lassen (s. unten, Anm. 69). Außerdem können Satire

Zu den ironischen Deutungen sowohl in Bezug auf politische als auch philosophische Themen gibt es nach wie vor starke Gegenpositionen. Douglas A. Little (1974) beispielsweise wandte gegen die Auffassung Segals von einer lächerlichen Pythagorasfigur ein, dass Ovid mit einer solchen seine eigenen dichterischen Ansprüche unterminieren würde.[49] Maddalena Colavito (1989) und Vinzenz Buchheit (1994) setzen den ironischen Deutungen die Auffassung einer pythagoreischen oder humanistischen Grundhaltung Ovids entgegen, die in der Pythagorasfigur deutlich hervortrete.[50]

(d) Genre, Intra- und Intertextualität
Neuere Arbeiten suchen die Bedeutung der Rede eher im literarischen Bereich. So untersuchten beispielsweise Sara K. Myers (1994), Karl Galinsky (1998), Ulrich Schmitzer (2006) und David van Schoor (2011) den autoreflexiven und strukturgebenden Charakter der Rede in Bezug auf die vorangegangenen 14 Bücher der Metamorphosen.[51] Philip Hardie (1995) und

und Spott auch immer eine Gegenbewegung zu einer gesellschaftlich breit vertretenen Meinung oder Haltung sein. Schließlich lassen die erhaltenen Zeugnisse oder gar zwei weit auseinander liegende, obendrein jeweils zu einem viel späteren Zeitpunkt überlieferte Ereignisse keine verallgemeinernden Schlussfolgerungen auf ein breiteres gesellschaftliches Phänomen zu.

49 Little 1974, 21: „[...] He did not jeorpadize his larger aspirations as an artist for the sake of an obscure snicker at the emperor."

50 Colavito 1989 sieht den Pythagoreismus als Schlüssel zum Verständnis der Metamorphosen. Buchheit 1994, 93 hält die ironischen Deutungen für „abwegig", Daniel Dombrowski (1984) hält Ovid für einen Vegetarier und Pythagoreer, „who especially upheld a belief both in the golden age and transmigration." (85). Dombrowski, der allerdings eine philosophische, keine literaturwissenschaftliche Arbeit liefert, hält Pythagoras' Appell für die Worte Ovids und nimmt diese für bare Münze. Gérard Freyburger (2016) stellt vage die Frage in den Raum, ob die in der Pythagorasrede zum Ausdruck gebrachte fürsprechende Haltung zum Vegetarismus zu Ovids Verbannung beigetragen haben könnte (46). Ausgeglichener sieht es Segl 1970, 107, wenn er über seine eigenen Ausführungen zum Neupythagorismus sagt: „[...] so soll damit Ovid nicht zu einer neupythagoreischen Quelle im strengeren Sinn gemacht noch behauptet werden, Ovid habe sich einem neupythagoreischen Gewährsmann anvertraut, sondern unsere Meinung geht [...] dahin, daß neupythagoreisches Gedankengut zur Zeit Ovids en vogue war und so auch Ovid mit in die Feder geflossen ist."

51 Myers 1994 legt dar, dass die Rede durch Verwendung zahlreicher philosophischer und kosmologischer Versatzstücke aus anderer, früherer Literatur als Mikrokosmos des gesamten Werkes funktioniere. Galinsky 1998, 332 versteht die Rede als Rückblick auf die vorangegangenen 14 Bücher der Metamorphosen, der daran erinnere, „how different stories such as these could be told." Pythagoras' eigene Erzählweise ist seiner Ansicht nach schlecht und erhöht dadurch rückwirkend die Qualität der Erzählweise Ovids. Schmitzer 2006, 51 spricht vom „literarkritischen Potential" der Rede und versteht sie in Anlehnung an Myers als

Lukas Oberrauch (2005) wiederum legen dar, inwiefern Ovid sich durch intertextuelle und thematische Bezüge in der epischen Tradition positioniere.[52]

4.2.2 Forschungspositionen speziell zum Vegetarismus

Der von Pythagoras am Anfang und Ende der Rede formulierte Appell zur fleischlosen Ernährung stand im Forschungsdiskurs bislang überwiegend nicht im Fokus genauerer Betrachtungen,[53] wurde aber dennoch häufig in die Gesamtdeutung miteinbezogen. Grundsätzlich lassen sich die Forschungspositionen bezüglich des Vegetarismus-Themas in zwei Hauptlinien trennen: Die eine misst diesem eine ernstzunehmende moralische Bedeutung bei, die andere nicht.[54] Innerhalb dieser beiden Positionen muss wie-

Autoreflexion und Teil des literarischen Gesamtkonzepts der Metamorphosen, der zum „Gespräch zwischen Autor, Text und Publikum" beitrage (55). Van Schoor 2011, 135 schließlich betont die ästhetische und formale Funktion der Rede: „it serves to give it shape and the appropriate aura of universality".

52 Hardie 1995 legt dar, dass sich die Rede durch diverse Anklänge an Empedokles in die epische Tradition etwa von Ennius und Vergil einreihe. Oberrauch 2005, 107 ist der Auffassung, Ovid habe „sich der pythagoreischen Seelenwanderungslehre bedient, um den neuen, sich an historiographischen Parametern orientierenden Gestaltungsprinzipien innerhalb der Epik entsprechen und gleichzeitig seine eigene Stellung als Dichter auf gewitzte Weise legitimieren zu können."

53 Vgl. Buchheit 1993, 93.

54 Ebenso, wie die Kontroverse um die Deutung der Pythagorasfigur bei Ovid mit der Frage zusammenhängt, wie Pythagoras und pythagoreisches Gedankengut im augusteischen Rom wahrgenommen wurden, hängt diese Diskussion mit der Frage nach der Rolle von vegetarischer Ernährung im Rom des ersten vorchristlichen Jahrhunderts zusammen. Montanari 1999, 74 beispielsweise ist der Auffassung, dass vegetarische Sekten wie die Orphiker und Pythagoreer der klare Ausdruck für eine breitere vegetarische Bewegung gewesen seien; vgl. auch Lévi 2014, 192f. Als Begründung hierfür werden mitunter die Kunde vegetarischer Heilverfahren oder Diäten zu augusteischer Zeit angeführt (Haußleiter 1935, 297, Anm. 3 verweist auf Antonius Musa, den Leibarzt von Augustus, der vegetarische Heilverfahren angewendet haben soll (Plin. nat. 19,128), und auf den älteren Plinius, der von einer Lattich-Diät berichtet (Plin. nat. 19,128)) oder dass Quintus Sextius von Pythagoras vor allem die vegetarische Lebensweise übernahm (Sen. epist. 108,17f. Die Abstinenz begründet Sextius allerdings nicht mit der Seelenwanderung, sondern mit Hygiene und der Abwendung von Grausamkeit (ebd.), s. hierzu auch Hans v. Arnim: Sextius, RE 2. Reihe, 4. Hbd., 1923, 2041). Darüber hinaus wird auf die Behandlung der Thematik in augusteischen und kaiserzeitlichen Texten verwiesen wie etwa auf die ovidische Pythagorasrede, aber beispielsweise auch auf Lukrez und Vergils *Georgica*, in denen blutige Opfer unter moralischen Aspekten

derum zwischen verschiedenen Ansätzen und Begründungen differenziert werden. Der folgende Überblick wird deshalb zunächst in die Kategorien ‚ohne moralische Bedeutung' und ‚mit moralischer Bedeutung' unterteilt. Innerhalb dieser Kategorien wird dann versucht, die entsprechenden Ansätze chronologisch darzustellen.

(a) Linie ‚ohne moralische Bedeutung'

Zu den ersten Arbeiten, in denen Stellung zum Vegetarismus-Thema in der Pythagorasrede bezogen wurde, gehören diejenigen von Douglas Little (1970) und Rudolf Segl (1970). Beide gestehen dem Vegetarismus keinen Eigenwert zu, sondern sind der Auffassung, dass dieser lediglich dazu diene, die Pythagorasgestalt zu charakterisieren.[55] Segl sieht eine weitere Funktion in der Spannungserzeugung. Diese entstehe, indem die Seelenwanderungslehre von Pythagoras erst recht spät als Begründung für den Vegetarismus herangezogen werde, obwohl diese als pythagoreische Erklärung zu erwarten sei. Stattdessen bediene sich Ovid eines „große[n] Pool[s] an verschiedenen Begründungen, den er in Ruhe ausschöpfen kann, bis er endlich auf die erwartete Begründung kommt."[56]

Mehr Beachtung wird dem Rahmen der Rede von Charles Segal (1969), Joseph B. Solodow (1988) und Karl Galinsky (1998) geschenkt. Sie sehen in der Darstellung des Vegetarismus-Themas eine bewusste Trivialisierung und Verballhornung der pythagoreischen Lehre, indem diese eben auf den Vege-

---

diskutiert werden (vgl. Green, 42f., Lucr. 1,62–78; 5,1161–1203; zu Vergil s. Gale 2006, 105–112), oder auf die Äußerung Senecas (epist. 108,22, vgl. hierzu Montanari 1999, 74), dass er sich schon als junger Mann mit der Seelenwanderungslehre befasst habe und daraufhin zum Vegetarier wurde. Diese Informationen lassen wiederum aber keine allgemeinen Schlussfolgerungen auf eine allgemeine vegetarische Lebenspraxis zu, zumal, wie Freyburger 2016, 45 richtig bemerkt, eine vegetarische Ernährung den für die Staatsreligion wichtigen Opferriten entgegensteht.

55 Little zufolge hat das Vegetarismus-Thema ansonsten keine essenzielle Verbindung zum Rest der Metamorphosen. Auch die Schilderung eines vegetarischen goldenen Zeitalters sei lediglich eine austauschbare Illustration der pythagoreischen Argumentation, vgl. Little 1970, 342f.; Segl 1970, 35f.

56 Segl 1970, 35; ähnlich Bömer 1986, 290f. Die Verse 453–478 lässt Segl übrigens in seiner Interpretation außen vor, da sie seiner Auffassung nach nicht wie andere Passagen bei der „Suche nach der Vorlage, die Ovid benützt haben oder von der er zumindest angeregt sein könnte, einigermaßen Erfolg verspricht." Eine differenzierte Deutung des Vegetarismus-Themas ist bei dieser unvollständigen Betrachtung freilich nicht möglich. Dass die entsprechende Passage durchaus Anklänge an andere literarische Darstellungen, z.B. Empedokles aufweist, thematisiert Segl entsprechend nicht.

tarismus reduziert werde.[57] Segal stellt in diesem Zusammenhang fest, dass Ovid sich für den Aufhänger seiner Pythagorasrede ausgerechnet diejenigen Themen, nämlich Vegetarismus und Seelenwanderung, ausgesucht habe, die in der antiken Literatur „as the most open to ridicule" erscheinen.[58] Zugespitzter als Segal, der trotz seiner Betonung der ironischen Elemente der Aussage Pythagoras' eine ernst zu nehmende – wenn auch von Segal nicht näher bestimmte – Bedeutung nicht abspricht,[59] hält Solodow die gesamte Pythagorasrede aufgrund der Trivialisierung pythagoreischer Philosophie auf Ernährung, wie bereits weiter oben erwähnt, für überhaupt nicht ernst zu nehmen.[60] Galinsky vertritt die etwas gemäßigtere Auffassung, dass diese Darstellung der pythagoreischen Lehre die Rede nicht zu einer Parodie mache, obgleich sie Pythagoras' Glaubwürdigkeit als Philosoph schmälere.[61]

(b) Linie ‚mit moralischer Bedeutung'

Diesen Positionen stehen solche entgegen, die Pythagoras' Appell zur fleischlosen Ernährung eine ernste moralische Bedeutung zuerkennen.

---

57 Dazu Segal 1969, 282: „It [sc. die Betonung des Vegetarismus-Themas] subordinates the wide-ranging concepts of metempsychosis and the immortality of the soul to something potentially ridiculous and trivial. Matters of diet become the focal point for the poetically framed lore of this great sage who knows about the *magni primordia mundi / et rerum causas* (XV, 67–68) and has solved all the riddles of the natural world (XV, 69 if.). The discrepancy has its comic side. Even if it does not completely trivialize the importance of Pythagoras' discourse, it still casts it in a tone below absolute seriousness and deep meaning." Solodow 1988, 164f. fügt hinzu, dass die in den Vegetarismus-Stellen besonders stark hervortretende Leidenschaftlichkeit Pythagoras' dazu beitrage, dass Vegetarismus als A und O des Pythagoreismus erscheine; ähnlich Galinsky 1998, 320. Als Beispiel für die Trivialisierung ernster Themen führt Solodow an, dass als Begründung für den moralischen Verfall der Menschen deren Lust auf Fleischnahrung genannt werde, wodurch „man is portrayed as torn between steak and string beans, as if this were the central conflict of the moral life", Solodow 1988, 164, hier konkret in Bezug auf die Verse 173–175, in Bezug auf den moralischen Abstieg s. 166; vgl. Little 1970, 342f.
58 Segal 1969, 281.
59 S. das Zitat von Segal oben. Auch 2001, als er sich erneut mit der Pythagorasrede befasst, äußert Segal sich ähnlich, schweigt aber nach wie vor zu der ernsten Bedeutung, die er dem Vegetarismus-Thema und auch der gesamten Rede nicht abspricht: „The speech is intended to be humorous, although the humour does not necessarily mean that it is unimportant or trivial.", Segal 2001, 68.
60 S. oben, Anm. 48.
61 Galinsky 1998, 320.

Walter R. Johnson (1970), der ebenfalls Momente des Übertriebenen, Ironischen und Lächerlichen in Ovids Darstellung des Vegetarismus-Themas erkennt, sieht darin keine Trivialisierung der pythagoreischen Lehre, sondern im Gegenteil eine Unterstützung der moralischen Aussage. Der von Pythagoras geschilderte moralische Verfall werde durch den Umstand, dass er am Fleischkonsum der Menschheit festgemacht werde, zwar in gewisser Weise absurd und lustig dargestellt, dennoch sei er als struktur- und tongebendes Element für die gesamten Metamorphosen äußerst ernst zu nehmen.[62] Gleichermaßen misst Johnson dem Vegetarismus-Appell eine politische Relevanz bei, da er diesen als „clear and emphatic rejection of the *topos of aureum saeculum*" sieht.[63]

Hermann Fränkel (1970) und Mechthild Freundt (1973) hingegen sehen in der Rede keine ironischen Momente, sondern deuten den Appell zum Vegetarismus als Ausdruck des „mitleidigen und über die Maßen zärtlichen Wesen[s]"[64] Ovids. Die rührenden Bilder, mit denen er das durch den Menschen verursachte Leid der Tiere schildere, hält Freundt für den Beweis, „daß Ovid nicht nur den Menschen, sondern auch den Tieren, kurz, allem Lebendigen, warmes Mitgefühl entgegenbringt."[65] Ähnlich suggeriert Stephen T. Newmyer (1999), dass sich in der von Pythagoras vorgetragenen Ansicht, dass Tiere und Menschen einander ähneln und Tieren deshalb Gerechtigkeit entgegengebracht werden müsse, Ovids eigene Tierliebe widerspiegele.[66]

---

62 Johnson 1970, 141f.: „Ovid twists the topos of the *malus auctor* (*illi robur et aes triplex / circa pectus erat*) in an absurd and funny manner by having Pythagoras locate in gluttony the original sin which causes the decline from the golden age, but we should allow the wit of this turn on the topos to heighten, rather than detract from, the poignancy that Ovid is able to extract from the topos of the *aureum saeculum* and its ruin".
63 Ebd. 143. Dies ergibt sich für Johnson einerseits aus der Ähnlichkeit zur Deszendenz im ersten Buch, andererseits sieht er die von Pythagoras angeprangerte *cupido ventris* als Symbol für die Eigenschaften *superbia, cupido* und *crudelitas*, die immer wieder in den Metamorphosen als Ausdruck eines fortwährenden eisernen Zeitalters thematisiert werden, ebd. 140, dort konkret in Bezug auf die Verse 173–175.
64 Fränkel 1970, 118.
65 Freundt 1973, 266.
66 So etwa Newmyer 1999, 481: „The sorts of arguments to which Pythagoras resorts [...] say much of Ovid's own attitudes toward animal creation."; 482: „For Ovid, the kinship between man and animals arises [...] from fellow-feeling. [...] Ovid's obvious sympathy for animal creation is so striking [...]".

Diese Deutung einer Grundhaltung Ovids, die sich im Vegetarismus-Thema widerspiegele, wird von Vinzenz Buchheit (1993) weiterentwickelt. Er ist der Auffassung, „der Vegetarismus [sei] dem Dichter nur Mittel zum Zweck, um ein höheres und ihm tatsächlich gemäßes Ideal zu propagieren: ein Leben ohne Blut und Mord, ein Leben des Friedens." Dabei reihe er sich „nahtlos in ähnliche Absichten [...] seiner großen Vorgänger Vergil und Horaz"[67] ein. Diese ‚Grundhaltung' Ovids bringt Buchheit nur sehr zurückhaltend mit der augusteischen Politik bzw. den herrschenden Verhältnissen in Verbindung. Immerhin merkt er an, dass Numa, der sich ja in den Versen 479f. die Lehren Pythagoras' zu Herzen genommen hat,[68] bei den Römern als „Garant für eine solche Lebensform [sc. des Friedens und der Gesittung] und auch als mahnendes Exempel für die Zeitgenossen und den Herrscher, es ihm gleichzutun," stehe. Buchheit hält es in diesem Zusammenhang für möglich, dass Ovid sich den Umstand zunutze gemacht habe, „daß Augustus den Vorbildcharakter der Numagestalt für seine Reformbestrebungen einzubringen versucht hat."[69]

67 Buchheit 1993, 99.
68 Ov. met. 15,479f.: *talibus atque aliis instructo pectore dictis | in patriam remeasse ferunt* [...].
69 Buchheit 1993, 99. Wie erstmals bei Aristoxenes erwähnt, gibt es trotz Pythagoras' griechischer Herkunft eine zweifache legendäre Verbindung zu Italien, die sicherlich für Pythagoras' Popularität bei den Römern nicht abträglich ist, vgl. Schmitzer 2006, 40. Einerseits soll Pythagoras seine Wirkungsstätte im süditalischen Croton gehabt haben (Aristox. fr. 16 Wehrli), und andererseits soll besonders König Numa Schüler des großen Philosophen gewesen sein (Aristox. fr. 17 Wehrli). Diese Geschichte wurde zwar von Gelehrten wie Cicero (Tusc. 4,2; rep. 2,28) zurückgewiesen, hielt sich aber dennoch bis Plutarch, Num. 8 (vgl. Galinsky 1998, 318). Diese Verbindung lässt Pythagoras aus römischer Sicht als Vorbild erscheinen, denn besonders zu augusteischer Zeit werden die sagenhaften ersten Könige Roms verherrlicht, und Numa gilt als besonders weiser, gutmütiger König (eine umgekehrte Deutung, sprich Numa als Vorbild durch die Verbindung zu Pythagoras, ist freilich ebenso möglich), vgl. Buchheit 1993, 78–80, s. dort auch Quellen).
Darüber hinaus geht aus den zahlreichen Erwähnungen dieser Zeit, etwa von Cicero, dem älteren Plinius oder Martial, hervor, dass Pythagoras sowohl im ersten vorchristlichen als auch im ersten nachchristlichen Jahrhundert in Rom zu den bedeutenden Philosophen gezählt wird. Cicero bezeichnet Pythagoras in rep. 3,19 als einen *vir maximus et doctus*, und zieht dessen Seelenwanderungslehre für Überlegungen über den rechtlichen Umgang mit Tieren heran. In Vatin. 14 rügt Cicero einen Gegner, der es (trotz seines tadelhaften Verhaltens) wage, sich Pythagoreer zu nennen. In Tusc. 4,2 nennt Cicero Pythagoras einen Mann von großer Weisheit und Vornehmheit. Plin. nat. 34,26 schreibt, dass zu Ehren von Pythagoras und Alkibiades an den Ecken des Volksversammlungsplatzes Statuen errichtet worden seien, als im Samnitischen Krieg der pythische Apollo befahl, dem Tapfersten und auch dem Weisesten des griechischen Volkes an belebtem Platz Standbilder zu weihen. Er wundert sich,

Zuletzt sei in dieser Reihe Nicolas Lévi (2014) genannt. Er ist der Ansicht, dass der pythagoreische Diskurs über Vegetarismus in erster Linie darauf abziele, durch eine vegetarische Ernährung Verbrechen gegen andere Lebewesen zu vermeiden.[70] Dies führt er ähnlich wie Buchheit auf eine Abscheu Ovids gegenüber Gewalt an Lebewesen zurück, die sich sowohl an anderen Stellen in den Metamorphosen[71] als auch in seinen übrigen Werken zeige.[72] Deshalb weist Lévi, obwohl er die bisher in der Forschung aufgezeigten ironischen Momente der Rede anerkennt, Positionen zurück, die dem Vegetarismus-Thema keine Eigenbedeutung zuweisen oder diese als reine Parodie des Pythagoreismus sehen.[73]

warum sie Pythagoras Sokrates vorzogen, der von demselben Gott als der Weiseste bezeichnet worden war. Mart. 9,47,3 beschimpft einen Möchtegernphilosophen, der sich benimmt, *sic quasi Pythagorae loqueris successor et heres*, und dennoch mit Männern Geschlechtsverkehr habe; vgl. auch die Erwähnungen von Pythagoras bei Horaz serm. 2,4,3 und epod. 15,21. Von der von Pythagoras ausgehenden Faszination in der Antike geben die (freilich später entstandenen) Viten von Iamblichos, Porphyrios und Diogenes Laertios Zeugnis, vgl. Schmitzer 2006, 34.

70 Lévi 2014, 457.

71 Lévi verweist auf Episoden der Metamorphosen, in denen Grausamkeit mit Essverhalten einhergehe und die ihr Echo bei Pythagoras fänden, namentlich Lykaon (met. 15,87 zu met. 1,235), Erysichthon (met. 15,105 zu met. 14,209) und Polyphem (s. dazu unten, 221f., bes. 225f.), vgl. Lévi 2014, 289. Diese sowie weitere Episoden der Metamorphosen, in denen (z.T. auch potentielle und verhinderte) Gewalt gegen Tiere thematisiert wird – wie etwa die Gänsejagd bei Philemon und Baucis – „renforcent ainsi la trame thématique que nous étudions, tout comme son effet de convergence vers le livre XV", ebd.

72 Lévi 2014, 242, genauer ausgeführt 265f.

73 Hierfür führt Lévi noch weitere Begründungen an: Zunächst verweisen die Rahmung der Rede durch das Vegetarismus-Thema und die damit verbundenen Wiederholungen Pythagoras' seiner Ansicht nach nicht, wie etwa Segal und Solodow argumentieren, auf die Entwertung der pythagoreischen Lehre, sondern erhöhen den Wert des universellen Wandels, der den zentralen Platz dieses Diskurses einnimmt, vgl. Lévi 2014, 242. Dem Argument, dass ein ernstes Thema wie moralischer Verfall auf Fleischverzehr und das Verhältnis zu Tieren reduziert werde, hält Lévi entgegen, dass Pythagoras, sobald er als Begründung für den Vegetarismus die Seelenwanderung einbringe, die Gewalt gegen Tiere auch auf Gewalt gegen Menschen übertrage, sodass erstes gewissermaßen als Vorbereitung für zweites erscheine (289). Ovid lasse seinen Pythagoras, so Lévi weiter, außerdem ein bisschen zu gut für den Vegetarismus argumentieren, um ihn zu einer Parodie zu machen; diese würde eher durch Vereinfachung und Verzerrung funktionieren (was in der Sicht von Segal und Solodow bei Pythagoras ja der Fall ist) (290). Für eine intendierte Parodie des Pythagoerismus, so Lévi, hätte sich Ovid vor dem Hintergrund der aufgezeigten Argumente ungeschickt angestellt (290).

4.2.3 Zusammenfassung und Überlegungen für die eigene Vorgehensweise

Es bleibt festzuhalten, dass die Vielfalt an Themen und Untertönen sowie die rhetorische Originalität in der Pythagorasrede Forscher der letzten 150 Jahre zu unterschiedlichen und oft divergenten Ansätzen und Ansichten im Hinblick auf eine Deutung angeregt hat. Das trifft auch überwiegend auf die Forschung zum Thema Vegetarismus zu. Das größte Interesse hierbei liegt augenscheinlich in Fragen nach der Ernsthaftigkeit oder Lächerlichkeit des Appells und nach einer möglicherweise darin verborgenen moralischen oder politischen Botschaft Ovids. Darüber hinaus wird mehrfach auf die Ähnlichkeit zum Weltaltermythos im ersten Buch und auf eine Präsenz der von Ovid im Vegetarismus-Teil der Pythagorasrede verwendeten Motive im Gesamtkorpus der Metamorphosen verwiesen, was eine selbstreflexive Funktion auch der hier betrachteten Passagen im Hinblick auf die vorangegangenen 14 Bücher nahelegt.

Im Angesicht der skizzierten Forschunglage wird in diesem Kapitel keine Neuinterpretation der Pythagorasrede angestrebt. Die Untersuchung beschränkt sich entsprechend der übergeordneten Fragestellungen auf das Vegetarismus-Thema zu Beginn (75–142) und zum Schluss der Rede (453–478) sowie auf die Verse 173–175, in denen Pythagoras das Vegetarismus-Thema erneut aufgreift. Das Interesse richtet sich dabei sowohl auf vorkommende Nahrungsmittel- und -motive als auch auf Pythagoras' Argumentation für eine vegetarische Lebensweise und deren rhetorische Gestaltung. Dass sich bei der Untersuchung neue Perspektiven auf die Deutung der Rede im Ganzen eröffnen, wird nicht erwartet. Allenfalls kann die folgende Untersuchung kommentierendes Material bereitstellen und Lesemöglichkeiten aufzeigen, um den wissenschaftlichen Diskurs um diese umstrittene Stelle der Metamorphosen zu bereichern.

4.3 Interpretation

Die Pythagorasrede beginnt und endet mit jeweils einem Abschnitt über vegetarische Ernährung. Der erste Teil (75–142) ist folgendermaßen gegliedert:[74] Pythagoras beginnt mit einem Appell zur fleischlosen Nahrung

---

74 Segl 1970, 14 sieht den ersten Teil der Rede bis inklusive der Verse 173 bis 175.

und entwirft eine Art goldenes Zeitalter der Gegenwart, das vegetarische Nahrungsmittel, Reichtum und Fülle ohne Blutvergießen zu bieten hat (75–82). Im Kontrast dazu entrüstet er sich über den Fleischverzehr und vergleicht den Menschen mit wilden Tieren und Zyklopen (83–95). Es schließt sich die Beschreibung des (fleischlosen) goldenen Zeitalters an (96–103), gefolgt vom moralischen Niedergang der Menschen, der mit dem Mord (und Verzehr) wilder Tieren einhergeht (104–110). Pythagoras spricht dann über die einzelnen Opfertiere (111–126) und kritisiert am Beispiel des Stieres, dass Tötung, Eingeweideschau und Verzehr des Tieres im Namen der Götter stattfinden (127–137). Abschließend kritisiert er den Verzehr dieser Tiere und ruft noch einmal zur fleischlosen Ernährung auf (138–142). Es folgt der lange Mittelteil über Seelenwanderung und kosmischen Wandel (143–453). Der Vegetarismus wird darin mit dem Leitprinzip *omnia mutantur, nihil interit* (165) und der damit zusammenhängenden Seelenwanderung begründet (165–72). Daraus ergibt sich ein weiterer Appell, keine verwandten Seelen gewaltsam zu vertreiben und sich nicht vom Blut zu ernähren (173–175).

Das Vegetarismus-Thema wird zum Schluss der Rede noch einmal aufgenommen (454–479). Zunächst begründet Pythagoras (als Resultat der Ausführungen im Mittelteil) den Fleischverzicht mit der Seelenwanderung (454–462). Als Schlussfolgerung setzt er den Mord und Verzehr von Tieren mit Mord an Menschen gleich (463–469). Abschließend fordert Pythagoras dazu auf, nützliche Tiere leben zu lassen, schädliche zu töten, aber keineswegs zu essen (470–479).

4.3.1 Vegetarismus-Thema zu Beginn der Rede (75–142)

4.3.1.1 Verse 75–82: Appell zur fleischlosen Ernährung und ‚goldenes Zeitalter der Gegenwart'

Die Rede beginnt mit einem direkten Appell an die Sterblichen, ihre Körper nicht mit gottlosen Speisen (*dapibus nefandis*) zu entweihen (75–76). Es folgt eine Aufzählung verschiedener, den Menschen zur Verfügung stehender Nahrungsmittel: Getreide (*fruges*, 76), Baumfrüchte (*poma*, 77), geschwollene Trauben (*tumidae uvae*, 77), süße Kräuter (*herbae dulces*, 78),

Kräuter, die man weichkochen kann (*quae mitescere flamma mollirique queant*, 78f.), Milch (*lacteus umor*, 79) und Honig (*mella*, 80). Pythagoras resümiert anschließend den als Nahrung geeigneten Reichtum der Natur, die milde Speisen ohne Blutvergießen und Gewalt zur Verfügung stelle.

Durch den appellierenden Ausruf gleich zu Beginn wird das Thema Fleischverzicht direkt rhetorisch dramatisiert (*Parcite, mortales, dapibus temerare nefandis corpora!*, 75f.). Nachdruck und Pathos[75] werden dem Appell zusätzlich durch die religiös geprägte Wortwahl von *mortales* (ihr Sterblichen)[76], *temerare* (entweihen, schänden)[77] und *nefandis* (gottlos, frevelhaft) verliehen.

Worum es sich bei *dapes nefandae* handelt, enthüllt Pythagoras jedoch vorerst nicht.[78] Stattdessen zählt er fünf Verse lang (76–80) verschiedene Lebensmittel auf, deren Funktion oder Gemeinsamkeit noch nicht genannt wird. Immerhin suggeriert die Anapher *sunt* zum einen, dass nun Nahrungsmittel genannt werden, die zur Verfügung stehen, und zum anderen, dass es derer eine Menge gibt. Die Aufzählung ähnelt somit äußerlich den Speisekatalogen bei Philemon und Baucis und Polyphem.[79]

Getreide, Baumfrüchte und Trauben (*fruges, poma und uvae*, 76–77)

Die Nennung von *fruges, poma* und *uvae* ruft gleich zu Beginn dieser Aufzählung die Assoziation paradiesischer Zustände eines goldenen Zeitalters hervor: Besonders Getreide gehört, wie in Kapitel 1.1.1.1 des Hauptteils gezeigt wurde,[80] seit Hesiod zum Motivmaterial des (goldenen) Zeitalters unter Kronos. Baumfrüchte kommen spätestens bei Platon hinzu.[81] In der römischen Literatur werden dann Getreide und Baumfrüchte gemeinsam in Vergils zweitem Buch der *Georgica* und in Ovids *Amores* 3,8 – dort in derselben Wortwahl wie an dieser Stelle – als Nahrung der goldenen Zeit

---

75　Vgl. Bömer 1986, 278.
76　Als Gegenbild zu *immortales*, den Göttern, vgl. TLL 7.1.492.32.
77　OLD s.v. temero.
78　Auch die Erklärung, worin genau der Frevel handelt, folgt erst in den Versen 173–175, s. weiter unten, 350f.
79　Tabellen 11 und 15.
80　S. oben, 74ff., vgl. auch Tabelle 3.
81　S. Tabelle 3.

unter Saturn genannt.[82] *Fruges* sind auch im ersten Buch der Metamorphosen Nahrung des goldenen Zeitalters.[83]

Trauben (mit demselben Verschluss *vitibus uvae*) kommen zusammen mit *poma* auch im 13. Buch der Metamorphosen bei Polyphem vor,[84] der ebenfalls in einer goldzeitartigen idyllischen Welt lebt und mit der Fülle seines Obstes wirbt, um Galatea zu beeindrucken. Auf die Traube als Motiv einer idyllischen Vorzeit bei den Elegikern, in der Früchte wie z.B. Trauben als einfache Liebesgaben dienten, wurde bereits verwiesen.[85]

Unterstützend weisen die Beschreibungen von *poma* und *uvae* auf die Fülle und Fruchtbarkeit einer *aetas aurea* hin:[86] Die Baumfrüchte ziehen mit ihrem eigenen Gewicht die Äste herunter (*deducentia ramos pondere poma suo*, 76f.), die Weinreben sind geschwollen (*tumidae*, 77). Das Bild der Fruchtbarkeit und Fülle wird dabei jeweils mit einem durch die klimaktische Anordnung der Sinneinheiten erzeugten Spannungsbogen unterstrichen, an dessen Ende jeweils die Frucht steht. Die Eigenschaften der Früchte sind in Bezug auf das Kennzeichen ihrer Reife (Gewicht, geschwollen) und das Fruchtgehölz (Äste, Reben) chiastisch angeordnet:

Vers	Eigenschaften		Frucht
76f.	*deducantia ramos*	*pondere*	poma suo
77	*tumidaeque*	*in vitibus*	uvae

Kräuter (*herbae*, 78–79)

Als nächstes nennt Pythagoras zwei Sorten *herbae*: süße (*dulces*) und solche, die erst durch die Flammen mild und weich (*mitescere, molliri*) gemacht werden können. *Herbae* bezeichnen, wie in Kapitel 1.2 herausgearbeitet wurde,[87] in der römischen Literatur in der Regel (als Viehnahrung dienende) Wiesenkräuter oder Gewürze und kommen als menschliche Nahrung nur

---

82 Verg. georg. 2,516–518; Ov. am. 3,8,39f., s. Tabellen 4 und 5.
83 *Mox etiam fruges tellus inarata ferebat*, met. 1,109.
84 Ov. met. 13,813f., s. dazu oben, 258f. Buchheit 1993, 94 weist auf diese Ähnlichkeit hin, geht aber nicht auf den Kontext ein, sondern nutzt die Parallele lediglich als Argument für die Beobachtung, dass Ovid eine „mit Farben der goldenen Zeit gemalte[n] Glückswelt evozier[t]."
85 S. oben, 258f.
86 Vgl. Segl 1970, 21.
87 S. oben, 126, Anm. 288.

im Zusammenhang mit Not- oder Mangelsituationen vor. Ebenso wurde bereits gezeigt, dass Ovid *herbae* häufig als Nahrungsmotiv einer aufgrund ihrer Primitivität als negativ bewerteten Vorzeit verwendet.[88] Er ordnet diese *herbae*-Nahrung, häufig zusammen mit Eicheln, einer von Mangel geprägten Urphase der Menschheit zu, in der es noch keinen Ackerbau, das heißt noch keine Getreidenahrung gibt – diese aszendente Sichtweise der Kulturentstehungslehre steht der von Hesiod geprägten deszendenten Sichtweise gegenüber, die ein goldenes Geschlecht oder Zeitalter kennt, in dem ohne Ackerbau genießbares Getreide als Grundnahrung der Menschen dient.[89] Beide Darstellungen markieren eine Zeit vor dem Einsetzen der Zivilisation und von Kulturtechniken, nur werden sie unterschiedlich bewertet. Ovid nun lässt seinen Pythagoras diese in seinen Texten sonst negativ bewerteten *herbae* nicht nur in einer Reihe mit Nahrungsmitteln aufzählen, die mit dem positiv bewerteten goldenen Zeitalter und paradiesischen Zuständen assoziiert werden. Vielmehr lobt Pythagoras sie obendrein als besonders vielseitige Nahrungsmittel: denn es gebe süße (*dulces*) und solche, die durch Feuer (*flammae*) mild (*mitescere*) und zart (*molliri*) gemacht werden können. Diese Passage ist im Wesentlichen an die zweite Zivilisationsphase in Lukrez' Darstellung der Menschheitsentwicklung angelehnt, in der mithilfe derselben Wortwahl erklärt wird, wie der Mensch in der Frühzeit zum Feuer gekommen ist und Kochen gelernt hat.[90] Diese Darstellung steht der des

---

88 S. oben, 126, Anm. 288, s. auch Tabelle 5.
89 S. oben, 70.
90 Lucr. 5,1102–1104: *inde cibum quoquere ac flammae mollire | vapore sol docuit, quoniam mitescere multa videbant verberibus radiorum.* S. hierzu auch oben, 59f.; vgl. Bömer 1986, 279. Der Bezug zu Lukrez zeigt sich auch darin, dass dieser an anderer Stelle Pflanzengattungen grundsätzlich in *herbae, fruges* und *arbusta* unterteilt (Lucr. 5,921: *herbarum genera ac fruges arbustaque laeta*). *Arbusta*, in der allgemeinen Bedeutung ‚niedrige Bäume' oder ‚Sträucher' (TLL 2.0.429.83), werden darüber hinaus von Lukrez mehrfach neben *fruges* als Grundnahrungsmittel genannt (Lucr. 1,808. 821; 2,189.594.699.994), wobei er *arbusta* wiederum von *poma* unterscheidet (Lucr. 5,1377f.: *pomis dulcibus, arbustisque felicibus*). Möglicherweise hat Ovid hier *arbusta* durch *uvae* ersetzt, zumal *arbustum* auch die Weinrebe bezeichnen kann (TLL 2.0.430.35, z.B. Varro rust. 1,8,3; Verg. ecl. 3,10; georg. 2,416; Hor. serm. 1,7,27; Colum. 2,2,24). Der Bezug zur Nahrung, der an unserer Stelle sicherlich von besonderer Bedeutung ist, wird nämlich durch *uvae* stärker hervorgehoben als durch das allgemeinere *arbusta*. Entsprechend wird im TLL die Bedeutung ‚Weinrebe' nicht mit den genannten Lukrez-Stellen in Verbindung gebracht; auch Bailey 1972a (1947) übersetzt stets ‚crops'. Es fällt allerdings auf, dass *arbusta* stets mit einem sehr positiven Attribut wie *felix* oder *laetus* ausgestattet sind. Es wäre nicht besonders logisch, wenn einfach nur „Bäume" oder „Sträucher" mit diesen Attributen ausgezeichnet würden. Zu Weinreben als eine Art

goldenen Geschlechts unter Kronos entgegen, bei dem jede Art von Mühe traditionell abwesend ist. Das Entfachen und Instandhalten eines Feuers sowie das Kochen von Nahrung hingegen ist mit viel Mühe verbunden und entsteht aus der Not heraus, eben keine essfertige Nahrung vorzufinden.[91] Vor diesem Hintergrund der sonstigen Verwendung des Wortes *herbae* bei Ovid und der Lukrez-Stelle passt Pythagoras' Anpreisung der *herbae* nicht recht in seine Phraseologie des goldenen Zeitalters und dem zuvor entfalteten Bild von Fülle.[92]

Milch und Honig (79f.)

Indem Pythagoras den Topos von Milch und Honig[93] bemüht, führt er die durch *herbae* unterbrochene Phraseologie des goldenen Zeitalters weiter. Dieser wird von Ovid auch schon im ersten Buch der Metamorphosen zur Charakterisierung des goldenen Zeitalters verwendet, doch unterscheidet sich die Wortwahl: Milch fließt hier nicht wundersam in Flüssen (*flumina lactis*, met. 1,111), sondern wird als *lacteus umor*, als milchiger Saft beschrieben – eine Wortwahl, die von Lukrez als Ausdruck für die Milch des Kleinviehs, von Ovid im neunten Buch der Metamorphosen als Muttermilch verwendet wird.[94] Der Bezug zur Herkunft der Milch lässt diese als etwas Realistisches erscheinen. Auch das ebenso wunderbare Bild des aus der Eiche tropfenden Honigs aus dem ersten Buch (*flavaque de viridi stillabant ilice mella*, met. 1,112) wird hier nun durch ein zwar sehr positives, dennoch realistischeres ersetzt: *mella thymi redolentia flore,* Honig, der nach der Thymianblüte duftet. Dieses Motiv wird mehrfach in der augusteischen Dichtung verwendet und besonders bei Vergil mit den Bienen – die im Ge-

---

Nationalkulturpflanze der Römer würden diese viel besser passen. Plin. nat. 35,158 nennt übrigens in Bezug auf Tonwaren als Gaben der Natur *fruges, vini, poma und herbae.* Ähnlich Germanicus Caesar, Aratea, fr. 4,3: *Cereri fruges spectabis in herbis pomaque.*

91 S. oben, 79, Anm. 57; vgl. Segl 1970, 21, dieser auch mit dem merkwürdigen Verweis auf den *„victus simplicis herbae"* in Verg. georg. 3,528, wo aber von der Nahrung von Rindern, nicht von Menschen die Rede ist. In der entsprechenden Phase bei Lukrez erlernen die Menschen neben dem Kochen auch, Hütten zu bauen und sich Kleidung aus Tierhäuten zu machen, ebenfalls mühevolle Arbeiten. Sollte dem zeitgenössischen Leser diese Passage präsent sein, griffe die ironische Brechung zu der von Pythagoras erzeugten paradiesartigen bzw. goldzeitartigen Phraseologie freilich noch weiter aus, stelle man sich vor, wie man Kräuter kochend und kauend auch noch in Felle gekleidet ist und sich eine Hütte baut.

92 Vgl. Segl 1970, 21.

93 Zum Topos von Milch und Honig s. oben, 144ff.

94 Vgl. Lukrez 1,258; Ov. met. 9,358.

gensatz zu einer Eiche die wahren Honigproduzenten sind – in Verbindung gebracht.[95] Dessen Formulierung *redolentque thymo fragrantia mella*[96] aus dem vierten Buch der *Georgica* dient Ovid an dieser Stelle wohl als Modell.[97]

Dass Milch und Honig als Einheit gesehen werden und sich vom Rest der Aufzählung unterscheiden, wird im Wechsel der Verben deutlich: Durch den Übergang von der Anapher *sunt* zu dem verneinten Verb *nec ...eripitur* erfolgt ein Einschnitt in der Aufzählung. Durch die zweifache Verwendung von *nec* wird nicht nur inhaltlich, das heißt durch die Nennung von Milch und Honig, sondern auch sprachlich an das goldene Zeitalter des ersten Buches erinnert.[98] Die Aussage, dass den Adressaten Honig und Milch *nicht genommen* werden, impliziert, dass diese ihnen bis jetzt die ganze Zeit zur Verfügung standen und stehen, zugespitzt: dass sie sich selbst – was die Nahrung angeht – in einem goldenen Zeitalter befinden (deshalb im Folgenden kurz: ‚Goldenes Zeitalter der Gegenwart‘).

Abschluss (81f.)

In Vers 81 wird als Ursprung der zuvor aufgezählten Nahrungsmittel die Erde (*tellus*, 81) genannt. Dies ist allerdings nur bedingt korrekt, denn Honig und Milch sind genau genommen keine Produkte der Erde, sondern tierischer Herkunft. Die Erde als Nahrungsspenderin wird von Pythagoras dennoch besonders hervorgehoben, indem *tellus* als Teil des Hyperbatons *prodiga – tellus* am Ende des Verses und somit eines kleinen Spannungsbogens steht. Durch die Worte *prodiga* und *divitias* wird die überbordende Fülle der Nahrungsmittel, die die Erde zu bieten hat, ausgedrückt. Somit stellt der Vers die Zusammenfassung und gleichzeitig den Höhepunkt der gesamten Aufzählung dar. Was mit *mitia* gemeint ist, wird in Vers 82 deut-

95 Verg. georg. 4,181; Ov. ars 1,95f.; Ov. fast. 5,272, mit Bezug zu Bienen: Verg. georg. 4,169: Ein Bienenzüchter soll Thymian holen und um sein Gehöft pflanzen. In Aen. 1,436 vergleicht Aeneas das emsige Treiben Karthagos mit einem Bienenvolk. Thymian wurde anscheinend sowohl bei den Griechen als auch bei den Römern als Honigpflanze verwendet, vgl. Aristot. hist. an. 9,626b 21.627b 1; Colum. 9,4,2.
96 Verg. georg. 4,169.
97 Riedweg 1993, 95, Anm. 100 ist der Auffassung, durch den Rückverweis auf diesen Vers bei Vergil würde der gesamte Kontext des 4. Buches der *Georgica* assoziiert, „soweit Vergil an den Bienen und an ihrem Staat ein Exempel für eine Realisierung von goldener Zeit in der Jetztzeit entfaltet [...] und dadurch als Vorgänger gelten darf für die Intentionen, die Ovid mit diesem Teil der Pythagorasrede verfolgt."
98 Vgl. met. 1,91f.: [...] *nec verba minantia fixo | aere legebantur nec supplex turba timebat* [...].

lich: *alimenta mitia* sind *epulae sine caede et sanguine*, Nahrungsmittel, die ohne Gewalt und Blutvergießen gewonnen werden können.[99]

Dieses Wortfeld der Gewalt schlägt einen Bogen zurück zum drastischen Tonfall des Appells in Vers 75f. (*daps nefanda, temerare*). Durch den Gegensatz *alimenta mitia – caede et sanguine* ahnt man bereits, dass Pythagoras mit den *dapes nefandae* Fleisch meinen könnte. Gleichzeitig wird im Rückschluss noch einmal deutlich, dass *alimenta mitia*, also die vorher aufgezählten Nahrungsmittel, solche sind, die Pythagoras als Speise gutheißt. Die Sichtweise, dass auf der Erde genug Nahrung ohne die Notwendigkeit des Blutvergießens zur Verfügung steht, vertreten auch Theophrast[100] und laut Seneca Sextius.[101] Interessanterweise grenzt Seneca dessen Begründung von derjenigen Pythagoras', die in der Seelenwanderung bestanden habe, ab.[102] Offenbar verwendet Ovid also an dieser Stelle eine Begründung für den Vegetarismus, die nicht Pythagoras zugeschrieben wird.

Beobachtungen zur Struktur im Vergleich zu den Büchern 1, 8 und 13

Wie bereits der Vorspeisenkatalog bei Philemon und Baucis und die drei Kataloge bei Polyphem ist dieser Nahrungskatalog von einer Rhetorik der zwei Sorten durchzogen (s. Tabelle 20): Zunächst teilt der Katalog sich wie auch bei Philemon und Baucis[103] in Nahrungsmittel pflanzlichen (Getreide, Baumfrüchte, Trauben, Kräuter) und tierischen (Milch, Honig) Ursprungs. Bei Pythagoras entspricht die tierische Nahrung gleichermaßen der topischen Nahrung des goldenen Zeitalters und ist im Gegensatz zu Philemon und Baucis durch den Wechsel des Verbs stärker vom vorangehenden Teil abgehoben: Den pflanzlichen Nahrungsmitteln ist das sich wiederholende

---

99 In einem ähnlichen Zusammenhang wird die Verbindung *alimenta mitia* auch in met. 5,656 verwendet: Triptolemus erhält von Ceres Getreide und den Auftrag, dieses über unbebautes bzw. gerade wiederbebautes Land zu verteilen. Triptolemus macht Halt im barbarischen Land der Skythen und erklärt deren König Lyncus, dass Getreide eine unblutige Nahrung sei (*alimenta mitia*).

100 Theophrast fr. 7 Pötscher, s. oben, 307.

101 Sen. epist. 108,18: *Hic* [sc. Sextius] *homini satis alimentorum citra sanguinem esse credebat et crudelitatis consuetudinem fieri, ubi in voluptatem esset adducta laceratio*, vgl. Segl 1970, 22.

102 Sen. epist. 108,17.19: (17) *Dissimilis utrique causa erat, sed utrique magnifica.* [...] (19) *At Pythagoras omnium inter omnia cognationem esse dicebat et animorum commercium in alias atque alias formas transeuntium.* Die diesbezüglichen Ausführungen Senecas erinnern wiederum an die Verse 456–462 in Ovids Pythagorasrede, s. dazu unten, 351f.

103 S. Tabelle 11.

Verb *sunt* zugeordnet, den tierischen der Ausdruck *nec...eripitur*. Die pflanzlichen Nahrungsmittel teilen sich wiederum auf in solche, die mit einem paradiesischen Ur-Zustand bzw. einem goldenen Zeitalter assoziiert werden (Getreide, Obst), und solche, die mit einem primitiven Urzustand assoziiert werden (Kräuter). Die erstgenannte Kategorie lässt sich wiederum in Getreide und Obst aufteilen, das Obst in *poma* und *uvae*, also in Früchte, die am Baum hängen, und Früchte, die an einer Rebe hängen,[104] die Kräuter in süße und solche, die erst weichgekocht werden müssen. Die tierische Nahrung schließlich wird in Milch und Honig unterteilt. Die Gegensätze der jeweiligen Paare sind bei Pythagoras nicht so deutlich wie etwa bei Polyphem, wo es eindeutige Gegensatzpaare wie ‚flüssig und fest‘, ‚hell und dunkel‘ gibt. Hier handelt es sich dagegen um Paare wie ‚Ast und Rebe‘ oder ‚süß und hart‘.

Darüber hinaus lassen sich weitere Gemeinsamkeiten mit Polyphems poma-Katalog feststellen (s. Tabelle 19):[105] Beide Kataloge beginnen mit der mehrfachen Anapher *sunt*. Die jeweils ersten beiden Verse (Polyphem: 812f.; Pythagoras: 76f.) weisen außerdem sowohl inhaltlich als auch sprachlich große Parallelen auf: Die Wörter *sunt, poma, rami, uvae* und *vitis* kommen in der jeweils selben Form und zum Teil an derselben Stelle im Vers vor; *deducentia* bei Pythagoras (76) entspricht in Form und Position *gravantia* bei Polyphem (812). Dem durch *sunt* gekennzeichneten Abschnitt folgt jeweils ein Satz, dessen Prädikat aus einem passiven mit *nec* verneinten Verb besteht, das ein dazugehöriges Personalpronomen einschließt (Polyphem: *nec tibi deerunt*, 8,819; Pythagoras: *nec vobis eripitur*, 15,79). Weiterhin enden beide Kataloge mit einem Abschlusssatz, der bei Polyphem allerdings nur einen halben, bei Pythagoras hingegen zwei ganze Verse (81f.) ausmacht. In diesen Abschlusssätzen wird jeweils ein Teil der Natur (bei Polyphem der Baum: *arbor*; bei Pythagoras die ganze Erde: *tellus*) genannt, der dem Menschen bzw. Fabelwesen mit der Darreichung von Nahrungsmitteln zu Diensten ist (bei Polyphem ausgedrückt durch das Verb *servire*, bei Pythagoras durch das Hendiadyoin *suggerere* und *praebere*).

---

104 Dieser Unterschied wird zusätzlich hervorgehoben durch die explizite Nennung des Fruchthaltes: *rami* und *vitis*, s. oben, 324.
105 S. auch Tabelle 15.

Der Nahrungsmittelkatalog weist ebenfalls einige Gemeinsamkeiten mit dem Nahrungsangebot des goldenen Zeitalters in Buch 1 auf:[106] Es werden *fruges* und Obst genannt, die Reihe endet jeweils mit *mella*. In beiden Darstellungen wird außerdem die Reihe derjenigen Nahrungsmittel, die mit einem paradiesischen goldenen Zeitalter in der Tradition Hesiods assoziiert werden, wie Honig, Obst und (von selbst wachsendes) Getreide, mit Nahrungsmitteln durchbrochen, die mit einer von Mangel und Entbehrung gekennzeichneten Vorzeit assoziert werden, wie Eicheln, Arbutus-Früchte oder *herbae*. In beiden Stellen vermischt Ovid demnach divergierende Vorzeitdarstellungen.

4.3.1.2 Verse 83–95: Erneuerung des Zyklopenbrauchs

Kontrastierend zu den zuvor aufgezählten *alimenta mitia* wird in Vers 83 direkt am Versanfang endlich aufgelöst, welche Speise Pythagoras als so schändlich empfindet: *carnis*. Fleischverzehr gehört für ihn in die Welt der Tiere.[107] Bevor er fleischfressende Tiere aufzählt, schiebt er allerdings ein, dass es auch Tiere gebe, die sich von Gras ernähren, wie Pferde, Schafe und Rinder (84). Raubtiere aber wie Bären, Wölfe und Tiger seien ungezähmt, wild und zornig und würden sich an blutigem Fraß erfreuen (*inmansuetum, ferum, iracundi,* 85f.).

Nach diesem Vergleich mit der Tierwelt klagt Pythagoras nun den Fleischverzehr in mehreren drastisch formulierten Ausrufen und rhetorischen Fragen an:

---

106 Vgl. oben, 129ff.

107 An dieser Stelle gibt es einen logischen Bruch, da Pythagoras Pferde, Schafe und Rinder zu den *ferae* zählt. Das Wort *ferus* wird in der Regel für wilde, undomestizierte Tiere verwendet (TLL 6.1.602.47), während *equui, pecudes* (wörtl. Kleinvieh) und *armenta* (wörtl. Großvieh) aber – und das vor allem in der Gesamtschau der drei Tiergruppen – domestizierte Tiere sind, s. dazu Hill 2000, 204: „these words [sc. *pecudes armentaque*] can, separately, have fairly wide applications but, together, they clearly indicate sheep or goats, and cattle." Diesen Bruch als (von Ovid bewusst platzierten) Fehler in der Argumentation Pythagoras' zu sehen, ergibt keinen befriedigenden Sinn. Wahrscheinlicher und für den Kontext passender ist die bereits von Bömer 1986, 280 aufgezeigte Möglichkeit, dass mit *ferae* hier nicht, wie üblich, wilde Tiere, sondern Tiere im Allgemeinen gemeint sind, so wie etwa in am. 1,10,25–28, wo *ferae* in einem ähnlichen Zusammenhang Pferde, Kühe und Schafe bezeichnen: *sumite in exemplum pecudes ratione carentes:* | *turpe erit ingenium mitius esse feris.* | *non equa munus equum, non taurum vacca poposcit,* | *non aries placitam munere captat ovem.*

88	*Heu quantum scelus est in viscera viscera condi*	Ach, wie groß ist das Verbrechen,
89	*congestoque avidum pinguescere corpore corpus*	Fleisch in Fleisch zu begraben, den
90	*alteriusque animantem animantis vivere leto!*	eigenen Körper mit einem anderen
		gierig aufgehäuften Körper zu mäs-
		ten, durch den Tod eines anderen
		Lebewesens zu leben!

Die durch die Juxtaposition hervorgehobenen Polyptota *in viscera viscera*, *corpore corpus* und *animantem animantis* zeigen, dass Pythagoras von einer grundlegenden Ähnlichkeit des Tieres mit dem Menschen ausgeht, aus der seine Ablehnung des Fleischverzehrs resultiert. Diese Ähnlichkeit ist klimaktisch angeordnet, von Eingeweiden (*viscera*) über den Körper (*corpus*) hin zur Lebendigkeit beziehungsweise Beseeltheit (*animans*). Möglicherweise liegt hier eine Anlehnung an Theophrast, Fragment 20* Pötscher, vor, der (in Porphyrios' Darstellung) die Ähnlichkeit zwischen Mensch und Tier ganz ähnlich wie hier Pythagoras an der Ähnlichkeit der Grundbestandteile, der Leiber und vor allem der Seelen festmacht.[108]

Sprachlich wiederum erinnert die Stelle abermals an Lukrezens Vorzeitdarstellung (*viva videns vivo sepeliri viscera busto*, Lucr. 5,993)[109]. Ironischerweise wird in der entsprechenden Passage bei Lukrez beschrieben, wie die ersten Menschen von wilden Tieren gefressen werden,[110] während bei Ovids Pythagoras das Verhältnis umgekehrt ist.[111]

Anschließend vergleicht Pythagoras das Essen von Tieren mit dem Brauch der Zyklopen:

---

108 S. oben, 305.
109 Vgl. Bömer 1986, 281; Lévi 2014, 217, dort ist der lukrezische Vers fälschlicherweise als 5,593 gekennzeichnet.
110 S. auch oben, 104f.
111 Vgl. Lévi 2014, 217. Die von Pythagoras formulierte Kritik, durch den Tod eines Anderen zu leben, ist auch bei Lukrez – allerdings nicht als Vorwurf, sondern als Gesetzmäßigkeit des Lebenskreislaufes – präsent: *nec ullam | rem gigni patitur nisi morte adiuta aliena*, Lucr. 1,263f., vgl. Jacobson 2005, 651.

91	*Scilicet in tantis opibus, quas optima matrum*	Erfreut dich etwa bei den ganzen
92	*Terra parit, nil te nisi tristia mandere saevo*	Reichtümern, die unsere Erde,
93	*vulnera dente iuvat ritusque referre Cyclopum?*	die beste Mutter, bereitstellt,
		nichts außer mit grausamem Zahn
		schmerzende Wunden zu zerkauen
		und den Brauch der Zyklopen zu
		erneuern?

Dieser ist als Metapher für den Verzehr von Menschen zu verstehen.[112] Deutlich wird dies rückblickend noch einmal an den Polyptota in den Versen 88–90, die ausdrücken, dass der Mensch ihm Gleiches verzehrt, wenn er Tiere isst. Für Pythagoras also ist der Verzehr von Tieren so etwas wie Kannibalismus[113]. Indem er im selben Satz noch einmal den (kulinarischen) Reichtum der Erde (91f.) hervorhebt, lässt er jenen umso schlimmer erscheinen. Durch die drastische Formulierung *tristia mandere saevo vulnera dente* erscheint der Fleischverzehr wie ein raubtierartiges Fressen. In einer weiteren rhetorischen Frage hebt Pythagoras noch einmal die moralische Verwerflichkeit dieser Fresslust hervor:

94	*Nec, nisi perdideris alium, placare uoracis*	Wirst du, nur indem du einen ande-
95	*et male morati poteris ieiunia ventris?*	ren vernichtest, den Hunger deines
		fressgierigen und entarteten Bauches
		stillen können?

Durch das Wort *alium,* das hier wohl im Sinne von „einen anderen Menschen" zu verstehen ist, wird noch einmal deutlich, dass Pythagoras das Verspeisen von Tieren mit dem Verspeisen von Menschen gleichsetzt. Wäh-

---

112 Spätestens seit Euripides wird in literarischen Bearbeitungen des Odysseus-Polyphem-Stoffes das Volk der Zyklopen als Kannibalen bzw. Menschenfresser dargestellt, s. oben, 246. Dass Polyphem, der literarische Urvater der Zyklopen, bereits in der Odyssee nicht als menschenfressendes Monstrum, sondern tatsächlich als Mensch, sprich als Kannibale dargestellt wird, wurde ebenfalls oben, 245, gezeigt.
113 Der Verzehr von Menschenfleisch ist in der griechischen Mythologie sehr präsent (z.B. Kronos' Verzehr seiner Kinder oder Lykaon und Tantalus, die den Göttern Menschenfleisch als Prüfung ihrer Göttlichkeit vorsetzen) und wird in der Regel bereits im Rahmen der jeweiligen Geschichte als Bruch des göttlichen Rechts dargestellt (so etwa bei Polyphem in der Odyssee, vgl. dazu oben, 162f.) oder von antiken Autoren entsprechend bewertet (Beispiele ebenfalls zu Polyphem s. bei Tietz 2013, 379). Zu Kannibalismus als literarischem Motiv s. Tietz 2013, 178–183; Martins 2018, 122.

rend das Tier also als dem Menschen ähnlich dargestellt wird, wird der Mensch zum Tier: Er ist gierig (*avidus*) und sein Zahn ist grausam (*saevo dente*); die Polyptota *in viscera viscera, corpore corpus* und *animantem animantis* verdeutlichen somit nicht nur die Ähnlichkeit des Tieres mit dem Menschen, sondern auch die des Menschen mit dem (wilden) Tier, wenn er zum Fleischfresser wird.

4.3.1.3 Verse 96–101: Das ‚goldene Zeitalter der Vergangenheit'

Nahrung im goldenen Zeitalter (96–98)
Nachdem Pythagoras in den Versen 83 bis 95 den Fleischverzehr seiner Mitmenschen angeprangert hat, beschreibt er nun kontrastierend ein vergangenes goldenes Zeitalter: Jene Zeit, die man die goldene nenne (*vetus illa aetas, cui fecimus aurea nomen*, 96), sei mit Baumfrüchten und Kräutern zufrieden gewesen (*fetibus arboreis et, quas humus educat, herbis | fortunata fuit*, 97f.), ohne den Mund mit Blut zu besudeln (*nec polluit ora cruore*, 98).

Baumfrüchte, Kräuter und die Gewaltlosigkeit der Nahrungsbeschaffung verweisen auf die Verse 76 bis 82 der Rede:

Goldenes Zeitalter der Gegenwart		Goldenes Zeitalter der Vergangenheit	
77	poma	97	fetibus arboreis
78	herbae	96	herbis
82	epulas sine caede et sanguine	98	nec polluit ora cruore

Somit wird rückwirkend noch einmal verdeutlicht, dass Pythagoras die seinen Adressaten in der Gegenwart zur Verfügung stehende Nahrung mit den Zuständen eines goldenen Zeitalters gleichsetzt.

Dass die Beschreibung der Nahrung des goldenen Zeitalters an dieser Stelle verhältnismäßig knapp ausfällt, ist insofern nachvollziehbar, als Pythagoras die entsprechenden Motive ja bereits vorher ausführlich genannt hat.[114] Interessant ist allerdings die Auswahl: Die topischen Nahrungsmittel

---

114 Diesem Argument könnte man allerdings entgegenhalten, dass Pythagoras im Verlauf der gesamten Rede zu Wiederholungen und allzu langen Ausführungen seiner Argumente

Getreide, Milch und Honig, die mit dem paradiesischen goldenen Zeitalter in hesiodischer Tradition assoziiert werden, lässt er weg und nennt statt-dessen nur Baumfrüchte und Kräuter, die eher einem realistischen Bild von Vorzeitnahrung entsprechen.

Gleichzeitig weisen die Bezeichnung *aetas ... aurea*, das Zufriedenheits-motiv und das fehlende Blutvergießen zurück auf das goldene Zeitalter in Buch 1 der Metamorphosen. Besonders auffällig sind Gemeinsamkeiten zwischen den Versen 96–98 in Buch 15 mit den Versen 103f. in Buch 1 (s. Tabelle 21). Während im ersten Buch auf die Arbutus-Früchte weitere, in ihrer Gesamtheit eine karge und primitive Nahrung darstellende Früchte folgen,[115] werden bei Pythagoras nach *fetibus arboreis* Kräuter genannt. Im Angesicht der Gemeinsamkeiten und Ähnlichkeiten zu der Stelle in Buch 1 erscheinen *herbae* hier wie ein Sammelbegriff für all die karge Nahrung, die im ersten Buch auf *arbuteos fetus* folgt. Der Überraschungseffekt ist in beiden Stellen ein ähnlicher: Während im ersten Buch die Fülle der von der Erde zur Verfügung gestellten Nahrung angepriesen wird und man an-schließend aber vorerst nur von wilden, zum Teil winzigen, harten oder un-genießbaren Früchten liest,[116] lässt an dieser Stelle allein die Nennung von *aetas aurea* (die z.T. schon in den Versen 76–82 beschriebene) paradiesische Nahrung erwarten. Stattdessen folgt in beiden Stellen karge Nahrung.[117] Während allerdings im ersten Buch die erwartete paradiesische Nahrung im Anschluss an die karge doch noch genannt wird, bleibt sie hier aus. Wie die ‚wilde Nahrung' im goldenen Zeitalter des ersten Buches erinnert der von Pythagoras als goldenes Zeitalter bezeichnete Zustand eher an die lukrezi-sche menschliche Frühzeit, in denen die Menschen mit Eicheln und derber Kost zufrieden waren.[118]

Festzuhalten bleibt, dass Pythagoras' ‚goldenes Zeitalter der Gegenwart' in den Versen 76–82 als üppiger und paradiesischer dargestellt wird als das ‚goldene Zeitalter der Vergangenheit' in den Versen 96–98. Die Erklärung könnte darin liegen, dass Pythagoras an beiden Stellen jeweils ein anderes Ziel verfolgt: In den Versen 76–82 will er seinen Zuhörern die kulinarische Fülle der Gegenwart aufzeigen, um ihnen zu verdeutlichen, dass ein reich-

und Ansichten neigt.
115 S. oben, 138f.
116 S. hierzu oben, 142.
117 Vgl. Segl 1970, 24; Kubusch 1986, 231f. (Buch 1).
118 S. hierzu oben, 103f.; vgl. auch Tabelle 3.

haltiges Leben ohne Fleisch möglich ist. Die Beschreibung des vorzeitigen goldenen Zeitalters ermahnt stattdessen eher zur Mäßigung und Bescheidenheit und soll aufzeigen, dass selbst ein primitives Volk glücklich mit seinen Speisen war, während der heutige Mensch, obwohl er in Überfluss lebt, nicht einmal vor Mord zurückschreckt, um seinen entarteten Bauch zu ‚stopfen'.[119]

Die Verwendung von *herbae* in beiden Stellen stellt – ähnlich wie die Nennung karger Nahrung in der *aurea aetas* des ersten Buches – einen Bruch zu anderen augusteischen Goldzeitalterdarstellungen wie etwa von Vergil[120] dar. Erklären könnte man diese Besonderheit mit der Intention des ovidischen Pythagoras, denn dieser möchte vor allem den vegetarischen Aspekt der Vorzeitnahrung bzw. des goldenen Zeitalters hervorheben. *Herbae* erscheinen diesbezüglich als eine passende Ergänzung zum klassischen Katalog der Goldzeitnahrung. Die damit erzeugte Ambivalenz, nämlich dass *herbae* mit karger, nicht aber mit paradiesischer Nahrung assoziiert werden und in diesem Zusammenhang von Ovid negativ bewertet wurden, ist dem Dichter freilich bewusst. Es ist nicht auszuschließen, dass er hier eine gewisse Ironie intendiert. Interessant ist in diesem Zusammenhang auch die Formulierung *vetus illa aetas, cui fecimus aurea nomen* (v. 96). Indem die Bezeichnung des Zeitalters nicht einfach, wie im ersten Buch, genannt, sondern durch den Relativsatz als Zuschreibung einer späteren Zeit markiert wird, entsteht eine gewisse Distanz zu dieser Bezeichnung. Daraus und durch die Abwesenheit paradiesischer Motive ergibt sich die mögliche Lesart, dass es sich hier um einen metapoetischen Kommentar Ovids zur *aurea aetas* des ersten Buches handeln könnte, in dem der Dichter die Vorstellung eines goldenen Zeitalters als paradiesische Epoche in Frage stellt.

Tiere im goldenen Zeitalter (99–103)
Nach dem pflanzlichen Nahrungsangebot schildert Pythagoras die Situation der in der *aurea aetas* lebenden Tiere: Vögel konnten sicher durch die Luft fliegen (*tunc et aves tutae movere per aera pennas,* 99), Hasen furchtlos über die Fluren hoppeln (*lepus inpavidus mediis erravit in arvis,* 100) und

---

119 Diese Gegenüberstellung von einer moralisch positiv bewerteten Vergangenheit mit einer moralisch negativ bewerteten Gegenwart tritt auch in den deszendenten bzw. dialektischen Darstellungen der Menschheitsentwicklung bei Hesiod, Empedokles, Arat, Dikaiarch und Theophrast deutlich hervor, s. oben, 67ff.
120 Verg. ecl. 4, georg. 1, vgl. auch Hor. epod. 16, s. hierzu Tabelle 4.

Fische hingen noch nicht durch ihre Vertrauensseligkeit am Haken (*nec sua credulitas piscem suspenderat hamo*, 101). Es gab keine Angst vor Arglist, alles lebte in Frieden (*nullam timentia fraudem plenaque pacis*, 102f.). Mit jeweils einem tierischen Vertreter der Bereiche Luft (Vogel), Boden (Hase) und Wasser (Fisch) führt Pythagoras dem Adressaten vor Augen, dass in der Gegenwart kein irdischer Bereich vor dessen Fressgier sicher ist.

Das hier entfaltete Motiv des Tierfriedens im goldenen Zeitalter beziehungsweise der Vorzeit ist, wie in Kapitel 1.1.1.4 gezeigt wurde, auch bei Empedokles im Zusammenhang mit einer vegetarischen Ernährung greifbar.[121] Die konkrete Argumentation Pythagoras' wiederum erinnert an Horazens Satire 2,2, in der das lyrische Ich sich für einfache ländliche und gegen ausgefallene importierte Kost ausspricht: Früher habe der Butt sich sicher gefühlt und auch der Storch in seinem Nest, bis ein ehemaliger Prätor gelehrt habe, ihn zu essen.[122] Auffällig ist das beiden Stellen gemeinsame Bild der (damals) vor dem Menschen sicheren Vögel und Fische. Ovid verflicht dieses Bild der vormaligen Sicherheit mit Eigenschaften der Tiere, durch welche diese einerseits personifiziert werden und durch die andererseits die Tücke des Menschen ausgedrückt wird: Die Ängstlichkeit des Hasen wird auf den Menschen zurückgeführt, da das Tier im goldenen Zeitalter noch *inpavidus* war.[123] Der Fisch hingegen war schon im goldenen Zeitalter leichtgläubig,[124] doch wurde diese Eigenschaft damals noch nicht vom Menschen ausgenutzt, um ihn zu fangen und zu essen.

Diese Eigenschaften drücken ebenso wie die wohl für alle Tiere geltende (im goldenen Zeitalter noch nicht herrschende) Angst vor Täuschung (*nullamque timentia fraudem*) Gefühle beziehungsweise Charaktereigenschaften aus und sind damit eigentlich der menschlichen, nicht der tierischen Welt zugeordnet. Somit erweitert Ovids Pythagoras die in den Versen 88 bis 90 geschilderte Ähnlichkeit der Tiere mit dem Menschen von einer körperlichen (Fleisch, Körper, Lebendigkeit) auf eine seelische. Auch diese Ähnlichkeit wird von Theophrast (in der Darstellung des Porphyrios) im

---

121 Gemeint ist der in der griechischen Dichtung greifbare Tierfriede zwischen Mensch und Tier, nicht derjenige zwischen Tieren, der besonders in der augusteischen Literatur präsent ist; s. oben, 108.

122 Hor. serm. 2,2,49f.: *tutus erat rhombus tutoque ciconia nido, donec vos auctor docuit praetorius.*

123 Zu dem Motiv des ängstlichen Hasen s. Bömer 1986, 284.

124 Vgl. Bömer 1986, 284, z.B. met. 8,858.

Fragment 20* Pötscher auf ganz ähnliche Weise ausgeführt:[125] Die Zusammengehörigkeit der Gemütsbewegungen von Mensch und Tier äußere sich durch dieselben Triebregungen, Zornerlebnisse, Reaktionen und Wahrnehmungen.

4.3.1.4 Verse 103–110: Der moralische Abstieg

Nach der Schilderung des goldenen Zeitalters als friedlicher Zeit ohne Gewalt und Blutvergießen beschreibt Pythagoras nun den sich an diese in seinen Augen ideale Epoche anschließenden moralischen Abstieg der Menschheit: Als unnützen Erfinder (*non utilis auctor*, 103) des Fleischverzehrs nennt Pythagoras denjenigen, der zuerst den Löwen[126] ihre Speise neidete (*victibus invidit leonum*, 104) und wie diese Fleisch als Nahrung verschlang (*corporeasque dapes avidam demersit in alvum*, 105). Er habe dem Frevel den

---

125 S. oben, 305f.

126 Zwar steht in sämtlichen Codices *deorum* statt *leonum*. In der Forschung ist man aber mehrheitlich der Auffassung, dass *leonum* das ursprüngliche und richtige Wort sei, vgl. etwa Segl 1970, 32f. und Bömer 1986, 285 mit einer Auflistung älterer Stimmen. *Deorum* wäre insofern inhaltlich möglich, wenn man es als Verweis auf den Streit zwischen den Göttern und Prometheus versteht, dessen Auslöser ja das Schlachten und zum Zwecke des Verzehrs Aufteilen eines Stiers durch Prometheus ist (s. oben, 79, Anm. 57). Dieser Akt an sich und die Tatsache, dass Zeus über die Verteilung des essbaren Anteils erzürnt ist, implizieren, dass die Götter auch Fleisch essen. Andererseits gibt es im Kontext der Pythagoras-Passage keinen Hinweis auf einen solchen Verweis, vielmehr passt *deorum* nicht in die restliche Argumentation Pythagoras': Die Lesart *deorum* würde implizieren, dass die Menschen angefangen haben, die Götter um ihre Speise, d.h. Fleisch zu beneiden (so die Lesart bei Haupt/Ehwald/Korn 1966 (1916), 431). Segl 1970, 32 verweist darauf, dass Pythagoras ja in Vers 127 als größten Frevel bezeichnet, dass die Menschen sich mit dem Mord an den Tieren angeblich den Göttern gegenüber gefällig zeigen wollen: „Wie nun sollte man hier von einem Frevel sprechen können, wenn vorher (104) schon Tiere als victus deorum gang und gäbe gewesen wären? Vor allem läßt auch die Betonung in Vers 106, daß es sich hier um die p r i m a caedes gehandelt habe, die victus deorum zwei Verse vorher selbst für den Kontaminator Ovid als zu krassen Fehler erscheinen." Bömer 1986, 285 verweist zusätzlich darauf, dass die Handlung im goldenen Zeitalter angesiedelt ist und es im goldenen Zeitalter noch keine blutigen Opfer gibt, die den Göttern wiederum als Speise dienen könnten. Hill 2000, 204, nach dessen Ansicht „something like *leonum* oder *ferarum*" an der Stelle stehen müsse, der aber diese beiden Alternativen (ohne Begründung) dennoch nicht als voll überzeugend findet, merkt noch an, dass ein Opferkontext den Versen 127–129 widersprechen würde: Hier macht Pythagoras, indem er sagt, *die Menschen glauben*, die Götter würden sich am blutigen Tod der Tiere erfreuen, deutlich, dass sie dies eben nicht tun. *Leonum* passt außerdem hervorragend zu Pythagoras' übriger Argumentation, in der er das ‚Fressverhalten' der Menschen ja mit dem wilder Tiere (u.a. auch Löwen) vergleicht, vgl. Segl 1970, 32. Diese Argumente sind m.E. überzeugend und daher schließe auch ich mich der Lesart *leonum* an.

Weg gebahnt (*fecit iter sceleri*, 106), der zuerst im Morden an wilden Tieren bestanden habe (*primoque e caede ferarum incaluisse potest maculatum sanguine ferrum*, 106f.). Diese, wenn sie nach dem eigenen Leben trachten (*nostrumque petentia letum*, 108), dürfe man, so gesteht er zu, ohne Verletzung der heiligen Pflicht zwar töten, aber nicht essen (*corpora missa neci salva pietate fatemur*, 109).

Motive und auch die Wortwahl dieses Abschnittes entsprechen dem eisernen Zeitalter in Buch 1 (s. Tabelle 22). Dieser Anklang wird dadurch verstärkt, dass die in Pythagoras' goldenem Zeitalter abwesenden negativen Charakteristika im eisernen Zeitalter des ersten Buches vorhanden sind: Während es in jenem keine Arglist (*nulla fraus,* met. 15,102), dafür aber Frieden (*pax,* met. 15,103) gibt, ist dieses durch Arglist (*fraudes,* met. 1,130) und Krieg (*bellum,* met. 1,142) gekennzeichnet.

Die im eisernen Zeitalter des ersten Buches herrschende Gewalt und Zwietracht zwischen den Menschen wird hier auf Gewalt und Arglist des Menschen gegenüber den Tieren umgemünzt; Menschen werden sozusagen durch Tiere ersetzt. Die logische Konsequenz aus dieser Vermenschlichung ist für Pythagoras, dass den Tieren dasselbe Recht zukommt wie den Menschen. Dies gilt auch im negativen Sinne, wenn er einräumt, dass man wilde Tiere, die das eigene Leben bedrohen, töten dürfe, ohne dass man die heilige Pflicht verletze. Ein römischer Anwalt würde auf Notwehr plädieren.[127] Die Tötung eines Menschen aus Notwehr rechtfertigt jedoch nicht, dass man ihn verspeist. Genauso sieht es Pythagoras offenbar auch in Bezug auf die Tiere. Dieselbe Argumentation findet sich – erneut – bei Theophrast in Fragment 12 Pötscher.[128]

4.3.1.5 Verse 111–126: Katalog der Haustiere

Vom Morden und Essen wilder Tiere, so Pythagoras, sei der Frevel weiter fortgeschritten (*longius inde nefas abiit,* 111) zum Opfern der Haustiere.[129]

---

127 Aus Notwehr einen anderen Menschen zu töten, wurde in Rom nicht bestraft, vgl. Robinson 1995, 45 mit entsprechenden Quellen und Gaughan 2010, 75; 157, Anm. 20.
128 S. oben, 305f.
129 Die gesamte Passage hat ihre deutlich längere Parallelfassung in fast. 1,335–384, dazu ausführlich Schmekel 1885, 15–25; Lefèvre 1976, 44–49, eine schematische Gegenüberstellung 57. Die für Pythagoras' Argumentation relevanten Elemente werden an entsprechender Stelle herangezogen. An den Vergleich der beiden Passagen ist die Diskussion darüber gebunden, welche Fassung die erste war. Lefèvre (ebd.) hält die *Fasti*-Version für die erste Fassung. In Bezug auf die für uns relevante Passage argumentiert er, dass der Gedankengang bei Py-

Dieses stellt also für ihn eine weitere Station in der moralischen Deszendenz der Menschheit dar. Die betreffenden Haustiere teilt er in zwei Gruppen ein: die schuldigen (Schwein und Bock, 111–115) und die unschuldigen (Schaf und Rind, 116–126).

Schädlinge: Schwein und Bock (111–115)

Das Schwein, so Pythagoras, sei als erstes Tier geopfert worden, denn es habe mit seinem Rüssel die Saaten aufgewühlt und dadurch die Hoffnung des Jahres zunichtegemacht (*quia semina pando eruerit rostro spemque in-*

thagoras – eine Deszendenz von einem vegetarischen goldenen Zeitalter zu einer Zeit, in der die Menschen durch Tieropfer Schuld auf sich laden – nachvollziehbar sei, während Ovid in den *Fasti* die Übertragung der Sünde von den Menschen auf die Tiere (denen ja im Rahmen der einzelnen Aitia Schuld zugesprochen wird) nicht gelungen sei, da die einzelnen Aitia zur Erklärung der Schuldzuweisung sich z.T. nicht logisch einfügen und ohne Funktion seien. Auch Bömer 1986, 287 verweist auf „Beobachtungen, denen zufolge [...] die Parallelversion der Fasten als die ältere erscheint", allerdings ohne Begründungen zu diesem Abschnitt. Ein Argument für den Primat der *Fasti* wäre, dass Pythagoras (und vielleicht auch Ovid?) sich von den Opferbegründungen, die in den *Fasti* vorgetragen werden, ironisch distanziert (dazu weiter unten mehr, 236). Green 2008, 44 hält die Metamorphosen-Version für die zuerst verfasste.

Die Passage weist außerdem Ähnlichkeiten mit verschiedenen Passagen bzw. Motiven des zweiten Buches von Varros *Res rusticae* auf (s. hierzu Segl 1970, 34, Anm. 156), in denen allerdings kein Zusammenhang zwischen Schuld der Tiere und Opfer hergestellt wird. Zur Übersicht: Schwein (met. 15,111 zu rust. 2,4,9f.): Varro nennt das Schwein als erstes Opfertier und bringt es in Verbindung mit den Ceresweihen: (9) *Ab suillo enim genere pecoris inmolandi initium primum sumptum videtur, cuius vestigia quod initiis Cereris porci inmolantur* [...]. Als Grund nennt er jedoch keine Schuld des Tieres, sondern hebt lediglich dessen gute Eignung zum Verzehr und sein haltbares Fleisch hervor: (10) *Suillum pecus donatum ab natura dicunt ad epulandum; itaque iis animam datam esse proinde ac salem quae servaret carnem.* Besonders die unpersönlichen Ausdrücke *videtur* und *dicunt* erinnern auch sprachlich an unsere Passage. Ziege (met. 15,114f. zu rust. 2,3,7): Varro spricht von der schädlichen Eigenschaft der Ziegen, alles und besonders Setzlinge auf bestellten Feldern anzuknabbern. Sogar ihr Name *capra* rühre von ihrer Eigenschaft her: *carpere* (,rupfen', ,knabbern'). Darüber hinaus sei die Ziege nur unter der Bedingung als Sternbild in den Himmel aufgenommen worden, dass sie von den zwölf Tierkreiszeichen ausgeschlossen werde. Schaf (met. 15,116–119 zu rust. 2,1,4): Die entsprechende Stelle bei Varro ist Teil von dessen Wiedergabe der Vorzeitdarstellung Dikaiarchs, und zwar gehört sie zur zweiten, der Hirtenstufe (s. hierzu oben, 99f.): Die Schafe wurden aufgrund ihrer positiven Eigenschaften zuerst domestiziert (die sprachlichen Ähnlichkeiten zu unserer Stelle sind unterstrichen) rust. 2,1,4: [...] <u>p>lacid-itatem. Maxime enim hae natura quietate et aptissimae ad vitam hominum. Ad cibum enim lacte et caseum</u> adhibitum, ad corpus <u>vestitum et pelles</u> adtulerunt. Rind (met. 15,120–126 zu rust. 2,5,3f.): Dem Rind komme in der Viehwirtschaft die höchste Geltung zu und aufgrund seiner großen Verdienste beim Ackerbau hätten die Alten gewünscht, dass man die Hände von ihm lasse.

terceperit anni, 112f.), wodurch es verdient habe zu sterben (*meruisse mori,* 112). Der Bock habe die Weinreben benagt und soll deshalb auf den Altären des Bacchus geschlachtet worden sein (*vite caper morsa Bacchi mactandus ad aras ducitur ultoris,* 114f.). Das Motiv des Opferns des Bockes als Rache für das Benagen der Reben ist bereits in der griechischen, später auch in der römischen Literatur präsent.[130]

Die Wortwahl weist große Parallelen zu Vergil auf, der – aus der Sicht des um seine Pflanzen besorgten Gärtners – das Opfern des Bockes als Strafe für dessen Schuld allerdings für gerecht hält:

Verg. georg. 2	Ov. met. 15
378 *Quantum illi nocuere greges durique venenum*	114 *vite caper morsa Bacchi mactandus ad aras*
379 *dentis et admorso signata in stirpe cicatrix.*	115 *ducitur ultoris: nocuit sua culpa duobus*
380 *Non aliam ob culpam Baccho caper omnibus*	
aris caeditur […].	

Dass Pythagoras diese Ansicht nicht teilt, wird durch den unpersönlichen Ausdruck *ducitur* ausgedrückt. Im Kontext des gesamten Haustierkataloges ist Pythagoras' Wiedergabe dieser Schuldzuweisung wohl eher in der Art Theophrasts zu verstehen, der (in der Wiedergabe Porphyrios') das Vergehen der Ziege, die Reben zu beknabbern, als unheilige Anschuldigung und als vorgeschobenen Grund, um Tiere zu opfern, bezeichnet.[131]

Dieser Abschnitt ist parallel zu der wesentlich längeren Fassung in den *Fasti,* in der Ovid die Entstehung der Tieropfer erläutert.[132] Neben der Länge besteht ein wesentlicher Unterschied im Tonfall: Während die Vergehen

130 Z.B. Theophr. fr. 5 Pötscher (s. folgende Anm.), Erat. Erig. fr. 5 Diehl (= Hyg. astr. 1,4,153–160): *qui* (sc. Icarus) *cum servisset vitem et diligentissime administrando floridam facile fecisset, dicitur hircus in vineam se coniecisse et quae ibi tenerrima folia videret decerpsisse; quo facto Icarum animo irato tulisse eumque interfecisse et ex pelle eius utrem fecisse ac vento plenum praeligasse et in medium proiecisse suosque sodales circum eum saltare coegisse* […]; Varro rust. 2,3,7, allerdings ist hier die Strafe eine andere (s. vorige Anm.), Verg. georg. 2,378–380; Mart. 13,39 (*haedus*): *Lascivum pecus et viridi non utile Baccho | det poenas; nocuit iam tener ille deo.*
131 Fr. 5 Pötscher (= Porph. abst. 2,10,1: αἶγα δ᾽ ἐν Ἰκαρίῳ τῆς Ἀττικῆς ἐχειρώσαντο πρῶτον, ὅτι ἄμπελον ἀπέθρισεν) und fr. 6 Pötscher (= Porph. abst. 2,10,3–4, hier 2,10,3: Καὶ παρὰ μὲν Ἀθηναίοις τοιαῦται κατὰ μέρος ἀποδίδονται αἰτίαι, ἄλλαι δὲ παρ᾽ ἄλλοις λέγονται· πλήρεις δὲ πᾶσαι οὐκ εὐαγῶν ἀπολογιῶν.). Zwischen Fragment 5 und 6 fehlen laut Pötscher 1964, 113f. wahrscheinlich einige Zeilen, in denen mindestens ein weiteres Tötungsbeispiel gebracht wird.
132 S. oben, Anm. 130.

von Schwein und Bock in den *Fasti* durch Aussagesätze als Tatsache dargestellt werden, ja der Bock sogar persönlich angeklagt wird,[133] lässt Ovid sich
seinen Pythagoras durch die Verwendung der unpersönlichen Ausdrücke
putatur und *dicitur* von der angeblichen Schuld der Tiere distanzieren.
Sprachlich erinnert die Stelle somit an Varros Aussagen über Schweinezucht
und -opfer.[134]

Beim Schwein fehlt an unserer Stelle zusätzlich die mythologische Einbettung in den Kontext der Ceres: Diese, so Ovid in den *Fasti*, war über
die Zerstörung ihrer Saaten erzürnt und freute sich daher über das erste
Schweinopfer.[135] Bei Pythagoras wird der religiöse Bezug lediglich durch
hostia (112) angedeutet. Diese Distanzierung von der mythologischen Erklärung der Tieropfer bei Pythagoras lässt sich einerseits damit erklären,
dass, wie Bömer treffend bemerkt, „nach seinem Verständnis [...] sich eine
Gottheit nicht am Blut erfreuen [kann]"[136]. Andererseits wird dadurch die
Motivation zum Töten passend zur vorangegangenen Argumentation allein
den Menschen zugeschrieben (*quia semina pando eruerit rostro spemque
interceperit anni*, 113). Um die Unschuld der Tiere zu betonen, verkehrt
Pythagoras gewissermaßen sogar sein Hauptargument der Ähnlichkeit
zwischen Mensch und Tier ins Gegenteil: Denn während in den *Fasti* besonders das Schwein durch Attribute wie *avidus* (,gierig', hier im Sinne von
,gefräßig') und *ignavus* (,träge') auf negative Weise vermenschlicht (und somit schuldfähig gemacht) wird,[137] verzichtet Pythagoras diesmal auf solche
menschlichen Charakterzuschreibungen und nennt stattdessen nur die tierischen Merkmale von Schwein und Bock: den gebogenen Rüssel (*pandum*

133 Der Opferbrauch wird in den *Fasti* durch die Schilderung eines Einzelfalles, in dem ein
Beobachter den nagenden Bock erwischt und ihm sein späteres Schicksal auf dem Bacchus-
Altar prophezeit, begründet (fast. 1,355–360): *exemplo territus huius | Palmite debueras ab-
stinuisse, caper. | Quem spectans aliquis dentes in vite prementem, | Talia non tacito dicta dolore
dedit: | „Rode, caper, vitem: tamen hinc, cum stabis ad aram, | In tua quod spargi cornua possit
erit." | Verba fides sequitur: noxae tibi deditus hostis | spargitur affuso cornua, Bacche, mero.*
Zum Schwein s. unten, Anm. 136.
134 Varro rust. 2,4,9: *dicitur, videtur; 10: videntur, dicunt*), s. oben, Anm. 130.
135 Ov. fast. 1,349–354: *prima Ceres avidae gavisa est sanguine porcae, | ulta suas merita
caede nocentis opes. | nam sata vere novo teneris lactentia sulcis | eruta saetigerae comperit ore
suis. | sus dederat poenas*). Bömer 1986, 288 ist der Ansicht, dass die Abmilderung der Aussa-
ge *gavisa est* (fast. 1,349) zu *putatur* ein Indiz dafür sei, dass die *Fasti*-Version eher entstanden
sei. Zur Diskussion um die Entstehungszeit von Metamorphosen und *Fasti* s. ebd. 287.
136 Bömer 1986, 288..
137 *Avidus* (fast. 1,349:); *ignavus* (fast. 4,414).

rostrum, 112f.) und das naturgegebene Verhalten des Schweines, das Wühlen (*eruerit,* 113), sowie das Nagen (*morsa,* 114) des Bockes.

Auf die distanzierte Wiedergabe der Begründungen für das Opfern von Schwein und Bock folgt eine unerwartete Schuldzuweisung, *nocuit sua culpa duobus!* (115), die fast wörtlich derjenigen in den *Fasti* entspricht (*culpa sui nocuit* [sc. das Schwein], *nocuit quoque culpa capellae!* (fast. 1,361). Ein Widerspruch tut sich auf: Wie kann Pythagoras nach seiner leidenschaftlichen Fürsprache für die Tiere und nachdem er das Töten von Tieren als *nefas* bezeichnet hat, nun das Schlachten von Bock und Schwein entschuldigen, indem er ihnen die Schuld am eigenen Tod gibt? War seine Zurückhaltung nur ein Mittel zur Spannungserzeugung, um in einem kurzen prägnanten Ausruf nun doch die erwartete Schuld beider Tiere zu bekennen?

Sollte die Schuldzuweisung ernst gemeint sein, käme sie zwar nach der Distanzierung von den Anschuldigungen gegen Schwein und Bock überraschend, wäre aber eine weitere logische Konsequenz aus Pythagoras' Gleichstellung von Mensch und Tier: Wer gegen einen Gott frevelt (der Bock gegen Bacchus), wird bestraft; wer die Jahresernte zerstört und damit die Versorgung vieler Menschen bedroht, wird ebenfalls bestraft.[138] Andererseits wird als Strafe für die Vergehen der Tiere das Opfern, das heißt auch deren Verzehr, genannt, und diesen lehnt Pythagoras ja selbst bei schädlichen Tieren vehement ab.[139]

Eine andere Erklärung ist, dass der Ausruf ironisch zu verstehen ist, dass also Pythagoras Schwein und Bock keineswegs für schuldig hält. Dies würde freilich gut in Pythagoras' Argumentation passen, schließlich referiert er auch in den Versen 111 bis 115 das, was die Menschen behaupten (auf intertextueller Ebene zum Beispiel Vergil der Gärtner oder Ovid selbst in den *Fasti*), um ihren Fleischkonsum zu rechtfertigen. Über die durch *putatur* und *dicitur* ausgedrückte Distanz gegenüber diesen Aussagen hinaus wird dort auch bereits eine ironische Haltung Pythagoras' deutlich, denn dass eine ganze Jahresernte von Schweinen zerstört wird, dürfte wohl übertrieben sein. Aus diesen Gründen erscheint hier die Lesart naheliegend, dass

---

138 Tiere waren nach römischem Recht wohl nicht straffähig, vgl. Robinson 1995, 17. Anders Düll 1941.

139 S. Ov. met. 15,110; s. dazu auch Theophrast fr. 12 Pötscher, s. oben, 305f.

Pythagoras durch die Ironisierung der vorgetragenen Inhalte die Sinnlosigkeit solcher Schuldzuweisungen entlarvt.[140]

Nützlinge: Schafe und Rinder (116–123)

Ähnlich wie in den *Fasti* folgt auf Bock und Schwein die Frage nach der Schuld von Schaf und Rind; Während aber in den *Fasti* beide Tiere in einer Frage abgedeckt werden, wird sie bei Pythagoras aufgeteilt und die Tiere werden in entgegengesetzter Reihenfolge genannt:

fast. 1,362:	*Quid bos, quid placidae commeruistis oves?*	met. 15, 116:	*Quid meruistis oves?*
		met. 15, 120:	*Quid meruere boves?*

Darüber hinaus gibt es einen weiteren Unterschied: Während in den *Fasti* die Frage, warum Rind und Schaf zum Opfertier wurden, beantwortet wird,[141] spricht Pythagoras stattdessen über die positiven Eigenschaften und den Nutzen des jeweiligen (lebendigen) Tieres für den Menschen. Dadurch liegt es nahe, dass die rhetorischen Fragen *Quid meruistis oves?* und *Quid meruere boves?* wie vermutlich schon zuvor die Schuldzuweisung *nocuit sua culpa duobus* ironisch zu verstehen sind.

Über die Schafe (116–118) sagt Pythagoras, dass sie sanftmütig (*placidum*, 116) seien, die Menschen vor der Kälte schützen (*inque tuendos natum*

---

140 Eine ironische Lesart würde bedeuten, dass die ganze Passage als Parodie bzw. metapoetischer Kommentar Ovids auf die *Fasti*-Version zu verstehen wäre. Diese Möglichkeit würde freilich voraussetzen, dass die *Fasti*-Version dem Publikum bereits bekannt ist. S. hierzu auch oben die Anm. 130 und 136.

141 Dem Rind wird keine Schuld zugewiesen, sondern es wird erklärt, dass aus dem Kadaver eines Rindes ein Bienenvolk entstehen könne und somit der Tod des Rindes von Nutzen für die Entstehung neuen Lebens sei (fast. 1,363–380, zu diesem Motiv s. auch Varro rust. 2,5,5; Verg. georg. 4,281–285). Den Schafen wird anschließend – und im Gegensatz zu dem ausführlichen Rinder-Aition nur in zwei Versen – wie zuvor den Ziegen kollektiv Schuld für einen Einzelfall zugesprochen: Ein unverschämtes (*improbus*) Lamm habe heilige Kräuter gefressen, die eine Alte ihren Göttern darbringen wollte: *improba* (fast. 1,381f.). Lefèvre 1976, 47 weist zu Recht darauf hin, dass das Rinder-Aition die Frage nach der Schuld nicht beantwortet und „ohne eigentliche Funktion" bleibt. Die Ernsthaftigkeit der Opfer-Passage wird allerdings auch in den *Fasti* am Ende ironisch gebrochen, wenn Ovid fragt: *quid tuti superest, animam cum ponat in aris | lanigerumque pecus ruricolaeque boves?*, fast. 1,383f. Green 2004, 177f. erkennt hier lediglich einen plötzlichen Anflug von Mitgefühl Ovids gegenüber den Schafen; kein Kommentar bei Bömer 1958.

homines, 116f.), Nektar (Milch) in ihren vollen Eutern tragen (*pleno quae fertis in ubere nectar*, 117)[142] und die Menschen durch ihre Wolle mit Kleidung wärmen (*mollia quae nobis vestras velamina lanas praebetis*, 118f.). Es folgt die Beschreibung von Leistung und Unschuld des Rindes (120–126), die gegenüber den Schafen noch gesteigert wird: Während das Schaf eine positive Eigenschaft (*placidum*) hat, hat der Stier vier: *animal sine fraude dolisque, innocuum, simplex* (120f.). Während das Schaf geboren ist, um die Menschen zu wärmen (*in tuendos natum homines*), ist der Stier dazu geboren, Mühen und Lasten zu ertragen (*natum tolerare labores*, 121, *pondere* 123).

Zusätzlich wird die Beschreibung der Verdienste des Rindes mit den Vorwürfen an diejenigen, die es schlachten, verknüpft: Pythagoras verurteilt Menschen, die ihren eigenen Feldarbeiter schlachten (*ruricolam mactare suum*, 123f.), als undankbar und des Getreides unwürdig (*inmemor nec frugum munere dignus*, 122). Diese Darstellung des Stiers ist eine zugespitzte Verwendung des Motivs des Ackerstiers als *socius hominis*, das seit Arat und Empedokles ein Topos in der griechischen und römischen Literatur ist.[143] Detailliert schildert Pythagoras Mühsal und Schmerz, die der Stier erduldet, um dem Menschen beim Einfahren seiner Ernte zu helfen (124–126). Diese mitleiderregende Vermenschlichung gipfelt später in der Bezeichnung des Ackerstiers als *colonus* – bewusst positioniert als letztes Wort dieses thematischen Abschnittes (142).

Pythagoras' Begründung für die Ablehnung, Schaf und Rind zu opfern, ist, wie sich gezeigt hat, eine moralische, die auf der Betonung ihrer Unschuld und ihrer Verdienste und der Mühen, die sie für den Menschen ertra-

---

142 Schafe und auch Ziegen als treue Spender von Milch sind seit Vergil in augusteischen Goldzeit- oder Darstellungen paradiesischer Zustände präsent, vgl. Segl 1970, 34, Anm. 155; s. auch oben, 111; z.B. Verg. ecl. 4,21 (*capellae*); Hor. epod. 16,49 (*capellae*); Prop. 3,13,40; Tib. 1,3,46 (*oves*), s. hierzu auch Tabelle 4.
143 Bei Arat und Empedokles wird das Motiv des Ackerstiers mit dem (vegetarischen) goldenen Zeitalter verknüpft, s. oben, 79, 87 und Tabelle 3. Für den Ackerstier als Helfer des Menschen s. etwa Varro rust. 2,5,4; Cic. nat. 2,159; Tib. 1,3,34; Colum. 6, proöm. 7; Plin. nat. 8,180. Das Motiv hat seinen Ursprung im großen wirtschaftlichen Nutzen des Ackerstiers, so auch Ovid in fast. 4,413–416: *a bove succincti cultros removete ministri: | bos aret; ignavam sacrificate suem. | apta iugo cervix non est ferienda securi: | vivat et in dura saepe laboret humo.* Laut Aristoxenes (überliefert bei Diog. Laert. 8,20) soll es auch bei den Pythagoreern ein Stiertötungsverbot gegeben haben, s. zur Thematik Haußleiter 1935, 391; Bömer 1958, 44; ders. 1986, 290.

gen, fußt.[144] Sie zu töten, wäre deshalb ungerecht. Das Konzept der Ungerechtigkeit gegen Tiere ist eng mit der Ansicht einer Ähnlichkeit zwischen Mensch und Tier verknüpft, wie man u.a. bei Theophrast sieht und wie sie schon in den Versen 88 bis 90 ausgedrückt wurde.[145] Das von Pythagoras geschilderte Verhältnis von Mensch und Tier wird allerdings durch zwei kleine Sätze konterkariert: Die Schafe seien geboren, um die Menschen zu wärmen *(tuendos natum homines,* 116f). Die Rinder seien geboren, um Mühen zu ertragen *(natum tolerare labores,* 121). Diese Aussagen, in denen die Tiere als von Natur aus dem Menschen unterlegen dargestellt werden, erinnern stark an Ciceros Werk *De natura deorum*, in dem er Balbus die stoische Sicht[146] auf den Umgang mit Tieren erklären lässt:

[...], *ut ipsas bestias hominum gratia generatas esse videamus. Quid enim oves aliud adferunt nisi ut earum villis confectis atque contextis homines vestiantur?*	... ist es vielmehr so, dass die Tiere selbst zum Wohlgefallen der Menschen geschaffen wurden, wie wir sehen werden. Denn welchen anderen Nutzen haben die Schafe, als dass sie uns mit ihren zu Kleidung gewobenen und geflochtenen Fellen bekleiden?
Cic. nat. 2,158.	

Über die Rinder sagt er:

cervices autem natae ad iugum, tum vires umerorum et latitudines ad aratra extrahenda.	Ihre Nacken (sc. der Ochsen) sind für das Joch geboren, dann ihre Kraft und Breite ihrer Schultern dazu, den Pflug zu ziehen.
Cic. nat. 2,159.	

Die Begründung für diese Überlegenheit führt Balbus kurz vorher auf:[147]

---

144 Vgl. Bömer 1986, 287.
145 S. Theophrast fr. 12 Pötscher, s. oben, 305f. Zur Vorstellung einer οἰκειότης zwischen Mensch und Tier s. Martins 2018, 128f.
146 Vgl. dazu auch Gilhus 2006, 3.
147 Anschließend spricht Balbus vom goldenen Menschengeschlecht, das die Stiere aufgrund ihres großen wirtschaftlichen Nutzens nicht getötet und bei dem der Verzehr der Stiere unter Strafe gestanden habe (nat. 2,159). Er distanziert sich von dieser Überlieferung wie Ovids Pythagoras vom Opferbrauch durch Formulierungen wie *ut poetae loquuntur und putabatur*, denn Gerechtigkeit gegenüber Tieren kennt Balbus in stoischer Tradition nicht. Ähnlich wie Balbus lässt Cicero in fin. 3,67 Cato argumentieren: Dieser betont, dass es kein den Menschen und Tieren gemeinsames Recht gebe und dass der Mensch, da ja das Tier

soli enim ratione utentes iure ac lege vivunt. Cic. nat. 2,154.	Denn sie allein [sc. Götter und Menschen] verfügen über Vernunft, Recht und Gesetze.

Cicero bezieht sich bei diesen Aussagen auf den Stoiker Chrysippus.[148] Ähnliches Gedankengut finden wir ebenfalls bereits bei Aristoteles.[149] Er und die Stoiker lehnen also eine Verwandtschaft zwischen Mensch und Tier ab, da diese ihrer Ansicht nach weder über Vernunft noch Gesetze verfügen. Ein naturgegebenes Sklavenverhältnis ist aus dieser Perspektive demnach nichts Verwerfliches.[150]

Dass Ovid seinen Pythagoras Sätze sagen lässt, die dieses stoische Gedankengut heraufbeschwören, wirkt widersprüchlich zu seiner bisherigen Darstellung, in der Tiere dem Menschen ähnlich sind und ihnen gleiches Recht zukommt. Ähnlich verwirrend ist in diesem Zusammenhang Pythagoras' an die Schafe gerichtete Aussage „Lebend nutzt ihr uns mehr als tot." (*vitaque magis quam morte iuvatis*, 119), in der er das Recht auf Leben der Tiere von deren Nutzen für den Menschen abhängig macht. Dadurch entsteht ein abrupter Wechsel von Vermenschlichung zum wirtschaftlichen Kalkül, der fast zynisch erscheint, da der wirtschaftliche Nutzen in persönlicher Anrede an die Schafe vorgetragen wird.

Die Argumentation macht aus diesen Gründen einen sehr sprunghaften Anschein, so als könne Pythagoras sich nicht entscheiden, wie er dem Tier gegenüber nun eigentlich steht. Auf den zweiten Blick allerdings erscheint sie als rhetorischer Trick: Pythagoras nämlich zieht die pragmatische, der Stoa entlehnte Begründung heran, um seine eigene zu stützen. Dabei wird das Motiv ‚geboren, um zu dienen', das Balbus sehr pragmatisch verwendet,

---

zum Nutzen des Menschen geboren sei, das Tier zu seinem Vorteil nutzen dürfe, ohne dabei ungerecht zu sein.

148 Cic. nat. 2,160.

149 Aristoteles erklärt in pol. 1256b,15–23, dass Tiere allein für den Nutzen der Menschen leben, dass domestizierte Tiere für den menschlichen Nutzen und zum Essen da seien, für bestimmte Bedürfnisse, sodass Kleidung und andere Produkte aus ihnen gemacht werden können. In eth. Nic. 1161a30–1161b2 erklärt Aristoteles, dass es ebenso wenig eine Freundschaft oder Gerechtigkeit zwischen Tieren und Menschen wie zwischen Menschen eines unterschiedlichen sozialen Status gebe. Das Verhältnis sei vergleichbar mit dem zwischen einem Handwerker und einem Werkzeug. Er betont, dass es auch keine Freundschaft zu einem Ochsen geben könne, denn es gebe keine Gemeinsamkeiten. Weitere Quellen zu dieser Haltung s. Newmyer 2011, 73.

150 Vgl. Gilhus 2006, 63.

von Pythagoras in einen durchaus emotionalen Kontext eingebettet, indem er den Nutzen der Tiere in Verdienste und Mühen ummünzt. Dass sie geboren sind, um dem Menschen Wärme zu spenden beziehungsweise um Mühen zu ertragen, erweckt in diesem Zusammenhang Mitleid. Ovid lässt also seinen Pythagoras eine Meinung äußern, die einer anderen philosophischen Richtung zuzuordnen ist, und diese für seine eigene Argumentation nutzen.

4.3.1.6 Verse 127–142: Die Steigerung des Frevels: Opferbrauch und Eingeweideschau im Namen der Götter

Noch einmal wird das menschliche Unrecht aus Pythaoras' Sicht gesteigert: Über den Frevel des Tötens hinaus (*nec satis est, quod tale nefas committitur*, 127) beklagt er, dass die Menschen den Willen der Götter als Vorwand nutzen, um die Strapazen ertragenden Stiere zu schlachten (127–129). Indem er sagt, dass die Menschen *glauben*, die Gottheit freue sich über den blutigen Tod des Stieres (*numenque supernum | caede laboriferi credunt gaudere iuvenci*, 128f.), erfolgt eine weitere Distanzierung von der Opferpassage in den *Fasti*, wo sich Ceres über das Opfer des Schweines freut.[151]

Anschließend wird der Blick wieder auf das Tier gerichtet: In den Versen 130 bis 135 schildert Pythagoras detailreich die letzten Momente eines Stieres vor dem Altar, bevor er getötet wird. Diesem wird ironischerweise seine Schönheit zum Verhängnis (*victima labe carens et praestantissima forma, nam placuisse nocet*, 130f.) – ein sarkastischer Kommentar zum Aberwitz des menschlichen Handelns. Die Sinneswahrnehmungen des Tieres, ausgedrückt durch die klimaktisch angeordneten Verben *audire, videre, praevidere* (132–135) bewirken eine besondere Betroffenheit beim Zuhörer, da das Rind ja *ignarus* (132) ist und im Gegensatz zum Zuhörer nicht weiß, was das Prozedere zu bedeuten hat;[152] der Umstand, dass dem Stier Getreide

---

151 Ov. fast. 1,349: *gavisa est sanguine porcae.*
152 Vgl. Segl 1970, 35, der die Vermenschlichung des Rindes in dieser Szene betont. Er nennt diese ein „typisch ovidisches ‚Bildchen', wie Ovid sie so gern als ein Meister des Details und der psychologischen Nuance verwendet." Die Darstellung gibt es, bezogen auf das Opfertier im Allgemeinen, auch in den *Fasti*. Ovid beschreibt dort die Widerwilligkeit und die Furcht des Opfertiers vor dem Messer, das es vorher in einer Wasserspiegelung gesehen hat (fast. 1,323–328). Green 2008, 49 sieht in der *Fasti*-Version mehr Pathos als in der von Pythagoras, da der Stier dort ja *ignarus* sei, während er in der *Fasti*-Version sein Schicksal durchschaue und deshalb Angst habe. Durch die oben herausgestellte Tragik der Pythagoras-Version, die aus dem Spannungsverhältnis zwischen der Unwissenheit des Stiers und dem Wissen des Zuschauers erwächst, muss Greens Aussage relativiert werden.

zwischen die Hörner gelegt wird, für das er selbst gearbeitet hat (*fronti, quas coluit*, 133), betont noch einmal die Ungerechtigkeit dieses Aktes. In starkem Kontrast zu dieser mitleiderregenden Darstellung wird anschließend beschrieben, wie aus der noch lebenden Brust die Fasern für die Eingeweideschau gerissen werden (*protinus ereptas viventi pectore fibras*, 136). Dieser unmittelbare Perspektivwechsel zwischen den letzten Momenten des überaus menschlich geschilderten Stieres und der drastischen Beschreibung der Eingeweideschau lassen diesen Akt als grausam und ekelerregend erscheinen. Es drängt sich die Assoziation vom homerischen Zyklopen Polyphem auf, der ebenfalls seine Opfer bei lebendigem Leib ausgeweidet und gefressen hat.[153] Durch *protinus* erscheint das menschliche Handeln zudem eilig und gierig[154] wie das Reißen bei einer Horde Raubtiere. So erscheint – ähnlich wie in den Versen 85–95 – der Stier wie ein Mensch, der Mensch hingegen wie ein wildes Tier.

Noch im selben Satz entlarvt Pythagoras den eigentlichen Zweck der zuvor geschilderten Bräuche – den Fleischverzehr:

Inspiciunt mentesque deum scrutantur et illis
(unde fames homini vetitorum tanta ciborum est?)
audetis vesci, genus o mortale?

(mte. 15,137–139)

Sie betrachten [die Eingeweide] und versuchen die Absichten der Götter zu erforschen, und von jenen Dingen (Woher haben die Menschen einen so großen Hunger nach verbotenen Speisen?) wagt ihr es, zu essen, Sterbliche?

Beide Passagen gehen wohl auf Kallimachos zurück (Kall. Aet. fr. 75, 10–11 Pf.). Während die *Fasti*-Version diesem Vorbild, in dem ebenfalls die Angst des Tieres beschrieben wird, näherkommt (vgl. Green 2008, 49), emanzipiert sich Ovid mit der Pythagoras-Version im Sinne der *aemulatio* davon, da er den Terror der letzten Momente des Tieres aus dessen Sicht mitleiderregend darzustellen vermag, indem er das Vorbild bewusst ins Gegenteil (nämlich die Unwissenheit des Tieres) verwandelt. Die Angst des Stieres vor seiner Schlachtung wird ähnlich auch bei Lukrez geschildert (1,87–100, bes. 87–92).
153 S. oben, 244.
154 Vgl. Segl 1970, 35.

Der Hunger (*fames*) wird dabei als eigentlicher Grund und einzige Motivation des Menschen genannt, Tiere zu essen, und dem (vermeintlichen) Willen der Götter gegenübergestellt. Diesen Gegensatz lässt Ovid seinen Pythagoras auffallend rhetorisch untermauern.[155] *Mortale* steht als Ermahnung zur Demut gegenüber den Göttern an letzter Stelle dieser Schimpftirade (und wird durch das *o* hinausgezögert und somit zusätzlich hervorgehoben). Das Vergehen der Menschen erhält dadurch den Charakter einer Hybris.

Anschließend bittet Pythagoras seine Adressaten, seine Ermahnungen zu befolgen und dies (sc. *illis vesci*) nicht zu tun (*quod, oro, ne facite et monitis animos advertite nostris*, 139f.). Zum Schluss resümiert er den Rinder-Abschnitt, indem er seine Zuhörer ermahnt, sich dessen bewusst zu sein und zu spüren, dass sie ihren Feldarbeiter essen, wenn sie ihrem Gaumen die Glieder ermordeter Rinder zu kosten geben (*cumque boum dabitis caesorum membra palato, mandere vos vestros scite et sentite colonos*, 141f.). Somit wird der Bogen zurück zu den Versen 120–126 geschlagen, in denen die Mühen des Stieres beim Ackerbau geschildert wurden. Der Einschub der detaillierten Ausmalung von Opferritus und Eingeweideschau hat die zuvor bereits beschriebene Ungerechtigkeit gegenüber dem Stier und die moralische Verwerflichkeit des Menschen noch einmal gesteigert. Pythagoras argumentiert

---

155 Zum einen überrascht Pythagoras seine Zuhörer, indem er innerhalb eines Satzes von der dritten Person Plural zur zweiten Person Plural wechselt und so den Zuhörer wieder unmittelbar anspricht. Dieser Wechsel wird durch eine Parenthese hinausgezögert, die zwar bereits *vetiti cibi* zum Thema hat, aber immer noch in der dritten Person gehalten ist. Ein weiteres Spannungsmoment wird durch die Position von *illis* erzeugt, dessen Zusammenhang mit *vesci* erst im übernächsten Vers hergestellt wird (Bömer weist darauf hin, dass mit *illis* nicht die Eingeweide (*fibras*, 136) gemeint sein können, da diese bei der Eingeweideschau nicht gegessen worden seien (Bömer 1986, 294). Möglicherweise sind mit *illis* generell die Teile des Rindes gemeint, die man verzehrt hat, immerhin sagt Pythagoras vier Verse später: *cumque boum dabitis caesorum membra palato* [...], 141). Der Übergang zur direkten Anrede der Zuhörer wird besonders abrupt durch die Position von *audetis* am Versanfang, ein plötzlicher, unerwarteter Vorwurf. Durch die Antithese von *deum* und *genus mortale* wechselt Pythagoras nun wieder in den religiös gefärbten moralisierenden Ton vom Anfang der Rede. Durch den Gegensatz des ungesicherten göttlichen Willens (*inspiciunt mentesque deum scrutantur*) auf der einen und der verbotenen (*vetitorum*) Handlung der Sterblichen auf der anderen Seite wird noch einmal hervorgehoben, wie lächerlich es ist, das Schlachten von Tieren mit dem Willen der Götter zu rechtfertigen. Was die Götter wollen, bleibt ungewiss, denn man forscht (*scrutantur*) ja lediglich danach. Somit entkräftet Pythagoras das zuvor wiedergegebene Argument seiner Zeitgenossen, die Götter würden sich an den blutigen Opfern erfreuen (*numenque supernum caede laboriferi credunt gaudere iuvenci*, 128f.). Als gesichert stellt er hingegen das Unrecht des Verspeisens des Tierfleisches dar (*vetitorum ciborum*).

auch hier wieder wie Theophrast, der Opferschau und Gottesverehrung als Vorwand sieht, um der eigenen Genusssucht zu frönen.[156]

4.3.2 Vegetarismus und Seelenwanderung (173–175)

Pythagoras leitet nun über zur Seelenwanderungslehre. Dies tut er mit einer Belehrung darüber, dass die Menschen keine Angst vor dem Tod zu haben brauchen (153–164), da ja die Seelen frei vom Tode seien und sich nach dem Tod neue Behausungen suchen (*morte carent animae semperque priore relicta | sede novis domibus vivunt habitantque receptae,* 158f.).[157] Von dort geht er über zur eigentlichen Seelenwanderungslehre: *omnia mutantur, nihil interit* (165). Der Geist (*spiritus,* 167) schweife umher und könne sowohl in Menschen- als auch in Tierleiber fahren, dieselbe Seele wandere in verschiedene Gestalten. Hier stellt er noch einmal den Bezug zum Fleischverzehr her (174–175): Die Zuhörer, angesprochen in der zweiten Person Plural, sollen nicht durch frevelhaften Mord verwandte Seelen austreiben, so dass die heilige Pflicht (gegenüber Verwandten)[158] nicht durch die Gier des Bauches besiegt werde. Auch solle sich Blut nicht vom Blute ernähren.

---

156 Vgl. Theophrast fr. 12 Pötscher (s. oben, 306). Ähnlich auch fr. 11 Pötscher (= Porph. abst. 2,51,1–2), in dem Theophrast sich über das Argument echauffiert, ohne Tieropfer könne man keine Eingeweideschau mehr durchführen. Ein anderes Lebewesen wegen der Weissagung zu opfern, hält Theophrast für ungerecht und selbstsüchtig: Φαίη γὰρ ἄν τις ὅτι πολὺ μέρος ἀναιροῦμεν μαντείας τῆς διὰ σπλάγχνων ἀπεχόμενοι τῆς τῶν ζῴων ἀναιρέσεως. οὐκοῦν ὁ τοιοῦτος ἀναιρείτω καὶ τοὺς ἀνθρώπους· ἐπιφαίνεται γὰρ μᾶλλον, ὥς φασιν, τοῖς τούτων σπλάγχνοις τὰ μέλλοντα· καὶ πολλοί γε τῶν βαρβάρων δι᾽ ἀνθρώπων σπλαγχνεύονται. ἀλλ᾽ ὥσπερ ἀδικίας καὶ πλεονεξίας ἦν τὸ ἕνεκα μαντείας ἀναιρεῖν τὸν ὁμόφυλον, οὕτω καὶ τὸ ἄλογον ζῷον σφάττειν μαντείας ἕνεκα ἄδικον.

157 Auch wenn diese Passage für unser Thema nur marginal von Bedeutung ist, sei angemerkt, dass Ovid seinen Pythagoras hier – wie wir es auch schon in der vorangegangenen Vegetarismus-Passage beobachtet haben – eine fremde, gar seiner eigenen (soweit man dies beurteilen kann) Philosophie zuwiderlaufende Ansicht für seine Argumentation äußern lässt: Die Angst vor dem Tode ist ein lukrezisches Thema, vgl. Bömer 1986, 297f.; dieser versucht aber, seine Leser davon zu überzeugen, dass die Seele eben nicht unsterblich sei (dies ist seiner Ansicht nach Aberglaube), sondern nach den Gesetzen der Natur, wie andere Körperteile auch, nach dem Tod einfach verschwinde (Lucr. 3,41f.), vgl. hierzu Duff 1982 (1889), xiii; Newmyer 1999, 480. Solodow 1988, 167 argumentiert diesbezüglich, dass sich diese Umkehr der lukrezischen Doktrin durch die gesamte Pythagorasrede ziehe, Pythagoras so die gesamte Philosophie des kosmischen Wandels verdrehe und Ovid daraus somit einen großen Witz mache.

158 Vgl. Bömer 1986, 304.

Der Appell ähnelt sehr demjenigen Appell zu Beginn der Rede (*parcite, mortales, dapibus temerare nefandis corpora!*, 75f.): Der Vers 174 beginnt wie Vers 75 mit *parcite*, auch das Wort *nefanda* kommt wieder vor. Das Polyptoton *sanguine sanguis* führt die Reihe *viscera viscera, corpore corpus, animantem animantis* aus Vers 88–90 fort. Nur ist die Begründung diesmal eine andere: Durch *ergo* stellt Pythagoras die Verbindung zu der zuvor eingeführten Seelenwanderungslehre her; *cognatas animas* und *sanguis sanguine* drücken nicht mehr die Verwandtschaft zwischen Tier und Mensch, sondern die Verwandtschaft zwischen menschlichen Seelen aus, die möglicherweise in einem Tierkörper wohnen. Das Tötungs- und Fleischverbot hat nun seinen Ursprung nicht mehr in der (durch Ähnlichkeit begründeten) Zuneigung zum Tier, sondern in der zum Menschen – diese Anschauung hat den Quellen zufolge auch Empedokles vertreten.[159]

4.3.3 Vegetarismus-Thema am Ende der Rede (453–478)

Der Abschnitt lässt sich zunächst grob in zwei Teile teilen: In den Versen 453 bis 469 erfolgt eine in sich geschlossene Argumentation: Pythagoras wiederholt den Grundsatz des kosmischen Wandels und leitet daraus die Wanderung der Seelen ab. Hieraus wiederum ergibt sich für ihn die Verpflichtung, Tiere unversehrt zu lassen, da verwandte oder zumindest menschliche Seelen in ihren Körpern hausen könnten. Deshalb wäre es auch ein Vergießen von Menschenblut, wenn man Tiere tötete. Es schließt sich ein zweiter Teil mit appellativem Charakter (470–478) an, in dem Pythagoras Motive vom Beginn der Rede aufgreift und abschließend zu einer fleischlosen Ernährung aufruft.

4.3.3.1 Verse 453–469: Übergang von der Seelenwanderung zum Vegetarismus

Kosmischer Wandel, Seelenwanderung, thyestische Mahlzeiten (453–462)

Nach seinem über 300 Verse langen Exkurs über den kosmischen Wandel findet Pythagoras wieder zum Thema der Seelenwanderung und, davon aus-

159 S. oben, 303f.

gehend, zum Vegetarismus zurück: Zunächst resümiert er, dass alles sich wandele (454f.), ebenso die Menschen als Teil der Erde (456), dass Menschen aber nicht nur aus Körpern, sondern auch aus Seelen bestehen, die ebenfalls wandern und in Weidevieh eingeschlossen werden können (457f.). Daraus schließt er, dass man diejenigen Körper, in denen Verwandte oder zumindest Menschen wohnen könnten, sicher und ehrbar leben lassen (*tuta esse et honesta*, 461) und den eigenen Leib nicht mit thyestischen Mahlzeiten füllen solle (461f.).

Das Argument der Seelenwanderung aus den Versen 173 bis 175 wird hier wieder aufgenommen, das Motiv der verwandten Seelen (*animas cognatas*, 173) und die zuvor ziemlich kurz und abstrakt gehaltene Anweisung aus Vers 175 (*parcite* [...] *exturbare animas, nec sanguine sanguis alatur*) wird erst hier anschaulich ausgeführt: Durch die Wanderung der Seelen könnten Eltern und Brüder, andere Verwandte oder überhaupt Menschen in Tieren verborgen sein. Sie zu essen, wäre demnach eine thyestische Mahlzeit (*Thyesteae mensae*, 462).[160] Das Verbrechen besteht hier also nicht mehr, wie zu Beginn der Rede, darin, ein (etwa durch Ähnlichkeit in Körper und Geist) verwandtes Wesen zu töten und zu essen, sondern darin, einen potentiellen (menschlichen) Verwandten zu essen, der im Körper des zu verspeisenden Tieres wohnen könnte. Dies wird bei Pythagoras einerseits in der klimaktischen Struktur der Verse 459–461 deutlich:[161] Von den Seelen der nahen Verwandten (*parentes, frater*) greift er weiter aus auf sonstige Verwandte (*iunctorum foedere nobis*)[162], und von dort auf Menschen im Allgemeinen (*hominum*). Andererseits verweist auch die Metapher der thyestischen Mahlzeiten auf das Verspeisen der eigenen (menschlichen) Verwandten.

Wie sich in den Versen 173 bis 175 bereits angedeutet hat, entspricht dieser Blick auf den Vegetarismus nun nicht mehr demjenigen Theophrasts; stattdessen gleichen Anschauung und polemische Rhetorik den überliefer-

---

160 Der Sage nach wurden Thyestes seine eigenen Söhne zum Essen vorgesetzt, vgl. etwa Apollod. epit. 2,10–14.
161 Vgl. Bömer 1986, 377.
162 Bömer 1986, 377 allerdings meint, auch mit Verweis auf Vers 173, dass *iuncti* auch Tiere einschließen würde. Die Analyse der Argumentation Pythagoras' hat aber gezeigt, dass dieser sich an den entsprechenden Stellen eben nur auf den Menschen bzw. die menschliche Seele bezieht.

ten Ausführungen des Empedokles,[163] die Wortwahl wiederum ähnelt Senecas späterer Wiedergabe der pythagoreischen Sicht auf Vegetarismus.[164]

Beispiele für thyestische Mahlzeiten (463–469)
Anschließend nennt Pythagoras Beispiele für das zuvor geschilderte frevelhafte Verhalten, hier noch einmal zuspitzend als ‚Vergießen von Menschenblut' bezeichnet (*quam se parat ille cruori | inpius humano*, 463f.). Dieses bestehe darin, einem Kalb die Kehle aufzuschlitzen und es dabei schreien zu hören (*vituli qui guttura ferro | rumpit et inmotas praebet mugitibus aures*, 464f.), oder ein Zicklein zu erwürgen, das wie ein Kind wimmert (*aut qui vagitus similes puerilibus haedum | edentem iugulare potest*, 466f.), oder einen Vogel zu essen, den man selbst gefüttert hat (*aut alite vesci, | cui dedit ipse cibos*, 467f.).

Sowohl Auswahl als auch Darstellung dieser Tiere rufen Mitleid mit diesen hervor: Es handelt sich um junge, hilflose Tiere, die entweder (durch das Schreien und Wimmern) als dem Menschen ähnlich oder als sich mit ihm in einem Vertrauensverhältnis befindlich geschildert werden. Damit bedient sich Pythagoras erneut der zu Beginn der Rede ausgeführten Vorstellung einer Ähnlichkeit und οἰκειότης zwischen Mensch und Tier, um seine Argumentation, die nun in der Seelenwanderung begründet liegt, zu stützen.[165] Dass sein Interesse sich hier eigentlich auf den Menschen, weniger auf das Tier richtet, wird auch durch die sich anschließenden rhetorischen Fragen deutlich: ‚Wie wenig fehlt da noch zum vollen Verbrechen (*quantum est, quod desit in istis | ad plenum facinus?*, 468f.)? Was wird der nächste Schritt sein (*quo transitus inde paratur?*, 469)?' Mord und Verzehr dieser Tiere stellen demnach nicht, wie es im ersten Teil der Rede impliziert wurde, ein Verbrechen im vollen Sinne dar.[166] Dies würde nämlich, folgt man Pythagoras'

---

163 Empedokles fr. 31 B 136 und 137 DK, s. oben, 303f.
164 Sen. epist. 108,19, s. oben, 328, Anm. 103, vgl. Haupt/Ehwald/Korn 1966 (1916), 459; Bömer 1986, 376; Lévi 2014, 241. Zur Diskussion um eine mögliche Bekanntschaft zwischen Ovid und Sotion s. Bömer 1986, 300.
165 „Even after the poet has introduced the doctrine of metempsychosis, in the second defense of vegetarianism [...] he returns to considerations of fellow-feeling when he movingly likens the cries of a kid at slaughter to the cries of a child [...], and of violation of duty in killing any but harmful beasts [...].", Newmyer 1999, 482. Zu Beispielen für ein inniges Verhältnis zwischen (Haus-)Tier und Mensch s. Gilhus 2006, 13, 28–31. Man denke hier auch an Lesbias *passer* (Catull. 2).
166 S. oben, 331f.

Gedankengang zur Seelenwanderung, darin bestehen, sich nicht nur an den Seelen verstorbener Verwandter zu vergreifen, sondern auch an deren Körpern, sprich im Töten und Verspeisen von *Menschen*, nicht von *Tieren*.

Pythagoras macht somit die im ersten Teil vorgetragene Begründung für die aktuelle nutzbar, mehr noch, er lässt beide miteinander verschmelzen: Denn obwohl die Begründungen jeweils von einer anderen Grundannahme ausgehen – grundsätzliche Ähnlichkeit zwischen Mensch und Tier einerseits, Wanderung menschlicher Seelen in tierische Körper andererseits – erscheint es an dieser Stelle nur logisch, dass sich das Innewohnen einer menschlichen Seele in einem Tier durch eine Ähnlichkeit im Verhalten und durch gegenseitige Zuneigung ausdrückt.

4.3.3.2 Verse 470–478: Schlussappell

Nachdem Pythagoras seinen Zuhörern mit großem Pathos die moralische Verworfenheit der Menschen gegenüber anderen menschlichen Seelen und Tieren aufgezeigt hat, und die Betroffenheit aufgrund der mitleiderregenden Beispiele kaum noch gesteigert werden kann, bricht Pythagoras das Schreckenspanorama ab und geht zu einem abschließenden Komplex von Appellen und Geboten über, in denen er verkürzt[167] und in teilweise umgekehrter Reihenfolge die Motive vom Beginn seiner Rede wieder aufnimmt:[168]

Thema / Motiv	Beginn der Rede	Ende der Rede
Nützlinge: Rind und Schaf	116–126	470–472
Täuschung wilder Tiere und Fallenstellen	99–103	473–476
Schädliches darf vernichtet, aber nicht gegessen werden	108–110	477
Keine frevelhaften *epulae*, sondern *alimenta mitia* essen!	81–82	478

---

167 Bömer 1986, 376 hierzu merkwürdig: „[...] und selbst wenn er nichts Neues sagt, ist er ebenso ausführlich [...]".
168 Vgl. Lévi 2014, 241. Lévis Aussage (463f.), es gebe auch ein neues Argument, nämlich dass die Zuspitzung der Gewalt gegen Tiere zu einer Zuspitzung der Gewalt gegen Menschen würde (sc. met. 15,468f.), ist an dieser Stelle irreführend, da die Wiederaufnahme der Motive vom Anfang ja erst in Vers 470 beginnt.

Die Vorwürfe, die zu Beginn der Rede an diese Motive geknüpft waren, werden nun in Handlungsaufforderungen umgewandelt:[169] Rind, Schaf und Ziege solle man ihre Arbeit tun lassen (470–472), wilde Tiere nicht hinterlistig täuschen, um sie zu fangen (473–476)[170], schädliche Tiere dürfen getötet werden, es solle aber beim Töten bleiben (477). In einem letzten prägnanten Vers ermahnt Pythagoras dazu, dass der Mund frei von tierischer Speise bleiben und sanfte Nahrung zu sich nehmen solle (*ora vacent epulis alimentaque mitia carpant*, 478). Somit würde der für Pythagoras am Anfang der Rede geschilderte Idealzustand wiederhergestellt, als wilde Tiere in Frieden leben konnten, ohne von den Menschen getäuscht zu werden (99–103); als nur aus Notwehr getötet wurde und man getötete Tiere nicht aß (102–103); als man sich von sanfter, sprich vegetarischer Speise ernährte, für die kein Blut vergossen werden musste (81–82). Mit der Junktur *alimenta mitia* schließlich wird ein Bogen zurück zum Beginn der Rede geschlagen, als Pythagoras den (blut- und gewaltlosen) Reichtum der Natur sozusagen als von den fleischessenden Menschen ungenutztes goldenes Zeitalter darstellte.[171] Vor diesem Hintergrund kann man diese Schlussappelle demnach als Pythagoras' Handlungsanweisungen verstehen, um durch den Verzicht auf Fleischnahrung eine Art kulinarisches goldenes Zeitalter zu erreichen.

Dieser an sich geschickte Zug, dem Zuhörer am Ende dieser in ihrem Charakter eher anklagenden Rede (zumindest in Bezug auf den Vegetarismus) das positive Gefühl zu vermitteln, selbst etwas für eine vegetarische, eine bessere Welt tun zu können, wird durch die Wahl der Verben konterkariert: Die ersten direkt an die Zuhörer gerichteten Appelle stellen Verbote dar, hervorgehoben durch die sich anaphorisch wiederholende Verneinung *nec*. Ihnen schließt sich eine formal positive, das heißt kein Verbot enthaltende Anweisung an, die sich steigernd zu *nec ... nec* sogar im selben Vers wiederholt: *perdite!* Dass Pythagoras sein Plädoyer für ein friedvolles und gerechtes Verhalten gegenüber Tieren allerdings mit der zweifachen Anweisung ‚Vernichtet sie!' beendet, entbehrt nicht einer gewissen Ironie. Das erste Verb des nächsten und letzten Verses, *vacent,* drückt eine ähnliche Am-

---

169 Vgl. Bömer 1986, 380.

170 Ähnlich in der Motivik ist hier Verg. georg. 1,307–309: *Tum gruibus pedicas et retia ponere cervis | auritosque sequi lepores, tum figere dammas | stuppea torquentem Balearis verbera fundae.* Hier wird die Jagd allerdings nicht als negativ gewertet, sondern lediglich als typische Tätigkeit des Winters dargestellt.

171 Ov. met. 15,81, s. oben, 327f.

bivalenz zwischen positiver Form (keine Verneinung) und negativem Inhalt (*Verzichtet!*) aus. Das letzte Verb des Appells schließlich, *carpant*, drückt gewissermaßen das Gegenteil zu *carpent* aus, denn ‚pflücken‘ bedeutet ja auch, etwas an sich zu nehmen – im Gegensatz zum Verzicht. Pflücken oder sich einverleiben, so Pythagoras, sollen die Münder *alimenta mitia*, sprich vegetarische Kost, wie Pythagoras sie in den Farben einer Goldzeit am Anfang der Rede gemalt hat. Passend dazu wird *carpere* bei Vergil und Ovid bisweilen mit einem paradiesischen Zustand und dem Pflücken von Obst und Blumen assoziiert.[172] Andererseits kommt das Wort bei Varro[173] und in Ovids *Fasti*[174] im Zusammenhang mit der Nahrungsaufnahme der Menschen einer negativ bewerteten primitiven Vorzeit vor – gegenteilig also zu Pythagoras' Terminologie einer positiv bewerteten goldenen Zeit. Eine ähnliche Unstimmigkeit im Bezug auf die Wortverwendung fiel am Anfang der Rede bereits bei *herbae* auf, welche Ovid andernorts mehrfach als Motiv einer negativ bewerteten Vorzeit verwendet. Vor diesem Hintergrund erscheint es besonders auffällig, dass *herbae* in der *Fasti*-Stelle das Objekt zu *carpere* bilden: Die Vorzeitmenschen der *Fasti* pflücken also Kräuter. Möglicherweise hat sich Ovid an dieser Stelle eine bereits vorhandene Assoziation des Wortes zunutze gemacht, nämlich das Rupfen von Gräsern und Zweigen durch Weidetiere wie Ziegen, Schafen und Rinder;[175] die Junktur *herbae* oder *herbam carpere* kommt entsprechend einmal bei Tibull, einmal bei

---

172 In Verbindung mit *poma* bei Vergil: georg. 2,500f. In Verbindung mit Früchten bei Ovid (jeweils als Metapher): ars 3,576 (*poma*), am. 1,10,55 (*uvae*); mit Blumen: z.B. ars 3,79f., met. 2,792; 5,392; 9,342.380, fast. 4,443; mit anderen Pflanzen: am. 2,19,32 (*frondes*); met. 7,232 (*gramen*). Auch sonst kann *carpere* ganz allgemein das Pflücken von Obst o.ä. ausdrücken, vgl. TLL 3.0.491.80–492.72.

173 Varro rust. 2,1,4, s. oben, 99, Anm. 159. Ein Zusammenhang zu unserer Stelle könnte auch deshalb bestehen, weil die Menschen in der entsprechenden Entwicklungsphase bei Varro zwar Sammler sind, aber auch bereits Viehzucht betreiben und die Beschreibung der Schafe sehr an met. 15,116–119 erinnert, s. oben, Anm. 130.

174 Ov. fast. 4,397, s. oben, 124, Anm. 276.

175 TLL 3, 492,36–81, und zwar besonders in Vergils Eklogen und *Georgica*, aber auch bei Ovid; insgesamt ist die von Tieren gerupfte Nahrung viermal *herbae*, wie Pythagoras sie zu Beginn der Rede seinen Zuhörern als *alimenta mitia* anpreist: *ovis*: Verg. georg. 3,295f., 3,465 (*herba*), Ov. fast. 1,381 (*verbena*); fast. 4,750 (*pabula*); *capella*: Verg. ecl. 1,75f. (*florentem cytisum et salices amaras*); *capellae*: Ov. met. 1,299 (*gramen*); *ovis, capella*: Ov. met. 13,925–927 (*herba*); *ovis, capella, bos*: Ov. epist. 16,55f. (*herba*); *taurus*: Tib. 2,5,55 (*herba*). Man denke auch an die etymologische Herleitung des Wortes *capra* bei Varro, demzufolge das Knabbern (*carpere*) der Ziege (*capra*) ihren Namen gegeben haben soll, Varro rust. 2,3,7, s. oben, Anm. 130.

Vergil und zweimal bei Ovid vor. Es ist deshalb nicht auszuschließen, dass bei *carpant* an unserer Stelle auch die Assoziation einer negativ bewerteten Vorzeit mitschwingt. Folglich würde sich die dem Erzählkontext übergeordnete Lesart ergeben, dass sich vegetarisch zu ernähren für Ovid bedeutet, Gräser zu rupfen wie eine Ziege oder ein primitiver Urmensch.

4.3.4 Schlussbemerkungen

Es wurde von vornherein ausgeschlossen, dass allein auf der Interpretation des hier untersuchten Vegetarismus-Themas eine Gesamtdeutung der Pythagorasrede aufbauen kann. Stattdessen werden im Folgenden wichtige Untersuchungsergebnisse gebündelt und in weiterführende Überlegungen zu dieser Textstelle, auch unter Bezugnahme auf die einleitend vorgestellte Forschungsliteratur, eingebunden.

(a) Intratextualität: Gemeinsamkeiten und Rückverweise auf die Bücher 1, 8 und 13
Besonders im ersten Teil der Rede haben sich Parallelen sowohl zum goldenen Zeitalter in Buch 1 als auch zu Philemon und Baucis sowie zu Polyphem gezeigt. Eine erste Gemeinsamkeit besteht in der katalogartigen Aufzählung von Nahrungsmitteln und deren struktureller Gestaltung: Der Nahrungskatalog mit vegetarischen Speisen in den Versen 76 bis 82 ist ebenso wie die Kataloge der zuvor untersuchten Episoden binär aufgebaut, d.h. es gibt Paare, die hierarchisch in ein System von Kategorien eingeordnet sind; die Paare wiederum sind teilweise durch Gegensätze geprägt (s. Tabelle 20).[176] Gemeinsam mit den Katalogen bei Philemon und Baucis sowie bei Polyphem ist die Anapaher *sunt*; außerdem bestehen in Auswahl der Nahrungsmittel, Wortwahl und Aufbau große Ähnlichkeiten mit den Katalogen des goldenen Zeitalters in Buch 1 – in diesem Fall trifft das ebenfalls auf Pythagoras' *aurea aetas* (v. 96–98) zu – und bei Polyphem in Buch 13.[177] Darüber hinaus enthält Pythagoras' Appell weitere Rückverweise auf die entsprechenden Episoden in Buch 1 und Buch 13:

---

176 S. im Vergleich Katalog Buch 1 (goldenes Zeitalter): Tabelle 7; Buch 8 (Philemon und Baucis): Tabellen 11 und 12; Buch 13 (Polyphem): Tabellen 15–17.
177 S. ebd.

Bezüge zu Buch 1, Weltaltermythos

Über den augenscheinlichen Bezug zur *aurea aetas* im ersten Buch hinaus zeigt sich im Verlauf des Appells, dass Ovid hier den gesamten Weltaltermythos nochmals aufgreift und umdeutet: Die Deszendenz erfolgt wie im ersten Buch schrittweise[178] und sowohl die Nennung der *aurea aetas* als auch die Wortwahl in den Versen 127 bis 144 evozieren jeweils goldenes und eisernes Zeitalter des ersten Buches.[179] Die auf den Menschen gerichtete Gewalt und Niedertracht wird bei Pythagoras auf den Umgang mit Tieren übertragen.[180] Die Gegenwart stellt Pythagoras als einen aufgrund des Nahrungsangebotes potenziell paradiesischen Zustand dar; das gewaltfrei zu erlangende Nahrungsangebot entspricht demjenigen eines goldenen Zeitalters etwa in Vergils 4. Ekloge, auf Horazens seligen Inseln oder dem Zeitalter unter Kronos in griechischen Darstellungen.[181] Der Unterschied zur vergangenen *aurea aetas* besteht dementsprechend nicht im Nahrungs*angebot*, sondern im Ernährungs*verhalten*, in der nunmehr abhanden gekommenen Moral der Menschen, die sich in deren Verhältnis zu Tieren äußert. Während in der *aurea aetas* Menschen und Tiere im Frieden miteinander lebten, werden wilde wie zahme, schädliche wie nützliche Tiere – letztere auch noch unter dem Vorwand des göttlichen Willens – aus reiner Fressgier geschlachtet und gegessen. Dieses negative Bild der Gegenwart lässt Pythagoras jedoch nicht stehen, sondern bietet im Schlussteil seiner Rede (v. 470–478) einen Ausweg an, indem er Gebote aufstellt und Handlungsanweisungen gibt, um den moralischen Zustand einer *aurea aetas* wieder zu erreichen: Diese wird, während sie im ersten Buch in einer nicht wiederkehrenden mythologischen Vergangenheit verortet ist, hier zu einer durchaus realistischen Möglichkeit, denn die Ressourcen, sprich die Nahrung, werden nach wie vor von der Natur bereitgestellt. Es liegt aus Pythagoras' Sicht allein am Menschen, zur verlorenen Moral zurückkehren, indem Gewalt und Unrecht gegenüber Tieren und deren Verzehr eingestellt werden. Im Umkehrschluss befindet sich die Menschheit in dieser zweiten Version des Weltaltermythos in einem eisernen, einem entarteten Zeitalter. Dies zeichnet sich auch bereits im ersten Buch ab, in dem die Deszendenz ebenfalls

---

178 Ov. met. 15,103–106: *postquam ... fecit iter sceleri, primoque* [...]; 111: *longius inde nefas abiit.*
179 S. Tabelle 22.
180 Vgl. Segl 1970, 26; Lévi 2014, 289.
181 S. dazu Tabellen 3 und 4.

im eisernen Zeitalter mündet, man aber keinen Hinweis darauf erhält, dass dieser Zustand wieder aufgehoben würde.[182]

Diese Version des Weltaltermythos erscheint demnach als selbstreflexiver Rückblick auf den Weltaltermythos im ersten Buch,[183] gewissermaßen als alternative Version, in der dieses Mal ein Ausweg angeboten wird.

Bezüge zu Buch 13, Polyphem

Rückbezüge zu Polyphem, die über die Nahrungskataloge hinausgehen, gibt es auf drei Ebenen: erstens direkt durch die Nennung des *ritus Cyclopum* (v. 93), zweitens durch das beiden gemeinsame Thema ‚Schafe' – beide Figuren reden wohlwollend über sie oder mit ihnen –, drittens durch Ähnlichkeiten in Redeform und Rhetorik: Beide Figuren halten einen Monolog mit persuasiver Absicht – Polyphem will Galatea von seinen Vorzügen überzeugen und davon, ihn zum Mann zu nehmen; Pythagoras will sein Publikum vom Vegetarismus überzeugen. In beiden Fällen erfährt der Leser bereits vor Beginn der Rede, dass die Worte des Redenden keinen Erfolg haben. Bei Polyphem erfahren wir es von der Erzählerin Galatea, welche die Rede des Zyklopen ja rückblickend wiedergibt und vorher verrät, wie abstoßend sie ihn findet.[184] Auch bei Pythagoras verrät der Erzähler, dass den Worten des

---

182 Urban 2005, 106–108 erörtert, wie Ovid bei der Schilderung seines eisernen Zeitalters im ersten Buch „Anspielungen auf Ereignisse aus den Bürgerkriegen bzw. Bemerkungen anderer Dichter, die sich über die moralischen Mißstände ihrer eigenen Zeit beklagen" (109) erzeugt, gleichzeitig aber darauf verzichtet, auszuführen, „daß seine eigene Zeit glücklicherweise die Rückkehr eines goldenen Zeitalters erlebe. [...] Man ist geneigt, sich vertrösten zu lassen, da er in seinem Proöm angekündigt hat, daß seine Dichtung einen weiten Bogen vom Anbeginn der Zeit bis hin zu seiner Gegenwart spannen wolle, so daß vielleicht am Ende seines Werkes ein Lobpreis auf seine Zeit zu erwarten wäre." (ebd.). Zu Besitz und Krieg als typischen Zeichen des eisernen Zeitalters s. Burkard 2012, 60.
183 So auch Galinsky 1998, 332, s. oben, 314, Anm. 52. Inwieweit diese Version aber, wie Galinsky pauschal für die Gesamtheit der in der Pythagorasrede aufgegriffenen Geschichten aus den vorangegangenen Büchern nahelegt, eine schlechtere als die des ersten Buches sein soll, erschließt sich mir nicht. Vielmehr erscheint es kompositorisch und dramaturgisch geschickt, einen Ausweg aus einer von *superbia*, *cupido* und *crudelitas* geprägten Welt, wie sie sich in den Metamorphosen darstellt (vgl. dazu die Beobachtungen von Johnson 1970, s. weiter oben, 318, Anm. 63), erst am Ende des Werkes aufzuzeigen.
184 Ov. met. 13,755–769, s. oben, 253f.

Philosophen nicht geglaubt wurde[185] (außer von König Numa, doch das erfährt man erst nach dem Monolog)[186].

In seiner Rede verstößt Pythagoras – ähnlich wie Polyphem im 13. Buch – gegen anerkannte Regeln der Rhetorik (bei Polyphem besonders in Bezug auf die Liebeswerbung)[187] etwa durch Übertreibung. Diese Verstöße seien im Folgenden näher ausgeführt: Der Appell zu Beginn der Rede wirkt durch die vielen Ausrufe, rhetorischen Fragen, einerseits mitleiderregenden, andererseits drastischen Bilder – auch im Vergleich zur restlichen Rede – über die Maßen leidenschaftlich. Nach der klassischen Rhetoriklehre gehört eine solche Sprechweise dem *genus sublime* an, das sich affektischer Mittel bedient, um die Zuhörer zu erschüttern (*movere*).[188] Normalerweise kommt dieser Stil bei der *peroratio* (Schlussteil) einer Rede zum Einsatz, um die Zuhörer oder Richter affektisch zu überzeugen.[189] Cicero aber warnt davor, dieses *genus* allein bei einer Rede anzuwenden, ohne es mit den beiden anderen in ihrem Ton gemäßigteren *genera* zu vermischen.[190] Die Konzentration einer sprachlich derartig aufgeladenen Rede vor ‚unvorbereiteten Ohren‘ würde den Redner als wahnsinnig und wie einen rasenden Betrunkenen erscheinen lassen.[191] Der Charakter des Übertriebenen bei Pythagoras rührt also daher, dass er den (einem zeitgenössischen Publikum bekannten) Regeln der Rhetorik zum Trotz das *genus sublime* bereits am Anfang seiner Rede und über viele Verse hinweg anwendet.

Diese Beobachtung eröffnet die Lesart, dass Pythagoras' Worten innerhalb der Erzählung möglicherweise deshalb nicht geglaubt wird,[192] weil er die Regeln der Rhetorik nicht beherrscht. Er überfährt sein Publikum, das

---

185 Ov. met. 15,72–74: [...] *primusque animalia mensis | arguit inponi, primus quoque talibus ora | docta quidem solvit, sed non et credita, verbis.*
186 Ov. met. 15,479–481: *Talibus atque aliis instructo pectore dictis | in patriam remeasse ferunt ultroque petitum | accepisse Numam populi Latialis habenas.*
187 S. oben, 255.
188 Lausberg ⁴1971, 154. Cicero nennt es im *orator* das *genus vehemens* (orat. 69), das das Ziel habe, zu (be-)rühren (*flectere, tractare animos, permovere*, orat. 69; 97).
189 Ebd. 26; 35.
190 Cic. orat. 99. Die anderen beiden *genera* sind bei Cicero das *genus subtile* und das *genus modicum*, vgl. Cic. *orator* 69.
191 Cic. orat. 99: [...] *Qui enim nihil potest tranquille, nihil leniter, nihil partite definite distincte facete dicere, praesertim cum causae partim totae sint eo modo partim aliqua ex parte tractandae si is non praeparatis auribus inflammare rem coepit, furere apud sanos et quasi inter sobrios bacchari vinulentus videtur.*
192 Ov. met. 15,72–74, s. oben, Anm. 186.

vorher noch nie mit dem Thema Vegetarismus konfrontiert wurde,[193] also im ciceronischen Sinne ‚unvorbereitete Ohren‘ hat, mit drastischen Appellen und Vorwürfen. Diese an Fanatismus grenzenden Leidenschaft[194] des Philosophen steht im Kontrast zum Argwohn seines Publikums, ebenso wie Polyphems prahlerische Anpreisung seiner Besitztümer im Kontrast zur Ablehnung Galateas steht.

(b) Intertextualität und Motivparallelen:

Bezüge zu Empedokles, Theophrast, Lukrez und den Fasti

Wie bereits in Kapitel 4.1. angedeutet, wurden in zahlreichen Einzelzügen der untersuchten Textstellen der Pythagoras-Rede Parallelen in der Argumentation zu den überlieferten Fragmenten von Empedokles und Theophrast festgestellt. Beide Philosophen sprechen sich ebenfalls für den Vegetarismus aus; die üblicherweise Pythagoras zugeschriebene Begründung für diese Forderung, die Seelenwanderung, wird jedoch nur von Empedokles geteilt. Während seine Sichtweise sich auf die Seele verstorbener Menschen richtet, die in Tieren wiedergeboren werden können, benennt Theophrast eine in Körper und Wesen innewohnende Ähnlichkeit zwischen Mensch und Tier als Grundlage für seine Überzeugung. Ovid nun nutzt beide Begründungen für die Argumentation seines Philosophen.[195]

Darüber hinaus sind inhaltliche und sprachliche Parallelen zur Vorzeitdarstellung von Lukrez und zu Ovids *Fasti* sichtbar geworden; die aus diesen Werken entlehnten Elemente hat Ovid für die Argumentation seines Pythagoras jeweils umgedeutet: Beispielsweise nutzt Ovid für die Beschreibung der beiden *herbae*-Sorten in den Versen 78f. im Wesentlichen die Wortwahl aus Lukrezens Phase der Menschheitsentwicklung, in welcher der Mensch das Kochen erlernt.[196] Ovid positioniert diese Entlehnung nun bewusst in einem Nahrungskatalog, den Pythagoras nutzt, um seinen Zuhörern die goldzeit- und paradiesartige Fülle des irdischen Nahrungsangebotes anzupreisen.

---

193 Ov. met. 15,72f.: *primusque animalia mensis | arguit inponi* [...].
194 So Solodow 1988, 164 auf die Rede als Ganzes bezogen. Sie sei unterhaltsam wegen Pythagoras' Leidenschaft (die ja besonders in diesem Teil der Rede zur Geltung komme) und seines Ideenreichtums., 350
195 S. oben, 351, 353 (Empedokles); 331, 336, 338, 340 (Theophrast).
196 S. oben, 105.

Der Haustierkatalog in den Versen 111 bis 123 findet seine Parallele in Ovids *Fasti*, wo die Entstehung der Tieropfer erläutert wird. Obwohl die Frage danach, welches Werk von Ovid zuerst verfasst wurde, in der Wissenschaft nicht endgültig geklärt ist,[197] erscheint die Pythagoras-Version wie ein kritischer metapoetischer Kommentar zur *Fasti*-Version: Während dort ausführlich die Vergehen von Schwein und Bock dargelegt werden, ja die Tiere sogar persönlich in der zweiten Person angeklagt werden, scheint es, als distanziere sich Pythagoras mit passiven Verben und rhetorischen Fragen von den Aussagen der *Fasti*.[198]

(c) Rückblick auf die Forschungsliteratur: Lächerlichkeit versus Ernsthaftigkeit

Eine der am meisten diskutierten Fragen in der Forschung bezüglich des Appells zur fleischlosen Ernährung in der Pythagorasrede ist diejenige, ob Pythagoras' Appell und somit Pythagoras selbst als Figur und Philosoph ernstzunehmen ist oder im Gegenteil gar Züge der Lächerlichkeit trägt.[199] Aufgrund der unzureichenden Kenntnisse über das Ansehen pythagoreischen Gedankengutes und die angewandte Praxis vegetarischer Ernährung zu augusteischer Zeit in Rom können hier nur Textbeobachtungen Aufschluss geben. Soviel sei aber vorausgeschickt: Einerseits gesteht Ovid dem Thema augenscheinlich genügend Relevanz zu, um es zum Thema in den Metamorphosen zu machen. Andererseits wählt Ovid mit dem Vegetarismus und der Seelenwanderung ein Thema für den Rahmen der Pythagorasrede, das sowohl in griechischer als auch in römischer Literatur bisweilen Ziel des Spottes ist.[200] Die Seelenwanderung allerdings ist bei Ovid nicht die erste Begründung für eine fleischlose Ernährung, die Pythagoras vorbringt. Er bedient sich stattdessen einer moralischen Begründung, die auf der Ähnlichkeit von Mensch und Tier fußt, wie sie bereits von Theophrast vorgetragen wurde. Diese ist keineswegs belanglos oder lächerlich, wie etwa aus den Untersuchungen von Segl, Segal oder Solodow hervorgeht,[201] sondern sie drückt Mitleid mit dem Unrecht und Leid anderer Lebewesen aus.[202]

197 S. oben, 338, Anm. 130.
198 S. oben, 341, 347.
199 S. oben, 313ff.
200 S. oben, 313, Anm. 49.
201 S. oben, 314.
202 S. oben, 348, 353.

Ein Hinweis darauf, dass Ovid seinen Pythagoras möglicherweise als nicht ganz ernstzunehmende Figur angelegt hat, ist stattdessen auf erzählerischer Ebene zu suchen: Pythagoras' Worten wird von den Bewohnern Crotons nicht geglaubt, Gründe dafür werden nicht genannt.[203] Das oben skizzierte Spannungsverhältnis zwischen dieser Indifferenz oder gar Ablehnung des Publikums und der leidenschaftlichen Rhetorik des Philosophen führt zu einer ironischen Brechung. Im Rahmen dieser Rhetorik wurden unter Punkt (a) auch Parallelen zum Monolog Polyphems im 13. Buch herausgearbeitet. Bis auf den direkten Verweis auf die Zyklopen (v. 93) muss der Leser diese Textstelle allerdings parat haben, um die Rückbezüge zu erkennen. In diesem Fall könnten die subtilen Parallelen den Philosophen als gewissermaßen zyklopenhaft und somit als teilweise ironische Figur erscheinen lassen.

Auf der Ebene der Nahrungsmittel wurde gezeigt, dass Ovid Motive verschiedener Vorzeitdarstellungen miteinander kombiniert, die in anderen, auch Ovids eigenen Texten, negativ bewertet werden,[204] während Pythagoras ein positives Bild vegetarischer Nahrung vermitteln möchte. Was Ovid mit dieser bewussten Vermischung ambivalenter Nahrungsmotive bezweckt – etwa eine künstlerische Neukomposition ambivalenter Topoi oder beziehungsweise und eine Überraschung oder Erheiterung seines Publikums – muss offen bleiben.

Bereits diese wenigen Schlaglichter zeigen, dass Ovid die Figur des Pythagoras sowie auch die von ihm geäußerten Lehren und Appelle vielschichtig und ambivalent angelegt hat. Eine ironische Lesart ist vor dem Hintergrund unserer Ergebnisse auf verschiedenen Ebenen möglich, kann aber nicht anhand klarer Indizien im Text als einzig mögliche erwiesen werden.

---

203 S. oben, 360, Anm. 186.
204 Etwa *herbae* und *carpere*, s. oben, 324, 356.

Tabelle 19 Inhaltliche und sprachliche Übereinstimmungen zwischen Polyphems *poma*-Katalog und Pythagoras',goldenem Zeitalter der Gegenwart'

Polyphem, met. 13	Pythagoras, met. 15
812 *sunt poma gravantia ramos,*	76 *sunt fruges, sunt deducentia ramos*
813 *sunt auro similes longis in vitibus uvae*	77 *pondere poma suo tumidaeque in vitibus uvae*
814 *sunt et purpureae: tibi et has servamus et illas*	78 *sunt herbae dulces, sunt, quae mitescere flamma*
[...]	79 *mollirique queant, nec vobis lacteus umor*
819 *nec tibi castaneae me coniuge, nec tibi deerunt*	80 *eripitur nec mella thymi redolentia flore*
920 *arbutei fetus: omnis tibi serviet arbor*	81 *prodiga divitias alimentaque mitia tellus*
	82 *suggerit atque epulas sine caede et sanguine praebet*

Tabelle 20 Strukturelle Besonderheiten im ,goldenen Zeitalter der Gegenwart'

Vers	Gegenstand			Eigenschaften		Verben
76	pflanzlicher Ursprung	Getreide		*fruges*		*sunt*
76-77		zwei Sorten Früchte *uvae*	*poma*	*deducentia ramos pondere suo*	Baum	*sunt*
			tumidae in vitibus	Strauch		
78-79		zwei Sorten Kräuter	*herbae*	*dulces*	weich	*sunt*
			quae mitescere flamma mollirique queant	hart	*sunt*	
79-80	tierischer Ursprung	topisches Paar	Milch	*lacteus umor*		*nec vobis eripitur*
			Honig	*mella*	*thymi redolentia flore* nach Thymian duftend	
81	Zusammenfassung	Herkunft: *prodiga tellus,* die gibt:		*divitias*		*suggerit*
82		*alimenta mitia epulas sine caede et sanguine*		*praebet*		

Tabelle 21 Vergleich der *aurea aetas* in Buch 15 mit ausgewählten Motiven der *aurea aetas* in Buch 1 der Metamorphosen

aurea aetas in Buch 1	*aurea aetas* in Buch 15 (Pythagoras)	
89 Aurea prima sata est aetas, quae vindice nullo	96	At vetus illa aetas, cui fecimus aurea nomen,
103 Contentique cibis nullo cogente creatis		
104 Arbuteos fetus montanaque fraga legebant	97	Fetibus arboreis et, quas humus educat, herbis
	98	Fortunata fuit nec polluit ora cruore.

Tabelle 22 Ähnlichkeiten zwischen dem eisernen Zeitalter in Buch 1 und Buch 15

Buch 1: eisernes Zeitalter (127-144)	Buch 15: goldenes (102f.) und eisernes (104-109) Zeitalter
127 [...] de duro est ultima ferro.	102 Cuncta sine insidiis nullamque timentia fraudem
Protinus inrupit uenae peioris in aevum	Plenaque pacis erant. postquam non utilis auctor
Omne nefas, fugere pudor verumque fidesque;	Victibus invidit, quisquis fuit ille, *deorum*,
In quorum subiere locum fraudesque dolique	105 Corporeasque dapes auidam demersit in aluum,
Insidiaeque et vis et amor sceleratus habendi.	Fecit iter sceleri, primoque e caede ferarum
[...]	Incaluisse potest maculatum sanguine ferrum
142 [...] prodit bellum, quod pugnat utroque,	(Idque satis fuerat) nostrumque petentia letum
sanguineaque manu crepitantia concutit arma	corpora missa neci salva pietate fatemur.
Victa iacet pietas, et Virgo caede madentes	

Schlussbemerkungen

Die vorangegangenen Interpretationen haben gezeigt, dass Essensschilderungen und Nahrungsmotive in den Metamorphosen nicht nur schmückendes Beiwerk, sondern bisweilen prägende Elemente einzelner Episoden sind. Es soll an dieser Stelle keine Zusammenfassung der einzelnen Interpretationen erfolgen; diese sind am Ende eines jeden Kapitels nachzulesen. Vielmehr wird der Blick im Folgenden auf episodenübergreifende Beobachtungen gerichtet, die Aufschluss über Ovids Verwendung von Nahrungsmotiven und über seine diesbezüglichen Techniken in den untersuchten Textpassagen geben.

Eine erste Gemeinsamkeit besteht darin, dass Nahrungsmotive in den untersuchten Textpassagen jeweils in einer katalogartigen Aufzählung vorkommen (s. Tabelle 23). Bei Pythagoras bezieht sich diese Beobachtung besonders auf das ‚goldene Zeitalter der Gegenwart' und in verkürzter Form auf das ‚goldene Zeitalter der Vergangenheit'. Innerhalb dieser Kataloge gibt es wiederum verschiedene Parallelen. Ihnen allen wohnt eine binäre Struktur inne, die auf mehreren Ebenen und auf unterschiedliche Weise präsent sein kann: So kann ein Katalog sich beispielsweise in zwei Kategorien von Nahrungsmotiven aufteilen, eine Kategorie wiederum in zwei Verse. Nahrungsmotive sind häufig in Paare aufgeteilt, innerhalb derer sich Eigenschaften diametral gegenüberstehen (z.B. weich und hart, hell und dunkel). Eine andere Möglichkeit ist, dass es von einer Kategorie oder Frucht zwei Sorten gibt, die dann häufig wiederum zwei gegensätzliche Eigenschaften aufweisen (etwa flüssige Milch zum Trinken, feste in Form von Käse zum Essen; helle und dunkle Pflaumen). Schon diese Beobachtungen zeigen, dass die Nahrungsmotive an der jeweiligen Stelle nicht willkürlich ausgewählt oder angeordnet sind, sondern einem durchdachten Muster folgen. Die Kataloge nehmen jeweils im Verhältnis zur entsprechenden Gesamtepisode einen großen Teil ein, obwohl sie im Sinne der Geschichte eigentlich verzichtbar wären oder in wenigen Worten zusammengefasst werden könnten.

Obwohl es kein konkretes Nahrungsmotiv gibt, das sich in allen untersuchten Episoden findet, kommen viele mehrfach vor, einige sogar in drei von vier Episoden: Kornelkirschen, Honig und Milch[1]. Dabei werden nicht nur die Motive selbst, sondern bisweilen auch die Teile von Versen oder sogar ganze Verse imitiert.

---

1 Milch kommt sogar in allen vier Textstellen vor, zählt man den Käse bei Philemon und Baucis dazu.

Allgemein lässt sich das Motivmaterial der Kataloge auf vegetarische Kost eingrenzen (s. Tabelle 23). Besonders häufig enthalten sie Obst und Baumfrüchte, Milch(-produkte) und Honig, bisweilen Getreide, bei Philemon und Baucis auch Gemüsesorten. Einen Sonderfall bilden Polyphems Schafe und sein Geschenkekatalog. Die dort genannten Tiere sind zwar im Kontext des Liebesliedes nicht explizit zum Verzehr gedacht beziehungsweise werden einem anderen Zweck zugeführt, dennoch kann nicht ausgeschlossen werden, dass Ovid einen von Polyphem intendierten Verzehr mitgedacht hat. Ansonsten wird Fleischnahrung, sofern sie denn vorkommt, aus den Katalogen ausgelagert (s. Tabelle 23): Bei Philemon und Baucis wird nur die Vorbereitung des fleischhaltigen Hauptgerichtes beschrieben, bei der anschließenden Beschreibung des Mahls werden die Bestandteile jedoch nicht noch einmal genannt. Die von den Göttern verhinderte Schlachtung der Gans wiederum ist nicht Bestandteil des Gastmahls. Bei Pythagoras schließlich ist der Fleischverzehr in allen Passagen präsent, wird aber abgelehnt.

In diesem Zusammenhang lässt sich in allen Episoden eine Bewegung von veganer über vegetarische[2] Kost hin zum Fleischverzehr erkennen, die in jedem Fall unvollendet bleibt: Die Nahrung des goldenen Zeitalters in Buch 1 beginnt mit rein veganer Kost, geht dann über zu vegetarischer Kost (Milch und Honig), ebenso wie bei Pythagoras in Buch 15. Im ersten Buch erfolgt aber kein Übergang zur Fleisch-Nahrung, im 15. Buch hingegen setzt die Deszendenz mit dem Fleischverzehr ein. Dennoch kann man die Bewegung auch bei Pythagoras als unvollendet deuten, da dieser sich ja *gegen* den Verzehr von Tieren ausspricht. Bei Philemon und Baucis ist dieses Phänomen in beiden Katalogen erkennbar: Sie beginnen mit veganen Nahrungsmotiven (Gemüse, Obst, Nüsse) und enden jeweils mit vegetarischen Tierprodukten (Käse, Eier, Honig). Beim Vorspeisen-Katalog folgt auf die vegetarischen Tierprodukte eigentlich der Hauptgang mit dem Schweinefleisch; dieses wird aber an dieser Stelle nicht noch einmal benannt. An das vegetarische Produkt Honig der Nachspeise schließt sich die beabsichtigte Opferung der Gans an; diese wird jedoch durch die Götter verhindert. Bei Polyphem ist die Bewegung im Verlauf der drei Kataloge zu erkennen. Der erste beinhaltet rein vegane Erzeugnisse, der zweite vegetarische und der dritte enthält Tiere. Diese sind jedoch explizit nicht zum Verzehr bestimmt.

---

2 Zur Definition von ‚vegetarisch‘ für diesen Kontext s. oben, 287, Anm. 238.

Die aufgezeigten Gemeinsamkeiten legen eine intratextuelle Vernetzung der untersuchten Episoden offen. Diese zeigt sich noch einmal im 15. Buch, wenn Ovid in der Pythagorasrede die ersten drei untersuchten Essensdarstellungen wieder aufnimmt und ihnen rückwirkend jeweils eine neue oder weitere Bedeutungsebene verleiht: In Bezug auf das erste Buch ist dies offensichtlich, da Ovid seinen Pythagoras die eingangs geschilderte *aurea aetas* wieder aufgreifen und davon ausgehend den Weltaltermythos ein zweites Mal erzählen lässt, diesmal im Hinblick auf Ernährung. Die Pythagorasrede weist außerdem verschiedene inhaltliche und formale Ähnlichkeiten mit dem Liebeslied des Polyphem auf: Eine männliche Figur hält jeweils einen Monolog mit persuasiver Absicht – Pythagoras will seine Zuhörer *von* einer vegetarischen Ernährungsweise überzeugen, Polyphem will Galatea *mithilfe* von Nahrung von seinem sanften Wesen und seinen Qualitäten als Liebhaber überzeugen.

Pythagoras verweist außerdem in seiner Rede auf den ‚Brauch der Zyklopen' und damit auf Polyphem. Eine Verbindung von Pythagoras zu Philemon und Baucis besteht indirekt: Während Pythagoras den Menschen vorwirft, Tiere unter dem Vorwand des göttlichen Willens zu schlachten, nur um sie essen zu können, tun Philemon und Baucis genau das nicht: Ihre Gans ist die Wächterin des Hauses, sie ist nicht zum Essen gedacht. Als sich die Götter dem Paar offenbaren, will es diese tatsächlich und ausschließlich zu Ehren der Götter schlachten. Diese wiederum verhindern das Schlachten der Gans und bestätigen damit Pythagoras' Aussage, dass es eben nicht Wille der Götter sei, dass ein Tier ihnen zuliebe getötet wird.

Verschiedentlich wurde Ovid in der Forschung eine vegetarische Haltung, die sich in den Metamorphosen zeige, zugeschrieben.[3] Die Erkenntnisse der vorliegenden Arbeit stützen dies nicht eindeutig. Einerseits nämlich sind in den untersuchten Textstellen der jeweilige Erzählkontext und die Intention des jeweiligen Sprechers sowie das Motivmaterial, dessen sich Ovid bedient, zu beachten: Die Nahrungsmotive verweisen überwiegend auf ältere Vorzeitdarstellungen, und die dort verwendeten Nahrungsmotive sind nun einmal fast ausschließlich vegetarisch (Tabellen 3 und 4). Andererseits stellt etwa das Vorkommen eines Schweinerückens bei Philemon und

---

3 So etwa Dombrowski 1984; Lévi 2014; ähnlich Colavito 1989; Buchheit 1994 und Freyburger 2016; s. hierzu oben, 314, bes. Anm. 51, und 317ff., Abschnitt (b), Linie ‚mit moralischer Bedeutung".

Baucis einen Bruch in der vegetarischen Lesart dar. Es zeigt vielmehr, dass Ovid bekannte zeitgenössische Ernährungs-Motive wie hier den römischen Festtagsschinken aufgreift, statt einer eigenen Grundhaltung zu entsprechen.[4] Gegen eine streng vegetarische Doktrin sprechen außerdem ironische Brechungen besonders in den moralisierenden Essensdarstellungen wie bei Philemon und Baucis oder (hier nicht eindeutig nachzuweisen) Pythagoras. Es hat demnach eher den Anschein, dass Ovid einen möglichen zeitgenössischen Diskurs um vegetarische Ernährung und den Umgang mit Tieren aufgreift und spielerisch in seine Essensdarstellungen einfließen lässt, seine eigene Position hingegen erscheint inkonsistent und lässt sich nicht festmachen.

Neben einer intratextuellen Vernetzung wurden auch intertextuelle Bezüge in den vier Episoden genauer untersucht. Eingangs wurde die Frage gestellt, inwieweit sich Ovid mit den Essensdarstellungen in den Metamorphosen in die epische Tradition einreiht oder sich an anderen (zeitgenössischen) Gattungen orientiert, in denen Essen stärker präsent ist als im Epos.[5] Die Antwort hierauf muss differenziert ausfallen: Die Metamorphosen enthalten zahlreiche eposkonforme Essensschilderungen, d.h. Gastmähler oder Opferszenen, in denen die Speisen aber in den Hintergrund treten. Die vier untersuchten Episoden weichen allein aufgrund der außergewöhnlichen Fülle von Nahrungsmotiven von solchen Darstellungen ab. Gleichwohl gehen sie besonders im Hinblick auf die darin enthaltenen Essensdarstellungen und Nahrungsmotive jeweils auf griechische, aber auch römische Vorbilder zurück: Ovids Schilderung der Nahrung im goldenen Zeitalter in den Büchern 1 und 15 greift zurück auf griechische Vorzeitdarstellungen in der Tradition Hesiods, aber auch konkret auf diejenigen von Varro und Lukrez.[6] Pythagoras' Appell zur fleischlosen Ernährung verweist außerdem auf (größtenteils bei Porphyrios überlieferte) Aussagen von Empedokles und Theophrast über vegetarische Ernährung.

Weniger die Darstellungen in Buch 1 und 15, wohl aber die übrigen zwei untersuchten Episoden gehen wiederum auf Vorbilder aus der hellenistischen Kleindichtung wie das Epyllion und die Bukolik zurück – alltagsnahe

---

4 Von Schoor 2011, 240 weist in diesem Zusammenhang darauf hin, dass in den Metamorphosen bei kleineren Essensszenen Fleisch gegessen und kein Mitleid gegenüber Tieren ausgedrückt wird; vgl. hierzu auch Tabelle 2.

5 S. oben, 48.

6 Auch diese verweisen freilich auf griechische Vorbilder.

Gattungen also. In den entsprechenden Vorgängermodellen – Kallimachos' Hekale und vielleicht die Molorchos-Geschichte im Fall von Philemon und Baucis, das elfte Idyll Theokrits im Fall von Polyphem – ist die Betonung der Nahrungsmotive bereits angelegt.

Besonders in den drei figurenbezogenen Episoden finden sich darüber hinaus auch Anklänge an augusteische Vorbilder und an andere Texte von Ovid selbst: Das Gastmahl von Philemon und Baucis verweist in seiner Darstellung in besonderem Maße auf die Satiren des Horaz und auf Gastmahlszenen in Ovids *Fasti*, die (essbaren) Liebesgaben Polyphems auf die römische Liebesdichtung (darunter auch auf Ovids *Ars amatoria*) und Pythagoras' Schilderung der Tieropfer auf die parallele Fassung ebenfalls in den *Fasti*. Daneben gibt es zahlreiche weitere Anklänge, häufig auf Werke von Vergil, aber auch anderer zeitgenössischer Schriftsteller. Dadurch erhalten die entsprechenden Episoden weitere Ebenen, die über die jeweilige Geschichte und über die Metamorphosen hinausgehen. Durch die Verzerrung oder Umdeutung literarischer Vorbilder erzeugt Ovid immer wieder ironische Brechungen, etwa wenn bei Polyphem die milchtragenden Euter, ein bekanntes Motiv beispielsweise aus Vergils 4. Ekloge oder Horazens 16. Epode, so schwer sind, dass das Schaf kaum laufen kann,[7] oder wenn die von Pythagoras angepriesenen Kräuter eine Passage des Lukrez evozieren, in der Tiere Vorzeitmenschen fressen, während es bei Pythagoras umgekehrt ist.[8]

Eine übergreifende Orientierung an einer oder mehreren bestimmten Gattungen lässt sich demnach für die untersuchten Textstellen nicht nachweisen, vielmehr variieren die intertextuellen Bezüge von Episode zu Episode. Dennoch weist Ovid in den drei figurenbezogenen Textpassagen auch Charakteristika des römischen Satirikers auf, denn er beschreibt darin von der Norm abweichendes Essverhalten und bestimmte Stereotype[9]: Das Gastmahl von Philemon und Baucis ist ein auf die Spitze getriebenes Musterbeispiel römischer *frugalitas* und *pietas*, Polyphem ist ein barbarischer Gourmet, Pythagoras ein wütender Moralapostel.

Eine weitere Gemeinsamkeit mit der Satire, aber auch mit anderen augusteischen Textgattungen, in denen Essen präsent ist, besteht in den mit Essen verknüpften Motivkomplexen, die sich durch die untersuchten Epi-

---

7 S. oben, 271.
8 S. oben, 331.
9 S. oben, 43.

soden ziehen: Zum einen werden Nahrungsmotive in den untersuchten Textstellen stets mit Vorstellungen von Vorzeit verknüpft. Die meisten Nahrungsmotive gehören entweder zum Motivmaterial des goldenen Zeitalters bzw. des Zeitalters unter Kronos/Saturn, sind Bestandteil früherer Vorzeitschilderungen oder kommen im römischen Diskurs des *mos maiorum* vor. Dabei überschneiden sich Assoziationen zu verschiedenen, zum Teil disparaten Vorstellungen. Im goldenen Zeitalter des ersten Buches werden Nahrungsmotive mit entgegengesetzten Assoziationen und Eigenschaften bewusst und kunstvoll miteinander verknüpft und damit die ihnen bereits innewohnende Mehrdeutigkeit strukturell betont. So wird beispielsweise die Ambivalenz der Eichel herausgestellt, die einerseits Symbol eines primitiven, kargen Urzustandes ist, gleichzeitig aber das bekannteste Nahrungsmotiv der Vorzeit darstellt und die Assoziation des Göttlichen in sich trägt. Auch bei Pythagoras tritt diese Vermischung in seinen Schilderungen des vergangenen goldenen Zeitalters und des ,goldenen Zeitalters der Gegenwart' hervor. Bei Philemon und Baucis gehen die Nahrungsmotive über die klassischen Vorzeitmotive wie Obstsorten, Eicheln, Honig, Getreide hinaus, denn es werden einzelne Gemüsesorten und ein warmes Gericht aus Gemüse und Schweinefleisch gekocht. Diese Motivauswahl verweist auf Textstellen bei Horaz und in den *Fasti*, in denen die Gegensätze ,positiv bewertete Vergangenheit – negativ bewertete Gegenwart', und ,Stadt – Land' thematisiert werden. Somit tritt bei Philemon und Baucis der Bezug zur römischen Vorstellung der eigenen Vergangenheit, dem *mos maiorum*, deutlich hervor. Bei Polyphem verweisen die Nahrungsmotive auf deren Verwendung in der römischen Liebesdichtung, wo sie ebenfalls als Symbol für eine der Gegenwart entgegengesetzte bessere Vergangenheit verwendet werden.

Zum anderen ist mit dem Thema ,Essen und Vorzeit' stets auch das Thema ,Essen und Moral' eng verknüpft: Besonders in augusteischen Texten spiegelt sich im Essverhalten einer Person oder Gruppe das moralische Verhalten oder der Charakter dieser Person oder Gruppe, gemessen am *mos maiorum*, wieder. In den Metamorphosen tritt dieses Verhältnis besonders bei Pythagoras deutlich hervor: Fleischverzehr symbolisiert für ihn die Gewalt und Ungerechtigkeit gegenüber Tieren. Diese wiederum sieht er stellvertretend für die menschliche Grausamkeit, Gewalt und Gier im Allgemeinen. Die Rückkehr zur überlegenen Moral des goldenen Zeitalters hält er für möglich, wenn die Menschen zurück zu einer vegetarischen Lebensweise finden und somit den oben genannten Lastern entsagen. Rückwirkend gesehen trifft diese Einschätzung Pythagoras' auch auf das goldene Zeitalter in Buch 1 zu, dessen Bewohner ja als den folgenden Generationen moralisch überlegen dargestellt werden, auch wenn die moralische Deszendenz dort nicht explizit mit dem Fleischverzehr zusammenhängt. Philemon und Baucis wiederum drücken mit ihrer außerordentlichen Gastfreundschaft ihre *pietas* aus. Auswahl und Darreichung der Speisen entsprechen dem römischen Ideal von *frugalitas* und *modestia*, an dem zumindest in literarischen Essensdarstellungen jedes Mahl und jeder Gastgeber gemessen wird. Die Nahrungsmotive wecken dabei nicht nur Assoziationen eines goldenen Zeitalters, sondern verweisen auf die vorgestellte gute alte Zeit, in der die Nahrung im eigenen Garten angebaut und wertgeschätzt wurde. Das Paar ist demnach nicht nur, wie oben gezeigt wurde, aus Sicht von Ovids Pythagoras ein Vorzeigebeispiel für moralisch angemessenes Verhalten, sondern auch aus römischer Sicht. Auch Polyphems Umgang mit Nahrung steht in direktem Zusammenhang mit der moralischen Bewertung seiner Person durch andere (Galatea und den Leser): Von Homer wird Polyphem als trieb- und affektgesteuertes Monstrum angelegt, das durch die Perversion des Gastrechtes, das heißt das Fressen seiner Gäste, gegen die Götter frevelt. Bei Ovid äußert sich seine Liebe zu Galatea zumindest augenscheinlich in veränderten Essgewohnheiten: Durch den Wandel vom blutrünstigen Monstrum zum Obstesser stellt Polyphem sich der Wassernymphe gegenüber als sanfter Liebhaber dar, bevor er aus Eifersucht in seine altbekannte Rolle zurückfällt. Innerhalb seines Liebesliedes gibt es ein stetiges Wechselspiel zwischen der *frugalitas* der angebotenen Nahrungsmittel und der prahlerischen Art, in der Polyphem diese anpreist.

Ausgehend von den untersuchten Textstellen entsteht fast der Eindruck, als würde Ovid ebenso wie andere zeitgenössische römische Dichter die im Kontext des *mos maiorum* positiv hervorgehobenen Werte wie *frugalitas* und *modestia* positiv bewerten und der augusteischen Ideologie entsprechend die Ernährungsweise der ,guten alten Zeit' preisen. Auf den zweiten Blick allerdings wird die Forderung nach *frugalitas* in den Metamorphosen ambivalent kommentiert. Denn einerseits wird darin zwar altertümliche Bescheidenheit an positive moralische Werte geknüpft, andererseits aber erscheinen die entsprechenden Textpassagen immer auch in einem ironischen Licht, das eine belustigte Distanz des jeweiligen Erzählers oder der Erzählerin (und Ovids) von ernstzunehmender Moralisierung suggeriert. Indem Ovids Essensdarstellungen also in Bezug auf *frugalitas* nicht affirmativ, aber auch nicht lächerlich-verachtend sind, entziehen sie sich einer eindeutigen Deutung. Offenbar hat er sich bewusst dafür entschieden, sich auf dieses politisch aktuelle Feld zu begeben, aber auch dafür, nicht eindeutig Stellung zu beziehen.

Tabelle 23 Übersicht der Nahrungsmotive in den untersuchten Textstellen der Metamorphosen

Stelle	(potentielle) Nahrungsmotive in Katalogform		Weitere Nahrungsmotive
Goldenes Zeitalter	**Wilde Nahrung** Arbutus-Früchte Erdbeeren Kornelkirschen Brombeeren Eicheln	**Paradiesische Nahrung** Getreide Milch Nektar Honig	
Philemon und Baucis	**Vorspeise** Oliven Kornelkirschen Endivien Rettich Käse Eier	**Nachspeise** Nüsse Feigen Datteln Pflaumen Äpfel Trauben Honigwabe	Schweinerücken und *holus* verhindertes Opfer: Gans
Polyphem	***poma*-Katalog** Obst Erdbeeren Kornelkirschen Pflaumen Kastanien Arbutus-Früchte	***pecus*-Katalog** (Schafe) Milch Käse	***munera*-Katalog** (Hasen) (Rehe) (Bock) (Taubenpaar) (Vogelnest) (Bärenjunge)
Pythagoras	**Goldenes Zeitalter der Gegenwart** Getreide Obst Trauben Kräuter Milch Honig	**Goldenes Zeitalter der Vergangenheit** Obst Kräuter	abgelehnter Fleischverzehr

Verzeichnisse

Literaturverzeichnis

Abkürzungen für allgemeine Nachschlagewerke

NG   Georges, Karl Ernst/Baier, Thomas/Dänzer, Tobias
            (Hg.): Der neue Georges: ausführliches lateinisch-
            deutsches Handwörterbuch. Ausgearbeitet von
            Karl-Ernst Georges. 2 Bde. Darmstadt 2013.
DNP   Hubert Cancik/Helmuth Schneider (Hg.): Der Neue
            Pauly. Enzyclopädie der Antike. 16 Bde. Stuttgart/
            Weimar 1996–2010.
Genaust   Helmut Genaust: Etymologisches Wörterbuch der bo-
            tanischen Pflanzennamen. Basel/Berlin ³1996.
Gesenius   Wilhelm Gesenius (Begr.): Hebräisches und Aramäi-
            sches Handwörterbuch über das Alte Testament.
            Herausgegeben von Herbert Donner. Berlin/Hei-
            delberg ¹⁸2013.
HGL   Bernhard Zimmermann (Hg.): Handbuch der griechi-
            schen Literatur der Antike. 2 Bde. München 2011;
            2014.
LFgrE   Bruno Snell (Begr.): Lexikon des frühgriechischen
            Epos. In Zusammenarbeit mit dem Thesaurus Lin-
            guae Graecae. Bd. 1 und folgende. Göttingen ab
            1955.
LSJ   Henry G. Liddell/Robert Scott/Henry S. Jones: A
            Greek-English Lexicon. Oxford ⁹1940 (ND 1996).

Online-Version abrufbar unter: http://stephanus. tlg.uci.edu/lsj/#eid=22074&context=lsj.

LIMC   Fondation pour le Lexicon Iconographicum Mythologiae Classicae (Hg.): Lexicon Iconographicum Mythologiae Classicae. 8 Bde. Zürich und München 1981–1997.

OLD   Peter G. Clare: Oxford Latin Dictionary, 2 Bde. Oxford ²2012.

RAC   Theodor Klauser/Ernst Dassmann/Heinzgerd Brakmann (Hg.): Reallexikon für Antike und Christentum. Sachwörterbuch zur Auseinandersetzung des Christentums mit der antiken Welt. Bd. 1 und folgende, Stuttgart ab 1950.

RE   Georg Wissowa/Wilhelm Kroll/Konrat Ziegler (Hg.): Paulys Real-Encyclopädie der classischen Altertumswissenschaft. Stuttgart 1894–1980.

Roscher   Wilhelm H. Roscher (Hg.): Ausführliches Lexikon der griechischen und römischen Mythologie. 7 Bde. Leipzig 1884–1937 (ND Hildesheim/New York 1978).

TLL   Thesaurus Linguae Latinae. Bd. 1 und folgende. Berlin (begründet Leipzig 1900). Online-Version abrufbar unter: https://www.degruyter.com/view/db/ tll.

Ausgaben, Kommentare und Übersetzungen zu Ovid

Albrecht, Michael von: Publius Ovidius Naso. Metamorphosen. Lateinisch/deutsch. Bibliographisch ergänzte Ausgabe von 2003. ND Stuttgart 2007.

Anderson, William S.: Ovid's Metamorphoses. Books 6–10. Edited with introduction and commentary. Norman 1972.

Anderson, William S.: P. Ovidii Nasonis Metamorphoses. Stuttgart 1993.

Bömer, Franz: P. Ovidius Naso. Die Fasten. Bd. 1: Einleitung, Text und Übersetzung. Heidelberg ²1992. Bd. 2: Kommentar. Heidelberg 1958.

Bömer, Franz: P. Ovidius Naso. Metamorphosen. Kommentar. Heidelberg 1969 (Buch I-III), 1977 (Buch VIII-IX), 1982 (Buch XII-XIII), 1986 (Buch XIV-XV).

Fink, Gerhard (Hg.): Ovid. Metamorphosen. Lateinisch/deutsch. Mannheim 2004.

Green, Steven J.: Ovid. Fasti 1: a commentary. Leiden/Boston 2004.

Haupt, Moritz/Korn, Otto/Ehwald, Rudolf: P. Ovidius Naso. Metamorphosen, Bd. 2, Buch VIII-XV, erklärt von Otto Korn, korrigiert und bibliographisch ergänzt von Michael von Albrecht. Unveränderte Neuausgabe der 4. Auflage von Rudolf Ehwald (1916). Zürich/Dublin ⁵1966.

Hill, Donald E.: Publius Ovidius Naso. Metamorphoses V-VIII. Edited with translation and notes. Warminster/Wiltshire 1992 (ND 2008, Bücher V-VIII), 2000 (Bücher XIII-XV).

Hollis, Adrian S.: Ovid. Metamorphoses. Book VIII. Edited with introduction and commentary. Oxford/New York 1970 (ND 2008).

Hopkinson, Neil: Metamorphoses. Book XIII. Edited with commentary. Cambridge/New York 2000.

Kenney, E. J.: Ovid. Metamorphoses. Translated by A.D. Melville. Edited by E.J. Kenney. Oxford/New York 1986.

Rösch, Erich: Ovidius Publius Naso. Metamorphosen. Lateinisch/deutsch. In deutsche Hexameter übertragen und herausgegeben von Erich Rösch. Mit einer Einführung von Niklas Holzberg. Mannheim 1992.

Tarrant, Richard J.: P. Ovidi Nasonis Metamorphoses. Recognovit brevique adnotatione critica instruxit R. J. Tarrant. Oxford/New York 2004.

Ausgaben, Kommentare und Übersetzungen zu anderen Autoren

Apicius	Grocock, Christopher/Grainger, Sally/Shadrake, Dan: Apicius: a critical edition with an introduction and an English translation of the Latin recipe text. Totnes 2006.
	Milham, Mary E.: Apicius. Decem libri qui dicuntur de re coquinaria et excerpta a Vinidario conscripta. Leipzig 1969.
Arat	Erren, Manfred: Aratos. Phainomena. Sternbilder und Wetterzeichen. Griechisch/deutsch. Düsseldorf 2009.
	Kidd, Douglas: Aratus. Phaenomena. Edited with introduction, translation and commentary. Cambridge 1997.
	Martin, Jean: Aratus. Phénomènes. 1. tirage: introduction, texte et traduction. Paris 1998[a]. 2. tirage: commentaire. Paris 1998[b].
Cato der Ältere	Dalby, Andrew: Cato. On farming = De agricultura: a modern translation with commentary. Blackawton 1998.
	Mazzarino, Antonio: M. Porcius Cato Censorius. De agricultura liber. Leipzig 1962.
Columella	Rodgers, Robert: L. Iuni Moderati Columellae Res rustica. Incerti auctoris Liber de arboribus. Oxford 2010.
Dikaiarch	Mirhady, David: Dicaearchus of Messana. The sources, text and translation. In: William W. Fortenbough/ Eckart Schütrumpf: Dicaearchus of Messana. Text, translation and discussion. London 2001, 1–142.
	Wehrli, Fritz: Die Schule der Vorsokratiker. Bd. I: Dikaiarchos. Basel [2]1967.
Diodor	Bertrac, Pierre/Chameaux, François/Vernière, Yvonne: Diodorus. Bibliothèque historique. Livre I. Paris 1993.

Burton, Anne: Diodorus Siculus. Book 1. A commentary. Leiden 1972.

Empedokles

Diels, Hermann/Kranz, Walther: Die Fragmente der Vorsokratiker. Bd. 1. Berlin ⁶1951.

Gemelli Marciano, Maria L.: Die Vorsokratiker. Bd. 2: Parmenides, Zenon, Empedokles. Griechisch/lateinisch/deutsch. Berlin ³2013.

Inwood, Brad: The poem of Empedocles: a text and translation with an introduction. Toronto/Buffalo ²2001.

Wright, Maureen R.: Empedocles. The extant fragments. Edited with introduction, commentary, concordance and new bibliography. New Haven 1981.

Eratosthenes

Diehl, Ernestus: Anthologia Lyrica Graeca. Bd. 2. Leipzig ²1942.

Powell, Iohannes U.: Collectanea Alexandrina. Oxford 1925.

Rosokoki, Alexandra: Die Erigone des Eratosthenes. Eine kommentierte Ausgabe der Fragmente. Heidelberg 1995.

Euripides

Basta Donzelli, Giuseppina: Euripides. Electra. München ²2002.

Biehl, Werner: Euripides. Cyclops. Leipzig 1983.

McHugh, Heather/Konstan, David: Euripides. Cyclops. Edited and translated New York 2001.

O'Sullivan, Patrick/Collard, Christopher: Euripides: Cyclops and major fragments of Greek satyric drama. Oxford 2013.

Galen

Powell, Owen W.: On the properties of foodstuffs. With an introduction by John Wilkins. Cambridge/New York 2003.

Griechische Komiker

Bagordo, Andreas: Telekleides: Einleitung, Übersetzung, Kommentar. Heidelberg 2013 [FrC 4].

Edmonds, John M.: The fragments of Attic comedy. Bd. 1: Old comedy. Leiden 1957.

Kassel, Rudolf/Austin, Colin: Poetae Comici Graeci [PCG]. 8 Bde. Berlin 1983–2001.

Olson, S. Douglas: Broken laughter. Select fragments of Greek comedy. Oxford/New York 2007.

Orth, Christian: Aristomenes – Metagenes: Einleitung, Übersetzung, Kommentar. Heidelberg 2014 [FrC 9.2].

Orth, Christian: Nikochares – Xenophon: Einleitung, Übersetzung, Kommentar. Heidelberg 2015 [FrC 9.3].

Pellegrino, Matteo: Nicofonte: introduzione, traduzione e commento. Mainz 2013 [FrC 15].

Storey, Ian C.: Fragments of old comedy. Cambridge, Mass. 2011.

Hesiod

Solmsen, Friedrich/Merkelbach, Reinhold/West, Martin L.: Hesiodus. Theogonia. Opera et dies. Scutum. Fragmenta selecta. Oxford 1970.

Verdenius, Willem J.: A commentary on Hesiod: Works and days, vv. 1–382. Leiden 1985.

West, Martin L.: Works and days. Edited with prolegomena and commentary. Oxford 1978.

Homer

Bowie, Angus M.: Homer. Odyssey. Books XIII and XIV. Cambridge/New York 2013.

West, Martin L.: Homeri Odyssea. Berlin/Boston (Mass.) 2017.

Homerische Hymnen

Allen, Thomas W./Halliday, William R./Sikes, Edward E.: The Homeric hymns. Oxford 1936.

Richardson, Nicholas J.: The homeric hymn to Demeter. Oxford 1974.

Horaz

Klingner, Friedrich: Q. Horatii Flacci opera. Leipzig 1950.

Muecke, Frances: Horace, Satires II. With an introduction, translation and commentary. Warminster 1993.

Shackleton Bailey, David R.: Quintus Horatius Flaccus. Opera. Stuttgart 1991.

Villeneuve, François: Horace. Satires. Texte établi et traduit. Paris 1932.

Villeneuve, François: Horace. Odes et epodes. Texte établi et traduit. Paris 1946.

Kallimachos　Harder, Annette: Callimachus. Aetia. Oxford 2012 [a] (vol 1: introduction, text, translation), 2012 [b] (vol. 2: commentary).

Hollis, A. S.: Callimachus. Hecale. Edited with introduction, text, translation and enlarged commentary. Oxford [2]2009.

Nisetich, Frank J.: The poems of Callimachus. Translated with introduction, notes and glossary. Oxford / New York 2001.

Pfeiffer, Rudolf: Callimachus. Bd. 1: Fragmenta. Oxford [2]1965.

Lukrez　Bailey, Cyril: Titi Lucreti cari. De rerum natura. Libri sex. Oxford 1947 (ND 1972[a]: Bd. 1: prolegomata, text and critical apparatus. Translation; 1972[b]: Bd. 3: commentary, books 4–6, addenda, indexes, bibliography).

Campbell, Gordon L.: Lucretius on creation and evolution: a commentary on De rerum natura, book five, lines 772–1104. Oxford/New York 2003.

Deufert, Marcus: Kritischer Kommentar zu Lukrezens De rerum natura. Berlin 2018.

Deufert, Marcus: Titus Lucretius Carus. De rerum natura. Berlin/Boston 2019.

Duff, J. D.: Titus Lucretius Carus. De rerum natura V. Edited with introduction and notes. Bristol 1889 (ND 1982).

Martial　Kay, Nigel M.: Martial. Book 11. A commentary. London 1985.

Schöffel, Christian: Martial, Buch 8: Einleitung, Text, Übersetzung, Kommentar. Stuttgart 2002.

Shackleton Bailey, David R.: M. Valerius Martialis. Epigrammata. Stuttgart 1990.

Nikander	Gow, Andrew S. F./Scholfield, A.F.: Nicander. The poems and poetical fragments. Edited with translation and notes. Cambridge 1953.
Onesikritos	Jacoby, Felix: Die Fragmente der griechischen Historiker [FGrH], Teil 2B, 134. Berlin 1929/1930.
Palladius	Martin, René: Palladius. Traité d'agriculture, I: Livres I et II. Texte établi, traduit et commenté. Paris 1976.
	Guiraud, Charles/Martin, René: Palladius. Traité d'agriculture. 2: Livres III à V. texte présenté, établi, traduit et commenté. Paris 2010.
Philoxenos von Kythera	Page, Denys L.: Poetae melici Graeci [PMG]: Alcmanis, Stesichori, Ibyci, Anacreontis, Simonidis, Corinnae, poetarum minorum reliquias, carmina popularia et convivialia quaeque adespota feruntur. Oxford 1962.
Plinius der Ältere	André, Jacques: Pline L'Ancien. Histoire naturelle 19. Texte établi, trad. et comm. Paris 1964.
	André, Jacques: Pline L'Ancien. Histoire naturelle 20. Texte établi, trad. et comm. Paris 1965.
	Beaujeu, Jean/Ernout, Alfred: Pline L'Ancien. Histoire naturelle 12. Texte établi, trad. et comm. Paris 1949.
	Beaujeu, Jean/Ernout, Alfred: Pline L'Ancien. Histoire naturelle 30. Texte établi, trad. et comm. Paris 1963.
Platon	Duke, Elizabeth A.: Platonis opera, Tetralogias I-II continens. Vol. 1. Oxford 1995.
	Rowe, Christopher J.: Plato. Statesman. Translated with introduction. Warminster 1995[a].
	Skemp, Joseph B./Ostwald, Martin: Plato's Statesman. A translation of the Politicus of Plato, with introductory essays and footnotes. Indianapolis 1992.
Plautus	Christenson, David: Plautus. Pseudolus. With introduction and commentary. Cambridge/New York 2020.

Willcock, Malcolm M.: Plautus. Pseudolus. Bristol 1987.

Porphyrios — Bouffartigue, Jean/Patillon, Michel: Porphyre. De l'abstinence. Tome 2: Livres 2 et 3. Texte introduit, établi et traduit. Paris 2003.

Scribonius Largus — Jouanna-Bouchet, Joëlle: Scribonius Largus. Compositions médicales. Texte établi, traduit et commenté. Paris 2016.

Mantovanelli, Loredana: Scribonio Largo. Ricette mediche. Traduzione e commento. Padova 2012.

Silius Italicus — Delz, Josef: Silius Italicus. Punica. Stuttgart 1987.

Spaltenstein, François: Commentaire des Punica de Silius Italicus, livres I-VIII. Lausanne 1983.

Spaltenstein, François: Commentaire des Punica de Silius Italicus, livres IX-XVII. Genève 1990.

Littlewood, R. Joy: A commentary on Silius Italicus' Punica 7. Oxford/New York 2011.

Theokrit — Gow, Andrew S. F.: Theocritus. Vol. 1: Introduction, text and translation. Cambridge 1950. Vol. 2: Commentary, appendix, indexes, and plates. Cambridge ²2008.

Hunter, Richard L.: Theocritus. A selection. Edited with introduction. Cambridge/New York: Cambridge 1999.

Theophrast — Pötscher, Walter: Theophrastos. Περὶ εὐσεβείας. Griechischer Text. Herausgegeben, übersetzt und eingeleitet von Walter Pötscher. Leiden 1964.

Tibull — Luck, Georg: Albii Tibulli aliorumque carmina. Stuttgart ²1998.

Maltby, Robert: Tibullus. Elegies. Text, introduction and commentary. Cambridge 2002.

Valerius Flaccus — Murgatroyd, Paul: A commentary on Book 4 of Valerius Flaccus' Argonautica. Leiden 2009.

Spaltenstein, François: Commentaire des „Argonautica" de Valérius Flaccus. (Livres 1 et 2). Brüssel 2002.

Spaltenstein, François: Commentaire des „Argonautica" de Valérius Flaccus. (Livres 3, 4 et 5). Brüssel 2004.

Zissos, Paul Andrew: Valerius Flaccus' „Argonautica". Book 1. Oxford/New York 2008.

Varro   Flach, Dieter: Marcus Terentius Varro. Gespräche über die Landwirtschaft. 3 Bde. Darmstadt 1996, 1997, 2002.

Keil, Heinrich/Götz, Georg: Rerum rusticarum libri tres. Leipzig 1929.

Vergil   Albrecht, Michael von: Publius Vergilius Maro. Bucolica – Hirtengedichte. Lateinisch/deutsch. Stuttgart 2008.

Binder, Gerhard: P. Vergilius Maro. Aeneis. Band 2: Kommentar zu Aeneis 1–6. Trier 2019 [Binder 2019a].

Binder, Gerhard: P. Vergilius Maro. Aeneis. Band 3: Kommentar zu Aeneis 7–12. Trier 2019 [Binder 2019b].

Clausen, Wendell: A commentary on Virgil, Eclogues. Oxford/New York 1994.

Coleman, Robert: Virgil: Eclogues. Edited with introduction and commentary. Cambridge 1977.

Conte, Gian Biagio: P. Vergilius Maro. Aeneis. Berlin/New York 2009.

Conte, Gian Biagio/Ottaviano, Silvia: P. Vergilius Maro. Bucolica. Georgica. Ed. et apparatu critico instr. Silvia Ottaviano. Berlin/Boston (Mass.) 2013.

Cucchiarelli, Andrea/Traina, Alfonso: Publio Virgilio Marone. Le Bucoliche. Introduzione, commento e traduzione. Rom 2012.

Erren, Manfred: P. Vergilius Maro. Georgica. Bd. 1: Einleitung, Praefatio, Text, Übersetzung. Heidelberg 1985.

Erren, Manfred: P. Vergilius Maro Georgica. Bd. 2: Kommentar. Heidelberg 2003.

Gould, Howard E./Whiteley, Joseph L.: Vergilius Maro, Publius: Aeneid VIII. Edited with introduction and notes. Bristol 1953.

Gransden, Karl W.: Virgil. Aeneid, book VIII. Edited with introduction and commentary. Cambridge/New York 1976.

Kenney, Edward J.: The ploughman's lunch. A poem ascribed to Virgil. Edited with translation, introduction and commentary. Bristol 1984.

Mynors, Roger A. B.: Virgil. Georgics. Edited with a commentary. Oxford 1990.

Page, Thomas E.: P. Vergili Maronis Bucolica et Georgica. With introduction and notes. London 1920.

Richter, Will: Vergil. Georgica. Herausgegeben und erklärt. München 1957.

Sekundärliteratur

Acosta-Hughes, Benjamin: Ovid and Callimachus. Rewriting the Master. In: Peter E. Knox (Hg.): A Companion to Ovid. Chichester 2009, 236–251.

Albrecht, Michael von: Ovid: eine Einführung. Stuttgart 2009.

Albrecht, Michael von/Schubert, Werner (Hg.): Ovid, Werk und Wirkung: Festgabe für Michael von Albrecht zum 65. Geburtstag. Frankfurt a.M. 1999.

Alcock, Joan P.: Food in the ancient world. Westport, Conn. 2006.

Alfonsi, Luigi: L' inquadramento filosofico delle Metamorfosi. Herescu 1958, 265–272.

Alt, Karin: Opferkult und Vegetarismus in der Auffassung griechischer Philosophen (5. Jahrh. v. Chr. bis 4. Jahrh. n. Chr.). Hyperboreus 14, 2008, 87–116.

Anderson, William S./Frederick, Mary P.: Selections from Ovid's Metamorphoses. In: William S. Anderson. (Hg.): Teacher's handbook to the Longman Latin readers. White Plains, NY 1988, 118–146.

André, Jacques: Essen und Trinken im alten Rom. Übersetzt von Ursula Blank-Sangmeister. Stuttgart 2013. Original: L' alimentation et la cuisine à Rome. Paris 1961.

Andrews, Alfred C.: Oysters as a food in Greece and Rome. CJ 43, 1948, 299–303.

Andrews, Alfred C.: The mints of the Greeks and Romans and their condimentary uses. Osiris 13, 1958, 127–149.

Arrowsmith, William: Luxury and death in the Satyricon. Arion 5, 1966, 304–331.

Ascough, Richard S.: Forms of commensality in Graeco-Roman associations. CW 102, 2008, 33–45.

Bakker, Egbert J.: The meaning of meat and the structure of the Odyssey. Cambridge 2013.

Baldry, Harold C.: The idler's paradise in Attic comedy. G&R 22, 1953, 49–60.

Baldwin, Barry: Penthiacum: a culinary term in Petronius. Glotta 1, 1977, 252f.

Banducci, Laura M.: Material evidence on diet, cooking, and techniques. In: Erdkamp/Holleran 2019, 36–50.

Barchiesi, Alessandro: The poet and the prince: Ovid and Augustan discourse. Berkeley 1997.

Barlösius, Eva: Soziologie des Essens. Weinheim 2016.

Barthes, Roland: Pour une psycho-sociologie d'alimentation contemporaine. Annales 16, 1961, 977–986.

Bartsch, Shadi: Persius: a study in food, philosophy, and the figural. Chicago 2015.

Beagon, Mary: Ordering wonderland: Ovid's Pythagoras and the Augustean vision. In: Philip Hardie (Hg.): Paradox and the marvellous in Augustean literature and culture. Oxford 2009, 288–309.

Bellandi, Franco: Flumina nectaris ibant: età dell'oro, frugalitas e cuccagna nelle Metamorfosi di Ovidio. SicGymn 45, 1992, 29–42.

Beller, Manfred: Philemon und Baucis in der europäischen Literatur. Stoffgeschichte und Analyse. Heidelberg 1967.

Berg, Deena: The mystery gourmet of Horace's Satires 2. CJ 91 (2), 1995–1996, 141–151.

Bettenworth, Anja: Gastmahlszenen in der antiken Epik von Homer bis Claudian. Diachrone Untersuchungen zur Szenentypik. Göttingen 2004.

Bevan, David (Hg.): Literary gastronomy. Amsterdam 1988.

Binder, Gerhard/Andrae, Janine (Hg.): Dido und Aeneas: Vergils Dido-Drama und Aspekte seiner Rezeption. Trier 2000.

Bober, Phyllis P.: Art, culture, and cuisine: ancient and medieval gastronomy. Chicago 1999.

Bodel, John: The „Cena Trimalchionis". In: Heinz Hofmann (Hg.): Latin fiction: the Latin novel in context. London 1999, 38–51.

Bourbou, Chrissy: The bioarchaeology of Roman diet. In: Erdkamp/Holleran 2019, 77–90.

Bourdieu, Pierre: Die feinen Unterschiede: Kritik der gesellschaftlichen Urteilskraft. Frankfurt a.M. [23]2013. Original: La Distinction. Critique sociale du jugement, Paris 1979.

Bramble, John C.: Persius and the programmatic satire: a study in form and imagery. Cambridge 1974 (ND 2007).

Bramble, John C.: Barley cakes and emmer bread. In: Dobson/Harvey/Wilkins 1995, 25–37 (erschienen zuerst 1974).

Braund, Susanna M.: The solitary feast: a contradiction in terms? BICS 41, 1996, 37–52.

Braund, Susanna M./Gilbert, Giles: An ABC of epic ira: anger, beasts and cannibalism. In: Susanna M. Braund/Glenn W. Most (Hg.): Ancient anger: perspectives from Homer to Galen. Cambridge [3]2005.

Braund, David/Wilkins, John: Athenaeus and his world: reading Greek culture in the Roman Empire. Exeter 2000.

Brisson, Luc: Interprétation du mythe du politique. In: Rowe 1995[b], 349–374.

Broekaert, Wim/Nadeau, Robin/Wilkins, John (Hg.): Food, identity and cross-cultural exchange in the ancient world. Bruxelles 2016.

Brothwell, Patricia/Brothwell, Don Reginald/Misslbeck, Detlef: Manna und Hirse: eine Kulturgeschichte der Ernährung. Mainz 1984. Original: Food in antiquity. London 1969.

Buchheit, Vinzenz: Ovid und seine Muse im Myrtenkranz. Gymnasium 93, 1986[a], 257–272.

Buchheit, Vinzenz: Tierfriede in der Antike. WJA 12, 1986[b], 143–167.

Buchheit, Vinzenz: Numa: Pythagoras in der Deutung Ovids. Hermes 121, 1993, 77–99.

Burkard, Thorsten: Liebesgaben in der klassischen römischen Dichtung. In: Margreth Egidi/Ludger Lieb/Mireille Schnyder/Moritz Wedell (Hg.): Liebesgaben. Kommunikative, performative und poetologische Dimensionen in der Literatur des Mittelalters und der frühen Neuzeit. Berlin 2012, 41–84.

Burkert, Walter: Weisheit und Wissenschaft. Studien zu Pythagoras, Philolaos und Platon. Nürnberg 1962.

Carcopino, Jérôme: Rom. Leben und Kultur in der Kaiserzeit. Stuttgart 1986. Original: La vie quotidienne à Rome à l'apogée de l'Empire. Paris 1939.

Cassin, Barbara, Labarrière/Jean-Louis/Romeyer Dherbey, Gilbert (Hg.): L'animal dans l'antiquité. Paris 1997.

Caston, Ruth Rothaus: The fall of the curtain (Horace S. 2.8). TAPA 127, 233–256.

Cech, Brigitte: Lukullische Genüsse die Küche der alten Römer. Darmstadt 2013.

Celentano, Maria Silvana: L'eloquenza ironica e minacciosa di Polifemo. Papers on Rhetoric 14, 2018, 75–89.

Classen, C. Joachim: Horace – a cook? CQ 28, 1978, 333–348.

Clay, Jenny S.: Hesiod's cosmos. Cambridge 2009.

Colavito, Maria M.: The Pythagorean intertext in Ovid's Metamorphoses. A new interpretation. Lewiston, NY. 1989.

Corbier, M.: The ambiguous status of meat in ancient Rome. Food and Foodways 3, 1983, 223–264.

Corte, F. della: Il vegetarismo di Ovidio. Cultura e Scuola 93, 1985, 51–60.

Counihan, Carole/Van Esterik, Penny (Hg.): Food and culture. A reader. New York 1997.

Crahay, Roland/Hubaux, Jean: Sous le masque de Pythagore. Herescu 1958, 283–300.

Dalby, Andrew: Food in the ancient world, from A to Z. London/New York 2003.

Dalby, Andrew: Cheese: a global history. London 2009.

Danese, Roberto M.: Alta cucina e cibo „mortuale": la polemica culinaria nello „Pseudolus": un problemavsocio-poetico. Rendiconti della Classe di Scienze morali 9a, 8(3), 1997, 499–533.

Davis, Peter J.: Ovid and Augustus: a political reading of Ovid's erotic poems. London 2006.

Derrett, J. Duncan: Whatever happened to the land flowing with milk and honey? VChr 38, 1984, 178–184.

Detienne, Marcel: La cuisine de Pythagore. Archives de Sciences Sociales des Religions 29, 1970, 141–162.

Diederich, Silke: Römische Agrarhandbücher zwischen Fachwissenschaft, Literatur und Ideologie. Berlin/New York 2007.

Dillon, John: The neoplatonic exegesis of the Statesman myth. In: Rowe 1995[b], 364–374.

Dobsen, Mike/Harvey, David/Wilkins, John (Hg.): Food in antiquity. Exeter 1995.

Dombrowski, Daniel A.: The philosophy of vegetarianism. Amherst 1984.

Donahue, John F.: Food and drink in antiquity: readings from the Graeco-Roman World. A sourcebook. London/New York 2015.

Dörrie, Heinrich: Der verliebte Kyklop. AU 12, 1969, 75–100.

Douglas, Mary: Deciphering a meal. Daedalus 101, 1972, 61–81.

Drexhage, Hans-Joachim/Konen, Heinrich Clemens/Ruffing, Kai: Die Wirtschaft des Römischen Reiches (1.–3. Jahrhundert). Eine Einführung. Berlin 2002.

Du Quesnay, Ian M. Le M.: From Polyphemus to Corydon: Virgil, Eclogue 2 and the Idylls of Theocritus. In: A. J. Woodman (Hg.): Creative imitation and Latin literature. Cambridge/New York 1979.

Dubois, Page: The history of the impossible: Ancient utopia. CPh 101(1), 2006, 1–14.

Düll, Rudolf: Archaische Sachprozesse und Losverfahren. Saivigny-Stiftung für Rechtsgeschichte 61, 1941, 1–18.

Dunbabin, Katherine M. D.: The Roman banquet. Images of conviviality. New York 2003.

Dupont, F.: The grammar of Roman dining. In: Albert Sonnenfeld (Hg.): Food. A culinary history from antiquity to the present. New York 1999, 113–127.

Eberle, Georg: Pflanzen am Mittelmeer. Mediterrane Pflanzengemeinschaften Italiens mit Ausblick auf das ganze Mittelmeergebiet. Frankfurt a.M. 1965.

Edmunds, Lowell: Ancient Roman and modern American food: a comparative sketch of two semiological systems. The Comparative Civilizations Review 5, 1980, 52–69.

Egidi, Margreth (Hg.): Liebesgaben: kommunikative, performative und poetologische Dimensionen in der Literatur des Mittelalters und der Frühen Neuzeit. Berlin 2012.

Eisele, Wilfried: Jesus und Dionysos. Göttliche Konkurrenz bei der Hochzeit zu Kana (Joh 2,1–11). ZNW 100, 2009, 1–28.

Elliot, Alistair: Food in Roman poetry. In: John Wilkins (Hg.): Food in European literature. Exeter 1996.

Erdkamp, Paul/Holleran, Claire (Hg.): The Routledge handbook of diet and nutrition in the Roman world. Oxon/New York 2019.

Erler, Michael: Kommentar zu Brisson und Dillon. In: Rowe 1995[b], 375–388.

Farr, Julie: Theocritus: Idyll 11. Hermes 119, 1991, 477–484.

Farrell, Joseph: Dialogue of genres in Ovid's „Lovesong of Polyphemus" (Metamorphoses 13.719–897). AJPh 113, 1992, 235–268.

Fauth, Wolfgang: Kulinarisches und Utopisches in der griechischen Komödie. WS 86, 1973, 39–62.

Feeney, Denis C.: The gods in epic: poets and critics of the classical tradition. Oxford/New York 1991.

Fellmeth, Ulrich: Brot und Politik. Tafelluxus und Hunger im antiken Rom. Stuttgart/Weimar 2001.

Fitzgerald, William: Labor and laborer in Latin poetry: the case of the Moretum. Arethusa 29 (3), 1996, 389–418.

Flintoff, Everard: Food for thought: Some imagery in Persius' Satire 2. Hermes 110, 1982, 341–354.

Flowerdew, Bob (Hg.): Früchte: Arten von A - Z ; Anbau, Verwendung, Rezepte. Erlangen 1999.

Flückiger-Guggenheim, Daniela: Göttliche Gäste: die Einkehr von Göttern und Heroen in der griechischen Mythologie. Bern/New York 1984.

Fontenrose, Joseph: Philemon, Lot, and Lycaon. University of California publications in classical philology 13, 1945, 93–120.

Foucault, Michel: In Verteidigung der Gesellschaft. Vorlesungen am Collège de France (1975–76): Vorlesung vom 17. März 1976. Frankfurt a.M. 1999, 276–305. Original: Il faut défendre la société. Cours au Collège de France (1975–1976). Paris 1996.

Foucault, Michel: Sexualität und Wahrheit, Bd. 1: Der Wille zum Wissen. Frankfurt a.M. 2010. Original: Histoire de la sexualité, 1: La volonté de savoir. Paris 1976.

Fraenkel, Eduard: Horace. Oxford 1957.

Fränkel, Hermann: Ovid. Ein Dichter zwischen zwei Welten. Darmstadt 1970.

Frayn, Joan M.: Wild and cultivated plants: A note on the peasant economy of Roman Italy. JRS 65, 1975, 32–39.

Freudenburg, Kirk: Satires of Rome: threatening poses from Lucilius to Juvenal. Cambridge/New York 2001.

Freundt, Mechthild: Das Rührende in den Metamorphosen. Diss. Münster 1973.

Freyburger, Gérard: Pratique végétarienne et marginalité à Rome. In: Bassir Amiri (Hg.): Religion sous contrôle: pratiques et expériences religieuses de la marge? Besançon 2016, 41–47.

Friedländer, Ludwig/Wissowa, Georg: Darstellungen aus der Sittengeschichte Roms in der Zeit von Augustus bis zum Ausgang der Antonine. Bd. 2. Aalen 1922 (ND 1979), 285–315.

Fuchs-Heinritz, Werner/König, Alexandra: Pierre Bourdieu. Eine Einführung. Konstanz 2005.

Galinsky, G. Karl: Ovid's Metamorphoses: an introduction to the basic aspects. Berkeley 1975.

Galinsky, G. Karl: Some aspects of Ovid's Golden age. CJ 10, 1983, 193–205.

Galinsky, G. Karl: The speech of Pythagoras at Ovid Metamorphoses 15.75–478. Papers of the Leeds International Latin Seminar 10, 1998, 313–336.

Galinsky, G. Karl.: Ovid's Metamorphoses and Augustan cultural thematics. In: Philip Hardie/Alessandro Barchiesi/Stephen Hinds (Hg.): Ovidian Transformations: Essays on the Metamorphoses and its Reception. Cambridge 1999, 103–111.

Gamel, Mary-Kay: Baucis and Philemon: paradigm or paradox? Helios 11, 1984, 117–131.

Garnsey, Peter: Food and society in classical antiquity. New York 1999.

Garnsey, Peter/Rathborne, Dominic: The background to the grain law of Gaius Gracchus. JRS 75, 1985, 20–25.

Gärtner, Thomas: Miscellanea. Zur späthellenistischen Rezeption von Kallimachos AP 12.73 = HE 1057–62 = Epigr. 41 Pfeiffer. Mnemosyne 63, 2010, 438–445.

Gatz, Bodo: Weltalter, goldene Zeit und sinnverwandte Vorstellungen. Hildesheim 1967.

Gaughan, Judy E.: Murder was not a crime. Homicide and power in the Roman republic. Austin 2010.

Geiger, Michaela/Maier, Christl M./Schmidt, Uta (Hg.): Essen und Trinken in der Bibel. Ein literarisches Festmahl für Rainer Kessler zum 65. Geburtstag. Gütersloh 2009.

Gelli, Emiliano: Euripide, filosseno e il ciclope di Antifane. Prometheus 34, 2008, 245–256.

Geus, Klaus: Eratosthenes von Kyrene: Studien zur hellenistischen Kultur- und Wissenschaftsgeschichte. München 2002.

Gildenhard, Ingo: *Frugalitas*, or: the invention of a Roman virtue. In: Gildenhard/Viglietti 2020, 237–346.

Gildenhard, Ingo/Viglietti, Cristiano (Hg.): Roman frugality: modes of moderation from the archaic age to the early empire and beyond. Cambridge/New York 2020.

Gilhus, Ingvild S.: Animals, gods, and humans: changing attitudes to animals in Greek, Roman, and early Christian thought. London/New York 2006.

Gladigow, Burkhard: „Das Paradox macht Sinn“. Sinnkonstitutionen durch Paradoxien in der griechischen Antike. In: Roland Hagenbüchle/Paul Geyer (Hg.): Das Paradox. Eine Herausforderung des abendländischen Denkens. Würzburg 2002, 195–208.

Glaesser, Roland: Lucan lesen: ein Gang durch das „Bellum Civile“. Heidelberg 2018.

Goh, Ian: Pikes, peacocks, and parasites: Lucilius and the discourse of luxury. In: Brian W. Breed/ Elizabeth Keitel/Rex Wallace (Hg.): Lucilius and satire in second-century BC Rome. Cambridge/New York 2018, 255–278.

Golla, Korbinian: Hesiods Erga: Aspekte ihrer geistigen Physiognomie. Berlin/Boston 2016.

Gordon, Richard L./Detienne, Marcel (Hg.): Myth, religion, and society: structuralist essays. Cambridge/New York 1981.

Gowers, Emily: The loaded table: representations of food in Roman literature. Oxford/New York 1993.

Gowers, Emily: Talking trees: Philemon and Baucis revisited. Arethusa 38, 2005, 331–365.

Grandjean, Catherine/Heller, Anna/Peigney, Jocelyne/Sartre, Maurice/ Centre tourangeau d'histoire et d'étude des sources (Hg.): À la table des rois luxe et pouvoir dans l'œuvre d'Athénée. Rennes/Tours 2013.

Green, Steven J.: Collapsing authority and ‚arachnean' gods in Ovid's Baucis and Philemon (met. 8.611–724). Ramus 32, 2003, 39–56.

Green, Steven J.: Save our cows? Augustan discourse and animal sacrifice in Ovid's „Fasti“. G&R 55, 2008, 39–54.

Griffin, Alan H. F.: Philemon & Baucis in Ovid's Metamorphoses. G&R 38 (1), 1991, 62–73.

Griffin, Jasper: Augustan poetry and the life of luxury. JRS 66, 1976, 87–105.

Griffin, Jasper: Latin poets and Roman life. Bristol 1985.

Grimm, Veronika: From feasting to fasting, the evolution of a sin: attitudes to food in late antiquity. London/New York 1996.

Hadzsits, George D.: Lucretius and his influence. New York 1963.

Hallet, Judith P.: Mortal and immortal. Animal, vegetable and change in Ovid's Baucis and Philemon episode (Met. 8.616–724). In: Sheila K. Dickinson (Hg.): Rome and her monuments. Wauconda, Ill. 2000, 545–561.

Halstead, Paul: The contribution of zooarchaeology. In: Erdkamp/Holleran 2019, 64–76.

Hardie, Philipp: The speech of Pythagoras in Ovid Metamorphoses 15: Empedoclean Epos. CQ 45 (1), 1995, 215–230.

Hastorf, Christine A.: The social archaeology of food: thinking about eating from prehistory to the present. Cambridge 2017.

Haußleiter, Johannes: Der Vegetarismus in der Antike. Berlin 1935.

Heitsch, Ernst (Hg.): Hesiod. Darmstadt 1966.

Herescu, Niculae I. (Hg.): Ovidiana. Recherches sur Ovide. Paris 1958.

Heubeck, Alfred: Mythologische Vorstellungen des Alten Orients im archaischen Griechenland. Gymnasium 62, 1955, 508–525 (ND in Heitsch 1966, 545–570).

Hiltbrunner, Otto: Gastfreundschaft in der Antike und im frühen Christentum. Darmstadt 2005.

Hobden, Fiona: The symposion in ancient Greek society and thought. New York 2013.

Holzberg, Niklas (Hg.): Die Appendix Vergiliana. Pseudoepigraphen im literarischen Kontext. Tübingen 2005.

Holzberg, Niklas: Die römische Liebeselegie. Eine Einführung. Darmstadt ⁶2015.

Holzberg, Niklas: Ovids Metamorphosen. München ²2016.

Hordern, James H.: „Cyclopea": Philoxenus, Theocritus, Callimachus, Bion. CQ 54 (1), 2004, 285–292.

Horsefall, Nicholas M.: Atticus brings home the bacon. LCM 59, 1989, 60–62.

Höschele, Regina: Moreto-Poetik: Das Moretum als intertextuelles Mischgericht. In: Holzberg 2005, 244–270.

Hose, Martin: Kleine griechische Literaturgeschichte. Von Homer bis zum Ende der Antike. München ²2012.

Hudson, Nicola A.: Food in Roman satire. In: Susan H. Braund (Hg.): Satire and society in ancient Rome. Exeter 1989.

Hudson, Nicola A.: Food: A suitable subject for Roman verse satire. Leicester 1991.

Hudson, Nicola A.: The beast and the feast. Food in Roman verse satire. In: Gerald Mars/Valerie Mars (Hg.): Food, culture and history. London 1993, 204–220.

Hutchinson, Gregory O.: The monster and the monologue: Polyphemus from Homer to Ovid. In: Patrick J. Finglass/Christopher Collard/Nicholas J. Richardson (Hg.): Hesperos: studies in ancient Greek poetry presented to M. L. West on his seventieth birthday. Oxford/New York 2007), 22–39.

Irvin, Dorothy: Mytharion. The comparison of tales from the old testament and the ancient Near east. Neukirchen-Vluyn 1978.

Jacobson, Howard: Ovid Metamorphoses 15.88–90. CQ 55, 2005, 651.

Jaeger, Mary: Why is there no cheese in Horace's „Satires"? and related questions for Vergil and Varro. AJPh 136 (1), 2015, 63–90.

Jashemski, Wilhelmina F. (Hg.): Gardens of the Roman Empire. Cambridge 2018.

Johnson, Walter R.: The problem of the counter-classical sensibility and its critics. CSCA 3, 1970, 123–151.

Jones, Christopher P.: A geographical setting for the Baucis and Philemon legend (Ovid Metamorphoses 8.611–724). HSPh 96, 1994, 203–224.

Junkelmann, Marcus: Panis militaris. Die Ernährung des römischen Soldaten oder der Grundstoff der Macht. Mainz ³2006.

Keller, Otto: Tiere des klassischen Altertums in kulturgeschichtlicher Beziehung. Innsbruck 1887 (ND 2001).

Kingsley, Peter: Ancient philosophy, mystery and magic: Empedocles and Pythagorean tradition. Oxford 1996.

Köhnken, Adolf: Theokrits Polyphemgedichte. In: Annette Harder/Remco F. Regtuit/Gerry C. Wakker (Hg.): Theocritus. Groningen 1996, 171–186.

König, Jason: Saints and symposiasts. The literature of food and the symposium in Greco-Roman and early Christian culture. Cambridge 2012.

Korhonen, Tua/Ruonakoski, Erika: Human and animal in ancient Greece. Empathy and encounter in classical literature. London/New York 2017.

Körner, Otto: Das Urbild des Kyklopen Polyphem. Humanistisches Gymnasium 46, 1935, 34–38.

Kostopoulou, Vasiliki: Polyphemus and Galatea: variations on a theme. Diss. University of Wisconsin-Madison 2007.

Kranz, Walther: Empedokles. Antike Gestalt und romantische Neuschöpfung. Zürich 1949.

Kubusch, Klaus: Aurea saecula, Mythos und Geschichte. Untersuchung eines Motivs in der antiken Literatur bis Ovid. Frankfurt a.M./New York 1986.

Lafaye, George: Les métamorphoses d'Ovide et leurs modèles grecs. Paris 1904.

Lane, Melissa S.: Method and politics in Plato's Statesman. Cambridge/New York 1998.

Latacz, Joachim/Görgemanns, Herwig (Hg.): Die griechische Literatur in Text und Darstellung. Bd. 1: Archaische Periode. Stuttgart ²1998.

Lausberg, Heinrich: Elemente der literarischen Rhetorik. München ⁴1971.

Leach, Edmund Ronald/Zinniel, Klaus/Wolff, Lutz-Werner: Lévi-Strauss zur Einführung. Hamburg 1991.

Lefèvre, Eckard: Die Lehre von der Entstehung der Tieropfer in Ovids Fasti 1,335–465. RhM 119, 1976, 39–64.

Lesky, Albin: Griechischer Mythos und vorderer Orient. Saeculum 6, 1955, 35–52 (ND in Heitsch 1966, 571–601).

Lévi, Nicolas: La révélation finale à Rome. Cicéron, Ovide, Apulée: études sur le „Songe de Scipion" (De republica, VI), le discours de Pythagore (Métamorphoses, XV) et la théophanie d'Isis (Métamorphoses, XI). Paris 2014.

Lévi-Strauss, Claude: Das kulinarische Dreieck. In: Helga Gallas (Hg.): Strukturalismus als interpretatives Verfahren. Darmstadt/Neuwied 1972, 1–24. Original: Le triangle culinaire. L'Arc 26, 1965, 19–29.

Lévi-Strauss, Claude: Mythologica, Bd. 1: Das Rohe und das Gekochte. Frankfurt a.M. 1971. Original: Mythologique, Bd. 1: Le cru et le cuit. Paris 1964.

Liebster, Günther/Levin, Hans-Georg: Obst. Weil der Stadt ²2002.

Lindsay, Hugh: Food and clothing in Martial. In: Carl Deroux (Hg.): Studies in Latin literature and Roman history 10. Brüssel 2000, 318–327.

Little, Douglas: The speech of Pythagoras in Metamorphoses 15 and the structure of the metamorphoses. Hermes 98, 1970, 340–360.

Little, Douglas: The Non-Augustanism of Ovid's „Metamorphoses". Mnemosyne 25, 1972, 389–401.

Little, Douglas: Non-parody in metamorphoses 15. Prudentia 6, 1974, 17–21.

Livarda, Alexandra: Investigating Roman diet through archaeobotanical evidence. In: Erdkamp/Holleran 2019, 51–63.

Lovejoy, Arthur O./Boas, George: Primitivism and related ideas in antiquity. Baltimore 1935 (ND 1997).

Lowe, J.Christopher B.: Cooks in Plautus. ClAnt 4, 1985, 72–102.

Malten, Ludolf: Motivgeschichtliche Untersuchungen zur Sagenforschung. Hermes 74, 1939, 176–206.

Marchionni, Roberta: Der Sciendum-Kommentar zu den Satiren des Horaz. München 2003.

Martins, Pedro R.: Der Vegetarismus in der Antike im Streitgespräch: Porphyrios' Auseinandersetzung mit der Schrift „Gegen die Vegetarier". Berlin/Boston 2018.

Maurach, Gregor: Horaz: Werk und Leben. Heidelberg 2001.

Mauss, Marcel: Die Gabe. Form und Funktion des Austauschs in archaischen Gesellschaften. München/Wien 1975. Original: Essai sur le don. L'année sociologique, neue Serien Bd. 1, 24, 1923, 20–186.

McGowan, Andrew: Ascetic Eucharists: food and drink in early Christian ritual meals. New York 1999.

McNeill, Randall B.: „So how was the dinner?: the anxiety of exclusion in Horace Satires 2.8". In: Elizabeth I. Tylawsky/Charles G. Weiss (Hg.): Essays in honor of Gordon Williams: twenty-five years at Yale. New Haven, Conn. 2001, 189–200.

Metheny, Karen B./Beaudry, Mary C. (Hg.): Archaeology of food. 2 Bde. London 2015.

Meyer, Eduard: Hesiods Erga und das Gedicht von den fünf Menschengeschlechtern. Kleine Schriften 2, 1924, 15–66 (ND in Heitsch 1966, 471–522).

Miller, Mitchell H.: The philosopher in Plato's Statesman. The Hague/Boston 1980.

Miller, John F.: The memories of Ovid's Pythagoras. Mnemosyne 57, 1994, 473–487.

Mondi, Robert: The Homeric cyclopes: folktale, tradition, and theme. TAPhA 113, 1983, 17–38.

Montanari, Massimo: Food systems and models of civilization. In: Albert Sonnenfeld (Hg.): Food: a culinary history from antiquity to the present. New York 1999, 69–78.

Mori, Anatole: What the Cyclops saw: Self-knowledge in Theocritus' Idylls 6 and 11. In: Lucia Athanassaki/Christopher Nappa/Athanassios Vergados (Hg.): Gods and mortals in Greek and Latin poetry. Rethymno 2018, 205–228.

Moore, Katherine M.: The archaeology of food. In: Ken Albala (Hg.): Routledge international handbook of food studies. Oxon und New York 2014, 74–86.

Murray, Oswyn: Symposium and genre in the poetry of Horace. JRS 75, 1985, 39–50.

Murray, Oswyn (Hg.): Sympotica: a symposium on the „symposion", [held at Balliol College, Oxford, on 4–8 September 1984]. Oxford 1994.

Murray, Oswyn/Tecuşan, Manuela (Hg.): In vino veritas. London 1995.

Myers, K. Sara: Ovid's causes: cosmogony and aetiology in the Metamorphoses. Ann Arbor 1994.

Nally, David: The biopolitics of food provisioning. Transactions of the institute of British geographers, New series 36, 2011, 37–53.

Nelsestuen, Grant A.: Storing produce and staging dinner parties: fruit-galleries and genre in Varro's De re rustica 1. ICS 41(1), 2016, 21–40.

Newmyer, Stephen T.: Ovid on the moral grounds for vegetarism. In: Werner Schubert (Hg.): Ovid. Werk und Wirkung. Festgabe für Michael von Albrecht zum 65. Geburtstag. Teil I. Frankfurt a.M. 1999.

Newmyer, Stephen T.: Animals in Greek and Roman thought: a sourcebook. London/New York 2011.

Newton, Rick M.: Poor Polyphemus: emotional ambivalence in „Odyssey" 9 and 17. CW 76, 1983, 137–142.

Nicolai, Walter: Hesiods Erga. Beobachtungen zum Aufbau. Heidelberg 1964.

Oberrauch, Lukas: Metempsychose, Universalgeschichte und Autopsie. Die Rede des Pythagoras in Ovid, Met. XV als Kernstück epischer Legitimtion. Gymnasium 112, 2005, 107–228.

Osborne, Catherine: Dumb beasts and dead philosophers: humanity and the humane in ancient philosophy and literature. Oxford/New York 2007.

Otis, Brooks: Ovid as an epic poet. Cambridge ²2010.

Otto, August: Die Sprichwörter und sprichwörtlichen Redensarten der Römer. Hildesheim 1980.

Parry, Hugh: Ovid's Metamorphoses: violence in a pastoral landscape. TAPhA 95, 1964, 268–282.

Pedrazzini, Renzo/Teysseyre, Michèle (Hg.): Saveurs et senteurs de la Rome antique: 80 recettes d'Apicius. Toulouse 2002.

Peigney, Jocelyne: Polyphème, dieu, bête et nomade: les jeux de la parodie dans le „Cyclope" d'Euripide. In: Danièle Auger/ Jocelyne Peigney (Hg.): Φιλευριπίδης = Phileuripidès: mélanges offerts à François Jouan. Nanterre 2008, 447–463.

Pellegrino, Matteo: Utopie e immagini gastronomiche nei frammenti dell' archaia. Bologna 2000.

Penniman, John David: Raised on Christian milk: food and the formation of the soul in early Christianity. New Haven, Conn./London 2017.

Perotti, Pier Angelo: Polifemo in Omero, Euripide, Luciano. Minerva, 18, 2005, 39–70.

Picone, Giusto: Cesare a banchetto. In: Luigi Castagna/Giuseppe Aricò (Hg.): Amicitiae templa serena. Studi in onore di Giuseppe Aricò. Mailand 2008.

Pietropaolo, Mariapia: The Cyclopic grotesque in Ovid's tale of Galatea and Polyphemus. CJ 114 (2), 2018–2019, 192–214.

Pietropaolo, Mariapia: The grotesque in Roman love elegy. Cambridge 2020.

Purcell, Nicolas: Wine and wealth in ancient Italy. JRS 75, 1985, 1–19.

Purcell, Nicholas: The way we used to eat: diet, community, and history at Rome. AJPh 124,3, 2003, 329–358.

Rawson, Elizabeth: Intellectual life in the late Roman Republic. London 1985.

Reitmeier, Simon: Warum wir mögen, was wir essen. Eine Studie zur Sozialisation der Ernährung. Bielefeld 2013.

Reitzenstein, Richard: Altgriechische Theologie und ihre Quellen. Vorträge der Bibliothek Warburg 4, 1924, 1–19 (ND in Heitsch 1966, 523–544).

Reynen, Hans: Ewiger Frühling und goldene Zeit. Zum Mythos des goldenen Zeitalters bei Ovid und Vergil. Gymnasium 72, 1965, 415–433.

Richardson-Hay, Christine: Dinner at Seneca's table: the philosophy of food. G&R 56, 2009, 71–96.

Richlin, Amy: Systems of food imagery in Catullus. CW 81, 1988, 355–363.

Riedweg, Christoph: Pythagoras: Leben, Lehre, Nachwirkung. Eine Einführung. München 2002.

Riedweg, Christoph: Approaching Pythagoras of Samos: ritual, natural philosophy and politics. In: Gabriele Cornelli/Richard McKirahan/Constantinos Macris (Hg.): On Pythagoreanism. Berlin 2013, 47–62.

Rieks, Rudolf: Zum Aufbau von Ovids Metamorphosen. WJA 6, 1980, 85–103.

Robinson, Olivia F.: The criminal law of ancient Rome. Baltimore 1995.

Roller, Matthew B.: Dining posture in ancient Rome: bodies, values, and status. Princeton, N.J 2006.

Römer, Cornelia Eva: Rezepte aus römischer Zeit von Cato, Apicius und aus einem anonymen, auf Papyrus geschriebenen Kochbuch. In: Harald Froschauer/Cornelia Eva Römer (Hg.): Mit den Griechen zu Tisch in Ägypten. Wien 2006, 95–106.

Ross, David O.: The Culex and Moretum as post-Augustan literary parodies. Harvard Studies in Classical Philology LXXIX, 1975, 235–263.

Rowe, Christopher J. (Hg.): Reading the Statesman. Proceedings of the III. Symposium Platonicum. Sankt Augustin 1995[b].

Rundin, John: A politics of eating: feasting in early Greek society. AJPh 117, 1996 179–215.

Sacks, Kenneth: Diodorus Siculus and the first century. Princeton, N.J. 1990.

Schareika, Helmut: Die alten Römer bitten zu Tisch: Weizenbrei und Pfauenzunge. Stuttgart 2007.

Schmekel, August: De Ovidiana Pythagoreae doctrinae adumbratione. Greifswald 1885.

Schmeling, Gareth L: Trimalchio's menu and wine list. CPh 65, 1970, 248–251.

Schmitzer, Ulrich: Reserare oracula mentis – abermals zur Funktion der Pythagorasrede in Ovids Metamorphosen. SIFC 99, 2006, 32–56.

Schneider, Ulrich J.: Michel Foucault. Darmstadt 2004.

Schnurbusch, Dirk: Convivium: Form und Bedeutung aristokratischer Geselligkeit in der römischen Antike. Stuttgart 2011.

Schoor, David van: Nec me mea fallit imago: Ovid's poetics of irony and reflections of Lucretius and Pythagoras in the metamorphoses. AClass 54, 2011, 125–147.

Schwarz, Irene: Diaita. Ernährung der Griechen und Römer im klassischen Altertum. Innsbruck 1995.

Schwindt, Jürgen Paul/Internationales Wissenschaftsforum (Hg.): La représentation du temps dans la poésie augustéenne. Zur Poetik der Zeit in augusteischer Dichtung. Heidelberg 2005.

Schwingel, Markus: Pierre Bourdieu zur Einführung. Hamburg [7]2011.

Scott, Shirley C.: Man, mind and monster: Polyphemus from Homer through Joyce. CML 16, 1995, 19–75.

Segal, Charles: Myth and Philosophy in the Metamorphoses: Ovid's Augustanism and the Augustan conclusion of book XV. AJPh 90, 1969, 257–292.

Segal, Charles: Intertextuality and immortality: Ovid, Pythagoras and Lucretius in Metamorphoses 15. MD 46, 2001, 63–101.

Segl, Rudolf: Die Pythagorasrede im 15. Buch von Ovids Metamorphosen. Diss. Salzburg 1970.

Sharland, Suzanne: Ghostly guests and venomous snakes: traces of civil war in Horace, Satire 2.8. Acta Classica 54, 2011, 79–100.

Skempis, Marios: „Kleine Leute" und große Helden in Homers Odyssee und Kallimachos' Hekale. Berlin/New York 2010.

Smith, Duane: A disastrous dinner: Horace, Satires 2.8. In: Mary R. DeMaine/Rabun Taylor (Hg.): Life of the average Roman: a symposium. White Bear Lake, Minn. 1999, 127–137.

Solodow, Joseph B.: The world of Ovid's Metamorphoses. Chapel Hill/ London 1988.

Stapleton, Henry E.: Ancient and modern aspects of Pythagoreanism. Osiris 13, 1958, 12–53.

Stein-Hölkeskamp, Elke: Culinarische Codes: Das ideale Bankett bei Plinius d. Jüngeren und seinen Zeitgenossen. Klio 84 (2), 2002, 465–490.

Stein-Hölkeskamp, Elke: Damen beim Dinner: Zu Tisch mit Lesbia und Livia. Hermes 133, 2005, 196–214.

Steinmetz, Peter (Hg.): Beiträge zur hellenistischen Literatur und ihrer Rezeption in Rom. Stuttgart 1990.

Swanson, Roy A.: Ovid's Pythagorean essay. CJ 54, 1958, 21–24.

Teuteberg, Hans-Jürgen: Reflexionen zu einer neuen Kulturgeschichte des Essens. HZ 265, 1997, 1–28.

Thüry, Günther E./Kiehn, Michael/Walter, Johannes: Condimenta: Gewürzpflanzen in Koch- und Backrezepten aus der römischen Antike. Herrsching 1999.

Tietz, Werner: Dilectus ciborum: Essen im Diskurs der römischen Antike. Göttingen 2013.

Tissol, Garth: The face of nature. Wit, narrative, and cosmic origins in Ovid's Metamorphoses. Princeton, N.J. 1997.

Trépanier, Simon: Empedocles: an interpretation. New York 2004.

Urban, Detlef: Die augusteische Herrschaftsprogrammatik in Ovids Metamorphosen. Frankfurt a.M./New York 2005.

Usener, Hermann: Milch und Honig. RhM 57, 1902, 177–195.

Ussher, R.G.: A comment on unmixed milk. Hermanthena 89, 1957, 59–64.

Vergados, Athanassios/O'Bryhim, Shawn: Reconsidering Catull's passer. Latomus 16, 2012, 101–13. Online unter: http://www.academia.edu/16198412/Reconsidering_Catullus_passer (Abrufdatum: 19.12.2018).

Vernant, Jean-Pierre: Sacrificial and alimentary codes in Hesiod's myth of Prometheus. In: Gordon/Detienne 1981, 57–79.

Vernant, Jean Pierre: At man's table. Hesiod's foundation myth of sacrifice. In: Marcel Detienne/Jean Pierre Vernant (Hg.): The cuisine of sacrifice among the Greeks. Chicago 1989.

Vidal-Naquet: Land and sacrifice in the Odyssey: a study of religious and mythical meanings. In: Gordon/Detienne 1981, 80–94 (zuerst 1976).

Vischer, Rüdiger: Das einfache Leben. Wort- und motivgeschichtliche Untersuchungen zu einem Wertbegriff der antiken Literatur. Göttingen 1965.

Voutsaki, Sofia (Hg.): Diet, economy and society in the ancient Greek world. Towards a better integration of archaeology and science. Proceedings of an international conference held at the Netherlands Institute at Athens on 22–24 March 2010. Leuven 2013.

Wallace-Hadrill, Andrew: The Golden age and sin in Augustan ideology. P&P 95, 1982, 19–36.

Weeber, Karl-Wilhelm: Alltag im Alten Rom: Das Landleben. Darmstadt 2012.

Weiden Boyd, Barbara: Celeus Rusticus: a note on Ovidian wordplay in Fasti 4. CPh 95, 2000, 190–193.

West, Martin L.: The east face of Helicon. West Asiatic elements in Greek poetry and myth. Oxford 1999.

Westermann 1981 (Philemon und Baucis > Genesis)##

Westra, Laura/Robinson, Thomas M. (Hg.): The Greeks and the environment. Lanham, Md. 1997.

Wheeler, Stephen M.: A discourse of wonders: audience and performance in Ovid's Metamorphoses. Philadelphia 1999.

Wilhelm, Robert M.: The metamorphoses of the golden age in Greek and Latin writers. The Augustan Age 10, 1990, 58–74.

Wilkins, John: Eating in Athenian comedy. In: Ders. (Hg.): Food in European literature. Exeter 1996, 46–56.

Wilkins, John: The boastful chef: the discourse of food in ancient Greek comedy. Oxford 2000.

Wilkins, John/Nadeau, Robin (Hg.): A companion to food in the ancient world. Oxford 2015.

Winiarczyk, Marek: Die hellenistischen Utopien. Berlin/New York 2011.

Wöhrle, Georg: Essen und Sexualität in der frühgriechischen, besonders iambischen Dichtung. RhM 143, 2000, 113–118.

Zimmer, Gerhard: Ein *pistor placentarius* aus Volsinium. Zu Catos Kuchenrezepten. Gymnasium 89, 1982, 15–20.

Tabellenverzeichnis

Index locorum

A

B

Columella
De re rustica

D

H

I

K

Krates
Theria
Kratinos
Plutoi

L

Livius

M

P

Palladius

Properz

Pseudo-Apollodor
Epitome

S

Sallust
De coniuratione Catilinae

T

V

X

Xenophanes